GUIDE DES ARBRES ET ARBUSTES

Sélection du Reader's Digest

PARIS • BRUXELLES • MONTRÉAL • ZURICH

GUIDE DES ARBRES ET ARBUSTES

est une réalisation de
Sélection du Reader's Digest.

Nous exprimons notre reconnaissance à toutes les personnes
qui ont contribué à la préparation et à la réalisation de cet ouvrage :

Conseiller général de la rédaction et auteur,
Gérard G. AYMONIN, sous-directeur du Muséum national d'histoire naturelle;

Conseiller et auteur,
Jean Timbal, chargé de recherches à la station de l'I.N.R.A.,
de recherches forestières de Bordeaux-Cestas;

Ainsi que pour les textes :
André Belot, botaniste, Jacques Brosse, écrivain et naturaliste,
Michel Dominik, journaliste, Michèle Lamontagne, journaliste horticole,
Jean-François Picard, chargé de recherches à l'I.N.R.A.,
Centre national de recherches forestières;

Pour la cartographie : André Leroux;

Pour les illustrations :
Pierre Aulanier, Paul Bontemps, Josiane Campan,
Maurice Dupuich, Maurice Espérance, Philippe Gaussent,
Patricia Giannini, Christian Godard, Grenda R. Katté, Guy Michel,
Raymond Outrequin, Dominique Roussel, Philippe Saunier.

L'édition originale,
FIELD GUIDE TO THE TREES AND SHRUBS OF BRITAIN,
a été réalisée sous la direction de :
Esmond Harris, B. Sc., Dip. For., F.I.For, Director, The Royal Forestry Society
of England, Wales and Northern Ireland,
et Jeanette Harris, B. Sc.

L'édition italienne,
GUIDA PRATICA AGLI ALBERTI E ARBUSTI IN ITALIA,
a été réalisée sous la direction de :
Prof. Alessandro Chiusoli, Titolare della Cattedra di Floricoltura e Giardinaggio
presso l'Università degli Studi di Bologna,
avec la collaboration de : Dott. Cristina Bignami et Dott. Filippo d'Antuono.

PREMIÈRE ÉDITION

ISBN 2-7098-0179-5

PRÉFACE

Préoccupations récentes des hommes et des institutions, la qualité de la vie et la protection de l'environnement sont à l'origine certaine d'un renouveau d'intérêt pour la vie sauvage, pour les retours à la nature.

Pourtant, bien ancienne est la connaissance des arbres, ces témoins millénaires qui nous aident à écrire l'Histoire, mais les botanistes et les dendrologues savent que chaque année apporte des données inédites, des expériences originales : la diversité des essences dans les massifs forestiers n'apparaît-elle pas, aujourd'hui, comme un rempart efficace devant les risques de destruction totale que court un couvert boisé lorsqu'il est la proie des flammes ou la victime de maladies épisodiques ou de pluies acides ?

Maléfiques parfois, au gré des superstitions, mais le plus souvent chargés de bienfaits, les arbres, arbustes et arbrisseaux sont depuis des milliers d'années présents dans notre environnement. Ils participent à l'originalité de tous les terroirs, dont ils sont un élément du patrimoine biologique. Forêts sauvages, futaies altières, denses végétations sont les creusets où de multiples espèces évoluent depuis des siècles. Il est nécessaire de préserver l'ampleur de ces forêts comme leurs compositions variées, car non seulement elles représentent une grande diversité génétique, mais elles abritent aussi une faune complexe, un monde végétal herbacé riche, dont la survie serait menacée. Aux reboisements monospécifiques nécessaires à la production de bois ou au sauvetage des sols, doivent donc se juxtaposer, dans les politiques d'aménagement de l'espace rural, en plaine ou en montagne, le maintien et la régénération des forêts composées d'espèces sauvages diversifiées.

Si, de nos jours, la couverture forestière de l'Europe est fortement disloquée, la diversité de nos flores ligneuses n'en est pas moins demeurée étonnante : des forêts d'Ardennes au parc national de Port-Cros, des Alpes valaisannes aux falaises armoricaines, ce sont plusieurs centaines d'espèces d'arbres et d'arbustes présentes dans presque tous les milieux sauvages ou « anthropisés » que nous allons découvrir dans cet ouvrage. En effet, ce *Guide des arbres et arbustes,* dédié à ces végétaux ligneux si riches, autochtones ou exotiques, met en relief cette diversité, qui se manifeste dans la silhouette des cimes, dans la couleur des écorces, dans les dentelures des feuilles ; lorsque celles-ci deviennent « couleur de sang, de sang couleur de plume », ce sont les fruits que la nature nous offre.

Mais nul n'est besoin que les arbres aient conservé leurs frondaisons pour leur faire dévoiler leurs secrets : quand la forêt est captive de l'hiver, rameaux et petits bourgeons deviennent des guides précieux.

Ce guide consacre en outre une place importante à des notions synthétiques : le fonctionnement physiologique et biologique des arbres, leur reproduction et leur multiplication, leur importance en fonction de l'altitude, de l'exposition ou du climat. Bien que consacré aux arbres, cet ouvrage n'a cependant pas ignoré l'homme et les conséquences de sa présence ancestrale ou de ses actions modernes.

Alors, au gré des pages, le lecteur ira de découverte en découverte : l'incroyable diversité deviendra peu à peu familière, l'identification des espèces plus facile. Ainsi, à mieux connaître cet ami paisible et précieux, il comprendra que face à l'emprise technologique de la vie moderne, l'arbre et les forêts naturelles sont sources d'harmonie, de sérénité, de survie pour une grande part de toute la vie sauvage, et que leur conservation est un impératif éthique. Sans de vastes étendues où les arbres sauvages sont maîtres, il n'y aurait pas de « murmures de la forêts ».

GÉRARD G. AYMONIN
Sous-directeur du Muséum national d'histoire naturelle

TABLE DES MATIÈRES

Les arbres dans le monde vivant

Comment reconnaître les arbres

Album des espèces

L'arbre dans la nature

Où trouver les arbres

Annexes

Les arbres dans le monde vivant

La venue des arbres sur la Terre

A l'instar de l'homme, l'arbre n'est apparu sur la Terre qu'au terme d'une très lente évolution qui a duré plusieurs centaines de millions d'années ; sa formation résulte de nombreuses étapes, suppose des tentatives préalables, des types provisoires.

La vie sur la planète avant les arbres

L'origine probable de toute vie se trouve au sein de mers peu profondes qui occupaient la plus grande partie du globe au début de l'ère primaire (paléozoïque, du grec *paléos*, ancien, et *zoon*, animal, car c'est dans les couches profondes remontant à cet âge de la Terre que furent découverts les plus anciens fossiles connus). Ce phénomène encore inexpliqué qu'est l'apparition de la vie ne pouvait sans doute se manifester hors des eaux, car l'atmosphère de la planète n'était pas respirable. On suppose que dans les eaux marines se rassemblèrent de grosses molécules qui donnèrent finalement naissance à un organisme clos, une cellule, capable d'absorber les substances nutritives en solution, de se développer, enfin de se multiplier.

Les premiers êtres vivants devaient nécessairement être autotrophes, c'est-à-dire capables d'assimiler directement les éléments simples et d'opérer des synthèses à partir d'eux. C'est là le propre de la plupart des végétaux, alors que les animaux ne peuvent exister sans les plantes, dont ils dépendent entièrement pour leur nourriture, les carnivores se nourrissant d'herbivores.

Cette autonomie, les plantes la tiennent de la chlorophylle, pigment vert, parfois d'ailleurs masqué par d'autres pigments, rouges, jaunes ou bleus (ainsi chez les Algues). La chlorophylle réalise une réaction physicochimique complexe, la photosynthèse, en utilisant comme source d'énergie les rayons solaires eux-mêmes. Au cours de la photosynthèse, l'eau est d'abord décomposée en ses éléments, hydrogène et oxygène, puis le gaz carbonique en dissolution dans l'air ou dans l'eau est réduit par l'hydrogène précédemment dégagé et forme des glucides ou sucres, nécessaires à la nutrition de la cellule. L'oxygène libéré constitue en partie l'atmosphère terrestre et forme l'ozone, lequel fait écran aux rayons ultraviolets (voir « Une usine végétale », *page 300*).

Toute vie terrestre provient donc très probablement d'Algues qui, après des centaines de millions d'années, rendirent l'air respirable. Ces Algues ont sans doute formé la souche à partir de laquelle sont nées toutes les plantes, puis peut-être les animaux jusqu'à l'homme. S'il est aujourd'hui facile de distinguer un animal d'une plante, il n'en a pas toujours été ainsi. Le passage du végétal à l'animal, qui semble être un progrès, a entraîné aussi des pertes sensibles : celle de l'autotrophie, presque toujours celle de la multiplication végétative (asexuée) ; enfin, à la différence de la cellule animale qui est peu protégée, la cellule végétale est un monde clos, entouré d'une membrane de cellulose.

Les premières Algues remontent au précambrien, il y a un milliard cinq cents millions d'années. Pendant des centaines de millions d'années, elles subirent une évolution, se diversifièrent, certaines se fixant au fond, se ramifiant, atteignant parfois de grandes tailles, ressemblant à des plantes terrestres, voire à des arbres.

Jusqu'au silurien (– 450 millions d'années), les êtres vivants, qu'ils soient animaux ou végétaux, n'avaient point encore quitté la mer. Les premiers qui émergèrent ne pouvaient être que des plantes et devaient avoir subi une transformation préalable, leur permettant de survivre dans ce nouveau milieu, de s'y nourrir et d'éviter le dessèchement mortel. Il leur fallait s'isoler, s'imperméabiliser, ce qui fut réalisé grâce à une pellicule microscopique recouvrant toute la plante, la cuticule, presque étanche, munie de pertuis minuscules, les stomates, permettant l'échange de l'oxygène et de gaz carbonique.

La conquête des terres émergées

Les premiers végétaux terrestres n'étaient peut-être plus des Algues, mais des Bryophytes (mousses et hépatiques), possédant tiges et feuilles, mais dépourvues de racines, puis bientôt des Trachéophytes ou plantes vascularisées, bénéficiant de deux « inventions » majeures. Tout d'abord la lignine, très résistante, constituant la paroi de cellules « vidées » qui, placées bout à bout, formeront des tubes, les trachéides et les vaisseaux. Cette lignine assure aussi la rigidité de la plante qui, n'étant plus plongée dans l'eau, se trouve soumise à la pesanteur terrestre contre laquelle elle lutte en s'élevant verticalement. Cependant, la plante doit désormais aller puiser dans le sol les liquides nourriciers indispensables à sa vie, d'où la seconde « invention », la racine. Celle-ci, souterraine, vivant dans l'obscurité, ne peut pratiquer la photosynthèse, et doit donc être ravitaillée par les feuilles. Dès le dévonien (– 300 millions d'années), la métamorphose est accomplie. Un formidable flux évolutif envahit alors la Terre, qui change radicalement d'aspect : elle verdit, mais elle ne fleurit pas encore.

Pendant les quelque 70 millions d'années formant la période suivante, le carbonifère, se produit, sous un ciel chargé de nuages, l'épanouissement qui s'était si longuement préparé, avec une luxuriance toute équatoriale, dans un air constamment chaud et humide (pas de saisons contrastées). Alors triomphent les Ptéridophytes géants, qui disparaîtront presque tous par la suite : Lépidodendrons atteignant 30 m de haut et 2 m de diamètre à la base, Sigillaires de 20 m de haut et Prêles géantes forment les premières forêts qu'ait portées la Terre. Mais leur aspect nous aurait surpris : troncs rectilignes formés d'articles, aux rameaux rares, longs et grêles, cimes ressemblant à des plumeaux dépenaillés. Ces végétaux gigantesques, que rappellent un peu les Fougères arborescentes

A l'ère primaire, de vastes marécages semblent avoir couvert nombre de terres émergées. Les végétaux qui s'y sont fossilisés, en particulier dans les strates du Houiller, reflètent la composition du paysage et sa structure probables. A côté de petites Prêles, semblables à celles qui subsistent de nos jours, existaient des plantes comparables, mais géantes : des Phanérophytes, sans doute, au plan biologique, aux troncs à structure cannelée ou réticulée. Parmi de multiples groupes proches des « Fougères », Calamites, Sigillaires, Lépidodendrons ont aujourd'hui disparu, mais les Prêles en sont les héritiers directs. Les groupements à Fougères géantes et arborescentes des régions tropicales humides, dans l'hémisphère austral surtout, semblent aussi surgis de ce lointain passé (300 millions d'années). Certaines libellules, comme des Coléoptères actuels, sont presque des modèles réduits d'ancêtres géants qui habitaient ces forêts carbonifères. Vivaces, mais herbacées, aux tiges chargées de silice, les Prêles actuelles dépassent rarement 1 m (sauf une espèce tropicale), mais ont gardé, comme les Lycopodes et les Sélaginelles, des caractères quasi identiques à ceux repérés sur des plantes qui vivaient il y a plusieurs centaines de millions d'années.

des tropiques et quelques Prêles et Lycopodes de petite taille, n'étaient encore que des simulacres d'arbres. Nous en connaissons les vestiges, puisqu'ils forment des dépôts de houille que l'homme a longtemps utilisés avant d'en découvrir l'origine. Ces gisements faits de couches successives (à Essen, en Rhénanie, on a pu compter jusqu'à cent quarante-cinq forêts superposées) se sont constitués lorsque, tous les mille ans environ, la mer a inondé ces forêts, les ensevelissant sous une couche de boue salée, les transformant en carbone.

Déjà, cependant, étaient apparus des végétaux ligneux d'un type plus évolué, surtout en ce qui concerne leur processus reproductif : les Cordaïtales, dès la fin du dévonien (– 350 millions d'années env.), et les Cycadales, après le carbonifère (– 200 millions d'années env.). Si, des Cordaïtales, nous ne connaissons que les fossiles, les Cycadales vivent toujours, et certaines existent dans nos jardins botaniques. D'assez petite taille, elles ressemblent à la fois à des Fougères arborescentes et à des palmiers.

Des spores à la graine

Chez les plantes supérieures, chaque nouvelle étape est marquée par l'évolution de la sexualité. La reproduction des Algues s'effectue en deux phases distinctes : une phase asexuée, et une phase sexuée. Chez les premiers végétaux qui ont migré sur la Terre, les Mousses, ces deux phases existent encore, mais la reproduction sexuée devient dominante, tandis que chez les Ptéridophytes, il y a de nouveau alternance de phases, le porteur de gamètes redevient indépendant et forme un petit organisme, le prothalle, distinct de la plante feuillée.

Tous ces processus reproductifs requéraient la présence de l'eau comme milieu nécessaire à la rencontre des cellules sexuées, mâles et femelles. L'évolution des plantes supérieures vers une vie entièrement terrestre tendait vers une autre solution qui ne se réalisa efficacement qu'après maints essais : l'« invention » de la graine, c'est-à-dire la transformation de l'ovule sur la plante mère. La graine contient déjà une minuscule plante où se distinguent la radicule (future racine), la tigelle terminée par un bourgeon (gemmule) et enfin le ou les cotylédons (feuilles temporaires gonflées de réserves, premier aliment de la jeune plantule avant que racines et feuilles n'entrent en fonction). L'état de la plantule jaillissant toute formée de la coque de la graine peut se comparer à celui du poussin sortant de la coquille de l'œuf.

Apparition des Gymnospermes

Cette innovation décisive, dont on perçoit les prémices chez les Cycadales, se réalise de plus en plus parfaitement avec les Gymnospermes, premiers arbres véritables, apparus dès la fin du carbonifère, qui triompheront au jurassique (– 150 millions d'années).

On est passé des Cryptogames (du grec *kruptos*, caché), chez lesquels la reproduction était, sinon vraiment cachée, du moins discrète, aux Phanérogames (du grec *phaneros*, visible), où elle s'effectue dans des organes plus apparents. Cette nouvelle phase évolutive eut des conséquences capitales. Un deuxième grand flux de végétaux envahit la Terre et lui donna déjà un aspect plus proche de celui que nous connaissons. Sans doute les premières Gymnospermes ne ressemblaient-elles pas encore à nos Pins ou à nos Sapins, mais plutôt à des Araucarias ou à des Séquoias. Leur mode de fonctionnement n'en était pas moins identique à celui des actuels conifères européens.

La nouvelle solution n'était point universelle. En témoigne l'apparition, au permien (– 210 millions d'années), de Préphanérogames, chez lesquelles le processus reproductif demeurait archaïque. Ainsi en allait-il des Ginkgoales qui, quelque 60 millions d'années plus tard, au jurassique (époque où les Angiospermes entraient déjà en scène), formaient encore de vastes forêts.

Naissance de la fleur parfaite

A la fin de l'ère primaire, de grandes forêts « tropicales » s'étendaient sur toute l'Europe jusqu'à la pointe septentrionale du Spitzberg. Mais à l'ère secondaire, la plus grande partie de l'Europe fut recouverte par les mers. Sur les terres émergées comme au sein des eaux, l'évolution n'en poursuivait pas moins son cours, multipliant les types nouveaux chez les végétaux comme chez les animaux.

Parmi ces derniers se développaient des espèces de reptiles gigantesques et se distinguait l'ancêtre des oiseaux, l'archéoptéryx, déjà emplumé, mais encore pourvu de dents. Alors prospéraient les Cycadales, et les Gymnospermes connaissaient leur apogée. Les premières Angiospermes naissaient sans doute, puisque des fossiles représentant des espèces très évoluées, proches déjà de celles qui nous sont familières, remontent au début du crétacé.

Le trait le plus frappant de cette période est l'apparition à peu près simultanée des mammifères et des Angiospermes. Chez les premiers, l'un des progrès les plus sensibles réside dans la protection dont bénéficie l'embryon dans le corps maternel. C'est, toutes proportions gardées, ce qui se passe aussi chez les Angiospermes, en qui la fécondation ne s'opère plus au grand jour, mais au fond d'un récipient clos, le carpelle, qui est tantôt unique, tantôt multiple, formant le pistil. Ce mode de reproduction reste élémentaire chez les feuillus appelés « amentales » ou porteurs de chatons, où la floraison demeure discrète. D'abord réduite à ses seuls éléments fertiles, la fleur s'entoure d'enveloppes stériles colorées et brillantes qui attirent les insectes, transporteurs de pollen.

Une fois fécondé, l'ovule se divise et se transforme en graine, qui contient l'embryon, en même temps que se développe la réserve nutritive de celui-ci, l'albumen, résultant de la double fécondation propre aux Angiospermes, tandis que les téguments de l'ovule se durcissent, formant une coque protectrice. De l'ovaire naît l'enveloppe qui entoure les graines, le fruit, véritable innovation de l'évolution végétale.

On dirait que pour lui elle a essayé toutes les solutions possibles, et qu'elle les a presque toutes retenues. Parfois, ce sont les pièces florales elles-mêmes qui, transformées, forment la partie charnue du fruit (c'est le cas de la figue, de la mûre du Mûrier, du cynorrhodon de l'Églantier) ; parfois ces mêmes pièces florales subsistantes, appelées induvies, collaborent à la structuration du fruit, il en va ainsi pour la pomme et la poire, mais le plus souvent ce sont les parois de l'ovaire, le péricarpe, qui, épaissies, forment la drupe ou la baie. Ainsi s'est constituée toute une gamme de fruits. A chaque étape de la reproduction se sont donc institués des modes de protection d'un raffinement, d'une efficacité remarquables.

L'Osmonde royale, l'une des plus grandes Fougères d'Europe, habite les terres marécageuses acides. Son élégante couronne, parfois portée par un « tronc » de 2 m de haut, mime les Fougères arborescentes tropicales. De tels végétaux justifient une protection absolue.

Une évolution se manifeste aussi au niveau de la feuille, qui, réduite chez les Gymnospermes, se déploie chez les Angiospermes, formant un « écran vert », le limbe, tendu par les nervures, offrant la plus grande surface possible aux rayons du soleil, multipliant ainsi les échanges avec le milieu ambiant. La circulation des fluides dans l'arbre s'en trouve accrue et la structure du bois modifiée. Il comporte des éléments bien distincts, ayant chacun une fonction définie, ce qui le rend plus hétérogène que celui des résineux.

La plupart des genres d'arbres et arbustes se sont différenciés il y a très longtemps. Les restes fossiles, pollens ou bois, donnent une idée de la composition de la végétation au cours des temps géologiques et permettent la reconstitution de paysages. Il y a 450000 ans, en de nombreuses régions, des steppes alternaient avec des îlots boisés à Pins, Bouleaux, Genévriers, fréquentés par le lynx des cavernes.

A la fin du crétacé — il y a 65 millions d'années — le nouveau « système » triomphait déjà. Non seulement des forêts d'arbres feuillus s'étendaient sur tout le globe, mais les Angiospermes comptaient d'innombrables plantes herbacées à fleurs, tandis que les Gymnospermes amorçaient un lent déclin.

La forêt atteignit son apogée en Europe au début de l'ère tertiaire. Parmi les espèces qui la peuplaient, certaines ont depuis longtemps disparu.

Plissements alpins et glaciations

Dès l'éocène (– 65 millions d'années), d'importants mouvements verticaux de l'écorce terrestre se produisirent, qui allaient donner naissance aux Alpes, aux montagnes Rocheuses et à l'Himalaya. Les conifères connurent alors une certaine revanche en devenant des espèces de montagne, grâce à leur meilleure résistance à la sécheresse et au froid. Mais les débuts du quaternaire (au pléistocène) furent marqués par de brusques refroidissements de la planète, les glaciations. Bien qu'elles aient été séparées par de longues périodes de réchauffement, au cours desquelles la flore se reconstituait jusqu'à un nouvel assaut du froid, de très nombreuses espèces succombèrent alors, tout au moins en Europe. Ainsi la végétation de notre continent s'appauvrit-elle considérablement, alors que les espèces demeuraient beaucoup plus nombreuses tant en Amérique du Nord qu'en Extrême-Orient, où l'orientation des plissements permit aux plantes de se réfugier vers le sud lors des glaciations, puis de regagner leur aire d'origine quand le climat fut redevenu favorable, alors que les Alpes, les Pyrénées et les Carpathes formaient une barrière infranchissable.

Lorsque les glaces se retirèrent vers le nord — il y a environ dix mille ans — elles laissèrent place à la toundra, ou à la steppe. Les arbres ne reprirent que peu à peu possession du terrain, évoluant lentement vers la chênaie mixte, forêt dense de Chênes et de Hêtres avec des Tilleuls, des Érables et des Aunes. Au 7e millénaire, le climat, d'abord plus sec et plus chaud qu'il ne l'est de nos jours, passa au type atlantique, encore chaud, mais plus humide du 6e au 4e millénaire.

Ainsi, aujourd'hui, bien qu'infiniment moins riches en genres et espèces que les zones tempérées comparables de Chine, du Japon ou des États-Unis, les forêts européennes comptent néanmoins une trentaine d'espèces de Gymnospermes, et quelque deux cent cinquante ligneux feuillus, dont une cinquantaine d'arbres grands et moyens, et de nombreux arbustes et arbrisseaux, cela parmi les végétaux spontanés.

Survivants de la préhistoire

En 1690, au Japon, le botaniste allemand Engelbert Kaempfer découvrit une espèce qui lui parut si singulière et si belle qu'il en rapporta des graines. Il s'agissait du *Ginkgo biloba,* né au jurassique, il y a quelque 150 millions d'années.

Au premier abord, cependant, cette relicte, unique survivant d'une famille végétale dont toutes les autres espèces ont disparu, ne surprend guère. Mais si l'on regarde sa feuille de plus près, elle ne ressemble à aucune autre. Formant un éventail aux bords arrondis, échancré en son milieu, elle est parcourue de nervures rayonnantes toutes dirigées vers le pétiole, qui est très long. C'est une espèce dioïque, très archaïque par son mode de reproduction.

En 1727, le premier exemplaire élevé en Occident faisait la gloire du célèbre Jardin botanique d'Utrecht, aux Pays-Bas. En 1754, on trouvait des Ginkgos en Angleterre. C'est un riche amateur de Montpellier, M. de Pétigny, qui, en 1780, introduisit le premier spécimen planté en France. Il l'avait acquis pour la somme fabuleuse de quarante écus d'or.

L'espèce demeurait très rare en Europe, car on n'y possédait que des pieds mâles. Le premier pied femelle fut découvert à Genève en 1814. Depuis lors, cet arbre magnifique prospère dans les parcs et les jardins.

On pouvait penser que le cas du Ginkgo était unique dans le monde végétal. Mais en 1941, tandis qu'un paléobotaniste japonais identifiait à Tokyo les restes fossiles d'un conifère qu'il nomma *Metasequoia glyptostroboides,* en raison de sa parenté avec les Séquoias, un botaniste chinois découvrait dans le sud-ouest de la Chine trois spécimens survivants de cette espèce appartenant à un genre que l'on croyait éteint depuis 130 millions d'années.

En 1946-1947, les dendrologues chinois Cheng et Huseh trouvèrent d'importants peuplements naturels de cet arbre. Dès 1948, les premières graines germaient à l'Arnold Arboretum de Boston. Cette espèce est aujourd'hui répandue dans les parcs.

Du néolithique aux temps modernes

L'homme, déjà présent en Europe durant les deux dernières glaciations, avait vécu, lors de la période magdalénienne, aux dépens des grandes hardes d'aurochs, de bisons, de rennes et de chevaux sauvages qui proliféraient dans les steppes, mais qui gagnèrent le nord lorsque le climat s'adoucit.

Les hommes du mésolithique, groupés en clans, semi-nomades, menèrent une existence précaire, survivant grâce à la chasse, à la cueillette des fruits et des racines, au ramassage des coquillages, tandis que naissaient au Proche-Orient l'agriculture et l'élevage, qui devaient modifier radicalement les rapports de l'homme avec son milieu (« révolution néolithique »). Ces innovations essentielles n'eurent tout d'abord qu'une faible influence sur les populations proches de la Méditerranée.

C'est par des envahisseurs venus de l'Est que furent introduites en Europe occidentale les techniques développées en Grèce, puis dans le bassin du Danube aux 6e et 5e millénaires. Des fouilles ont permis de retracer les voies principales de cette pénétration aux 5e et 4e millénaires, ainsi que les premières implantations des immigrants qui se sédentarisèrent d'abord dans le nord-est de la France et en Belgique, puis vers l'Ouest.

Les premières pressions de l'homme

L'homme du néolithique modifia profondément le milieu où il vivait. La superficie relativement faible des prairies naturelles ne suffisant plus à une population qui s'accroissait, la forêt fut défrichée par le feu. Mais les hommes d'alors savaient aussi tirer parti des multiples ressources qu'elle offrait — bois, baies comestibles, feuilles, pousses que broutait le bétail, car c'est en lisière de forêt que paissaient les troupeaux. Dans l'actuel midi de la France, l'essartage et l'élevage des moutons et des chèvres aboutirent très vite à la dégradation des sols et à l'érosion.

La fabrication d'outils de cuivre (à partir de 2500 av. J.-C.), puis de bronze (vers 1800 av. J.-C.), diffusée par les flots successifs d'envahisseurs de langue celtique, augmentera peu à peu la mainmise de l'homme sur le milieu. Des tribus celtes venues d'Europe centrale à partir du VIIIe s. avant notre ère se fixent et constituent une société évoluée (classes sociales, bourgs fortifiés, les *oppida*, échanges commerciaux tant externes qu'internes).

Forêt gauloise et cultures romaines

La civilisation gauloise, puis gallo-romaine demeure cependant « pour une large part une civilisation de la forêt » (Michel Devèze). En effet, s'il convient de ne pas prendre au pied de la lettre les appréciations de César, impressionné par l'ampleur des forêts de la Gaule — surtout par rapport à la dégradation des forêts de l'actuelle Italie — il n'en reste pas moins que le pays était très boisé. L'Est, le Nord et le Centre étaient couverts d'immenses massifs forestiers dont on trouve encore de nos jours d'importants vestiges : massif des Ardennes, *Carnuta sylva* (Perche), *Sylva leudica* (Orléans), forêt de Bière (l'actuelle forêt de Fontainebleau), etc.

La forêt fournissait aux Gaulois, non seulement le bois, aux usages toujours plus nombreux (construction des maisons et des fortifications, premières forges, tonnellerie, nourriture des troupeaux), mais aussi les fruits (pommes, poires, merises, fraises des bois, noisettes, cornouilles qui entraient dans la composition de la cervoise), les champignons, le gibier et même le miel et la cire, l'apiculture étant pratiquée en lisière de bois.

La forêt était aussi le lieu par excellence du culte druidique, on y vénérait surtout le Chêne, dont le nom est d'origine gauloise.

Le culte des arbres devait d'ailleurs survivre fort longtemps, bien que l'Église ait essayé d'extirper cette pratique païenne. Au VIIIe s., saint Boniface, évangélisateur de la Germanie, fit abattre en Hesse le Chêne consacré au dieu Donar, et en 772, Charlemagne, entrant en campagne contre les Saxons païens fit détruire leur idole, Irmensul, qui était sans doute un énorme fût de Chêne. Dans le panthéon des Celtes figuraient plusieurs divinités forestières : Vosegus, dieu des Vosges sylvestres, Ardvina, nymphe des Ardennes, Ésus, le Dieu barbu, protecteur de la forêt et des bûcherons.

La romanisation des Gaules entraîna de nouveaux défrichements, nécessités par un essor démographique dû à une certaine prospérité économique, que favorisaient la multiplication des échanges et le développement des premières industries. Si l'Olivier et la Vigne semblent avoir déjà été introduits dans le midi de la France par les colons grecs qui

Les forêts de Chênes étaient très fréquentées autrefois par les troupeaux de porcins, surtout à l'automne où les glandées constituaient un complément essentiel de nourriture. Souvent, le gardien du troupeau s'efforçait de faire tomber davantage de glands à terre.

La fin d'un grand arbre, sans doute un Chêne, n'est qu'une étape dans l'exploitation, puis le recul des forêts. Les « moines défricheurs » usant de serpette et de cognée (miniature du XIIe s.), puis les seigneurs employant des équipes de bûcherons intensifièrent ces exploitations devenues sources de « profits champêtres » (P. de Crescens, XVe s.). Et l'on ne reboisait pas.

fondèrent Massalia (Marseille), leur culture ne se répandit que sous la domination des Romains, qui initièrent probablement les Gaulois à la culture du Châtaignier, du Noyer, du Figuier, du Cognassier et du Cerisier.

La sylve médiévale

Après la tourmente des grandes invasions, les défrichements semblent avoir repris, mais ils n'avaient probablement pour objectif que de reconquérir des terres retournées à l'état sauvage. Cependant, la fondation de très nombreux monastères au cœur des forêts entraîna la création de nouvelles terres au détriment des bois. Sans doute, les moines étaient-ils incapables d'abattre des forêts entières et n'y songeaient d'ailleurs pas. De même les seigneurs qui, pour l'exploitation et plus encore pour la chasse, préservaient les bois (garennes) et les forêts (*foresta*, au sens étymologique du mot, désignant le canton boisé qu'ils se réservaient).

La *sylva communis*, portions de forêt dans lesquelles ils permettaient l'exercice des droits d'usage et de pâturage, n'était nullement des bois soustraits à leur autorité. Longtemps, la *sylva communis* demeura indispensable aux populations paysannes qui allaient y faire paître leurs porcs, y prélevaient du bois de feu, des feuillages et des litières pour le bétail.

Ainsi en allait-il avec ce que les Francs, déjà, appelaient la forêt « proche » ; quant aux forêts « lointaines », elles constituaient encore des « no man's land » dans lesquels il était dangereux de s'aventurer, car on pouvait y rencontrer non seulement des brigands, mais des êtres surnaturels presque toujours malfaisants.

Vers le milieu du XIe s. commença une forte régression forestière due principalement à une nouvelle poussée démographique, mais aussi à l'indiscipline qui, fatalement, l'accompagnait. Au XIIe s., le déboisement était intense et beaucoup de forêts disparurent. La plupart des grands massifs du nord et de l'ouest de la France furent démembrés en îlots. La surface boisée ne dépassait probablement plus le tiers du territoire.

A partir du début du XIVe s., les défrichements diminuent dans tout le pays. On n'avait que trop déboisé, pour n'obtenir souvent que des terrains infertiles et, dans le Midi, les troupeaux avaient à tel point dévasté des bois déjà rares que certaines régions s'en trouvèrent durablement ruinées. Les seigneurs, soucieux de conserver leurs bois, restreignirent les anciens droits d'usage. Leurs initiatives furent imitées par les grandes abbayes et par le pouvoir royal, auquel les forêts du domaine procuraient un quart de leurs revenus. Apparaissent alors des fonctionnaires spécialisés, les *forestarii*, tandis que se succèdent les ordonnances conservatoires. Mais, par ailleurs, la consommation de bois ne cesse d'augmenter avec le développement urbain et industriel.

La guerre de Cent Ans ralentit cette évolution. Les temps étaient trop troublés et les populations, en décroissance depuis la grande peste du milieu du XIVe s., trop éprouvées pour que de nouveaux défrichements fussent possibles.

Crise forestière post-Renaissance

Avec Louis XII, un précaire équilibre semble atteint entre les besoins en bois et la production des forêts. Sous François Ier le ravitaillement des grandes villes en bois de chauffage devint difficile ; la forêt française, déjà surexploitée, ne suffit plus à satisfaire les exigences de la marine ni celles des verreries et des forges dont la consommation représentait un sixième des ressources en bois du royaume. En Provence, l'érosion commençait à avoir des conséquences catastrophiques, les crues des torrents dévastant les terres et détruisant des villages. Aussi les autorités locales furent-elles amenées à prendre des mesures énergiques.

Les Valois, grands chasseurs qui tiraient des forêts du domaine d'importantes ressources, réagirent avec efficacité, les forestiers royaux, qui constituaient une hiérarchie renforcée par François Ier, ayant pu faire exécuter les ordonnances royales en pratiquant des « réformations ».

De Louis XIII à l'école forestière

Il fallut attendre Colbert pour que l'on se souciât davantage de la restauration de la forêt française. Il était d'ailleurs grand temps. Depuis la fin du règne d'Henri IV, la situation n'avait cessé d'empirer, les surfaces boisées étaient passées de 35 à 25 p. 100 du territoire, et surtout, par surexploitation et manque de surveillance, la futaie était presque partout en voie de disparition. Or, la marine, que le pouvoir royal entendait reconstituer, avait un besoin de plus en plus pressant de bois d'œuvre.

Dès 1661, Colbert, alors contrôleur général des Finances, prit la direction générale des forêts. La grande ordonnance de 1669 eut, entre autres, pour conséquence, la préservation ou la reconstitution de grands massifs forestiers, particulièrement ceux destinés à fournir à la marine des arbres de grande taille, donc âgés. On peut encore voir les vestiges de ces plantations dans un certain nombre de forêts domaniales (forêt de Tronçais par exemple). Malheureusement, les successeurs de Colbert furent loin de manifester une pareille énergie ; de plus, les besoins en bois ne cessaient de croître, verreries et forges en plein développement en consommaient toujours davantage.

A l'époque cependant une réaction commençait à poindre. Tandis que l'on défrichait encore en certaines provinces, on commençait ailleurs à reboiser. En 1786, l'inspecteur des Ponts et Chaussées Brémontier entreprit la fixation des dunes et le reboisement des Landes en Pin maritime, œuvre qu'il poursuivit jusqu'à sa mort en 1809. D'autre part, l'enseignement donné surtout au jardin des Plantes de Paris, qui connut avec Buffon une longue période de gloire, conduisit à l'étude scientifique des essences qui engendra la sylviculture. Celle-ci, déjà préconisée par Réaumur en 1721, fut développée par un inspecteur général de la Marine, Duhamel du Monceau, auteur du premier ouvrage important exclusivement consacré à ce sujet, l'*Histoire des arbres et des arbustes* (1775). En précurseur, Duhamel y prône l'implantation en France d'espèces étrangères.

Pendant la Révolution, avec la vente des biens nationaux, puis sous l'Empire, la forêt française n'avait cessé de se dégrader. En 1825, les surfaces boisées ne dépassaient probablement pas 15 p. 100 du territoire, et surtout, du fait des abattages entrepris par les nouveaux propriétaires avides de profit immédiat, il ne subsistait qu'une centaine de milliers d'hectares de futaie. Mais, au début du XIXe s., le mouvement nationaliste allemand issu des conquêtes napoléoniennes eut pour conséquence imprévue le culte des forêts chantées par les romantiques. Il se concrétisa par le développement de la sylviculture et la création de plusieurs écoles forestières. Suivant cet exemple, les États européens commencèrent à prendre des mesures en vue de la préservation de leur patrimoine naturel.

En France, la fondation en 1824 à Nancy d'une école forestière, puis la promulgation du Code forestier (1827) entraînèrent une gestion plus rigoureuse.

Les plus vieux arbres du monde

On crut longtemps que le record de l'âge était détenu par les Séquoias géants *(Sequoiadendron giganteum)*, qui croissent dans une aire restreinte sur le versant pacifique de la sierra Nevada, en Californie, où ils furent découverts en 1841. Une tranche découpée dans le tronc de l'un de ces géants abattu, sur laquelle on pouvait compter quelque 3000 cernes, arriva dix ans plus tard au British Museum à Londres ; une autre tranche de Séquoia devait ensuite parvenir au Muséum à Paris, où on peut toujours la voir.

Il se peut même que des Séquoias géants encore sur pied dépassent 3500 ans.

L'existence d'arbres aussi vieux provoqua l'étonnement général. Jamais on n'avait imaginé qu'un être vivant puisse perdurer aussi longtemps ; en effet, il n'existait pas d'arbres de cet âge en Europe.

En 1955, dans une région encore mal connue des montagnes Rocheuses, les hautes chaînes de White Mountains, non loin des pentes où croissent les Séquoias géants, on découvrit d'étranges Pins *(Pinus aristata)* aux formes tourmentées à plus de 3000 m d'altitude, dans un climat non seulement très froid, mais très sec. Ils supportent cependant ces rudes conditions et certains exemplaires atteignent 4900 ans !

Sylviculture, reboisements et nouvelles essences

L'évolution des surfaces boisées, mais surtout des forêts domaniales, nous est connue par la cartographie et des archives qui permettent de suivre le développement de certains peuplements ; certaines cartographies précises de la structure des forêts sont anciennes (XVIe s. pour la forêt de Bellême par exemple).

En fait, dès Colbert, des plans d'aménagement mettent en jeu des opérations à échéances séculaires, dont certaines sont en renouvellement aujourd'hui seulement.

L'une des grandes innovations du traitement de la forêt est issue des efforts de Lorentz, vers 1825, pour généraliser la méthode des conversions qui consiste à favoriser l'évolution naturelle des taillis en futaie, puis la régénération de la futaie par réensemencement spontané. Cette politique nouvelle rencontra cependant une vive opposition auprès des financiers, car elle ne pouvait produire des bénéfices qu'à long terme, et l'on avait de plus en plus besoin de bois. Si l'utilisation de la houille par l'industrie avait réduit d'autant la consommation du bois, la fabrication de la pâte à papier constituait,

Le labyrinthe du jardin des Plantes de Paris possède des arbres tricentenaires. Mêlés à quelques feuillus, des Épicéas et des Pins, et surtout le Cèdre du Liban, déjà majestueux au début du siècle dernier, témoignent des efforts d'acclimatation poursuivis depuis longtemps.

avec le développement de la presse, un nouveau risque de surexploitation. Finalement, le combat entre financiers et industriels d'une part et forestiers d'autre part ne pouvait se terminer que par la défaite de ces derniers.

A la suite d'inondations désastreuses, le gouvernement de la Restauration fit entreprendre les premières campagnes de lutte contre l'érosion en montagne, mais le reboisement systématique ne commença qu'avec le Second Empire. Sur ordre de Napoléon III, les Landes de Gascogne furent plantées en Pin maritime ; auparavant, on avait reboisé (Pin noir, Pin sylvestre) 100 000 ha de terrains incultes en Champagne. On commença aussi le reboisement du mont Ventoux et du Luberon dans les Alpes du Sud ; sur la Côte d'Azur furent introduites les premières essences exotiques. La régénération des forêts de montagnes fut surtout l'œuvre de la IIIe République. Une des caractéristiques des nouveaux peuplements fut l'apport d'espèces étrangères : Pin noir d'Autriche, Cèdre de l'Atlas, Eucalyptus d'Australie, mais surtout résineux et Peupliers venus d'Amérique du Nord, qui devaient connaître un succès toujours croissant au travers de races et clones de mieux en mieux sélectionnés.

Dès la fin du XVIIIe s., on avait fait dans l'univers végétal maintes découvertes qui allaient enrichir considérablement l'éventail des possibilités d'introduction d'espèces.

La forêt aujourd'hui

Selon les statistiques officielles, on estime que les surfaces boisées occupent actuellement 20 à 25 p. 100 du territoire français (environ 13 millions d'hectares) alors qu'elles n'en représentaient que 17 p. 100 en 1862 et 19 p. 100 en 1912. Tels sont les résultats de l'action des forestiers, soit grâce à l'extension des territoires soumis mieux gérés, soit par les reboisements et enrichissements qui se poursuivent à la cadence moyenne annuelle de 50 000 à 60 000 ha. Cependant, il convient de souligner que les boisements constitués durant le siècle comportent 80 p. 100 environ de résineux ; quant aux 20 p. 100 restant, les trois quarts en sont des peupleraies, plantées hors forêt, ayant pour objectif la production, à courte révolution, de bois tendres.

Si dans une première période les reboisements créés avec l'aide du Fonds forestier national étaient exclusivement le fait d'espèces résineuses (Sapin, Épicéa, Douglas, Pin), depuis une dizaine d'années, les feuillus (Hêtre, Chêne) sont de plus en plus utilisés soit pour former des peuplements purs, soit en mélange avec des résineux.

Il convient de rappeler ici que la forêt domaniale ne représente que 12 p. 100 environ et les forêts dites soumises (c'est-à-dire sous contrôle au moins partiel de l'État) 18 p. 100. 70 p. 100 des surfaces boisées françaises sont donc de statut privé, avec une extrême dispersion de la propriété.

Les tendances à l'artificialisation de nombreuses surfaces forestières sont de deux ordres : élimination partielle ou totale des essences secondaires, tendance à des peuplements équiennes (tous les arbres conservés sont à peu près du même âge et implantés en de monotones alignements) et introduction d'essences étrangères à meilleur rendement. Beaucoup de propriétaires fonciers choisissent ces voies à la fois pour une rentabilisation plus rapide et pour de plus grandes facilités d'exploitation et de vente. Ainsi s'explique l'extension des plantations de Pins (Pin noir d'Autriche, Pin sylvestre, etc.), de Sapins (Sapin de Nordmann), d'Épicéas divers et, surtout récemment, du Douglas qui pousse de 18 à 20 m en vingt ans, contre une

Les plus grands arbres du monde

En Europe, un vieux Hêtre s'élève rarement à plus de 40 m, un très vieux Sapin ne dépasse guère 50 m. La surprise fut grande lorsque le botaniste écossais Menzies annonça, en 1792, qu'il avait découvert des arbres géants sur les pentes des montagnes bordant la côte pacifique des États-Unis.

Certains de ces conifères — l'Épicéa de Sitka, le Douglas — pouvaient atteindre 100 m de haut. Quant aux Séquoias toujours verts, ils semblaient même parfois dépasser cette taille.

Par la suite, les botanistes trouvèrent dans la même région des Séquoias géants encore plus énormes. Un exemplaire, mesuré à terre en 1920, atteignait 133 m, avec 36 m de circonférence à la base, ce qui faisait de lui le plus haut et le plus lourd de tous les êtres vivants connus.

Le rorqual bleu, le plus grand animal actuel, mesure 32 m de long, dépassant ainsi la taille des Diplodocus qui n'avaient guère plus de 25 m, et pèse 130 t, mais un Séquoia en pèse parfois plus de 1 000 !

Record absolu ? Non, car on découvrit en Australie des Eucalyptus encore plus grands : l'*Eucalyptus regnans* peut en effet dépasser 150 m de haut, l'un d'eux aurait même atteint 165 m.

dizaine de mètres pour le Chêne, le Hêtre ou même le Sapin pectiné. Se reproduisant à l'âge de quinze ans, exploitable à quatre-vingts ans, le Douglas occupe au moins 30 000 ha des forêts artificielles françaises. Les impératifs économiques (besoins en pâte à papier, cellulose, etc.) ont conduit aussi à l'utilisation d'essences à forte rentabilité dans les terrains soumis. On sait que ces opérations ont entraîné de nombreuses polémiques, en particulier au moment où se développait une prise de conscience pour la protection des patrimoines naturels.

Cependant, la mise au point de nouvelles techniques industrielles permettant une utilisation moins coûteuse de nombreuses essences et le souci de prendre en compte des impératifs écologiques, visant à maintenir la diversité biologique et génétique et l'originalité des terroirs français, peuvent être des facteurs jouant en faveur d'un équilibre feuillus-résineux dans les reboisements : le développement de maux spécifiques comme le risque d'extension rapide d'incendies peut, dans une certaine mesure, être atténué. L'implantation d'essences variées apporte aussi une diversité non négligeable dans le paysage, et probablement une qualité plus grande des humus, favorables à la diversité de la vie inféodée à l'existence des forêts.

Le traitement des maladies des arbres, forestiers ou non, pose de nombreux problèmes qui ne sont pas complètement résolus actuellement. Aux techniques purement chimiques, souvent très fortement perturbatrices pour la faune et la flore, on tend à substituer des techniques de lutte biologique, habituellement plus sélective. D'autre part, l'exploitation même de la production ligneuse n'est pas sans engendrer des nuisances : l'utilisation de moyens lourds pour extraire les grumes nécessite souvent l'ouverture de routes, altérant les paysages forestiers, surtout en montagne, et leur passage dans les parcelles est parfois néfaste aux sols, surtout si ceux-ci sont argileux.

Les structures administratives qui gèrent la forêt doivent donc s'efforcer de concilier les divers impératifs, cela au travers de la révision des aménagements ; si le maintien de grandes surfaces boisées de protection est un impératif sur les versants abrupts pour lutter contre l'érosion, si l'on assure aussi la pérennité de certains types forestiers exceptionnels (parcelles classées), l'exploitation de la production ligneuse comme l'ouverture des forêts à la fréquentation publique (très perturbatrice en zones péri-urbaines) entrent aussi en jeu dans l'établissement des politiques à long terme que chercheurs et gestionnaires forestiers comme biologistes et écologues peuvent chercher à définir.

Photographié à quatre-vingts ans d'intervalle, ce paysage est celui de l'Hort de Dieu, à l'Aigoual. Aux rocailles souvent dénudées ont succédé, grâce aux efforts de reforestation, de vastes zones boisées aujourd'hui verdoyantes, au sein desquelles se trouve l'arboretum de l'Hort de Dieu. De nombreuses essences, en particulier méditerranéennes, y ont été acclimatées. Une large place est réservée aussi aux espèces spontanées du sud de la France.

Comment reconnaître les arbres

LES CLÉS DES CONNAISSANCES

Dès que l'on a acquis un peu d'expérience, la seule observation de quelques caractères permet de reconnaître beaucoup d'essences et d'arbustes de nos régions : à l'allure d'un Épicéa à silhouette triangulaire s'oppose immédiatement celle d'un vieux Chêne à couronne massive et arrondie. Mais, parmi les caractères qui permettent l'identification, et parce que ceux-ci sont quasiment en permanence sur l'arbre, alors que les fleurs ou les fruits le sont moins, figurent les feuilles, qui ont été choisies comme guide dans la partie « Album des espèces » de cet ouvrage. Cependant, les feuilles elles-mêmes sont de formes et de dimensions parfois assez variables, et c'est pour ces raisons que plusieurs éléments complémentaires d'identification ont été réunis dans ce chapitre : par exemple, pour les arbres caducifoliés, les couleurs et caractères des écorces, l'aspect des rameaux ou des bourgeons en hiver ; lors de la floraison, les fleurs et les inflorescences peuvent être observées et favoriser l'identification d'une espèce, de même qu'en automne, en général, l'examen des fruits, de formes et de couleurs très variées... Ces différents critères utilisables sont rappelés, avec renvois, aux pages d'introduction à l'étude de chaque type de caractère.

Cependant, il existe une très grande variété de caractères et, lorsque l'on dispose d'échantillons assez complets, en saison favorable, on pourra utiliser le tableau dichotomique qui figure ci-après ; il conduit, par comparaison successive et élimination progressive de caractères, à l'identification de familles ou de genres que l'on trouvera dans l'ouvrage. Ce tableau est extrêmement simplifié par rapport à ceux que l'on trouve dans les ouvrages spécialisés (les *Flores*), où sont traités simultanément végétaux ligneux et herbacés, et dans lesquels des clés dichotomiques sont établies d'abord pour la reconnaissance des familles, celle des genres, puis des espèces ou même des sous-espèces.

Le présent Guide ne traitant que des arbres, des arbustes et des arbrisseaux, seuls, les caractères d'espèces ligneuses dans chaque famille ou dans chaque genre cités ont naturellement été pris en compte.

Les noms des arbres

La connaissance des êtres vivants repose en grande partie sur la détermination des espèces, des genres et des familles. Chacune des unités décrites (dites « taxon ») doit n'être désignée que par un seul nom adopté universellement. Cette homogénéité de la nomenclature est particulièrement importante lorsqu'il s'agit de végétaux utilitaires, tels les arbres, les arbustes et les arbrisseaux, car les qualités techniques des bois d'œuvre, comme l'esthétique des silhouettes et des floraisons des arbustes à fleurs, par exemple, sont liées aux espèces auxquelles ils appartiennent.

Face à la multiplicité des noms communs (dits aussi vernaculaires ou populaires), dont il peut exister, au travers des langues, des idiomes ou des patois, plusieurs centaines pour une seule espèce, il fallait adopter une nomenclature indépendante. Et c'est en latin que les arbres sont désignés.

Pour illustrer les risques de confusion et d'incompréhension qu'entraîne l'usage des noms populaires, on peut choisir les Chênes : le « Chêne blanc » est, en Provence, le Chêne pubescent (*Quercus pubescens**), alors que la même expression française désigne, en Picardie ou en Gascogne, le Chêne pédonculé (*Quercus robur**), cela, bien que l'emploi de Chêne blanc pour le Chêne pubescent puisse se retrouver aussi dans le Nord-Est. Sous la dénomination de « Chêne noir », très souvent appliquée au Chêne rouvre (*Quercus petraea**), on entend, en Périgord ou dans les Charentes, « Chêne pubescent », connu ailleurs sous le nom de « Chêne blanc » ! Et même au-delà de l'Atlantique, il existe un *White Oak* (Chêne blanc) et un « Chêne noir », tous deux arbres d'Amérique du Nord, se rapportant respectivement aux espèces dénommées scientifiquement *Quercus alba* L. et *Quercus nigra* L., ces noms latins ne correspondant plus du tout à nos Chênes « blanc » et « noir ».

Le latin, langue universelle

Le latin fut d'abord employé sous forme de phrases descriptives assez complexes (le nom d'un arbre comprenait parfois une dizaine de mots), et, depuis Linné (1753), sous la forme beaucoup plus abstraite de deux mots (nomenclature dite « binominale »). Ces deux mots, écrits en italique, désignent le nom du genre (considéré comme substantif, et s'écrivant avec une initiale majuscule), pour le premier, et le nom d'espèce (considéré comme épithète, et s'écrivant avec une initiale minuscule) pour le second ; ce « binome » ou binom est suivi du nom de son ou de ses auteurs, généralement en abrégé et écrit en romain. Le nom scientifique du Chêne-liège est *Quercus suber* L. ; *Quercus* désignant le genre « Chêne », et *suber* l'espèce « liège » ; L. étant l'abréviation, conventionnellement admise, de Linné (Charles Linné, 1707-1778). Bien entendu, on connaissait le Chêne-liège avant Linné, et il eut auparavant d'autres noms latins. Mais le Code de nomenclature internationale des végétaux (dont le premier fut élaboré et admis à Paris en 1867), qui a valeur juridique pour tous les pays, a admis que seuls seraient officiellement retenus les binomes latins publiés après 1753 (Linné, Species Plantarum).

La définition scientifique d'une espèce, son appartenance à un genre peuvent être remises en cause par les découvertes successives des botanistes. Ainsi, l'un de nos Hélianthèmes arbustifs s'appelle-t-il aujourd'hui *Halimium alyssoides* (Lam.) K. Koch, après s'être appelé longtemps *Helianthemum alyssoides* (Lam.) Vent. Ces expressions rappellent que c'est Lamarck (1744-1829) qui a défini le premier cette espèce (dans la partie « botanique » de l'*En-*

cyclopédie de Diderot), mais il rapporta la plante au genre botanique *Cistus* (les Cistes). Ventenat (1757-1808), l'auteur du *Jardin de la Malmaison* (illustré par Redouté pour l'impératrice Joséphine), reconnut un peu plus tard que les caractères de la plante différaient de ceux des Cistes, et il classa l'espèce dans le genre *Helianthemum*. Puis on s'aperçut que tout un groupe d'Hélianthèmes était constitué de végétaux sous-arbustifs ligneux distincts des Hélianthèmes annuels ou vivaces, mais à tiges ayant souvent une rosette de feuilles basales. C'est le botaniste-dendrologue allemand K. Koch (1809-1879) qui reconnut en 1853 que l'espèce *alyssoides* décrite par Lamarck devait être « rangée » dans le genre *Halimium* (décrit par Dunal et Spach), d'où le nom actuel de la plante.

La notion d'espèce, au premier abord assez claire, est si difficile à cerner en botanique qu'aucune définition ne fut véritablement admise universellement ; le critère d'interfécondité entre individus, donnant des descendants stables et viables à long terme (c'est-à-dire pouvant eux-mêmes donner naissance à d'autres générations), est admis comme très important, en sus des caractères de ressemblances morphologiques de l'ensemble des organes (des feuilles, fleurs ou fruits jusqu'aux pollens ou aux constituants chimiques existant dans ces organes). Ni d'application automatique ni immuable, la définition d'une espèce peut varier selon les botanistes, qui peuvent classer une même unité soit à ce niveau « espèce », soit à un niveau inférieur, dit « infra-spécifique ».

Variétés, hybrides et cultivars

Une espèce peut en effet être subdivisée en plusieurs sous-espèces et variétés, en fonction de caractères secondaires, souvent issus de l'isolement géographique ou sexuel des populations dans un milieu particulier. La sous-espèce est aussi désignée par un qualificatif latin en italique, suivant l'épithète spécifique et parfois précédé de l'abréviation ssp. ou subsp. Par exemple, le Pin noir dit souvent Pin noir d'Autriche (*Pinus nigra* Arn.) possède une multitude de populations disjointes depuis les Balkans jusqu'en Espagne. Plusieurs sous-espèces bien différenciées ont été identifiées, en particulier, pour nos régions, le Pin de Salzmann (*Pinus nigra* Arn. subsp. *salzmannii* [Dun.] Franco), du sud des Cévennes et des Pyrénées, et le Pin Laricio de Corse (*Pinus nigra* subsp. *Laricio* [Poir.] Maire), vivant l'une et l'autre dans une aire assez restreinte, mais la seconde étant l'objet de fréquentes introductions sylvicoles ou horticoles.

Une espèce ou une sous-espèce peuvent inclure aussi des variétés discernables sur des critères encore plus fins, désignées elles aussi par un mot latin, précédé de l'abréviation var. Ainsi, le Chêne pédonculé possède, parmi d'autres, une variété à floraison et foliation tardives, dite Chêne de juin (*Quercus robur* L. var. *tardissima* Simonk.) et une variété à branches secondaires redressées (*Q. robur* L. var. *fastigiata* Lam.).

A côté des espèces considérées (parfois à tort) comme « pures », il existe des hybrides naturels ; mais, surtout, beaucoup de végétaux ligneux utilisés proviennent de sélections ou de croisements horticoles. Si l'origine hybride est prouvée ou généralement reconnue, on fait précéder l'épithète spécifique du signe ×. Ainsi l'un des Platanes les plus communément plantés, le Platane à feuilles d'Érable (*Platanus* × *hybrida* Brot. = *Platanus* × *acerifolia* [Ait.] Willd.) est souvent considéré comme un hybride artificiel des deux espèces *occidentalis* L. et *orientalis* L., la première, spontanée uniquement en Amérique, la seconde, dans l'est du Bassin méditerranéen, toutes deux autrefois cultivées en Europe occidentale.

Lorsqu'il s'agit de végétaux dont l'originalité a été acquise avec certitude par voie artificielle et sélections, on dit qu'il s'agit de « cultivars ». Ils sont désignés par un nom arbitraire, sans rapport avec les noms de genre ou d'espèce, souvent précédé de l'abréviation cv. ou cités entre bractées simples ; par exemple, le Cèdre de l'Atlas a une variété « Cèdre pleureur » inconnue dans la nature et obtenue en horticulture, désignée sous l'expression *Cedrus atlantica* (Endl.) Carr. cv. Pendula (ou 'Pendula', avec initiale majuscule). Les multiples noms donnés à des Rosiers de jardin correspondent à des cultivars ('Queen Elizabeth', 'Sonia', etc.).

L'utilisation de la taxinomie

La reconnaissance et la définition des espèces est l'objet d'une science appelée « systématique », fondement de toutes les recherches sur le monde vivant (actuel ou passé), la « nomenclature » étant l'ensemble des règles permettant de mieux individualiser et transmettre les résultats acquis par la systématique. La recherche d'une hiérarchie de caractères (des plus fins aux plus importants ou généraux) permet d'établir des niveaux de classification (espèces, genres, familles, etc.), et une science particulière, la « taxinomie », s'occupe des classifications et des principes pouvant guider la construction des systèmes classificatoires. L'un de ceux-ci est donné dans ce guide sous forme simplifiée, c'est le « tableau dichotomique ».

Les espèces sont groupées en genres, ceux-ci étant de valeurs numériques très diverses : le genre *Quercus* (les Chênes) comprend plus de 400 espèces au nord de l'équateur, dont 8 en France et seulement la moitié en Suisse ou en Belgique, à l'état spontané. Le genre *Fagus* (les Hêtres) comprend seulement une dizaine d'espèces, dont une seule spontanée en France, en Suisse et en Belgique. Les genres sont eux-mêmes des divisions de la famille botanique, unité beaucoup plus large, dont la définition repose sur des critères plus complexes, dont l'unité n'est pas toujours évidente pour le profane : ainsi la famille des Scrofulariacées (en latin *Scrophulariaceae*) inclut des arbres, dont le célèbre Paulownia, mais ne comprend en Europe, parmi les espèces spontanées, que de petites plantes, la plupart herbacées, dont les modestes Véroniques, ou bien les Digitales et les Mufliers. Le nom scientifique d'une famille est fondé sur le nom d'un genre type (en général) : ainsi, Fagacées (les Hêtres, les Chênes, etc.) est fondé sur le nom latin du Hêtre *(Fagus)*.

Botanistes et dendrologues

C'est bien entendu par le fait que l'homme dispose du langage et de l'écriture que les arbres, parmi mille autres créations, portent des noms. Au gré du développement de plus en plus spécialisé des sciences, les « naturalistes » se distinguèrent en botanistes, zoologues, géologues, puis, de nos jours, écologues, biologistes, etc. Et même parmi la botanique il est des spécialités multiples : la dendrologie (science des arbres en général), l'arboriculture, la sylviculture ou la pommologie (science des arbres fruitiers) sont parmi celles qui s'occupent des végétaux ligneux. Au-delà de l'œuvre des botanistes qui décrivaient toutes les plantes selon des critères très variés (Dioscoride citait 600 à 800 entités et Bauhin, au XVIIe s., 6000), Linné affina au XVIIIe s. son « système sexuel » de classification, reconnaissant plusieurs dizaines de milliers d'espèces, et en même temps, les Jussieu, Buffon, Adanson, Lamarck jetaient les bases de nouvelles classifications.

Avec Duhamel du Monceau (1700-1782) commencent en France les publications spécialisées de dendrologie, incluant pommologie, exploitation et utilisation des bois, etc., et les connaissances fondamentales sur les arbres se développent considérablement, en particulier à travers des collections vivantes (arboretums, fruticetums) qui se constituent peu à peu, au fur et à mesure de la découverte et de l'exploration des terres lointaines. La matière « bois », si importante en économie, justifiait que l'on s'attachât à mieux connaître la structure et l'anatomie des arbres, car cela déterminait en partie les possibilités d'utilisation futures des billes et grumes.

Aussi, la spécialisation s'accentuera encore, et des botanistes et dendrologues s'attacheront à des groupes particuliers d'arbres ; parmi beaucoup d'autres, en France, Carrière (XIXe s.) et Gaussen (XXe s.) étudièrent les conifères, Aimée Camus (XXe s.) analysa les Saules, les Châtaigniers et surtout les Chênes, Jean Pourtet (contemporain) fut un spécialiste mondial des Peupliers et de la populiculture. Le *Traité des arbres et arbrisseaux* de Mouillefert (1892-1898), l'*Atlas des arbres et arbustes* de Guinier (1912), la *Flore forestière* de Mathieu et Fliche (1897), la *Dendrologie forestière* de Hickel (1932) ou plus récemment *les Feuillus* et *les Conifères* de Pardé (1937-1941) et la *Flore des arbres, arbustes et arbrisseaux* de Rol et coll. (contemporaine) sont quelques-uns des ouvrages descriptifs des végétaux ligneux spontanés ou introduits de nos régions, ouvrages dont la consultation est indispensable pour approfondir et préciser les données des Guides pratiques, tel le présent ouvrage. Parmi ceux qui jouèrent un très grand rôle, on ne peut oublier la dynastie des Vilmorin qui, du XVIIIe s. à nos jours, compta d'éminents spécialistes qui ne cessèrent de tenter des introductions et de les perpétuer : le parc de Verrières*, l'arboretum et le fruticetum des Barres* témoignent toujours de leurs efforts depuis deux siècles. Les Candolle en Suisse, Visart et Bonner en Belgique, Naudin et Mueller en France ont participé, parmi beaucoup d'autres, et de diverses manières, à l'essor de la dendrologie et à l'expansion de l'intérêt pour l'acclimatation d'essences exotiques.

Carl von Linné (1707-1778)

Jean-Baptiste de Lamarck (1744-1829)

Henry-Louis Duhamel du Monceau (1700-1782)

Pierre-Joseph Redouté (1759-1840)

Tableau dichotomique

La plupart des ouvrages d'identification des êtres vivants sont basés sur des méthodes de comparaison et d'opposition de caractères ; cette démarche est facilitée par l'établissement des clés dichotomiques mettant en relief des successions de couples de caractères différentiels. C'est le savant français Lamarck, dans sa *Flore françoise* (1778), qui mit au point sur une large échelle ce système toujours universellement utilisé.

Dans le tableau ci-dessous n'ont été retenues que les familles comprenant des arbres et arbustes étudiés dans l'Album des espèces. Au sein des trois divisions majeures mentionnées à gauche (Angiospermes dicotylédones, Angiospermes monocotylédones, Gymnospermes), on trouvera successivement des possibilités de choix entre deux (parfois trois) solutions s'excluant l'une l'autre, et cela pour des séries successives de caractères observables sur un spécimen ; ce tableau complète ainsi, sur la base d'autres critères d'identification, l'Album, fondé sur l'examen des feuilles.

Pour lire le « tableau », on doit commencer par le haut à gauche, puis se reporter au caractère opposé distingué par une ligne verticale de même couleur, et procéder ainsi de suite en « descendant » vers le bas et la droite ; on parviendra ainsi à situer la famille végétale à laquelle appartient l'individu observé ou l'échantillon récolté ; dans plusieurs groupes, le « tableau » pousse l'analyse jusqu'à un certain nombre de genres (Conifères, Légumineuses, etc.).

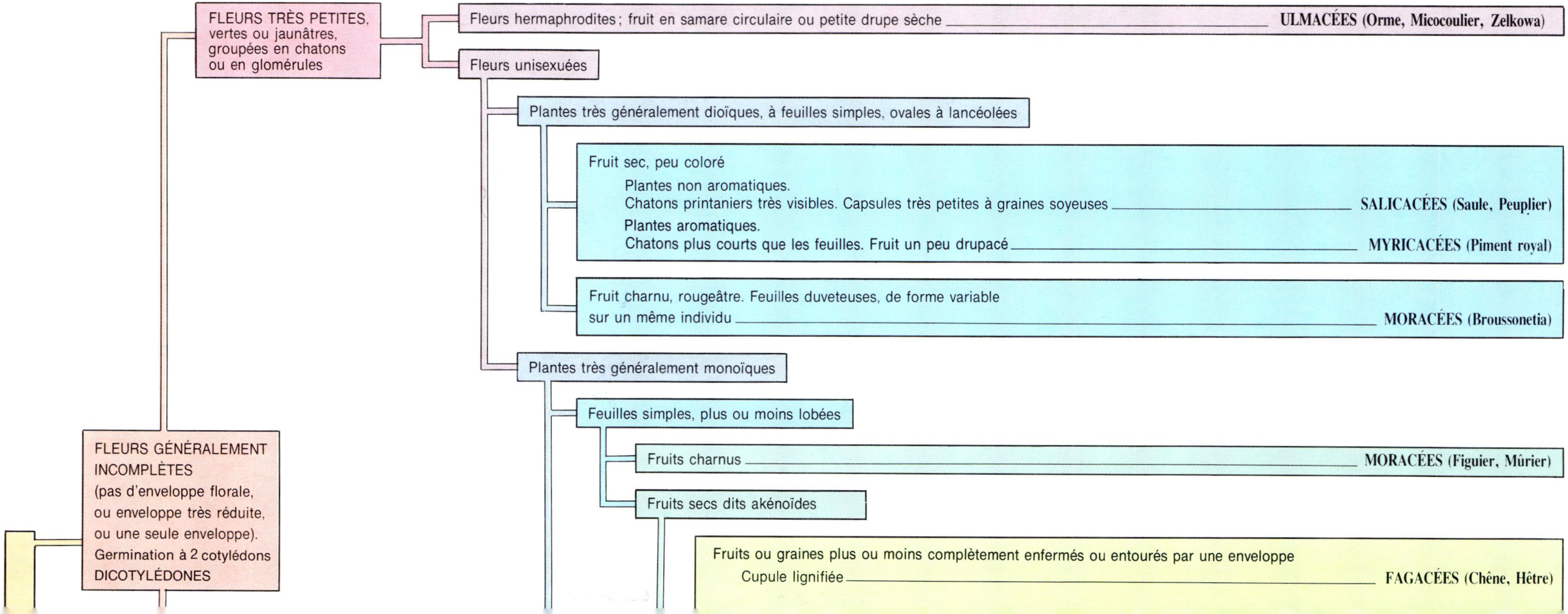

(Graines protégées = ANGIOSPERMES.)

- Enveloppe membraneuse
  - Fruit enfermé dans le périanthe persistant, herbacé ; plantes halophiles — **CHÉNOPODIACÉES** (Arroche, Obione, Soude)
  - Fruit partiellement entouré par les bractées — **CORYLACÉES** (Noisetier, Charme, Charme-Houblon)
- Fruits ou graines non enveloppés de pièces externes
  - Feuilles à nervation pennée — **BÉTULACÉES**
    - Infrutescences en chatons allongés — **Bouleau**
    - Infrutescences en petits cônes lignifiés — **Aulne**
  - Feuilles à nervation palmée
    - Infrutescences sphériques, au bout de longs pédoncules — **PLATANACÉES** (Platane)
    - Une infrutescence sphérique isolée au bout d'un long pédoncule — **HAMAMÉLIDACÉES** (Liquidambar)
- Feuilles composées
  - Fruits plus ou moins charnus de plus de 20 mm, constitués d'une cosse ou d'un brou épais et d'une noix à parois ligneuses et ridées — **JUGLANDACÉES** (Noyer, Carya)
  - Fruits secs ailés — **OLÉACÉES** (Frêne commun)

FLEURS BIEN VISIBLES, à périanthe coloré, non groupées en chatons ou glomérules serrés

- Inflorescence en grappe ou cyme (non en véritable ombelle)
  - Périanthe (enveloppe florale) à 4-5 pièces libres. Lianes à feuilles composées — **RENONCULACÉES** (Clématites)
  - Périanthe à pièces soudées en tube, au moins à la base
    - Périanthe à 4 pièces visibles
      - Habituellement 4 étamines ; feuilles et souvent rameaux couverts de minuscules écailles argentées — **ÉLÉAGNACÉES** (Argousier, Olivier de Bohême)
      - Habituellement 8 ou 12 étamines
        - 8 étamines (sur 2 rangs) ; tiges munies de fibres tenaces ; feuilles et tiges souvent à odeur peu agréable — **THYMÉLÉACÉES** (Daphné, Passerine)
        - 12 étamines ; plantes aromatiques — **LAURACÉES** (Laurier)

TRÈS RAREMENT RÉSINEUSES. FRUITS DE STRUCTURES TRÈS VARIÉES. Seulement très rarement en forme de cône.

- Périanthe à 3 pièces visibles — **SANTALACÉES (Rouvet)**
- Inflorescence en ombelle vraie
  - Fruit formé de 2 akènes accolés — **OMBELLIFÈRES (Buplèvre arbrisseau)**
  - Fruit en capsule tricoque — **EUPHORBIACÉES (Euphorbe arbustive)**

PÉTALES LIBRES (non soudés entre eux, sauf parfois un peu à l'extrême base)

- FLEURS ZYGOMORPHES (irrégulières à plan de symétrie)
  - Feuilles composées digitées
    - Fleurs à pétales presque semblables — **HIPPOCASTANACÉES (Marronnier)**
    - Fleurs papilionacées — **LÉGUMINEUSES (Lupin arbustif)**
  - Feuilles simples, ou trifoliolées, ou composées pennées ; fleurs en général papilionacées — **LÉGUMINEUSES**
    - Étamines libres (5 à 10) — **CÉSALPINIACÉES**
      - Feuilles simples, arrondies — **Arbre de Judée**
      - Feuilles composées
        - Folioles peu nombreuses, larges ; fleurs minuscules, sans pétales — **Caroubier**
        - Folioles très nombreuses, petites ; petites fleurs verdâtres à 3-5 pétales — **Févier**
    - Étamines, au moins certaines d'entre elles, plus ou moins longuement soudées par les filets — **PAPILIONACÉES**
      - Feuilles paraissant simples, ou très réduites, ou absentes
        - Plantes épineuses — **(Ajonc, Genêt épineux, Calycotome)**
        - Plantes non épineuses — **Genêts, Genêt purgatif, Anthyllide Faux Cytise**

PLANTES LIGNEUSES — (Graines protégées = **ANGIOSPERMES**)

FLEURS GÉNÉRALEMENT COMPLÈTES ; ENVELOPPE FLORALE à 4-5 sépales et 4-5 pétales. Germination à 2 cotylédons DICOTYLÉDONES

- Feuilles composées
  - Feuilles à 3 folioles, paraissant parfois à 5 folioles avec les stipules basales ———— **Adénocarpe, Cytises, Badasse**
  - Feuilles à 5-15 folioles, pennées ———— **Baguenaudier, Coronille, Robinier**

FLEURS ACTINOMORPHES, ou régulières (à symétrie axiale)

- Étamines très nombreuses, à très longs filets, masquant presque toujours totalement le périanthe très petit ———— **LÉGUMINEUSES-MIMOSACÉES (Mimosa, Albizzia)**
- Étamines ne masquant pas le périanthe
  - Plantes ligneuses à organes charnus ———— **CACTACÉES (Figuier de Barbarie)**
  - Plantes ligneuses sans organes charnus
    - Feuilles minuscules en écailles
      - Fleurs en étoile ———— **TAMARICACÉES (Tamaris)**
      - Fleurs formées de 4 sépales en clochette ———— **ÉRICACÉES (Callune)**
    - Feuilles à limbe bien développé

Feuilles opposées ou subopposées

✻ Étamines (de 2 à 10)

- 2 étamines ; pétales paraissant libres, beaucoup plus longs que le calice ———— **OLÉACÉES (Frêne à fleurs)**
- Plus de 2 étamines et 10 au plus
  - □ 4-8 étamines
    - ✦ Limbe palmatilobé ou feuille composée ; fruit en samare ———— **ACÉRACÉES (Érable)**
    - ✦ Limbe simple ; fruit drupacé

TRÈS RAREMENT RÉSINEUSES. FRUITS DE STRUCTURES TRÈS VARIÉES. Seulement très rarement en forme de cône.

★ Inflorescences plus ou moins ombelliformes terminant les rameaux dressés ou latéraux — **CORNACÉES (Cornouiller)**

★ Inflorescences axillaires

- ○ Fruit capsulaire, à 4-5 crêtes ou lobes
  - — Fruit charnu — **CÉLASTRACÉES (Bonnet de prêtre)**
  - — Fruit membraneux — **STAPHYLÉACÉES (Staphylier)**
- ○ Fruit drupacé, avec ou sans ailes, assez sec — **RHAMNACÉES (Nerprun, Paliure, Bourdaine)**

□ 10 étamines ; fruit charnu noir, déhiscent à 5 valves — **CORIARIACÉES (Coroyère)**

✻ Étamines très nombreuses (20 ou plus)

- ● Étamines libres entre elles
  - □ Pièces du calice libres ou presque — **CISTACÉES (Ciste, Hélianthème)**
  - □ Pièces du calice soudées entre elles
    - — Fruit charnu à nombreuses graines — **PUNICACÉES (Grenadier)**
    - — Fruit sec en urne, ou baie peu charnue, à peu de graines — **MYRTACÉES (Myrte, Eucalyptus)**
- ● Étamines soudées en faisceaux — **HYPÉRICACÉES (Androsème)**

Feuilles alternes

✻ Plantes sarmenteuses lianescentes

- ● Feuilles caduques — **VITACÉES (Vigne, Vigne vierge)**
- ● Feuilles persistantes — **ARALIACÉES (Lierre)**

✻ Arbres, arbustes ou arbrisseaux non lianescents

- ● De 3 à 10 étamines
  - □ 3-4 étamines. Fruit en capsule tricoque — **CNÉORACÉES (Camélée)**
  - □ 6 étamines (ainsi que 6 sépales, 6 pétales)
    Arbrisseaux munis d'épines à 3 branches — **BERBÉRIDACÉES (Épine-vinette)**
  - □ 5, 8 ou 10 étamines
    - ✦ Feuilles munies de glandes, odorantes — **RUTACÉES (Oranger)**
    - ✦ Feuilles sans glandes, translucides
      - ★ Fruits charnus — **SAXIFRAGACÉES (Groseillier)**
      - ★ Fruits peu charnus ou secs
        - ○ Fruits drupacés, petits ; arbustes à suc résineux — **ANACARDIACÉES (Pistachier, Sumac)**
        - ○ Fruits sec ailé — **SIMARUBACÉES (Ailante)**

- Étamines très nombreuses (15-30 souvent)
  - ☐ Très grandes fleurs (10-20 cm) — **MAGNOLIACÉES** (Magnolia, Tulipier)
  - ☐ Fleurs de moins de 5 cm
    - ✦ Pédoncules floraux libres — **ROSACÉES** (Prunier, Cerisier, Pommier, etc.)
    - ✦ Pédoncules floraux soudés à une grande bractée foliacée — **TILIACÉES** (Tilleul)

- PÉTALES SOUDÉS ENTRE EUX formant un tube plus ou moins long, droit ou courbé ; corolle « campanulée, urcéolée, bilabiée », etc.
  - FLEURS ZYGOMORPHES
    - 2-4 étamines
      - Fruit indéhiscent
        - Fruit sec constitué de 4 akènes généralement enfouis au fond du calice — **LABIÉES** (Germandrée arbrisseau, Romarin, Lavande, Thym)
        - Fruit plus ou moins drupacé — **VERBÉNACÉES** (Gattilier)
      - Fruit déhiscent
        - Capsule courte
          - Fleurs violacées en grappes — **SCROPHULARIACÉES** (Paulownia)
          - Fleurs bleutées serrées en tête dense — **GLOBULARIACÉES** (Turbith)
        - Capsule allongée ; graines à grandes ailes — **BIGNONIACÉES** (Catalpa)
    - 5 étamines en général ; fruits en petites baies colorées ; feuilles opposées ; lianes ou arbrisseaux sarmenteux — **CAPRIFOLIACÉES** (Chèvrefeuille, Sureau, Camérisier, Viorne)
  - FLEURS ACTINOMORPHES
    - Plantes hermaphrodites
      - 2 étamines — **OLÉACÉES** (Olivier, Lilas, Frêne, Jasmin, Troène, Filaire)

- Plus de 2 étamines
  - Fruit folliculaire, à allure de gousse ; plante à latex — **APOCYNACÉES (Laurier-rose)**
  - Fruit capsulaire ou bacciforme
    - 4 ou 5 étamines
      - Feuilles opposées ; corolle tubulaire — **BUDDLEIACÉES (Buddleia)**
      - Feuilles alternes ; corolle en cloche évasée — **SOLANACÉES (Douce-amère, Lyciet)**
    - 8-10 étamines — **ÉRICACÉES**
      - Corolle typiquement en grelot — **Bruyère, Arbousier, Myrtille**
      - Corolle en cloche évasée — **Rhododendron**
- Plantes généralement dioïques ; 14-24 étamines ; fruits charnus — **ÉBÉNACÉES (Kaki)**

FLEURS GÉNÉRALEMENT COMPLÈTES. PÉRIANTHE A 6 PIÈCES (3 externes, 3 internes) ; 3-6 étamines (germination à 1 seul cotylédon ; fleurs de type trimère)
Ce groupe n'a qu'un petit nombre de représentants ligneux, mais quelques grandes plantes sont néanmoins bien connues. MONOCOTYLÉDONES

- FLEURS non en épillets
  - FEUILLES SIMPLES
    - Feuilles charnues en rosettes basales, souvent à limbe lancéolé, rigide, coupant sur les marges — **AGAVACÉES (Yucca, Agave)**
    - Feuilles disposées sur des tiges ramifiées
      - Feuilles (en réalité cladodes) en très petites aiguilles — **LILIACÉES (Asperge)**
      - « Feuilles » à limbe plus large, non en aiguilles
        - Limbe du cladode ovale lancéolé ; fleurs naissant sur ce limbe — **LILIACÉES (Petit Houx)**
        - Limbe cordé à la base (feuille vraie), épineux sur les marges — **LILIACÉES (Salsepareille)**
  - FEUILLES COMPOSÉES PENNÉES OU PALMÉES, TRÈS GRANDES — **PALMIERS**
- FLEURS EN ÉPILLETS — **GRAMINÉES (Bambou)**

ARBRES OU ARBUSTES TRÈS GÉNÉRALEMENT RÉSINEUX. Fleurs petites unisexuées, sans enveloppe protectrice, réunies en chatons coniques denses. Fruit = cône ligneux (très rarement charnu : Ginkgo, If, Genévrier). — **Graines non protégées en général = GYMNOSPERMES**

- Feuilles en forme d'aiguilles plus ou moins larges
  - Aiguilles non prolongées sur le rameau (non décurrentes). Monoïques — **PINACÉES**
    - Grands cônes dressés, se disloquant sur l'arbre
      - Aiguilles fines groupées en petites touffes — **Cèdres** *(Cedrus)*
      - Aiguilles isolées, larges de 1 à 2 mm — **Sapins** *(Abies)*
    - Cônes pendants ou penchés, tombant d'un bloc
      - Aiguilles assez courtes
        - — Petits cônes penchés ; feuilles caduques — **Mélèzes** *(Larix)*
        - — Cônes allongés, pendants ; feuilles persistantes — **Tsuga, Épicéas** *(Picea)*, **Pseudotsuga**
      - Aiguilles très étroites, longues de plus de 4 cm, groupées par 2-5 dans une petite gaine basale — **Pins** *(Pinus)*
  - Aiguilles se prolongeant un peu sur le rameau (décurrentes)
    - Fruit charnu rouge ; arbre peu résineux, dioïque — **TAXACÉES (If)**
    - Fruit en petit cône globuleux lignifié — **TAXODIACÉES**
      - Aiguilles caduques — **Cyprès chauve** *(Taxodium)*, **Métaséquoia**
      - Aiguilles persistantes — **Séquoia toujours vert**
- Feuilles des jeunes rameaux en forme d'écailles ou d'aiguilles très courtes (10 mm environ)
  - Écailles larges (plus de 10 mm). Arbre à branches serpentiformes — **ARAUCARIACÉES (Araucaria)**
  - Écailles étroites (moins de 5 mm)
    - Écailles vertes
      - Écailles disposées en spirale sur les rameaux — **TAXODIACÉES (Séquoia géant Cryptomeria)**
      - Écailles disposées sur des lignes (2 à 6) — **CUPRESSACÉES**
        - Écailles longues de 10-15 mm, piquantes — **Genévrier commun, Cade**
        - Écailles très courtes, appliquées sur les rameaux
          - — Fruits plus ou moins charnus — **Autres Genévriers**
          - — Cônes ligneux — **Cyprès, Chamaecyparis, Thuya, Calocèdre**
    - Écailles très petites, jaunâtres, sur des rameaux paraissant articulés — **ÉPHÉDRACÉES**
- Feuilles caduques à limbe « en éventail » échancré au sommet. Fruit à allure de drupe **GINKGOACÉES**

Les racines

De même que la silhouette de la cime des arbres est très fréquemment caractéristique *(p. 30)*, l'allure des racines, bien que rarement visible, peut également présenter des profils typiques souvent aussi influencés par le milieu. Beaucoup de ligneux qui, jeunes, ont une racine pivotante, acquièrent ultérieurement une assise beaucoup plus large, étalée horizontalement et plus ou moins profondément enterrée.

Pour observer l'enracinement des arbres, on peut assez souvent, en forêt, profiter des « chablis » (arbres tombés en se déracinant), ou, en montagne, de phénomènes locaux d'érosion qui mettent partiellement à nu les racines.

QUELQUES TYPES DE RACINES

Plantule

Hêtre
page 103

Racines fasciculées

Chez les arbres âgés, le système racinaire est très ample et souvent enchevêtré, mais est dérivé d'un pivot bien visible sur la plantule très caractéristique de cette essence.

Ce type se rencontre chez de nombreuses espèces : Tilleuls, Ormes, parfois aussi chez les Sapins âgés.

Racines traçantes

Les sujets âgés possèdent souvent des racines fréquemment peu enfoncées dans le sol, occupant une très large surface et plus ou moins rayonnantes à partir de la base du tronc. Ce type se rencontre souvent chez les Saules, les Bouleaux, le Charme et aussi chez de nombreux fruitiers.

Épicéa commun
page 264

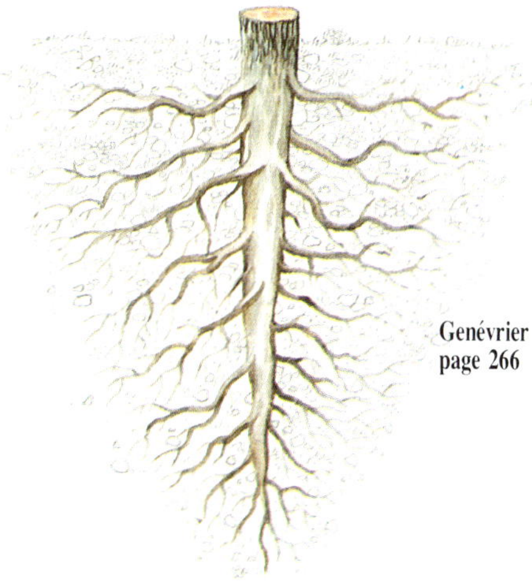

Genévrier commun
page 266

Racines pivotantes

Le pivot plus ou moins vertical, d'où partent de nombreuses racines latérales, reste différencié assez longtemps, mais finit aussi par s'effacer chez les arbres très âgés. Cette structure se rencontre aussi chez les Pins à l'état jeune, le Mélèze, le Noyer et de nombreux Chênes.

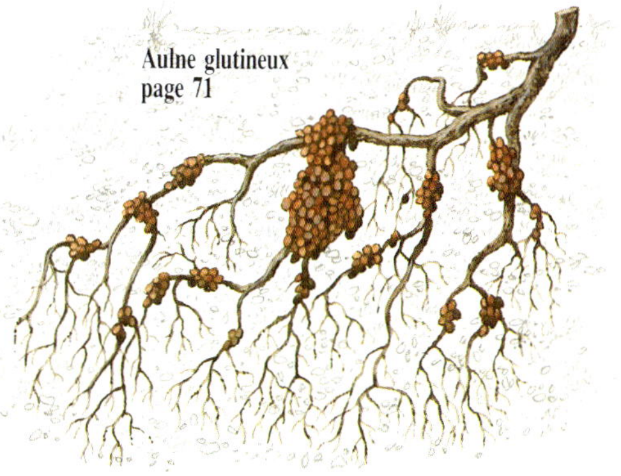

Aulne glutineux
page 71

Racines à nodosités

Le système racinaire, plutôt oblique à partir du tronc, est caractérisé par les amas de nodules souvent assez volumineux que l'on rencontre sur les parties extrêmes et les radicelles. Ces nodosités caractérisent aussi le système racinaire de nombreuses Légumineuses.

Le port des arbres

Un certain nombre d'éléments, dus soit à des faits génétiques, soit aux conditions du milieu, déterminent la forme générale d'un végétal ligneux.

Un premier élément d'appréciation est la hauteur des individus adultes, qui permet de distinguer les catégories suivantes :

Arbre : plante ligneuse, de plus de 7 à 8 m de haut, possédant un tronc bien différencié (fût) et des branches ramifiées délimitant une cime ou houppier.

Arbuste : plante ligneuse ayant des caractéristiques morphologiques semblables, mais ne dépassant pas 7 à 8 m.

Arbrisseau : plante ligneuse, de moins de 10 m, ramifiée dès sa base (pas de tronc principal bien distinct). Les arbres traités en cépaies peuvent temporairement présenter ce port né de rejets de souche.

Sous-arbrisseau : plante ligneuse basse (moins de 80 cm, parfois quelques centimètres seulement), habituellement très ramifiée ; des Saules alpins de plusieurs dizaines d'années peuvent ne pas dépasser 5 cm de haut.

Liane : végétal ligneux ou herbacé, dont la tige volubile a besoin d'un support pour se développer et est parfois munie d'organes d'accrochage : crampons, vrilles, ventouses, aiguillons.

Une terminologie définit les végétaux d'après la position des bourgeons par rapport au sol (ou aux conditions défavorables) ; les grands arbres se classent parmi les Phanérophytes, les très petits ligneux parmi les Chaméphytes.

Les angles que forment les rameaux entre eux et l'insertion des branches sur le tronc sont des caractères à observer, car ils sont souvent distinctifs : branches obliques, un peu pendantes (Épicéa commun, *p. 264*, Séquoia géant, *p. 284*, etc.) ; ou dressées, puis pendantes (Saule pleureur, *p. 167*), dressées obliquement au tronc (Hêtre, *p. 103*, Noyer commun, *p. 208*, Ailante, *p. 218*, Sorbiers, *p. 222*, *223*), ou formant un angle presque droit avec le tronc (nombreux Chênes, Sapin blanc, *p. 256*), ou encore presque parallèles au tronc (arbres dits fastigiés, Peuplier d'Italie, *p. 64*).

La forme spécifique d'une essence peut être fortement modifiée par les conditions d'environnement ; en futaie serrée, les silhouettes peuvent être étroites, et la même essence isolée peut être à cime très large ; l'exposition au vent peut conduire à la création de formes « en drapeau » ; les arbres âgés, surtout les résineux, peuvent prendre une cime « en plateau » ; enfin l'élagage ou l'émonde transforment considérablement leur port (arbres des villes ; arbres des haies, Chênes, Frênes ; Ormes, Saules de nombreux paysages bocagers).

Dans une même population, des arbres peuvent avoir des ports très divers (Genévrier thurifère, *p. 292*).

Couronne ample, arrondie, caractérisant de nombreux caducifoliés : Chênes, Érables, Frênes, Platanes, et quelques rares conifères (Ifs).

Houppier nettement triangulaire, large à la base, en pointe au sommet : nombreux résineux.

Chêne pédonculé
page 193

Thuya géant
page 286

Enfin, on reconnaît presque immédiatement au port un feuillu d'un résineux (ou conifère) ; en effet, alors que les silhouettes de la plupart des feuillus sont arrondies ou ovales, celles de très nombreux résineux sont très nettement pyramidales ou triangulaires, larges à la base, en pointe au sommet, les branches étant longues à la base de l'arbre, puis de plus en plus courtes vers le sommet du tronc. Chez les feuillus, le tronc se divise en plusieurs grosses branches, définissant une silhouette plus ample.

Il faut se rappeler que conifères et feuillus sont des notions bien différentes de caducifoliés et sempervirents, car s'il est vrai que la plupart des conifères sont à feuilles persistantes et très peu à feuilles caduques (Mélèze, Cyprès chauve), on trouve chez les feuillus de nombreuses essences toujours vertes (Laurier, Chêne vert, Arbousier, Houx), bien que la majorité de ces arbres dans nos régions perdent leurs feuilles en hiver (Hêtre, Charme, Noisetier, nombreux Chênes, etc.).

Aulne glutineux
page 71

Couronne de forme générale plus haute que large, plus ou moins ovale ou largement elliptique (Orme, Aulne, divers Pins).

Houppier formant à son sommet une « table » (arbres en général âgés, ou conditions de station particulières) : surtout résineux, dont Pin sylvestre, Sapin, Cèdre.

Pin sylvestre âgé
page 272

Saule pleureur
page 167

Couronne de forme générale arrondie, mais à branches terminales longuement pendantes (Saule, Bouleau).

Peuplier noir d'Italie
page 64

Houppier étroit, colonnaire (Peuplier d'Italie, Cyprès, divers Genévriers).

Houppier en boule, tronc souvent court, ou bien arbrisseaux, (Noisetier, Viorne-tin, Filaire, etc.).

Arbousier
page 150

Couleurs et caractères des écorces

Alors que la presque totalité d'un arbre est formée de cellules vivantes, l'écorce et la partie la plus interne du bois (cœur) ne sont plus véritablement fonctionnelles et prennent un développement s'accentuant avec les années.

L'écorce assure en fait une protection de la partie vivante du tronc et des branches, évitant vraisemblablement la déperdition trop accentuée d'eau et faisant un barrage efficace à diverses actions extérieures : fortes variations de températures, attaques des insectes ou de divers champignons, etc.

Privés de leur écorce, presque tous les arbres sont condamnés à brève échéance ; il en est de même si un anneau d'écorce est enlevé autour d'un tronc ou d'une branche. Comme le tronc et les branches des arbres grossissent, la partie externe de l'écorce, peu extensible, finit par se fendiller, se fissurer ou se crevasser profondément ; parfois la partie âgée de l'écorce, fortement disloquée, ne recouvre plus tout à fait la jeune écorce ; très souvent, le tronc d'un arbre jeune a une écorce assez différente de celle d'un individu âgé de la même espèce.

La manière dont s'orientent les craquelures, fissures, sillons, stries d'une écorce constitue un réseau souvent caractéristique d'une espèce, donnant un bon caractère pour les essais d'identification des feuillus caducifoliés en hiver. D'autre part, les lenticelles, visibles aussi sur les jeunes rameaux, sont également de bons indices. Quelques exemples montrent des types particulièrement reconnaissables en procédant à une observation d'écorces assez âgées.

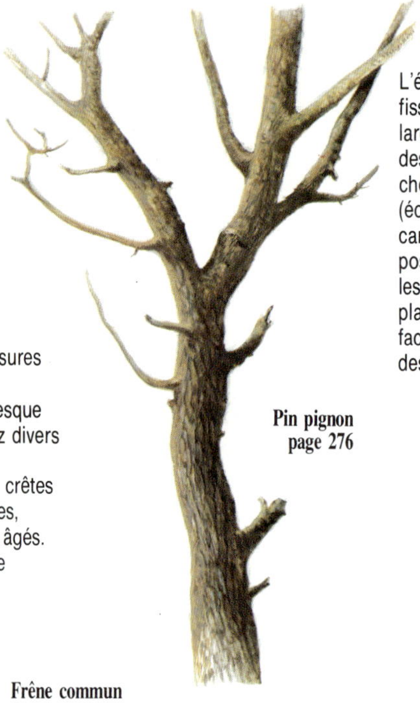

Pin pignon
page 276

L'écorce, brun-ocre ou roussâtre, se fissure profondément en délimitant de larges plaques. La plupart des Pins ont des écorces comparables, mais présentant chez chaque espèce des types de mailles (écailles) et des contrastes de couleurs caractéristiques ; ainsi le Pin sylvestre possède des écailles à face plane orangée, les Pins du groupe Laricio, des faces planes argentées, le Pin d'Alep, des faces planes rosâtres, le Pin à crochets, des écailles grises, assez ternes.

L'écorce, gris-vert, lisse sur l'arbre jeune, devient gris brunâtre plus tard, épaisse, formant un réseau de mailles et de crêtes. Des écorces à longues fissures verticales, délimitant des mailles allongées mais presque planes, existent aussi chez divers Tilleuls, chez le Tulipier ; chez plusieurs Saules, les crêtes sont étroites, anastomosées, à fort relief sur les arbres âgés. Un type comparable existe aussi chez le Cyprès.

Frêne commun
page 217

Merisier
page 120

L'écorce, rougeâtre, luisante, plus foncée sur les arbres âgés, est marquée de stries gris-brun, horizontales, correspondant à des lignes de lenticelles. La plupart des Cerisiers et des Pruniers présentent ce type d'écorce, certaines étant très colorées et tout à fait remarquables. Chez les Sorbiers, les écorces sont plus rugueuses, plus ternes, presque sans reflets, avec des lenticelles très en relief ; mais l'écorce des arbres âgés est fissurée, craquelée. Le Noisetier a une écorce s'écaillant un peu, gris verdâtre, à lenticelles en lignes horizontales, plus ou moins jaunâtres.

Pommier sauvage
page 74

L'écorce, brun terne, est régulièrement craquelée en mailles assez petites chez les sujets âgés. Beaucoup de fruitiers ont une écorce assez semblable différant par l'épaisseur et la dimension des « mailles » que forme l'écorce (Poiriers, Néfliers, etc.), mais la plupart des Cerisiers et Pruniers sont bien distincts. Des mailles régulières se rencontrent chez le Filaria à larges feuilles (écorce âgée), chez le Buis (arbres âgés), chez le Kaki.

Platane à feuilles d'Érable
page 179

L'écorce, gris foncé, terne, ou brun clair, s'exfolie en très larges plaques fines, délimitant de grandes surfaces lisses, jaune paille. Différents types d'écorces très lisses, s'exfoliant aussi parfois en plaques, caractérisent la plupart des Eucalyptus, certains Érables introduits ; divers Cyprès, le Ciste à feuilles de Laurier ont une écorce se détachant en lanières verticales.

L'écorce, gris un peu argenté, demeure très lisse et assez brillante chez les sujets jeunes et ne ternit en devenant un peu écailleuse que sur les arbres âgés. Chez le Charme, l'écorce est également lisse mais la surface du tronc est plus tourmentée. Chez le Cytise, l'écorce est gris-brun ; le Micocoulier, à écorce assez grise et lisse à l'état jeune, possède ensuite un tronc à surface fissurée. Chez l'Ailante, l'écorce devient écailleuse, marquée de fissures longitudinales plus claires.

Bouleau blanc
page 62

L'écorce, d'un beau blanc argenté, marquée de petites lignes horizontales noirâtres, se détache en fines lamelles.

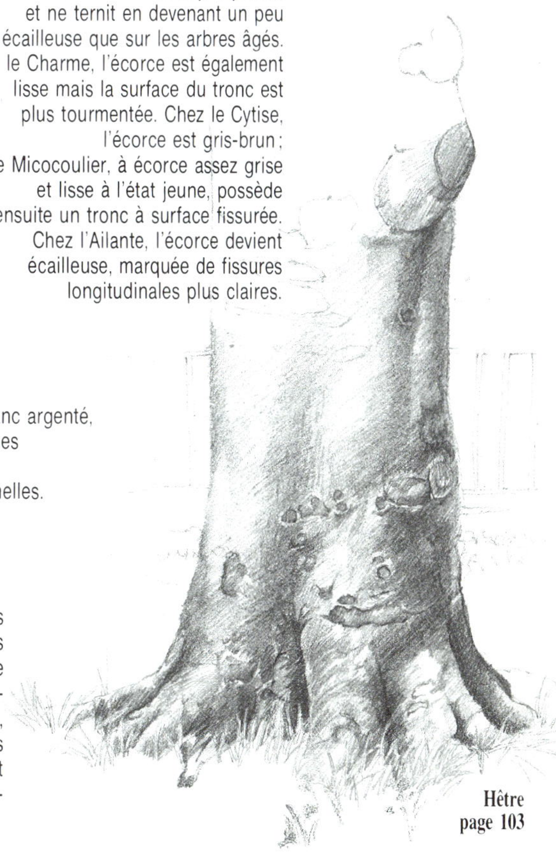

Hêtre
page 103

Chez les Chênes spontanés, l'écorce (rhytidome) est très épaisse, et marquée de mailles irrégulières, peu allongées verticalement (Chêne pubescent), ou étroites (Chêne rouvre), ou en crêtes épaisses et longues (Chêne pédonculé). Chez le Châtaignier, les fissures sont très profondes, délimitant des crêtes ou mailles plus étroites et très allongées, alors que chez l'Orme, les crevasses sont étroites, délimitant des écailles plus ou moins rectangulaires, à long côté vertical.

Comment identifier les rameaux et les bourgeons en hiver

Bien que dans ce livre ce soient les feuilles qui constituent le « fil conducteur » pratique pour le classement des arbres et arbustes dans l'Album des espèces, il ne faut pas oublier que le cycle de leur développement passe par des stades successifs qui présentent eux aussi des caractères utilisables pour la détermination des genres et des espèces pour de nombreux ligneux. C'est ainsi que, même en hiver, il est possible d'identifier de nombreux arbres, arbustes et arbrisseaux à une époque où ils sont généralement totalement dépourvus de feuilles.

Des éléments distinctifs, comme les couleurs et l'ornementation des écorces des jeunes rameaux sans feuilles, l'allure et la position des bourgeons, préparant la foliaison et la floraison pour la nouvelle année, permettent d'identifier les sujets. Il est instructif d'examiner l'extrémité des rameaux. Il est à noter, parfois, chez les fruitiers la présence de rameaux courts, qui croissent lentement et paraissent annelés.

La disposition des bourgeons sur les rameaux est un critère précieux : ils peuvent être opposés par paires, chaque paire formant un angle droit avec la précédente et la suivante, ou bien alterner, et dans ce cas, ils sont insérés selon des hélices assez complexes ; ce caractère se distingue bien chez les conifères à feuilles caduques. Ensuite, l'examen attentif de chaque bourgeon foliaire nous en apprend davantage. Quand ces bourgeons existent, les écailles protégeant les très jeunes feuilles fournissent de bons éléments distinctifs : leur nombre, leur couleur, la façon dont elles se recouvrent, les caractères de leurs marges doivent être notés. La dimension des bourgeons adultes est importante, mais ce caractère est aussi lié au niveau de développement et à la vigueur des individus.

Les boutons floraux et les cicatrices foliaires, éléments de détermination

Les boutons floraux qui contiennent les ébauches de fleurs pour la belle saison à venir sont habituellement plus trapus que les bourgeons foliaires ; cependant, les boutons situés sur des rameaux courts sont souvent plus petits que ceux des grands rameaux. La manière dont ces boutons sont insérés par rapport au rameau est importante : les boutons des Saules, par exemple, sont souvent presque complètement accolés aux rameaux, alors que les bourgeons du Hêtre s'écartent nettement des rameaux ; ceux du Charme y sont appliqués. Fréquemment, sur les rameaux âgés, on remarque des traces très visibles laissées par la base du pétiole des feuilles tombées : ces cicatrices aux contours et aux dimensions particulières sont fréquemment caractéristiques.

Parmi d'autres critères, on peut regarder aussi la couleur des rameaux de l'été passé ; l'allure, la densité et la disposition des lenticelles ; la section transversale, circulaire ou anguleuse ; la présence d'épines.

Rameaux munis d'épines

Un certain nombre d'arbres, arbustes et arbrisseaux ont des rameaux dits « armés », c'est-à-dire munis d'épines de dimensions et d'aspects très divers. Ces épines limitent souvent l'abroutissement par les animaux, et dans certains cas de tels végétaux sont particulièrement intéressants pour la constitution de haies vives défensives. Certaines espèces, épineuses dans les formes sauvages, sont inermes (sans épines) dans des races cultivées utilisées en arboriculture fruitière ou ornementale.

Robinier Faux Acacia
Bourgeons minuscules, presque invisibles, de même couleur que l'écorce ; épines des rameaux jeunes assez fortes, disposées par paires.
Page 213.

Févier d'Amérique
Bourgeons assez petits, bien visibles sur les rameaux jeunes, verdâtres ; épines fortes, aussi larges que le rameau à leur base, groupées souvent par 3, parfois ramifiées.
Page 214.

Nerprun purgatif
Bourgeons bruns, presque opposés sur les rameaux gris, striés ; épines irrégulièrement disposées et plus ou moins nombreuses au milieu des feuilles.
Page 97.

Épine-vinette
Bourgeons de 4 mm, subsphériques, brun sombre, disposés à l'aisselle de 3 épines étalées d'un seul côté du rameau à chaque niveau.
Page 147.

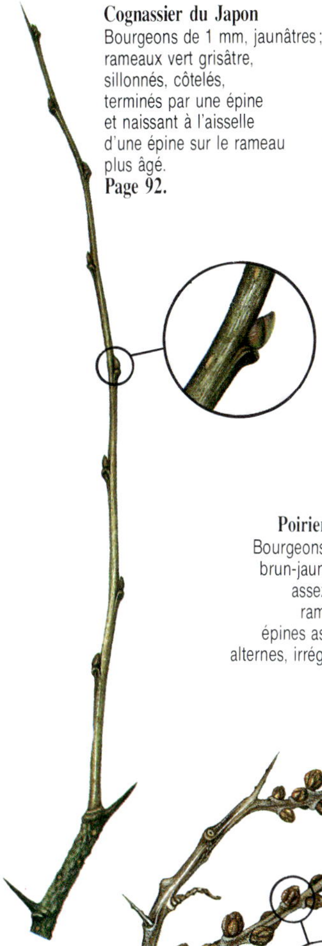

Cognassier du Japon
Bourgeons de 1 mm, jaunâtres ; rameaux vert grisâtre, sillonnés, côtelés, terminés par une épine et naissant à l'aisselle d'une épine sur le rameau plus âgé.
Page 92.

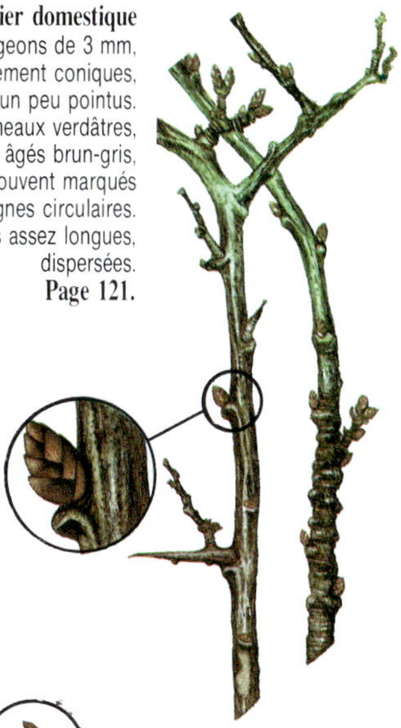

Prunier domestique
Bourgeons de 3 mm, largement coniques, un peu pointus. Jeunes rameaux verdâtres, les plus âgés brun-gris, souvent marqués de lignes circulaires. Épines assez longues, dispersées.
Page 121.

Poirier commun
Bourgeons de 5 mm, brun-jaune, glabres, assez arrondis ; rameaux gris ; épines assez fortes, alternes, irrégulièrement réparties.
Page 98.

Pommier sauvage
Bourgeons de 4 mm, coniques, arrondis, velus, brun-pourpre. Rameaux gris-brun ; épines courtes, distantes.
Page 74.

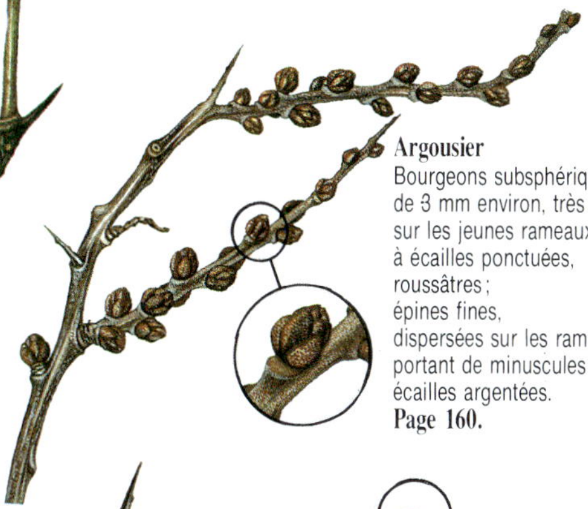

Argousier
Bourgeons subsphériques de 3 mm environ, très nombreux sur les jeunes rameaux, à écailles ponctuées, roussâtres ; épines fines, dispersées sur les rameaux portant de minuscules écailles argentées.
Page 160.

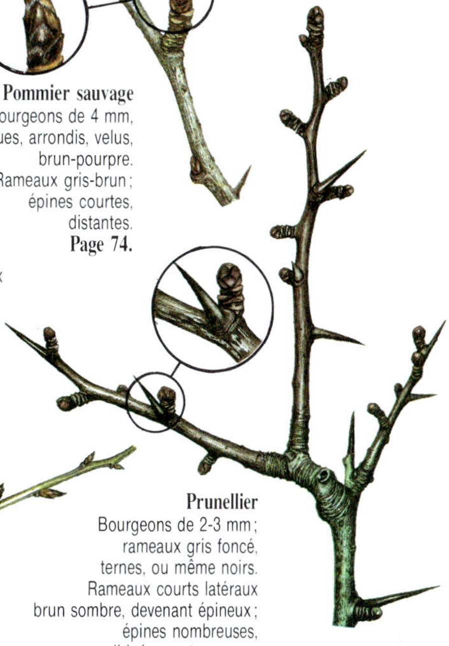

Prunellier
Bourgeons de 2-3 mm ; rameaux gris foncé, ternes, ou même noirs. Rameaux courts latéraux brun sombre, devenant épineux ; épines nombreuses, dirigées en tous sens, souvent à l'aisselle de bourgeons ou en portant. Les épines sont plus allongées chez l'Aubépine.
Page 122.

Prunier myrobolan
Bourgeons de 6 mm de long, étroits et pointus ; rameaux brun verdâtre ; épines assez peu nombreuses, sur les rameaux anciens.
Page 99.

Bourgeons groupés

Plusieurs espèces ligneuses ont des bourgeons groupés de manière caractéristique sur les rameaux. Chez les Cerisiers et arbres voisins, ils sont réunis sur de courts rameaux latéraux, mêlés aux boutons floraux ; chez les Chênes, il y a presque toujours plusieurs bourgeons au sommet d'un même jeune rameau. Dans ces divers cas, il s'agit de bourgeons possédant de nombreuses écailles protectrices.

BOURGEONS GROUPÉS AU SOMMET DES RAMEAUX LATÉRAUX

Amandier
Les bourgeons, brun assez clair, ont 3 mm, et sont groupés latéralement ou à l'extrémité des rameaux jeunes verdâtres.
Page 169.

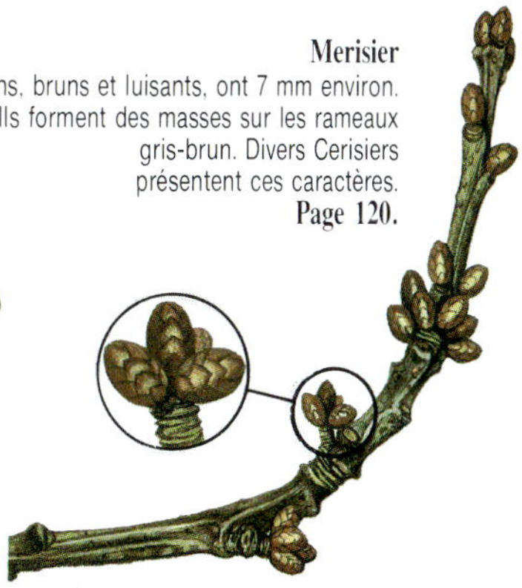

Merisier
Les bourgeons, bruns et luisants, ont 7 mm environ. Ils forment des masses sur les rameaux gris-brun. Divers Cerisiers présentent ces caractères.
Page 120.

BOURGEONS GROUPÉS AU SOMMET DES RAMEAUX TERMINAUX

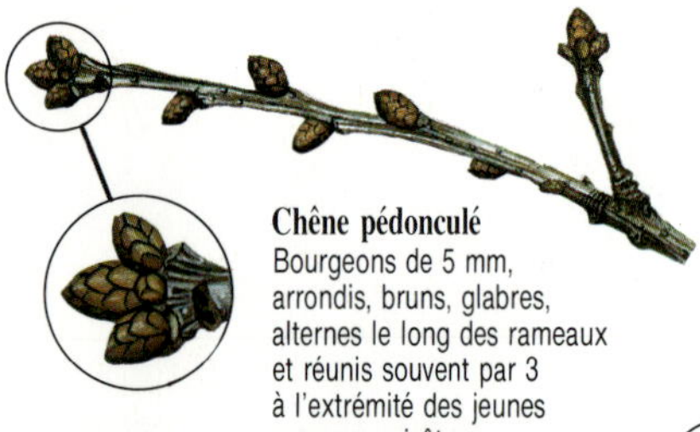

Chêne pédonculé
Bourgeons de 5 mm, arrondis, bruns, glabres, alternes le long des rameaux et réunis souvent par 3 à l'extrémité des jeunes rameaux grisâtres. Les bourgeons du Chêne sessile (p. 192) sont plus gros et un peu velus.
Page 193.

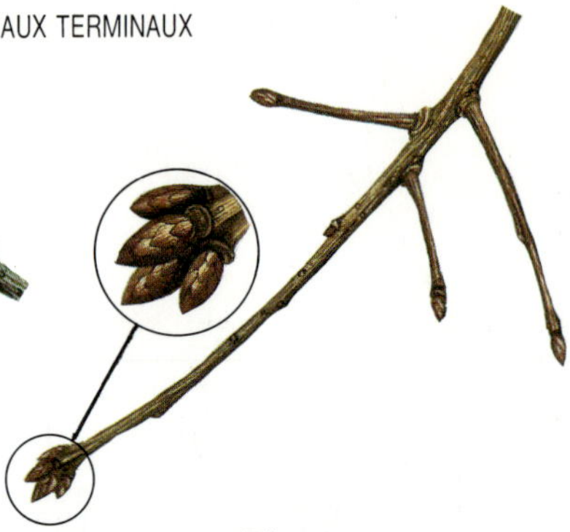

Chêne écarlate
Bourgeons de 3 mm, coniques pointus, très peu nombreux sur les rameaux, groupés par 3-4 sur le rameau extrême, ou isolés sur les rameaux latéraux ; rameaux jaunâtres ternes. Les bourgeons du Chêne des marais (p. 189) sont plus petits et les rameaux plus bruns.
Page 189.

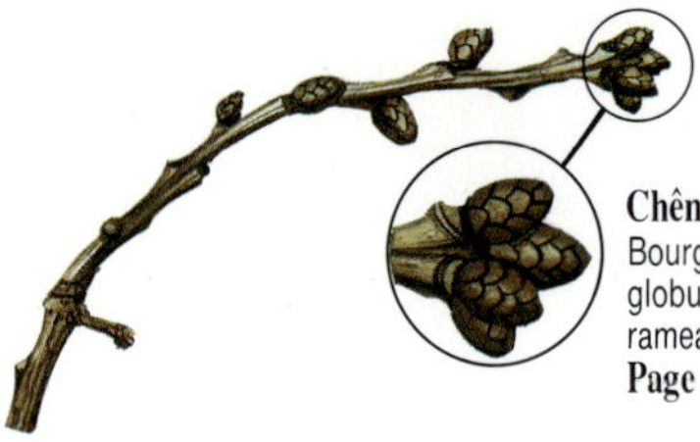

Chêne rouge
Bourgeons de 5 mm, globuleux, brun terne ; rameaux gris-brun.
Page 188.

Chêne chevelu
Bourgeons petits, de 2 mm environ, caractérisés par les pièces effilées (bractées) qui les accompagnent ; rameaux bruns.
Page 194.

Cicatrices foliaires bien visibles

Les rameaux des ligneux caducifoliés portent la trace très visible de l'attache du pétiole des feuilles tombées, particulièrement sur les rameaux de la belle saison écoulée. Chez certaines espèces, cette cicatrice est très nette et de forme typique, permettant une identification.

BOURGEONS OPPOSÉS SUR LES RAMEAUX

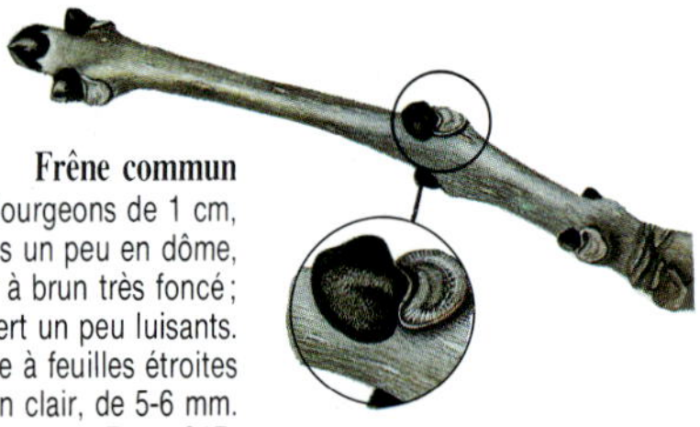

Frêne commun
Bourgeons de 1 cm, ovales un peu en dôme, noir à brun très foncé ; Rameaux gris-vert un peu luisants. Le Frêne à feuilles étroites a des bourgeons brun clair, de 5-6 mm.
Page 217.

Sycomore
Bourgeons de 1 cm, arrondis, à écailles vert clair à marges brunes ; rameaux brun pâle, marqués de lenticelles plus claires.
Page 176.

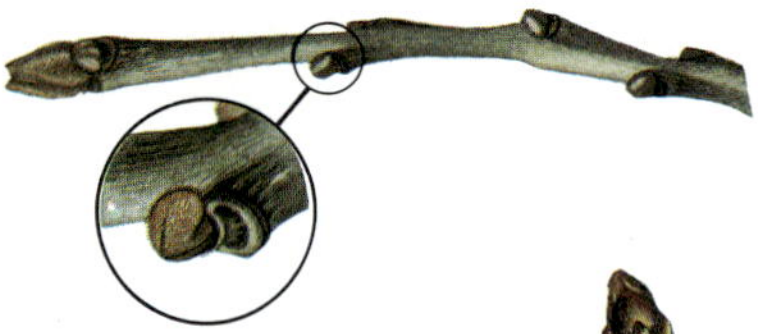

Frêne à fleurs
Bourgeons de 13 mm, marron clair, veloutés ; rameaux gris pâle.
Page 216.

Marronnier
Bourgeons de 15 mm, brun-profond, luisants collants ; rameaux brun-fauve, lenticellés. Chez le Marronnier rouge, les écailles sont vert terne, à marges pourpres ; chez l'*Aesculus indica*, les bourgeons sont plus fins, très visqueux.
Page 224.

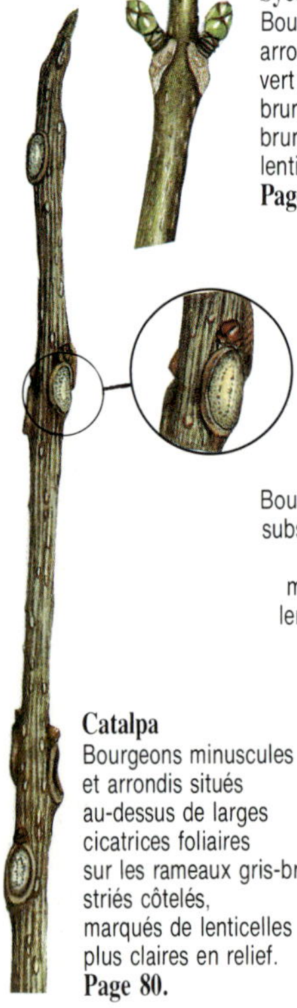

Catalpa
Bourgeons minuscules et arrondis situés au-dessus de larges cicatrices foliaires sur les rameaux gris-brun, striés côtelés, marqués de lenticelles plus claires en relief.
Page 80.

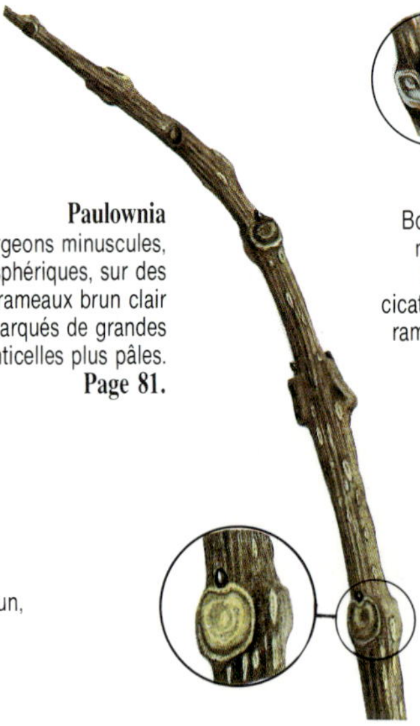

Paulownia
Bourgeons minuscules, subsphériques, sur des rameaux brun clair marqués de grandes lenticelles plus pâles.
Page 81.

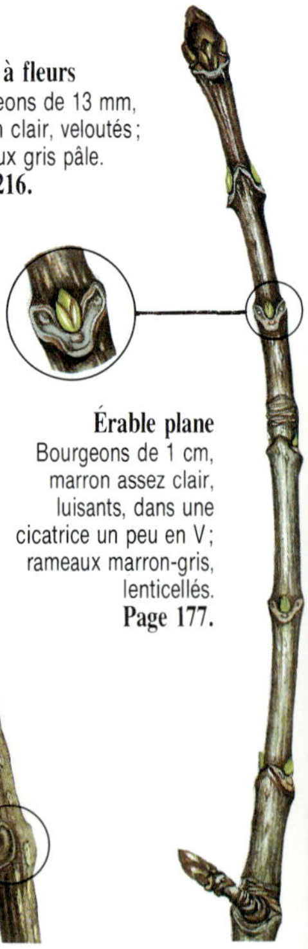

Érable plane
Bourgeons de 1 cm, marron assez clair, luisants, dans une cicatrice un peu en V ; rameaux marron-gris, lenticellés.
Page 177.

BOURGEONS ALTERNES
SUR LES RAMEAUX

Figuier
Bourgeon terminal verdâtre, conique, étroit et souvent un peu courbé au sommet ; rameaux gris ou verdâtres, portant souvent encore de petits fruits (figues immatures). Bourgeons latéraux plus sphériques.
Page 182.

Micocoulier
Bourgeons largement coniques et assez pointus, les latéraux plaqués contre les rameaux brun-vert clair marqués de lenticelles plus pâles.
Page 116.

Ailante
Bourgeons de 2 mm, plus ou moins sphériques ; rameaux glabres brun pâle, marqués de lenticelles arrondies, blanchâtres.
Page 218.

Sumac de Virginie
Bourgeons minuscules et velus, à peine visibles sur les rameaux, eux-mêmes velus et roussâtres.
Page 219.

Noyer commun
Les rameaux gris foncé sont finement striés longitudinalement et noueux. Les bourgeons, brun foncé, sont proéminents, de 5 mm de long. Les rameaux du Noyer noir sont plus foncés.
Page 208.

Bourgeons alternes à écailles velues

Toutes les plantes groupées ici ont des bourgeons d'aspect velouté très caractéristiques, souvent même soyeux ou argentés ; toutes les espèces citées ont aussi des bourgeons alternes ; les autres caractères (cicatrices, couleurs, etc.) peuvent être communs avec les bourgeons d'autres catégories étudiées.

Chêne pubescent
Bourgeons assez petits, brun-roux. Situés à l'extrémité des rameaux groupés, ils sont brun-roux clair, coniques, tomenteux ; les jeunes rameaux sont gris-brun, densément velus.
Page 190.

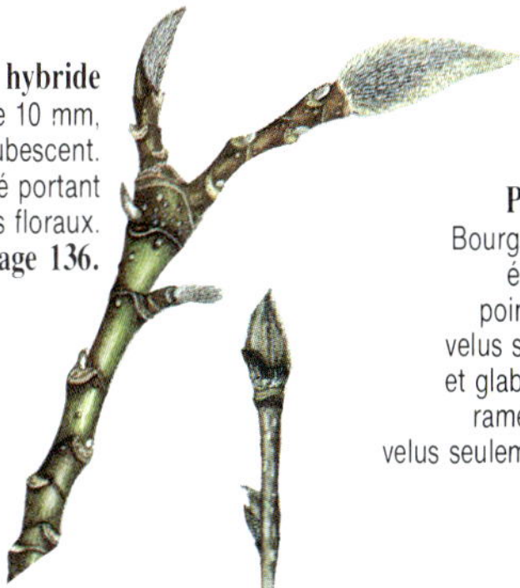

Magnolia hybride
Bourgeons de 10 mm, fortement pubescent. Rameaux brun foncé portant de gros boutons floraux.
Page 136.

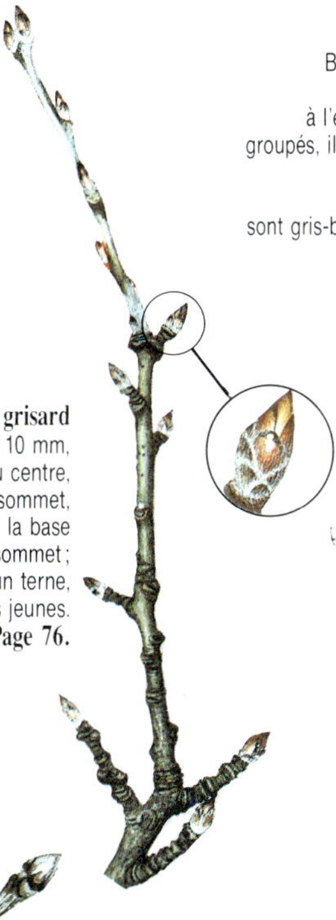

Peuplier grisard
Bourgeons de 10 mm, élargis au centre, pointus au sommet, velus surtout à la base et glabres au sommet ; rameaux brun terne, velus seulement très jeunes.
Page 76.

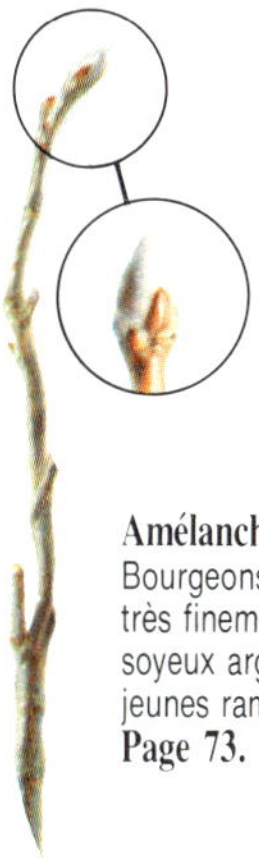

Amélanchier
Bourgeons de 2-4 mm, très finement pubescents soyeux argentés ; jeunes rameaux brun-roux.
Page 73.

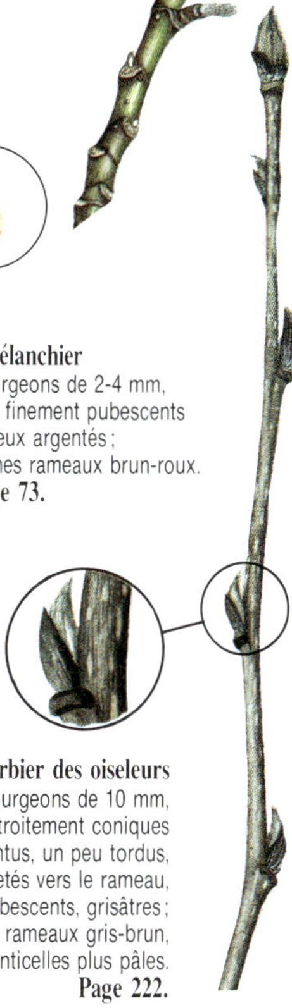

Sorbier des oiseleurs
Bourgeons de 10 mm, étroitement coniques et pointus, un peu tordus, déjetés vers le rameau, pubescents, grisâtres ; rameaux gris-brun, à grandes lenticelles plus pâles.
Page 222.

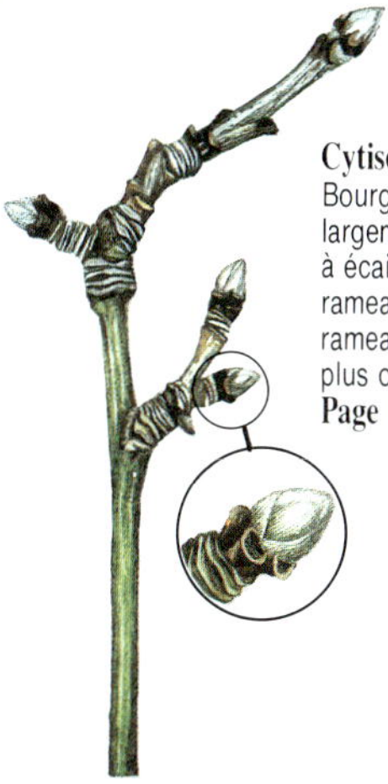

Cytise
Bourgeons de 7 mm, largement coniques, très velus, à écailles se dissociant vite ; rameaux courts, latéraux, bruns, rameaux longs, verdâtres, plus ou moins pubescents.
Page 199.

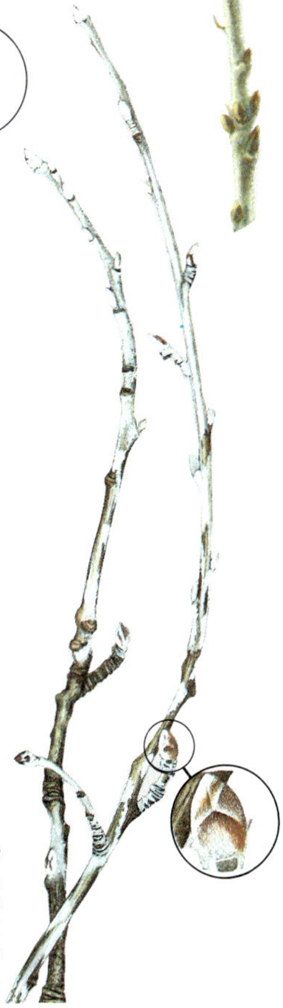

Peuplier blanc
Bourgeons de 8 mm, assez pointus, à écailles brun-roux et blanc cendré ; rameaux couverts de fins poils blancs.
Page 184.

Bourgeons dépourvus d'écailles protectrices

Si la plupart des arbres de nos régions ont des bourgeons munis d'écailles protégeant les jeunes feuilles du froid ou de la dessiccation, il existe néanmoins quelques espèces dont les bourgeons sont nus ; les très jeunes feuilles, fortement imbriquées l'hiver, se développent souvent dès les premiers beaux jours du printemps.

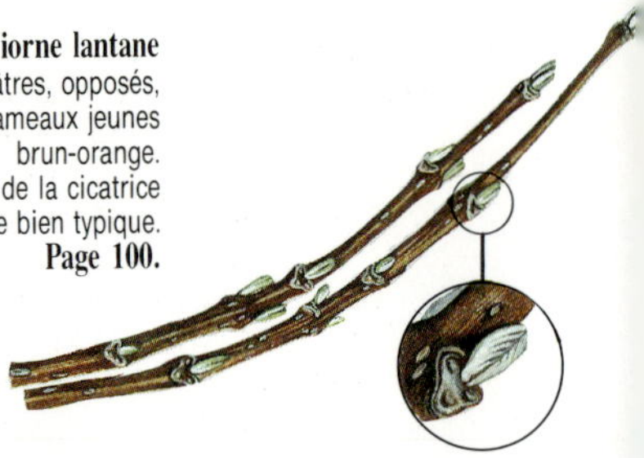

Viorne lantane
Bourgeons grisâtres, opposés, sur des rameaux jeunes brun-orange.
Écusson de la cicatrice foliaire bien typique.
Page 100.

BOURGEONS OPPOSÉS

Cornouiller mâle
Bourgeons foliaires brun terne, étroitement coniques, et boutons floraux subsphériques, sur des rameaux verdâtres.
Page 105.

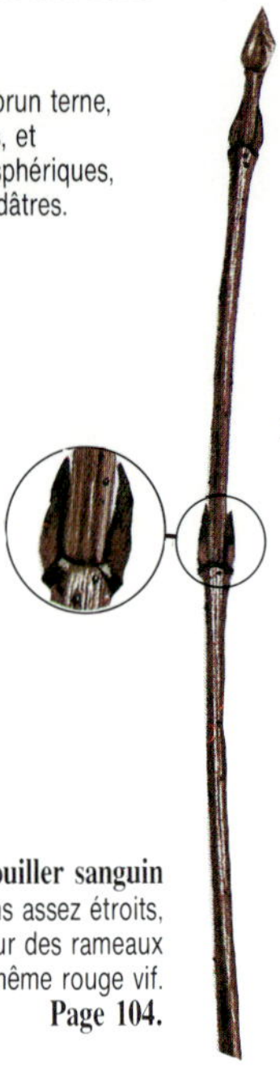

Cornouiller sanguin
Bourgeons assez étroits, brun foncé, sur des rameaux pourpres ou même rouge vif.
Page 104.

Buddleia
Jeunes bourgeons velus, grisâtres, sur des rameaux ténus, souples, brun pâle, dont la partie terminale porte encore les restes des fruits.
Page 168.

Sureau noir
Jeunes feuilles s'écartant rapidement ; rameaux gris-fauve, assez ténus, marqués de lenticelles ; bois plus âgé avec moelle.
Page 204.

BOURGEONS ALTERNES

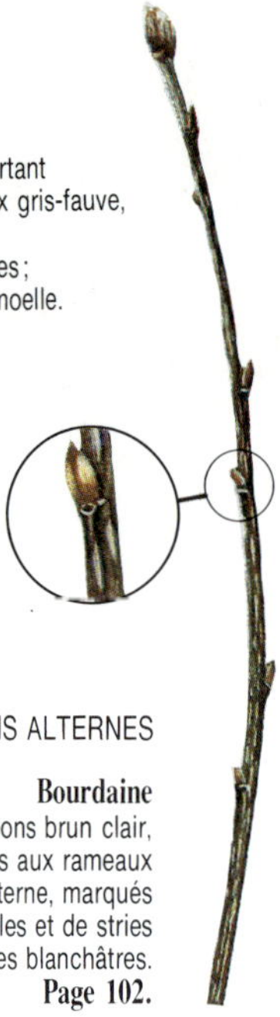

Bourdaine
Bourgeons brun clair, assez accolés aux rameaux brun plus terne, marqués de lenticelles et de stries longitudinales blanchâtres.
Page 102.

Bourgeons alternes paraissant portés par un pédoncule

La plupart des Aulnes se reconnaissent en hiver à leurs bourgeons semblant portés par un court pédoncule bien visible, lui-même inséré sur une excroissance latérale du rameau. Le Tulipier présente un telle particularité.

Aulne glutineux
Bourgeons de 5 mm, pourpre violacé foncé, à sommet « pincé » ; rameaux bruns, assez luisants, lenticellés, portant encore les fruits de la saison passée (petits « cônes ») et souvent les chatons de la nouvelle année. Chez l'Aulne à feuilles en cœur (p. 84), le bourgeon est arrondi, pointu, verdâtre marqué de roux ; chez l'Aune blanc (p. 125), les bourgeons sont nettement velus et les rameaux grisâtres.
Page 71.

Tulipier de Virginie
Les bourgeons de 10 mm, verdâtres pourprés, situés au-dessus de cicatrices bien nettes, sont sur des rameaux jaune-châtain clair.
Page 183.

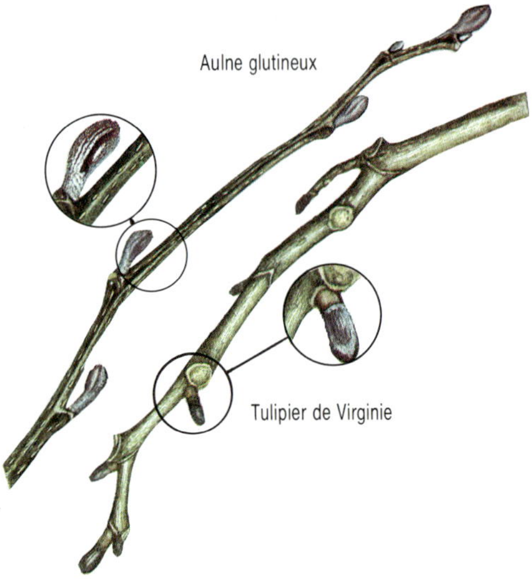

Bourgeons protégés par deux écailles inégales

Ce type de bourgeons existe essentiellement chez les Tilleuls, qui peuvent avoir des bourgeons velus ou glabres ; la plus grande écaille (l'interne) couvre presque entièrement les jeunes feuilles.

Tilleul d'Europe
Bourgeons de 10 mm, roux ou maculés de vert ; rameaux glabres, bruns ou verdâtres.
Le Tilleul à grandes feuilles (p. 87) a des bourgeons plus gros et des rameaux pubescents, rougeâtres ou verts. Le Tilleul à feuilles cordées (p. 86) a des rameaux glabres souvent discolores. Le Tilleul argenté (p. 89) a des bourgeons presque sphériques, verdâtres, velus ; les rameaux sont gris-brun, velus.
Page 88.

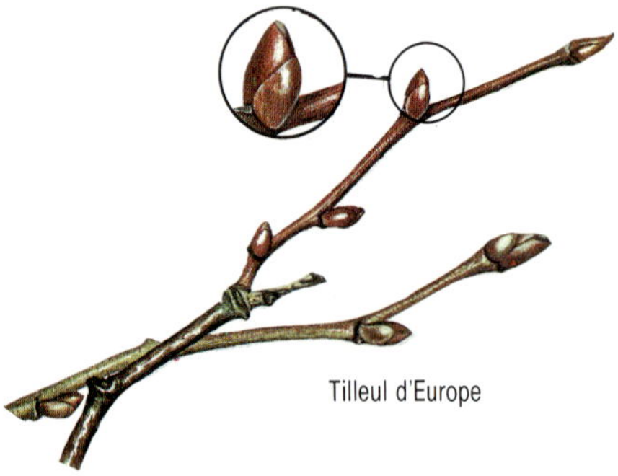

Bourgeons coniques, assez pointus, alternes

Cette catégorie regroupe des essences dont les bourgeons, presque toujours très typiquement disposés de façon alterne sur les rameaux, peuvent être soit nettement écartés desdits rameaux, soit plus ou moins longuement accolés sur ces rameaux. Dans la majorité des cas, il s'agit d'arbres ou d'arbustes dont les bourgeons ont de nombreuses écailles, sauf le Platane (bourgeons à une écaille, séparés du rameau) et divers Saules (bourgeons à une grande écaille visible, accolés aux rameaux).

BOURGEONS FORMANT UN ANGLE NET PAR RAPPORT A L'AXE DES RAMEAUX

Bouleau blanc
Bourgeons de 3-4 mm, bruns ; rameaux brun-roux. Les rameaux du Bouleau pubescent (p. 63) sont marron foncé, très pubescents à l'état jeune.
Page 62.

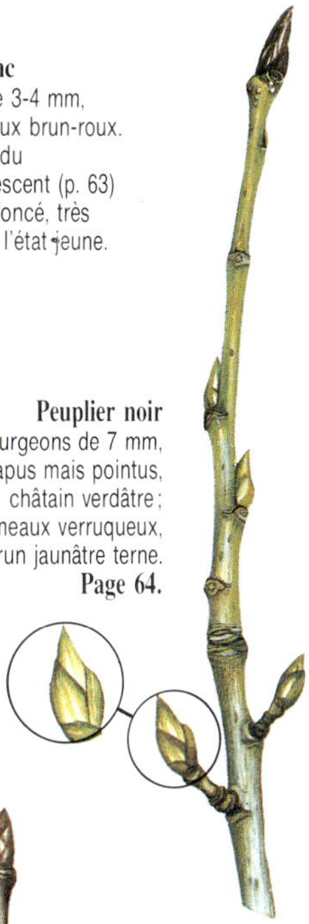

Peuplier noir
Bourgeons de 7 mm, trapus mais pointus, châtain verdâtre ; rameaux verruqueux, brun jaunâtre terne.
Page 64.

Hêtre
Probablement l'arbre de nos régions le plus aisé à reconnaître immédiatement en hiver ; bourgeons très longs, 15-20 mm, très étroits, pointus, châtain foncé, souvent disposés presque à angle droit sur les rameaux gris-marron assez terne.
Page 103.

Peuplier de culture
Bourgeons étroitement coniques triangulaires, presque accolés au rameau de couleur ochracée, luisante.
Page 65.

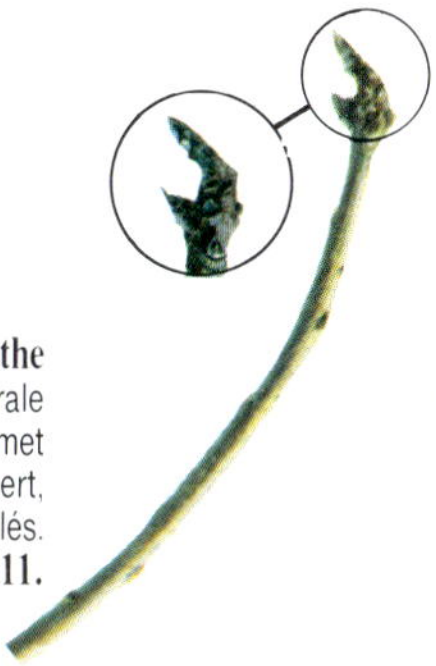

Pistachier térébinthe
Bourgeons très petits, ovales, disposés en spirale autour des rameaux. Seuls ceux du sommet semblent très détachés de ces rameaux brun-vert, nettement lenticellés.
Page 211.

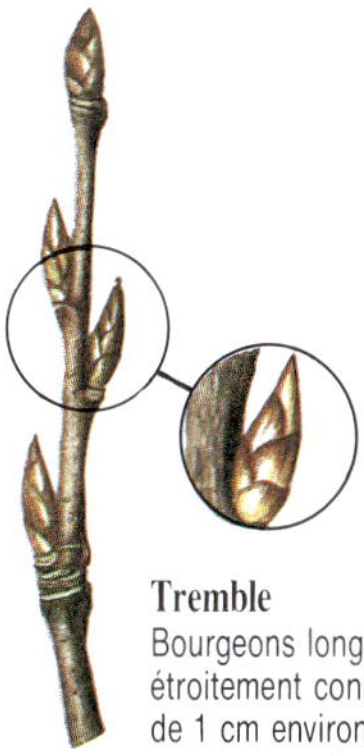

Tremble
Bourgeons longs, étroitement coniques de 1 cm environ, ceux des rameaux courts, piquants, fauves ou verdâtres ; rameaux bruns, luisants.
Page 75.

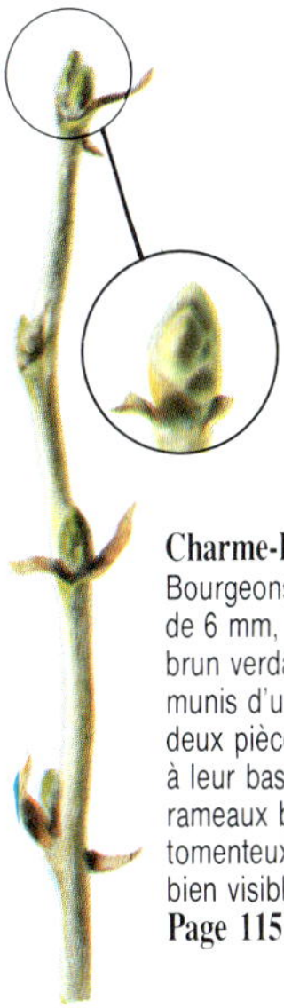

Charme-Houblon
Bourgeons assez trapus de 6 mm, ovales coniques, brun verdâtre, munis d'une ou deux pièces écailleuses à leur base ; rameaux brun pâle, tomenteux, à lenticelles bien visibles.
Page 115.

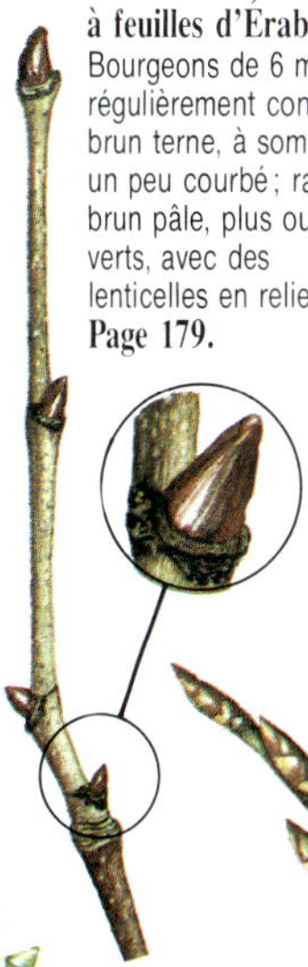

Platane à feuilles d'Érable
Bourgeons de 6 mm, régulièrement coniques, brun terne, à sommet un peu courbé ; rameaux brun pâle, plus ou moins verts, avec des lenticelles en relief.
Page 179.

Fustet
Bourgeons petits, de 2 mm à peine, pointus, gris verdâtre, sur des rameaux brun-vert, lisses.
Page 67.

Genêt d'Espagne
Bourgeons très petits, vert pâle, sur des rameaux verts fortement striés anguleux longitudinalement.
Page 232.

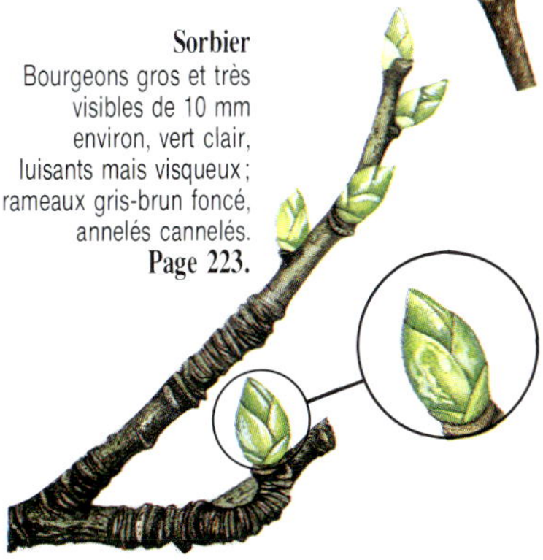

Sorbier
Bourgeons gros et très visibles de 10 mm environ, vert clair, luisants mais visqueux ; rameaux gris-brun foncé, annelés cannelés.
Page 223.

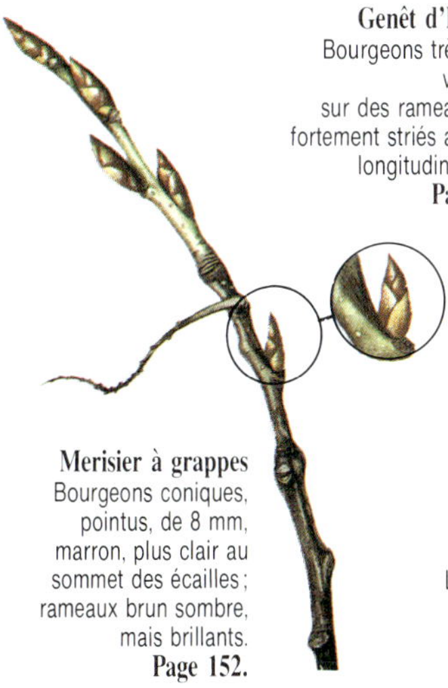

Merisier à grappes
Bourgeons coniques, pointus, de 8 mm, marron, plus clair au sommet des écailles ; rameaux brun sombre, mais brillants.
Page 152.

Alisier blanc
Bourgeons alternes, bruns, plus ou moins verts au sommet, à écailles à marge un peu rougeâtre, à sommet orné parfois de soies blanches ; rameaux bruns ; les bourgeons des parties les plus jeunes sont accolés aux rameaux. Le Sorbier de Scandinavie (p. 127) a des bourgeons plus grisâtres au sommet.
Page 126.

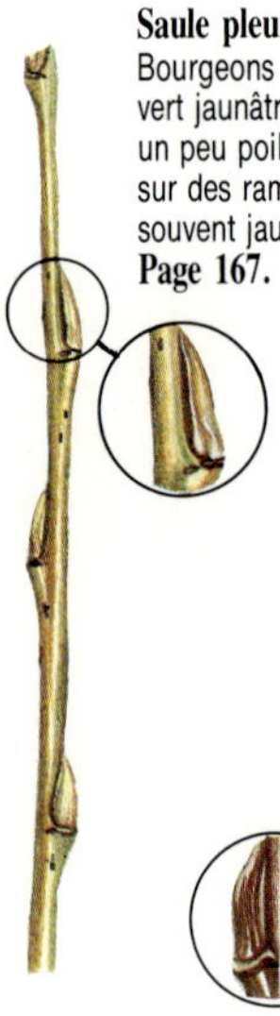

Saule pleureur doré
Bourgeons de 6 mm, vert jaunâtre, un peu poilus, sur des rameaux souvent jaune vif.
Page 167.

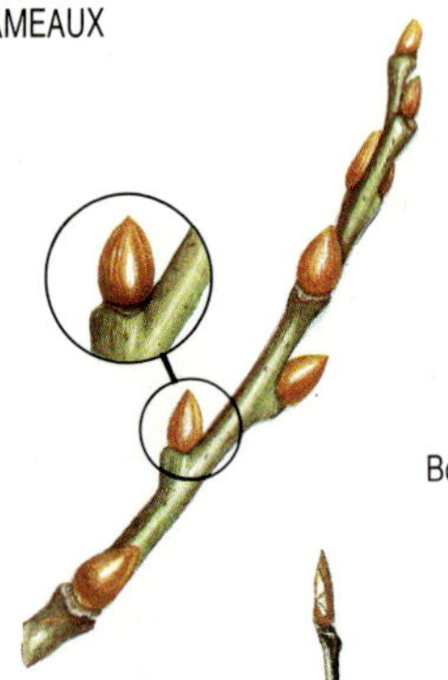

Saule Marsault
Bourgeons de 4 mm, brun-ocre ; rameaux luisants, lisses, brun plus foncé.
Page 93.

Saule des vanniers
(Osier)
Bourgeons de 10 mm, à écailles portant quelques poils, verdâtres ; rameaux pubescents, marron foncé, terne.
Page 164.

Saule fragile
Bourgeons bruns, de 5 mm, très allongés et très accolés aux rameaux jaunâtres, puis bruns.
Page 166.

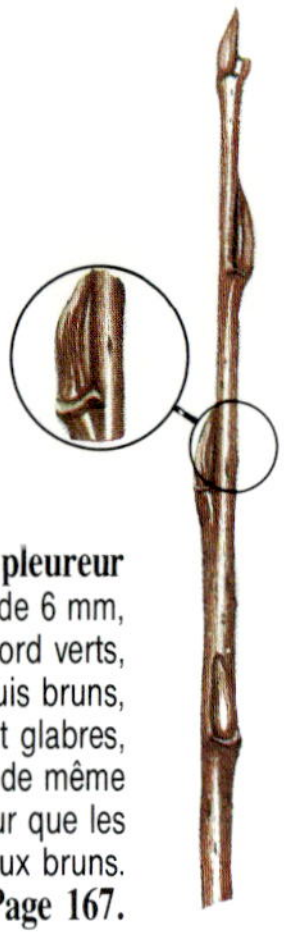

Saule pleureur
Bourgeons de 6 mm, d'abord verts, puis bruns, longs et glabres, presque de même couleur que les rameaux bruns.
Page 167.

Charme commun
Bourgeons marron clair de 6 mm, fortement accolés aux rameaux gris marqués de lenticelles plus pâles.
Page 114.

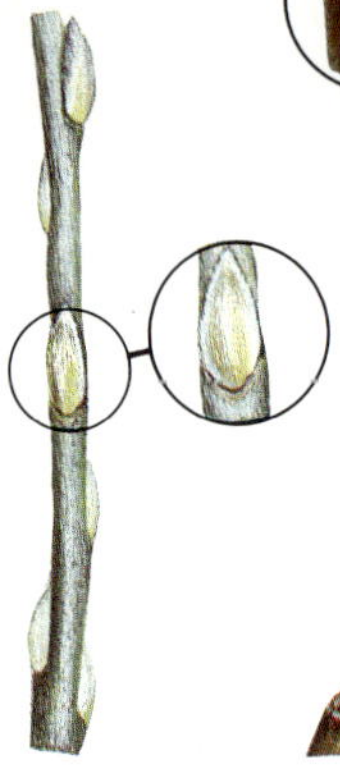

Saule blanc
Bourgeons de 3-4 mm, couverts d'une pellicule blanc grisâtre, un peu soyeuse ; rameaux assez ténus, tomenteux, grisâtres.
Page 166.

Bourgeons reconnaissables par leur grosseur
(par rapport au rameau)

Cette catégorie présente quelques espèces ligneuses dont les bourgeons ont tous plus de 5 mm de long et sont particulièrement visibles sur les rameaux. On notera qu'ils sont opposés chez le Lilas, et portés par de courts rameaux latéraux chez le Ginkgo.

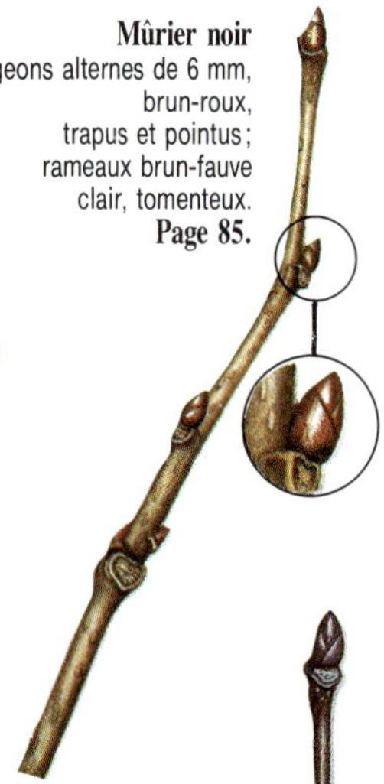

Mûrier noir
Bourgeons alternes de 6 mm, brun-roux, trapus et pointus ; rameaux brun-fauve clair, tomenteux.
Page 85.

Alisier
Bourgeons alternes, presque sphériques, souvent verts, luisants, frangés de brun, de 10 mm environ ; rameaux brun terne fortement ridés annelés. L'Alisier blanc (p. 126) a des bourgeons coniques.
Page 186.

Noisetier
Bourgeons alternes, de 8 mm, arrondis sphériques, verts et tomenteux ; rameaux tomenteux, gris-brun assez terne. Le Noisetier de Byzance est comparable.
Page 72.

Lilas
Bourgeons opposés de 10 mm, verts ; écailles à marges brunes ; rameaux brun clair, striés côtelés.
Page 82.

Ginkgo
Bourgeons largement coniques, à base entièrement insérée sur de courts rameaux latéraux portant des cicatrices foliaires très serrées ; rameaux d'abord verdâtres, puis gris-brun.
Page 230.

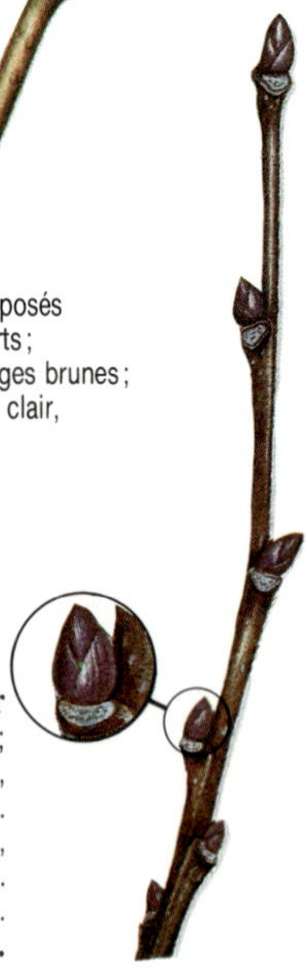

Châtaignier
Bourgeons alternes de 10 mm ; trapus et pointus, brun-roux. Rameaux pourpre-brun, striés, poilus et lenticellés. Cicatrice foliaire large.
Page 170.

Bourgeons particulièrement petits

Sont regroupées ici quelques espèces de ligneux qui ont comme seul caractère de ressemblance la relative petitesse de leurs bourgeons, toujours de moins de 5 mm. Ils peuvent être opposés, alternes ou disposés en spirales.

BOURGEONS OPPOSÉS

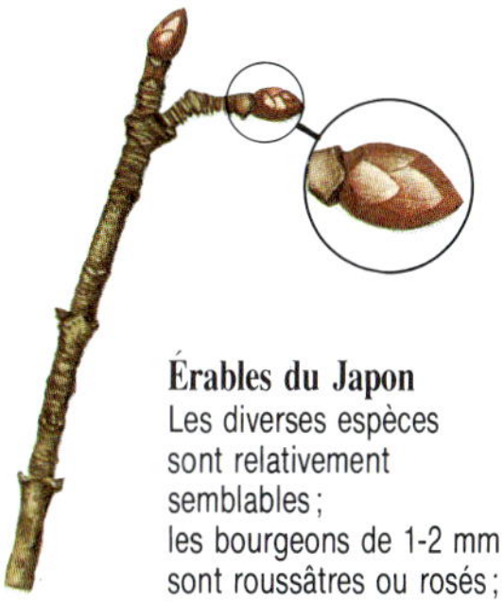

Érables du Japon
Les diverses espèces sont relativement semblables ; les bourgeons de 1-2 mm sont roussâtres ou rosés ; les rameaux bruns ou verdâtres.
Page 178.

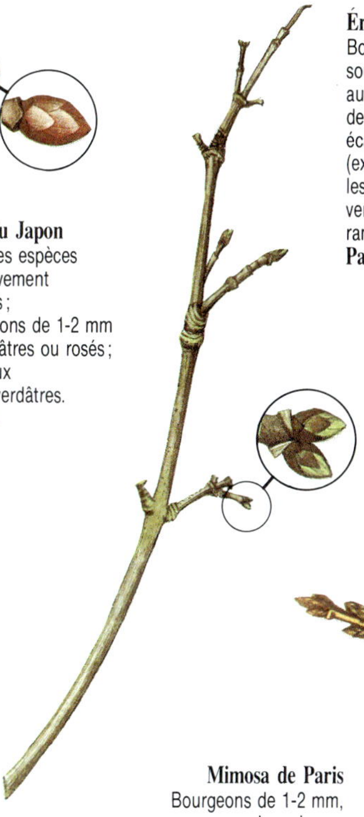

Érable champêtre
Bourgeons de 3 mm, souvent groupés par 2 au sommet de fins rameaux ; écailles inférieures (externes) brun terne, les supérieures (internes) vertes, velues ; rameaux marron clair.
Page 174.

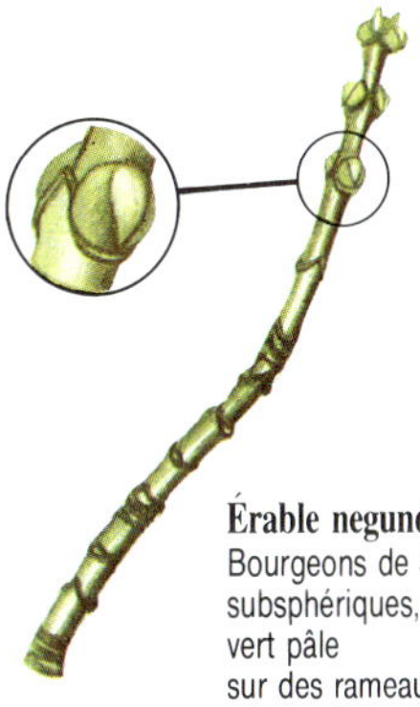

Érable negundo
Bourgeons de 3 mm, subsphériques, vert pâle sur des rameaux gris verdâtre clair.
Page 203.

Viorne Obier
Bourgeons de 5 mm environ, vert taché de pourpre, assez distants sur les rameaux brun clair.
Page 172.

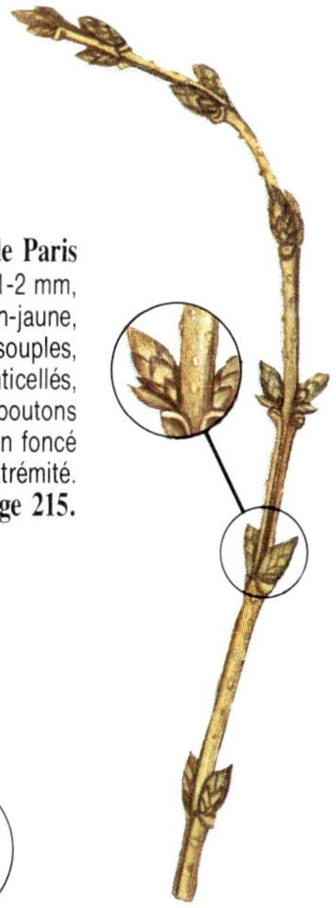

Mimosa de Paris
Bourgeons de 1-2 mm, brun-jaune, sur des rameaux souples, jaunâtres, lenticellés, portant des boutons floraux châtain foncé regroupés vers l'extrémité.
Page 215.

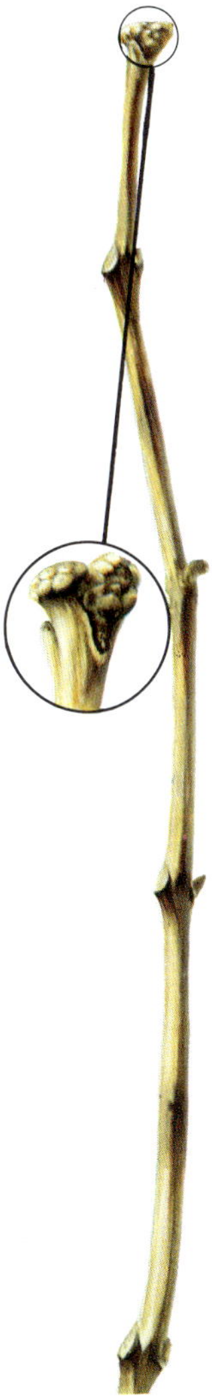

Grenadier
Bourgeons très petits, glabres, fauve pâle à sommet plus foncé ; rameaux assez ténus, brun clair.
Page 134.

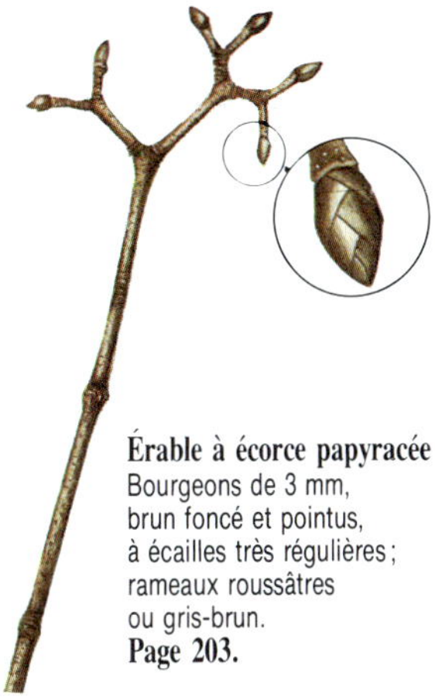

Érable à écorce papyracée
Bourgeons de 3 mm, brun foncé et pointus, à écailles très régulières ; rameaux roussâtres ou gris-brun.
Page 203.

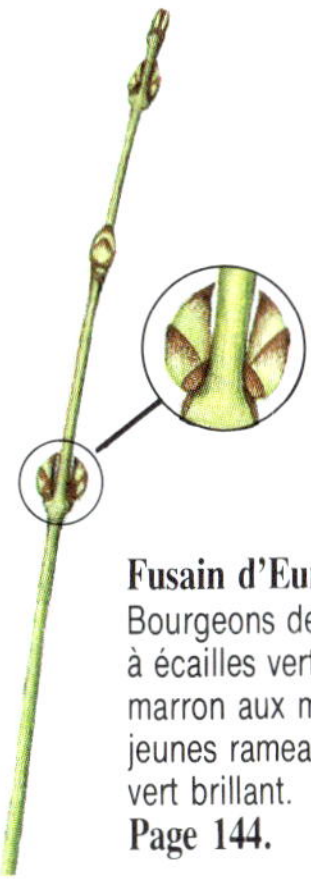

Fusain d'Europe
Bourgeons de 2 mm, à écailles vertes, marron aux marges ; jeunes rameaux vert brillant.
Page 144.

Métaséquoia
Bourgeons un peu cylindriques, à attache très étroite, jaune-brun ; rameaux marron.
Page 261.

BOURGEONS ASSEZ NETTEMENT DISPOSÉS EN SPIRALES

Mélèze
Bourgeons de 1-2 mm environ, globuleux, marron foncé ; boutons floraux un peu plus gros ; rameaux jaune-fauve, nettement striés canaliculés.
Page 270.

Mélèze du Japon
Bourgeons de 2 mm, brun-roux ; boutons floraux gros ; rameaux brun orangé.
Page 270.

Cyprès chauve
Bourgeons minuscules, souvent presque cachés par des bases foliaires en relief ; rameaux fins, marron.
Page 261.

Tamaris de France
Bourgeons minuscules, paraissant plus alternes qu'en spirales ; rameaux très ténus, souples, à bases foliaires en relief masquant les bourgeons.
Page 237.

BOURGEONS ALTERNES

Néflier commun
Bourgeons de 1-2 mm, bruns et entièrement tomenteux, de même que les jeunes rameaux.
Page 133.

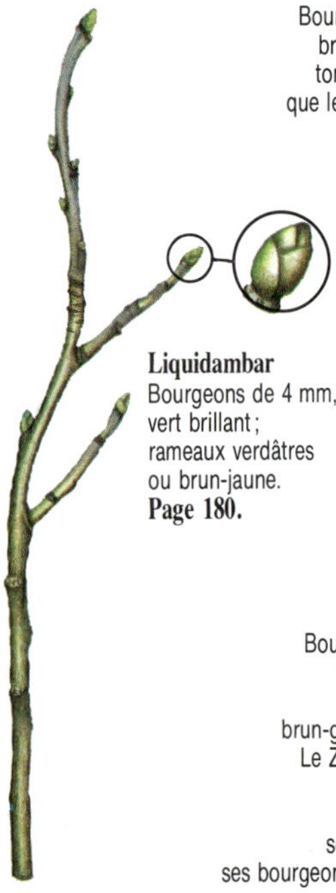

Liquidambar
Bourgeons de 4 mm, vert brillant ; rameaux verdâtres ou brun-jaune.
Page 180.

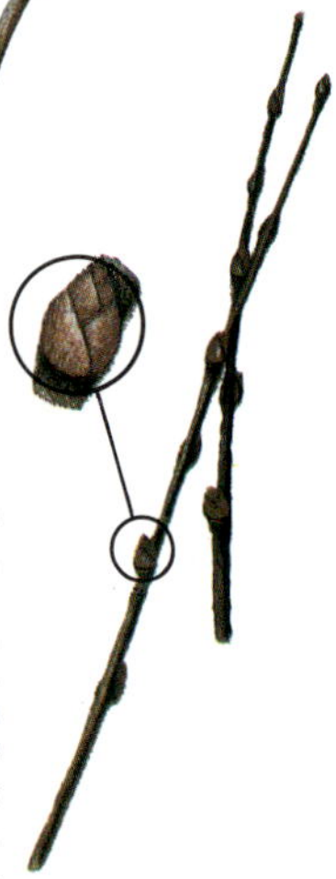

Zelkowa
Bourgeons de 1 mm, brun-roux, velus. Rameaux ténus, brun-gris et tomenteux. Le Zelkowa du Japon se distingue par ses rameaux souvent en zigzag, ses bourgeons sont plus gros.
Page 117.

Arbre de Judée
Bourgeons de 3-5 mm, roussâtres, appliqués sur les rameaux gris-roux, lenticellés, un peu striés.
Page 68.

Orme champêtre
Bourgeons atteignant 5 mm, roux foncé brillant ; rameaux très jeunes verdâtres, puis marron clair, glabres.
Page 118.

Orme de montagne
Bourgeons de 5 mm, très arrondis, marron foncé et tomenteux, de même que les rameaux.
Page 119.

Principaux types de feuilles et d'aiguilles

Arbres feuillus

Les arbres, arbustes et arbrisseaux décrits dans l'Album des espèces de ce Guide ont été regroupés selon quelques grands types de formes de feuilles. Malgré une certaine variabilité de ces dernières sur un même individu (Mûrier à papier, *page 185*) ou sur les individus de populations diverses d'une même espèce, et malgré le caractère nécessairement un peu arbitraire de la définition de certaines formes dans les feuilles ovales, ou dans la limite des feuilles simples dentées et des feuilles lobées (Aubépines), c'est là un moyen simple d'approcher une identification correcte des ligneux, toute l'année pour les espèces sempervirentes, et une bonne partie de l'année pour les caducifoliés.

Pour tenter de trouver le nom d'un arbre, il faudra d'abord comparer quelques feuilles avec des éléments du tableau ci-dessous, puis se reporter aux pages plus détaillées, analysant chaque groupe. Pour les ligneux caducifoliés rencontrés sans feuilles en hiver, se reporter aux caractères des rameaux et bourgeons.

On notera que dans ces différentes catégories, la position des feuilles sur les rameaux est un caractère important, fréquemment mentionné dans les tableaux détaillés ou dans l'Album des espèces. Ainsi, les feuilles sont ou alternes, ou insérées le long de spirales, ou opposées deux à deux (avec souvent un angle de 90^0 d'une paire à l'autre), ou encore verticillées (plusieurs insérées à un même niveau). La marge du limbe peut être entière (lisse) ou dentée.

Feuilles triangulaires et feuilles rondes
Tableau détaillé, page 61
Album des espèces, pages 62 à 78

Bouleau blanc page 62

Tremble page 75

Feuilles cordées à la base
Tableau détaillé, page 79
Album des espèces, pages 80 à 90

Tilleul d'Europe page 88

Feuilles ovales arrondies
Tableau détaillé, page 91
Album des espèces, pages 92 à 100

Cognassier page 92

Feuilles ovales elliptiques
Tableau détaillé, page 101
Album des espèces, pages 102 à 130

Hêtre, page 103

Feuilles oblongues allongées
Tableau détaillé, page 131
Album des espèces, pages 132 à 152

Néflier commun page 133

Feuilles lancéolées à linéaires
Tableau détaillé, page 153
Album des espèces, pages 154 à 170

Saule des vanniers, page 164

Feuilles profondément lobées
Tableau détaillé, page 171
Album des espèces, pages 172 à 194

Chêne pédonculé (feuille lobée à nervation pennée) **page 193**

Érable Faux Platane (feuille lobée à nervation palmée) **page 176**

Feuilles composées
Tableau détaillé,
page 195
Album des espèces,
pages 196 à 224

Sorbier des oiseleurs
(feuille composée pennée)
page 222

Marronnier
(feuille composée palmée)
page 224

Plantes ligneuses à feuilles insolites
Tableau détaillé,
page 225
Album des espèces,
pages 226 à 230

Palmier nain
(feuille en éventail)
page 226

Ginkgo
(Gymnosperme à feuilles bilobées)
page 230

Arbustes et arbrisseaux apparemment sans feuilles ou à feuilles minuscules
(feuilles éricoïdes ou en écailles parfois absentes car rapidement caduques)
Tableau détaillé, page 231
Album des espèces,
pages 232 à 244

Bruyère arborescente
page 240

Tamaris de France
page 237

Ajonc d'Europe
page 236

Plantes ligneuses lianescentes
(à feuilles portées par des tiges volubiles)
Tableau détaillé, page 245
Album des espèces, pages 246 à 254

Arbres résineux (conifères)

Les feuilles des conifères (Gymnospermes de la classification scientifique) présentent des structures très particulières et sont, pour la plupart des espèces, en forme d'aiguilles ou d'écailles. Chez quelques espèces cependant, les feuilles peuvent être larges et ressembler aux feuilles des Angiospermes qui incluent les feuillus (Ginkgo).

Les conifères à feuilles en aiguilles peuvent être répartis en trois groupes principaux, faciles à reconnaître immédiatement.

Conifères à aiguilles courtes
(parfois piquantes, à faces planes ou à section épaisse, anguleuse)
Tableau détaillé,
page 255
Album des espèces,
pages 256 à 270

Épicéa
(aiguilles sur des petits coussinets en relief sur les rameaux)
page 264

Mélèze
(aiguilles réunies en bouquets)
page 270

If
(aiguilles assez planes disposées dans un plan)
page 267

Conifères à aiguilles longues
Tableau détaillé,
page 271
Album des espèces,
pages 272 à 282
Ensemble des Pins

Pin sylvestre
(aiguilles fasciculées par deux)
page 272

Conifères à aiguilles écailleuses
(courtes, souvent très serrées sur les rameaux, et souvent aussi larges que longues, presque toujours très petites)
Tableau détaillé,
page 283
Album des espèces,
pages 284 à 294

Cyprès de Lawson, page 288

Les fleurs et les inflorescences

Les fleurs des arbres, arbustes et arbrisseaux, peuvent être soit isolées, soit groupées de diverses manières ; elles peuvent être complètes (ou parfaites), c'est-à-dire comprendre toutes les pièces protectrices et tous les organes nécessaires à la fécondation et à la reproduction.

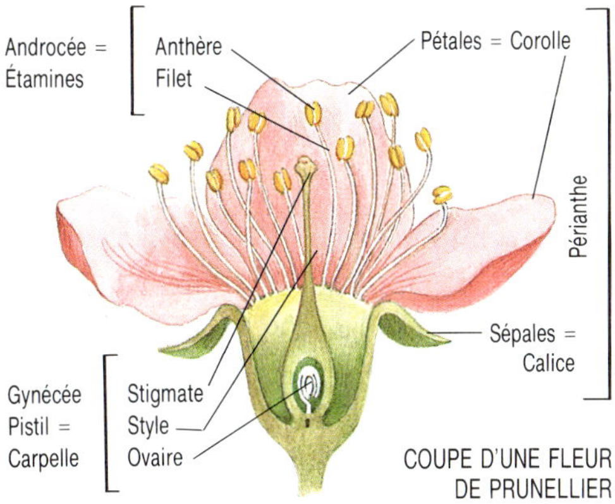

COUPE D'UNE FLEUR DE PRUNELLIER

Les différents types de fleurs

Une fleur parfaite (ou complète) est pourvue, de l'extérieur vers l'intérieur, des « cycles » de pièces suivants :

1. Le périanthe, comprenant deux éléments :
- un calice (enveloppe la plus externe de la fleur) formé de sépales généralement chlorophylliens, parfois d'un calicule externe, et axillé sur le rameau (pédoncule) par des bractées ;
- une corolle (enveloppe interne de la fleur), formée de pièces généralement très colorées, les pétales, également libres ou soudés.

2. Les organes de reproduction, qui comprennent :
- un androcée, constitué d'un ou plusieurs cycle d'étamines, dont les anthères contiennent le pollen (organe mâle de la fécondation) ;
- un gynécée (pistil) constitué d'un ou plusieurs carpelles, renfermant l'ovaire (organe femelle de la fécondation renfermant les ovules), surmonté d'un ou plusieurs styles, comprenant le stigmate, simple ou divisé.

Les pétales et parfois de petites glandes (nectaires) situées dans la fleur constituent fréquemment des éléments attractifs pour les insectes qui aident à la fécondation. Après fécondation, l'ovaire se transforme en fruit.

Fleur parfaite et hermaphrodite (les deux sexes) :

- 5 sépales verdâtres soudés à leur base,
- 5 pétales colorés libres,
- 15 à 30 étamines à anthères rouges,
- 1 style, comprenant un stigmate.

Prunellier, page 122.

Fleur incomplète, mais hermaphrodite :

- 5 pièces externes verdâtres formant le périanthe à une seule enveloppe au lieu de deux,
- 5 étamines,
- 1 style terminé par 2 stigmates horizontaux.

Micocoulier, page 116.

Fleur incomplète, très simplifiée, d'un arbre dioïque :

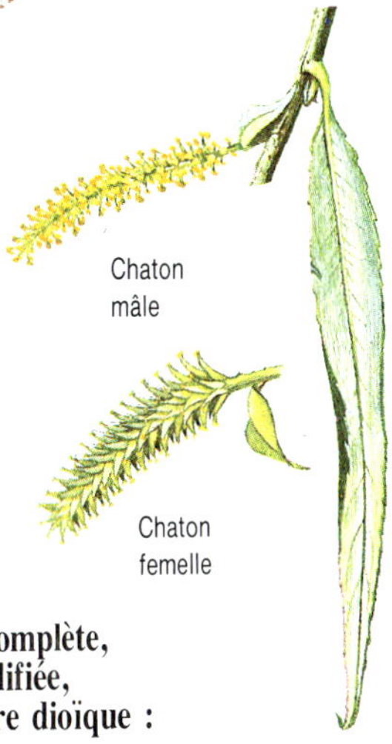

fleur femelle
- 1 seule pièce externe en forme d'écaille,
- 1 glande (représentant le périanthe réduit),
- 1 ovaire libre à 1 style bifide.

fleur mâle
- 1 écaille externe,
- 1 glande basale,
- 2 étamines à long filets libres, à anthères biloculaires.

Saule blanc, page 166.

Les fleurs peuvent être soit « régulières », quand les pièces sont insérées « en étoile » autour d'un axe central (fleurs actinomorphes), ou « irrégulières », c'est-à-dire symétriques par rapport à un plan qui passerait au centre de la fleur (fleurs zygomorphes).

Fleur régulière :
Néflier commun
page 133

Fleur irrégulière :
Germandrée arbrisseau
page 110

Fleur irrégulière papilionacée :
Genêt d'Espagne
page 232

Les différentes pièces de la fleur peuvent être libres (plantes dites dialysépales, dialypétales, etc.) ou soudées (plantes dites gamosépales, gamopétales), les soudures pouvant ne toucher qu'un type d'organe, par exemple les sépales, les pétales, les étamines, ou plusieurs de ces organes. Ce sont des caractères distinctifs importants en systématique.

Fleur à pièces toutes libres :
Tilleul argenté
page 89

Fleur à sépales soudés entre eux et pétales soudés entre eux :
- calice court, en cloche, à sépales soudés à leur base,
- corolle à pétales soudés sur presque toute leur longueur, formant une fleur en grelot.

Arbousier
page 150

Les différents types d'inflorescences

Les fleurs sont très souvent groupées en une structure particulière dite « inflorescence » (qui devient, à la fructification, une infrutescence). Les modalités selon lesquelles les fleurs sont ordonnées sont très variées, mais peuvent cependant entrer dans quelques catégories assez facilement définissables : ces inflorescences peuvent comprendre seulement quelques fleurs ou parfois plusieurs dizaines.

L'épi est une inflorescence simple, les fleurs sessiles étant groupées sur un axe généralement non ramifié, donnant une inflorescence étroite ; cette disposition est rare chez les arbres ; quelques inflorescences de ligneux ont cependant l'apparence d'épi : Tamaris de France *(page 237);* Pistachier lentisque (grappe spiciforme), *page 210;* Liquidambar (grappe spiciforme), *page 180.*

Le chaton est très proche de l'épi, mais les fleurs souvent très densément réunies tendent à se recouvrir les unes les autres, donnant à l'inflorescence un aspect très particulier. Les chatons des feuillus sont souvent longs et pendants (Noisetier, *page 72,* Peupliers, etc.) ou obliques ou dressés (Saules) ; ceux des résineux sont très denses, très petits, souvent très colorés.

La grappe est une inflorescence très commune ; les fleurs sont insérées de part et d'autre d'un axe et sont plus ou moins longuement pédicellées ; en général, les fleurs s'y épanouissent de l'insertion sur le rameau vers l'extrémité de la grappe. Le grappes, appelées aussi racèmes, sont pendantes (Merisier à grappes, *page 152;* Olivier, *page 135*) ou dressées (Érable de Montpellier, avant fécondation, *page 175*).

Les grappes ont en principe des fleurs dont les pédicelles ont tous à peu près la même longueur, ce qui différencie cette inflorescence de la suivante.

Le corymbe est une inflorescence dont les fleurs sont portées par des pédoncules de longueurs différentes, mais insérés sur l'axe commun à des niveaux successifs ; les fleurs paraissent souvent disposées presque en ombelle : nombreuses Rosacées (Alisier blanc, *page 126;* Poirier commun, *page 98*), les Viornes (corymbes rameux complexes) et Érables.

Épi
Tamaris de France
Page 237

Chaton
Peuplier d'Italie
Page 64

Corymbe
Alisier blanc
Page 126

Grappe
Merisier à grappes
Page 152

La panicule est une inflorescence très ramifiée dont les axes latéraux insérés à divers niveaux sont de moins en moins longs du bas vers le haut, donnant à l'ensemble un aspect pyramidal. Un cas particulier est le Thyrse, dont les axes latéraux inférieurs sont un peu plus petits que ceux du milieu : Lilas, *page 82,* Troène commun, *page 140;* Marronnier, *page 224;* Vigne sauvage, *page 247.*

L'ombelle est une inflorescence dont tous les axes secondaires partent d'un même point et ont à peu près la même longueur ; elle peut être simple (Lierre, *page 246;* Cornouiller mâle, *page 105;* Laurier-sauce, *page 155*) ou composée (Buplèvre arbrisseau, *page 142).*

La cyme est une inflorescence qui se distingue surtout par des caractères biologiques, car elle a souvent l'allure générale d'une grappe ou d'un corymbe. La croissance de l'axe central est stoppée (avec souvent une fleur), puis la croissance des axes secondaires principaux est stoppée également, d'où une construction en escalier assez complexe.

On peut observer la cyme en particulier chez l'Androsème officinale, *page 112,* et les Cistes.

Cependant la difficulté de définir ce type d'inflorescence fait que l'on se réfère le plus souvent aux notions physionomiques plus faciles à analyser.

Inflorescences diverses : beaucoup d'inflorescences sont en fait complexes, grappes de cymes, panicules de cymes ou de grappes, inflorescences contractées en glomérules (chatons du Platane, *page 179;* inflorescence du Buis commun, *page 94*). Les Euphorbes ont une inflorescence élémentaire très particulière appelée « cyathium » (Euphorbe arbustive, *page 161*). Parmi les arbres de nos régions, il n'existe pas d'inflorescence en capitule (« fleur » des composées) sauf chez les introduits.

Panicule
Marronnier
Page 224

Ombelle
Lierre
Page 246

Cyme
Androsème officinal
Page 112

Cyathium
Euphorbe arbustive
Page 161

Comment identifier les arbres et arbustes en fruits

Dans le cycle fondamental de la vie, il est nécessaire que soient assurées une reproduction (ou une multiplication) et une descendance, perpétuant l'existence de l'espèce au cours des temps. Une des voies assurant cette pérennité à long terme, chez les arbres, est la production, au stade adulte, de fruits contenant les semences (graines), organes de la dissémination (parfois complexes : diaspores).

De formes très variées, les fruits peuvent être classés en trois types majeurs :

- les fruits charnus, le plus souvent très colorés ;
- les fruits dits secs, caractéristiques de nombreux feuillus ;
- les cônes, fruits spéciaux des conifères.

Les fruits charnus

En automne, il est souvent merveilleux de regarder les arbres et arbustes ; non seulement beaucoup prennent des teintes brillantes au niveau de leur feuillage, mais ils présentent aussi une diversité de couleurs au niveau de leurs fruits ; cet attrait particulier dans la vie sauvage constitue aussi fréquemment de bons critères pour reconnaître les espèces d'arbres et arbustes de nos régions, cela même parfois jusqu'en hiver.

Beaucoup de fruits charnus sont consommés par les animaux et, pour certains, font l'objet de cueillettes pour les besoins de l'homme (nutrition ou pharmacopée). Ces fruits dit charnus sont eux-mêmes très variés, et leur chair peut être de consistances très diverses. Certains sont consommés entiers par les animaux (et les graines sont alors transportées au gré des déplacements des consommateurs) ou bien plus ou moins déchiquetés sur place. Parfois le passage des graines dans le tube digestif d'animaux favorise la germination. Certains types de végétation, riches en espèces à fruits charnus, abritent beaucoup d'oiseaux et de petits mammifères, qui eux-mêmes jouent un rôle considérable pour le maintien ou l'extension de cette végétation, lorsque l'homme n'intervient pas par des moyens destructeurs catastrophiques comme c'est le cas pour les bocages et pour les haies vives. Un certain nombre de critères scientifiques permet aussi de différencier des catégories de fruits charnus telles les baies dont la ou les graines sont entourées uniquement de chair, ou les drupes dont une partie du fruit devient plus dure, avec de très nombreux types.

Fruits charnus rouges ou orangés

Aubépine commune

Aubépines
Les fruits mûrs, de 7 à 9 mm, sont rouges assez sombres, assez ternes, en corymbes penchés ou pendants ; ils portent à leur sommet les restes des pièces florales.
Pages 146 et 187.

Houx
Les fruits (sortes de drupes) sont rouges et luisants, et presque sessiles par groupes sur les rameaux feuillés en hiver (« Houx dit femelle »). Ils ont de 6 à 10 mm, et contiennent 4 ou 5 noyaux (graines), plus ou moins anguleux. Toxiques.
Page 130.

Pistachier térébinthe
Les fruits (petites drupes de 5 à 7 mm), légèrement allongés, rosâtres, sont groupés en grappes ramifiées ; ils ont une seule graine et brunissent à pleine maturation.
Page 211.

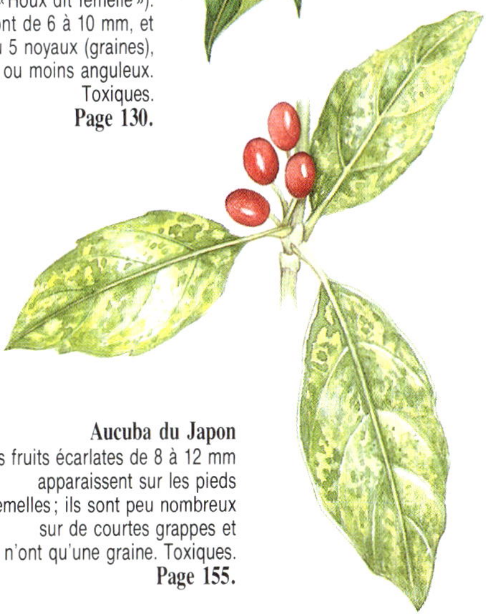

Aucuba du Japon
Les fruits écarlates de 8 à 12 mm apparaissent sur les pieds femelles ; ils sont peu nombreux sur de courtes grappes et n'ont qu'une graine. Toxiques.
Page 155.

If
La petite boule rouge de 6 à 10 mm que l'on voit sur les Ifs fructifiés est en fait une arille charnue en forme d'urne ouverte au sommet, et qui renferme une seule graine sombre. Toxique.
Page 267.

Mûrier noir
Ce curieux fruit de 2 à 2,5 cm, appelé sorose, est constitué en fait de petits akènes noyés dans une pulpe charnue issue des calices ; ce fruit ressemble aux mûres, fruit des Ronces et des Framboisiers sauvages (p. 202). Comestible à maturité.
Page 85.

Merisier
Les fruits pendants, sur de longs pédoncules souvent réunis par 2, sont rouge brillant et atteignent plus de 10 mm ; ce sont des drupes à un seul noyau (merise). Comestible.
Page 120.

Cornouiller mâle
Les fruits sont de petites drupes allongées, de 15 mm environ, rouge assez brillant, à un seul noyau, groupées par 2 sur de courts pédoncules. Comestible.
Page 105.

Épine-vinette
Les baies rouge vif, en grappes pendantes, nombreuses, de 8 à 13 mm, ont une forme allongée caractéristique et contiennent 1 à 3 graines. Comestible.
Page 147.

Argousier
Les fruits de 6 à 8 mm, orangé très vif, courtement pédonculés, à un seul noyau, sont groupés sur les rameaux épineux. Comestible et médicinal.
Page 160.

Sorbier des oiseleurs
Les petits fruits sphériques, écarlates, de 6 à 8 mm, sont nombreux en corymbes ombelliformes penchés ou pendants ; ils ont 1 à 5 (8) graines. Comestible. La vraie sorbe (p. 223) est en forme de petite poire, de 30 mm environ, et vert roussâtre.
Page 222.

Alisier blanc
Les drupes rouge vif, de 10 à 13 mm, ont 2 à 5 (8) graines, et sont en corymbes penchés. Comestible.
Page 126.

Arbousier
La très curieuse baie, à 4 ou 5 graines dures, est d'abord jaune orangé, puis mûrit en un an et devient plutôt rouge, tout hérissée de tubercules; atteignant 20 mm, elle ressemble un peu à une fraise qui serait sphérique. Comestible et médicinal.
Page 150.

Alaterne
Les petits fruits rouge vif, mais devenant noir à l'extrême maturité, contiennent 2 à 4 noyaux osseux, à une graine marquée d'un sillon chacun. Ils ont 5 mm environ et sont en petites grappes plus courtes que les feuilles.
Page 124.

Églantier
Le curieux fruit rouge vif à allure de baie (cynorrhodon) est formé du calice charnu qui renferme de nombreux petits noyaux durs, mêlés à des poils raides («poil à gratter»). Il atteint 25 mm.
Page 206.

Viorne Obier
Les baies très globuleuses, rouge vif brillant, de 8 mm, à un seul noyau, sont groupées en corymbes ombelliformes rameux, dressés ou penchés.
Page 172.

Groseillier rouge
Les baies très charnues et succulentes sont en petites grappes pendantes; elles sont marquées au sommet d'une petite trace laissée par le calice et contiennent plusieurs graines. Comestible.
Page 181.

Grand Éphédra
Le fruit mûr, d'un beau rouge, est constitué d'écailles charnues soudées, enfermant habituellement une seule graine. Chez le Raisin de mer (p. 238), le fruit rouge, sphérique, contient une ou deux graines.
Page 238.

Fruits charnus, d'abord rouges, devenant noirs

Micocoulier
Les drupes, de 9 à 12 mm, sont solitaires, portés par un pédoncule assez ténu plus court que les feuilles. Il y a un noyau.
Page 116.

Cotoneaster sauvage
Fruits de 5 à 8 mm, isolés ou par 2, sur de courts pédoncules plus petits que les feuilles, d'abord rouges, devenant violacé foncé à maturité. Contiennent 2 ou 3 noyaux. Le fruit du Cotoneaster tomenteux reste rouge.
Page 78.

Laurier-cerise
Les grappes, peu denses, de petites drupes ovoïdes et brillantes, de 10 mm, à un noyau, atteignent la longueur des feuilles. Toxique. Les fruits du Prunier à grappes (p. 152) sont comparables, mais les drupes sont plus sphériques et les grappes dépassent les feuilles.
Page 151.

Bourdaine
Les baies sphériques, de 6 à 10 mm, isolées ou par 2, à 2 ou 3 graines, sont d'abord vertes, puis rougeâtres, puis noir violacé.
Page 102.

Viorne lantane
Les nombreuses drupes, ovales aplaties, sont groupées en corymbes rameux assez denses, presque toujours dressés. D'abord verts, les fruits passent au rouge, puis, tardivement, au noir; ils contiennent une graine aplatie.
Page 100.

Fruits charnus foncés, noirs ou noir violacé ou verdâtre terne et sombre

Genévrier commun
Les « baies » charnues, solitaires mais rapprochées, sont appelées galbules; elles mûrissent en deux ans, atteignent 6 mm et contiennent de 1 à 6 graines. C'est le « genièvre ».
Page 266.

Laurier-sauce
les drupes ovales, vert sombre, puis noires, atteignent 15 à 20 mm et sont à une seule graine.
Page 155.

Filaire à larges feuilles
Les fruits, en petits groupes serrés à l'aisselle des feuilles, d'abord rougeâtres puis noir bleuté, ont de 5 à 6 mm et une seule graine à noyau très mince; le fruit de la Filaire à feuilles étroites (p. 157) est apiculé au sommet.
Page 124.

Troène commun
Les fruits en grappes terminales lâches ont de 6 à 8 mm et sont noir brillant, violacé foncé à l'intérieur, avec 1 à 4 graines.
Page 140.

Prunier domestique
La drupe, de 30 à 50 mm, est ovale. d'abord verdâtre, puis violacée, pourpre sombre à maturité. Un noyau très dur, un peu aplati, contient la graine (amande). Plusieurs variétés de Pruniers sont cependant à fruits mûrs verts ou jaunes. Comestible.
Page 121.

Prunellier
Les drupes sphériques, de 10 à 15 mm, à un noyau rugueux, sont isolées ou par 2, le plus souvent à l'aisselle d'épines. Ce sont les prunelles consommables après les gelées.
Page 122.

Lauréole
Les drupes, un peu allongées, sont en petites grappes pendantes, plus courtes que les feuilles ; le fruit atteint 12 à 14 mm, avec une seule graine. Toxique.
Page 137.

Myrtille
Les baies sphériques, bleu-violet très foncé, un peu terne, sont marquées à leur sommet d'une dépression circulaire et contiennent plusieurs graines. Comestible.
Page 149.

Sureau noir
Les baies de 6 à 8 mm, à 3 graines, d'abord vertes, puis très noires, sont groupées en une large ombelle très dense. Le Sureau à grappes (p. 205) a des ombelles de fruits rouge corail.
Page 204.

Nerprun purgatif
Les baies sphériques, de 5 mm, d'abord vertes, puis noires, sont par petits groupes sur les rameaux épineux, et contiennent 2 à 4 graines.
Page 97.

Cornouiller sanguin
Les drupes, de 5 mm environ, sphériques, noir brillant à maturité, contiennent un seul noyau et sont groupées en une petite ombelle irrégulière.
Page 104.

Les fruits dits « secs »

Les fruits dits secs existent chez de très nombreux végétaux ligneux et présentent, dans nos régions, une bien plus grande diversité de formes et de structures que les fruits charnus. En fait, beaucoup de ces fruits sont des « diaspores », c'est-à-dire des ensembles morphologiques assurant la dissémination, formés, d'une part, du vrai fruit enfermant la ou les graines, accompagné d'autre part de pièces charnues ou coriaces d'origines diverses issues des autres éléments de la fleur ou de l'inflorescence.

Les fruits secs se divisent en deux grands groupes : ceux qui ne libèrent pas leurs graines, dits indéhiscents, essentiellement les divers types d'akènes (fruits secs habituellement à une seule graine), et ceux qui s'ouvrent pour libérer les graines (fruits déhiscents), essentiellement les divers types de capsules.

Fruits secs de type akènes

Clématite des haies
Le fruit est petit, très dur, et est muni d'une longue arête plumeuse ; ces fruits sont réunis en une sorte de boule.
Page 250.

Bouleau blanc
Les chatons sont formés de petits fruits secs ailés.
Page 62.

Noisetier
La noisette (fruit proprement dit) est formée d'une coque dure enfermant la graine comestible, l'ensemble étant solidaire d'un involucre campanulé de pièces vertes. Comestible.
Page 72.

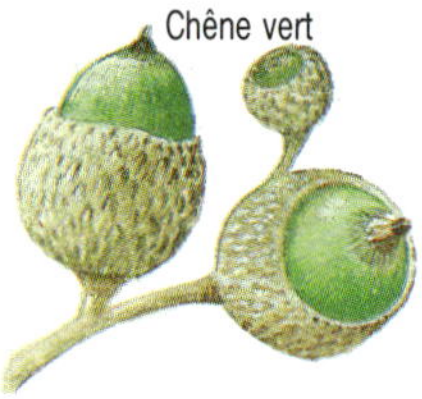

Chênes
Le gland comprend une partie externe, en cupule, formée d'écailles densément soudées (de forme caractéristique pour chaque espèce), cupule dans laquelle est inséré le vrai fruit (gland vrai), plus ou moins ovoïde ou conique, lisse.
Pages 128-129 et 188 à 194.

Charme commun
Le fruit est orné d'un large involucre ailé, foliacé, vert, trilobé et unilatéral.
Page 114.

Hêtre
Le « fruit » est en fait un involucre vert, assez coriace et épineux, s'ouvrant incomplètement, enfermant 2 ou 3 vrais fruits trigones, brun luisant (les « faînes »).
Page 103.

Châtaignier
La bogue est aussi un involucre fructifère, vert, coriace épineux, qui à maturité s'ouvre en 4 valves laissant s'échapper 2 ou 3 fruits bruns, lisses : les châtaignes. Comestible.
Page 170.

Noyer commun
La noix ligneuse, qui contient les cerneaux que l'on consomme, est en réalité entourée d'une enveloppe charnue verte qui donne le brou.
Page 208.

Fruits secs de type akènes, ailés, appelés « samares »

Orme des montagnes

Ormes
Le fruit, très petit, est situé au milieu d'une large aile arrondie, très fine.
Pages 118-119.

Buplèvre arbrisseau
Le fruit dit méricarpe est un di-akène typique, muni de côtes, et dont la paroi est parcourue de canaux sécréteurs typiques.
Page 142.

Frêne à fleurs

Frênes
Le fruit est orné d'une longue aile latérale ; la samare de l'Ailante (p. 218) est comparable.
Pages 216-217.

Sycomore

Érables
Les fruits sont soudés par leur base et chacun possède une grande aile latérale, donnant l'impression d'un fruit à 2 ailes (dit disamare), volant en tournoyant vers le sol lorsqu'il se détache de l'arbre.
Pages 173 à 178 et 203.

Fruits secs de type capsules

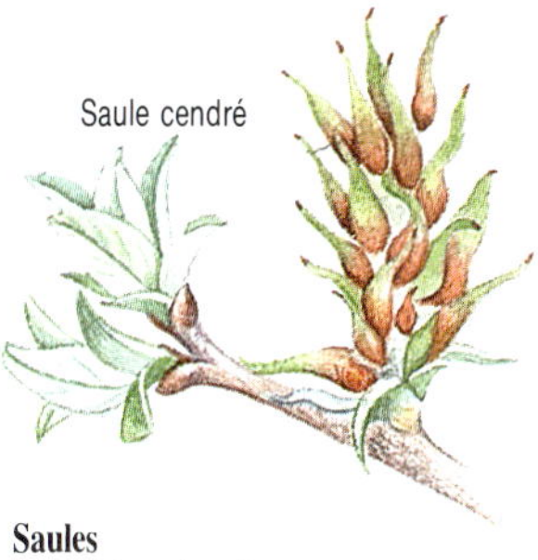

Saule cendré

Saules
Les chatons femelles portent de très nombreuses petites capsules à peine lignifiées, s'ouvrant en 2 valves qui s'enroulent vers l'extérieur, laissant échapper les graines soyeuses.
Pages 93, 113, 132, 164, 166 et 167.

Marronnier
Le fruit est une capsule verte, épineuse, s'ouvrant à maturité en 3 valves libérant les grosses graines presque sphériques (« marrons »).
Page 224.

Euphorbe arbustive
La capsule ligneuse s'ouvre par 3 valves arrondies, libérant 3 graines, brun terne, lisses, munies d'un petit appendice (caroncule).
Page 161.

Fusain à larges feuilles

Fusains
Le fruit du Fusain est le « bonnet de prêtre » ; c'est un fruit capsulaire à lobes un peu épais, coriaces, rouge vif, renfermant une graine dure, blanche, ornée d'un arille coloré.
Pages 144-145

Fruits secs de type gousses

Ce sont les fruits des arbres et arbustes de la famille des Légumineuses ; ils sont très caractéristiques car ils s'ouvrent en 2 valves portant souvent chacune la moitié des graines. La forme de ces gousses (longueur, largeur, rétrécissements), leurs couleurs, l'épaisseur des valves, le nombre de graines, la manière dont les valves se dessèchent à maturation sont des caractères importants de détermination des ligneux de la famille des Légumineuses ou de certaines Bignoniacées (Catalpa).

Cytise à feuilles sessiles

Fruits secs de type cônes

Ils sont représentés essentiellement chez les conifères étudiés dans le sous-chapitre suivant. Parmi les feuillus, les Aulnes (p. 71 et 125) ont des fructifications à écailles ligneuses, assez serrées, donnant l'apparence d'un cône de 10 à 15 mm. Le Magnolia en fruit laisse apparaître des « cônes » dressés de 10 à 15 cm, brunâtres, formés de follicules accolés.

Aulne glutineux

Les cônes

Dans la partie de l'Album des espèces de ce guide, les résineux ont été regroupés *pages 255 à 294,* selon l'allure générale des aiguilles, mais l'examen des fruits très particuliers de ces arbres appelés « cônes » et dans quelques cas « galbules » (Genévriers) constitue une voie supplémentaire ou alternative pour faciliter l'identification des sujets.

Les dimensions de ces cônes (de 1 à plus de 20 cm), leurs formes (subsphériques, ou cylindriques, ou coniques), leur position sur les rameaux (dressés ou penchés, se disloquant ou tombant d'une pièce) sont des bons critères très faciles à utiliser.

CONES A NOMBREUSES ÉCAILLES

Cônes dressés ou un peu penchés sur les rameaux, se disloquant sur l'arbre

Bien que présentant d'assez grandes similitudes ces cônes se distinguent facilement les uns des autres par de nombreux caractères.

Sapin de Nordmann
Le cône peut atteindre 15 cm ; les bractées ont des pointes recourbées vers le bas, et sont de couleur claire. Parmi les espèces à bractées bien visibles figure aussi le Sapin de Grèce (p. 259), le Sapin sauvage en France (p. 256) porte des cônes brun foncé à maturité, ne dépassant guère 15 cm.
Page 258.

Cèdre de l'Atlas
Le cône assez court, cylindrique, est aplati au sommet et prend une allure subsphérique ; il atteint 8 cm, et est de couleur d'abord bleuté pruineux, les écailles devenant plus ou moins pourpres à maturité. Le cône est plus foncé chez le Cèdre du Liban (p. 268), et brun clair un peu plus brillant chez le Cèdre de l'Himalaya (p. 269).
Page 269.

Araucaria du Chili
Cet arbre a le plus souvent des cônes dressés, dont la forme rappelle celle d'un ananas, restant presque entièrement verts, et à écailles étroites, très caractéristiques.
Page 294.

Sapin de Vancouver
Le cône dressé est assez peu dense, à écailles assez planes, marron clair.
Page 257.

Cônes penchés ou (le plus souvent) pendants, plus étroits à leur sommet

Presque tous les arbres de ce groupe ont des cônes qui demeurent sur l'arbre assez longtemps l'hiver, libérant peu à peu leurs graines, puis tombant d'un bloc vers la fin du printemps. Beaucoup ont des écailles lignifiées, parfois un peu blanchâtres, résineuses, et ils mûrissent le plus souvent en deux ans. Quelques-uns cependant, à écailles peu lignifiées, mûrissent en un an. L'un a des bractées saillantes (le Douglas).

CONES ALLONGÉS NETTEMENT PENDANTS

Douglas
Les cônes, de 5 à 7 cm, marron-roux à maturité, sont très caractéristiques, car la bractée très saillante a trois dents très nettes.
Page 263.

Épicéa commun
Le cône, très régulièrement rétréci du bas («attache») vers le sommet, est de couleur marron un peu terne; ses bractées, peu épaisses et d'allure losangique, ont une partie visible. Cône de 12 à 15 cm.
Page 264.

Pin Weymouth
Les grands cônes de 10 à 15 cm ont des écailles ligneuses bien séparées les unes des autres à maturité, souvent un peu recurvées et écartées de l'axe.
Page 281.

CONES TRAPUS, SOUVENT DE FORME UN PEU ARRONDIE ÉTALÉS PENCHÉS

Beaucoup de ces cônes ont des écailles pédicellées, très lignifiées, prenant parfois la forme d'un diamant. Ces écailles ne sont pas planes et portent souvent à leur sommet une excroissance plus ou moins losangique, très lignifiée, appelée écusson, et de forme caractéristique pour de nombreuses espèces. La maturation se fait en deux, parfois trois ans, et les cônes peuvent rester longtemps sur l'arbre. Souvent, on voit très bien sur les cônes jeunes la disposition en hélice des écailles autour de l'axe.

Séquoia toujours vert
Les cônes de 2 à 3 cm qui arrivent à maturité en une année, sont presque sphériques, marron; les écailles assez peu nombreuses, bien séparées, ont un écusson taillé en diamant.
Page 260.

Pin sylvestre
Le cône de 5 à 6 cm, à écailles très lignifiées, devient gris-brun. Chez le Pin de montagne, les écailles portent un écusson pointu et un peu recourbé, d'où le nom de Pin à crochets (p. 273). Chez le Pin d'Alep, le cône luisant, assez étroit, atteint 10 à 12 cm et est porté par un pédoncule très épais (p. 275).
Page 272.

Pin maritime
Le gros cône (12 à 18 cm), très dense, brun-roux luisant, à écailles marquées d'un écusson caréné, fortement lignifié, est souvent assez asymétrique. Le cône du Pin de Monterey (p. 282) ressemble un peu par son asymétrie à celui du Pin maritime, mais est plus petit. Le Pin pignon (p. 276) a un gros cône très arrondi (12 × 15 cm), presque globuleux; les très grosses graines mates («pines») atteignent 20 mm. Le Pin cembro (p. 280) a également un cône subsphérique, mais à écailles gris mat, à peine ligneuses, assez souples, à écusson peu épais.
Page 277.

Pin contorta
Les cônes de 5 cm environ sont souvent verticillés; l'écusson est souvent aussi haut que large.
Page 274.

Pin Laricio de Corse
Le cône, assez arrondi, brun-gris à maturité, atteint 6 à 7 cm. Celui du Pin noir d'Autriche est comparable (p. 279) ; celui du Pin de Salzmann est un peu plus roussâtre.
Page 278.

Cyprès chauve
Les cônes d'abord presque sphériques, d'un beau vert, devenant presque pourpres, ont environ 2,5 cm ; les écailles portent une petite pointe (mucron) en leur centre.
Page 261.

Séquoia géant
Les cônes de 5 à 7 cm, brun-gris, ont des écailles assez serrées, à sommet losangique un peu déprimé au centre.
Page 284.

CONES FORMÉS D'UN FAIBLE NOMBRE D'ÉCAILLES, CELLES-CI PARFOIS CHARNUES ET SOUDÉES

Ce groupe de conifères comprend des espèces variées, aux feuillages très différents, dont les cônes le plus souvent petits demeurent assez longtemps sur les arbres, les écailles s'écartant pour libérer les graines.

Mélèze d'Europe
Petit cône de 2,5 à 4 cm, souvent dressé, à écailles assez nombreuses, mais peu serrées, assez souples, gris-beige. Le cône du Mélèze du Japon est semblable, mais plus brun et à écailles un peu recourbées au sommet, vers l'extérieur.
Page 270.

Cônes à écailles nettement ligneuses

Cryptoméria
Le cône très caractéristique, pyramidal, de 2 cm environ, comporte des écailles munies de 2 ou 3 pointes dressées ou récurvées.
Page 285.

Cyprès de Lawson
Les minuscules cônes arrondis (5 mm environ) ont des écailles en forme de clou ; ils s'ouvrent en étoile et sont à maturité en un an. **Page 288.**

Cyprès de Lambert
Les cônes très sphériques, noirâtres, ont 2,5 à 4 cm ; les écailles sont marquées en leur centre d'une protubérance nette. Le Cyprès commun (p. 289) a un cône semblable, moins sphérique, à écaille à écusson allongé.
Page 290.

Pruche de l'Ouest
Les petits cônes ovales, à écailles à peine courbées, peu épaisses, mûrissent en un an, et sont marron clair, atteignant 2,5 cm. La Pruche de l'Est (p. 262) a des cônes plus petits, plus ternes, nettement pédonculés.
Page 262.

Thuya géant
Les cônes d'à peine 1,5 cm n'ont souvent que 4 à 6 écailles et s'ouvrent comme une fleur ; ils sont marron terne. Ceux du Calocèdre (p. 287) sont semblables, mais marron-brun.
Page 286.

Cônes ressemblant à des baies charnues
(au moins à l'époque de maturation) :
If, page 267, et **Genévriers, pages 266, 292, 293.**

Album des espèces

Comment utiliser cet album

La partie centrale de ce Guide, qui est l'ensemble documentaire le plus détaillé de l'ouvrage, est consacrée à la description d'un grand nombre d'espèces d'arbres, d'arbustes et d'arbrisseaux existant en France, en Belgique et en Suisse. Si l'accent a été mis sur les végétaux ligneux spontanés, un certain nombre d'espèces cultivées ou naturalisées ont été également incluses.

Il était nécessaire de décrire ces végétaux selon un certain classement, mais le fil conducteur qui a été choisi dans ce chapitre ajoute aux données des classifications scientifiques et complète le « tableau dichotomique » (page 21 à 28) en utilisant d'autres critères de reconnaissance que ceux du chapitre précédent, qui se rapportent aux végétaux ligneux soit en hiver ou au premier printemps (rameaux, bourgeons), soit à l'automne (fruits). Mais c'est surtout à la belle saison que le promeneur ou le naturaliste visitent bois, forêts, landes, taillis, halliers. C'est pourquoi les principaux types de feuilles et d'aiguilles servent de canevas pour délimiter des groupes d'arbres ou d'arbustes présentant, au niveau de cet organe, des similitudes.

On ne devra pas oublier toutefois qu'il existe une certaine variabilité des formes comme des dimensions, cela au sein d'une même espèce dont les individus vivent dans des conditions différentes, mais aussi, et cela est très important, sur un même individu où des dissemblances apparaissent en fonction de l'âge. On choisira donc d'observer l'aspect « moyen » que présentent les feuilles pour utiliser l'Album.

Chaque ensemble de végétaux ligneux classés selon leurs feuilles est représenté par des sortes de tableaux comparatifs synthétiques, dans les pages d'introduction, regroupant la plupart des genres ou espèces traités dans le corps de l'Album et qui se ressemblent beaucoup par leurs feuilles.

On trouvera ainsi dix pages d'introduction pour les feuillus, auxquelles s'ajoutent une page pour les ligneux particuliers que sont les lianes et trois pages d'introduction pour les résineux. On devra être particulièrement attentif à l'observation des feuilles de type « ovale » ou « ovale arrondi » ou « ovale allongé », dans lesquelles on a ainsi distingué trois ensembles pour faciliter un peu l'identification de ce groupe de ligneux, qui compte cinquante-neuf espèces en entrées principales (traitées et illustrées).

Un petit groupe a été défini comme « à feuilles insolites », car il s'agit de végétaux qui, dans les flores de nos régions, sont très étonnants ; on a d'autre part délimité une catégorie d'arbustes ou arbrisseaux feuillus, à feuilles, la plupart du temps, très petites, très fines (Bruyère) ou en écailles, ou encore parfois absentes (Ajonc), ou bien enroulées, si bien qu'elles paraissent souvent très étroites (Romarin, Thym).

Mais il se peut qu'on soit en présence d'une espèce ligneuse qui n'a pu être traitée dans le Guide, car étrangère à la flore spontanée ou trop rarement introduite ou naturalisée, ou encore faisant partie des très petits ligneux à tige courte ou rampante (tels les Saules nains, les Globulaires naines, les petites Labiées, etc.). On consultera alors des *Flores* plus spécialisées ou, pour les quelques arbres cultivés retenus ici, des ouvrages spécifiques sur les parcs et jardins.

Les espèces sont présentées sous leur nom vernaculaire le plus couramment employé. Au-dessous figure, en italique, le nom latin suivi de l'initiale ou du nom abrégé du botaniste qui a décrit et baptisé l'espèce.

Nous avons ensuite relevé les noms vernaculaires les plus fréquemment utilisés en France, en Suisse et en Belgique. La famille apparaît dans un caractère différent. Le texte qui suit expose l'histoire des relations de l'homme et de l'espèce considérée.

La photo représente le biotope, ou habitat de l'espèce, et permettra de la rechercher et de la reconnaître dans le milieu qui lui est le plus habituel.

Les dessins représentent l'espèce décrite : silhouette, rameaux, feuilles, etc. Pour la plupart des illustrations, nous avons ajouté un détail — feuille, fleur, floraison, tige, graine, photo de l'écorce —, lorsque celui-ci apportait une information importante, facilitant l'identification.

Certaines illustrations représentent une espèce voisine, ayant des caractères morphologiques comparables, ou une sous-espèce, ou encore un cultivar ; son nom apparaît alors en gras dans la légende.

A côté du texte général figure une « carte d'identité » introduisant des symboles dont voici la signification :

- Taille de l'arbre adulte
- Age de la maturité
- Longévité
- Espèce spontanée ou cultivée
- Origine
- Toxicité
- Utilisation

Afin de faciliter l'utilisation de cet « Album des espèces », nous avons établi un Index à la fin de cet ouvrage, où sont réunis, par ordre alphabétique, les noms des arbres, arbustes, arbrisseaux, leurs noms latins, ainsi que tous les autres noms vernaculaires des espèces décrites ou citées.

Sauf pour quelques exceptions, la systématique et la nomenclature adoptées dans ce Guide sont celles de *Flora Europaea* ou, pour les essences introduites, celles du *Manuel* de Hillier. Le français a été conservé pour les noms de familles.

FEUILLES TRIANGULAIRES ET FEUILLES RONDES

Des arbres comme les Bouleaux sauvages ou des arbrisseaux telle l'Arroche ont des feuilles nettement triangulaires. Le Tremble ou l'Arbre de Judée se reconnaissent à leurs feuilles à limbe très arrondi. Parmi ces groupes, on observe des espèces à feuilles alternes ou opposées, avec des bords dentés ou lisses.

Feuilles triangulaires à marges fortement dentées

Bouleau blanc
Feuilles alternes
de 2,5 à 7 cm de long,
glabres dessous,
dont la base du limbe
est très large.
Page 62.

Bouleau blanc

Bouleau pubescent
Feuilles alternes
de 5 à 6 cm de long,
pubescentes dessous,
à forme losangique.
Page 63.

Feuilles losangiques à marges finement dentées

Peuplier d'Italie
Feuilles alternes
de 4 à 5 cm de long,
avec un pétiole aplati.
Page 64.

Peuplier d'Italie

Peuplier noir
Feuilles alternes
de 5 à 7,5 cm de long
(15 cm sur les rejets)
avec un pétiole aplati.
Page 64.

Feuilles triangulaires, marquées de deux pointes à la base

Pourpier de mer

Pourpier de mer
Feuilles alternes
de 2 à 4 cm de long,
gris cendré.
Page 66.

Feuilles très arrondies à marges lisses

Fustet
Feuilles alternes,
non cordées.
Page 67.

Arbre de Judée

Arbre de Judée
Feuilles alternes
de 4 à 12 cm de long,
légèrement cordées à la base.
Page 68.

Feuilles arrondies, petites, à marges entières

Eucalyptus bleu
Feuilles opposées
de couleur gris bleuté,
pruineuses.
Page 70.

Eucalyptus bleu

Cotoneaster
Feuilles alternes
de 1 à 3 cm de long,
vert sombre.
Page 78.

Feuilles arrondies, à marges dentées

Aulne glutineux
Feuilles alternes
doublement dentées,
émarginées au sommet.
Page 71.

Tremble

Tremble
Feuilles alternes
de 4 à 6 cm de diamètre,
pétiole très aplati latéralement.
Page 75.

Bouleau blanc

Betula pendula Roth.
Bétulacées

Bouleau verruqueux, Bouleau pleureur,
Bois à balais, Boulard

- 15 à 22 m, parfois 30 m
- 10 à 20 ans
- 100 ans et plus
- Spontané
- Europe, Asie du Nord
- Non
- Bois : industrie ; bourgeons : médication ; écorce : artisanat

Par sa lumineuse écorce, blanc argenté, par sa grâce légère et diffuse, le Bouleau blanc attire d'emblée le regard dans nos forêts. Il en est un des hôtes les plus familiers et forme parfois des peuplements importants (Sologne, forêt de Fontainebleau).

Arbre par excellence des sols pauvres et sableux, il s'accommode également fort bien des terrains sablo-argileux, mouillés, voire marécageux, s'ils ne sont pas toutefois gorgés d'eau en permanence. Dans les parcelles qui ont été détruites par le feu, le Bouleau blanc est un des premiers à réapparaître, et souvent il constitue alors des forêts claires dont il est presque le seul représentant. C'est que l'espèce a le pouvoir de germer facilement sur les brûlis et qu'elle possède un type de bourgeonnement souterrain efficace lui permettant de rejeter abondamment.

Dès que la forêt devient trop dense, le Bouleau, qui a besoin de beaucoup de lumière, s'efface et n'apparaît plus qu'ici et là, en individus isolés, souvent aux alentours des clairières. Arbre caractéristique des forêts nordiques, on le voit presque partout en France associé au Pin sylvestre* ; mais, en région méditerranéenne, on ne le rencontre qu'en montagne.

Autrefois arbre sacré, le Bouleau blanc était vénéré des Celtes et des Germains. Jusqu'au Moyen Age, on fouettait de ses branches déments et délinquants pour en chasser les mauvais esprits. De nos jours, on utilise encore son bois, très léger, madré, pour des caissettes ou de la pâte à papier.

Chatons femelles

Chatons mâles

En mars-avril apparaissent des chatons femelles vert tendre et parfois, dès l'automne, des chatons mâles pendants et bruns.

Les jeunes rameaux sont glabres et assez brillants, marqués de petites verrues.

En automne, les feuilles prennent souvent une vive couleur jaune doré.

Les feuilles, dont la base est presque droite, sont caduques, alternes, vert franc, brillantes et glabres. Le limbe est triangulaire, très effilé au sommet, doublement denté sur les bords. Les dents sont fortes et aiguës.

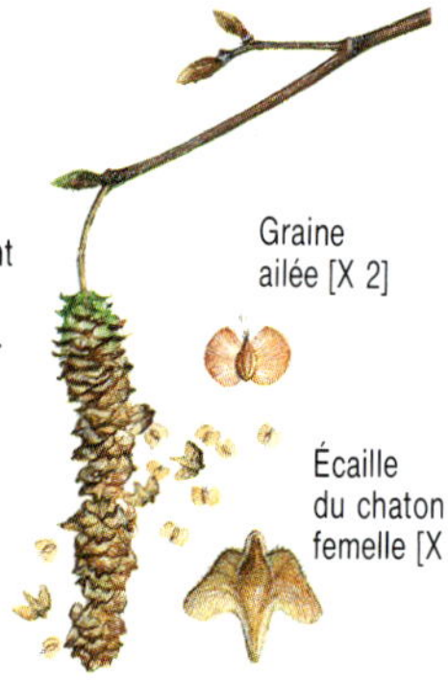

Graine ailée [X 2]

Écaille du chaton femelle [X 2]

L'infrutescence demeure souvent sur l'arbre jusqu'en hiver et se disloque peu à peu en laissant échapper les graines.

La silhouette de l'arbre est aérée et décorative avec les extrémités des rameaux retombants.

L'écorce blanche se détache en larges plaques.

Bouleau pubescent

Betula pubescens Ehrh.

Bétulacées

Arbre des forêts infinies de l'Europe boréale et de la Sibérie, le Bouleau pubescent est beaucoup moins commun en France que le Bouleau blanc*. Les deux espèces se côtoient parfois et s'hybrident alors volontiers, mais le Bouleau blanc reste toujours l'essence dominante. Aimant les terres acides et mouillées, le Bouleau pubescent se plaît dans les landes tourbeuses et les sites détrempés. On le rencontre principalement dans la moitié nord-est de la France et dans les montagnes où il prospère dans des milieux forestiers fermés, étant peu exigeant en lumière.

Ce nordique ne s'aventure guère dans le Midi, et si on le trouve dans le Sud, c'est en montagne, dans les tourbières, où il s'élève jusqu'à 2 000 m d'altitude. C'est là que les glaciations l'auraient repoussé et, depuis, il y vit en compagnie du Bouleau nain. Dans l'extrême nord de l'Eurasie, où il constitue l'habitat habituel des rennes, il se nanifie souvent en bordure de la toundra glacée.

Son bois est plus mou et moins utilisé que celui du Bouleau blanc. En revanche, son écorce est souvent aussi claire et éclatante, ce qui a incité le botaniste suédois Linné à désigner les deux espèces sous le nom de Bouleau blanc *(Betula alba)*.

Au Canada, d'autres espèces, très proches, sont réputées pour leur sève sucrée et leur écorce particulièrement résistante, avec laquelle les Indiens construisaient canoës et huttes. Certains aussi sont appelés Bouleaux à papier, en raison de l'extrême finesse de leur écorce qui se détache par minces rubans horizontaux.

10 à 20 m, parfois 25 m

10 à 20 ans

Plus de 100 ans

Spontané

Europe, Asie du Nord

Non

Bois : industrie

Graine
[Grandeur nature]

Écaille
[Grandeur nature]

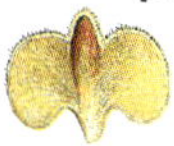

Les ailes des graines sont très arrondies, souvent nettement plus larges que la semence. L'écaille possède 2 ailes très larges.

Les feuilles, alternes, caduques, sont souvent losangiques.

Elles sont très larges au milieu du limbe et pubescentes en dessous et sur le pétiole.

Feuillage en automne

Chaton femelle

Chaton mâle

Les chatons femelles dressés sont plus petits que les chatons mâles. Ils apparaissent en avril.

L'écorce est blanc-gris, parfois gris argenté.

En hiver, les rameaux forment des petits groupes à l'extrémité des branches principales. Ils pendent rarement.

La cime arrondie est plus large que celle du Bouleau verruqueux. Les branches sont étalées.

Peuplier noir

Populus nigra L.
Salicacées

Peuplier commun, Peuplier franc,
Liardier, Piboule, Bioulasse

Les Peupliers constituent un groupe botanique assez complexe compte tenu de l'introduction de nombreux cultivars, hybrides ou clones, souvent plus largement répandus dans nos paysages que les espèces sauvages dont trois sont spontanées en France, notamment celle du Peuplier noir.

Arbre de lumière et d'espace, ne pouvant vivre en forêt, il se plaît en plaine, en bordure de rivières, et aussi en montagne, le long des torrents, jusqu'à 1 800 m d'altitude. Avec son feuillage bruissant au moindre vent et qui vire au jaune pur à l'automne, ce bel arbre à la silhouette caractéristique est le compagnon habituel des cours d'eau, des étangs, des lacs où il se déploie en longs alignements ou en peuplements aérés. C'est qu'il exige également beaucoup d'eau mais n'apprécie guère les tourbières.

On le rencontre fréquemment aux côtés du Peuplier d'Italie (*Populus nigra* 'Italica' Moench), une forme proche, plus résistante à la sécheresse et fort commune dans une grande partie de l'Europe. Arrivé en France vers 1745, venant d'Italie mais originaire de l'Asie Mineure, c'est un arbre superbe, élégant et puissant à la fois, qui a l'allure d'un Cyprès*, reconnaissable à son tronc pourvu de branches dressées dès la base. Planté le long des routes et résistant bien à la pollution, il fait partie désormais du décor des sites urbains. Comme le Peuplier noir, il est souvent porteur de grosses boules de gui. De croissance très rapide (10-12 m en vingt ans), ils peuvent l'un et l'autre se multiplier par bouturage.

20 à 25 m, parfois 30 à 40 m

10 à 20 ans

50 ans
(100, 400 ans exceptionnellement)

Spontané

Europe centrale et du Sud

Non

Ornement

Les feuilles, caduques, alternes, triangulaires, se terminent par une pointe assez étroite. Elles sont plus longues que larges, à marges peu profondément crénelées, parfois à peine translucides. Le pétiole est aplati. En été, les chatons portent des graines soyeuses, blanc argenté.

En automne, les feuilles deviennent jaune vif.

Le chaton femelle jeune est vert et non plumeux.

Chaton femelle

Peuplier d'Italie.
Les feuilles sont souvent plus larges que longues, à pointe moins effilée. Arbre à port fastigié qui peut atteindre 30 m de haut.

Les chatons mâles sont brun clair, à étamines très saillantes et anthères rougeâtres. Ils apparaissent en mars avant les feuilles.

Chatons mâles

Le tronc, assez trapu à la base et parfois bosselé, porte un houppier très large presque arrondi.

En hiver, les branches latérales sont presque horizontales. Leur extrémité est divisée en fins rameaux.

A la base du tronc, l'écorce gris-brun est fissurée.

Peuplier de culture

Populus × *euroamericana* Guinier

Salicacées

Les cultivars des Peupliers issus d'hybrides sont très nombreux et difficiles à identifier. Les clones les plus fréquemment plantés sont le résultat d'hybridations effectuées entre *Populus nigra** L. (européen) et *P. deltoides* Marshall (nord-américain). Le plus répandu, le cultivar 'Robusta', né en 1815, d'une forme verticale parfaite, résiste au chancre du Peuplier.

La multiplication se pratique essentiellement par bouturage, et les efforts de sélection ont souvent permis d'obtenir des lignées dont les rendements pour le bois étaient beaucoup plus intéressants que ceux des parents ou des espèces indigènes. Les quelque 200 000 ha occupés par des peupleraies artificielles dans les grandes vallées de France, constituées sur sols alluvionnaires, mouillés mais souvent assez légers, le sont largement par ces cultivars.

Cependant, la populiculture intensive a eu des conséquences inattendues, souvent désastreuses, sur les milieux naturels. Elle est notamment à l'origine de l'assèchement de sites entiers ayant entraîné un appauvrissement biologique considérable dans des milieux à haute productivité naturelle. C'est le cas des prairies inondables qui se trouvent en forte régression ou ont totalement disparu de certaines régions. C'est aussi celui des forêts naturelles alluviales, victimes directes de cette culture industrielle.

Le Peuplier baumier (*Populus trichocarpa* Hook.), de croissance également très rapide (5-6 m par an), d'origine ouest-américaine, doit son nom à la résine aromatique qu'exsudent ses bourgeons.

20 à 25 m, parfois 30 m

10 à 20 ans

50 ans, parfois 100 ans

Cultivé

Hybride euro-américain

Non

Ornement ; bois : caissettes, allumettes

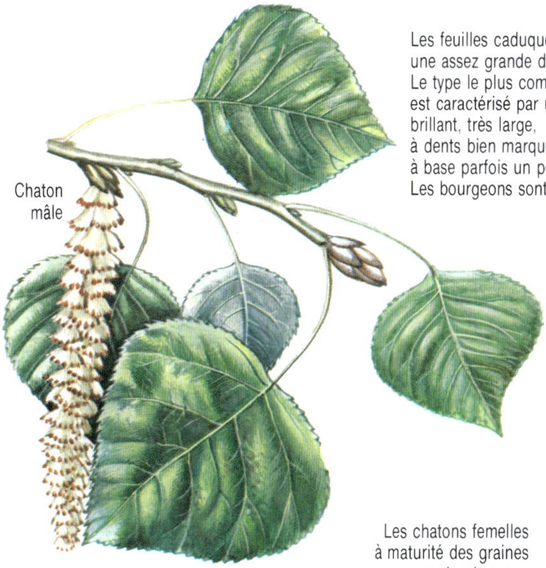

Chaton mâle

Les feuilles caduques ont une assez grande diversité de formes. Le type le plus commun est caractérisé par un limbe vert foncé, brillant, très large, à dents bien marquées et pointues, à base parfois un peu cordée. Les bourgeons sont souvent gris.

Les chatons mâles, beiges, peuvent dépasser 10 cm. Ils apparaissent de mars à mai.

Peuplier baumier. Les feuilles vertes dessus et blanches dessous prennent une couleur jaune en automne. L'arbre peut atteindre 35 m de haut, formant une couronne conique.

Les chatons femelles à maturité des graines sont cotonneux et atteignent 20 cm. Les graines et écailles plumeuses se détachent au vent et forment des tapis d'aspect neigeux sur la végétation environnante en été.

Chaton femelle

L'écorce brun verdâtre se desquame en plaques.

La silhouette est ovale et élancée. Le tronc est assez droit.

Pourpier de mer

Atriplex halimus L.

Chénopodiacées

Arroche, Fessecul

1,50 à 2 m

3 à 5 ans

Plus de 10 ans

Spontané

Région méditerranéenne

Non

Haies

Si la famille des Chénopodiacées est surtout connue pour les légumes (épinards, bettes), elle compte néanmoins un certain nombre de plantes ligneuses, principalement dans les zones désertiques au sol imprégné de sel où elles forment souvent l'élément prépondérant du paysage. Le Pourpier de mer en est un représentant typique, vivant en bordure de mer, et tout particulièrement sur les sables humidifiés par l'eau salée ou soumis aux embruns. C'est un arbrisseau à la jolie couleur gris argenté, parfois glauque, dont les rameaux et les feuilles sont recouverts d'une infinité d'écailles pulvérulentes qui donnent un aspect velouté et blanchâtre, très caractéristique de l'espèce. Aimant la chaleur, il est très commun sur les rivages méditerranéens, mais on le trouve également sur les côtes de l'Atlantique et même de la Manche.

Résistant fort bien aux vents chargés d'humidité et de sel, s'accommodant également des sols salés, pauvres ou rocailleux, supportant aisément la taille, il est fréquemment utilisé pour former des haies ou constituer des brise-vent. On l'emploie communément avec le Chalef comme arbuste d'ornement dans les jardins et les parcs des villes de nos côtes, car l'un et l'autre comptent parmi les végétaux ligneux, fort rares, pouvant prospérer dans ces conditions particulières.

Dans la nature il pousse dans toute la zone littorale du Bassin méditerranéen, mais s'étend parfois plus loin, jusqu'au Sahara où il est apprécié des chèvres, des ânes et des chameaux.

Les rameaux tortueux portent des feuilles persistantes, alternes, assez épaisses, blanc argenté. Le limbe des jeunes pousses est ovale arrondi.

Le limbe des feuilles des nouveaux rameaux est grand et triangulaire, parfois hasté, c'est-à-dire avec 2 lobes en fer de lance à la base.

Les minuscules fleurs jaunâtres s'épanouissent à la fin de l'été. Elles sont groupées en épis terminaux parfois axillaires, étroits et dressés. Elles ont un périanthe à 5 divisions.

Les graines roussâtres sont enfermées dans un fruit formé de 2 valves très largement arrondies en rein, lisses, un peu pubescentes et coriaces.

Le Pourpier de mer forme des buissons assez denses, toujours feuillés, à rameaux dressés ou un peu obliques à la base.

L'écorce des sujets âgés est fortement striée.

Fustet

Cotinus coggygria Scop.

Arbre à perruques, Sumac-Fustet

Anacardiacées

Rien de plus singulier et attractif que le Fustet au joli feuillage vert tendre et glauque au printemps, virant au brun-roux ou doré à l'automne. Mais c'est en été qu'il est le plus spectaculaire, lorsqu'il se couvre d'élégants panaches plumeux. Ce ne sont pas ses fleurs, assez insignifiantes et dont la plupart avortent, qui le parent ainsi mais leurs pédoncules, qui s'étirent et s'entremêlent après la floraison, se couvrant d'un foisonnement de très longs poils d'une belle couleur rose carminé ou rouge orangé, semblables à des perruques.

C'est souvent par ces sortes de panicules très décoratives qu'on le remarque dans la nature, notamment en automne. Il ponctue ainsi de taches vives les paysages de basses montagnes du sud-est des Alpes et du Massif central, où il côtoie fréquemment le Chêne pubescent*. Le Fustet est un arbrisseau qui aime les terres chaudes et sèches, et de préférence calcaires. Il se plaît dans les régions méditerranéennes, sur les collines ensoleillées, sans toutefois descendre jusqu'à la mer.

De taille modeste, très rameux, le Fustet a un port buissonnant et même rampant quelquefois, s'accrochant volontiers aux rocailles abruptes des falaises. Très rustique, on le trouve de la France méridionale à la Chine. Il a donné plusieurs variétés ornementales, recherchées pour leur bel aspect décoratif. Le Fustet a un parent proche : *Cotinus obovatus* Raf. qui vit au sud-est des États-Unis. A eux deux, ils forment le genre *Cotinus*.

1 à 3 m, parfois 4 m

5 à 10 ans

Plus de 30 ans

Spontané

Région méditerranéenne

Contient une térébenthine

Ornement, tannage, horticulture

En été, l'inflorescence se transforme en un panache plumeux qui porte quelques minuscules fruits noirs (drupes) luisants et ridés.

Les fleurs très petites à 5 pétales comportent un disque sous lequel s'insèrent les 5 étamines. Elles forment une large panicule et sont très peu fertiles.

Aspect de la fleur au printemps.

Les feuilles, caduques, alternes, à marge très entière, sont réunies au sommet des rameaux, la partie ancienne des branches étant nue. Le limbe adulte est assez rigide, épais, vert clair au printemps, brillamment coloré avant la chute des feuilles en automne.

Sur les sujets âgés, l'écorce est brune et fissurée.

'Foliis purpureis'. Cette variété est cultivée pour son feuillage rose-pourpre foncé.

Arbre de Judée

Cercis siliquastrum L.

Légumineuses-Césalpiniacées

Arbre de Judas, Gainier

5 à 10 m, parfois 15 m

10 à 15 ans

Plus de 50 ans, parfois 100 ans

Spontané

Région méditerranéenne

Non

Ornement

Que de légendes autour de cet arbre à l'étonnante floraison printanière ! Judas s'y serait pendu après avoir livré Jésus, et on l'appelle encore quelquefois « Arbre de Judas », notamment en Grande-Bretagne. Ses fleurs symboliseraient les larmes du Christ, et leur couleur, d'un rose violacé très vif, celle de la honte qui serait montée au front de Judas après avoir trahi. En réalité, c'est en raison de son abondance au Moyen-Orient, et en particulier en Israël, dans l'ancienne Judée, qu'il a reçu son nom.

L'Arbre de Judée représente un cas presque unique dans les flores tempérées de « cauliflorie » : ses fleurs, par bouquets, apparaissent directement sur le tronc ou les branches de l'arbre. L'effet est d'autant plus spectaculaire que les corolles, d'un lumineux satin rose, se détachent encore plus vivement sur le velours noir de l'écorce. C'est là un caractère d'arbre tropical, ce qui laisse à penser que l'Arbre de Judée est d'origine très ancienne.

Très répandu en Méditerranée orientale, son habitat naturel, cet arbre est probablement spontané mais aussi largement naturalisé dans les basses montagnes, surtout calcaires, du sud de la France où il reste presque toujours à l'état arbustif. En revanche, il devient en culture un assez bel arbre, au tronc tortueux se divisant très bas (1-3 m), qui gagne à être planté en sujet isolé. Alors qu'il a peut-être été introduit en Europe au temps des croisades, à cause de son rôle dans la Passion du Christ, son emploi comme essence ornementale ne remonte qu'au XVIe s.

Les gousses, longues de 8 à 10 cm, sont vertes, pendantes et contiennent 10 à 15 graines noires. Elles deviennent brun-pourpre à maturité (septembre).

Sur les rameaux brun-beige, les bourgeons coniques, étroits, rouge sombre, sont très caractéristiques en hiver.

Les fleurs roses peuvent être solitaires ou réunies en petites grappes ombelliformes. Elles apparaissent sur le tronc et souvent avant les feuilles.

Les feuilles, caduques, mates, alternes, cordées à la base, à nervation palmée, sont très arrondies et rarement mucronées. Elles sont parfois légèrement ondulées sur les bords.

Arbre ou arbuste à port largement étalé.

En hiver, l'arbre montre la ramification en branches secondaires très près du sol.

L'écorce est noire et finement fissurée.

Poirier à feuilles cordées

Pirus cordata Desv.

Rosacées

Reconnu dans la flore angevine dès le début du XIXe s., ce petit arbre, qui paraît avoir surtout des affinités avec des espèces orientales, est spécial à la frange atlantique de l'Europe occidentale, du sud de l'Angleterre au Portugal. Il se distingue de nos autres Poiriers sauvages par ses feuilles très arrondies, dont seules certaines sont nettement cordées.

Bien qu'on le rencontre parfois dans les grandes forêts de feuillus, c'est plutôt une essence de lumière, qui se plaît en lisière, dans les bois clairs, ou même dans les haies. Il prospère aussi sur des coteaux relativement secs, sur des sols le plus souvent siliceux où il drageonne abondamment et peut former des fourrés.

Par suite de la destruction des formations végétales de son habitat naturel, l'espèce est aujourd'hui assez disséminée. Mais on la retrouve dans tout l'ouest de la France, de la Bretagne au Limousin, de l'Anjou au Pays basque.

Plusieurs petites Rosacées, de forme arbustive ou sous-arbustive, à belle floraison, ont, elles aussi, des feuilles plus ou moins arrondies. C'est le cas notamment de la Spirée à feuilles de Millepertuis (*Spiraea obovata* Waldst. et Kit. ex Willd.), facilement reconnaissable aux fourrés bas, très denses qu'elle constitue et qui sont, malheureusement, de plus en plus souvent détruits. Ses rameaux dressés, très caractéristiques, portent en mai de nombreux corymbes de petites fleurs d'une blancheur de neige. Ses feuilles, au limbe vert mat, sont dentelées à leur sommet.

5 à 8 m

Non établi

Plus de 50 ans

Spontané

Europe occidentale

Non

Aucune

Spirée à feuilles de Millepertuis. Les fleurs, petites et régulières, peuvent former en mai de grandes étendues blanches.

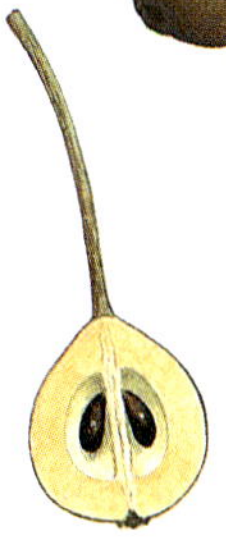

Les fruits de 1 cm de long, portés par de longs pédicelles (3-5 cm), sont sphériques, peu ou non charnus. La peau est couverte de nombreuses lenticelles. Le calice est caduc. Ils contiennent 2 à 5 pépins.

Les rameaux, parfois épineux, portent des feuilles caduques très rondes, certaines ayant un limbe nettement cordé, régulièrement denté ou parfois peu, avec une dent terminale plus pointue. Ce limbe, très velu jeune, est vert foncé, glabre, assez brillant à l'état adulte. Le pétiole est plus long que le limbe.

Les fleurs en corymbes ont de petits pétales de 6 à 8 mm, ovales, blancs.

L'écorce gris-brun, assez terne, est peu crevassée.

La silhouette est aérée avec des rameaux terminaux souvent retombants.

Eucalyptus bleu

Eucalyptus gunnii Hook. f.
Myrtacées

20 à 30 m

5 ans

Selon environnement

Cultivé

Tasmanie, sud-est de l'Australie

Non

Reboisements, taillis de production (biomasse), décor floral

C'est de loin un des Eucalyptus les plus répandus en France, en raison de sa rusticité et de sa beauté. Des plus décoratifs, son feuillage glauque, gris-bleu, avec ses rameaux à feuilles rondes, entre couramment dans les compositions florales. Tous les Eucalyptus sont originaires de l'Australie et de la Tasmanie — y compris *Eucalyptus gunnii* qui provient des régions montagneuses tempérées —, et n'existent nulle part ailleurs dans le monde à l'état sauvage. Mais de nombreuses espèces ont été largement introduites sous les tropiques, dans les régions méditerranéennes et certaines, beaucoup plus au nord, comme l'Eucalyptus bleu que l'on trouve jusqu'en Écosse. Son nom d'espèce lui vient de celui du botaniste tasmanien R. C. Gunn, qui a été le premier à envoyer des graines à son confrère J. D. Hooker, à Kew Gardens.

Ses feuilles rondes, très caractéristiques, constituent un cas intéressant de «dimorphisme foliaire». En effet, elles n'apparaissent que sur les jeunes rameaux et les rejets. Les branches de l'arbre adulte portent, elles, des feuilles allongées, particulières au genre. Peu exigeant, l'Eucalyptus bleu s'adapte en culture à de nombreux terrains, en zones à climat doux.

Autre ligneux méditerranéen à petites feuilles rondes, coriaces et persistantes, l'Olivier sauvage ou Oléastre (*Olea europaea* L. var. *sylvestris* Brot.) vit à l'état naturel. Ancêtre probable de l'Olivier* cultivé, ou issu de graines d'anciennes oliveraies, de taille modeste et à rameaux épineux, il produit de très petits fruits.

Sur les rameaux âgés, les feuilles sont allongées, alternes, d'un vert assez terne. Le limbe de 10 cm de long est souvent couvert d'une sorte de poussière (pruine) gris bleuté.

Les fleurs hermaphrodites sont jaunâtres, assez petites et groupées par 3 à l'aisselle des feuilles.

Les fruits, groupés par 3, sont en forme de petite urne de 5 mm environ. Elle contient des graines minuscules qui s'échappent lorsque l'opercule de la capsule se détache.

Les jeunes rameaux portent des feuilles rondes, sessiles, opposées et persistantes d'un bleu cendré typique.

L'arbre a une silhouette élancée. Son feuillage dispersé par petites masses laisse passer beaucoup de lumière.

L'écorce, lisse, rosée, s'exfolie en larges plaques.

Aulne glutineux

Alnus glutinosa (L.) Gaertn.

Verne, Vergne, Aune

Bétulacées

Cet arbre, lié par quelque pacte secret à l'eau, est partout présent en France, en plaine comme en basse montagne, et occupe un immense territoire allant de l'Europe occidentale à la Sibérie orientale. C'est l'arbre du bord des eaux où, rarement solitaire, il constitue une végétation touffue des plus caractéristiques, formant souvent des « forêts galeries » le long des ruisseaux et des rivières. Il y vit en association avec les Saules et les Peupliers.

Maintes légendes contradictoires ont tissé une aura de mystère autour de l'Aulne glutineux qui a inspiré de la crainte aux hommes, son bois prenant une étrange teinte rouge orangé lorsqu'on vient de le couper et évoquant la couleur du sang. Il n'en fallait pas davantage pour le croire habité par quelque mauvais génie. De là est née la vieille légende allemande du *Roi des aulnes* de Goethe.

Comme les plantes de la famille des Légumineuses, l'Aulne glutineux a la propriété de pouvoir fixer l'azote de l'air au niveau de ses racines, dans de grosses nodosités, grâce aux micro-organismes qui y vivent. Aussi l'utilise-t-on en sylviculture pour restaurer des sols très humides et pauvres en azote. Il rejette facilement de souche et forme souvent des cépées.

Son bois, assez léger et homogène, est fort durable quand il est immergé et on raconte que la moitié de Venise reposait sur des pilotis taillés dans l'Aulne. Dans le sud de la France et dans les pays voisins, nombre de lieux-dits dont le nom comporte la racine « verne » indiquent la présence ancienne ou actuelle de l'Aulne.

15 à 20 m, parfois 30 m

10 à 20 ans

75 à 100 ans, parfois 120 ans

Spontané

Europe, Asie du Nord

Non

Bois : sabots, manches d'outils, petit matériel ; tanin

Chatons femelles

Au début du printemps apparaissent sur les mêmes rameaux les chatons femelles, courts, dressés, grisâtres, et les chatons mâles, longuement pendants, ocre-brun, alors que les cônes de la fructification de l'an passé persistent encore.

Chatons mâles

Les petits cônes libèrent de nombreuses graines munies d'une excroissance liégeuse leur permettant de flotter sur l'eau et d'être disséminées au loin.

Fruits verts

Les feuilles, caduques, alternes, d'un vert sombre, sont légèrement échancrées au sommet et lobées, dentées sur les bords. Les bourgeons sont pédicellés. Les jeunes fruits verts mûrissent en été.

Les racines sont recouvertes de tubercules contenant des micro-organismes qui fixent l'azote et enrichissent le sol.

Certains cultivars horticoles ('Laciniata') ont des feuilles profondément découpées.

L'écorce assez lisse s'écaille avec le temps.

En hiver, l'arbre est couvert de petits fruits noirs, ligneux et coniques, qui persistent jusqu'au printemps.

L'arbre souvent pyramidal porte de nombreuses ramifications régulières et étagées.

Noisetier

Corylus avellana L.

Corylacées

Coudrier

3 à 4 m, parfois 5 m

8 à 10 ans

20 à 30 ans

Spontané

Europe

Non

Fruits : alimentation ; rameaux : vannerie

Déployant ses longs et graciles chatons au cœur de l'hiver, il est le premier à accueillir le printemps. Puis il se fait plus discret, jusqu'au moment où, en septembre, on le découvre chargé de noisettes fauves, le long des chemins. Les haies, les taillis, les pentes broussailleuses sont ses lieux de prédilection car il aime la lumière, mais il habite aussi les bois et les forêts. On le trouve à peu près partout en France, du littoral à l'étage subalpin, mais aussi dans toute l'Europe, l'Asie Mineure et l'Afrique du Nord. Il ne craint véritablement que les zones sèches du Bassin méditerranéen où, plus rare et parfois absent, il se réfugie dans les vallons forestiers, les gorges profondes toujours humides.

Présent sur la Terre depuis des millions d'années comme l'atteste l'étude de ses pollens et de ses fossiles, on sait que ses fruits étaient fort recherchés par les hommes de la préhistoire. Seul fruit sec contenu dans une coque ligneuse à pouvoir être récolté à l'état sauvage, la noisette est toujours très appréciée et fait l'objet d'une importante production dans certaines régions.

Arbrisseau populaire entouré d'une charmante sympathie, le Noisetier est souvent associé dans les croyances à l'idée de fécondité, d'abondance ou de mystère.

Si on en cultive surtout des variétés améliorées, pour la qualité de leurs avelines (grosses noisettes), on plante également le Noisetier franc (*Corylus maxima* Mill.), plus élevé, et le Noisetier de Byzance (*C. colurna* L.), véritable arbre à port pyramidal.

Les graines (noisettes) ont une coque ligneuse, dure et brune à maturité. Elles ont une saveur agréable.

Les fleurs mâles sont réunies en chatons brun clair, pendants, assez fins. Les fleurs femelles en forme de bourgeons sont minuscules et à stigmates pourpres.

Les feuilles, caduques, alternes, arrondies, cordées à la base et pointues au sommet, ont un pétiole court. Le limbe, un peu gaufré, velu, atteint 10 cm. Les bords sont doublement dentés. Les dents sont petites, pointues et étroites.

Les noisettes groupées par 3 ou 4 à l'extrémité d'un pédoncule commun sont enfermées dans une cupule foliacée.

Le tronc de l'arbrisseau se divise régulièrement en nombreuses branches dressées qui partent du sol. En janvier-février, l'arbre est couvert de milliers de chatons pendants.

L'écorce marron-gris est striée horizontalement.

Amélanchier

Amelanchier ovalis Med.

Rosacées

C'est par son étonnante floraison, d'un blanc de lait lumineux, que l'Amélanchier se fait remarquer au printemps, alors que la nature se met tout juste à reverdir. Ses fleurs, réunies en grappes élégantes, empanachent sa sombre ramure, légèrement bleutée, où commencent à se défroisser de petites feuilles cotonneuses.

Cet arbrisseau aime les pentes sèches et pierreuses du Midi où il s'aventure jusqu'à 1 500 m d'altitude environ. Absent du littoral, il remonte, par contre, vers le nord jusqu'en Bourgogne et en forêt de Fontainebleau — où il convient de le protéger —, et même vers l'est jusqu'en Lorraine et au Luxembourg. Il habite surtout les rochers et les corniches calcaires mais s'accommode des terrains particulièrement pauvres, comme les grès vosgiens ou les marnes déboisées et érodées des Alpes-de-Haute-Provence.

Ses fruits, souvent comparés à ceux du Néflier*, sont difficilement consommables en raison de la dizaine de pépins (les graines) qu'ils renferment. Pourtant, ces petites baies sont de saveur agréable et font d'excellentes confitures. En revanche, il faut se méfier des feuilles et des rameaux qui seraient légèrement toxiques. Ses tiges étaient autrefois utilisées à la fabrication des balais.

C'est en Amérique du Nord que vivent la plupart des Amélanchiers. L'espèce commune que l'on rencontre en France a son aire de répartition dans tout le sud de l'Europe, en Afrique du Nord, et au Caucase. La Corse possède une variété endémique, très tortueuse et naine, plus montagnarde.

1 à 3 m

Non établi

Plus de 50 ans

Spontané

Europe

Feuilles et rameaux : légèrement

Ornement

Les fleurs terminent les petits rameaux latéraux. Elles sont velues à l'extérieur, simples à 5 pétales allongés très nettement séparés.

Les fruits, rosâtres au début, deviennent bleu-noir à maturité à la fin de l'été. Leur pulpe est sucrée.

Les feuilles, caduques, alternes, sont très arrondies ou légèrement ovales, cotonneuses et fragiles au printemps, assez coriaces et glabres en automne.

L'écorce grise, presque lisse, rosit sous la pluie.

L'hiver met en évidence ses rameaux assez droits, ternes ou orangés. Les bourgeons se repèrent bien car ils sont brillants.

Certains individus âgés d'Amélanchier sont de petits arbustes pouvant atteindre 3 m de haut.

Pommier sauvage

Malus sylvestris Mill.
Rosacées

Modeste petit arbre de nos bois, dont les fruits ont un goût très acerbe, il est sans doute l'ancêtre de variétés toujours cultivées, produisant aujourd'hui encore des pommes de consommation courante. Mais ce sauvageon, robuste et des plus rustiques, sert de porte-greffe à la plupart des cultivars sélectionnés à partir de *Malus domestica* Borkh., le Pommier de nos vergers. Lui-même est issu d'hybridations effectuées entre diverses espèces sauvages et comporte plusieurs centaines de races.

Habitant l'Europe occidentale, le Pommier sauvage est assez commun en France, en Belgique et en Suisse. Il se plaît surtout dans les forêts de feuillus, assez chaudes et un peu sèches, et monte jusqu'à 1 500 m d'altitude en montagne, en particulier en Corse. Mais il n'est pas rare de le voir en lisière de bois, en bordure de champs, ou dans les haies. Présent dans la flore du plus ancien âge interglaciaire, comme l'attestent des pépins fossiles, il semble avoir été une ressource pour les hommes préhistoriques.

Bon combustible, le bois du Pommier sauvage est assez lourd, coloré et joliment flammé. Mais on l'utilise peu car il a l'inconvénient de se déformer. On en fait pourtant quelques petits outils.

C'est le Pommier domestique qui fournit la plupart des pommes que l'on trouve dans le commerce. De nombreux vergers anciens doivent faire l'objet de mesures de conservation car maintes races réputées, bien adaptées à des terroirs particuliers, comme la Normandie, la Bretagne, sont aujourd'hui en voie de disparition.

- 8 à 12 m
- 15 ans
- Plus de 75 ans, parfois 100 ans
- Spontané
- Europe
- Non
- Porte-greffe

Les fleurs, blanches, teintées de rose sur l'extérieur des 5 pétales, s'épanouissent en avril-mai.

Les feuilles, caduques, alternes, sont très arrondies, avec une courte pointe au sommet, atténuées en coin à la base, à pétiole de longueur très variable. Les rameaux sont souvent épineux. Le limbe vert franc, habituellement glabre, est finement denté. Les fleurs forment de petits bouquets.

En automne, les fruits très colorés garnissent l'arbre. Ils ont une chair très âcre qui les rend inconsommables.

Pommier domestique. Il existe des centaines de variétés de pommes, de couleurs, de formes et de grosseurs extrêmement différentes.

'Granny Smith'

'Starking Delicious'

L'arbre adulte a un tronc qui se divise en fortes branches obliques portant de nombreux rameaux terminaux un peu tortueux. Le houppier est large et arrondi.

L'écorce brun jaunâtre s'exfolie par plaques.

Tremble

Populus tremula L.
Salicacées

Il bruit sous le vent comme chante une source d'eau claire. Le moindre souffle, le moindre oiseau le font frissonner tant ses feuilles, jamais au repos, sont légères, aériennes. Nul arbre n'a mieux mérité le nom populaire qui lui a été donné : Tremble.

De tous les Peupliers de nos régions, c'est le seul qui consente à vivre en forêt lorsqu'il trouve un sol, pas trop sec, lui convenant. Mais, avide de lumière, il est bien plus fréquent à la lisière et dans les clairières des bois. Son splendide feuillage automnal, rouge et or, illumine nos paysages sylvestres, nos forêts de Chênes pédonculés* et de Bouleaux. Assez commun en Europe de l'Ouest, où il croît jusqu'à 2 000 m dans les Alpes, le Tremble est rare en région méditerranéenne, mais on le trouve cependant en Corse. Une espèce à tronc très droit existe dans les Alpes.

De croissance rapide quand il est jeune, il drageonne d'abondance à partir des malformations de ses racines, et les feuilles, en forme de cœur, sont alors plus grandes que celles portées par l'arbre. Son bois, tendre et homogène, facile à dérouler, permettrait d'obtenir des pâtes à papier de bonne qualité, mais le Tremble ne fait pas l'objet d'une culture spécifique comme d'autres Peupliers. Dans le nord-est de l'Europe, il peuple à lui seul des forêts entières.

Ressemblant beaucoup au Tremble par la forme de ses feuilles au limbe minuscule (10-15 mm), le Bouleau nain (*Betula nana* L.) est un arbrisseau nain de 80 cm, boréo-arctique, vivant à l'état de relique en quelques rares tourbières de France et de Suisse.

4 à 30 m
10 à 15 ans
75 à 80 ans, parfois 100 ans
Spontané
Europe jusqu'au Japon
Non
Bois : tanin

Les fleurs mâles (grisâtres) et femelles (verdâtres) naissent sur des individus distincts (arbre dioïque) et sont groupées en chatons pendants.

Les feuilles, alternes, caduques, très glabres à l'état adulte, ont un limbe un peu plus large que long, très arrondi, marqué sur les marges de 8 à 10 dents très planes. Vert tendre dessus, un peu glauque dessous, les feuilles deviennent dorées, parfois rouges en automne. Le long pétiole est très aplati.

Dès avril-mai, les chatons femelles fructifiés, pouvant atteindre 12 cm de long, laissent s'envoler les graines laineuses. La pollinisation est anémophile.

Bouleau nain. Ses rameaux ont une écorce brun-pourpre. A l'état jeune, ils sont très pubescents. Les minuscules feuilles, alternes, caduques, très rondes, sont régulièrement crénelées. Les chatons fructifiés dépassent à peine les feuilles.

L'écorce claire est boursouflée sur les sujets âgés.

Le tronc est peu droit, avec quelques branches latérales espacées et finement ramifiées. Il produit de nombreux drageons à sa base. Le houppier est ovale et étroit. En hiver, sa silhouette aérée se repère facilement.

Peuplier grisard

Populus canescens (Ait.) Sm.

Salicacées

Ypréau, Peuplier blanc de Hollande

20 à 30 m

15 ou 20 ans

Plus de 50 ans

Spontané

Europe

Non

Bois

Le doute plane encore quant à l'identité réelle et l'origine précise du Peuplier grisard. Il est considéré, en effet, soit comme une espèce indigène propre, soit comme un hybride naturel du Peuplier blanc* et du Tremble*, très ancien et fixé, ou récent et instable.

Le Grisard présente des caractères de l'une et l'autre espèce mais, contrairement à beaucoup de formes obtenues par hybridation, il donne des graines fertiles. Son nom vient du feutre grisâtre que présente la face inférieure de ses feuilles jeunes (caractère du Peuplier blanc), et qui disparaît ensuite, l'été, donnant au feuillage une teinte vert grisâtre rappelant le Tremble.

Moins commun que ses deux procréateurs, il se répartit d'une façon dispersée à travers toute l'Europe, de la façade atlantique à la Russie occidentale. Il est surtout répandu dans le nord-est de la France, où on le trouve à l'état spontané, le long des grands cours d'eau et dans les forêts dégradées humides. Mais, facile à multiplier par drageons, il a été beaucoup planté comme essence complémentaire dans les taillis très appauvris, où il réussit bien si le sol est mouillé, mais aussi en forêts, dans les parcs ou comme arbre d'alignement dans les régions basses du centre de la France et, surtout, dans le Bassin parisien.

Sa croissance rapide, sa cime élégante en font un arbre tout désigné pour l'ornement, et il fait merveille en sujet isolé, atteignant alors 30 m de haut. Son bois, léger et blanc, est employé, entre autres, pour la fabrication des caissettes d'emballage.

Chatons mâles

Chaton femelle

Espèce dioïque.
Les chatons mâles et femelles apparaissent en mars-avril.
Les chatons en fleur mesurent 3 à 4 cm.

Les rameaux jeunes et les pétioles sont couverts de poils fins et courts.
Les feuilles, caduques, alternes, sont vert-gris, assez foncé dessus, vert blanchâtre dessous.
Le limbe a 10 à 12 dents arrondies, assez régulières.

Les petits bourgeons ovoïdes sont brun orangé et recouverts d'un duvet blanc.

Le Grisard a une silhouette massive, à cime large et arrondie mais trouée.
Il se reconnaît à son tronc vigoureux, gris-noir à la base, et à ses branches tordues.

L'écorce est blanchâtre avec des lignes noires.

Prunier de Sainte-Lucie

Faux Merisier, Cerisier odorant, Amarel, Bois puant

Prunus mahaleb L.
Rosacées

Cet arbuste odoriférant, qui aime les bois clairs, les versants chauds et ensoleillés, au sol assez sec, voire aride, et de préférence calcaire, vit souvent en compagnie du Chêne pubescent*. Se plaisant à l'étage des collines et des basses montagnes, jusqu'à 1 500 m environ, il est assez commun en Suisse et dans une grande partie de la France où il abonde dans certaines régions. Son nom lui aurait été attribué en raison de sa profusion autour de l'abbaye de Sainte-Lucie, en Lorraine. En revanche, il est assez disséminé dans le Nord, fort rare en Belgique, où on le trouve cependant sur les terrils, et absent dans presque tout l'Ouest ainsi que dans une grande partie des zones siliceuses.

Très ramifié dès sa base, assez buissonnant, le Prunier de Sainte-Lucie est peu exigeant et colonise des terrains très difficiles, s'établissant même sur les falaises et les rochers. Supportant bien la taille, on en fait parfois des haies et on le cultive également pour l'agrément de sa floraison.

Son bois demeure longtemps odorant, même une fois sec, grâce à la coumarine qu'il contient. Dur et homogène, d'un bel ocre parfois rougeâtre, et se polissant bien, il a été utilisé autrefois pour la fabrication des tuyaux de pipe en Europe centrale. Il sert de porte-greffe aux Pruniers et aux Cerisiers cultivés, notamment pour les formes basses et pour les terrains calcaires. Ses fruits, petites cerises noires à la saveur très acerbe, sont quelquefois distillés pour la préparation d'une sorte de kirsch.

3 à 12 m

8 ou 10 ans

Plus de 50 ans

Spontané

Europe (surtout méridionale)

Non

Bois : petit façonnage ;
fruits : distillation

Les fleurs délicatement parfumées s'épanouissent en avril-mai en racèmes corymbeux de 1 à 5 cm de long, à l'extrémité des rameaux. Les pétales sont nettement séparés et très arrondis.

Les feuilles, caduques, alternes, sont le plus souvent arrondies ou un peu ovales, légèrement cordées à la base. Finement dentées, elles sont d'un vert brillant sur la face supérieure.

En juillet, l'arbre se couvre de nombreux petits fruits, drupes, de 0,6 à 1 cm, rouges puis noirs, assez luisants, acides et amers, dont les oiseaux sont friands. Ils en disséminent les noyaux et facilitent ainsi la dispersion de l'espèce.

L'écorce est assez luisante, gris-brun.

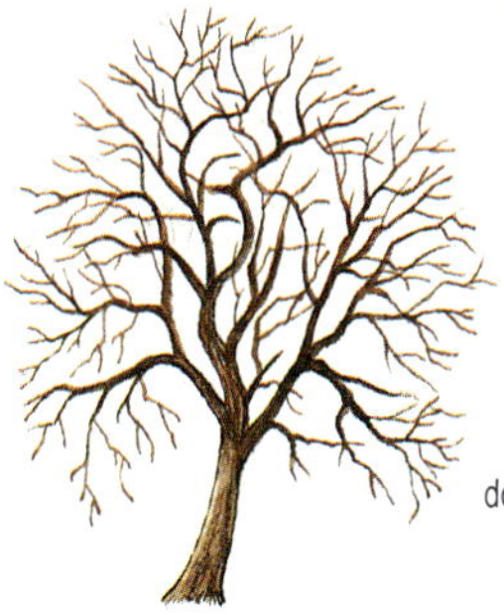

Cet arbuste à rameaux tortueux et très déployés, dont la longueur varie entre 2 et 3 m, a un tronc bien individualisé. Il est de croissance très lente.

Cotoneaster sauvage

Cotoneaster integerrimus Med.

Rosacées

Cotoneaster à feuilles entières

0,5 à 2 m

Non établi

Probablement plus de 30 ans

Spontané

Montagnes d'Europe et d'Asie

Non

Ornement

Les espèces de Cotoneaster sauvages en France sont le plus souvent de petits arbrisseaux ou des sous-arbrisseaux, très lignifiés, à rameaux tortueux, dressés, étalés ou rampants. Le Cotoneaster à feuilles entières habite les rocailles boisées de nos basses et moyennes montagnes, de préférence calcaires, et croît jusqu'à 2 500 m environ dans les Alpes et les Pyrénées. Assez rare en Bourgogne et en Lorraine, où il recherche les expositions chaudes et ensoleillées, il s'aventure cependant plus au nord, vers les Ardennes belges.

Très voisin, le Cotoneaster laineux (*Cotoneaster nebrodensis* [Guss.] K. Koch) diffère par la pubescence caractéristique que présentent toutes ses parties. Ses fleurs rosées s'épanouissent par 3 ou 5 en petits corymbes dressés. Plus grand que l'espèce précédente, le Cotoneaster laineux est plus localisé. Fort rare dans le Massif central où on le voit surtout dans les Grands Causses, il ne se rencontre que dans les Alpes, le Jura et les Pyrénées.

Le Buisson ardent (*Pyracantha coccinea* Roem.) se trouve dans le Midi (Languedoc-Roussillon), disséminé dans les bois et les haies, probablement à l'état subspontané. En outre, on cultive couramment dans les jardins des arbustes de 3 à 5 m (*Cotoneaster frigidus* Wall. ou *C. simonsii* Bak.) et aussi des sous-arbrisseaux de 1 m à peine, à rameaux retombants (*C. horizontalis* Dcne.), répandus jusque dans les villes. Toutes ces espèces, originaires de Chine ou de l'Himalaya, sont naturalisées parfois en France.

En août-septembre, les baies rouges sont très attractives. Elles ont une saveur fade.

A la fin du printemps, des fleurs roses s'épanouissent groupées par 2 à 4, en très courts corymbes.

Les rameaux gris, tortueux, portent de petites feuilles (10-20 mm), alternes, caduques, vert sombre dessus, vert grisâtre et velues dessous.

Dans de bonnes conditions, le Cotoneaster peut atteindre 2 m et deviendra assez touffu.

Cotoneaster laineux.
Il se distingue par ses feuilles nettement plus grandes (3-4 cm), beaucoup plus velues sur les 2 faces, par ses fleurs dressées et ses baies rouge vif plus brillantes.
Les baies restent sur les rameaux jusqu'en octobre.

FEUILLES CORDÉES A LA BASE

Les plus communs des arbres dont les feuilles ont nettement une forme en cœur sont les Tilleuls, mais de nombreux autres genres présentent ce caractère, que les feuilles soient alternes, opposées, avec un limbe à marges entières ou dentées.

Feuilles à marges finement dentées, à limbe aigu au sommet

Tilleul à petites feuilles
Feuilles alternes
de 4 à 7,5 cm,
face inférieure
marquée de touffes
de poils roux
à l'aisselle des nervures.
Page 86.

Tilleul à petites feuilles

Tilleul d'Europe
Feuilles alternes
de 5 à 10 cm,
à limbe presque droit
de part et d'autre du pétiole.
Page 88.

Abricotier
Feuilles alternes
très arrondies
cordées, à pétiole
portant 2 à 4 glandes
rougeâtres.
Page 90.

Abricotier

Feuilles à marges fortement dentées

Mûrier noir
Feuilles alternes
de 8 à 12 ou 20 cm,
très rugueuses au toucher,
à sommet peu pointu (acuminé).
Page 85.

Mûrier noir

Feuilles à marges légèrement ondulées

Ciste à feuilles de Peuplier
Feuilles opposées
de 3 à 5 cm,
assez épaisses, coriaces.
Page 83.

Lilas
Feuilles opposées
de 4 à 8 cm,
à pétiole assez long.
Page 82.

Lilas

Catalpa
Feuilles opposées
de 12 à 25 cm,
à pétiole glabre.
Page 80.

Catalpa

Paulownia impérial
Feuilles opposées
de 15 à 30 cm,
à pétiole velu.
Page 81.

Paulownia impérial

Catalpa

Catalpa bignonioides Walt.

Bignoniacées

Catalpa commun, Catalpa de Caroline

5 à 15 m

5 ans

50 ans environ

Cultivé

Sud-est des États-Unis

Non

Ornement

Gloire des parcs et jardins, le Catalpa est un arbre magnifique qui nous est venu du sud-est des États-Unis. Introduit d'abord en Angleterre en 1726 puis en France en 1754, les botanistes l'ont appelé du nom d'une tribu indienne de la Caroline, Catawba, où ils l'ont découvert. En raison de la ressemblance de ses fleurs avec celles en trompette des Bignones, ils lui ont attribué pour nom d'espèce celui de *bignonioides*.

C'est au début de l'été que le Catalpa nous offre la beauté de sa floraison. Il se pare alors de spectaculaires panicules de fleurs blanches à bords ondulés. Mais sa majesté vient de son opulent et somptueux feuillage. Ses feuilles comptent parmi les plus grandes de notre flore : 25 cm de long sur 20 cm de large ! D'un joli vert tendre, en forme de cœur et longuement pétiolées, elles s'étalent horizontalement donnant une ombre généreuse. Elles dégagent une odeur désagréable, caractéristique, quand on les froisse.

De croissance très rapide, surtout quand il est jeune (1 m par an), le Catalpa aime les sols fertiles et les situations chaudes, mais redoute le froid intense, la sécheresse prolongée et les grands vents. Il est cependant fort rustique et s'il prospère mieux dans le sud et l'ouest de la France, il n'en vient pas moins ailleurs, en particulier dans la région parisienne où il a été planté en abondance.

C'est l'arbre d'ornement par excellence, et il en existe une autre belle variété à feuilles dorées 'Aurea'. Superbe lorsqu'il est en sujet isolé, il déploie alors largement sa cime et atteint 10 à 15 m.

Les feuilles, caduques, se terminent par une pointe. Elles ont parfois 2 petits lobes latéraux. Le limbe est vert clair, glabre dessus et légèrement pubescent dessous.

Les fleurs (5 cm) blanches avec des stries jaunes et des ponctuations pourprées s'épanouissent en juin-juillet, groupées en grappes dressées. En forme de tube, elles ont 5 lèvres inégales (2 en haut et 3 en bas).

Les fruits, en longues et minces gousses pendantes, persistent en hiver.

Catalpa ovata.
Cette espèce originaire de Chine est très voisine et plus petite que le *Catalpa bignonioides* Walt. Ses fleurs sont jaunes et ses feuilles trilobées. C'est avant tout un arbre de collection.

L'arbre développe un houppier large et aéré. Il orne souvent les parcs et les jardins, et atteint parfois 20 m de haut.

Silhouette de l'arbre en hiver.

L'écorce marron se détache par petites écailles.

Paulownia impérial

Paulownia tomentosa (Thunb.) Steud.

Scrofulariacées

Appelé aussi *Paulownia imperialis* Sieb. et Zucc., jamais arbre n'a mieux mérité son nom : impérial. Le Paulownia l'est par la majesté de son port, la grandeur de son feuillage, la grâce altière de sa floraison. Il l'est aussi par ses légendaires pouvoirs et son illustre parrainage. Découvert au cours d'une expédition hollandaise par Siebold au Japon, on lui a donné le nom d'Anna Pavlovna (1795-1865), en hommage à celle qui, fille du tsar Paul Ier, était devenue la reine des Pays-Bas en épousant Guillaume II d'Orange.

En réalité, le Paulownia était originaire de Chine où, depuis des siècles, il passait pour avoir le pouvoir surnaturel de préserver la beauté et la santé. Un manuscrit chinois du XIe s., qui lui est entièrement consacré, décrit minutieusement ses propriétés.

Cependant, grâce à des graines ramenées par le vicomte de Cussy, le premier Paulownia fut planté en France en 1834, au Jardin des Plantes de Paris. Il y vécut plus de cent ans et fut remplacé à sa mort, en 1956, par un jeune sujet. Entre-temps, le Paulownia était devenu l'un des arbres d'ornement les plus appréciés.

De croissance rapide, se multipliant facilement par bouturage, il est recherché pour la beauté de ses fleurs et surtout pour l'exubérance de son feuillage. Plus grandes encore que celles du Catalpa*, ses feuilles peuvent atteindre 60 cm s'il est cultivé en touffe et rabattu régulièrement.

Le *Paulownia fargesii* Franch., espèce voisine originaire de l'ouest de la Chine, est un arbre plus grand.

12 à 15 m

25 ans environ

Plus de 100 ans

Cultivé

Chine

Légèrement

Ornement ; bois : production de biomasse

Les fleurs odorantes apparaissent en avril-mai avant ou en même temps que la feuillaison, groupées en grappes dressées, bleu violacé, de 20 à 30 cm, à l'extrémité des rameaux. Elles peuvent atteindre 5 cm de long et possèdent 5 lobes courts et ondulés. Le calice, de couleur rouille, est pubescent.

Les fruits sont des capsules de 3 à 4 cm, vertes, ovoïdes, avec une pointe à l'extrémité s'ouvrant en valves pour laisser échapper de nombreuses graines ailées d'aspect cotonneux.

Les feuilles (12-30 cm), opposées, longuement pétiolées, parfois ondulées, ovales en forme de cœur, sont pubescentes à la face supérieure, et tomenteuses à la face inférieure. Elles possèdent parfois 3 à 5 petits lobes latéraux.

L'écorce grisâtre porte des vésicules orangées.

Cet arbre à feuilles caduques a une couronne en dôme. Les rameaux pubescents portent dès l'automne des bourgeons floraux. Assez rustique, peu sensible à la pollution, il est beaucoup planté dans les villes.

Lilas

Syringa vulgaris L.

Oléacées

3 à 8 m

5 ans

Plus de 50 ans

Cultivé

Europe du Sud-Est

Légèrement

Ornement

Le Lilas est sans doute le plus populaire et le plus répandu de tous les arbustes à fleurs : il orne nombre de jardins et de parcs, il égaie de multiples jardinets de banlieue. Il nous serait venu d'Orient vers le milieu du XVIe s., mais il vit à l'état sauvage dans de petits taillis sur les pentes rocailleuses du sud-est de l'Europe et de l'Asie Mineure.

C'est un arbuste peu élevé, très ramifié qui, drageonnant d'abondance, devient vite envahissant. Il peut même s'échapper des jardins pour former des peuplements plus ou moins denses sur des sols pauvres (terrains vagues, vieilles carrières). Redevenu un sauvageon, on le dit alors subspontané et naturalisé.

Peu exigeant sur la nature du sol, qu'il préfère frais, ne redoutant pas le froid, on le cultive souvent en touffe et quelquefois en petit arbre, généralement greffé, s'élevant à 5 m et plus. Mais il faut prendre le soin de supprimer ses rejets pour le garder sous cette forme. Il existe aujourd'hui de nombreuses variétés cultivées aux fleurs presque toujours très odorantes, simples ou doubles, blanches, roses, pourpres, violettes, et même jaunes ou dorées. On doit ces sélections en particulier au célèbre pépiniériste de Nancy, Victor Lemoine, qui, avec son fils Émile, obtint de nombreux hybrides, d'une grande nouveauté, entre 1880 et 1930.

On cultive aussi fréquemment le Lilas de Perse (*Syringa persica* L.) aux fleurs beaucoup plus parfumées, mais plus petites, et d'autres nombreuses espèces ornementales originaires de Chine.

On trouve aujourd'hui de nombreuses variétés cultivées à fleurs simples ou doubles.

Les feuilles, caduques, entières, opposées sur les rameaux, sont très caractéristiques par leurs nervations ramifiées, fines et leurs marges un peu translucides. Les fleurs s'épanouissent en avril-mai en panicules axillaires sans feuilles.

Chaque fruit (capsule) contient 2 graines ailées.

Les fleurs tubuleuses ont 4 pétales soudés, peu profonds.

Le Lilas est généralement un arbrisseau à ramification assez régulièrement divariquée. La coupe des branches modifie souvent sa silhouette.

L'écorce marron porte des stries obliques.

Ciste à feuilles de Peuplier

Cistus populifolius L.
Cistacées

Petites splendeurs de notre flore méditerranéenne, les nombreuses espèces de Cistes ne se trouvent que dans la zone méridionale, essentiellement en Provence, dans le Languedoc-Roussillon et en Corse. Ce sont des arbrisseaux buissonnants dont les petites feuilles très aromatiques contribuent à donner l'inégalable senteur balsamique des garrigues et des maquis où ils vivent presque exclusivement, bien que, parfois, on en rencontre en forêt. Leurs fleurs à coloris variés, blanc, jaune, rose ou pourpre, qui ressemblent à celles des Églantiers, ne durent qu'une journée mais se renouvellent sans arrêt, vives et pleines de grâce. Le Ciste à feuilles de Peuplier est un des plus grands, dépassant la taille d'un homme. Assez commun au Maroc et en quelques points d'Espagne et du Portugal, il ne s'aventure pas au-delà de l'extrême sud des Cévennes et, très rare en France, il est protégé par la loi.

Le Ciste à feuilles de Sauge (*Cistus salvifolius* L.) est de loin l'espèce indigène la plus répandue. Elle est aussi la plus résistante au froid, aussi la trouve-t-on fréquemment cultivée dans nos jardins. Elle se plaît dans les terrains siliceux, souvent sablonneux, et on la rencontre dans presque tout le Midi, y compris la montagne cévenole, mais également dans tout le Sud-Ouest (Grandes Landes) et le long de la côte atlantique, jusqu'en Vendée.

Une espèce corse, *Cistus villosus* L., assez commune dans les régions basses, à fleurs rose foncé ou rouges, est un Ciste entièrement velu, d'où son nom, rappelant le Ciste crépu.

1 à 2 m
Non établi
Plus de 30 ans
Spontané
Région méditerranéenne
Non
Ornement

Espèce hermaphrodite.
Les fleurs sont blanches, ponctuées de jaune à la base des pétales légèrement froissés.
Plutôt grandes (4-6 cm), elles sont groupées par 2 ou 4 en corymbes ombelliformes.

Les feuilles de ce Ciste sont assez grandes (5-10 cm), opposées, persistantes et très odoriférantes. Les rameaux sont légèrement visqueux.

Ciste à feuilles de Sauge.
Vertes et rugueuses dessus, grisâtres dessous, les feuilles persistantes, opposées et velues sont gaufrées comme celles des Sauges.
Petites (1-4 cm), à limbe arrondi et ovale, elles ont un très court pétiole.
Les fleurs blanches, plus petites que celles de *Cistus populifolius* (3-5 cm), sont hermaphrodites, avec un calice pubescent et un long pédoncule.

Des lignes verruqueuses ornent l'écorce grise.

Les tiges, nues à la base, portent vers leurs extrémités des bouquets de feuilles donnant à l'arbuste un houppier élégant.

Aulne à feuilles en cœur

Alnus cordata (Lois.) Lois.
Bétulacées

Aulne (ou Aune) de Corse,
Aulne cordiforme

- 10 à 15 m, parfois plus de 20 m
- Non établi
- Au moins 50 ans
- Spontané en Corse ; cultivé et subspontané ailleurs
- Corse et Italie du Sud
- Non
- Bois : sculpture, tournerie ; feuilles et écorce : médication

L'Aulne à feuilles en cœur, contrairement aux autres espèces, est un méridional dont l'aire naturelle se situe en Corse et en Italie du Sud où il vit principalement en moyenne montagne, entre 600 et 1 000 m. Plus bas, il n'est pas rare non plus et, recherchant les sols humides, on le trouve le long des cours d'eau, au bord des torrents, comme tous les Aulnes. Mais il s'en distingue par sa silhouette plus élancée, par sa cime plus étroite et son port souvent conique, et surtout, comme son nom l'indique, par ses jolies feuilles en forme de cœur se terminant en pointe, caractéristique qui lui a valu d'être élevé au rang d'essence ornementale et d'être couramment planté dans les parcs et les jardins.

De croissance très rapide quand il est jeune (15 m en vingt ans), peu exigeant quant au sol pourvu qu'il soit frais, résistant plutôt bien au froid, cet arbre du Midi a bien élargi son domaine, aidé en cela par les forestiers : on le plante dans les Alpes du Sud, mais aussi plus au nord, en Champagne et même en Lorraine.

Comme ses cousins de plaine ou de montagne, l'Aulne de Corse a une propriété des plus appréciables : celle de pouvoir enrichir les sols pauvres ou humides grâce à des micro-organismes fixateurs d'azote qui vivent en symbiose dans des nodosités que présentent ses racines. Il aide également à consolider les sols meubles, notamment les remblais et les terrils. Il se ressème souvent de lui-même et s'hybride parfois avec l'Aulne glutineux*. Son bois, rouge orangé, assez foncé, est facile à travailler.

Les fruits en forme de cône sont plus gros que chez les autres espèces d'Aulnes. A maturité, ils laissent échapper de minuscules graines ailées.

Espèce monoïque qui fleurit dès le mois de février. Les chatons mâles sont pendants tandis que les chatons femelles à discret pistil rouge se dressent à l'extrémité des rameaux.

Les feuilles, caduques, coriaces, glabres et longuement pétiolées, ont des bords très finement denticulés. Elles sont sudorifiques.

L'écorce lisse se fissure lorsque l'arbre est âgé.

Cet arbre a une élégante silhouette pyramidale. En automne, les bourgeons portés par un petit pédoncule apparaissent sur les rameaux. Ils sont formés par 2 écailles aiguës et glabres.

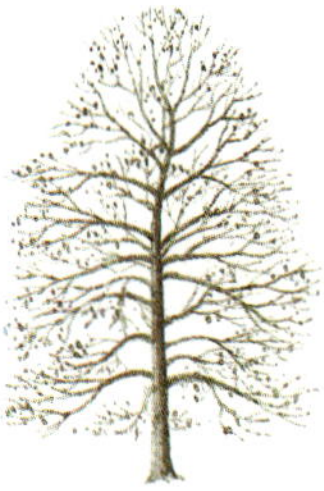

Mûrier noir

Morus nigra L.

Moracées

Arbre au beau feuillage vert sombre, le Mûrier noir a été introduit de Perse et du Moyen-Orient dans tout le monde méditerranéen par les Grecs et les Romains, pour ses fruits à la fois doux et acidulés. En France, on appréciait fort les mûres, riches en vitamine C, dont on faisait des sirops et une sorte de vin très efficace pour combattre les maux de gorge. On en fait toujours d'ailleurs des sirops mais aussi des confitures.

De par ses origines, le Mûrier noir aime les terrains secs, légers, rocailleux, et s'il pousse très lentement (3 m en vingt ans), il vit fort longtemps. Ses feuilles, plus coriaces que celles du Mûrier blanc *Morus alba* L., ont été peu utilisées en sériciculture, les vers qui s'en nourrissaient donnant une soie de qualité médiocre.

C'est en 555 qu'arrivèrent à Constantinople les premiers œufs de bombyx, ramenés en cachette par des missionnaires. Avec eux suivit l'introduction du Mûrier blanc et de l'industrie de la soie. Mais ce n'est qu'au XVe s. que la sériciculture, échappant au monopole byzantin, atteignit l'Europe. En France, Olivier de Serres en favorisa l'implantation ; plus tard, Colbert encouragea la création de magnaneries dans tout le sud du pays.

Pour produire davantage de feuilles avec lesquelles on nourrit la chenille du bombyx — dont le cocon donne la soie —, on émonde régulièrement le Mûrier blanc en « têtard ». Avec le déclin de la sériciculture, le Mûrier blanc n'est plus guère planté, sauf dans les jardins comme arbre d'ornement.

15 à 20 m

Non établi

Plus de 100 ans

Cultivé

Perse, Moyen-Orient

Non

Écorce : médication ; feuilles : sériciculture ; fruits : alimentation

Mûrier blanc.
Les feuilles au pétiole cannelé sont glabres voire luisantes, vert clair, plutôt arrondies, légèrement en cœur à la base, dentées, et plus ou moins lobées. Elles ont des propriétés médicinales. Les fruits sont blancs ou rougeâtres.

Les fruits rouge violacé mûrissent en août et septembre. Ils sont comestibles.

Les feuilles, alternes, inégalement dentées, en pointe au sommet et en cœur à la base, sont pubescentes. Elles sont courtement pétiolées et coriaces.

Fleur femelle — Fleur mâle

En mai-juin, les fleurs mâles et femelles s'épanouissent en chatons séparés, parfois sur des branches différentes.

L'écorce brune porte de larges craquelures.

C'est un petit arbre, à feuilles caduques, plus touffu que le Mûrier blanc. Sa couronne est arrondie. Son tronc court peut atteindre 1 m de diamètre.

Tilleul à petites feuilles

Tilia cordata Mill.

Tiliacées

Tilleul à feuilles en cœur

20 à 25 m, parfois 30 m

15 ou 20 ans

500 ans

Spontané

Europe

Non

Ornement ; bois : artisanat ; feuilles : fourrage ; fleurs : miel, médication

C'est le plus commun de nos Tilleuls, celui qui est le plus répandu à l'état spontané dans nos bois. Grand et bel arbre, il est présent dans toute l'Europe moyenne, des îles Britanniques à la Russie où, fort abondant, il s'étend jusqu'à l'Oural.

Le Tilleul à petites feuilles vit dans les régions de plaines et de collines, mais, d'origine continentale, il est plus fréquent dans l'est de la France comme en Alsace et en Lorraine.

Rare dans les plaines de l'Ouest, absent dans le Midi, il est supplanté en montagne par le Tilleul à grandes feuilles*. Recherchant les sols riches, profonds, mais frais et argileux, le Tilleul à petites feuilles, également appelé *Tilia parvifolia* Ehrh., croît le plus souvent en compagnie du Merisier*, du Charme* et du Chêne pédonculé*. Essence de demi-lumière, il s'accommode bien du couvert, et comme il rejette abondamment de souche, on le rencontre souvent dans les taillis.

De croissance plutôt lente, il prend avec l'âge une belle cime arrondie, raison pour laquelle il est apprécié comme arbre d'ornement et d'alignement. On le plante dans les parcs et les jardins, mais aussi le long des routes et des avenues. Comme tous les Tilleuls, il embaume lors de sa floraison et les abeilles qui le pollinisent produisent un miel recherché.

Son bois, léger et tendre, qui prend en séchant une teinte rougeâtre, est utilisé depuis fort longtemps pour des petits travaux de boissellerie et entre dans la fabrication d'instruments de musique.

Les fruits de 6 mm de long environ sont secs, lisses et glabres. Ils contiennent 1 ou 2 graines. A maturité, ils se détachent avec leur bractée.

Les feuilles de 4 à 6 cm de long sont alternes, caduques, glabres et luisantes dessus, légèrement glauques dessous avec des touffes de poils roux à l'aisselle des nervures.

Les fleurs groupées en petits bouquets sont pendantes, leur pédoncule étant à moitié soudé avec une bractée membraneuse oblongue. Elles sont jaune verdâtre, odorantes et hermaphrodites. Floraison en juin.

Le Tilleul à petites feuilles est un arbre majestueux à cime large en coupole. Sur les sujets âgés, les branches retombent.

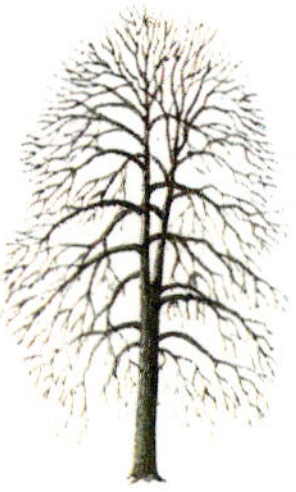

L'écorce gris verdâtre se craquelle en vieillissant.

Tilleul à grandes feuilles

Tilia platyphyllos Scop.

Tilleul de Hollande

Tiliacées

Arbre vigoureux, à la cime ample et à la ramure dense, le Tilleul à grandes feuilles (appelé aussi *Tilia grandifolia*, Ehrh.) est un montagnard dont l'aire originelle est plus méridionale que celle de son cousin de la plaine. Plus puissant et plus imposant, il est aussi plus répandu en raison de sa beauté, de sa rusticité et de ses fleurs, de loin les plus parfumées. Il est plus grand que le Tilleul à petites feuilles* par son fût bien droit, sa taille élevée, ses rameaux, ses bourgeons et, bien sûr, ses feuilles comme son nom l'indique. Enfin, sa longévité est tout à fait étonnante, puisqu'on cite le cas de certains Tilleuls âgés de mille ans et plus.

Il apprécie l'humidité de l'air et vit dans les massifs montagneux, jusqu'à 1 500 m, ainsi qu'en basse montagne, dans les collines ou les vallons frais, souvent sur les éboulis calcaires.

Premier à fleurir, c'est le Tilleul favori des apiculteurs parce que leurs abeilles butinent les fleurs pour faire un miel très recherché. C'est aussi l'essence préférée en pharmacopée, en raison des propriétés calmantes et antispasmodiques de ses inflorescences, dont on fait des infusions et qui doivent être cueillies au moment de leur plein épanouissement. Les vertus du Tilleul, connues depuis l'Antiquité, avaient une telle réputation qu'une ordonnance royale du XVIIe s. en recommanda la plantation au bord des routes afin que sa récolte soit effectuée pour les besoins des hôpitaux. Supportant bien la taille, il est très fréquent dans les parcs et jardins ainsi que dans les villes, le long des avenues.

30 à 35 m

15 ou 20 ans

Plusieurs siècles

Spontané

Europe centrale et méridionale

Non

Ornement : écorce et feuilles : pharmacopée ; fleurs : miel, médication

Les feuilles, caduques, alternes, de 6 à 10 cm de large, sont vert sombre et légèrement pubescentes à la face supérieure, vert plus pâle et pubescentes à la face inférieure.

Les fruits globuleux, secs, ont 5 côtes saillantes et sont pubescents.

Les fleurs jaune verdâtre pendent par groupe de 3 ou 4 au centre d'une grande bractée. Elles s'épanouissent en juin.

[× 2]

Les fleurs, régulières et hermaphrodites, sont délicatement parfumées.

L'écorce, d'abord lisse, grise, se fissure avec l'âge.

Les plus grands exemplaires peuvent atteindre 30 m de haut avec des rameaux ascendants et une cime plus ou moins large.

Tilleul d'Europe

Tilia × *vulgaris* Hayne

Tiliacées

Tilleul commun, Tilleul de Hollande

40 à 45 m

Non établi

Plusieurs centaines d'années

Spontané

Europe

Pollen parfois allergisant

Ornement ; bois : sculpture, tournerie ; fleurs : miel, pharmacopée

Ce Tilleul très commun, surtout en culture, est né d'une hybridation naturelle entre le Tilleul à grandes feuilles* et le Tilleul à petites feuilles*. On le trouve à l'état spontané dans les bois, mais c'est dans les parcs qu'on le voit principalement, car il est recherché pour son feuillage épais et, surtout, pour son port majestueux. D'une vigueur exceptionnelle, il dépasse tous les Tilleuls et même les autres feuillus indigènes de nos forêts. Il est presque toujours stérile, autre caractéristique fréquente des hybrides.

On lui a donné le nom de Tilleul de Hollande en raison de la culture intensive dont il a fait l'objet, au XVIIIe s., par les pépiniéristes hollandais qui l'exportèrent alors dans toute l'Europe, d'où son autre nom latin *Tilia* × *europaea* L. Il semblait à l'époque indispensable comme arbre d'alignement dans les parcs, tant on appréciait son ombre généreuse et sa beauté équilibrée. Malheureusement, drageonnant vigoureusement de souche, produisant de nombreuses pousses à partir même du tronc, il demandait des soins continus. On lui a préféré peu à peu d'autres hybrides, ou bien le Tilleul argenté*. Assez résistant à la sécheresse, on le plante toujours beaucoup le long des routes et des avenues.

Les pucerons parasitent fréquemment ses feuilles et les recouvrent du miellat qu'ils exsudent. Cela entraîne le développement de la fumagine qui souille de noir le feuillage.

Seul l'hybride *Tilia* × *euchlora* K. Koch résiste mieux à ces attaques auxquelles échappent bien peu de Tilleuls.

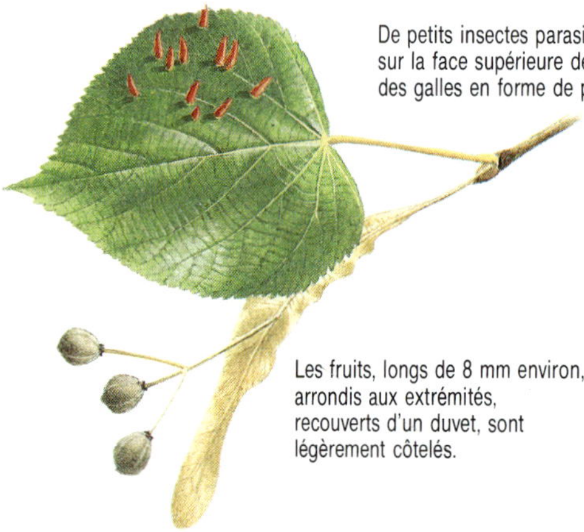

De petits insectes parasites induisent sur la face supérieure des feuilles des galles en forme de petites cornes rouges.

Les fruits, longs de 8 mm environ, arrondis aux extrémités, recouverts d'un duvet, sont légèrement côtelés.

Les feuilles, caduques, de 5 à 10 cm de long, pointues cordiformes, vert moyen, sont lisses et légèrement duveteuses le long des nervures au revers.

Les fleurs jaune verdâtre apparaissent en cymes retombantes de 5 à 8 cm de long, en juillet. Elles produisent un nectar sucré fort apprécié des abeilles.

Cet hybride vigoureux a des branches qui partent très près du sol. Sur les vieux arbres, elles s'arquent légèrement. La cime est arrondie.

L'écorce grise présente des fissures à maturité.

Tilleul argenté

Tilia tomentosa Moench.

Tiliacées

Ce n'est ni le plus grand ni sans doute le plus parfumé des Tilleuls, mais c'est certainement le plus beau. Né en Asie Mineure, il semble avoir gardé dans son feuillage, que le moindre souffle fait chatoyer, l'éclat des cieux de son aire originelle. C'est au velours d'argent du dessous de ses feuilles qu'il doit sa popularité et son second nom latin *Tilia argentea* (DC.) Desf.

De Hongrie où il s'était établi, il fut introduit en Angleterre en 1767, puis en France, quelque vingt ans plus tard, où il fut cultivé à Paris au Jardin des Plantes. Ses rares qualités ornementales furent d'emblée reconnues. Mais on découvrit aussi que sa croissance était beaucoup plus rapide que celle des autres Tilleuls (de 10 à 15 m en vingt ans), et que sa résistance à l'aridité du sol et à la sécheresse de l'air étaient bien plus grande. De nos jours, on sait également qu'il supporte la pollution.

Par son élégance, sa beauté, son charme, le Tilleul argenté est un magnifique arbre d'alignement et d'ornement. Il se prête de bonne grâce aux tailles répétées, ou bien il développe librement sa large cime, son port pyramidal et ses grandes branches arquées. S'il n'est pas émondé trop sévèrement, il fleurit comme les autres Tilleuls. Très nectarifères et odorantes, ses fleurs attirent beaucoup les abeilles mais ont un étrange effet narcotique sur elles.

On plante souvent dans les jardins la variété *spectabilis* dont les feuilles sont encore plus grandes et plus chatoyantes, ainsi que le Tilleul argenté pleureur (*Tilia petiolaris* DC.).

25 à 30 m

Non établi

Plus de 75 ans

Cultivé

Europe centrale et orientale

Fleurs : parfum narcotique pour les abeilles, pollen parfois allergisant

Ornement ; bois : sculpture, tournerie, emballage

Les feuilles, caduques, alternes, larges, dentées, sont vertes à la face supérieure, argentées et tomenteuses à la face inférieure.

Les fleurs jaune verdâtre pendent au bout d'une longue bractée. Elles s'épanouissent à la fin de juillet.

Tilleul pleureur. Les feuilles pendent au bout d'un long et mince pétiole. C'est une variété très couramment plantée.

Les fruits, petits, globuleux, secs, ont 5 côtes. Ils sont recouverts d'une légère pubescence.

L'écorce gris verdâtre se crevasse avec l'âge.

Les rameaux d'abord ascendants puis retombants donnent à l'arbre une forme compacte à cime arrondie. C'est un bel arbre d'ornement.

Abricotier

Prunus armeniaca L.

Rosacées

6 à 8 m, parfois 10 m

Non établi

Plus de 30 ans

Cultivé

Asie centrale

Amande

Fruits : alimentation

Connu depuis l'Antiquité, l'Abricotier, nommé aussi *Armeniaca vulgaris* Lam., est originaire des montagnes de l'Asie centrale où il vit à l'état spontané du Turkestan à la Mandchourie. Cultivé dès le IIIe millénaire par les Chinois, il a progressé vers l'ouest en suivant la route des caravanes. Il atteignit ainsi le Proche-Orient et s'établit tout particulièrement en Arménie — d'où son nom — vers le Ier s. av. J.-C. Il passa ensuite en Grèce et, plus tard, en Italie.

Ce sont les Romains et les Arabes qui contribuèrent à sa propagation dans tout le Bassin méditerranéen. D'ailleurs, le nom donné à l'abricot viendrait du mot arabe *albicoca.* Mais l'intérêt porté alors à l'Abricotier venait surtout de l'huile qui était extraite de l'amande de son fruit et à laquelle on prêtait nombre de vertus médicinales, plutôt qu'à son fruit lui-même, petit, acide, et qui, bien que comestible, était tenu pour suspect.

De nos jours, on néglige ses propriétés thérapeutiques, jugées médiocres. En revanche, l'abricot est devenu, après sélection et amélioration, un fruit très recherché, consommé frais ou sec.

L'Abricotier n'est cultivé d'une façon intensive que dans la région méditerranéenne et dans le Valais, en Suisse. Très sensible au gel, sa floraison fort précoce est souvent endommagée par les gelées printanières. Le Roussillon s'est spécialisé dans sa culture qui fait de la France le troisième producteur mondial.

Le Prunier de Briançon (*Prunus brigantiaca* Vill.), très proche de l'Abricotier, pousse à l'état spontané entre 500 et 1 700 m d'altitude.

Fleurs à 5 pétales, de 2,5 cm de diamètre, à corolle blanche soutenue de rose tendre. Elles apparaissent de mars à avril.

Les feuilles, caduques, longuement pétiolées, cordées à la base, sont rondes, assez brillantes, à bords denticulés.

Les fruits, drupes globuleuses, oblongues, ont une pulpe qui se détache bien du noyau. Ils ont une grande valeur nutritive non seulement en raison de la richesse de leurs sucres, mais à cause des vitamines qu'ils contiennent.

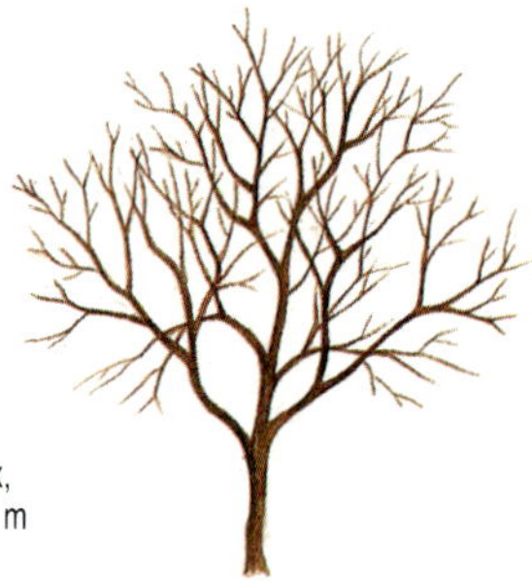

Petit arbre aux rameaux tortueux, l'Abricotier ne dépasse guère 10 m et tolère tous les terrains secs.

L'écorce légèrement fissurée est gris-brun.

FEUILLES OVALES ARRONDIES

Le groupe des arbres et arbustes à feuilles ovales comprend un grand nombre d'espèces, et la forme de ces feuilles peut être assez variable tant à l'intérieur d'une espèce que sur un même individu. Les feuilles qui seraient strictement ovales auraient un limbe plus large dans le tiers inférieur de la feuille (tiers proximal), et le limbe s'atténue ensuite, de manière très progressive, vers son extrémité (partie distale de la feuille). Parmi les espèces à feuilles ovales, certaines donnent l'impression à l'examen d'être nettement arrondies, sans pour autant se rapprocher de la forme circulaire étudiée dans le groupe des feuilles rondes. Les espèces à feuilles ovales arrondies ont donc très souvent des feuilles presque aussi larges que longues. Ainsi en est-il du Cognassier, du Saule Marsault, de la Lantane, et très fréquemment aussi du Buis, entre autres.

Feuilles à marges lisses

LIMBE DE 2 A 5 CM

Airelle des Marais
Feuilles alternes,
glabres,
à sommet souvent émarginé.
Page 95.

Airelle des marais

Buis commun
Feuilles opposées,
persistantes coriaces
et glabres.
Page 94.

Buis commun

Camérisier à balais
Feuilles opposées,
caduques, pubescentes,
légèrement pointues au sommet.
Page 96.

Camérisier à balais

LIMBE DE 5 A 10 CM

Cognassier
Feuilles alternes,
limbe très arrondi,
finement pubescent,
cendré.
Page 92.

Saule Marsault
Feuilles alternes,
limbe relativement épais,
à marges souvent ondulées,
blanc un peu cotonneux dessous,
à pointe bien marquée.
Page 93.

Saule Marsault

Feuilles à marges dentées

LIMBE DE MOINS DE 5 CM

Nerprun purgatif
Feuilles subopposées,
très finement dentées,
à nervures latérales
très courbées,
presque parallèles
à la marge du limbe.
Page 97.

Nerprun purgatif

Poirier commun
Feuilles alternes,
finement dentées au sommet,
à nervures courtes,
divisées presque
perpendiculairement
à la marge du limbe.
Page 98.

Poirier commun

LIMBE A PLUS DE 7 CM

Viorne lantane
Feuilles opposées,
assez épaisses,
à nervures nombreuses,
très saillantes.
Page 100.

Viorne lantane

Cognassier

Cydonia oblonga Mill.

Rosacées

Coignier, Coudonnier

5 à 7 m

15 ans

Plus de 70 ans

Cultivé ou subspontané

Asie centrale

Non

Fruits : gelées, confitures

Sans doute originaire de l'Asie centrale, le Cognassier est cultivé pour ses fruits depuis l'Antiquité. Il a été propagé par les Grecs et les Romains dans toute l'Europe méditerranéenne. D'ailleurs son nom vient du latin *Cotoneum malum* (pomme cotonneuse), qui fait référence à la consistance du fruit. Par contre, sa désignation botanique actuelle de *Cydonia* dérive du mot grec Cydon, nom d'une petite ville de Crète qui fut probablement une station relais de l'arbre avant son expansion vers la Grèce et l'Occident.

C'est un petit arbre fort rustique et longévif mais de croissance lente. Il se reconnaît à ses jeunes rameaux velus, à ses feuilles lustrées dessus et tomenteuses dessous, à ses grandes et belles fleurs et à ses jolis fruits en forme de poire (*oblonga :* oblong, piriforme). Apres et durs quand ils sont frais, les coings sont surtout employés pour faire des gelées, des pâtes ou des sirops, à la saveur délicate et aux propriétés astringentes. Ne craignant pas le froid et peu exigeant sur la nature du sol, on le plantait beaucoup autrefois au bord des champs pour délimiter les propriétés. Il est souvent utilisé comme porte-greffe du Poirier.

Le Cognassier du Japon (*Chaenomeles japonica* [Thumb.] Spach.), introduit en 1869, est présent dans presque tous les jardins en raison de son éclatante floraison printanière. Ses rameaux encore nus se couvrent d'une profusion de fleurs rouge vif. Très rustique, fleurissant mieux au soleil, il supporte les tailles sévères et peut, avec son feuillage vernissé, constituer de charmantes haies.

Des fleurs simples, blanc rosé, à 5 pétales, s'épanouissent en mai-juin à l'extrémité des branches.

Les feuilles sont caduques, alternes, ovales, assez grandes, légèrement en cœur à la base et arrondies au sommet. Le pétiole est rougeâtre.

Les coings, verdâtres lorsqu'ils sont jeunes, deviennent jaune d'or et sont recouverts d'un léger feutrage blanc en septembre. Ils peuvent atteindre 10 cm de long à maturité.

Cognassier du Japon. Les rameaux tortueux et épineux portent au printemps, avant les feuilles, des petits bouquets de fleurs rouges délicatement satinées, à belles étamines.

Le Cognassier est un petit arbre buissonnant ou un arbuste cultivé pour ses fruits comestibles. Ses branches sont assez tortueuses.

L'écorce grise devient brun rosâtre en vieillissant.

Saule Marsault

Salix caprea L.

Salicacées

Au printemps, lors de sa spectaculaire floraison, le Saule Marsault attire tous les regards. Et comme les chatons mâles sont les plus remarquables, cela explique sans doute le nom de « Marsault » qu'on lui a donné, contraction du latin *mas salix* : Saule mâle. Mais les chatons femelles, bien que plus petits, sont si doux et soyeux qu'ils ont réussi à leur tour, en Angleterre, à faire dénommer l'arbre « Pussy Willow » (Saule Petit Chat).

Ami des terrains frais et humides, il se plaît en bordure des cours d'eau, dans les prairies mouillées ou sur les gravelières, mais il prospère également sur des sols bien drainés et même secs. Ainsi est-il le plus répandu des Saules dans nos forêts où il devient beaucoup plus grand. Cependant, amoureux de la lumière, on ne le rencontre qu'à l'orée des futaies ou dans les clairières. En Europe, il est commun partout, en plaine comme en altitude, jusqu'à 2000 m, mais il se fait plus rare dans l'Ouest et il est presque absent dans le Sud-Ouest et le Midi, sauf en montagne.

Au sortir de l'hiver, ses fleurs, riches en pollen et nectar, attirent les premières abeilles qui en assurent partiellement la fécondation ; le vent concourt aussi à la pollinisation, ce qui conduit à de fréquentes hybridations avec les autres espèces, notamment le Saule cendré*. Les graines assurent aussi la propagation du Marsault sur de vastes étendues. Son bois, que semblent apprécier les chèvres (d'où son nom latin *caprea*), est très tendre, avec un aubier blanc jaunâtre et un cœur rouge brun.

5 à 10 m

Non établi

40 à 60 ans

Spontané et cultivé

Europe et nord de l'Asie

Non

Parfois utilisé en sylviculture sur terrains très humides ; bois : outils

Espèce dioïque.
Les fleurs de chaque sexe sont sur des sujets différents.
Elles s'épanouissent sur des rameaux dénudés en mars-avril.
Les chatons mâles, ovoïdes et gris, se hérissent d'étamines jaunes, lourdement chargées de pollen qui attirent les premières abeilles.

Les chatons femelles, d'un vert grisâtre, deviennent des fourreaux soyeux et argentés quand les graines sont mûres (épis de capsules).

Ses feuilles, ovales et terminées en pointe, sont larges et peu longues pour un Saule (4-10 cm). Portées sur des pétioles rouges pubescents, elles sont vert-gris, glabres à la face supérieure, feutrées de duvet blanc grisâtre à la face inférieure.

Gris verdâtre l'écorce lisse se fissure avec l'âge.

Le Saule Marsault est un petit arbre buissonnant familier dans nos campagnes. Ses rameaux sont courts, épais et noueux.

Buis commun

Buxus sempervirens L.

Buxacées

- 1 à 5 m, parfois 7 à 10 m
- 10 à 15 ans
- 100 à 500 ans
- Spontané
- Europe
- Oui
- Ornement

Symbole de l'immortalité chez les Grecs et les Romains — en raison de la persistance de son feuillage —, le Buis est associé à la fête des Rameaux qui commémore l'accueil fait au Christ à Jérusalem, huit jours avant Pâques. Cultivé dans les jardins et taillé de maintes façons dès l'Antiquité, le Buis fut très en vogue en Europe du XVIe au XVIIIe s. (labyrinthes, haies, massifs).

Dans la nature, le Buis est un arbuste très touffu, toujours vert, qui aime les expositions chaudes, de préférence sur terrain calcaire, notamment dans les collines et basses montagnes du Midi jusqu'aux « côtes » de Bourgogne, là où la vigne n'a pas été plantée. Il est très fréquent aussi dans les forêts en voie de dégradation du Chêne pubescent*. Il en existe parfois de vastes stations, peut-être introduites par l'homme autrefois, autour des villages et des lieux de culte. Les belles buxaies qu'on peut voir en Angleterre, en Picardie, Normandie ou Bretagne ont sans doute cette origine. Les sujets les plus âgés y ont plus de trois cents ans. Cependant, de croissance extrêmement lente, le Buis n'atteint guère plus de 2 à 3 m et reste en général à l'état de buisson. Les spécimens les plus importants ont été coupés pendant des siècles pour leur bois, dur et lourd, au grain très fin et joliment teinté de jaune citron, apprécié pour la qualité des objets qu'on en obtient après façonnage.

Le Raisin d'ours (*Arctostaphylos uva-ursi* [L.] Spreng.), aux feuilles ressemblant à celles du Buis, d'où son nom de « Busserole », aime les rocailles boisées et les montagnes calcaires.

Apparaissant au printemps, l'inflorescence vert jaunâtre, très particulière, est sans pétales : des bouquets de 4 étamines correspondent aux fleurs mâles entourant une fleur femelle à 3 styles bien visibles.

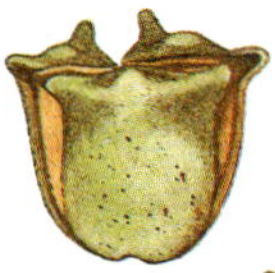

Les fruits, petites capsules, d'abord bleu-vert, puis marron, sont marqués de 3 cornes et contiennent des graines noires.

Raisin d'ours.
En avril-mai apparaissent des grappes pendantes de fleurs en forme d'urne blanche et rose de 2 à 3 cm de long et suivies de baies globuleuses, rouges, brillantes.

Les feuilles persistantes sont opposées, entières, vert brillant à la face supérieure, jaunâtre à la face inférieure. Le sommet du limbe est un peu échancré.

Avec l'âge, l'écorce se craquelle en losange.

Lorsqu'il est protégé de toute coupe, le Buis peut devenir un petit arbre très large, dépassant 10 m de haut.

Airelle des marais

Vaccinium uliginosum L.

Grande Brimbelle — Éricacées

L'Airelle des marais est un sous-arbrisseau buissonnant, plus ligneux que la Myrtille* mais qui donne comme cette dernière de petits fruits noir bleuâtre, comestibles bien que plus fades. Comme son nom l'indique (en latin *uliginosum* : qui pousse dans les lieux humides), c'est une espèce qui aime tout particulièrement les terres mouillées, les tourbières, les landes siliceuses, les bois frais des montagnes où elle prospère sur les sols acides. Elle vit dans le voisinage des sphaignes, de la Myrtille, du Bouleau pubescent*, du Pin à crochets*, et son aire de répartition couvre une grande partie des régions de l'hémisphère Nord.

L'Airelle vraie, ou Canche (*Vaccinium vitis-idaea* L.), dite aussi Airelle rouge, est plus petite que l'Airelle des marais, dépassant rarement 40 cm de haut. C'est également une espèce montagnarde que l'on trouve dans un immense périmètre géographique qui va des îles Britanniques aux îles nipponnes, et qui comprend l'Europe et la Sibérie ainsi que toute l'Amérique du Nord où elle croît jusque dans la toundra.

En France, l'Airelle rouge, rare dans les Pyrénées et les montagnes méditerranéennes, se rencontre dans les autres montagnes, surtout siliceuses (Auvergne, Vosges), et même en basse altitude (bois de Normandie par exemple). Elle se voit aussi dans le Jura et les Ardennes belges, où elle habite les pinèdes et les tourbières en voie d'assèchement. On fait des confitures de ses fruits acidulés qui, par tradition, accompagnent les plats de gibier.

50 à 80 cm

Non établi

Plus de 20 ans

Spontané

Montagne et Grand Nord

Non

Fleurs : nectar ;
fruits : gelées, confitures

Les rameaux dressés, arrondis, portent des feuilles caduques, ovales arrondies, alternes, à nervation très finement réticulée dessous.

Les baies bleu-noir, brillantes ou mates, ont 5 à 7 mm de diamètre. Elles mûrissent en août et contiennent de nombreuses graines.

Les fleurs courtement pédonculées, hermaphrodites, en forme de petits grelots roses à la base, blancs à l'extrémité, sont solitaires ou groupées en petites grappes sous les feuilles.

Airelle vraie.
Les baies globuleuses, blanches et farineuses, deviennent rouge écarlate en août-septembre. Elles ont une saveur acidulée. Réunies en petites grappes pendantes à l'extrémité des rameaux, les fleurs de couleur blanche à rosée s'épanouissent en mai-juin.

Camérisier à balais

Lonicera xylosteum L.

Caprifoliacées

Camérisier des haies

- 1 à 1,50 m, rarement 3 m
- Non établi
- Selon environnement
- Spontané
- Europe
- Fruits
- Écorce, feuilles, fleurs : médication

On faisait autrefois des balais avec les rameaux denses et souples de cet arbrisseau. Le Camérisier à balais a la particularité d'avoir un bois qui est creux, à l'égal des os, d'où le nom botanique qu'il a reçu (du grec *xylon* : bois, et *osteon* : os).

Affectionnant les sols calcaires, il se plaît dans les bois frais de l'est, du centre et du sud-est de la France où il est abondant. Peu fréquent dans l'Ouest, il est très rare dans le Sud-Ouest et dans la région méditerranéenne. On le trouve généralement dans les taillis arbustifs des forêts de Hêtres*, en compagnie du Cornouiller sanguin*, du Troène* ou de l'Aubépine*. Le nom de Camérisier, qui signifie petit Cerisier, lui vient de ses baies qui ressemblent à de toutes petites cerises, toujours réunies et soudées par deux.

Le Camérisier noir (*Lonicera nigra* L.), très proche, est une espèce montagnarde aimant les sols riches et plutôt acides, et vivant principalement dans les forêts de Sapins* et de Hêtres. Il en diffère par ses feuilles quasiment glabres et ses fruits noirs.

Le Camérisier bleu (*Lonicera caerulea* L.), appelé ainsi à cause de ses baies qui sont d'un noir bleuâtre, a lui aussi un air de famille. C'est un petit arbrisseau de l'étage subalpin, grimpant jusqu'à 2 000 m et plus, recherchant les sols humides et les tourbières.

Parmi les nombreux *Lonicera* ornementaux, pour la plupart venus de Chine, le *Lonicera nitida* Wils., avec ses petites feuilles très luisantes, est de loin le plus connu pour les jolies haies basses qu'on en fait.

Les fruits (juin-juillet), toxiques, sont des baies rouges qui ressemblent à des groseilles soudées 2 par 2 à leur base.

Les fleurs hermaphrodites apparaissent à la fin du printemps (mai-juin), groupées par 2 sur un pédoncule velu de 1 à 2 cm de long. Blanc jaunâtre, velues, inodores, en forme de mince tube, elles se terminent par 2 lèvres. La lèvre supérieure étant elle-même divisée en 4 lobes.

Les feuilles sont opposées, caduques, molles, vert clair et velues.

Camérisier noir. Les fleurs jaune-vert, de 1 cm de long, épanouies d'avril à mai, sont groupées par 2 à l'extrémité d'un long pédoncule.

Le Camérisier à balais est un arbrisseau aux rameaux grèles, d'abord dressés puis étalés, gris-brun à moelle blanche. Les bourgeons opposés, pointus, s'écartent fortement des rameaux.

Nerprun purgatif

Rhamnus catharticus L.

Rhamnacées

Noirprun, Punager, Épine noire, Épine de cerf

Le Nerprun purgatif est un arbrisseau répandu dans les bois clairs, les haies et les friches de presque toute l'Europe. En France, hormis le Nord, le Nord-Ouest et les régions méridionales où il est remplacé par d'autres espèces et en particulier par le Nerprun alaterne*, on le rencontre fréquemment. Il aime les situations bien exposées, et surtout les terrains calcaires, où il voisine avec le Prunellier*, le Troène*, la Viorne lantane* ou le Cornouiller sanguin*.

Le nom de l'espèce vient de la ressemblance de ses fruits avec les prunelles noires du Prunellier (en latin : *niger prunus*). Quant au qualificatif de purgatif (du grec *kathartikos* : qui purge), il fait référence aux propriétés médicinales de ses fruits et, à un moindre degré, de son écorce. On en faisait des préparations violemment purgatives, surtout réservées à la médecine vétérinaire.

Les fruits étaient également utilisés en teinturerie, pour leurs colorants verts ou jaunes, selon leur état de maturité. On obtenait en outre de leur suc, dilué à l'eau de chaux et mélangé à de la gomme arabique, le vert de vessie pour la peinture à la détrempe. Le bois du Nerprun purgatif, brun rougeâtre à aubier clair, est dur et homogène, pouvant prendre un beau poli.

Le Nerprun des Alpes (*Rhamnus alpinus* L.), plus petit et à port diffus, croît en basse montagne calcaire (de 400 à 1 500 m), mais aussi sur les coteaux crayeux de Bourgogne. Ses grandes feuilles ovales et denticulées, luisantes dessus, le font identifier facilement.

2 à 5 m

Non établi

Plus de 30 ans

Spontané

Europe

Fruits purgatifs à forte dose

Bois ; écorce : médication ; fruits : médication, teinturerie

Les feuilles, caduques, presque opposées, courtement pétiolées, ovales avec une légère pointe au sommet, denticulées, ont 3 à 5 paires de nervures convergentes bien saillantes bien saillantes à la face inférieure.

Les fleurs unisexuées, petites, odorantes, d'un jaune verdâtre, sont groupées par 5 à 10 en petites grappes à l'aisselle des rameaux. Elles apparaissent en mai-juin.

Fleur femelle [X 4]

Fleur mâle [X 4]

Les drupes noires, de 6 à 8 mm de long, contiennent 3 à 4 noyaux. Elles sont très amères et presque toxiques du fait de leurs propriétés fortement purgatives.

Nerprun des Alpes. Ses grandes feuilles alternes, vert jaunâtre à la face inférieure, ont 7 à 20 paires de nervures pennées. Froissées, elles dégagent une odeur désagréable.

Le Nerprun purgatif a un port diffus, très ramifié. Les jeunes rameaux sont presque opposés ; âgés, ils se terminent par une pointe épineuse. Les bourgeons ont des écailles bien marquées.

Poirier commun

Pyrus communis L.

Rosacées

6 à 10 m, parfois 15 m

10 à 20 ans

50 à 100 ans, parfois 200 ans

Spontané et cultivé

Europe et Moyen-Orient

Non

Bois : menuiserie, marqueterie ; fruits : alimentation

L'origine de la plupart des Poiriers est aussi confuse que celle des Pommiers, tant leur culture est ancienne. Parmi les centaines de races cultivées, certaines se sont échappées des vergers d'autrefois et se sont réinstallées en milieux sauvages, perdant de la sorte des caractères acquis lors des différentes hybridations.

Sous le nom de Poirier commun, on regroupe souvent des formes du Poirier des jardins redevenues sauvages (*Pyrus communis* L.), et des formes apparemment sauvages (*P. pyraster* Burgsd.) qui, en fait, sont à l'origine, en partie, des Poiriers cultivés et sélectionnés depuis l'Antiquité. Un nombre impressionnant de cultivars a été ainsi obtenu au cours des siècles par les arboriculteurs. Il y a eu également de multiples petites races locales qui, nées de l'isolement, étaient particulièrement bien adaptées à des terroirs précis dont elles sont devenues un des éléments du patrimoine naturel, tant par les qualités gustatives de leurs fruits que par leur résistance à l'égard d'accidents climatiques ou de maladies. Le Poirier commun, présent dans une grande partie de l'Europe, vit à l'état sauvage, disséminé dans les forêts et les haies de plaine et de basse montagne. Il est rare en région méditerranéenne.

Originaires probablement de l'Asie centrale et occidentale, les Poiriers cultivés doivent être recensés parmi les fruitiers traditionnels, car des races disparaissent vite après l'abandon de vergers anciens ou à la suite des transformations du paysage rural. On maintient les clones en les greffant sur le Poirier sauvage.

Les fleurs très blanches à étamines rouges ou violettes apparaissent en avril-mai. Elles forment des bouquets composés de 10 à 12 fleurs.

Les feuilles, caduques, régulièrement ovales, un peu allongées, sont groupées à l'extrémité des rameaux. Le limbe d'un beau vert assez sombre mais légèrement luisant, est finement denté aux marges. Les fruits (octobre), vert-jaune, à peine plus grands que les feuilles, sont assez âpres.

Parmi les poires, issues sans doute de sélections à partir de plusieurs Poiriers communs, notons les fameuses 'William's' et 'Conférence'.

'William's'

'Conférence'

L'écorce crevassée en long est striée horizontalement.

En milieu forestier ou s'il est protégé, l'arbre peut prendre un beau développement avec un tronc marqué par des courbures. Quelques grosses branches donnent une cime plus ou moins compacte.

Prunier myrobolan

Prunus cerasifera Ehrh.

Prunier-cerise

Rosacées

Appelé aussi *Prunus myrobolana* (L.) Lois., cet arbuste drageonnant et à rameaux épineux forme avec le Prunellier* et l'Aubépine* des haies compactes, difficiles à franchir.

Originaire d'Orient, il serait arrivé en Italie au début du XVIe s. avant qu'il ne pénètre en France où on l'a recherché d'abord pour ses fruits, jusqu'à ce que des espèces plus intéressantes le détrônent. Le nom de « myrobolan » donné par Linné s'appliquait, à l'origine, à des fruits méridionaux servant à préparer des onguents odoriférants. Les Italiens déformèrent le mot en *mirabella* (belle à voir) pour désigner ses prunes, fruits nouveaux (mirabelle).

En réalité, le Prunier myrobolan ne donne pas de petites prunes jaunes et délicieuses comme notre Mirabellier, dont il est un proche parent, mais des fruits guère plus gros que des cerises d'un beau rouge carminé (*cerasifera* : qui porte des cerises).

Un bon nombre de nos Pruniers cultivés sont issus d'hybridations avec le Prunier myrobolan. Peu exigeant, vigoureux, il sert fréquemment de porte-greffe, notamment en pays calcaire. Mais c'est surtout par ses cultivars qu'il est connu aujourd'hui, le plus populaire étant le *Prunus cerasifera* 'Pissardii'. Cette variété a été découverte dans les jardins du shah de Perse à Tabriz, en 1880, par le jardinier français Pissard.

Le *Prunus serrulata* Lindl. est cultivé à la fois pour la beauté de ses fleurs et pour son écorce brillante, brun rougeâtre, marquée d'anneaux horizontaux et se détachant par plaques.

5 à 8 m

Non établi

Plus de 30 ans

Subspontané et cultivé

Europe de l'Est et Asie occidentale

Non

Ornement ; haies, taillis pour l'espèce sauvage

Prunier à feuillage pourpre 'Atropurpurea' ou 'Pissardii'.
Il porte au printemps de petites fleurs blanc rosé à étamines grenat.

Les nombreuses fleurs blanches, petites (2,5 cm) et solitaires, s'épanouissent bien avant les feuilles, en février-mars.

Les fruits, vert pâle en été, prennent en mûrissant une belle couleur carminée.

Prunus serrulata.
Les fleurs en bouquets de 2 à 4 apparaissent en avril-mai juste avant les feuilles.

Les feuilles, caduques, ovales, alternes, (5 cm environ), sont glabres et d'un joli vert brillant en dessus, plus mat en dessous. Les bords présentent de petites dents régulières et obtuses.

L'écorce lisse, gris sombre, se fendille avec l'âge.

Ce petit arbre envahissant à cime irrégulière, pousse dans les haies et les taillis. Il ressemble au Prunellier mais fleurit plus tôt et son feuillage n'est pas aussi dense.

Viorne lantane

Viburnum lantana L.
Caprifoliacées

Viorne flexible,
Lantane, Mancienne, Mantiane, Cochère, Bardeau

2 à 3 m

Non établi

Selon environnement

Spontané

Europe. Bassin méditerranéen

Non

Ornement ; baies et feuilles : pharmacopée ; rameaux : vannerie

La Viorne lantane est très fréquente dans les haies, les clairières, les bois clairs de Chênes ou de Hêtres*, en lisière ou sur les friches, en plaine comme en basse montagne, de préférence sur les terrains calcaires, secs et plutôt pauvres. On la trouve dans toute la France (où elle porte de nombreux noms vernaculaires), comme d'ailleurs dans l'Europe entière, sauf en région méditerranéenne où elle est souvent remplacée par la Viorne-tin*.

Sa désignation botanique vient entre autres du latin *lantare,* qui veut dire plier — d'où son nom aussi de Viorne flexible —, et lui a été donnée en raison de la souplesse de ses rameaux, due à la richesse de son écorce en fibres ligneuses. Ces derniers d'ailleurs s'employaient autrefois en vannerie et pour la fabrication de liens.

Très dur, son bois est encore parfois utilisé pour la confection des pipes. Autrefois, on tirait de la glu par décoction de son écorce. Ses fruits âpres et sans saveur sont pourtant comestibles à l'état blet et, comme ses feuilles, astringents et rafraîchissants. Ils étaient prescrits en médecine populaire pour lutter contre la diarrhée, la dysenterie et les gingivites.

Enfin, l'espèce est cultivée pour l'agrément de son feuillage duveteux et ses baies colorées, surtout les variétés 'Discolor' et 'Variegatum'. Beaucoup d'autres Viornes, la plupart originaires d'Extrême-Orient, sont plantées comme arbustes d'ornement. Parmi elles, le *Viburnum rhytidophyllum* Hemsl., à feuilles ridées, très répandu, est le plus proche de la Viorne lantane.

Les baies ovales et aplaties (8 mm) d'abord rouges, deviennent bleu noirâtre.

Les feuilles sont opposées, caduques, pubescentes, pétiolées, finement et régulièrement dentées, avec des nervures d'un vert grisâtre, pennées et saillantes à la face inférieure.

Cet arbrisseau ou arbuste aux rameaux opposés, cylindriques, porte des bourgeons nus (sans écailles) formés des 2 premières feuilles indurées. Son écorce d'abord lisse et brun jaunâtre devient grise et fissurée en long avec l'âge.

Les fleurs hermaphrodites, régulières, à 5 pétales blancs soudés en un court tube, sont groupées en un bouquet plat de 6 à 10 cm de diamètre. Elles s'épanouissent en mai-juin et dégagent une forte odeur.

FEUILLES OVALES ELLIPTIQUES

Les feuilles ovales elliptiques ont un limbe qui est généralement plus long que large ; la largeur la plus importante se situe vers le milieu. Le limbe s'atténue ensuite vers le pétiole et vers le sommet, de manière presque insensible. Le Cornouiller, la Bourdaine, l'Alisier blanc, l'Orme sont des exemples types de ce genre.

Feuilles à marges lisses

Hêtre
Feuilles alternes de 7 à 9 cm, à 6 à 11 nervures presque parallèles, poilues sur les marges à l'état jeune.
Page 103.

Hêtre

Bourdaine
Feuilles alternes, glabres, de 2 à 7 cm, à 7 à 9 nervures presque parallèles.
Page 102.

Cornouiller sanguin
Feuilles opposées, de 4 à 6 cm, aux nervures arquées vers le sommet.
Page 104.

Cornouiller sanguin

Viorne-tin
Feuilles opposées à limbe épais légèrement cilié sur les marges, nervures secondaires peu visibles.
Page 106.

Myrte

Germandrée arbustive
Feuilles opposées, de 2 cm environ, vert-gris dessus, blanchâtres dessous.
Page 110.

Myrte
Feuilles opposées, glabres, de 2 à 3 cm, vert sur les 2 faces.
Page 108.

Fragon
Feuilles alternes, piquantes au sommet et coriaces.
Page 109.

Fragon

Feuilles à marges ondulées ou (et) dentées

Saule à oreillettes
Feuilles alternes, de 2 à 5 cm, vert franc dessus, blanches dessous, à pétiole entouré de 2 stipules en oreillettes.
Page 113.

Saule à oreillettes

Charme commun
Feuilles alternes, de 4 à 10 cm, à marge doublement et très finement dentée, limbe symétrique légèrement gaufré, marqué de 10 à 15 nervures.
Page 114.

Charme commun

Merisier
Feuilles alternes, symétriques, pétiole ou base du limbe portant de petites glandes rougeâtres.
Page 120.

Orme champêtre
Feuilles alternes, de 5 à 14 cm, limbe légèrement rugueux et asymétrique.
Page 118.

Orme champêtre

Feuilles à marges souvent épineuses

Chêne-liège
Feuilles alternes, de 4 à 7 cm, blanc grisâtre dessous à l'état jeune.
Page 128.

Houx
Feuilles alternes, très fortement piquantes, luisantes sur les 2 faces.
Page 130.

Chêne-liège

Bourdaine

Frangula alnus Mill.

Rhamnacées

Bourgène, Aune noir,
Bois noir, Bois à poudre, Frangule

3 à 4 m

Non établi

Selon environnement

Spontané

Europe

Écorce, fruits : faible

Écorce : médication; fruits : teinture; rameaux : vannerie

Joli arbrisseau de nos bois clairs, affectionnant les sols acides et les tourbières, de taille moyenne (4 m environ, exceptionnellement 6 m), la Bourdaine est commune dans toute l'Europe du Nord et l'Europe centrale ainsi qu'en Asie Mineure. On la remarque à ses feuilles qui rappellent un peu celles des Saules, d'un plaisant vert lustré virant au jaune pur en automne.

Contrairement au Cornouiller* auquel elle ressemble, ses feuilles ne s'effilochent pas au niveau des nervures quand on essaie de les déchirer, et ses rameaux effilés ne sont pas uniformément brun violacé, mais présentent de nombreuses lenticelles claires. Elle a également un air de famille avec le Nerprun purgatif* dont les rameaux sont épineux et les feuilles finement denticulées.

Les propriétés médicinales de la Bourdaine n'ont été connues et utilisées qu'à partir du XVe s. C'est principalement l'écorce qui est utilisée soit sous forme d'extrait, soit en décoction. On récolte celle-ci lors de la floraison et on l'emploie après l'avoir fait sécher. Elle est un des meilleurs purgatifs naturels et on lui reconnaît aussi des vertus vermifuges, vomitives et cicatrisantes.

Le bois de la Bourdaine a été longtemps recherché pour le charbon de bois qu'on en obtenait, qui, très pur, entrait dans la composition de la poudre à canon. Les rameaux très flexibles servaient en vannerie, mais aussi à faire des allumettes, des broches ou des flèches. Enfin, on tirait de ses fruits une teinture jaune, réputée très résistante.

Les baies d'abord vertes, puis rouges deviennent noires à maturité. Elles contiennent 2 à 3 noyaux. En automne, les feuilles prennent un joli ton jaune et restent longtemps sur l'arbre avant de tomber.

Les fleurs, petites (3-4 mm de long), verdâtres, hermaphrodites, apparaissent à la fin du printemps à l'aisselle des feuilles.

Petit arbre buissonnant qui se présente parfois sous l'aspect d'un arbuste à tige simple.

Les feuilles sont caduques, alternes, à bords lisses avec 7 à 9 paires de nervures parallèles. L'écorce est lisse et noire, ponctuée de lenticelles allongées et blanchâtres.

Hêtre

Fagus sylvatica L.

Fagacées

Fayard, Foyard,
Fau, Fouteau, Favinier

Arbre élancé, puissant, majestueux, le Hêtre est l'arbre noble de nos forêts. C'est, après le Chêne, l'essence à feuilles caduques la plus répandue en France : elle représente plus de 10 p. 100 du patrimoine forestier (en Suisse, 17 p. 100).

Essence d'ombre, le Hêtre croît volontiers sous le couvert d'autres arbres, comme le Chêne sessile*, qu'il supplante aisément par la suite. C'est en futaie qu'on le rencontre le plus souvent. Là, les fûts, bien droits, s'élèvent sur une dizaine de mètres sans aucune branche, donnant à la hêtraie un aspect colonnaire de cathédrale. Le feuillage, très dense, diffuse une ombre épaisse où très peu d'autres espèces ligneuses peuvent se développer. Aimant les sols meubles, frais mais bien drainés, il se plaît indifféremment sur les terrains calcaires ou acides. Il montre une nette préférence pour les plaines au climat océanique, mais s'aventure en montagne jusqu'à 1 500 m. Par contre, il est pratiquement absent dans le Midi et le Sud-Ouest. C'est dans l'Est, en Lorraine, dans les Vosges, dans le Bassin parisien et en Normandie que se trouvent les plus belles hêtraies de France.

Ses petits fruits triangulaires, les faînes, au goût délicat, recherchés par maints animaux, produisent une huile fluide que l'on a utilisée autrefois pour l'éclairage et la consommation courante. Mais c'est par son bois que le Hêtre a une grande valeur économique. D'un blanc rosé, lourd, dur, homogène, c'est un excellent bois de chauffage, de menuiserie et d'ébénisterie.

30 à 45 m

80 à 120 ans

300 ans

Spontané

Europe

Non

Bois : ébénisterie, menuiserie ; fruits : alimentation

Espèce monoïque.
Les chatons mâles pendent au bout de longs pédoncules, à la base des jeunes rameaux de l'année.
Les fleurs femelles sont enfermées dans une cupule verdâtre hérissée de pointes molles.

Les feuilles, caduques, alternes, entières, parfois un peu crénelées, sont vertes et glabres. Elles portent 6 ou 7 paires de nervures parallèles. A l'automne, elles virent rapidement au brun cuivré. Les bourgeons (2 cm) sont étalés et pointus.

[Grandeur nature]

Au moment de la maturation des faînes, la cupule devient ligneuse et s'ouvre en 4 valves.

De nombreuses variétés sont cultivées pour l'ornement : 'Fastigiata', à port pyramidal ; 'Purpurea', Hêtre pourpre.

L'écorce grise est lisse mais peut se craqueler.

Les très vieux arbres exposés en plein vent ont un houppier massif et branchu. Les jeunes exemplaires ont une forme plus conique.

Cornouiller sanguin

Cornus sanguinea L.

Cornacées

Cornouiller femelle, Bois punais

2 à 4 m

Environ 10 ans

Selon environnement

Spontané

Europe et Asie

Oui

Bois : vannerie

Arbuste discret de nos bois, le Cornouiller sanguin est plus fréquent que le Cornouiller mâle*. Il n'attire les regards qu'en automne, lorsque son feuillage flamboie d'une belle teinte rousse. En dehors de cette saison, la plupart du temps il passe inaperçu. Sa floraison n'a rien de spectaculaire, et ses fruits, qui n'ont pas même l'attrait de la couleur, ne sont pas comestibles.

Le bronze pourpre ou violacé de son feuillage et le rouge sombre sang de bœuf de ses jeunes rameaux à l'automne lui ont valu le nom de Cornouiller sanguin. Mais on l'appelle aussi Bois punais en raison de la senteur désagréable que dégage son bois, ou bien Cornouiller femelle, sans doute par opposition au Cornouiller mâle plus voyant, plus remarquable et au bois extrêmement dur. On le confond parfois avec ce dernier ou avec la Bourdaine* qui ne pousse pas cependant aux mêmes endroits.

Le Cornouiller sanguin se plaît dans les terrains calcaires, argileux ou même humides et se rencontre dans toutes les régions, sauf dans le Midi méditerranéen, où il est rare, et en montagne, où il ne s'élève guère. On le découvre dans les bois, et surtout dans les haies et dans les friches qu'il colonise rapidement grâce à ses nombreux drageons et à ses abondants rejets de souche.

Son bois est peu utilisé en dehors de la vannerie. En revanche, ses fruits, que ne dédaignent pas les oiseaux qui contribuent ainsi à sa dissémination, ont un noyau contenant une substance grasse autrefois employée pour les lampes à huile ou pour faire du savon.

Les chenilles de l'argus vert (*Callophrys rubi* L.) se nourrissent de ses feuilles.

Les feuilles, caduques, opposées, ovales, aiguës, ont 3 à 5 paires de nervures qui convergent vers l'extrémité. Elles sont recouvertes de poils peu visibles.

Espèce hermaphrodite. Les petites fleurs blanches en ombelles s'épanouissent en juin.

Argus vert

Les jeunes rameaux à section ronde deviennent rouge violacé quand ils sont exposés à la lumière. En automne, les feuilles prennent une couleur lie-de-vin.

Le Cornouiller sanguin est un arbuste à port buissonnant.

Les baies globuleuses, de 6 mm environ, noirâtres, mûrissent en septembre. Elles ont un gros noyau et une pulpe verte.

L'écorce d'abord lisse se craquelle avec l'âge.

Cornouiller mâle

Cornouiller sauvage, Cornouiller des haies, Cornouiller jaune, Cornier

Cornus mas L.
Cornacées

Le Cornouiller mâle, dont le feuillage reste d'un joli vert brillant même en automne, est un arbuste assez communément répandu dans les forêts de l'est de la France, où il offre une nourriture de choix aux chevreuils et aux cerfs. Très disséminé ailleurs, il est rare dans l'Ouest. Sans jamais être très abondant, on le rencontre dans le centre et le sud-est de l'Europe ainsi qu'en Asie Mineure. Il affectionne plutôt les terrains calcaires, secs et rocailleux, au sol superficiel, et vit de préférence dans les taillis.

On le distingue facilement du Cornouiller sanguin* au moment de sa floraison, à la fin de l'hiver. Ses rameaux encore nus, qui ont la particularité d'être quadrangulaires, se couvrent alors de petites fleurs, réunies en ombelles, d'un jaune éclatant. Il est possible de le différencier encore grâce à ses fruits allongés qui, à maturité, prennent un beau rouge groseille. Sinon, il est assez délicat d'identifier les deux espèces, bien qu'à la morte saison le Cornouiller mâle présente, lui, des bourgeons à fleurs globuleux sur de courts pédoncules et des rameaux qui sont en général moins rouges, même à bonne exposition.

C'est peut-être en raison de la qualité de son bois, l'un des plus durs et des plus résistants qu'on connaisse en Europe, que l'on en fit autrefois des armes (flèches, javelots, piques). De là lui vient le surnom de « mâle », puisqu'il contribuait à la bravoure des hommes. Blanc rougeâtre, son bois très homogène sert aussi à façonner des manches d'outil ou des barreaux d'échelle.

4 à 8 m

Environ 10 ans

300 ans

Spontané

Europe, Asie de l'Ouest

Non

Bois : tournerie ; écorce : pharmacopée ; fruits : alimentation

Les fleurs hermaphrodites, à 4 pétales, s'épanouissent en petits bouquets jaune vif tôt au printemps, bien avant la feuillaison.

Les feuilles, caduques, sont opposées, ovales, à pointe allongée. Elles ont 3 à 6 paires de nervures arquées.

Les fruits (les cornes, les cornouilles), légèrement acidulés, sont comestibles. Ils mûrissent en août-septembre.

L'écorce lisse devient écailleuse et brun grisâtre.

Le Cornouiller mâle peut devenir un petit arbre et atteindre 8 m en culture, mais en forêt il a le plus souvent l'aspect d'un arbuste.

Viorne-tin

Viburnum tinus L.

Caprifoliacées

Laurier-tin, Lauretier

C'est pour sa belle et longue floraison hivernale que cet arbuste est l'hôte fréquent de nos jardins. Dans la nature, on le trouve à l'état spontané dans les régions méditerranéennes chaudes et bien exposées, dans les garrigues, les maquis, en compagnie du Chêne vert* ou du Chêne-liège*, toujours sur des sols profonds et en général frais. Résistant bien aux gelées, la Viorne-tin, appelée plus communément Laurier-tin en raison de ses belles feuilles persistantes rappelant le Laurier-sauce*, est cultivée un peu partout.

La popularité du Laurier-tin vient de sa floraison, beaucoup plus abondante dans le Midi ou en situation abritée et ensoleillée, comme c'est souvent le cas dans les jardinets des villes. Ses petites fleurs, à boutons rosés et aux corolles nacrées, s'épanouissent largement au sommet des rameaux terminaux et sont d'autant plus appréciées qu'elles apparaissent au cœur de l'hiver.

Supportant bien la taille, le Laurier-tin peut être employé pour former des haies ou des massifs très denses. Drageonnant abondamment et rejetant vigoureusement de souche après recépage, il forme une végétation épaisse et buissonnante, ses branches retombantes l'aidant à s'étendre et à se multiplier par marcottage.

On cultive plusieurs variétés horticoles, dont celle à grosses fleurs blanches 'Lucidum' Ait., un des cultivars les plus renommés. Il existe aussi un grand nombre de Viornes ornementales, originaires d'Amérique ou d'Extrême-Orient, dont *Viburnum carlesii* Hemsl., célèbre pour son extraordinaire parfum.

- 1 à 3 m
- 10 ans environ
- Plus de 40 ans
- Spontané en région méditerranéenne ; cultivé ou subspontané ailleurs
- Région méditerranéenne
- Fruits
- Ornement ; fruits : pharmacopée

Les fleurs parfois odorantes, petites et nombreuses, d'abord rosées en bouton, s'ouvrent entre novembre et mai en têtes blanches de 7 à 10 cm de large à l'extrémité des pousses.

Les feuilles sont entières, ovales, persistantes, opposées, coriaces, d'un vert sombre à la face supérieure, plus claires et légèrement pubescentes dessous, surtout près de la nervure centrale qui fait suite à un court pétiole.

Les fruits mûrissent à la fin de l'été. Ce sont de petites baies ovoïdes, d'environ 7 mm de long, d'un bleu métallique, puis noires.

L'écorce a de nombreuses lenticelles saillantes.

Arbuste à tige et rameaux intriqués, retombants et pouvant marcotter. On le cultive surtout pour l'ornement.

Kaki

Diospyros kaki L. f.
Ébénacées

Cultivé pour ses jolis fruits orangés et pour la beauté de son feuillage, le Kaki est originaire d'Extrême-Orient (Chine, Japon, Corée) et porte le nom, légèrement francisé, donné à son fruit au Japon, *kakino*. Introduit en Europe en 1796 par le botaniste anglais William Roxburgh, il ne s'est répandu dans les parcs et jardins qu'à partir de la deuxième moitié du XIXe s.

Craignant les fortes gelées, le Kaki est assez rustique et, s'il prospère tout particulièrement dans le Midi et l'Ouest, on le trouve aussi dans d'autres régions, où il arrive à fructifier quand l'été a été marqué par de fortes chaleurs. C'est un arbre très décoratif avec ses feuilles lustrées devenant pourpres en automne.

Si les fleurs sont petites et sans éclat, les fruits, en revanche, sont des plus spectaculaires, ressemblant à des oranges à peau lisse. S'ils ne sont pas récoltés, ils restent sur l'arbre jusqu'en hiver alors que les feuilles sont tombées, donnant au Kaki un aspect aussi étrange que beau. Les fruits devenus blets sont les meilleurs.

On cultive aussi d'autres espèces du genre *Diospyros*, tant pour leurs fruits que pour leur bois très dur : le Plaqueminier de Virginie (*Diospyros virginiana* L.), grand et bel arbre, de 15 à 25 m, originaire du centre et de l'est des États-Unis d'où il nous est venu en 1629 ; le Plaqueminier Faux Lotier (*D. lotus* L.), de Chine. Le bois d'ébène, très apprécié pour sa couleur noire, sa dureté et sa densité, est issu d'arbres tropicaux, notamment de l'Ébène vrai (*D. ebenum* Koen.), de Sri Lanka et d'Indonésie.

6 à 12 m, parfois 15 m
Non établi
Plus de 30 ans
Cultivé
Extrême-Orient
Non
Ornement et alimentation

Les feuilles, caduques, entières, ovales, en pointe au sommet, ont environ 15 cm de long. Elles sont coriaces, vert foncé à la face supérieure, grisées au revers.

Les fruits sont de grosses baies, à peau lisse, pruineuse, d'un beau jaune orangé. L'attache du pédoncule est entouré d'un calice vert. Ils sont riches en tanin.

Fleurs hermaphrodites ou unisexuées, solitaires, axillaires, à petite corolle blanche. Le calice, à 4 grands lobes foliacés, reste accroché au fruit.

Plaqueminier de Virginie. Les fruits de 1,5 à 2 cm de diamètre sont jaunes ou d'un noir bleuâtre. Ils sont recouverts d'une fine pellicule cireuse.

L'écorce est noirâtre et couverte de petites fissures.

Le Kaki est un arbre de taille plutôt modeste avec une élégante cime conique. Ses branches demeurent chargées de fruits en hiver.

Myrte

Myrtus communis L.

Myrtacées

- 3 à 5 m
- Non établi
- Selon environnement
- Spontané en Europe
- Région méditerranéenne
- Non
- Ornement ; feuilles, fleurs : médication

Chez les Grecs, puis chez les Romains, le Myrte était un arbuste sacré auquel on attribuait une origine divine. Symbole de la jeunesse, de la beauté, de la virginité, de l'amour et de l'immortalité, il était tout naturellement dédié à Vénus. Ainsi est-il resté longtemps, dans bien d'autres régions du Bassin méditerranéen, associé à l'amour et au mariage. Il composait, avec la fleur d'Oranger, la couronne et le bouquet de l'épousée, et on le déposait sur le front des poètes et des héros pour les glorifier.

Espèce typiquement méditerranéenne, le Myrte constitue avec l'Olivier sauvage, le Pistachier-Lentisque* et le Caroubier* une association végétale caractéristique des parties les plus chaudes du littoral, très répandue en Corse, en Italie et en Afrique du Nord. Dans son aire naturelle, surtout lorsqu'il atteint une grande taille, le Myrte est indicateur de sols profonds, frais et bien arrosés.

Compte tenu de ses dimensions, son bois est peu utilisé, bien que dur, lourd et homogène. En revanche, son écorce ainsi que ses feuilles peuvent être employées en tannerie. Dès l'Antiquité, les Grecs tiraient parti des nombreuses vertus médicinales des fleurs — et des feuilles — du Myrte. De nos jours, on en extrait par distillation une essence qui entre dans la composition des parfums.

Dans la région méditerranéenne et sur le littoral atlantique, à climat doux, le Myrte est parfois cultivé pour l'ornementation. Il en existe deux variétés horticoles ; l'une à fleurs doubles, 'Flore pleno', et l'autre à toutes petites feuilles, 'Microphylla'.

Les fruits mûrissent en novembre. Ce sont de petites baies arrondies, noir bleuâtre à maturité, très aromatiques, âpres mais comestibles.

Les feuilles sont persistantes, opposées, entières, coriaces, d'un vert brillant. Elles portent de petites glandes translucides contenant des produits aromatiques.

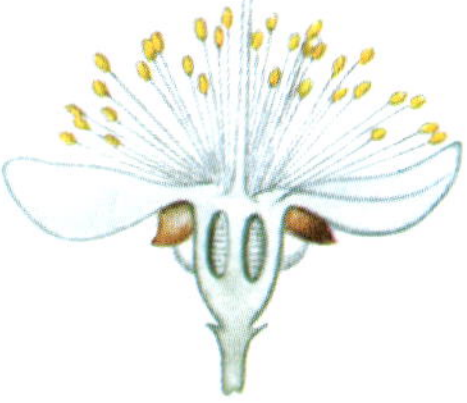

Les fleurs hermaphrodites, odorantes, longuement pédonculées, ont une corolle blanche et de très nombreuses étamines dressées. Elles apparaissent de mai à juillet. Elles entrent dans la composition d'une eau parfumée, appelée « eau d'Ange ».

L'écorce est roussâtre, puis grise et écailleuse.

C'est un arbrisseau toujours vert et très ramifié.

Fragon

Petit Houx, Myrte épineux,
Buis pointu, Houx frelon, Rusque

Ruscus aculeatus L.
Liliacées

Le Fragon est un petit arbrisseau, d'un beau vert lustré, aux curieuses tiges raides et piquantes qui sortent directement du sol. On le rencontre généralement dans les forêts de Chênes. De petite taille et de port très touffu, il forme parfois en sous-bois de véritables tapis denses et griffants, ses feuilles se terminant par une pointe piquante. En réalité, il s'agit de rameaux très aplatis, en forme de feuilles, appelés cladodes, sur lesquels apparaissent, insérées en leur centre, les petites fleurs verdâtres. Celles-ci donnent, sur les pieds femelles, de jolies baies rouge vif, d'où le nom de Petit Houx employé fréquemment pour désigner le Fragon. Il est utilisé par les fleuristes pour la composition de bouquets. Dans le Var et les Alpes-Maritimes, on trouve, en quelques points rares du littoral, une espèce proche, le *Ruscus hypoglossum* L., dont les cladodes sont plus grands mais non coriaces.

De taille plus élevée que le Fragon (2-3 m), la Corroyère (*Coriaria myrtifolia* L.) est un arbrisseau de la région méditerranéenne et du sud-ouest de la France, fréquent sur les talus au bord des routes et les friches, ainsi que sur les terrains marneux où on le plante parfois pour fixer le sol. Il est très remarquable par ses fruits noirâtres à côtes et son enveloppe violacée qui sont, comme les feuilles, très toxiques en raison d'un glucoside tétanisant : la coriamystine. Riches en tanin, ses feuilles et surtout son écorce ont servi au tannage des cuirs, d'où le nom du genre *Coriaria*, du latin *corium* (cuir).

0,3 à 0,8 m

Non établi

Plus de 20 ans

Spontané

Europe

Baie

Racines, rhizomes : médication

Les feuilles sont appelées cladodes. Il s'agit de rameaux aplatis en forme de feuilles lancéolées, raides, coriaces, persistants, alternes, épineux au sommet, portant une fleur au centre.

Les fleurs unisexuées, régulières, apparaissent solitaires ou par 2 en mars et avril au milieu du cladode.

Les fruits, toxiques, sont des baies rouge vif, d'environ 1,5 cm de diamètre, renfermant 1 à 3 graines.

Corroyère.
Arbrisseau à tiges quadrangulaires, grisâtres, glabres et arquées sur lesquelles sont dressées des feuilles sessiles, lancéolées, glabres et luisantes, à 3 nervures convergentes, opposées ou ternées. Les fruits, à côtes charnues, mûrissent en juillet.

Germandrée arbustive

Teucrium fruticans L.
Labiées

1 à 2,5 m

Non établi

Plus de 15 ans

Spontané sur le littoral méditerranéen, cultivé ailleurs

Europe du Sud

Non

Ornement

Cette Germandrée est un arbrisseau présent seulement dans le Bassin occidental de la Méditerranée qui se plaît sur les versants secs et rocailleux du littoral. Si on le rencontre du Portugal à Malte, et de l'Italie à l'Afrique du Nord, en passant par la Sardaigne et la Sicile, il ne pousse en France qu'en quelques points localisés du Var, des Pyrénées-Orientales et de la Corse.

La Germandrée arbustive se remarque par l'aspect blanchâtre et duveteux de ses rameaux enchevêtrés et étalés, qui sont de section carrée comme chez toutes les Labiées, et par ses jolies fleurs bleu pâle d'où émergent étamines et style. Espèce qui résiste bien à la sécheresse, on l'utilise quelquefois dans les régions où les hivers ne sont pas trop rigoureux, pour faire des haies. En outre, c'est la seule espèce européenne du genre *Teucrium* qui, avec la Germandrée maritime, soit ligneuse (*fruticans :* sous-ligneux), les autres étant pour la plupart des plantes herbacées, dont la plus typique est la Germandrée (*Teucrium scorodonia* L.)

La Germandrée maritime ou Thym aux chats (*Teucrium marum* L.) est un sous-arbrisseau de taille plus petite, que l'on trouve spontané dans les îles d'Hyères et en Corse. Il a des vertus médicinales et on le cultive parfois pour l'ornementation.

Le *Prasium majus* L., autre arbrisseau méditerranéen de la famille des Labiées, spontané en Corse, diffère des Germandrées : ses feuilles sont caduques, glabres et dentées, et ses fleurs, blanchâtres, ont le tube de leur corolle nettement bilabié.

Les fleurs, de 1 à 2 cm de long, ont 2 lèvres très inégales. La lèvre inférieure très développée est lobée. Les étamines sont saillantes et courbées.

Espèce hermaphrodite. Les fleurs, réunies par 2 à l'aisselle des feuilles, sont portées par des tiges blanches. Elles s'ouvrent de juin à septembre.

Le calice presque régulier enferme 4 carpelles à une seule graine, formant un fruit sec visible si le calice est coupé.

La Germandrée arbustive a des rameaux blanchâtres enchevêtrés.

Les feuilles sont opposées, persistantes, ovales, parfois élargies à la base, grisâtres sur la face supérieure, blanches sur la face inférieure. Elles répandent une odeur aromatique lorsqu'on les froisse.

Ciste blanchâtre

Cistus albidus L.

Ciste cotonneux, Mugan, Massugué, Messoga

Cistacées

D'un blanc grisâtre, à l'aspect pelucheux, il forme un buisson très rameux. Belle espèce méditerranéenne, particulièrement exigeante en lumière et en chaleur, le Ciste blanchâtre porte bien son nom. C'est un petit arbrisseau plutôt élancé, pouvant dépasser le mètre, qui devient spectaculaire quand de grandes fleurs, d'un rose lilacé, le parent en mai-juin.

Il aime les garrigues chaudes, et il affectionne surtout les sols calcaires où on le trouve en abondance, voisinant avec le Chêne vert*, le Chêne kermès*, ainsi que le Romarin*, le Thym et bien d'autres plantes tapissantes et odorantes. Mais son feuillage n'exhale qu'une faible senteur, ce qui est rare chez les Cistes.

Remarquable à la fois par ses rameaux de velours et par sa lumineuse floraison, le Ciste blanchâtre est grandement apprécié dans les jardins. Mais, très sensible au froid, il ne peut être cultivé que dans la partie méridionale du pays où les Provençaux l'appellent communément Massugué ou Messoga. Et encore, faut-il lui choisir un emplacement très sec et bien exposé.

En raison de son goût pour le soleil et les rocailles calcaires, on le trouve, en dehors de la France, en Italie, en Sardaigne, ainsi qu'aux Baléares, en Espagne et au Portugal. Plante type du stade préforestier, le Ciste blanchâtre craint beaucoup le feu qui peut détruire totalement quelques-unes de ses stations, car il repousse mal sur le sol des garrigues incendiées. Dans la nature comme en culture, il s'hybride souvent avec d'autres Cistes.

0,50 à 1 m

Non établi

Plus de 20 ans

Spontané

Région méditerranéenne

Non

Ornement

Les boutons sont si nombreux qu'on assiste à une floraison continue de mai à juin.

Les feuilles, dont la base du limbe embrasse légèrement le rameau, sont vert blanchâtre, persistantes, opposées, sessiles.

Les feuilles sont très velues sur les 2 faces et présentent de nombreuses nervures très marquées.

Espèce hermaphrodite.
Les fleurs sont régulières, pédonculées, à 5 grands pétales roses un peu fripés, à 5 sépales et à étamines jaune d'or.

Les rameaux velus de ce petit arbrisseau deviennent brun-rouge avec l'âge et forment un buisson touffu.

Millepertuis fétide

Hypericum hircinum L.
Guttifères

Millepertuis à odeur de bouc, Androsème fétide, Herbe à la bique

0,50 à 1 m, parfois 1,50 m

2 ans

Plus de 10 ans

Spontané en Corse

Naturalisé dans le Midi et l'Ouest

Non

Médication

Cet arbrisseau touffu se reconnaît d'emblée à sa forte odeur de bouc, d'où ses noms vernaculaires et botanique (*hircinum,* du latin *hircus* : bouc). Ses grandes fleurs, les bouquets de ses étamines longues et fort saillantes ainsi que son fruit capsulaire vert, rouge ou brun sont les traits caractéristiques qui le distinguent des nombreux Millepertuis sauvages. Le nom de Millepertuis fait référence aux petits trous des feuilles qui, en fait, ne sont que des mini-poches sécrétant une huile translucide. Cette espèce se développe le long des ruisseaux et des ravins humides de la région méditerranéenne, surtout dans sa partie centrale. Spontanée en Corse, on ne la voit en France continentale qu'échappée des jardins et parfois naturalisée, dans le Midi et l'Ouest.

L'Androsème officinal, ou Passe-Cure, ou Toute-Bonne (*Hypericum androsaemum* All.), plante qui eut autrefois une très grande réputation officinale, a des feuilles sessiles cordées à la base, et de petites fleurs de 1 à 2 cm, jaune verdâtre. Ses fruits sont des baies dures, noir pourpré. C'est un sous-arbrisseau des bois frais, ombragés et humides du midi, de l'ouest et du centre de la France, existant en Belgique et en Suisse.

Divers Millepertuis à grandes fleurs sont cultivés. Le plus répandu, *Hypericum calycinum* L., s'est parfois naturalisé. Originaire de Turquie, il abonde dans les parterres des villes et les jardins pour l'attrait de ses feuilles persistantes et de ses grandes fleurs jaune d'or (plus de 6 cm). Il se propage par ses rhizomes.

Les rameaux à l'état jeune ont une section carrée dont les 4 angles sont bien marqués.

Hypericum Calycinum.
Les feuilles, opposées, ovales, légèrement cordées à la base, finement ponctuées, ont 2 à 6 cm de long. Les inflorescences opposées, réunies en bouquets terminaux, ont 1 ou 3 fleurs.

La fleur, jaune vif, de 4 cm de diamètre, a 5 sépales verts, 5 pétales assez étroits qui sont 3 à 4 fois plus longs que les sépales. Les nombreuses étamines et les 3 styles flexueux dépassent les pétales. La floraison a lieu de mai à août.

Les fruits capsulaires dressés au sommet des pédoncules s'ouvrent par le sommet par 3 valves et persistent tout l'hiver.

Androsème officinal.
Les petites fleurs jaunes sont disposées en bouquets terminaux. Les fruits bacciformes, de 6 à 8 mm de long, sont rouges, puis noirs. La tige est marquée de 2 ailes très étroites et opposées.

Saule à oreillettes

Salix aurita L.

Petit Marsault

Salicacées

Le Saule à oreillettes est un des Saules les plus répandus sur les terrains marécageux, tourbeux et acides. On le trouve dans presque toute la France, ainsi que dans l'Europe occidentale, sauf dans la région méditerranéenne. C'est un arbrisseau très ramifié, de port étalé, aux feuilles petites et pubescentes. La présence de deux stipules réniformes, d'ailleurs caduques, à la base des feuilles lui a donné son nom d'espèce (*aurita* : pourvu d'oreillettes).

Le Saule Daphné, ou Saule Laurier (*Salix daphnoides* Vill.), est fréquent sur le bord des rivières et torrents descendant des Alpes, ou même, le long du Rhin, en Alsace. De croissance rapide, c'est un petit arbre (3-12 m), reconnaissable à la pruine bleu glauque recouvrant ses jeunes rameaux brun-rouge, et à ses grandes feuilles (5-10 cm), lancéolées et denticulées.

Le Saule à cinq étamines ou Saule odorant (*Salix pentandra* L.) est parfois nommé aussi Saule Laurier, à cause de ses grandes feuilles vertes, vernissées et presque coriaces. Visqueuses quand elles sont jeunes, elles sont, en plus, aromatiques. C'est un petit arbre d'une dizaine de mètres, très disséminé dans les zones tourbeuses des régions montagnardes de l'Europe nordique et centrale. De floraison très tardive (mai-juin), ses chatons mâles, odorants, apparaissent avec les feuilles.

Le Saule bicolore (*Salix bicolor* Ehrh.), espèce proche, assez élégante, du nord de l'Europe, s'identifie par ses petites feuilles d'un vert brillant dessus et blanc glauque dessous.

2 à 3 m

Non établi

Plus de 50 ans

Spontané

Europe

Non

Chatons, feuilles : pharmacopée

Les feuilles, alternes, ovoïdes, denticulées, ondulées sur les bords et à pointe souvent recourbée, vert grisâtre et pubescentes dessus, glauques et réticulées dessous, sont munies de 2 oreillettes caduques.

Espèce dioïque. Les fleurs, groupées en chatons unisexués, apparaissent au printemps avant les feuilles. Les chatons femelles sont plus développés que les mâles.

Saule Daphné.
Les feuilles denticulées, brillantes à la face supérieure et glauques dessous, sont marquées d'une nervure centrale blanchâtre. La fleur a 2 étamines libres.

L'écorce, grise, se craquelle en vieillissant.

Saule à cinq étamines.
Les chatons mâles tardifs, cylindriques, jaune d'or portent des fleurs à 5 étamines libres.

Le Saule à oreillettes est un arbrisseau à port diffus, dont les rameaux grêles et sillonnés, brun-rouge, sont légèrement pubescents, puis glabres.

Charme commun

Carpinus betulus L.

Bétulacées — Charme, Faux Bouleau

Façonné, taillé, ciselé en berceaux de verdure, boqueteaux d'ombre ou haies décoratives, le Charme, à l'égal de l'If* et du Buis*, est l'honneur de l'art topiaire. Se prêtant à toutes les tailles, il était très en vogue au siècle dernier. Si bien que les charmilles chantées par maints poètes font oublier qu'il est un hôte habituel de nos forêts, vivant en compagnie du Chêne et du Hêtre* — avec lequel on le confond parfois.

De croissance lente, il intéresse moyennement la sylviculture et se plante surtout dans les parcs et jardins où son feuillage dense et élégant est apprécié. Arbre des plus accommodants, il se plaît dans des sols sablo-argileux, aime la chaleur mais prospère aussi bien en sol frais et même humide qu'en terrain sec. Bien que résistant au gel et au froid, il ne s'élève guère en montagne au-delà de 1 000 m.

Essence d'ombre et de taillis, il rejette abondamment de souche (cépées). On le coupait régulièrement autrefois et ses branches de repousse servaient à faire des balais, des fagots ou du charbon de bois. Excellent bois de chauffage, il est encore plus recherché pour la construction et la fabrication d'outils (maillets, chevilles, quilles), mais aussi d'objets (roues de moulin, et surtout étals de boucher), en raison de sa dureté et de sa résistance aux chocs. D'ailleurs, le nom latin de *Carpinus* qui viendrait du celtique *car* (bois) et *pin* (tête) rappelle son usage chez les Romains comme jougs d'attelage. *Betulus* fait allusion à sa ressemblance avec le Bouleau.

- 20 à 25 m
- 20 ans
- 150 à 200 ans
- Spontané et cultivé
- Europe et Asie Mineure
- Non
- Bois : outils, pièces de construction, quilles, étals de boucher

Les fleurs apparaissent en avril-mai. Les chatons mâles, de 5 cm environ, pendent à la partie inférieure des jeunes rameaux, tandis que les chatons femelles, plus petits, à pistils rouges, s'ouvrent à leur extrémité.

Les 10 ou 15 paires de nervures caractérisent les feuilles alternes, ovales et lancéolées, 2 fois plus longues que larges, aux bords doublement dentés et aux pétioles rougeâtres. Les fruits sont des akènes logés à la base de grandes bractées foliacées triangulaires trilobées, réunies en grappes pendantes. Les feuilles en automne virent au vieil or.

Charme pyramidal 'Fastigiata'. Il est très souvent planté dans les parcs.

L'écorce gris cendré est lisse et peu épaisse.

Avec son tronc élancé, étrangement cannelé, le Charme déploie sa ramure en une belle forme ovoïde.

Charme-Houblon

Ostrier, Ostrya commun,
Ostrya à feuilles de Charme

Ostrya carpinifolia Scop.
Corylacées

Ce joli petit arbre, assez commun en Italie, abonde dans le Bassin oriental de la Méditerranée et existe aussi dans les basses montagnes de la Côte d'Azur et en Corse. Rustique et résistant bien à la sécheresse, on le trouve parfois aux côtés de l'Yeuse, du Pin d'Alep* et du Pin maritime*, mais surtout dans les forêts de Chênes pubescents*.

De culture facile, le Charme-Houblon croît rapidement, 10 m en vingt ans, et a un rôle des plus utiles dans la stabilisation des éboulis rocailleux, la couverture des pentes abruptes, la colonisation des sols marneux. Il a cependant une préférence pour les terrains frais et s'établit plus volontiers sur les versants nord.

Son nom de Charme-Houblon lui vient des points de comparaison qu'il a avec ces deux végétaux. Ses feuilles finement dentées rappellent celles du Charme* (*carpinifolia :* à feuilles de Charme) dont il a également les rameaux fins et sinueux, et ses curieuses infrutescences pendantes ressemblent quelque peu à celles du Houblon. Mais il appartient en réalité au genre *Ostrya,* proche du genre *Carpinus* (d'où son synonyme latin *Carpinus Ostrya* L.), qui compte cinq espèces de petite et moyenne taille, croissant en Europe, en Asie Mineure et en Amérique du Nord.

Ce pionnier des sols ingrats, tolérant au calcaire, est plus petit que le Charme commun* et son tronc ne présente pas les mêmes côtes spiralées. Son bois, beaucoup moins utilisé cependant, offre des qualités de résistance et de dureté tout à fait comparables.

15 à 20 m

Entre 15 et 20 ans

100 ans et plus

Spontané, subspontané et cultivé

Europe du Sud-Est, Asie Mineure, Caucase

Non

Ornement et fixation des sols

Les feuilles, caduques, sont légèrement pubescentes, surtout à la face inférieure. Très finement dentées, ovales et acuminées, elles présentent 12 à 15 paires de nervures, très nettement marquées.

Espèce monoïque, les chatons mâles, de plus de 5 cm de long, sont pendants et apparaissent dès l'automne ; les chatons femelles, plus courts, sont dressés et s'ouvrent en même temps que les feuilles, en avril.

Les fruits forment des grappes pendantes, sortes de petits cônes d'environ 5 cm, constitués d'involucres ovoïdes, d'un blanc crémeux qui vire au brun doré en automne, rappelant les infrutescences du Houblon.

L'écorce, gris cendré, s'exfolie par plaques.

Arbre de la région subméditerranéenne, le Charme-Houblon a une couronne assez diffuse qui s'arrondit avec l'âge. Il résiste bien à la sécheresse.

Micocoulier

Celtis australis L.

Ulmacées

Micocoulier d'Europe,
Micocoulier de Provence, Fabrecoulier

Il est, avec le Platane*, l'arbre par excellence des cours, des mails et des routes du midi de la France. On peut le rencontrer à l'état spontané dans les bois et les garrigues, en basse montagne, jusqu'à 900 m d'altitude environ. S'il se satisfait de tous les sols, même secs et rocailleux, il ne se développe vraiment bien qu'en station fraîche et riche. Sans ses feuilles, le Micocoulier ressemble quelque peu au Hêtre*, avec lequel on pourrait le confondre si les deux essences ne se trouvaient pas dans des habitats différents.

Rejetant abondamment de souche et produisant des drageons vigoureux, il est soumis notamment à Sauve (Gard) à une taille régulière pour façonner avec son bois des fourches et autres outils agricoles. Son bois souple et tenace, comme celui du Frêne*, était utilisé pour faire des baguettes de fusil ou des manches de fouet. C'était un bon bois de charroyage.

Le Micocoulier se reconnaît surtout par son beau feuillage léger, les stigmates proéminents de ses fleurs et par son fût court à grosses cannelures. De son écorce et de ses racines, on tire un colorant jaune déjà connu et employé du temps de Pline. Ses feuilles et ses jeunes pousses sont astringentes et utilisées pour soigner les diarrhées. Elles constituent, comme celles du Frêne, un bon fourrage d'appoint pour le bétail.

Le Micocoulier américain (*Celtis occidentalis* L.) est parfois cultivé pour l'ornement en Europe. Il se distingue par ses feuilles glabres et ses fruits rouges portés par de courts pédoncules.

20 à 25 m

Non établi

Plus de 500 ans

Spontané

Région méditerranéenne

Non

Bois : outils; écorce : teinture; feuilles : médication

Espèce hermaphrodite.
Les fleurs, en général solitaires à l'aisselle des feuilles, ont une corolle peu visible mais des stigmates blanchâtres très développés.
Elles apparaissent en même temps que les feuilles en avril.

Le fruit mûr est une drupe peu charnue, bleu noirâtre à maturité (automne).
Chaque fruit (8-12 mm) contient une graine.

Sur les jeunes rameaux, les feuilles, caduques, simples, alternes, finement dentées se terminent par une longue pointe, plus ou moins dissymétrique à la base.
Elles sont velues à la face inférieure.

Le Micocoulier a un tronc droit et de nombreux rameaux plutôt pendants.
Son houppier est arrondi et peu dense.

L'écorce, lisse et grisâtre, se fissure avec l'âge.

Orme de Sibérie

Zelkowa carpinifolia K. Koch

Orme à feuilles de Charme

Ulmacées

Introduits en Europe en 1760, ce fut semble-t-il le botaniste André Michaux qui, en 1782, ramena les premiers Zelkowas en France et les planta à Paris dans le Jardin du Roi. Deux siècles plus tard, on peut y admirer encore un magnifique spécimen. C'est une petite ville de la région où ils ont été découverts qui leur a donné leur nom de genre : *Zelkowa.*

Appartenant à la famille des Ulmacées, les Zelkowas sont proches des Micocouliers* et des Ormes* mais ne peuvent être confondus avec aucun autre arbre tant leur silhouette est bien caractéristique. C'est un bel arbre, tout à fait remarquable par son port, aux proportions harmonieuses. A partir du tronc, court et épais, des branches très nombreuses se dressent, donnant un aspect buissonnant à l'ensemble et dessinant un ovale parfait.

Aimant les sols un peu frais, les Zelkowas se plaisent sous nos climats et constituent d'admirables arbres d'ornement dans les parcs et jardins. De plus, ils sont peu sensibles à la maladie des Ormes*, un champignon (ascomycète) propagé par un scarabée, du genre *Scolytus,* qui ne peut percer son écorce trop coriace.

Espèce très voisine, *Zelkowa serrata* Mak., appelée couramment Zelkowa du Japon, a la même taille et une forme identique. Son bois, souvent à très beau fil, est employé en ébénisterie au Japon. Elle fait l'objet d'un culte particulier dans les îles nippones où on la cultive en bonsaï pour la beauté de ses feuilles et de son port. Un autre Zelkowa est endémique de la Crète.

30 à 35 m

Non établi

200 ans et plus

Cultivé

Monts du Caucase et de l'Elbourz

Non

Bois : ébénisterie

Les feuilles sont caduques,
alternes, elliptiques,
de 5 à 10 cm de long,
crénelées, presque coriaces, à pétiole court.
Elles sont légèrement pubescentes,
surtout sur les nervures (6 à 12)
de la face inférieure.

Les fleurs mâles et femelles
(à l'aisselle des feuilles)
apparaissent sur les rameaux.
Très petites, elles s'ouvrent
au moment de la foliaison, en avril.

Fleur femelle
[Grandeur nature]

Fleur mâle
[Grandeur nature]

Zelkowa du Japon.
Ses feuilles dentées
se terminent par un mucron.
En automne, elles prennent
une jolie couleur jaune orangé
très ornementale.

L'écorce, lisse et grisâtre,
se desquame en plaques.

Le tronc, souvent court
et large, est marqué
par de grosses cannelures.
Les branches partent
près du sol et s'évasent
en s'élevant pour former
un ovale parfait
au feuillage dense.

Orme champêtre

Ulmus minor Mill.
Ulmacées

Orme, Ormeau, Orme rouge, Ipréau, Yvet, Orme à petites feuilles

30 à 40 m

20 ans environ

300 à 500 ans

Spontané

Europe

Non

Bois : menuiserie, ébénisterie ; écorce, feuilles : médication

Tout le monde a entendu parler aujourd'hui de la maladie de l'Orme, dite « hollandaise », devenue épidémique ces dernières années et qui a entraîné la mort de centaines de milliers d'Ormes dans toute l'Europe occidentale. Le responsable en est un champignon microscopique, *Graphium ulmi* ou *Ceratostomella,* qui se développe dans le bois. Par réaction, l'arbre sécrète des substances qui bloquent les vaisseaux, provoquant le dessèchement des branches, puis de l'arbre tout entier.

Cette maladie, la graphiose, est propagée par un petit coléoptère, le scolyte *(Scolytus scolytus),* qui, né dans un arbre atteint, le quitte en emportant sur lui ou dans son tube digestif des spores du champignon qu'il va déposer sur un arbre voisin, le contaminant à son tour s'il est encore sain. C'est la raison pour laquelle il est si difficile de lutter contre ce fléau qui menace de disparition toute une espèce. Le seul traitement qu'on ait trouvé, long, onéreux et de résultat non garanti, consiste à faire des perfusions répétées à l'arbre avec une solution fongicide.

Comme le Frêne commun*, l'Orme champêtre est une essence de sol fertile et frais, plutôt basique. A l'origine, c'est un arbre des forêts alluviales, mais on le rencontre souvent dans les haies et les sols enrichis en azote. Le feuillage des deux arbres est fréquemment utilisé comme fourrage. Le bois de l'Orme a longtemps été un bois recherché en charronnage. La loupe d'Orme, qui existe sur certaines émondes, est très appréciée.

Les feuilles, caduques, sont assez petites (8 cm), alternes, dissymétriques à la base, velues et rudes au toucher. Leur marge est doublement dentée.

Orme champêtre 'Sarniensis'.
Les feuilles légèrement arrondies de cette variété sont vert foncé. Sa couronne compacte et ses branches verticales en font un arbre recherché pour border les avenues et agrémenter les parcs.

Le fruit est une samare à aile circulaire. La graine, légèrement excentrée, touche l'échancrure de l'aile. [Grandeur nature]

L'écorce, brun-noir, est crevassée en long.

L'extrémité des branches de l'Orme champêtre est souvent pleureuse. C'est un arbre élégant.

Orme de montagne

Ulmus glabra Huds.

Orme blanc, Orme à grandes feuilles

Ulmacées

L'Orme de montagne peut se confondre facilement avec l'Orme champêtre*. Mais il s'en distingue principalement par ses feuilles plus grandes (jusqu'à 15 cm) qui présentent souvent une ou deux pointes latérales supplémentaires, et par ses fruits, également plus grands, dont la graine se trouve au centre des samares. Comme l'Orme champêtre, il est actuellement touché par la graphiose, ou maladie de l'Orme, mais semble y être un peu plus résistant.

L'Orme de montagne affectionne les sols riches, légers et frais, et même calcaires, dans les forêts des collines et des basses montagnes où, toujours assez disséminé, il accompagne le Tilleul à grandes feuilles* et le Sycomore*. Malgré son nom, il ne monte pas très haut en altitude (1 300 m) et se rencontre surtout dans l'est de la France, en Belgique, en Suisse, dans les vallons frais, à exposition nord. On l'appelle aussi Orme blanc à cause de la couleur claire de son bois.

L'Orme lisse (*Ulmus laevis* Pall.) est le moins répandu des Ormes à l'état spontané. Appelé aussi Orme diffus, en raison de sa cime étalée, irrégulière et peu dense, il se trouve très disséminé dans les forêts alluviales d'Europe centrale, toujours dans des régions humides ou marécageuses. Il diffère des autres espèces par ses fruits et ses fleurs à longs pédoncules — d'où son autre nom d'Orme pédonculé —, par ses feuilles à grandes dents et à pointe recourbée vers l'extrémité, et par la présence très fréquente à la base du tronc de contreforts, comme chez les arbres tropicaux.

30 m

Non établi

Plus de 50 ans

Spontané

Europe centrale surtout,
Asie occidentale

Non

Bois : charpente, menuiserie ;
écorce, feuilles : médication

Les feuilles, caduques, grandes (15 cm), alternes, dissymétriques à la base, velues, se terminent par une longue pointe de part et d'autre de laquelle on observe souvent 2 pointes supplémentaires.

Le fruit est une samare à aile circulaire. La graine, bien centrée, ne touche pas l'échancrure de l'aile.

A l'automne, la feuille de l'Orme de montagne prend de belles teintes jaune d'or.

Les fleurs, hermaphrodites, ont des étamines pourprées. Elles apparaissent très tôt (mars), avant les feuilles.

L'écorce, grise, d'abord lisse, se fissure avec l'âge.

Cette espèce a une cime ample et nettement arrondie. Son bois présente de nombreux défauts (nœuds, fentes, rayures).

Merisier

Prunus avium L.
Rosacées

Cerisier sauvage, Cerisier des bois,
Cerisier des oiseaux, Guignier sauvage

Le Merisier, ou Cerisier sauvage, est un grand arbre au tronc bien droit et à cime claire, qui croît à l'état sauvage dans toute l'Europe, et que l'on rencontre disséminé dans les bois des plaines et des collines et jusqu'à 1 300 m environ en montagne. On le trouve dans les friches où les oiseaux le propagent facilement et où sont satisfaites ses exigences en lumière. Il redoute les sols très acides, tolère bien le calcaire, mais ne donne vraiment de beaux sujets qu'en terrain fertile, profond et bien arrosé.

Une des caractéristiques du Merisier est que son écorce s'exfolie en longues lanières horizontales, ce qui permet de l'identifier aisément. Pourtant, on dit qu'il est confondu parfois avec le Charme*, le Saule Marsault* ou l'Alisier blanc*. Il a été très tôt cultivé et répandu par l'homme pour son bois et surtout pour ses fruits. Dur, lourd et veiné, d'un beau brun-rouge clair et se polissant bien, son bois, de tout temps, a été recherché en ébénisterie, en lutherie et même en tournerie. Il présente cependant l'inconvénient d'être facilement altérable.

Le Merisier est à l'origine de maintes variétés cultivées, à fruits doux et beaucoup plus gros, comme les Guigniers ou les Bigarreautiers — que les Romains connaissaient déjà. Les petites cerises du Merisier sont par contre amères, d'où le nom d'*amerises* qu'on leur donnait autrefois (contraction d'« amer » et de « cerise »), qui est devenu *merises*. Très appréciées, on les utilise pour fabriquer des liqueurs et des alcools (kirsch d'Alsace, cherry-brandy de Nantes).

- 12 m, parfois 35 m
- 10 ans
- 100 ans en moyenne, record 250 à 300 ans
- Spontané
- Europe et région méditerranéenne
- Amande des noyaux
- Bois : ébénisterie, tournerie, lutherie ; fruits : alimentation

Les feuilles sont caduques, alternes, régulièrement dentées, munies à la base du limbe de 2 petites glandes rougeâtres.

Les fruits sont de petites drupes globuleuses, rouges, qui deviennent noires. Leur saveur est un peu amère.

A l'automne, les feuilles deviennent souvent rougeâtres.

Espèce hermaphrodite. Les fleurs, blanches, à 5 pétales, sont groupées au bout d'un long pédoncule. Elles s'ouvrent en avril avant la feuillaison.

Fleur [Grandeur nature]

Le Merisier est un arbre vigoureux à port légèrement pyramidal. Sa floraison printanière se remarque de loin.

L'écorce brillante se détache en lanières.

Prunier domestique

Prunus domestica L.

Rosacées

On regroupe sous le nom de *Prunus domestica* l'ensemble des Pruniers cultivés et des formes subspontanées dérivées, que l'on trouve parfois dans les haies et les friches. Introduit en Europe dès l'Antiquité, ce petit arbre du Proche-Orient et des Balkans serait, à l'origine, peut-être issu de l'hybridation naturelle du Prunellier* et du Prunier myrobolan*.

On comptait au Moyen Age sept variétés de prunes, dont la prune de Damas, rapportée par les croisés après leur échec en 1148, qui fut peut-être le seul résultat concret de leur expédition. On en dénombre aujourd'hui plus de quatre cents, sans parler des variétés modernes, obtenues par hybridation avec des Pruniers américains ou d'Extrême-Orient. Celles-ci se distinguent par la forme, la taille et la couleur des fruits, et sont classées en trois catégories : les petites prunes rondes et jaunes de type « mirabelle », dont les vergers sur prairie sont inséparables des paysages lorrains ; les grosses rondes de type « reine-claude », en l'honneur de la reine Claude de France, et les oblongues violacées de type « quetsche » ou « prune d'Agen ».

Le Prunier sauvage ou Prunier à greffer, ou encore Prunéolier (*Prunus insititia* L.), est plus petit, avec des rameaux plus épineux et plus velus, et des fleurs plus blanches que le Prunier domestique dont il ne serait qu'une sous-espèce. Considéré parfois comme étant à l'origine des Pruniers cultivés à petits fruits, de type « mirabelle », il leur sert de porte-greffe ainsi que *Prunus domestica*.

5 à 10 m

Non établi

Selon environnement

Subspontané et cultivé

Asie Mineure

Amande des noyaux

Bois : tournerie, petite ébénisterie ;
fruits : alimentation

Les feuilles, caduques, alternes, courtement pétiolées, sont ovoïdes, denticulées, terminées par une pointe au sommet, glabres dessus et légèrement pubescentes dessous. Les fruits sont globuleux, petits (environ 2 cm de diamètre), violacés et recouverts d'une pruine.

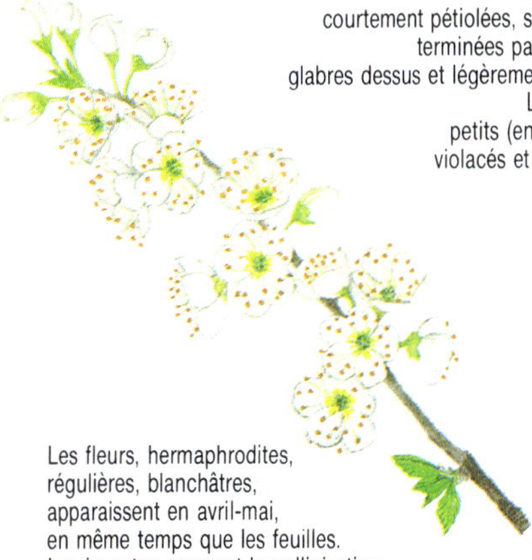

Les fleurs, hermaphrodites, régulières, blanchâtres, apparaissent en avril-mai, en même temps que les feuilles. Les insectes assurent la pollinisation.

Les Pruniers cultivés ont des fruits de forme, de couleur et de taille variées.

L'écorce brune devient grisâtre et crevassée.

Le Prunier est un petit arbre au houppier arrondi quand il n'est pas taillé. Son bois, d'un beau rouge-brun, est dur et homogène.

Prunellier

Prunus spinosa L.

Rosacées

Épine noire

- 2 à 3 m, parfois 5 à 6 m
- Non établi
- Plus de 50 ans
- Spontané
- Europe
- Non
- Haies ; fruits : alcool, liqueu

C'est lui qui, au printemps, fleurit nombre de haies dans les campagnes répandant tout autour une pluie de pétales blancs. C'est lui qui, en automne, se couvre de petits fruits dont les oiseaux sont très friands. On l'appelle aussi Épine noire, pour le distinguer de l'Epine blanche, qui est l'Aubépine commune*, car son écorce est brun-noir, souvent brillante, et ses nombreux rameaux se terminent en aiguillons épais, très acérés et rigides. C'est sur ces épines que naissent les petites fleurs, à l'odeur si caractéristique, et que souvent elles masquent tant elles éclosent à profusion.

Bien que le Prunellier s'accommode de terrains très pauvres et des plus rocailleux, habitant généralement les landes marno-sableuses ou les chaumes et les causses surpâturés par les ovins, il est enclin à conquérir rapidement des terres abandonnées après cultures, ou à en coloniser les abords. C'est dans les haies que l'arbuste se développe le plus avec ses racines traçantes.

La haie vive, formée de Prunelliers, d'Aubépines, de Sureaux, avec Ronces et Lierre, constitue un milieu idéal pour maints animaux (petits mammifères, insectes, oiseaux). Malheureusement, les clôtures artificielles ont de plus en plus remplacé les haies vives, compromettant cette biocœnose. Les prunelles (ou blosses, agrènes) ne sont consommables que blettes. On en fait de la liqueur, en particulier en Bourgogne. *Prunus × fruticans* Wiehe est une « variante », d'origine certainement hybride, à fruits plus gros, présente dans toute la France, jusqu'à 1 500 m d'altitude.

Le petit papillon, voisin des « Bronzés » (*Strymonidia pruni* L.), est un familier des buissons de Prunelliers.

Les fleurs blanches naissent le plus souvent sur les rameaux épineux avant les feuilles.

La fleur a 5 pétales libres et des étamines à anthères rougeâtres. [Grandeur nature]

Les feuilles, caduques, sont alternes, dentées, légèrement pubescentes. Elles portent souvent 2 petites glandes rouges à la base du limbe.

La prunelle est une petite drupe, noir-violet, pruineuse, de saveur âcre. [Grandeur nature]

L'arbuste, véritable buisson d'épines, sert de refuge à de nombreux oiseaux qui y construisent leurs nids.

L'écorce porte des stries horizontales.

Paliure

Paliurus spina Christi Mill.

Rhamnacées

Épine du Christ, Argalon, Porte-Chapeau

Le Paliure est un arbrisseau curieux mais fort décoratif par ses feuilles vert foncé, ses nombreuses petites fleurs jaune verdâtre, et surtout par ses rameaux en zigzag et ses épines. On le reconnaît à ses tiges dressées et à ses pousses flexueuses et arquées, légèrement pubescentes. A la base de chaque feuille, on voit 2 stipules qui se transforment en épines.

Le nom d'Épine du Christ lui viendrait de ses rameaux épineux qui servaient autrefois à faire des haies vives, et dont aurait été constituée la couronne du Christ durant sa « Passion ». C'est vraisemblablement avec une autre Rhamnacée, voisine, abondante au Proche-Orient, qu'aurait été faite cette couronne : il s'agit de *Zizyphus spina Christi* (L.) Willd., dont les biotopes plus arides sont comparables. En France, on rencontre le Paliure sur les talus des chemins et les friches, de préférence sur sol calcaire, de la région méditerranéenne, mais pas en Corse.

Le Jujubier (*Zizyphus jujuba* Mill. ou *Zizyphus vulgaris* Lam.), qui vient de l'Inde et de la Chine, est depuis fort longtemps cultivé dans tout le Bassin méditerranéen pour ses fruits (jujubes).

Il existe d'autres espèces de petits Nerpruns poussant à l'état sauvage. Les uns sont épineux comme le Nerprun des rochers (*Rhamnus saxatilis* Jacq.), à rameaux rampants et baies noires, ou le Nerprun des teinturiers (*Rhamnus infectoria* L.), à rameaux dressés et à baies brunes (purgatives). D'autres sont inermes, tel le Nerprun nain des montagnes (*Rhamnus pumila* Turra).

2 à 3 m

Non établi

Plus de 50 ans

Spontané en région méditerranéenne

Région méditerranéenne

Non

Haies

Les fruits sont secs. Ils sont entourés d'une aile légère et ondulée de 2 à 3 cm de diamètre.

Les fleurs s'épanouissent en juin à l'aisselle des rameaux, en petits bouquets pendants. Chaque fleur est hermaphrodite et très petite (2 mm environ).

Les feuilles sont caduques, alternes, courtement pétiolées, ovales, denticulées, à limbe dissymétrique. A leur base se trouvent 2 aiguillons, l'un droit, l'autre crochu.

Nerprun des rochers. Sous-arbrisseau à feuilles caduques et à rameaux tortueux et non épineux.

L'écorce est marquée par des crêtes et des crevasses.

Le Paliure est un arbrisseau esthétique à cime aérée caractéristique. Ses tiges dressées portent des rameaux terminaux flexibles et arqués.

Alaterne

Rhamnus alaternus L.
Rhamnacées

Nerprun alaterne, Bourgue-épine, Sanguin blanc, Alardier

- 4 à 5 m
- Non établi
- Plus de 100 ans
- Spontané
- Région méditerranéenne et ouest de la France
- Non
- Ornement ; bois : tournerie, chauffage ; écorce, feuilles : médication

L'Alaterne est un arbuste du genre *Rhamnus* non épineux, d'un joli vert lustré, pouvant atteindre 4 à 5 m de haut. Rejetant de souche et ayant une ramification dense, il forme le plus souvent un buisson épais. C'est une espèce typiquement méridionale, très commune dans la région méditerranéenne, répandue dans les maquis, les garrigues et les fourrés qui suivent la dégradation des forêts de Chênes verts*. Mais on le rencontre aussi dans l'Ouest et le Sud-Ouest, poussant sur les coteaux calcaires bien ensoleillés, en compagnie du Chêne pubescent*. La croissance de cet arbuste est lente, mais sa longévité est étonnante.

Il est cultivé parfois pour l'ornement à cause de son feuillage persistant à douce odeur de miel et de ses fruits qui passent, en mûrissant, du rouge au noir. Son bois, malodorant, très lourd et homogène, d'une couleur brun plus ou moins foncé, est joliment veiné et a un grain très fin. Son écorce est laxative et ses feuilles s'emploient en gargarismes pour soigner les maux de gorge.

Bien qu'appartenant à la famille des Oléacées, le Filaire à larges feuilles (*Phillyrea latifolia* L.) ressemble beaucoup à l'Alaterne par son port, ses feuilles, son habitat et son caractère strictement méditerranéen. Le Filaire à feuilles moyennes (*Phillyrea media* L.), considéré comme une variété du Filaire à larges feuilles, est, comme l'Alaterne, très longévif et a une distribution méditerranéo-atlantique. De plus, il forme de grands arbustes (6-7 m) à feuilles persistantes qui, de loin, font penser au Chêne vert*.

Les petites baies (4-6 mm), ovoïdes, à 3 graines, d'abord rouges, deviennent progressivement noires.

Espèce dioïque.
Les fleurs jaunâtres, petites (5 mm), sans pétales, sont situées à l'aisselle des feuilles (les mâles en glomérules pendants, les femelles en glomérules dressés). Elles s'ouvrent en mars-avril.

Les feuilles sont alternes, courtement pétiolées, épaisses et coriaces, comme cartilagineuses sur les bords. Lâchement denticulées, vertes et luisantes dessus, mates et d'un vert bronze dessous, elles ont 8 à 12 nervures.

Arbuste ou arbrisseau, il forme souvent des fourrés denses du fait de sa capacité à rejeter de souche. Les jeunes rameaux alternes sont glabres, parfois d'un brun rougeâtre.

Filaire à larges feuilles. Les feuilles persistantes ont 7 à 12 paires de nervures. Les fruits globuleux, non comestibles, contiennent un noyau. Ils mûrissent en septembre.

L'écorce verte, glabre et lisse, devient gris-noir.

Aulne blanc

Alnus incana (L.) Moench.

Aulne (ou Aune) de montagne, Aune gris

Bétulacées

10 à 15 m

Non établi

60 à 100 ans

Spontané, parfois cultivé

Hémisphère Nord

Non

Boisement

C'est un montagnard qui, comme son cousin l'Aulne glutineux*, pousse volontiers en basse altitude, le long des cours d'eau, dans des sols profonds, humides, frais, et plutôt calcaires. D'apparence plus touffue, il est spontané dans les Alpes, l'Alsace et le sud du Jura, où il habite les bords des rivières et des torrents jusqu'à 1 800 m. Peu exigeant, il s'accommode de terrains rocailleux et il colonise des pentes abruptes, d'anciennes moraines, des cônes de déjection, des éboulis graveleux où il se reproduit facilement par rejets. Essence de lumière à croissance particulièrement rapide, on l'utilise pour le boisement des terres incultes de montagne, pour son apport d'azote dans le sol.

Fleurissant toujours plus tôt que l'Aulne glutineux, l'Aulne blanc se reconnaît en outre à ses feuilles plus longues et effilées, portant sur leur face inférieure un fin duvet blanchâtre, très caractéristique, qui lui a donné son nom latin *incana* (blanc grisâtre). Au printemps, le vent dissémine ses graines qui sont des akènes ailés, brun clair, s'échappant de petits cônes ligneux où ils ont mûri et passé l'hiver.

En haute altitude (1 500 à 2 200 m), on rencontre un autre de ses proches, l'Aulne vert (*Alnus viridis* DC.), arbrisseau buissonnant aux nombreux rameaux souples, ne dépassant guère les 3 m et qui croît à la limite des arbres, sur les pentes humides et élevées. Souvent appelé localement Aunâtre, il constitue des fourrés épais qui aident notamment à fixer les versants d'éboulis et protègent souvent des avalanches.

Les chatons femelles fécondés se transforment en petits fruits coniques.

Les feuilles, caduques, alternes, ovales et terminées en pointe, comportent une double dentelure sur les bords. D'un léger vert mat, elles présentent un duvet blanchâtre à leur face inférieure.

Les chatons mâles atteignent une dizaine de centimètres, alors que les chatons femelles, carminés, sont beaucoup plus petits et ovoïdes. Les deux sont portés par le même arbre et apparaissent avant les feuilles, dès février.

Les fruits, cônes verts puis bruns, sont mûrs en automne mais restent sur l'arbre tout l'hiver.

Aulne vert.
Cet arbrisseau a des feuilles caduques, alternes, très régulièrement dentées, vertes sur les 2 faces. Leur nervure est recouverte de poils.

L'écorce lisse, gris argenté, est ponctuée de pores.

L'Aulne blanc a un port de montagnard : trapu et dense. Il a une forme conique.

Alisier blanc

Sorbus aria L.

Rosacées

Allouchier, Allier, Drouiller, Allouche de Bourgogne, Sorbier des Alpes

20 à 25 m

15 à 20 ans

100 à 200 ans

Spontané

Europe centrale et montagnes méridionales

Non

Bois : charbon, outillage ; fruits : médication, alimentation

L'Alisier blanc est un petit fruitier sauvage proche des Sorbiers*, présent dans tout le centre de l'Europe, rare dans les régions atlantiques, et montagnard vers la région méditerranéenne. En France, l'Alisier blanc, absent des plaines méridionales comme de tout l'Ouest, abonde sur les plateaux calcaires des Causses et dans l'Est, de la Bourgogne à la Lorraine (jusqu'aux Ardennes belges et en Suisse), où il vit auprès du Chêne pubescent* ou du Hêtre*. Plus ou moins disséminé en moyenne montagne, il atteint parfois la limite supérieure de la forêt. Essence de lumière, l'Alisier blanc affectionne les sols calcaires, superficiels et secs, voire rocheux. En altitude, en France comme en Suisse, on l'observe pourtant dans des biotopes divers : terrains non calcaires, éboulis graveleux, par exemple. Cette large amplitude écologique se traduit aussi par des morphologies assez diverses de l'appareil végétatif, très variable, et l'on a décrit de nombreuses formes locales.

Le bois de cet Alisier, blanc et dur, lourd et homogène, sert à la fabrication d'outils. Résistant bien aux frottements et aux pressions, on peut aussi en faire des pièces de machines. Ses fruits, très semblables aux sorbes, sont comestibles, bien que farineux et de saveur acidulée. Riches en tanins, ils seraient efficaces contre la toux, les catarrhes, les diarrhées.

Outre des variétés horticoles, des espèces voisines sont cultivées ; citons : *Sorbus pallescens* Rehd. de Chine, *S. lanata* K. Koch et le magnifique *S. cuspidata* Hedl. de l'Himalaya.

Les fleurs d'un blanc crémeux dégagent un léger parfum. Hermaphrodites, régulières, à 5 pétales, elles apparaissent en mai, groupées en corymbes terminaux.

Fleur à 5 pétales [X 1,5]

Les fruits (alises) sont de petites baies ovoïdes (5 à 8 mm), d'abord vertes, puis rouges, charnues, très appréciées des oiseaux.

Les feuilles sont caduques, alternes, courtement pétiolées, ovoïdes, doublement et irrégulièrement dentées, d'un vert brillant dessus, blanches et pubescentes dessous où apparaissent de nombreuses nervures, saillantes, pennées.

L'Alisier blanc est un petit arbre au houppier pyramidal ovoïde. Ses feuilles, au dessous argenté, font un bel effet décoratif.

L'écorce, grise puis brune, se fendille verticalement.

Alisier de Scandinavie

Alisier du Nord,
Alisier de Suède, Alisier intermédiaire

Sorbus intermedia (Ehrh.) Pers.
Rosacées

Comme cela est fréquent dans la famille des Rosacées, la distinction des espèces est très malaisée, notamment dans le genre *Sorbus*. Cela est dû, d'une part, à l'interfécondité de plusieurs espèces reconnues et, d'autre part, à l'existence de mécanismes apomictiques, c'est-à-dire à la formation d'embryons sans fécondation préalable — qui est l'équivalent dans le règne végétal de la parthénogenèse animale —, entraînant ainsi la création de nombreuses populations homogènes.

L'Alisier intermédiaire utilisé en ornement dans les villes nordiques résiste à la pollution. Comme pour les deux espèces suivantes, on pense qu'il s'agit d'un hybride fixé de *Sorbus aria* et *S. torminalis,* notamment par les caractéristiques de ses feuilles, « intermédiaires » entre celles des parents présumés.

L'Alisier de Mougeot (*Sorbus mougeotii* Soy.-Will. et Godr.) est une espèce montagnarde du centre et du sud de l'Europe, qui se plaît à exposition chaude. Difficile à distinguer de l'Alisier blanc*, on le trouve en France sur les escarpements. L'Alisier de Fontainebleau (*Sorbus latifolia* [Lam.] Pers.), espèce disséminée du Portugal à l'Allemagne, est rare en France, où il occupe une aire localisée, en particulier la forêt de Fontainebleau.

L'Alisier nain (*Sorbus chamaemespilus* [L.] Crantz), espèce bien caractérisée, vit à la limite supérieure des arbres en haute montagne. C'est un arbrisseau à petites feuilles ovales, vertes, faiblement dentées.

15 m
Non établi
200 à 300 ans
Cultivé
Scandinavie
Non
Ornement

Espèce hermaphrodite.
Les fleurs blanchâtres et régulières, à étamines roses, apparaissent en mai, groupées en bouquets terminaux.

Les feuilles sont caduques, assez larges, doublement dentées, presque lobées à la partie inférieure, vertes dessus, gris verdâtre et pubescentes dessous.
Les fruits, ovoïdes, petits (environ 1 cm), rouges, très appréciés des oiseaux, mûrissent en septembre.

Alisier de Fontainebleau.
Les fruits, relativement gros, sont d'une belle couleur jaune orangé, marquée de points plus sombres.
Ils mûrissent en septembre.

L'écorce, d'abord lisse, est recouverte de lenticelles.

L'Alisier de Scandinavie est un arbre à houppier arrondi en coupole. Le tronc est court.

Chêne-liège

Quercus suber L.

Fagacées — Suve, Surier, Sioure

10 à 15 m

Non établi

300 ans environ

Spontané

Région méditerranéenne occidentale

Non

Bois : chauffage, charbon de bois ; liège : bouchonnerie, isolation

Comme le Chêne vert*, le Chêne-liège est une essence typiquement méditerranéenne, également à feuilles persistantes, mais beaucoup plus exigeante en lumière, en chaleur et en eau. De plus, il ne tolère pas le calcaire et on ne le rencontre qu'en terrains acides, dans la Provence cristalline (Maures, Esterel), dans le Roussillon et en Corse orientale, voisinant avec le Pin maritime* ou l'Arbousier*. Il est disséminé dans les Landes de Gascogne.

Le Chêne-liège doit son nom à l'épaisse écorce liégeuse qui entoure son tronc et qui en fait tout l'intérêt économique. C'est un des rares arbres à en produire autant. « Chêne-liège » vient du latin *levis* (léger) et *suber* (liège), ce qui a donné en langue d'oc les noms de Suve, Surier, etc. On appelle « liège mâle » la première écorce, de mauvaise qualité, fissurée ou boursouflée par endroits. Après le démasclage, qui consiste à enlever (au plus tous les dix à vingt ans) cette première écorce, apparaît la « mère », c'est-à-dire le cambium, brun-rouge, sur laquelle repousse un liège homogène et de bonne qualité, le « liège femelle ».

Actuellement, la concurrence des plastiques a réduit l'activité bouchonnière. L'utilisation principale du liège reste l'isolation, pour laquelle on se contente d'une qualité de tout-venant, traitée en aggloméré. Le bois du Chêne-liège a les mêmes propriétés et destinations que celles du Chêne vert. Le Chêne-liège et le Chêne chevelu* ont donné un hybride naturel, le Chêne d'Espagne (*Quercus hispanica* Lam.), ou Faux Chêne-liège, moins liégeux.

Espèce monoïque.
Les fleurs mâles,
en chatons jaunâtres et pendants,
apparaissent en avril-mai
en même temps que les feuilles.

Les fruits (glands),
relativement gros, sont munis d'une
petite pointe au sommet.
La cupule est épaisse.

Les feuilles sont alternes,
coriaces, minces, parfois légèrement
enroulées sur les bords,
vert sombre, luisantes,
à nervures plutôt sinueuses.
Le dessous du limbe
est d'abord tomenteux,
puis presque glabre,
d'un vert brillant.

Le Chêne-liège est un petit arbre
au houppier clair laissant voir
de grosses et rares branches tortueuses.
Le tronc est toujours flexueux.

La première écorce est
grise et fissurée.

Chêne vert

Quercus ilex L.

Yeuse, Éousé

Fagacées

Avec son tronc court et sa ramification abondante, le Chêne vert est un des arbres les plus typiques de la région méditerranéenne. Il est rare cependant de trouver des forêts importantes comme à Port-Cros, tant elles ont été dégradées au cours des siècles passés. C'est dans le maquis ou la garrigue que l'on rencontre principalement le Chêne vert. Plus au nord et en altitude, à la limite de son habitat, il recherche les sols calcaires et les expositions chaudes. On le rencontre jusqu'à 800 m, et il atteint l'ouest de la Vendée et la Bretagne. Résistant bien à la sécheresse et au froid, il est cultivé en Angleterre, en Belgique et en Suisse.

Le nom d'*ilex* rappelle que ses feuilles ressemblent à celles du Houx*. Pourtant, c'est le Chêne vert qui a donné son nom au Houx, et non l'inverse comme on le croit parfois. Le nom d'Yeuse est une déformation du provençal *euze*. De croissance lente, le Chêne vert vit presque aussi vieux que l'Olivier* et atteint une taille respectable. Comme son bois est lourd, dur et compact, et qu'il prend un beau poli, ses spécimens les plus beaux ont été coupés sans discernement pour être utilisés en charronnage et en tournerie. Exploité en taillis, il fournit un charbon de bois très apprécié.

Le Chêne ballote (*Quercus rotundifolia* Lam.), à fruits comestibles, habite l'Espagne et se rencontre çà et là en France. Le Chêne de Turner (*Quercus* × *Turneri* Willd.), cultivé pour ses feuilles semi-persistantes, est un hybride artificiel du Chêne vert et du Chêne pédonculé*.

15 à 20 m

Non établi

Plus de 300 ans

Spontané

Région méditerranéenne, Sud-Ouest

Non

Ornement ; bois : charbon, tournerie ; écorce, feuilles, glands : médication

Feuilles à marge lisse.

Les feuilles sont persistantes alternes, ovales (3-7 cm), de forme variée (marge dentée ou lisse), parfois à bord enroulé, courtement pétiolées, vert brillant dessus, blanc tomenteux, puis gris mat mais restant pubescentes dessous.

Feuille à marge dentée.

Espèce monoïque. Les fleurs mâles se présentent en chatons pendants, tandis que les fleurs femelles sont minuscules, en forme de petits bourgeons. La floraison a lieu en même temps que la feuillaison (avril-mai).

Les glands, courtement pédonculés, ont une cupule pubescente écailleuse. [Grandeur nature]

L'écorce grise et lisse se fendille dans les deux sens.

Le Chêne vert est un petit arbre au tronc court et au houppier très développé et globuleux.

Houx commun

Ilex aquifolium L.

Aquifoliacées

4 à 6 m, parfois 10 m (20 m)

10 ans environ

Plus de 200 ans

Spontané

Europe

Fruits

Ornement ; bois : ébénisterie

Qui ne connaît le Houx, avec son joli feuillage vernissé tout enluminé de petites boules vermillon ? Il est associé à de nombreuses traditions populaires et surtout, chez nous, aux fêtes de Noël et du Nouvel An. Même s'il est assez rare en zone méditerranéenne, où il ne croît qu'en montagne, il n'est guère de régions où on ne le rencontre. Espèce familière, car on cultive de nombreuses variétés, le Houx a des feuilles ressemblant à celles du Chêne vert*, d'où le nom latin *Ilex* qui lui est attaché.

Dans la nature, le Houx vit dans les sous-bois des forêts de feuillus ou de certains résineux. Aimant les terrains acides et les régions humides, il est commun en Europe occidentale. En montagne, il ne s'élève pas au-delà de 1 500 m. Il survit aux défrichements et on le trouve isolé dans des landes ou des haies.

Utilisé autrefois pour ses propriétés fébrifuges et laxatives (feuilles et baies), le Houx est de nos jours apprécié en ornement malgré sa croissance lente. Supportant bien la taille, il peut former des haies assez denses, constituant un bon abri pour les oiseaux. Juste retour des choses, car on tirait de son écorce interne verte, dite seconde écorce, de la glu pour une pratique aujourd'hui interdite : la chasse aux gluaux dont étaient victimes les passereaux.

Dans les garrigues méditerranéennes, une espèce aux feuilles très semblables à celles du Houx, le Chêne kermès (*Quercus coccifera* L.), de 80 cm environ, abrite une cochenille qui servait jadis à la préparation d'une teinture rouge écarlate.

La larve d'un papillon bleu se nourrit de ses feuilles.

Les feuilles, persistantes, alternes et coriaces, à limbe ondulé, vert foncé brillant dessus, plus terne dessous, ont des nervures terminées par des épines.

Les fleurs sont unisexuées et l'espèce est souvent dioïque, si bien que seuls les « Houx femelles » portent les nombreuses baies rouges, toxiques, qui ornent les rameaux en hiver.

Fleur femelle — Fleur mâle

[Grandeur nature]

'Bacciflava'. A fruits jaune d'or, c'est un des nombreux cultivars.

Chêne kermès. A l'âge adulte, les feuilles minuscules (2-3 cm), vert jaunâtre, sont très glabres sur les 2 faces.

Arbre à tronc trapu, souvent ramifié près de la base, le Houx non taillé a une cime ovale et dense assez étroite au sommet.

L'écorce vert jaunâtre est finement striée.

FEUILLES OBLONGUES ALLONGÉES

La plupart des feuilles des arbres constituant ce groupe sont de forme allongée, la largeur la plus importante se situe parfois vers le tiers distal de la feuille (Saule cendré, Buplèvre arbrisseau), ou ont des bords paraissant presque parallèles sur une partie de la longueur du limbe (Olivier, Laurier-cerise). Toutes les espèces de ce groupe ont des feuilles longues, mais non étroites.

Feuilles à marges lisses ou très légèrement dentées

Saule cendré
Feuilles alternes de 5 à 8 cm, marges légèrement ondulées ou dentées, vert un peu terne dessus, gris cendré dessous.
Page 132.

Néflier commun

Néflier commun
Feuilles alternes de 5 à 15 cm, presque concolores, marges entières ou parfois légèrement dentées au sommet, pubescentes dessous.
Page 133.

Troène commun
Feuilles nettement opposées, à limbe très glabre.
Page 140.

Troène commun

Feuilles souvent épaisses et coriaces

Olivier
Feuilles opposées, vert-gris dessus, blanc argenté dessous, à nervure médiane très visible.
Page 135.

Olivier

Oranger
Feuilles alternes vert sombre, à pétiole élargi, puis brusquement rétréci à la base du limbe.
Page 139.

Buplèvre arbrisseau
Feuilles alternes, sessiles, à limbe nettement veiné en très fin réseau.
Page 142.

Buplèvre arbrisseau

Feuilles à marges dentées

Fusain d'Europe
Feuilles opposées, finement dentées à réseau de nervures très délicatement marquées.
Page 144.

Aubépine commune
Feuilles alternes, fortement dentées et presque lobées.
Page 146.

Fusain d'Europe

Épine-vinette
Petites feuilles de 2 à 3 cm, insérées à l'aisselle d'épines groupées par 3.
Page 147.

Myrtille
Feuilles alternes, finement dentées. Rameaux raides non épineux,
Page 149.

Aubépine commune

Merisier à grappes
Grandes feuilles alternes de 10 cm environ.
Page 152.

Myrtille

Arbousier
Feuilles alternes, dentées en scie, insérées sur des rameaux rouges, poilus.
Page 150.

Laurier-cerise
Feuilles alternes, de 15 cm, vert un peu jaunâtre luisant, très glabres, insérées sur des rameaux grisâtres ou verts.
Page 151.

Arbousier

Saule cendré

Salix cinerea L.

Salicacées

Saule gris

- 3 à 6 m
- Non établi
- Faible
- Spontané
- Europe, Asie
- Non
- Écorce : médication

Comme tous les Saules, il aime les terrains mouillés, se plaisant au bord de l'eau et des marécages acides. Son aire très vaste couvre toute l'Europe, l'Asie occidentale et une grande partie de la Sibérie. L'espèce est commune en France, surtout dans l'Est.

Son nom de Saule cendré lui vient de la couleur de la face inférieure de ses feuilles, qui est recouverte d'un tomentum grisâtre, et peut-être aussi du velours cendré de ses jeunes rameaux. Il ressemble beaucoup au Saule à oreillettes*, mais il est plus robuste et plus grand. Il s'hybride facilement avec ce dernier, comme c'est le cas entre les différentes espèces de Saules, ce qui rend difficiles leur classement et leur identification.

Une ancienne croyance voulait que les plantes signalent leurs vertus médicinales par leurs particularités morphologiques ou par leur habitat. C'est ce qu'on a appelé la théorie des signatures, qui a conduit à prêter à nombre d'espèces beaucoup de vertus imaginaires. Mais elle s'est révélée juste en ce qui concerne le Saule. On estimait, en effet, que le Saule, hôte habituel des lieux humides, devait aider à combattre les refroidissements et les fièvres paludéennes. Ce n'est que beaucoup plus tard que l'on a découvert et extrait de l'écorce la salicoside, précurseur de l'acide salicylique, principe actif de l'aspirine.

Dans l'ouest de la France et de l'Europe, le Saule cendré est supplanté par le Saule roux (*Salix atrocinerea* Brot.), forme très proche aux nervures des feuilles couleur rouille.

Les feuilles, de 5 à 12 cm de long, sont alternes, caduques, faiblement pétiolées, ondulées et dentées sur les bords. Le limbe, vert sombre avec quelques poils sur la face supérieure, est grisâtre et très réticulé sur la face inférieure.

Les fruits sont des capsules velues laissant échapper à maturité des graines cotonneuses.

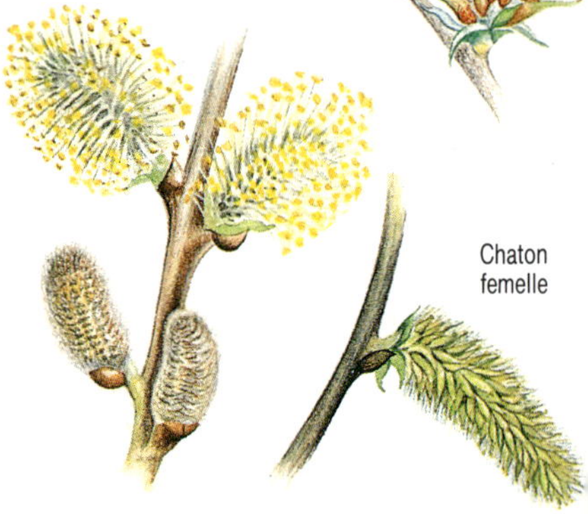

Chatons mâles

Chaton femelle

Les chatons mâles, précoces, très denses, subsessiles, ont 5 cm de long environ ; les chatons femelles, plus élancés, ont 8 cm de long. Ils apparaissent en mars-avril.

Saule roux. Les feuilles vert rougeâtre et pubescentes au revers deviennent glauques à maturité.

L'écorce, gris verdâtre, lisse, se fissure avec l'âge.

Le Saule cendré est un arbrisseau qui se développe bien dans les lieux humides. Ses jeunes rameaux sont sillonnés de poils grisâtres. Les bourgeons sont recouverts d'une seule écaille.

Néflier commun

Mespilus germanica L.

Rosacées

On a cultivé pendant des siècles ce petit arbre dont les vertus auraient été fort appréciées. Grecs et Romains le réservaient au culte du dieu Saturne, et ils croyaient que ses fruits guérissaient bien des maux.

Dès le Moyen Age, en Europe, il a été planté pour ses fruits, appelés nèfles ou mêles (du nom grec de l'arbre : *mespilos*), qui avaient l'avantage d'être consommables au cœur de l'hiver. Plutôt coriaces et acerbes quand on les cueillait, ils n'étaient mangeables qu'après blettissement au fruitier quand, s'étant ramollie, la pulpe devenait brune et sucrée, avec un agréable goût vineux. Plus tard, avec l'apparition de fruits nouveaux, on délaissa peu à peu le Néflier qui, faisant souche, se naturalisa dans nos bois.

On le trouve à peu près partout en France, surtout dans l'Ouest et le Centre, où il pousse dans les haies, les taillis ou les sous-bois. S'il est encore cultivé, c'est en Europe centrale et orientale, où on met en conserve ses fruits pour les confitures et les liqueurs.

Peu exigeant sur la nature du sol, le Néflier déploie de nombreux rameaux poilus et armés de piquants. Dans les cultures, en revanche, il est en général inerme. Avec son allure de buisson, le Néflier n'est facile à identifier que lorsqu'il porte ses curieux fruits en forme de toupie, à la fin de l'automne.

Il n'est fait aucune utilisation de son bois, compte tenu de sa petite taille. Peu estimés, en dehors des oiseaux, ses fruits ont donné naissance à la célèbre expression « des nèfles ! ».

3 à 6 m

Non établi

Plus de 50 ans

Cultivé et naturalisé

Europe orientale et Asie Mineure

Non

Feuilles : herboristerie ; fleurs : ornement ; fruits : alimentation

Fait assez rare chez les Rosacées, les fleurs sont grandes et solitaires, subsessiles et de 3 cm de diamètre environ. Elles apparaissent chacune à l'extrémité de courts rameaux feuillés, en mai-juin, et sont pollinisées par les abeilles.

Le fruit est une drupe qui mûrit en octobre-novembre. Brun cuivré et globuleux, déprimé au sommet et couronné par les lobes dressés du calice persistant, il ressemble quelque peu au fruit des Rosiers (cynorrhodon). De 3 à 4 cm de diamètre, les nèfles ne tombent pas de l'arbre une fois mûres. Elles sont riches en vitamine C, en tanin et en acide citrique.

Les feuilles, alternes, oblongues, caduques, molles, assez grandes (de 6 à 12 cm) mais à courts pétioles, sont entières ou faiblement dentées. Mates et glabres dessus, pubescentes et cotonneuses dessous.

Brun grisâtre, profondément crevassée verticalement.

De croissance lente, cet arbuste, au tronc tortueux et aux rameaux parfois épineux, pousse librement dans les haies et les bois clairs, où il ne dépasse guère les 5 m. En montagne, il ne monte pas au-dessus de 800 m.

Grenadier

Punica granatum L.

Punicacées

2 à 4 m, parfois 6 m

Non établi

Plus de 20 ans

Naturalisé

Moyen-Orient

Non

Ornement ; fruit : alimentation

Aussi ravissant qu'étrange, cet arbuste, dont les fruits ont été appelés grenades, déformation de *malum granatum* (pomme pourvue de graines), et qui ont une pulpe juteuse et sucrée, nous vient de l'Antiquité. Célébré dans *le Cantique des Cantiques,* cité par Homère dans *l'Odyssée,* identifié dans les fresques des tombes égyptiennes, représenté dans les prodigieuses tapisseries « mille fleurs », le Grenadier occupe aujourd'hui une aire géographique très vaste, allant du Maroc et de l'Europe du Sud jusqu'aux confins de l'Himalaya. Les botanistes supposent qu'il vit à l'état sauvage en quelques régions situées entre le Caucase et l'Inde. En France, il s'est naturalisé dans les haies du Midi méditerranéen.

Appelée par les Romains « Pomme de Carthage », probablement parce qu'ils l'avaient découverte sur ce rivage africain, la grenade est restée un fruit fort apprécié dans le monde arabe. C'est ainsi qu'il fut l'objet d'une culture intensive en Espagne, sous l'occupation musulmane, dès le VIIIe s., principalement à Grenade. On plante chez nous le Grenadier comme arbuste d'ornement, pour le charme de sa floraison, mais aussi comme arbre fruitier, pour extraire de ses fruits la fameuse grenadine.

Les belles fleurs à pétales chiffonnés du Grenadier, les « balaustes », sont astringentes, et l'écorce de ses racines est un puissant vermifuge employé contre le ténia. On tanne encore les cuirs (maroquin jaune) avec l'écorce de ses branches ou la peau de ses fruits, en Afrique du Nord.

Coupe du calice montrant les nombreuses étamines aux anthères jaune vif.

Trois stades de la maturation de la grenade qui, mûre, est un beau fruit rouge-orange, à peau épaisse et coriace, dont la pulpe a une saveur agréable. A l'intérieur du fruit, des loges contiennent des graines dures. Un calice persistant forme la petite couronne au sommet du fruit.

Les feuilles, caduques, sont souvent opposées ou fasciculées, vert clair assez brillant, à marges entières. Les fleurs sont généralement rouge sang, avec 3 à 8 pétales insérés sur un calice coloré et coriace. Le bouton floral est rouge.

L'arbuste relativement ramifié peut avoir un tronc assez trapu.

L'écorce est marquée de déchirures en long.

Olivier

Olea europaea L.

Oléacées

Arbre de lumière et de légendes, l'Olivier est l'arbre millénaire de la Bible, des peuples de la Méditerranée et de la brillante civilisation de l'Antiquité. Symbole de vie et de pérennité, l'Olivier est aussi le symbole de la paix. C'est en tenant un rameau d'Olivier dans son bec que la colombe apparaît dans le ciel pour annoncer la fin du Déluge.

Très probablement originaire du Moyen-Orient, l'Olivier a été introduit pour la culture dans tout le Bassin méditerranéen où subsistent de très célèbres oliveraies, comme celle de Delphes, en Grèce. Au cours des siècles, on a transplanté l'Olivier sur les cinq continents, dans des régions de climat identique, et l'on estime à plus de 600 millions le nombre des sujets cultivés. Très sensible aux gels brutaux et humides, souvent choisi par les phytogéographes pour définir la limite de la zone méditerranéenne, l'Olivier caractérise les paysages de Provence, du Languedoc et du Roussillon. Il y a cependant des arbres isolés qui parfois fructifient même en dehors de leur habitat méridional, dans l'Ouest ou en Savoie.

Très âcre sur l'arbre, l'olive mûre fournit une des huiles les plus appréciées ou ne se consomme qu'après des traitements de conservation, donnant olives vertes et olives noires.

Toutes les parties de l'Olivier sont utilisées, et son bois, jaune à brun clair, joliment veiné et marbré, très dur, lourd et homogène, permet le façonnage de nombre d'objets traditionnels. La forme sauvage de l'Olivier est l'Oléastre.

4 à 6 m, parfois 10 à 12 m

Plus de 20 ans

200 ans à 500 ans, parfois plus de 1000 ans

Cultivé

Moyen-Orient

Non

Bois : objets divers ; fruits : alimentation

Les rameaux portent d'avril à juin des petites fleurs odorantes, blanc verdâtre, réunies en grappes étroites, qui sont plus courtes que les feuilles.

Les feuilles, persistantes, sub-opposées, entières, vert glauque un peu sombre mais brillant dessus, blanc argenté dessous, sont portées par un court pétiole.

Le fruit (l'olive), d'abord vert, devient noir à maturité.

Fruit immature

Fruit à maturité

L'écorce, gris-brun, se crevasse avec l'âge.

La fleur est formée de 4 pétales soudés en petite cloche ouverte contenant 2 étamines.

Le tronc, tourmenté, trapu, parfois très large (plusieurs mètres de circonférence), se divise assez bas en de grosses branches à rameaux fins parfois épineux.

18 à 20 m, parfois 30 m

15 ans environ

Plus de 100 ans

Cultivé

Sud-est des États-Unis

Non

Ornement ; écorce : médication

Magnolia

Magnolia grandiflora L.

Magnoliacées

Magnolia à grandes fleurs, Magnolier

Cet arbre splendide, avec ses grandes feuilles vernissées, d'un vert profond, et ses énormes fleurs blanc nacré, suavement parfumées, évoque par sa luxuriance exotique quelque pays d'au-delà des mers. En fait, c'est au sud-est des États-Unis, en Louisiane, que le Magnolia a été découvert. Et la famille des Magnoliacées est la seule représentante actuelle d'un groupe de plantes très répandues au tertiaire, dont les fleurs, d'un type archaïque, furent parmi les premières à apparaître sur la Terre.

Le premier exemplaire serait arrivé à Nantes vers 1711, apporté par un officier de marine, et ne devait fleurir que quelque vingt ans plus tard, en 1732. Heureuse surprise qui enthousiasma les botanistes et les horticulteurs, et assura la gloire de ce nouvel arbre d'ornement dans les parcs et jardins. Linné reprit le nom de Magnolia en hommage à Pierre Magnol (1638-1715), un des directeurs du Jardin botanique de Montpellier.

Bien que rustique en plaine chez nous, c'est sous les climats doux et sur les sols acides de l'ouest et du sud-ouest qu'il prospère le mieux. Le genre *Magnolia* compte un bon nombre d'espèces en Amérique du Nord et en Extrême-Orient. Quelques-unes sont couramment cultivées pour la beauté de leur floraison. Le plus connu et apprécié de ces arbustes est le *Magnolia* × *soulangeana*, hybride créé en 1820 par l'horticulteur français Étienne Soulange-Bodin, ainsi que le *Magnolia stellata* Maxim., réputé pour ses belles fleurs simples en étoile.

Les fleurs, solitaires et terminales, sont grandes, à nombreux pétales blanc crème légèrement charnus et odorants. La floraison s'étale de juillet à octobre.

Les feuilles sont grandes (15-20 cm), alternes, persistantes, à bord lisse, coriaces, vert foncé luisant sur le dessus, brun rouille et pubescentes au-dessous. Le pétiole est court et velu.

Le fruit est un petit cône, d'environ 10 cm, dressé, grisâtre. Il laisse échapper, à maturité, des graines luisantes d'une belle couleur rouge orangé.

De croissance assez lente (5 m en 20 ans), cet arbre a un port pyramidal et une cime dense.

Magnolia × soulangeana. Arbuste ou petit arbre, d'origine hybride, à feuilles caduques. Les fleurs apparaissent avant les feuilles. Elles ont des coloris variés selon les cultivars.

L'écorce, gris noirâtre, est un peu écailleuse.

Lauréole

Daphne laureola L.
Thyméléacées

Laurier des bois, Daphné lauréole

C'est en hiver que l'on remarque la Lauréole dans les forêts de Chênes ou de Hêtres à sol calcaire. C'est un des rares arbrisseaux à avoir gardé ses feuilles d'un vert sombre lustré groupées au sommet de ses rameaux dressés. Comme chez la plupart des Daphnés, ses tiges souples se cassent très difficilement : elles contiennent des fibres argentées fort résistantes. La Lauréole, comme les autres membres de la famille, est toxique dans toutes ses parties. On l'utilise comme porte-greffe pour les espèces ornementales du genre.

Plusieurs autres Daphnés sont recherchés pour leur beauté. Le Bois-gentil ou Bois-joli (*Daphne mezereum* L.), le plus connu, est un sous-arbrisseau à feuilles caduques vert pâle, atteignant parfois 1 m. Ses fleurs, extrêmement précoces (février-mars), disposées en petites cymes latérales sur les rameaux, exhalent un parfum des plus suaves. Également calcicole, le Bois-gentil vit dans les bois et sur les pelouses, et s'élève jusqu'à 2 300 m en montagne, mais il est absent dans des régions entières, notamment dans tout l'ouest de la France et dans les régions proches de la Méditerranée.

Le Daphné des Alpes (*Daphne alpina* L.) est localisé, lui aussi, dans les montagnes calcaires du Jura, des Alpes, de la Bourgogne, des Cévennes et des Pyrénées où il est rare. Ses rameaux, plus tortueux, déployés en candélabres, caractéristiques de bien des Thyméléacées, portent des feuilles caduques, soyeuses et argentées quand elles sont jeunes, et des fleurs blanches, très odorantes.

0,80 à 1 m
Non établi
Plus de 25 ans
Spontané
Europe
Toutes ses parties
Porte-greffe

La fleur n'a qu'une seule enveloppe apparente, formée d'un tube à 4 divisions jaune verdâtre. Les étamines et le pistil sont peu visibles. [X 4]

Les drupes, vertes, puis noires, sont toxiques pour l'homme mais inoffensives pour les oiseaux. [X 2]

Les feuilles, persistantes, de 10 à 12 cm de long, vert foncé, entières, alternes, coriaces, à bord lisse, sont légèrement atténuées vers le pétiole à leur base.

Les petites fleurs odorantes apparaissent en février-mars, groupées par 5 à 10 au milieu de la touffe de feuilles. Elles sont pollinisées par des insectes.

Bois-gentil.
Les feuilles, alternes, sont rassemblées à l'extrémité des rameaux. Elles apparaissent à la fin de la floraison. Les fruits, rouges, charnus, ovoïdes, sont très appréciés par les oiseaux qui contribuent à la dissémination des graines.

Cet arbuste a de nombreux rameaux souples, dressés qui sont complètement dénudés à leur base.

Ciste à feuilles de Laurier

Cistus laurifolius L.

Cistacées

- 0,80 à 1,30 m
- Non établi
- Plus de 30 ans
- Spontané
- Région méditerranéenne
- Non
- Ornement

Son nom lui vient de la ressemblance de ses feuilles avec celles du Laurier. Pourtant, si elles sont pareillement allongées et persistantes, elles ont une particularité partagée par de nombreux Cistes : elles sont glutineuses et velues en dessous. Plus petit que le Ciste à feuilles de Peuplier*, c'est un arbrisseau odorant, d'un beau vert sombre, de port assez érigé, s'élevant à 1-1,50 m.

Assez peu répandu, le Ciste à feuilles de Laurier forme parfois des peuplements fort denses, très spectaculaires en juin ou en juillet, au moment de la floraison singulièrement tardive. C'est alors une féerie lumineuse de grandes fleurs blanches, aux corolles largement ouvertes atteignant 6 ou 7 cm de diamètre. On le rencontre sur le versant des coteaux secs, en général siliceux, des basses montagnes du Roussillon et du Languedoc, et disséminé çà et là entre l'Italie et le nord du Maroc.

Le Ciste à gomme ou Lédon (*Cistus ladaniferus* L.), dont on extrayait autrefois l'un des laudanums des médications traditionnelles, est beaucoup plus rare en France. C'est une espèce à fleurs blanches également, mais à pétales marqués à la base d'une tache brun-pourpre, et à feuilles plus étroites et visqueuses.

Les plus communs des Cistes sont des plantes nettement plus petites, inférieures à 1 m, comme le Ciste de Montpellier (*Cistus monspeliensis* L.), qui est un arbrisseau touffu, vert sombre, à rameaux fortement collants. C'est une espèce typique des broussailles méditerranéennes, souvent abondante après les incendies.

C'est un arbuste assez rustique à port dressé, aux feuilles assez étroites, persistantes coriaces, vert terne, opposées, entières pubescentes à la face inférieure. Jeunes pousses et bourgeons sont caractéristiques.

Espèce hermaphrodite. En juin apparaissent de grandes fleurs blanches de 6 à 8 cm, aux pétales tachés de jaune à leur base. Les fruits sont des capsules globuleuses contenant 5 loges.

Ciste de Montpellier. Feuilles persistantes, entières, opposées aux bords plus ou moins enroulés, pubescentes à la face inférieure. Elles sécrètent une résine collante à forte odeur.

Ciste à gomme. Les fleurs blanches de 6 cm de diamètre montrent des étamines saillantes, jaune vif et une tache brune à la base de chaque pétale. Elles s'épanouissent en bouquets en mai-juin.

L'écorce grise s'exfolie en lanières.

Oranger

Citrus sinensis (L.) Osbeck

Oranger doux, Oranger de Séville

Rutacées

C'est par les caravanes et les marchands arabes que l'Oranger est parvenu jusqu'à nous. Originaire du Sud-Est asiatique, il est arrivé vers le XIVᵉ s. en Europe méridionale. Arbuste des pays chauds, sa culture ne fut possible que dans le Bassin méditerranéen. Ailleurs, l'Oranger devint une plante de serre, mettant à la mode au XVIIᵉ s. les orangeries.

Outre leurs qualités gustatives, les oranges ont des propriétés thérapeutiques, en particulier par leur teneur en vitamine C.

Très proches de l'Oranger doux, d'autres agrumes sont considérés comme des sous-espèces ou des variétés du *Citrus sinensis* (incluant *Citrus aurantium* L.). Ancêtre probable de l'Oranger, le Bigaradier ou Orange amère (ssp. *bigaradia* Lois.), a été introduit en Sicile par les Arabes. Employé en parfumerie, le Bergamotier (ssp. *bergamia* Risso) est d'origine inconnue. Quant au Pamplemoussier (*Citrus maxima* [Burm.] Merr.) et au « Pomélo » (*Citrus paradisi* Macf.), hybride du premier avec l'Oranger, leurs fruits sont appréciés. Autres agrumes très cultivés : le Citronnier (*Citrus medica* L. ssp. *limonum* Risso) a de remarquables propriétés médicinales. Le Cédratier (*Citrus medica* L. ssp. *eu-medica*) est une forme sauvage du Citronnier, originaire des régions chaudes de l'Himalaya. Le Mandarinier (*Citrus nobilis* auct.), cultivé depuis 1848, est issu de Chine et de Cochinchine. Enfin, le Clémentinier est l'heureux résultat d'un croisement naturel entre le Mandarinier et le Bigaradier, survenu spontanément en Algérie, en 1902.

3 à 5 m
Non établi
Environ 100 ans
Cultivé
Sud-Est asiatique
Non
Fruits : alimentation, parfumerie, médication

Espèce hermaphrodite.
Les fleurs, très odorantes, régulières, ont des pétales blancs et de nombreuses étamines.
L'Oranger a une floraison unique en mars-avril.

Orange

Les feuilles sont persistantes, alternes, coriaces, lancéolées, glabres et brillantes sur la face inférieure.
Le pétiole est souvent ailé (ailes foliacées arrondies).

Mandarine

Citron

Le Citronnier, le Mandarinier et le Pamplemoussier ont un feuillage très semblable à celui de l'Oranger.

L'écorce est brun grisâtre et lisse.

Pamplemousse

L'Oranger est un arbuste à houppier dense et arrondi.
Il ne supporte pas les températures basses.

Troène commun

Ligustrum vulgare L.

Oléacées

Troène d'Europe,
Frésillon, Bois noir, Raisin des chiens

3 à 4 m

Non établi

Selon environnement

Spontané

Europe

Baies ; pollen : allergène

Ornement ; baies : teinture ; feuilles et fleurs : pharmacopée

Le Troène est un aimable arbrisseau des bois, des lisières et des haies, qui prend parfois des allures d'arbuste. Répandu dans toute l'Europe, on peut le rencontrer jusqu'à 1 200 m d'altitude environ, sauf cependant en région méditerranéenne. Très rustique, il préfère les terrains secs, souvent calcaires et marneux. Ses petites feuilles vert vif virent au pourpre violacé en automne, mais restent généralement sur les branches tout l'hiver, sauf s'il est rigoureux. De croissance rapide, on en fait depuis toujours des haies faciles à tailler. Ses rameaux, longs et droits, et très flexibles, sont employés par les vanniers.

Le Troène à feuilles ovales (*Ligustrum ovalifolium* Hassk.) est appelé aussi Troène de Californie, bien qu'il soit originaire du Japon d'où il nous est venu en 1885, après avoir été introduit en Californie. C'est de loin l'espèce la plus plantée pour constituer des haies. De taille plus grande (3-5 m), avec des feuilles semi-persistantes plus importantes, sa rusticité est excellente et il se développe rapidement. Il en existe plusieurs beaux cultivars, à feuilles marginées de blanc ('Argenteo-marginatum') ou de jaune ('Aureo-marginatum'), ou entièrement dorées ('Aureum').

Deux autres Troènes sont cultivés pour l'ornement. Arrivé en 1794 d'Extrême-Orient, le Troène à feuilles brillantes (*Ligustrum lucidum* Ait.) est un petit arbre atteignant 12 m, aux feuilles vert foncé persistantes. Plus petit, le Troène du Japon (*Ligustrum japonicum* Thunb.), introduit en 1845, est moins rustique.

Coupe
de la fleur
[X3]

Espèce hermaphrodite.
Les fleurs, blanches, forment en juillet un panicule odorant.
Le calice est petit à 4 dents, la corolle a la forme d'un tube à 4 lobes concaves.

Les feuilles, semi-persistantes, sont opposées, lancéolées, relativement larges, lisses et d'un vert luisant.

Les fruits sont de petites baies rondes, noires, luisantes et toxiques. Elles permettaient autrefois de faire une encre violette et un colorant pour les vins, tandis qu'on extrayait une huile à brûler de leurs graines.

Troène à feuilles ovales.
C'est un arbrisseau à feuilles semi-persistantes, violacées en hiver, à fleurs blanches, odorantes, réunies en grappes dressées. Il se taille facilement pour former des haies.

Le Troène est un arbuste léger, à rameaux souvent étalés, très florifères.

L'écorce brun clair porte de petites protubérances.

Camérisier des Pyrénées

Lonicera pyrenaica L.

Caprifoliacées

Comme son nom l'indique, son aire est très localisée : on ne le trouve que dans les Pyrénées françaises et espagnoles, dans les Corbières et aux Baléares. Il se plaît sur les falaises, les éboulis et les bois secs des basses montagnes calcaires, ne dépassant guère les 1 600 m d'altitude. Le Camérisier des Pyrénées est un petit arbrisseau aux tiges redressées, avec des rameaux fragiles, blanchâtres mais glabres, et, comme chez toutes les Caprifoliacées, ceux-ci sont opposés, ainsi que feuilles et bourgeons. En revanche, particularité à souligner pour un *Lonicera*, ses fleurs sont en forme de clochettes et presque régulières.

Étrange arbrisseau que l'Aliboufier, ou Aligoufier (*Styrax officinalis* L.), seul représentant en France de la famille des Styracacées. Originaire de la Méditerranée occidentale, notamment du Liban et des îles de Chypre et de Rhodes, d'où il serait venu à la fin du XVIe s., il ne vit à l'état subspontané qu'au nord de Toulon, sur les collines calcaires du massif des Morières. C'est un arbrisseau tortueux, de 2 à 5 m, aux jeunes rameaux pubescents et blanchâtres. Ses feuilles sont caduques, alternes, ovales et lancéolées, à bord lisse, blanches et tomenteuses dessous. Ses fleurs, d'un blanc pur, unisexuées, apparaissent en mai par petits bouquets de 3 à 6 à l'aisselle des feuilles. Ses fruits sont des baies charnues, ovoïdes, pubescentes et blanchâtres. Son qualificatif d'officinal vient de ce qu'autrefois on en tirait un baume. Actuellement, son utilisation est uniquement ornementale.

1 m

Non établi

Plus de 20 ans

Spontané

Basses montagnes calcaires des Corbières et des Pyrénées

Baies

Aucune

Les feuilles, caduques, sont sessiles, ovales et lancéolées, glabres d'un vert glauque, légèrement coriaces.

Les fleurs hermaphrodites, groupées par 2 à l'extrémité d'un pédoncule de 2 cm de long environ, blanchâtres et odorantes, en clochettes presque régulières, apparaissent de la fin du printemps au début de l'été selon les stations.

Les fruits, toxiques, sont de petites baies rouges, ovoïdes, légèrement soudées par 2, à leur base.

Aliboufier.
Espèce monoïque.
Les fleurs blanc pur s'épanouissent en formant de jolis bouquets.

Buplèvre arbrisseau

Bupleurum fruticosum L.

Ombellifères

1 à 2 m, parfois 2,50 m

Non établi

Plus de 20 ans

Spontané

Région méditerranéenne

Non

Ornement

C'est l'une des très rares Ombellifères ligneuses qui croît chez nous et qui fait partie de cette famille végétale bien connue de toutes les ménagères, comprenant des plantes potagères ou culinaires telles que Carotte, Persil, Cerfeuil, Angélique, ou des graines aromatiques comme Coriandre, Carvi, Cumin, Anis, etc. Parfois très abondant, au point de marquer de son empreinte certains paysages, cet arbrisseau de presque tout le pourtour méditerranéen affectionne les endroits secs, chauds, voire arides, de préférence découverts (garrigues, maquis, lieux stériles) ; on le rencontre aussi sur les bords des routes, les ruines ou les terrains vagues. En France, il est commun surtout en Languedoc-Roussillon et ne s'éloigne guère des régions basses. Il est souvent cultivé comme plante ornementale et peut se naturaliser en dehors des parcs et jardins. C'est le cas en quelques points du Sud-Ouest et de l'Ouest.

Le Turbith ou Globulaire Turbith (*Globularia alypum* L., famille des Globulariacées) est un sous-arbrisseau très rameux de 80 cm. Vivant dans les garrigues rocheuses, il surprend par sa floraison d'un bleu profond en hiver. C'est un purgatif violent.

D'allure comparable au Buplèvre arbrisseau, la Sauge officinale (*Salvia officinalis* L., famille des Labiées) se reconnaît cependant d'emblée à ses feuilles assez rêches, gris-vert, très aromatiques. Plante ligneuse, la Sauge est cultivée pour ses fleurs décoratives et aussi pour ses feuilles, appréciées comme stomachiques et utilisées comme condiment.

Ombelle fructifiée

Le fruit (méricarpe), oblong est formé de 2 akènes accolés marqués de côtes saillantes.

Sauge officinale. Les fleurs (mai et juillet), odorantes, bleu violacé, grandes, sont groupées par 3 à 6 par verticille en épis terminaux à bractées violacées caduques.

Les petites fleurs jaune vif, à 5 minuscules pétales, sont disposées en ombelles dressées comportant à leur base un involucre.

Les feuilles, persistantes, alternes, coriaces, très entières, sans pétiole, vert foncé luisant dessus, un peu glauques dessous, ont une marge translucide.

L'arbrisseau, touffu, a des tiges peu rameuses dressées. Il forme parfois des masses importantes et denses dans les rocailles méridionales.

Presque lisse, l'écorce est ocre ou roussâtre.

Obione Faux Pourpier

Halimione portulacoides (L.) Aellen

Arode, Soreille

Chénopodiacées

L'Obione Faux Pourpier, sous-arbrisseau des bords de mer, est une plante halophile. Mais à la différence de l'Arroche*, espèce très voisine qui lui a donné son nom de genre, *Atriplex* (car l'autre nom latin de l'Obione est *Atriplex portulacoides* L.), on ne la rencontre que sur les rivages fréquemment immergés par l'eau de mer. En fait, l'Obione, qui vit aussi bien sur le littoral de la Manche et de l'Atlantique que sur celui de la Méditerranée, exige pour s'établir et se maintenir la présence de vasières soumises au mouvement de flux et de reflux quotidien ou périodique des marées.

L'Obione forme en certains points du littoral d'immenses peuplements presque à l'état pur (monospécifiques : composés uniquement par une espèce), en particulier dans de nombreuses anses ou rias des côtes bretonnes, ou celles situées plus au nord, comme en baie de Somme. Il s'agit de végétaux très caractéristiques par leur port touffu, aux tiges couchées et rampantes sur lesquelles se redressent les rameaux, bien reconnaissables à leur aspect blanc argenté. Très denses et se propageant rapidement et abondamment, ces tapis d'Obione, qui ne dépassent guère 50 cm, offrent une niche écologique très appréciée, surtout lors de leur reproduction, à de nombreuses espèces de la faune locale. Il est indispensable de protéger ce type de milieu trop souvent menacé et détruit par des extensions industrielles ou urbaines le long du littoral.

Les jeunes pousses sont, comme celles des Salicornes, parfois récoltées et conservées dans le vinaigre comme condiment.

50 à 80 cm, parfois 1 m

Non établi

Selon environnement

Spontané

Littoraux de l'hémisphère Nord

Non

Fixateur naturel de vases; jeunes pousses : parfois condiment

Les épis florifères jaunâtres n'ont de pièces foliacées qu'à leur base. La structure des fleurs, qui ne peut être observée qu'à la loupe, est différente chez les fleurs mâles (5 pièces et 3 à 5 étamines) et les fleurs femelles (2 valves et 2 styles).

Les feuilles, opposées, persistantes, grisâtres, assez épaisses, marquées de minuscules pustules, n'ont qu'une nervure médiane. De jeunes rameaux feuillés sont souvent insérés à l'aisselle des feuilles.

Rameau fructifié [X2]

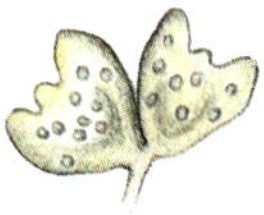

Le fruit (octobre) est membraneux et comprimé. Il est formé d'une sorte de cupule en triangle renversé contenant une graine roussâtre.

La silhouette des rameaux couchés puis redressés est typique.

Fusain d'Europe

Euonymus europaeus L.
Célastracées

Bonnet carré,
Bonnet de prêtre, Bonnet d'évêque

3 à 7 m

Non établi

Environ 50 ans

Spontané

Europe, Asie Mineure

Fruits, émétiques et laxatifs

Ornement ; bois : confection de fuseau ; feuilles, fruits : médication

Gracieux arbuste de nos bois, léger, élancé, le Fusain d'Europe se fait remarquer en automne lorsqu'il devient des plus décoratifs. Avec ses feuilles prenant une belle couleur rouge apparaissent ses si curieux fruits, d'un joli rose carminé, parfois violacé, ressemblant à des barrettes d'évêque.

Peu exigeant, mais préférant les sols frais et profonds, de croissance rapide, mais de longévité moyenne, il est fort commun dans toute l'Europe. Il prend parfois l'allure d'un grand arbuste, bien qu'en général il demeure à l'état d'arbrisseau. Ses jeunes rameaux ont la particularité d'être quadrangulaires, quatre arêtes longitudinales faisant saillie.

Cultivé pour la beauté de ses fruits, le Fusain d'Europe est une plante toxique que les Anciens redoutaient. Pour conjurer le danger qu'il présentait, les Grecs lui auraient donné le nom d'*euonymus* signifiant « le bien nommé », et par là « de bon augure ».

Son bois, jaune pâle, dur et facile à travailler, a servi pendant longtemps à faire des fuseaux pour les fileuses de laine. Transformé en charbon de bois, il a donné le fusain à dessiner.

Appartenant à un genre qui compte près de 150 espèces, pour la plupart vivant dans les pays chauds et tempérés, il a des feuilles caduques, alors que beaucoup de ses parents exotiques ont un feuillage persistant, comme le beau Fusain du Japon (*Euonymus japonicus* L. f.), un des hôtes favoris des jardins, surtout utilisé pour faire des haies.

[Grandeur nature]

Les fruits (« bonnets de prêtre ») sont des capsules à 4 lobes, qui prennent un beau ton rose carminé en mûrissant. Très décoratifs, ils contiennent 4 graines d'un orange vif. Ils sont particulièrement toxiques et restent une grande partie de l'hiver sur l'arbuste.

[X2]

Les fleurs, blanc verdâtre, petites et à pétales étroits, s'épanouissent en avril-mai sur des cymes légères.

Les feuilles, d'un vert léger, sont opposées, ovales et acuminées, à dentelure fine sur les bords.

Le Fusain d'Europe est un joli arbrisseau au feuillage léger aimant les lisières de bois, les clairières humides, les haies. Plusieurs formes ornementales sont cultivées dans les parcs et jardins.

D'abord verte et lisse, l'écorce devient grisâtre.

Fusain à larges feuilles

Bonnet de prêtre,
Bonnet d'évêque, Bonnet de cardinal

Euonymus latifolius (L.) Mill.
Célastracées

Espèce proche du Fusain d'Europe* dont il a à peu près la taille, cet arbuste est beaucoup moins commun et même plutôt rare. Son aire est davantage méridionale et on le rencontre en Europe du Centre et du Sud jusqu'en Asie occidentale. En France, il vit dans les forêts un peu fraîches des basses montagnes du Sud, de préférence sur sol calcaire, des Pyrénées-Orientales au Dauphiné et à la Savoie, et surtout en Provence où on en voit de beaux spécimens dans la célèbre forêt relictuelle de la Sainte-Baume.

Il se distingue du Fusain d'Europe par ses feuilles, plus longues et plus larges, ses rameaux étalés, brun-rouge puis grisâtres — mais jamais verts —, et ses fruits plus gros et plus colorés. La forme de ces derniers, évoquant des barrettes ecclésiastiques, l'a fait surnommer Bonnet de prêtre, comme le Fusain d'Europe ; néanmoins, Bonnet de cardinal serait plus approprié en raison de la couleur. Son bois servait à faire des fuseaux, et, transformé en charbon de bois, il donnait le « fusain » des dessinateurs.

Avec des feuilles lancéolées, relativement grandes et larges, ce qui le différencie des Camérisiers qui les ont ovales. Le Camérisier des Alpes (*Lonicera alpigena* L., famille des Caprifoliacées), appelé aussi Frôle ou Chèvrefeuille des Alpes, est un arbrisseau aux rameaux érigés, de 2 à 3 m de haut. On le trouve sur sol calcaire dans les Alpes, les Pyrénées et le Jura. Camérisier signifie « petit Cerisier », allusion à ses baies toxiques, rouges, à longs pédoncules, ressemblant à de petites cerises.

2 à 4 m

Non établi

Plus de 25 ans

Spontané

Europe centrale méridionale

Baies

Bois : charbon de bois (fusain); feuilles, fleurs : pharmacopée

Espèce hermaphrodite.
Les fleurs, petites, verdâtres, sont groupées par 3 à 8 en légères grappes penchées à l'aisselle des feuilles.
Elles apparaissent à la fin du printemps.

Les fruits, rose carminé, ont 5 crêtes. Ils mûrissent en septembre-octobre et forment des grappes lâches et pendantes.
En s'ouvrant, ils laissent apparaître 5 loges contenant chacune une graine toxique orangée et luisante.

Les feuilles de 7 à 15 cm de long, glabres, caduques, opposées, se terminent en pointe au sommet.

L'écorce brun-rouge devient grisâtre avec l'âge.

Camérisier des Alpes.
Les petites baies sont rouges et luisantes, plus ou moins complètement soudées par 2 et longuement pédonculées.
Les feuilles comme les bourgeons sont opposés.

Aubépine commune

Crataegus laevigata (Poir.) DC.

Rosacées

Moins prompte à accueillir le printemps que le Prunellier* ou le Merisier*, ses compagnons habituels, l'Aubépine commune se rattrape en mai par la joliesse et l'éclat de sa floraison. S'accommodant de tous les sols, on la voit en toutes régions. C'est un arbrisseau à port buissonnant, plus petit et moins épineux que l'autre Épine blanche, l'Aubépine monogyne* (*Crataegus monogyna* Jacq.) que certains considèrent comme une sous-espèce. En revanche, elle est remarquable par sa longévité et par son aptitude à coloniser rapidement des aires éloignées, grâce à sa nature drageonnante et à la propagation de ses graines par les oiseaux.

Pendant des siècles, on l'a employée pour constituer des haies défensives autour des prairies, ses branches armées d'épines interdisant l'accès au bétail. Ces haies ayant en grande partie disparu pour les besoins de l'agriculture moderne, l'Aubépine subsiste plus discrètement dans les taillis et fourrés ; mais elle a pris pied dans les jardins comme arbuste d'ornement. Ses cultivars, dont ceux à fleurs rouges, sont du plus bel effet.

Plante protectrice, apportant bonheur et prospérité dans l'Antiquité, gage de fidélité conjugale au Moyen Age, elle passe encore de nos jours pour protéger de la maladie et même de la foudre. Les récents travaux de médecins américains ont mis en évidence ses propriétés médicinales, notamment dans le traitement des maladies cardiaques (tension, tachycardie, angine de poitrine), et ses fruits sont reconnus depuis longtemps comme diurétiques et astringents.

- 5 à 7 m
- Non établi
- 500 ans
- Spontané et cultivé
- Europe, Afrique du Nord, Asie Mineure (jusqu'à 1600 m)
- Non
- Écorce jeune, fleurs, fruits : médication ; cultivars : ornement

Les fruits, que l'on appelle cenelles, mûrs en automne, d'un joli rouge vif, sont ovales, petits (1,5 cm de diamètre) et très recherchés par les oiseaux.

Les feuilles, caduques, alternes et ovales, sont incisées, formant de 3 à 5 lobes plus ou moins arrondis, aigus au sommet et dentés irrégulièrement. Vert sombre et brillantes dessus, elles sont glabres et portent à leur base des stipules.

Chaque cenelle renferme 2 et parfois 3 noyaux. La chair, farineuse, d'un goût fade, est comestible.

[Grandeur nature]

'Paul's Scarlet'. Il existe de nombreuses formes ornementales. utilisées dans les parcs et les jardins.

Les fleurs, blanches à anthères rouges (20 étamines), à 2 ou 3 styles, apparaissent en mai après les feuilles.

L'Aubépine commune est un arbrisseau épineux à port buissonnant. S'étalant beaucoup, son tronc se divise souvent dès le sol.

L'écorce se fendille en écailles rectangulaires.

Épine-vinette

Berberis vulgaris L.

Berbéridacées

Cet arbrisseau très épineux est commun dans toute l'Europe et se situe en bordure de bois, dans les fourrés, dans les haies. Il préfère les terrains calcaires mais s'accommode de tous les sols. En montagne, il croît sur les versants rocailleux, jusqu'à 2000 m.

Dès le XVIIe s., on découvre que l'Épine-vinette est l'hôte d'un redoutable champignon parasite *(Puccinia graminis)* qui se développe ensuite sur les céréales et y fait des dégâts considérables. C'est la « rouille noire des blés », qui est la cause de l'arrachage obligatoire des Berbéris au voisinage des champs dans presque tous les pays européens, et en France par décret du 7 juin 1912. Toutefois, des recherches récentes ont montré que 10 p. 100 seulement des Berbéris devaient en être tenus pour responsables.

Arrachée dans des régions entières, l'Épine-vinette a réussi à se maintenir grâce à sa propagation par graines assurée par les oiseaux. C'est d'ailleurs de ses fruits que lui vient son curieux nom de Vinette ou Vinettier : ils ressemblent par leurs grappes aux raisins de la Vigne et, de plus, ils mûrissent à la même saison. Riches en vitamine C, ils sont comestibles, bien que de goût aigrelet, et les pays nordiques en tirent une boisson fermentée, toujours appréciée, semblable au vin. Son bois dur et d'un beau jaune servait autrefois de bois de placage en marqueterie.

Pyracantha coccinea Roem. (Buisson ardent) est un arbrisseau touffu, aux rameaux épineux et aux feuilles persistantes. Ses fruits persistent tout l'hiver (d'où son nom de Buisson ardent).

3 m

Non établi

Plus de 40 ans

Spontané

Europe, Asie centrale, Afrique du Nord

Non

Ornement ; bois, écorce, racines : colorant végétal

En automne, les fruits en grappes, qui ont été comparés aux raisins, sont d'un beau brun-rouge. Les oiseaux recherchent ces baies et aident à la dissémination des graines. Les feuilles tombent en hiver parfois après avoir pris une belle coloration.

La beauté du feuillage pourpre du cultivar 'Atropurpurea' a fait le succès de cet arbuste dans beaucoup de jardins.

Les petites fleurs jaunes, réunies en grappes pendantes, apparaissent sur les courts rameaux feuillus poussant à l'aisselle des épines.

De forme oblongue à ovale, de 2 à 6 cm de long, très finement dentées, les feuilles, caduques, verdâtres, délicatement réticulées en dessous, portent à leur extrémité des cils raides, très caractéristiques. Elles sont insérées souvent près d'épines à 3 branches.

Buisson ardent. Les feuilles, ovales, étroites, sont persistantes. Les baies sont d'un rouge vif.

Berbéris de Darwin. Originaire du Chili, il a de jolies petites feuilles piquantes et persistantes rappelant le Houx, des épines courtes et de ravissantes baies bleues.

Berbéris de Hooker. Il vient de l'Himalaya, c'est un arbuste persistant aux feuilles plus longues et aux baies noires.

Arbuste buissonnant, touffu et épineux. De nombreuses variétés sont l'ornement des jardins où elles sont plantées en sujets isolés ou en haies défensives.

Piment royal

Myrica gale L.

Myricacées

Myrte des marais, Piment aquatique, Romarin du Nord, Bois-sent-bon

Cet arbrisseau, à port de petit Saule, dégage une pénétrante odeur aromatique de résine — d'où le nom de Piment royal qui lui a été donné. Mais, en raison probablement de ses petites feuilles rappelant celles du Myrte*, on l'a également surnommé Myrte des marais. Le Piment royal pousse, en effet, sur les sols acides des marécages, des tourbières, principalement dans l'ouest et le sud-ouest de la France, ainsi que dans les Ardennes. Très vaste, son aire de répartition typiquement atlantique va de l'Espagne à la Russie. On le trouve aussi en Amérique du Nord.

Le Piment royal est le seul représentant spontané de la curieuse famille des Myricacées dans la flore ligneuse de l'Europe continentale. Bien que dioïque, l'espèce présente l'étrange particularité d'avoir des individus dont le sexe n'est pas stable. Le même sujet peut alternativement, selon les années, être mâle ou femelle, ou même porter des fleurs hermaphrodites. Les nombreux travaux de drainage, toujours catastrophiques pour la flore et la faune, entrepris pour l'assainissement des régions marécageuses, ont mis en péril ou totalement détruit de larges populations de Piment royal.

On reconnaît l'Osier rouge ou Verdiau ou Saule pourpre (*Salix purpurea* L.) à ses jeunes rameaux pourpre foncé, très souples, et à ses feuilles souvent marquées seulement de quelques dents au sommet. Il croît un peu partout, le long des eaux tranquilles ou torrentueuses, jusque vers 1 800 m, et colonise volontiers les alluvions caillouteuses à assèchements périodiques.

- 1 à 3 m, parfois 5 m
- Non établi
- Plus de 20 ans
- Spontané
- Europe, Amérique du Nord
- Résine
- Feuilles : pharmacopée

Les chatons, à fleurs mâles ou à fleurs femelles, sont courts, en épi assez dense, dressés et sessiles.

La fleur mâle comporte 4 à 6 étamines. La fleur femelle donne un fruit qui rappelle par sa forme celui de certains Bouleaux. Indéhiscent et peu résineux, il ne comprend qu'une seule aile.

Les jeunes pousses sont très velues. Les feuilles, caduques, alternes, assez coriaces à l'état adulte, sont élargies vers l'extrémité et marquées de quelques dents régulières et espacées. Le limbe est glabre ou pubescent.

Osier rouge. Ses chatons, ses feuilles et ses rameaux sont très souvent opposés sur des tiges dressées très souples. La fleur mâle n'a apparemment que 1 étamine.

L'écorce porte des excroissances horizontales.

Myrtille

Airelle, Bluet, Mauret, Cousinier, Lucet,
Raisin des bois, Gueule noire, Raisin de Bruyère

Vaccinium myrtillus L.
Éricacées

Les nombreux noms vernaculaires de la Myrtille montrent à quel point cette plante est populaire. On recherche ses petits fruits sucrés et parfumés dits aussi myrtilles. Eux-mêmes portent une kyrielle de noms divers comme brimbelles, aires, aïons, maurettes, cousines, pouriots, ambroches ou ambroselles. Si elles sont délicieuses consommées fraîches, on les utilise beaucoup pour en faire des tartes, des confitures, de la gelée ou du sirop, ou encore du vin et même de l'eau-de-vie ! Les animaux en sont friands, principalement le coq de bruyère qui, la saison venue, s'en gave ou le cerf et le chevreuil qui, eux, mangent la plante entière.

La Myrtille est un sous-arbrisseau qui ne pousse que dans les stations acides ou très acides, humides ou sèches. On le rencontre ainsi dans les sous-bois siliceux des plaines de la partie nord de la France, de la Bretagne aux Ardennes, ainsi que dans presque toutes les forêts de montagne, entre 400 et 2 500 m, où il croît en compagnie de l'Airelle des marais* dans les sols tourbeux.

La Myrtille se multiplie activement par voie végétative, grâce à son système radiculaire rampant, et forme des tapis très denses, gênant parfois la régénération des essences forestières. Elle ne fructifie abondamment que dans les zones très éclairées. Mentionnée par sainte Hildegarde, ce n'est qu'au XIIe s. que la plante apparaît dans la pharmacopée. La décoction de ses fruits secs ainsi que la teinture de Myrtille sont souveraines contre les diarrhées et, en usage externe, astringentes et antiseptiques.

20 à 60 cm
3 ou 4 ans
Plus de 15 ans
Spontané
Europe
Non
Feuilles : médication ; fruits : alimentation

Les tiges, rameuses, vertes, légèrement ailées, portent des feuilles caduques, ovales, finement dentées, à peine pétiolées.

Rameau en hiver

Les baies globuleuses, très juteuses, déprimées au sommet, noir-violet, pruineuses, renferment plusieurs graines brunes.

La fleur rose et verte est en grelot pendant fermé. [X3]

Les fleurs, rose tendre, ont un calice réduit à 5 dents et une corolle en grelot. Elles apparaissent d'avril à juin, penchées, solitaires ou par 2 à l'aisselle des feuilles.

Cet arbuste rustique a des feuilles qui virent au pourpre et or en octobre.

Arbousier

Arbutus unedo L.

Éricacées

Arbre aux fraises

2 à 5 m, parfois 9 m

Environ 20 ans

100 à 200 ans, parfois 400 ans

Spontané

Sud de l'Europe et littoral atlantique, Asie Mineure

Non

Ornement ; fruits : alimentation

« L'Arbousier, c'est notre arbuste fabuleux », nous dit le botaniste français, contemporain, Pierre Lieutaghi. « Le voyageur dédaigneux du tumulte estival des plages, qui choisit l'hiver pour découvrir les Maures, ses villages rendus aux derniers indigènes, ses abbayes en repos dans la complicité séculaire des Yeuses, se demande quel Noël fabuleux des collines célèbrent tant de millions de boules écarlates. »

Il est vrai que l'Arbousier prend des allures quelque peu féeriques, lorsque fleurs et fruits se mêlent et illuminent le splendide feuillage vert brillant de ce petit arbre. C'est un des éléments caractéristiques des maquis méditerranéens, compagnon du Chêne-liège*, du Pin maritime* et de la Bruyère arborescente*. Il est souvent réduit à des rejets du fait de l'homme ou du feu.

Rare sur les roches calcaires, l'Arbousier peut abonder en France sur les zones siliceuses de l'Esterel, des Maures, de la Corse, des Albères, pénétrant vers l'intérieur des terres jusqu'à la Lozère ou la Drôme. On le rencontre également, à l'ouest, dans les montagnes basques et les Grandes Landes surtout, et tout le long du littoral atlantique, notamment à Royan, Oléron et Noirmoutier. Plus au nord, en Bretagne comme en Irlande, on connaît des Arbousiers de quatre cents ans dont on met en doute l'origine spontanée.

Le fruit, comestible, mûrit en automne, un an après la floraison. C'est une boule hérissée de petites pointes, rouge rosé, ressemblant à la fraise qui lui a fait donner le nom d'Arbre aux fraises.

Les feuilles, persistantes, alternes, dentées, vert foncé, sont portées par des rameaux rougeâtres et ciliés.

Arbutus × andrachnoides. Les branches de cet hybride sont rouges. Les feuilles sont vertes au sommet et jaune-vert à la base.

[X5]

Les fleurs, roses ou blanches, en petits grelots à 5 dents, apparaissent en automne alors que mûrissent les fruits issus de la floraison de l'année précédente.

[X2]

Les fruits (arbouses) sont rouges, sphériques et recouverts de tubercules. Ils sont comestibles, mais leur chair est fade.

Le tronc de l'Arbousier peut atteindre 2 m de circonférence et la largeur de son houppier varie entre 8 et 10 m.

L'écorce, brun-rouge, se fissure longitudinalement.

Laurier-cerise

Prunus laurocerasus L.

Rosacées

Ses grandes et longues feuilles persistantes, d'un beau vert brillant, l'ont fait comparer au célèbre Laurier-sauce* alors qu'il appartient à une autre famille, celle des Rosacées, et qu'il est proche des Pruniers et des Cerisiers, d'où son nom latin.

Fort connu et très populaire dans les parcs et jardins, cet arbuste est rarement un arbre, tant il est taillé et maintenu à l'état de haies ou de massifs. Il aurait été introduit en Europe dans la deuxième moitié du XVIe s., grâce à un ambassadeur auprès de Soliman le Magnifique, sultan de Constantinople, qui l'aurait ramené au botaniste d'origine hollandaise Charles de l'Écluse *(Clusius)*, alors établi à Vienne comme professeur. Se reproduisant facilement par semis et de croissance rapide, le Laurier-cerise se serait rapidement propagé en Italie, puis en France et en Angleterre.

Ce petit arbre très rustique, à qui seuls les grands froids font peur, est tout entier toxique. Et particulièrement ses feuilles qui contiennent deux glucosides : la prulaurasine et la prunasine, dont les effets sont semblables à ceux de l'acide prussique. On en tire une substance utilisée en homéopathie comme antispasmodique.

Une espèce voisine, le Laurier-cerise du Portugal (*Prunus lusitanica* L.), qui vit dans l'ouest de la péninsule Ibérique et les Açores, est également très répandue chez nous en culture. Elle existe dans la nature au Pays basque. Son port moins élevé, ses feuilles et ses fruits plus petits, mais ses fleurs plus grandes, portées sur des grappes plus longues, la distinguent aisément.

10 m

Non établi

Plus de 50 ans

Subspontané et cultivé

Asie Mineure, de la région pontique (Turquie) à l'Iran

Toute la plante

Ornement ; feuilles : médication

D'un blanc jaunâtre, les fleurs, petites mais joliment hérissées d'étamines, sont réunies en grappes dressées de 8 à 12 cm de longueur, et fleurissent en avril-mai.

[X3]

Les fruits, sortes de petites cerises, ont la grosseur d'un pois, d'abord verts, puis rouges, enfin noir vernissé. Quand ils sont mûrs en automne, les oiseaux, insensibles à leur toxicité, en sont friands et favorisent la propagation des graines (noyaux).

[Grandeur nature]

Les feuilles, persistantes, vert foncé et comme lustrées dessus, vert pâle et mates dessous, sont coriaces, alternes, et plus ou moins finement dentées. Oblongues, de 15 cm environ, elles présentent 2 à 4 glandes nectarifères à la base du court pétiole. Quand elles sont froissées, elles dégagent une odeur d'amande.

Cet arbuste, si commun dans les jardins, peut atteindre 10 m de haut s'il n'est pas taillé ou s'il pousse librement dans les bois clairs. Gris très foncé, son écorce reste lisse même chez les sujets âgés.

Merisier à grappes

Prunus padus L.
Rosacées

Bois puant, Putier (ou Putet),
Cerisier des oiseaux

5 à 10 m, parfois 15 m
Non établi
Plus de 50 ans
Spontané
Europe non méditerranéenne
Non
Ornement; écorce : médication; fruits : liqueurs, vins

Rien de plus ravissant que la floraison de ce petit arbre, en mai, dans nos sous-bois. Avec son air de fête et le parfum de ses grappes blanches on le remarque d'emblée.

Essence de demi-lumière, se plaisant dans les bois clairs, le Merisier à grappes devient rarement un arbre. Il affectionne les sols humides et siliceux, et on le trouve en bordure de rivière dans les combes imprégnées d'eau. Assez répandu, mais jamais d'une façon dense, son aire de répartition s'étend dans toute l'Europe et se prolonge au nord de l'Asie, jusqu'en Chine. Absent dans le Midi méditerranéen, il croît cependant dans le nord de l'Espagne, de l'Italie et dans certaines régions de l'Asie Mineure. En montagne, on le rencontre jusqu'à 1 300 m d'altitude.

Sans valeur particulière le bois du Merisier à grappes n'est pas utilisé. Seules ses branches souples servaient à cercler les tonneaux. De plus, son écorce, qui renferme un glucoside, l'amygdalite, dégage lorsqu'on casse des branches une odeur désagréable, ce qui lui a fait attribuer les termes vernaculaires de Bois puant et de Putier, alors que son nom botanique *padus* vient du grec *pados*, cerise sauvage. Au Moyen Age, on buvait des infusions de cette écorce aux vertus sédatives et toniques contre les maux d'estomac.

Espèce très proche, le Cerisier noir (*Prunus serotina* Ehrh.), introduit d'Amérique du Nord, a des feuilles caduques, effilées aux deux extrémités, luisantes dessus et plus claires dessous. On le trouve parfois naturalisé, surtout dans le Sud-Ouest.

Les feuilles, finement dentées, assez coriaces, caduques, ont 6 à 12 cm de long. Ovales, lancéolées et glabres, elles sont d'un vert mat dessus et d'un vert pâle dessous. Les longs pétioles portent souvent 2 nectaires à leur sommet.

Lisses et brillantes, les drupes, guère plus grosses qu'un pois, n'intéressent que les oiseaux. Leur acidité, due à une teneur élevée en tanin, les rend inconsommables.

Les petites fleurs, odorantes, d'un blanc vif, étoilées, s'épanouissent le long d'élégantes grappes dressées, de 7 à 15 cm de long. Elles s'ouvrent progressivement à partir de la base. Mellifères, elles sont fécondées par les abeilles.

C'est un grand arbuste de sous-bois aux rameaux étalés mais peu nombreux, dont le rouge-brun de l'écorce est ponctué de lenticelles brun clair.

L'écorce, éclatée, est malodorante.

FEUILLES LANCÉOLÉES A LINÉAIRES

Des feuilles sont dites lancéolées quand elles ont un limbe étroit, très nettement plus long que large (Châtaignier, Laurier-rose, certaines feuilles des Eucalyptus, Saule pleureur, par exemple). Les feuilles à limbe très long et aux bords extrêmement étroits et presque parallèles sont dites linéaires (Lavande officinale, Filaire à feuilles étroites).

Feuilles à marges lisses ou à dents à peine marquées

Eucalyptus
Feuilles alternes, adultes vert franc, à limbe effilé arqué au sommet.
Page 154.

Eucalyptus

Laurier-sauce
Feuilles alternes, de 5 à 10 cm, à limbe vert sombre, légèrement ondulées sur les marges, à pétiole roussâtre.
Page 155.

Laurier-sauce

Rosage
Feuilles alternes, groupées en bouquets au sommet des rameaux.
Page 158.

Rosage

Argousier
Feuilles alternes, vertes dessus, argentées dessous.
Page 160.

Laurier-rose
Feuilles opposées, vertes sur les 2 faces, très glabres, parfois groupées par 3 ; le limbe ou les tiges cassés laissent suinter un suc laiteux.
Page 156.

Argousier

Lavande officinale
Feuilles opposées, entièrement grisâtres, légèrement argentées.
Page 162.

Lavande officinale

Feuilles à marges dentées

Osier brun
Feuilles généralement alternes, très étroites, finement dentées, à limbe entièrement vert ou blanchâtre dessous, à pétiole souvent très court.
Page 165.

Osier brun

Buddleia
Feuilles opposées, ternes, vertes dessus, grises et tomenteuses dessous.
Page 168.

Amandier

Amandier
Feuilles alternes, vert franc, à limbe finement denté, à pétiole d'environ 1 cm, portant de petites glandes.
Page 169.

Châtaignier
Feuilles alternes, atteignant 20 cm, à limbe marqué de très fortes dents.
Page 170.

Châtaignier

Eucalyptus

Eucalyptus dalrympleana Maiden

Myrtacées

30 à 40 m

Non établi

Plus de 30 ans en France

Cultivé

Australie du Sud-Est, Tasmanie

Non

Ornement et reboisement ; bois : pâte à papier

Arbres des antipodes, les Eucalyptus, par leur feuillage gracile et glauque, et leur forte senteur balsamique, ont un indubitable caractère exotique. Accompagnant Cook, lors de son premier voyage, le botaniste anglais, sir Joseph Banks, les découvrit en Australie et les appela « Gommiers bleus ». Arbres géants de 100 m et plus, ils créèrent une réelle surprise. De nos jours, ils occupent toujours une place à part parmi les arbres feuillus : c'est le genre le plus vaste, qui réunit environ 600 espèces ! Si, dans les îles de la Sonde et le nord de l'Australie, il s'agit d'essences tropicales, on peut trouver aussi, dans le sud de l'Australie et en Tasmanie, des espèces adaptées aux climats tempérés.

C'est le cas d'*Eucalyptus dalrympleana* qui, avec *Eucalyptus gunnii**, est une des espèces les plus rustiques, largement implantée en Europe occidentale. De très forte croissance initiale, cet arbre est employé en sylviculture. Rejetant bien de souche, on en fait des taillis à courte révolution pour la production de pâte à papier à laquelle son bois se prête fort bien.

Le Gommier bleu (*Eucalyptus globulus* Labill.), appelé parfois aussi Eucalyptus bleu, sensible aux gelées, n'est planté que dans les pays méditerranéens aux hivers doux. Première espèce introduite en Europe, elle a été découverte, en 1792, en Tasmanie par Labillardière, botaniste français. Son bois, dur et lourd, est utilisé en menuiserie. L'*Eucalyptus globulus*, qui doit son nom à la grosseur de ses fruits, sert beaucoup en pharmacopée.

Les feuilles, persistantes et coriaces, sont opposées et ovales à l'état juvénile, et d'un gris-rose glauque.

Plus âgées, les feuilles deviennent alternes et allongées, arquées et pendantes, et prennent une teinte gris-vert.

L'Eucalyptus a de longues feuilles odorantes, laissant largement filtrer le soleil.

Les fruits, capsules ovoïdes et ligneuses d'environ 8 mm, renferment de très nombreuses graines minuscules.

L'écorce gris-brun devient lisse et blanche avec l'âge.

Laurier-sauce

Laurier commun, Laurier d'Apollon,
Laurier vrai, Laurier noble

Laurus nobilis L.
Lauracées

Arbre sacré chez les Anciens, il partageait avec l'Olivier l'honneur de symboliser la paix. Plus tard, le rameau d'Olivier eut seul le rôle qu'il a encore, tandis que le Laurier fut destiné à couronner les vainqueurs, athlètes ou poètes, soldats ou empereurs. L'usage s'est maintenu au cours des siècles, en particulier dans les jeux académiques où celui qui remportait les épreuves devenait *lauréat* et recevait une couronne de Laurier, souvent ornée de ses baies (du latin *bacca*), qui a donné le mot baccalauréat.

Originaire du Bassin méditerranéen, ce joli arbuste sempervirent, qui prend parfois des allures d'arbre, a été introduit un peu partout en Europe et il est subspontané en certains endroits de notre littoral. Aimant le soleil, il résiste cependant, dans les pays du Nord, à des températures dépassant – 10 °C. Indispensable à l'art culinaire, on le trouve dans tous les jardins. Avec l'Ail, le Thym et le Persil, on en compose des bouquets garnis.

Ses propriétés étaient multiples dans l'Antiquité, il protégeait même de la foudre. Aujourd'hui, on emploie toujours en infusion ses feuilles qui favorisent la digestion. C'est aussi un stimulant et un antiseptique, et l'huile tirée de ses drupes fait merveille sur les articulations douloureuses.

L'Aucuba du Japon (*Aucuba japonica* Thunb.) est une espèce à feuilles similaires. Arbuste buissonnant à port arrondi, il porte des feuilles brillantes, vert foncé, coriaces, étroites, ovales, largement dentées et maculées de blanc dans des variétés cultivées.

5 à 10 m
Non établi
Plus de 50 ans
Cultivé, subspontané
Bassin de la Méditerranée, Asie Mineure
Non
Feuilles : alimentation et médication

Les feuilles, de 10 cm environ, alternes, lancéolées et ondulées au bord, coriaces et persistantes, sont d'un vert foncé luisant dessus et d'un vert pâle mat dessous. Riches en huile volatile, elles dégagent une senteur aromatique très prononcée quand on les froisse.

Les fruits, de la grosseur d'une petite cerise, sont des drupes à une graine, d'abord verts, puis noirs et luisants quand ils sont mûrs (octobre).

Fleur mâle [X4]

Fleur femelle [X4]

Les fleurs, jaune verdâtre, apparaissent au printemps à l'aisselle des feuilles, mâles et femelles étant portées par des arbres différents.

Aucuba du Japon.
De petites baies ovoïdes écarlates apparaissent sur les plants femelles et durent souvent de l'automne au printemps suivant.

Le Laurier-sauce est un petit arbre à feuillage dense et port pyramidal, très souvent maintenu à l'état d'arbuste d'ornement, taillé d'une façon décorative ou cultivé en caisse comme plante d'orangerie.

Laurier-rose

Nerium oleander L.

Apocynacées

Oléandre, Laurose, Rosage, Nérion

- 3 à 5 m
- Non établi
- Plus de 30 ans
- Spontané et cultivé, naturalisé
- Europe du Sud, Afrique du Nord, Asie Mineure
- Sève
- Ornement

Remarquable pour la beauté et la durée de sa floraison, le Laurier-rose vit à l'état sauvage sur tout le pourtour de la Méditerranée. Il se plaît en particulier auprès des points d'eau, même s'ils sont taris une partie de l'année, ce qui arrive couramment en Afrique du Nord. Cependant, les groupements naturels typiques à Laurier-rose et Gattilier (*Vitex agnus-castus* L.), arbuste de la famille des Verveines, se sont beaucoup raréfiés par suite de l'aménagement des vallons littoraux méditerranéens.

Arbuste touffu ne s'élevant guère, peu exigeant sur la nature du sol, ayant juste besoin de beaucoup de lumière, de chaleur et d'arrosages, le Laurier-rose est largement répandu en culture, dans le Midi et le long du littoral atlantique. On le voit sur les terrasses, dans les jardins et les haies, en bordure de mer où il fleurit de mai à octobre. Ailleurs, on le cultive en pot ou en plante d'orangerie pendant la saison froide.

Son expansion en France a probablement été favorisée par le voyageur botaniste Pierre Belon, qui aurait ramené des graines d'Italie, vers 1545. Mais sans doute était-il déjà implanté depuis longtemps sur notre côte méditerranéenne. Son nom de genre lui viendrait de son goût pour l'humidité et le voisinage de la mer (*nêrion* en grec), et son nom d'espèce rappelle la vague ressemblance de ses feuilles avec celles de l'Olivier (*olea* en latin). Enfin, le Laurier-rose est toxique, surtout par la sève laiteuse qui s'écoule dès qu'on casse une branche.

D'un beau vert cendré, les feuilles, persistantes et coriaces, sont longues (10-15 cm), lancéolées et étroites, opposées et presque sessiles.

Les fleurs odorantes, groupées en cymes au sommet des rameaux, de 4 cm de diamètre environ, sont simples ou doubles chez les cultivars. Il existe des variétés horticoles à fleurs blanches ou rouges, alors que celle du type est rose. La floraison est abondante et continuelle du printemps à l'automne, surtout en exposition ensoleillée.

Les fruits sont des follicules renfermant des graines à une aigrette.

L'écorce, grisâtre, est fissurée longitudinalement.

Avec de longs rameaux s'étalant largement, le Laurier-rose est un arbrisseau touffu qui résiste à la sécheresse et aux vents marins.

Filaire à feuilles étroites

Phillyrea angustifolia L.

Filaria, Alavert

Oléacées

Il n'est guère de bois d'Yeuses, près de la Méditerranée et le long du littoral atlantique, des Landes aux îles de Charente-Maritime, où l'on ne puisse voir le Filaire, souvent abondant et facilement identifiable parmi les arbustes sempervirents par son feuillage vert sombre. Espèce de la région occidentale du Bassin méditerranéen, le Filaire, ou Alavert, à feuilles étroites remonte jusqu'en Lozère et dans la Drôme où il se plaît sur les versants ensoleillés, étant plus sensible au froid que le Filaire à larges feuilles*.

On plante parfois cet arbrisseau, ainsi que son cultivar 'Rosmarinifolia' (à feuilles de Romarin), dans les jardins pour constituer des haies, mais sa croissance assez lente et sa sensibilité au froid ne permettent de réussite que dans les secteurs protégés. S'il aime les sols légers et assez riches, il supporte aussi une certaine salure en surface. Il forme ainsi des peuplements presque purs en Camargue et, avec le Genévrier rouge*, est un des constituants majeurs du bois des Rièges, situé dans cette réserve naturelle.

Parallèlement aux Eucalyptus, on a introduit en différents points de Provence plusieurs espèces de « Mimosas », dont certaines se sont naturalisées, formant parfois des fourrés très épais en milieux sauvages. Les « Mimosas chenilles » (*Acacia* groupe *longifolia* Willd.) — souvent coupés et vendus chez les fleuristes — sont reconnaissables à leurs épis floraux nombreux, à l'aisselle des feuilles, qui sont en fait des phyllodes. Rustique et assez tolérante au calcaire, cette espèce est originaire du sud de l'Australie.

1 à 2 m, parfois 3 m

Non établi

Plus de 50 ans

Spontané

Région méditerranéenne, littoral aquitain

Non

Ornement

Les rameaux, assez raides, gris, glabres, élancés, un peu ponctués, portent des feuilles persistantes, opposées, de 6 à 8 mm de large environ. Le limbe, très entier, glabre, aigu au sommet, translucide sur les marges, est vert sombre et marqué d'une seule nervure.

Les drupes, glauques, noirâtre violacé, pruineuses, de forme sphérique, sont apiculées au sommet et contiennent un noyau ovale.

Espèce hermaphrodite. Entre mars et mai, les petites inflorescences globuleuses naissent à l'aisselle des feuilles.

L'écorce, gris bleuté terne, est verruqueuse.

Acacia longifolia. Espèce aux phyllodes vert grisé. Les fleurs jaune d'or et parfumées s'ouvrent en mars.

L'arbuste touffu et dense a souvent un tronc court et une allure ovale.

Rosage

Rhododendron ferrugineum L.
Éricacées

Rhododendron ferrugineux,
Laurier-rose des Alpes, Rose des Alpes

0,80 à 1,20 m

Non établi

Plus de 30 ans

Spontané

Montagnes d'Europe centrale surtout

Non

Ornement

C'est en juillet, lorsque la montagne se pare d'une mosaïque de fleurs aux couleurs les plus vives, que le Rosage apparaît dans tout son éclat. Il couvre parfois des pentes immenses, au-dessus de la zone des forêts, dans le haut Jura, les Alpes et les Pyrénées, les drapant d'un manteau rose carminé d'une étonnante beauté. Arbrisseau atteignant rarement 1 m, assez touffu et à rameaux tortueux, il colonise essentiellement les sols acides ou décalcifiés, s'élevant jusqu'à 2 500 m, mais ne descendant guère en dessous de 1 500 m. Le Laurier-rose des Alpes, comme on l'appelle aussi communément en raison de son extraordinaire floraison, s'établit volontiers sur les gros éboulis de schistes ou de grès où, masquant les accidents du terrain, il forme des fourrés difficiles à franchir.

A la différence du Rosage, le *Rhododendron hirsutum* L. (Rhodendron cilié) n'aime que les sols calcaires et, rare en France, ne se trouve que dans les hautes montagnes d'Europe centrale.

Si ces deux arbrisseaux, en dehors des jardins alpins d'altitude, ne s'adaptent pas à la culture, beaucoup d'autres Rhododendrons — et Azalées ligneuses —, à fleurs roses, violettes, blanches ou jaunes, venus de l'Himalaya, de Chine ou du Caucase, occupent une place d'honneur dans les parcs et jardins. Une des espèces arborescentes les plus fréquemment introduites est le *Rhododendron ponticum* L., le Rhododendron « vrai » du public, du grec *rhodon* (rose) et *dendron* (arbre). Il est originaire d'Asie Mineure — de la région du Pont, d'où son nom latin.

Le fruit est une petite capsule coriace à 5 loges contenant de nombreuses petites graines.

Les ombelles de fleurs sont terminales. La corolle est rouge vif à l'intérieur, formée d'un tube et de 5 pétales soudés qui sont tachés de rouille sur la face externe.

Les feuilles, persistantes, ovales, un peu elliptiques, sont entières, alternes et groupées au sommet des rameaux. Vert luisant dessus, elles sont de couleur rouille dessous.

Rhododendron cilié.
Cet arbuste a des feuilles persistantes bordées de longs poils.

Rhododendron.
Les énormes boules de fleurs mauves ont souvent plus de 20 cm de diamètre. Elles couvrent entièrement l'arbre à la fin du printemps.

L'écorce gris clair est très finement craquelée.

Camélée des Alpes

Daphne cneorum L.

Thymélée des Alpes, Daphné Camélée

Thyméléacées

C'est un des plus charmants sous-arbrisseaux à feuillage persistant de notre flore. Passant le plus souvent inaperçu, il ne se signale vraiment qu'au moment de sa floraison. D'assez courte durée, cette floraison, au travers de l'aire de l'espèce en France, s'étale d'avril à août. Ce Daphné, en effet, plutôt rare et disséminé, mais parfois abondant, habite depuis le littoral, dans le Sud-Ouest, jusqu'à près de 2 500 m en haute montagne. Plus fréquent sur les sols calcaires, rocailleux et secs, comme dans les Grands Causses ou la Bourgogne, on le rencontre aussi sur des sables siliceux, et parfois en lisière de zones tourbeuses. Protégé depuis longtemps en Suisse, le Camélée des Alpes a subi en France une régression lors des dernières décennies, par suite de défrichements. Plante très appréciée pour les rocailles, elle est cultivée sous diverses variétés mais, supportant mal la transplantation, elle s'établit difficilement dans les jardins.

Le Garou ou Sainbois (*Daphne gnidium* L.) est un arbrisseau du Midi à tiges raides et dressées, dépassant 1 m. Comme pour les autres Daphnés, les rameaux fibreux ne se brisent pas facilement et toutes ces espèces sont très toxiques.

Le Rouvet (*Osyris alba* L.), de la famille des Santalacées, autre sous-arbrisseau, habite garrigues et sables secs, tandis que le Camélée vrai, ou Garoupe (*Cneorum tricoccon* L.), de la famille des Cnéoracées, vit principalement dans les rocailles calcaires arides. L'un et l'autre sont méditerranéens.

0,10 à 1 m

Plus de 5 ans

Plus de 20 ans

Spontané

Europe

Toute la plante, surtout les fruits

Ornement

Les feuilles, persistantes, lancéolées, vert franc, sont groupées en bouquets le long des rameaux terminaux.

Les tiges, souples, portent des inflorescences terminales ombelliformes de 5 à 15 fleurs rose soutenu et parfumées. La fleur est formée d'une seule enveloppe en tube, terminée par 4 lobes. Le fruit reste enfermé dans la base du tube desséché.

Camélée vrai. Les feuilles de ce sous-arbrisseau sont dressées, persistantes, coriaces et luisantes. Les fruits, secs, vert foncé, verruqueux, sont formés de 3 coques globuleuses qui se séparent à maturité.

[X 2]

Garou. Les longs rameaux, recouverts de feuilles (3-4 cm) sur toute leur longueur, portent à leur extrémité des fleurs odorantes, blanc jaunâtre, disposées en panicules.

Lorsqu'il n'est pas coupé, le Camélée des Alpes peut devenir un buisson assez dense, à ramifications régulières. En mai-juin, il offre une floraison splendide.

Argousier

Hippophae rhamnoides L.
Éléagnacées

Faux Nerprun, Bourdaine marine, Saule épineux, Griset, Épine marante

3 à 10 m

Non établi

Plus de 30 ans

Spontané, cultivé, naturalisé

De l'Europe occidentale à la Chine, Asie centrale, Amérique du Nord

Non

Ornement ; baies : médication

Ce joli arbrisseau épineux, au feuillage très lumineux, se plaît dans les endroits les plus déshérités (terrains sablonneux, éboulis, pentes rocailleuses) pourvu qu'ils soient ensoleillés. L'Argousier vit au bord des torrents, sur les bancs caillouteux des cours d'eau, sur les dunes du littoral de la Manche, et on le trouve aussi bien en plaine qu'en montagne (Dauphiné, Savoie et Suisse). Il colonise les sols incultes et les friches, les stabilise par ses racines qui drageonnent abondamment, et les enrichit en fixant l'azote de l'air dans les nodosités de son système radiculaire. Cette propriété finit par lui nuire, car des arbres plus élevés s'établissent sur ces terrains amendés et le chassent par leur ombre.

Les nombreux noms vernaculaires qu'on lui a donnés montrent à quel point l'Argousier est populaire. Il l'est principalement par ses très jolies baies décoratives. Extrêmement riches en vitamine C, ces fruits, dont les oiseaux sont friands, sont comestibles. *Hippophae*, son nom de genre, fut attribué à cet arbrisseau parce que ses fruits, qui étaient servis aux chevaux, étaient censés leur donner une belle robe. Quant à son nom d'espèce, il souligne sa ressemblance avec un Nerprun *(Rhamnus)*.

Très facile à multiplier par bouturage, l'Argousier est employé pour consolider les berges des torrents ou fixer les dunes de sable.

Petit arbre ou arbuste, l'Olivier de Bohême (*Elaeagnus angustifolia* L.) est cultivé dans de nombreuses régions d'Europe pour son feuillage gris argenté et ses fleurs si agréablement parfumées.

Les feuilles, caduques, alternes, étroites et lancéolées, longues de 5 à 7 cm, ressemblent quelque peu à celles des Saules. Vert mat dessus et gris argenté dessous, avec des écailles roussâtres, elles sont presque sessiles et pendent le long des rameaux épineux.

Les baies orange, parfois jaunes, ont une saveur acidulée. Elles restent tout l'hiver sur l'arbuste.

Fleur mâle [X4]

Espèce dioïque. Les fleurs, très petites, apparaissent par bouquets à l'aisselle des rameaux, en mars-avril, en même temps que les feuilles verdâtres. Elles sont peu visibles.

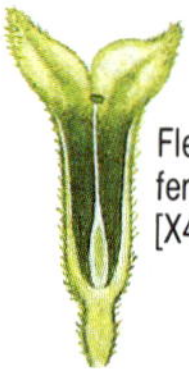

Fleur femelle [X4]

Olivier de Bohême. Les fleurs apparaissent solitaires ou par 2 ou 3 à l'aisselle des feuilles. Les feuilles, vert terne dessus, sont couvertes d'écailles argentées dessous.

Cet arbrisseau épineux, très buissonnant, colonise les terrains ingrats et les sites battus par le vent.

L'écorce gris terne est ponctuée horizontalement.

Euphorbe arbustive

Euphorbia dendroides L.

Euphorbiacées

Parmi les quelque 2000 espèces d'Euphorbes connues dans le monde et qui comprennent des herbacées minuscules, des plantes ligneuses ou des plantes grasses cactiformes, l'Euphorbe arbustive est un ligneux modeste par rapport aux Euphorbes arborescentes de certaines régions tropicales. Plante des falaises abritées des côtes et des vallons chauds ouverts sur la mer, l'Euphorbe arbustive que l'on rencontre tout autour de la Méditerranée est présente dans quelques points de Provence et de Corse.

Curieusement, l'Euphorbe arbustive est le plus souvent feuillée l'hiver et dénudée l'été, ou, parfois, a des rameaux feuillés toute l'année, les jeunes pousses prenant le relais des tiges âgées. Plutôt calcicole, on la voit dans des zones où vit le Caroubier*.

Plusieurs autres Euphorbes à tiges au moins en partie ligneuses croissent en France méridionale et sont les composantes de certains paysages végétaux caractéristiques : l'Euphorbe épineuse (*Euphorbia spinosa* L.), l'Euphorbe des Baléares (*E. pithyusa* L.) et l'Euphorbe de Nice (*E. nicaeensis* All.), qui sont parfois cultivées pour la beauté de leur feuillage glauque et l'attrait décoratif de leurs inflorescences. Plus spectaculaire, car elle forme souvent d'énormes masses colorées, est l'Euphorbe des vallons, ou Euphorbe à fleurs pourpres (*Euphorbia characias* L.). Ligneuse à sa base, elle a de très fortes tiges dressées, épaisses et quelque peu charnues, à feuilles persistantes, denses et d'un joli vert sombre. Le suc laiteux contenu dans les tiges et les feuilles est très dangereux.

0,80 à 2,50 m

Non établi

Plus de 30 ans

Spontané

Région méditerranéenne

Tiges et feuilles

Aucune

Les fleurs apparaissent en avril-juin, au milieu de larges bractées très arrondies. Elles sont accolées en une inflorescence dite cyathium, comprenant des glandes qui cernent les fleurs mâles presque invisibles alors que l'ovaire est pédicellé.

Le fruit, sec, a 3 coques. Chaque coque contient une graine brun terne très lisse munie d'un petit appendice (caroncule).

Les rameaux, glabres, ont une écorce rougeâtre. Ils sont nus à leur base et portent des feuilles caduques, entières, épaisses, assez rapprochées dans leur partie supérieure.

Des cicatrices foliaires marquent l'écorce.

Euphorbe des vallons. Les tiges, ligneuses et dénudées à la base, portent sous l'ombelle de courts ramuscules florifères.

L'Euphorbe arbustive est un arbrisseau très régulièrement divisé. L'espèce est dite parfois dichotome.

Lavande officinale

Lavandula angustifolia Mill.

Labiées — Lavande vraie, Lavande commune

0,80 à 2 m

2 ou 3 ans

Plus de 20 ans

Spontané

Région méditerranéenne

Non

Ornement ; fleurs : miel, parfumerie

La Lavande, avec ses douces teintes pastel et son extraordinaire parfum, symbolise à elle seule la Provence. Elle n'est pas seulement remarquable par sa beauté, son charme, elle est utile. On glisse dans les armoires des petits coussinets de ses fleurs séchées pour parfumer le linge et éloigner les insectes, on en extrait par distillation des essences et alcoolats recherchés en parfumerie et qui sont appréciés comme antiseptiques.

Les champs de Lavande de haute Provence, qui ombrent d'indigo des versants entiers, sont souvent des cultures de races locales et d'hybrides d'origine naturelle, parfois sélectionnés, appelés Lavandins, plus résistants et plus riches en essences. L'entretien de ces champs nécessite labours d'automne et de printemps entre les lignes et buttage des pieds. Les sommités fleuries font l'objet d'une récolte à grande échelle, artisanale ou industrielle. La Lavande officinale habite une large partie du Midi méditerranéen montagnard, jusqu'à près de 1 800 m.

Espèce proche, la Lavande spic, du latin *spica* (épi), ou Lavande mâle (*Lavandula latifolia* Med.), plante grisâtre, à odeur camphrée, à tige ligneuse plus courte, présente des rameaux plus divisés et des épis plus lâches. Ayant besoin de beaucoup de chaleur, elle se rencontre à basse altitude dans le Midi et en Dordogne. Contrairement à ces deux espèces calcicoles, absentes en Corse, la Lavande à toupet (*Lavandula stoechas* L.), calcifuge, y est abondante ainsi que dans les Maures, l'Esterel ou les Albères.

La partie florifère est en épi formé de verticilles de fleurs à calice gris-mauve, velu, à pétales bleu-violet. Les fleurs sont entourées de 2 bractées brunâtres, larges et membraneuses.

Les tiges florifères sont longuement nues sous l'épi. Les feuilles persistantes, d'abord grises, opposées, deviennent vertes à l'état adulte.

Lavande à toupet.
Espèce aux feuilles vert-gris et aux fleurs tubulaires pourpre foncé.
Elles apparaissent en épis de 3 à 5 cm, surmontés d'un bouquet de bractées, de mai à juillet.

L'arbrisseau a un tronc tortueux, couché sur le sol d'où naissent des tiges raides, peu divisées. Les pieds isolés et non coupés prennent un large développement.

L'écorce grisâtre est sillonnée longitudinalement.

Hélianthème Faux Alysson

Halimium alyssoides (Lam.) K. Koch

Cistacées

L'éclatante floraison printanière de l'Hélianthème Faux Alysson métamorphose les landes souvent tristes qu'il habite. Ses fragiles corolles d'or lui ont donné son nom d'Hélianthème : fleur du soleil, du grec *hélios* (soleil) et *anthémon* (fleur). Aussi éphémères que celles des Cistes, genre très voisin, elles se renouvellent sans cesse, mettant en fête les stations où se mêlent les roses et les gris des Bruyères et des Callunes*. Çà et là, Chênes tauzins* et Bouleaux s'élèvent au-dessus de ce tapis végétal dense et bas, menacé peu à peu par l'envahissement du Pin sylvestre* ou du Pin maritime*. Mais résineux et feuillus ne sont pas ses seuls ennemis ; son habitat lui-même est directement attaqué.

En effet, plante des zones siliceuses, aimant les sols sableux, secs et pauvres que l'on trouve depuis les landes de Gascogne jusqu'à celles des Cévennes, de la Sologne ou de la région du Mans, l'Hélianthème est en régression depuis des années, par suite des défrichements ou des transformations de multiples landes.

Bon nombre d'espèces sauvages spécifiques à ce genre de stations tendent à disparaître. L'une d'entre elles est l'Hélianthème en ombelle (*Halimium umbellatum* [L.] Spach) qui a à peu près la même aire géographique que l'Hélianthème Faux Alysson, une rareté qu'il faut protéger en forêt de Fontainebleau dont la flore était autrefois l'une des plus riches de plaine européenne. Il existe d'autres Hélianthèmes ligneux, mais très localisés dans le Midi et la Corse, tels que *Halimium halimifolium* (L.) Willk.

30 à 50 cm, parfois 80 cm

Non établi

Selon environnement

Spontané

Europe du Sud

Non

Ornement

Les fleurs, de 2 à 4 cm de diamètre, sont groupées par 2 ou 4 au sommet des rameaux.

Les feuilles, persistantes, opposées, presque sessiles, sont blanchâtres, velues dessous, vertes et recouvertes de poils dessus. Les rameaux sont couverts de longs poils blancs, souples, plus longs que les poils étoilés auxquels ils se mêlent.

Le fruit est une capsule à 3 valves.

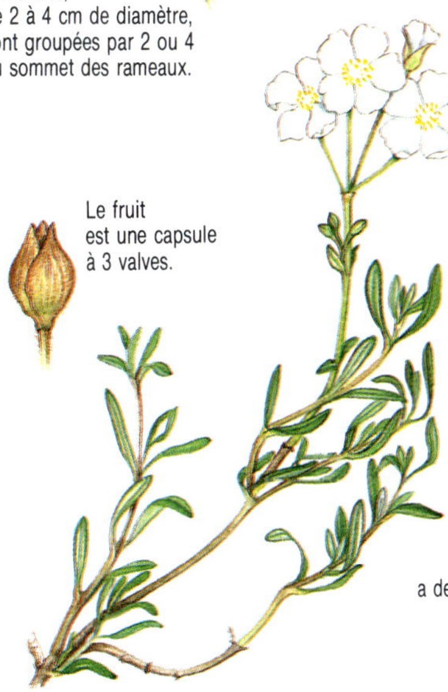

Hélianthème en ombelle. Les feuilles, légèrement visqueuses, sont opposées, linéaires et très rapprochées. Les ombelles terminales groupent 4 à 8 fleurs d'un blanc pur.

Ce sous-arbrisseau très diffus a des tiges couchées sur le sol, puis dressées. Dans les landes sèches anciennes, l'Hélianthème Faux Alysson peut former des petits buissons en « coussinets ».

Saule des vanniers

Salix viminalis L.

Salicacées

Arbuste : 3 à 10 m

Non établi

Plus de 30 ans

Spontané

Europe

Non

Bois : vannerie

Ce sont les Saules qui, parmi les genres ligneux de la flore européenne, montrent la plus grande richesse en espèces puisque l'on n'en compte pas moins de soixante-dix, dont une quarantaine en Europe occidentale, et un nombre considérable d'hybrides naturels. Ce sont eux aussi qui constituent le genre d'arbres où les identifications exactes sont les plus délicates.

Le Saule des vanniers est de tous les Saules le plus connu. C'est le plus populaire des grands Saules osier, dont on apprécie depuis toujours les multiples qualités. Silhouette familière du bord des eaux, on le trouve à peu près partout dans nos pays, en plaine et basse montagne (jusqu'à 1 200 m), sauf en région méditerranéenne, dans le Massif armoricain où il est rare, et en Corse. Habituellement traité en têtard et arbustif pour obtenir des rameaux d'osier, il peut devenir un arbre au port élégant s'il n'est pas taillé.

Le Saule des vanniers est souvent cultivé — notamment en val de Loire, près des vignes, pour une utilisation immédiate — et ce sont, par leur qualité exceptionnelle, les nombreux rejets dressés et très souples, issus des tailles régulières, qui ont toujours servi dans la vannerie traditionnelle ou la vannerie de pêche. D'ailleurs l'osiériculture a été la spécialité de certains terroirs du nord-est de la France et a employé autrefois un personnel assez important.

On trouve un autre Saule le long des torrents de montagne et dans certaines vallées, le Saule drapé (*Salix elaeagnos* Scop.), à feuilles étroites, à bords très enroulés, et blanches dessous.

Les feuilles, caduques, alternes ou sub-opposées, vert foncé dessus, gris soyeux dessous, sont extrêmement étroites lancéolées, atteignant parfois 20 cm de long sur à peine plus de 10 mm de large. La marge peut être légèrement dentée et enroulée sur la face inférieure du limbe.

Les chatons de fleurs mâles ou femelles apparaissent en mars-avril sur les jeunes pousses avant la foliaison.

Arbuste ou petit arbre à port dressé, le Saule des vanniers produit, lorsqu'il est taillé, des rejets longs, résistants et très flexibles.

Osier brun

Salix triandra L.

Saule-Amandier, Saule à trois étamines

Salicacées

L'Osier brun, dont les fleurs apparaissent en même temps que les jeunes feuilles, se reconnaît à ses jeunes rameaux anguleux, striés au sommet et d'une couleur brun rougeâtre — d'où son nom. Il se plaît sur le bord des eaux calmes ou courantes, ainsi que dans les marécages, et on le rencontre dans presque toute la France, avec des degrés de fréquence ou d'abondance très divers. Ainsi est-il rare en région méditerranéenne et absent en Corse. Espèce assez variable, on remarque des variétés locales.

Comme la plupart des Saules produisant l'osier, il est traité en têtard, pour obtenir des scions qu'on utilise comme liens. Son osier fournit un bon matériel pour la vannerie. Le nom de Saule-amandier donné à cette espèce, et aux quelques autres qui sont voisines, vient de la saveur qu'ont les jeunes pousses au printemps.

En ce qui concerne les Saules, il faut souligner que ce genre fort complexe, très riche en espèces et hybrides, comprend également des arbrisseaux et sous-arbrisseaux, caractérisés parfois par un nanisme extraordinaire, spécifique souvent à la flore alpine. Il s'agit de ligneux ne dépassant pas 1 à 2 cm de hauteur, fort résistants et longévifs, formant des tapis aux rameaux tortueux. Certains croissent à plus de 3 000 m d'altitude dans les Alpes, et la flore helvétique est particulièrement riche en Saules nains orophiles. On connaît une espèce endémique dans les Pyrénées, mais la plupart de ces espèces alpines se retrouvent en zone boréale, dans les toundras, et jusqu'à l'océan Arctique.

3 à 5 m, parfois 10 m

Non établi

Selon environnement

Spontané

Europe

Non

Bois : vannerie

La fleur femelle donne une capsule glabre à pédicelle dépassant longuement la petite glande basale. L'écaille est velue.

La fleur mâle a 3 étamines libres. Les anthères sont jaunes.

Les feuilles, caduques, presque sessiles, sont le plus souvent alternes. Le limbe adulte, glabre, elliptique, lancéolé, d'un beau vert, est finement denticulé sur les marges. Les nervures se rejoignent près des bords et sont très visibles sur la face inférieure.

Les chatons, cylindriques, étroits, le plus souvent nettement pédonculés, sont munis de feuilles à leur base.

L'écorce rougeâtre s'exfolie et devient brun cannelle.

L'Osier brun est souvent un petit arbre à cime large, à branches longues et retombantes

Saule blanc

Salix alba L.
Salicacées

Saule argenté, Osier blanc,
Aubier, Sausse

- 15 à 20 m, parfois 25 m
- 10 à 15 ans
- Plus de 100 ans
- Spontané
- Europe et Asie
- Non
- Bois : sculpture; écorce : médication; osier : vannerie

C'est le plus grand des Saules arborescents puisqu'il peut s'élever jusqu'à 25 m et avoir un tronc de 1 m de diamètre. C'est aussi le Saule le plus familier de nos campagnes, qui se développe parfois avec majesté sur les berges des rivières ou dans les forêts claires et humides. Il aime les sols assez légers, mais toujours frais ou légèrement mouillés. On le trouve souvent avec l'Aulne* et le Peuplier*.

Il est à la fois fréquent et commun, jusqu'à une altitude de 1 200-1 400 m, tant en France continentale et en Corse qu'en Belgique et en Suisse. Comme la plupart des autres espèces de Saule, il est de croissance rapide et on le plante souvent pour le tailler en têtard afin d'obtenir de l'osier. En particulier la forme 'Vitellina', appelée Osier jaune pour la belle et vive couleur de ses rejets, qui sont appréciés en vannerie. Le bois léger du Saule blanc, de teinte rosâtre, est utilisé en sculpture. Quant à son écorce à propriétés toniques, on en extrait la Salicine à des fins pharmaceutiques.

Très proche du Saule blanc et presque aussi répandu que lui, sauf en zone méridionale et dans l'extrême ouest, le Saule fragile (*Salix fragilis* L.) est un arbre un peu plus petit, s'accommodant bien également de sols plus lourds, qui ne s'élève à guère plus de 1 000 m en montagne. Son nom fait allusion à la fragilité des rameaux jeunes qui se dissocient facilement des tiges âgées. Utilisé comme le Saule blanc pour son osier, il existe de multiples formes hybrides entre les deux espèces.

Les feuilles, caduques, simples, alternes, sont très finement dentées. Le limbe se termine par une longue pointe presque droite. D'abord tomenteux argenté, il devient blanc grisâtre sur la face inférieure.

Chatons mâles

Espèce dioïque. Les chatons femelles sont vert franc. Ils produisent à maturité des graines plumeuses dont la dispersion est facilitée par le vent. Ils apparaissent en avril-mai.

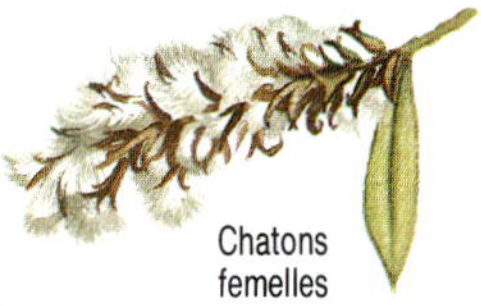

Chatons femelles

Le Saule blanc se reconnaît à son houppier à reflets argentés dus à la pubescence soyeuse de ses feuilles.

Saule fragile. Ses feuilles caduques, soyeuses à l'état jeune, deviennent glabres, vert vif sur la face supérieure et vert-gris au revers. C'est un arbre souvent taillé en têtard.

L'écorce grisâtre se crevasse avec l'âge.

Saule pleureur

Salix babylonica L. s. l.

Salicacées

Arbre populaire entre tous, le Saule pleureur connut une extraordinaire vogue en France dès la période préromantique, puisqu'il symbolisait par excellence la poésie élégiaque. Ne disait-on pas alors que Napoléon avait demandé, à Sainte-Hélène, à être enterré près de l'arbre qu'il avait tant aimé et qui était justement un Saule pleureur ?

Planté au bord des pièces d'eau, le long des ruisseaux aménagés, auprès de ruines artificielles ou dans les cimetières, près des tombeaux, le Saule pleureur était autrefois connu essentiellement sous ses formes argentées : 'Babylonica' (uniquement femelle) et 'Sepulcralis'. Bien que son nom botanique rappelle les versets d'un psaume antique, il semble que le « Saule de Babylone » soit en fait originaire de Chine, en tout cas de l'Extrême-Orient, d'où il a été introduit en Europe dès 1692.

Aujourd'hui, les Saules pleureurs constituent un groupe très complexe, d'autant qu'il s'agit uniquement d'espèces cultivées, issues soit de populations sauvages d'origine encore mal connue (*Salix babylonica* L. s. s., supposé autochtone en Chine, mais rencontré à l'état sauvage également de la Perse au Japon), soit de cultivars très nombreux. Ces derniers proviennent d'hybridations et de sélections successives, et le plus communément répandu aujourd'hui paraît être le *Salix* × *chrysocoma* Dode, qui est un croisement du *Salix babylonica* s. s. avec la variété jaune 'Vitellina' du Saule blanc*. Ils peuvent se multiplier par bouturage.

10 à 15 m, parfois 20 m

Non établi

Plus de 50 ans

Cultivé

Asie

Non

Ornement

Les rameaux, longuement pendants, sont grêles, très effilés. Les jeunes rameaux et les feuilles sont souvent pubescents.

Ses longues feuilles caduques (8-12 cm environ), très finement dentées, sont vertes dessus et légèrement plus pâles dessous. Elles ont un pétiole court.

Salix × chrysocoma. Cet hybride a des rameaux jaune vif. Ses feuilles sont tomenteuses et plus grises sur la face inférieure. Cet arbre peut atteindre 15 m de haut.

L'écorce présente de forts épaississements avec l'âge.

En hiver, on découvre sa ramification brunâtre si caractéristique.

Sa silhouette pittoresque est due à ses longs rameaux souples et flexibles qui pendent jusqu'au sol.

Buddleia

Buddleia davidii Franch.
Loganiacées

Buddleia du Père David,
Arbre aux papillons, Lilas d'été

Venu du centre et de l'ouest de la Chine où il a été découvert à la fin du XIXe s., le Buddleia du Père David est un charmant arbuste qui a la grâce de fleurir après les autres, à la fin de l'été. Se propageant avec grande facilité par ses graines, il s'est évadé depuis longtemps des parcs et jardins, et on le trouve, de nos jours, à l'état subspontané dans maints endroits.

Pour honorer la mémoire d'un pasteur anglais, Adam Buddle (1660-1715), botaniste de talent, Linné a créé le genre *Buddleia,* regroupant une centaine d'espèces, presque toutes ligneuses et originaires d'Asie centrale et d'Amérique du Sud. Quant au nom d'espèce de l'arbuste, il rend hommage au Père David (1826-1900), naturaliste et missionnaire français, qui, en Chine, a découvert non seulement de très nombreuses plantes, mais aussi le Grand Panda.

Le Buddleia se plaît sur les terrains légers, voire secs et rocailleux, et exige une exposition ensoleillée. De croissance rapide, se multipliant par bouturage, le Buddleia forme une touffe généreuse, développant des rameaux vigoureux qui portent des panicules d'un mauve violacé.

Le Mimosa de Paris (*Forsythia* × *intermedia* Zab.), dont les feuilles ressemblent beaucoup à celles du Buddleia, est un hybride issu du croisement entre *Forsythia suspensa* Vahl et *F. viridissima* Lindl., introduits tous deux de Chine. Il est cultivé dans les jardins pour sa magnifique floraison printanière et son port droit au début qui s'étale et retombe avec l'âge. Il atteint 3 m de haut.

- 3 à 5 m
- 1 à 2 ans
- Selon environnement
- Cultivé et subspontané
- Asie centrale et Chine et Amérique du Sud
- Non
- Ornement

Les fleurs, petites, sont en général mauves ou bleu lavande.

[X2]

De courtes gousses, succédant aux fleurs pollinisées, portent les graines et restent sur l'arbuste pendant presque tout l'hiver.

Vulcain
(Vanessa atalanta)

Les longues panicules de petites fleurs délicatement parfumées attirent spécialement les papillons et les phalènes diurnes, ainsi que bon nombre d'insectes, notamment les abeilles.

Paon de jour
(Inachis io)

Les feuilles, caduques, de 10 à 25 cm de long, opposées et en fer de lance, sont finement dentées. Vert mat dessus, elles sont blanchâtres et tomenteuses en dessous.

Le Buddleia est un arbuste très résistant et de croissance fort rapide. Il s'étale largement.

Mimosa de Paris.
Les feuilles, vert sombre, lancéolées et dentées, sont parfois trifoliolées. Les fleurs, jaune d'or, de 2 à 4 cm de diamètre, groupées en bouquets de 2 à 6 sur les pousses de l'année précédente, apparaissent en abondance en mars-avril.

Amandier

Prunus dulcis (Mill.) Webb

Rosacées

L'Amandier fait partie des arbres fruitiers originaires du Proche-Orient progressivement introduits dans tout le Bassin méditerranéen par les Grecs et les Romains. Des botanistes pensent que l'Amandier a pu être spontané en Afrique du Nord. C'est au XVIe s. qu'il a fait son apparition en France où, cultivé exclusivement dans le Midi, il est parfois subspontané. Aimant chaleur et lumière, il prospère sur les sols calcaires, secs et assez profonds.

Dans la nature, c'est un arbuste de 5 m de haut environ, mais en culture il devient un petit arbre de 10 m et plus. On le reconnaît à son tronc court parfois tortueux, à son houppier toujours très clair et à sa floraison précoce. Chez les individus sauvages, les rameaux sont épineux. L'Amandier est le seul des *Prunus* dont on ne mange pas la drupe mais la graine, une amande douce, non toxique car elle ne contient pas d'acide cyanhydrique comme c'est la règle chez beaucoup de Rosacées. Elle est utilisée en pâtisserie, confiserie, cosmétologie.

Le Pêcher (*Prunus persica* [L.] Batsch) est botaniquement proche de l'Amandier. Originaire de Chine et venu par la Perse, cet arbre est aujourd'hui cultivé partout pour ses fruits dont on a sélectionné de nombreuses variétés. Il est parfois naturalisé.

Le Poirier à feuilles d'Amandier (*Pyrus amygdaliformis* Vill.) est un petit arbre disséminé dans les lieux incultes, dans les garrigues, de la région méditerranéenne. Il a des fleurs blanches à étamines rouges, des fruits non toxiques mais immangeables.

5 à 10 m

Non établi

Selon environnement

Cultivé ou subspontané en région méditerranéenne

Proche-Orient

Amandes des espèces non cultivées

Fruits : alimentation, cosmétologie

Les feuilles sont caduques, alternes, beaucoup plus longues que larges, lancéolées et denticulées. L'amande est enfermée dans une coque.

'Roseoplena'. C'est un très beau cultivar horticole à fleurs doubles et roses.

Poirier à feuilles d'Amandier. Les feuilles sont finement dentées, coriaces, vert foncé dessus, tomenteuses puis vert grisâtre dessous. Les fruits, de 2 à 3 cm, mûrissent en septembre.

Espèce hermaphrodite. Les fleurs régulières, d'un blanc légèrement rosé, apparaissent très tôt au printemps, avant les feuilles.

L'écorce devient grisâtre et écailleuse avec l'âge.

L'Amandier est un arbuste ou un petit arbre au tronc peu droit et au houppier très clair.

Châtaignier

Castanea sativa Mill.

Fagacées

- 20 à 30 m
- 20 ou 50 ans
- 200 ou 300 ans, parfois 500 à 1 000 ans
- Naturalisé
- Sud et sud-est de l'Europe
- Non
- Ornement ; bois : matériau de construction ; fruit : alimentation

Arbre majestueux, puissant et à grand développement, le Châtaignier a marqué de son empreinte maintes régions de France, à tel point qu'on a pu parler d'une « civilisation du Châtaignier ». Il est connu de tous pour ses châtaignes « marrons ». Il est aussi réputé pour son bois, dur et résistant, dont on a fait les immenses charpentes des bâtisses d'autrefois et qui est encore très exploité.

Le Châtaignier est l'arbre des terres pauvres et siliceuses. Essence de demi-lumière appréciant la chaleur, elle se rencontre surtout en basse montagne, mais guère au-dessus de 1 000 m d'altitude. C'est du reste en quelques points du Midi, des Cévennes à la Provence, que l'arbre vit peut-être à l'état spontané, du moins y a-t-on trouvé bois et pollens fossilisés qui le laissent penser. Mais partout ailleurs, il semble qu'il s'agisse de peuplements issus de cultures très anciennes, même lorsque le Châtaignier forme des massifs forestiers apparemment très « naturels », comme en Limousin, en Bretagne ou en région parisienne.

Les grandes et belles châtaigneraies ont toutes des sujets séculaires, de cinq cents ans et plus, car le Châtaignier peut vivre aussi vieux que l'Olivier*. On a parlé d'arbres atteignant 40 m de hauteur, ayant près de trois mille ans (pentes de l'Etna), avec des troncs de plus de 20 m de circonférence ! Malheureusement, le Châtaignier est de nos jours menacé et il régresse partout : ses forêts ne font plus l'objet de l'entretien d'autrefois et deux maladies cryptogamiques en accélèrent le dépérissement.

La morphologie du fruit est remarquable avec sa bogue, aux très nombreuses épines souples, qui renferme 2 ou 3 graines : les châtaignes.

La châtaigne a une peau brune, épaisse et coriace. La partie interne, charnue et farineuse, est comestible.

Les feuilles, fortement dentées, atteignent souvent 20 cm. Chaque inflorescence est un long chaton odorant et pendant composé de nombreuses fleurs à étamines (mâles) au sommet et de 2 à 3 fleurs pistillées (femelles), verdâtres, épineuses à la base.

Arbre à feuilles caduques, le Châtaignier est souvent aussi imposant en hiver qu'en été.

L'écorce est marquée d'épaississements obliques.

FEUILLES PROFONDÉMENT LOBÉES

De nombreuses essences, en particulier les Érables et les Chênes, ont un limbe simple (par opposition aux feuilles composées) mais marqué de très profondes échancrures régulières, et, de plus, souvent denté sur les marges. D'après la disposition des nervures, on peut distinguer deux sous-groupes principaux.

Nervation palmée

SOMMET DES LOBES ARRONDIS

Érable champêtre
Feuilles opposées, profondément divisées en 5 lobes eux-mêmes bi- ou tridentés.
Page 174.

Érable champêtre

Peuplier blanc
Feuilles alternes, de 8 à 10 cm, à la face inférieure entièrement blanche.
Page 184.

Figuier
Feuilles alternes, de 10 à 15 cm (30 cm), à lobes élargis vers leur milieu.
Page 182.

SOMMET DES LOBES AIGUS

Sycomore
Feuilles opposées, de 15 à 18 cm, à larges lobes régulièrement dentés.
Page 176.

Sycomore

Platane
Feuilles alternes, à grands lobes triangulaires pointus.
Page 179.

Nervation pennée

SOMMET DES LOBES ARRONDIS

Chêne pubescent
Feuilles alternes, de 5 à 8 cm (10 cm), à lobes assez irréguliers, pubescentes à l'état jeune.
Page 190.

Chêne pubescent

Aubépine monogyne
Feuilles alternes, de 4 à 7 cm, à lobes profonds et dentés.
Page 187.

Tulipier de Virginie

Chêne sessile
Feuilles alternes, de 8 à 12 cm, à lobes très régulièrement disposés et presque de mêmes dimensions, à pétiole bien individualisé.
Page 192.

SOMMET DES LOBES AIGUS

Tulipier de Virginie
Feuilles alternes, de 10 à 15 cm, à 4 lobes très typiques.
Page 183.

Alisier
Feuilles alternes, de 7 à 12 cm, à lobes triangulaires très fortement dentés.
Page 186.

Alisier

Chêne rouge
Feuilles alternes, de 10 à 20 cm, à lobes terminés par de longues dents étroites.
Page 188.

Groseillier rouge
Feuilles alternes, de 2 à 5 cm, à petits lobes triangulaires, courts.
Page 181.

Chêne rouge

Viorne Obier

Viburnum opulus L.

Caprifoliacées

Obier, Boule-de-neige,
Sureau des marais, Viorne aquatique

2 à 4 m

Non établi

Plus de 20 ans

Spontané et cultivé

Europe, nord de l'Asie, Afrique du Nord

Baies, écorce, feuilles

Ornement

Comme certains de ses noms vernaculaires l'indiquent, la Viorne Obier a une prédilection pour les stations humides, les endroits marécageux, et affectionne les sols frais, lourds, argileux. Rare dans le Midi, on la trouve partout ailleurs en France, comme en Suisse et en Belgique, dans les bois, les haies et les buissons.

Arbrisseau au feuillage clair dont les rameaux glabres, à lenticelles saillantes, sont fragiles et beaucoup moins flexibles que ceux des autres Viornes dont en général on faisait des liens (*Viburnum* dériverait du verbe *viere,* lier), l'Obier est remarquable par ses inflorescences qui s'épanouissent en ombelles largement étalées. Celles-ci sont formées, au centre, de petites fleurs hermaphrodites, très serrées, d'un blanc verdâtre ; et sur le pourtour, de fleurs plus voyantes, mais stériles, à grands pétales, d'un blanc crème. Ce sont elles qui attirent les insectes qui polliniseront les fleurs du centre.

Cultivée depuis le XVIe s., les horticulteurs en ont obtenu des variétés aux inflorescences de forme presque ronde, qui ont fait donner le nom de Boule-de-neige à l'espèce. Ces variétés cultivées, où les fleurs stériles ont éliminé les autres, sont multipliées par marcottage ou bouturage. La plus appréciée est la variété 'Roseum', aux grosses boules blanches qui virent au rose léger. Autre attrait de la Viorne Boule-de-neige : son feuillage qui prend une teinte rutilante en automne, un pourpre cramoisi du plus bel effet. Les fleurs fertiles de l'espèce sauvage donnent naissance à de petites baies rouge vif qui sont très toxiques.

Les feuilles, caduques, opposées, (5-12 cm de long), ont 3 à 5 lobes sinués et irrégulièrement dentés. Vert tendre, elles sont glabres dessus, légèrement pubescentes dessous. Les inflorescences blanches sont très denses.

Les feuilles prennent un coloris brun rougeâtre, assez neutre, en automne.

Les petites fleurs fertiles sont entourées par des fleurs plus grandes, à larges pétales, mais stériles. [Grandeur nature]

Cet arbrisseau, bien ramifié, s'étale largement. Ses ombelles blanches apparaissent en mai-juin et ses baies rouges à l'automne.

Les baies, globuleuses, réunies en ombelles, pendantes, restent accrochées à l'arbuste après la chute des feuilles.

Érable à feuilles d'Obier

Duret, Érable opale, Ayard,
Érable de Mahon, Érable des Italiens

Acer opalus Mill.
Acéracées

L'Érable à feuilles d'Obier, comme son nom l'indique, rappelle la Viorne Obier*. En effet, les deux espèces ont des feuilles qui se ressemblent : elles ont, chez l'une et chez l'autre, trois lobes bien marqués, plus deux autres moins apparents, enfin, entre chaque lobe, un angle droit chez l'Érable un peu moins net chez la Viorne. En revanche, les différences les plus apparentes concernent, d'une part, la face inférieure des feuilles de l'Érable, légèrement tomenteuse alors qu'elle est glabre chez la Viorne, d'autre part, le pétiole des feuilles de la Viorne, qui porte souvent deux ou trois protubérances rougeâtres à proximité du limbe. On peut confondre l'Érable à feuilles d'Obier avec le Sycomore* qui s'en distingue par des sinus (entre les lobes) toujours aigus.

Plus haut, en général, que l'Érable de Montpellier*, il reste un petit arbre, parfois buissonnant, qui atteint rarement les dimensions des «grands» Érables. S'accommodant de tous les sols, même rocheux, c'est une espèce typique de basse et moyenne montagne méridionale. Essence de pleine lumière, résistant bien à la chaleur, à la sécheresse, mais aussi au froid, cet Érable peut monter, en Savoie, jusqu'à 1 900 m d'altitude. L'Érable à feuilles d'Obier est caractéristique des peuplements qui font la transition entre la chênaie pubescente et la hêtraie.

Son tronc, souvent de forme tourmentée, n'atteint que rarement des dimensions suffisantes pour le rendre intéressant. Il était autrefois recherché par les charrons et les tourneurs.

12 à 15 m

Non établi

Plus de 300 ans

Spontané

Europe du Sud, Asie occidentale

Non

Bois : combustible

A l'automne, le feuillage devient ocre-rouge.

Les feuilles, caduques et opposées, ont 3 lobes bien marqués, séparés par des sinus orthogonaux, et 2 lobes supplémentaires souvent peu marqués. Elles sont légèrement duveteuses au revers.

Les fleurs s'ouvrent en mars-avril, avant la feuillaison, réunies en bouquets pendants à l'extrémité des rameaux.

Les samares (2,5-4 cm de long) ont 2 ailes qui forment un angle de dimension variable (elles peuvent être parallèles ou divergentes). Les fruits mûrissent en octobre-novembre.

L'écorce, beige, se fissure en long avec l'âge.

Petit arbre ou arbuste, l'Érable à feuilles d'Obier a un houppier ample et diffus.

Érable champêtre

Acer campestre L.

Acéracées — Acéraille, Auzerolle, Petit Érable, Bois chaud

10 à 15 m, parfois 20 m

20 ans

Plus de 100 ans

Spontané

Europe, Asie centrale

Non

Bois : menuiserie, tournerie, lutherie

L'Érable champêtre est un arbre commun, très répandu dans nos campagnes, surtout en plaine. On le trouve à peu près partout en France, sauf en région méditerranéenne où il est assez rare et remplacé par l'Érable de Montpellier*. On ne peut le confondre avec aucun autre Érable : les dimensions réduites de ses feuilles, avec cinq lobes arrondis à leur extrémité, et les samares, pratiquement dans le prolongement l'une de l'autre, sont les marques distinctives qui suffisent à l'identifier.

En outre, l'Érable champêtre possède une singularité qu'il ne partage, parmi les espèces spontanées, qu'avec l'Orme champêtre* : il arrive souvent chez les jeunes individus que des rameaux présentent des crêtes longitudinales de liège jaune-brun, pouvant atteindre plusieurs millimètres de hauteur. La ramification étant alterne chez les Ormes et opposée chez les Érables, la confusion n'est guère possible entre les deux arbres, même l'hiver.

L'Érable champêtre est un petit arbre aimant la lumière et peu exigeant sur la nature du terrain. Il préfère cependant les sols calcaires ou marneux, mais, supportant bien la sécheresse, il peut croître dans des endroits secs et rocheux. On le voit dans les haies et dans les taillis. Espèce dite secondaire, elle est moins appréciée des forestiers que bien d'autres qui peuvent prospérer dans les mêmes conditions de milieu. On ne le trouve guère au-delà de 1 000 m d'altitude. Son bois, dur et lourd, homogène et se polissant bien, est utilisé en menuiserie, tournerie et lutherie.

Les fruits, ou samares, sont munis de 2 ailes placées dans le prolongement l'une de l'autre et formant entre elles un angle de 180°. Ils mûrissent en septembre-octobre.

Les feuilles (6 cm) sont caduques et opposées, à 5 lobes arrondis à l'extrémité, vert foncé et glabres dessus, vert plus clair et pubescentes dessous.

Les fleurs, verdâtres, disposées en bouquets dressés, s'épanouissent en mai, à l'extrémité des rameaux en même temps que les feuilles.

En automne, les feuilles virent au jaune d'or.

L'Érable champêtre a un houppier arrondi, dense et un tronc souvent un peu sinueux.

L'écorce, d'abord lisse, devient un peu écailleuse.

Érable de Montpellier

Acer monspessulanus L.

Agas, Azerou

Acéracées

L'Érable de Montpellier se signale surtout au printemps : arbuste plutôt que petit arbre des garrigues du midi de la France, on le remarque alors à son feuillage vert clair qui se détache sur celui, infiniment plus sombre, des espèces sempervirentes qui l'entourent. Il est par ailleurs facile à identifier : c'est le seul Érable dont les feuilles présentent trois lobes, alors que tous les autres vivant en Europe occidentale ont des feuilles à cinq lobes. Autre caractéristique : l'angle très fermé que forment les samares, qui peuvent ainsi se recouvrir ou même se croiser, contrairement à celles de l'Érable champêtre*, avec lequel du reste il lui arrive de s'hybrider.

Affectionnant les sols calcaires, même très secs et rocheux, c'est une espèce typique des collines et des basses montagnes méridionales. Exigeant en lumière, supportant bien la sécheresse, il résiste également au froid. En effet, compagnon habituel du Chêne vert* et du Chêne pubescent*, il « pénètre » jusqu'en Côte-d'Or, où on le trouve sur les falaises calcaires à exposition sud, et bien plus loin encore, puisqu'il est parfaitement rustique en région parisienne, et qu'on le voit dans la vallée de la Moselle allemande. A l'ouest, on le trouve jusqu'en Vendée.

Son bois, qui ressemble beaucoup à celui de l'Érable champêtre, est cependant plus coloré, plus lourd et plus dur. Ses dimensions, toujours relativement faibles, limitent ses utilisations. Ses fleurs, très mellifères, précoces et discrètes, apparaissent avant les feuilles.

12 m

Non établi

Plus de 130 ans

Spontané

Région méditerranéenne, Sillon rhodanien, Sud-Ouest

Non

Bois : menuiserie, ébénisterie

Les fruits sont groupés en bouquets et pendent au bout d'un long pédoncule.

Les fruits (samares), sont assez petits (3 cm). Les ailes forment un angle si fermé qu'il arrive parfois qu'elles se croisent ou se recouvrent.

Les fleurs apparaissent le plus souvent avant les feuilles, en avril. Elles sont réunies en bouquet d'abord dressé, puis pendent à l'extrémité des rameaux.

L'écorce, lisse, brunâtre, se fissure avec l'âge.

Les fleurs, petites et discrètes, jaunâtres, ont 5 sépales, 5 pétales et 8 étamines.

Les feuilles sont caduques, petites (4-5 cm de long), opposées, à 3 lobes arrondis. Elles sont glabres, légèrement coriaces, vertes et luisantes dessus, glauques dessous.

L'Érable de Montpellier est un petit arbre au houppier de forme souvent tourmentée.

Sycomore

Acer pseudoplatanus L.

Acéracées

Érable Faux Platane,
Érable blanc, Asarot, Érable de montagne

20 à 25 m, parfois 35 m

20 ou 30 ans

200 à 250, parfois 500 ans

Spontané

Europe

Non

Ornement ; bois : ébénisterie, menuiserie

Arbre souvent majestueux, le Sycomore est le géant des Érables, à la fois par la taille — il atteint et dépasse parfois 35 m —, et par la dimension de son tronc, qui peut avoir de 1 à 2 m de diamètre. Mais il se distingue aussi par sa croissance juvénile très rapide, s'élevant à 10 ou 12 m en vingt ans, et par sa longévité : on connaît des Sycomores qui ont trois siècles et plus.

En Europe, on trouve cet arbre, à l'état spontané, en montagne, jusqu'à 1 500 m environ d'altitude, au niveau des forêts de Sapins* et de Hêtres*, où il pousse mêlé à ces essences, et aussi en plaine, surtout dans les vallons frais des forêts de l'est de la France. Bien qu'existant en taillis, il est toujours disséminé et peu abondant dans les futaies, ne dominant nulle part la végétation comme c'est le cas au Canada, dans les grandes érablières du Saint-Laurent.

Le Sycomore est planté depuis des siècles et il est présent partout : dans de nombreuses forêts, dans les jardins, les parcs et les promenades des villes. D'une grande fécondité, il fructifie abondamment et régulièrement, et ses graines ailées sont largement dispersées par le vent. Celles-ci germent très facilement si le sol, sans être acide, est suffisamment riche, frais et bien drainé.

De nombreux cultivars ont été sélectionnés pour l'ornement soit pour leur port, soit pour leur feuillage. Il existe ainsi des variétés à feuilles panachées, pourpres, rouge violacé ou dorées. Le bois de Sycomore, homogène et dur, d'un brun crème à reflets satinés, est très apprécié par les ébénistes.

Le fruit sec (samare), a 2 graines ailées formant presque un angle droit, ce qui les distingue des autres Érables.

Les feuilles sont caduques, opposées, munies d'un long pétiole assez fin. Le limbe, un peu cordé à la base, vert foncé, a 5 lobes triangulaires dentés.

L'inflorescence a l'allure d'une petite grappe étroite et pendante. Les fleurs mellifères, minuscules et verdâtres, apparaissent après les premières feuilles.

Les feuilles portent souvent des galles ou des champignons parasites de diverses espèces.

'Atropurpurea'. Cette variété se caractérise par le dessous du limbe et les ailes des samares pourpre sombre.

Le Sycomore donne un couvert sombre grâce à sa large cime. De grosses branches obliques naissent du tronc.

L'écorce presque lisse s'écaille avec l'âge.

Érable plane

Plane, Plaine, Faux Sycomore,
Érable blanc, Iseron, Main découpée

Acer platanoides L.
Acéracées

L'Érable plane se signale à notre attention par sa floraison très spectaculaire qui survient au printemps, alors que la plupart des autres arbres n'ont encore ni fleurs ni feuilles, sauf le Merisier*. C'est un des traits qui permet de le distinguer de son « cousin », le Sycomore*, avec lequel on le confond souvent, et qui, lui, ne fleurit qu'après sa feuillaison.

Plus petit et moins massif que le Sycomore, l'Érable plane vit très souvent à ses côtés, bien que moins abondant et très disséminé, car c'est également une espèce de montagne, jusqu'à 1 500 m, que l'on rencontre aussi en région de collines, en particulier dans le nord-est de la France. De développement rapide, l'Érable plane est souvent planté comme arbre d'ornement dans les villes et dans les parcs pour son port et son feuillage.

Pour identifier l'Érable plane, il suffit d'examiner les feuilles : elles sont opposées, alors qu'elles sont alternes chez le Platane*. En outre, elles ont cinq nervures principales ; chez le Platane, on n'en compte que trois et deux secondaires. D'autres caractères permettent de reconnaître l'Érable plane du Sycomore. D'abord son écorce, qui est fissurée un peu à la façon du Chêne sessile* alors qu'elle est écailleuse dans la partie supérieure du tronc du Sycomore. Puis les sinus, qui séparent les lobes de leurs feuilles : ils sont arrondis chez l'Érable, aigus chez le Platane.

Son bois sert en menuiserie et en tournerie. Avec les bois dits « ondés », on fait des placages de luxe.

30 m
Non établi
300 à 400 ans
Spontané
Europe jusqu'au Caucase
Non
Ornement ; bois : ébénisterie, menuiserie, tournerie

Les feuilles, caduques, à 5 lobes séparés par des sinus arrondis, sont opposées, vert clair et glabres.

A l'automne, les feuilles virent au jaune d'or.

Les samares forment un angle obtus, sans jamais être dans le prolongement l'une de l'autre.

L'écorce, lisse et grisâtre, se fissure en long.

Les fleurs, mellifères, jaunes à jaune verdâtre, de 5 à 6 mm de large, réunies en bouquets dressés, apparaissent en avril avant le développement des feuilles.

Arbre vigoureux de grande taille, l'Érable plane a un houppier ovoïde peu ramifié.

Érable du Japon

Acer palmatum Thunb.

Acéracées

L'Érable du Japon fait partie des essences ornementales dites de « terre de bruyère ». En effet, c'est un grand arbuste, et même parfois un petit arbre, qui ne peut vivre qu'en sol acide et humide, mais bien drainé, à demi-ombre et qui aime être à l'abri des vents. De croissance lente, il est surtout planté dans les jardins pour la beauté de son feuillage qui prend en automne de superbes teintes allant du rouge vif au pourpre cramoisi.

C'est au Japon que le botaniste suédois Thunberg le découvrit avant qu'il ne soit introduit en Europe en 1820. Il était alors déjà cultivé par les Japonais, soit comme arbuste de jardin, soit en « bonzaï ». Il existe de nombreux cultivars, européens ou asiatiques, qui ont tiré parti du grand dimorphisme des feuilles et de la gamme variée de leurs teintes. On peut citer les cultivars : 'Aureum' (feuilles à 5 lobes, jaunes, frangées de rouge), 'Kotoito-komachi' (à 5 grands lobes filiformes), 'Dissectum' (aux lobes très finement divisés et subdivisés), 'Atropurpureum' (rouge foncé) ou 'Heptalobum' (à 7 lobes très dentés).

L'*Acer japonicum* Thunb. est le véritable Érable du Japon, d'où il nous est arrivé en 1864. Ayant les mêmes exigences de culture que l'espèce précédente, c'est un arbuste dont l'intérêt est également purement ornemental, et qui compte différents cultivars. Ses feuilles ont de 9 à 11 lobes. Un seul Érable du Japon, introduit en 1879, l'*Acer distylum* Sieb. et Zucc., possède des feuilles entières, ressemblant à celles du Charme*.

5 à 10 m

Non établi

Selon environnement

Cultivé

Extrême-Orient

Non

Ornement

L'Érable du Japon compte de nombreuses formes. Parmi les plus belles, 'Atropurpureum', au feuillage rouge bronze, et 'Atropurpureum dissectum', arbuste ramassé, au port arrondi, avec des feuilles rouge bronze.

Acer japonicum. Cet arbuste a des feuilles palmatilobées à 9 ou 11 lobes aux pétioles pubescents. Les fleurs sont rougeâtres.

Les feuilles, caduques, opposées et palmatilobées, ont 5 ou 7 lobes aigus, dentés, et des sinus profonds et aigus. Leur forme et leur couleur varient selon les cultivars.

L'écorce marron clair se fissure et devient grise.

Ce petit arbre au tronc tortueux et très ramifié est caractéristique des paysages du Japon.

Platane à feuilles d'Érable

Platanus hybrida Brot.

Platanacées

Avant 1560, déjà, les botanistes s'intéressèrent au Platane, mais ils ont laissé des documents plus ou moins contradictoires quant à la classification des espèces. Il fallut attendre Brotero, au Portugal (1804), et Willdenow, à Berlin (1805), pour trouver une description assez valable de notre Platane commun. Les confusions ou le peu de clarté des textes proviennent probablement des formes que prennent les feuilles suivant qu'elles sont juvéniles ou adultes, et selon que les arbres qui les portent ont été obtenus par semis, comme dans la nature, ou propagés par bouturage.

Le Platane à feuilles d'Érable, aussi appelé scientifiquement *Platanus acerifolia* (Ait.) Willd., serait, semble-t-il, un hybride issu du croisement du Platane d'Occident (*P. occidentalis* L.), originaire des États-Unis, avec le Platane d'Orient (*P. orientalis* L.), venu des Balkans et d'Asie Mineure. On le trouve en France vers 1660. Ses feuilles sont les plus grandes du genre, jusqu'à 25 cm de long sur 28 cm de large. Profondément lobées, elles sont parfois cordiformes à la base. C'est l'espèce qui supporte le mieux la pollution atmosphérique, les mutilations, le manque de soins. Il existe divers cultivars : 'Suttneri', aux feuilles panachées de blanc crème teinté de rose quand elles sont jeunes, et 'Pyramidalis', au port plus élancé, sont les plus remarquables.

Les Platanes sont victimes de cryptogames (champignons) comme l'anthracnose ou la graphiose, le chancre coloré, ce redoutable ennemi qui a détruit une grande partie de nos Ormes.

30 m

20 ans environ

200 à 300 ans

Hybride cultivé

Europe, Asie, États-Unis

Duvet foliaire allergisant

Ornement

Platane d'Orient

Platane d'Occident

Les feuilles, caduques, alternes, légèrement engainantes, couvrent ainsi plus ou moins les bourgeons. Les lobes sont souvent profonds chez certaines formes. Elles apparaissent tardivement mais persistent longtemps à l'automne.

Chatons mâles

Chatons femelles

Les fruits, sphériques, se développent à l'extrémité des rameaux, solitaires ou en grappes de 2 à 5. Ils mûrissent à l'automne et se désagrègent au printemps suivant en laissant tomber des graines munies de poils longs et fins.

Gris verdâtre, l'écorce se desquame en plaques.

Lorsque le Platane à feuilles d'Érable n'est pas élagué, c'est un arbre majestueux, aéré, dont les branches ont tendance à se contourner.

Liquidambar

Liquidambar styraciflua L.

Hamamélidacées

Copalme d'Amérique

Pour la beauté automnale de son feuillage, pour son port conique, le Liquidambar est un arbre d'ornement très recherché en Europe occidentale, et apprécié dans les villes où il agrémente avenues et parcs. Il nous vient d'Amérique septentrionale où il est abondant surtout dans le sud, en stations humides ou même le long du littoral. Introduit de Virginie en Angleterre en 1681, il n'arriva en Europe continentale qu'au début du XVIIIe s.

Son curieux nom est celui que les Espagnols lui ont donné en le découvrant les premiers au Mexique. Il signifie « ambre liquide » et fait allusion à la sève balsamique qui s'écoule de son tronc à la moindre incision. Cette sève était autrefois employée en médecine et même en parfumerie sous le nom de styrax ou copalme, d'où l'appellation de l'espèce : *styraciflua* (écoulement de styrax).

Avide de lumière, aimant la chaleur, le Liquidambar supporte cependant bien le froid. Peu exigeant sur la nature du sol, il préfère toutefois les terrains profonds, acides et bien arrosés. De croissance très lente, du moins chez nous (5 à 6 m en vingt ans), il a un tronc droit et élancé et une cime régulière qui s'étale avec l'âge.

Si ses fruits globuleux et hérissés de poils rappellent ceux des Platanes, ses feuilles, de leur côté, ressemblent fort à celles des Érables. Joliment lobées, elles prennent en automne une coloration jaune doré qui tourne peu à peu au rouge carminé puis au pourpre violacé. C'est alors que l'arbre est le plus décoratif, à l'égal des fameux Chênes d'Amérique, une des raisons de son succès.

20 à 25 m, parfois 30 m

Non établi

Plus de 80 ans

Cultivé

Amérique septentrionale,
de la Nouvelle-Angleterre au Mexique

Non

Bois : ébénisterie

Les fleurs mâles à courtes étamines sont jaunes et globuleuses, réunies sur de petits chatons. Les fleurs femelles sont petites et portées à l'extrémité de longs pédoncules.

Longuement pétiolées, d'une quinzaine de centimètres de long et de large, les feuilles, caduques, à 5 lobes (parfois 7), sont alternes. D'un vert brillant en dessus, leurs bords sont finement dentés. Les fruits, ronds, à capsules hérissées, deviennent bruns quand ils sont mûrs en octobre et persistent tout l'hiver sur l'arbre.

Liquidambar oriental
(*Liquidambar orientalis* Mill.). Les feuilles de cette espèce originaire d'Asie Mineure, plus modeste de taille, sont beaucoup plus petites et plus profondément divisées, avec un long lobe médian.

Une cime d'abord conique qui s'élargit par la suite est le trait marquant du développement du Liquidambar.

Crevassée, l'écorce brune devient très subéreuse.

Groseillier rouge

Ribes rubrum L.

Groseillier à grappes

Saxifragacées

Plusieurs Groseilliers poussent à l'état sauvage, pour la plupart dans des régions froides ou montagneuses. C'est le cas du Groseillier rouge que l'on trouve principalement des Ardennes belges au Jura, ainsi que dans les forêts des vallées des fleuves du nord-est : Rhin, Meuse, Saône. Il en existe une variété et deux sous-espèces qui, croisées avec les autres Groseilliers, ont donné naissance à des cultivars améliorés pour la production de fruits.

Parmi ces espèces indigènes, le Groseillier des Alpes (*Ribes alpinum* L.), souvent plus large que haut, est très décoratif par ses fruits et son écorce qui s'exfolie. On le plante pour l'ornement. Le Groseillier des rochers (*Ribes petraeum* Wulf.), plus grand mais moins fréquent, à feuilles pubescentes, a été utilisé pour la création des hybrides fruitiers. Le Groseillier noir (*Ribes nigrum* L.) est le fameux Cassissier, longtemps cultivé pour ses propriétés médicinales. Ses feuilles sont recommandées en infusion contre les rhumatismes chroniques et les affections urinaires. Fraîches et froissées, elles dégagent une forte odeur très caractéristique. Ses fruits, riches en vitamines C et P, sont toniques et ont une haute valeur nutritive. On en fait des gelées, de la confiture et des liqueurs. Grâce à ses aiguillons, le Groseillier à maquereau (*Ribes uva-crispa* L.) ne peut être confondu avec les autres espèces.

Cultivés dans les jardins, le Groseillier sanguin (*Ribes sanguineum* Pursh) et le Groseillier doré (*R. aureum* Pursh) sont originaires d'Amérique du Nord.

1,30 à 1,80 m

5 à 6 ans

30 à 40 ans

Spontané

Europe

Non

Ornement ; feuilles : médication ; fruits : alimentation

Sur la tige non épineuse sont disposées de grandes feuilles caduques, alternes et longuement pétiolées. Dentées et palmées, elles ont 3 grands lobes et 2 autres moins prononcés à la base.

En juillet-août, de petites baies rouges ou quelquefois blanc jaunâtre, de 5 mm de diamètre, pendent en grappes. Leur saveur est acide.

Groseillier à maquereau. Les rameaux sont épineux. Les feuilles dentées et lobées sont groupées à l'aisselle d'aiguillons trifides. Elles sont glabres ou pubescentes. Les baies, ovoïdes, assez grosses, jaunes ou rouges, hérissées de poils courts (juin-juillet), ont une peau translucide. Leur saveur est douce.

Espèce hermaphrodite. Les fleurs jaunâtres ou verdâtres ont une forme en coupe et un pédicelle court. Elles s'ouvrent en avril-mai en grappes pendantes.

Les Groseilliers cultivés sont de petits arbrisseaux assez légers, à rameaux souples.

Figuier

Ficus carica L.

Moracées

Peu d'arbres sont entourés d'autant de légendes, de mythes et de folklore que le Figuier, vraisemblablement originaire, en ses nombreuses variétés cultivées, d'Asie occidentale où évoluèrent les plus anciennes civilisations. Pour les Égyptiens, la figue était présent des dieux ; 4500 ans av. J.-C., une peinture de Beni Hassan représente déjà une cueillette de figues. L'Ancien Testament, où ce fruit est symbole d'abondance de la Terre promise, mentionne la figue pour sa valeur alimentaire et ses propriétés thérapeutiques. Des légendes l'identifient au fruit défendu qu'Ève croqua.

Arbre sacré pour les bouddhistes et pour les mahométans, le Figuier fut aussi gravé sur les monuments antiques du Bassin méditerranéen. Il faut en voir la raison dans la place importante que ces fruits avaient prise, avec le blé et l'olive, dans l'alimentation des Grecs et des Romains. Il est dit que Caton présenta aux sénateurs une figue fraîche, cueillie à Carthage, pour leur prouver que la dangereuse cité punique n'était qu'à trois jours de Rome.

De nombreuses espèces de Figuier se développent dans les zones tropicales et subtropicales des deux hémisphères. L'aire du Figuier de nos régions s'étend sur tout le pourtour méditerranéen, mais il s'acclimate aussi, en situation chaude et ensoleillée, en Bretagne, dans la région parisienne et jusqu'en Belgique, où il est parfois aussi subspontané. La feuille est grande, découpée de lobes profondément échancrés. Au toucher, sa texture est épaisse, et les nervures principales au dos dessinent un relief d'un ton plus clair.

- 2 à 7 m
- 10 ans
- Plus de 200 ans
- Cultivé et subspontané
- Asie occidentale pour les espèces cultivées
- Feuilles
- Fruits : pharmacopée, alimentation

La pollinisation est assurée par un insecte ; le *Blastophaga psenes*, qui dépose ses œufs dans les fleurs femelles.

Espèce monoïque. Les fleurs, nombreuses, sont insérées dans un réceptacle charnu.

Les feuilles caduques, alternes, longuement pétiolées (10-30 cm), palmatilobées (3-5 lobes) sont velues et épaisses.

La figue n'est pas un fruit mais une infrutescence charnue vert jaunâtre (figues blanches) ou violette (figues violettes), renfermant à maturité (juin-septembre) de très petits fruits drupacés.

C'est un arbuste décoratif à larges feuilles et à cime très étalée.

L'écorce, gris pâle, est rayée de sombre.

Tulipier de Virginie

Liriodendron tulipifera L.

Magnoliacées

Un canoë destiné au transport d'une vingtaine de personnes peut être creusé dans le tronc rectiligne du Tulipier ; aussi les Indiens d'Amérique du Nord l'appellent-ils 'The Canoe Wood'. Il est originaire de la partie orientale des États-Unis, où son aire s'étend depuis les grands lacs de l'est du Canada jusqu'en Floride et au Mississippi vers l'ouest.

Les graines des premiers Tulipiers apportées en France par le marquis de la Galissonnière furent plantées à Trianon en 1732. Mais les Anglais, depuis longtemps, connaissaient cet arbre qui fut introduit vers 1629 par les jardiniers de Charles Ier, les Tradescant. La présence en Europe de feuilles fossilisées de Tulipier prouverait que l'espèce y était implantée avant l'ère glaciaire.

Si la croissance du Tulipier est relativement rapide lorsqu'il est planté en exposition ensoleillée, en terrain frais et profond, il faut attendre une trentaine d'années pour voir apparaître des fleurs disséminées dans le feuillage mouvant. Mais à chaque automne, ses feuilles se colorent, de la cime jusqu'aux basses branches d'un jaune si vif que cet embrasement tardif ressemble à une nouvelle floraison. Ses grandes feuilles pâles sont d'ailleurs uniques au monde, puisque ce sont presque les seules à posséder cette pointe, comme coupée, à la réunion des deux lobes supérieurs.

Son bois à cœur brun-vert, et son aubier blanc crème, tendre et léger peut être déroulé facilement. On cultive plusieurs variétés de Tulipier, notamment 'Fastigiata' à cime pyramidale étroite.

30 à 35 m

30 ans

400 à 500 ans

Cultivé

Régions orientales de l'Amérique du Nord

Non

Bois : instruments de musique ; écorce : médication

Les feuilles, caduques, alternes, presque aussi larges que longues (7-15 cm), pendent au bout d'un long pétiole (5-10 cm). Elles ont 4 lobes symétriques dont 2 se rejoignent au sommet, faisant apparaître la feuille comme tronquée.

Les fleurs en forme de tulipe, solitaires, jaune verdâtre, striées d'orangé à partir de la base des pétales, s'ouvrent en juin-juillet.

Les fruits se présentent comme des cônes dressés, brun clair, ailés au sommet (4-5 cm), formés d'akènes. Ils mûrissent en automne.

L'écorce grise porte des gerçures longitudinales.

A l'automne, le Tulipier de Virginie apparaît comme un immense bouquet doré. Son aspect décoratif en fait un arbre d'ornement des parcs et des jardins.

Peuplier blanc

Populus alba L.
Salicacées

Aube, Blanc de Hollande, Ypréau,
Bouillard, Franc-Picard

30 m

Non établi

300 ans

Spontané

Europe centrale,
région méditerranéenne

Non

Bois : menuiserie ; bourgeons,
écorce, feuilles : médication

Fréquemment planté comme arbre d'alignement ou d'ornement, le Peuplier blanc se rencontre en France à l'état spontané dans les vallées fluviales du Midi méditerranéen, notamment dans la vallée du Rhône, mais aussi plus au nord, jusque dans la vallée du Rhin où il est beaucoup moins abondant. On l'apprécie pour la beauté de son feuillage que le moindre souffle fait chatoyer : en effet, un velours poudreux, d'un blanc argenté, recouvre la face inférieure des feuilles, ce qui lui a valu ses noms populaires.

S'il comporte plusieurs des caractères communs aux Peupliers indigènes, d'autres l'en distinguent nettement et, dans la famille, le Peuplier blanc fait figure d'original. Arbre dioïque (il y a des sujets mâles et des sujets femelles), c'est plutôt une essence méridionale que l'on trouve en compagnie du Frêne oxyphylle et du Peuplier noir* dans les forêts alluviales ; le dimorphisme de ses feuilles est beaucoup plus accusé que celui des autres espèces (à 5 lobes sur les rameaux longs, et ovales et crénelées sur les rameaux courts), et elles sont portées par un pétiole arrondi et non aplati.

Autre singularité du Peuplier blanc : son bois qui, contrairement aux autres, n'est pas homogène. Il a un cœur rougeâtre et un aubier blanchâtre. On peut l'utiliser en menuiserie courante, en caisserie ou pour la pâte à papier. En médecine populaire, le Peuplier blanc est employé comme le Tremble*, dont il a des propriétés voisines. Si les feuilles et l'écorce sont fébrifuges, ce sont surtout les bourgeons qui sont intéressants.

Les chatons mâles sont denses, légèrement rougeâtres ; les chatons femelles, grêles, plutôt verdâtres. Ils apparaissent avant les feuilles sur des arbres différents.

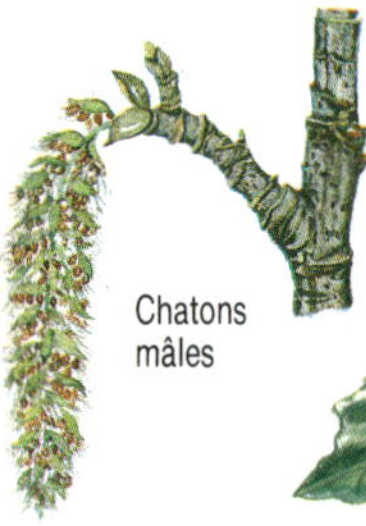

Chatons mâles

Le *Cossus ligniperda*, ou gâte-bois, dépose ses œufs sous l'écorce du Peuplier blanc où les chenilles creusent leurs galeries.

Cossus ligniperda

Les feuilles, caduques, vert foncé dessus, blanches cotonneuses dessous, ont 3 à 5 lobes. Les arbres femelles portent des chatons de fruits longs et pendants.

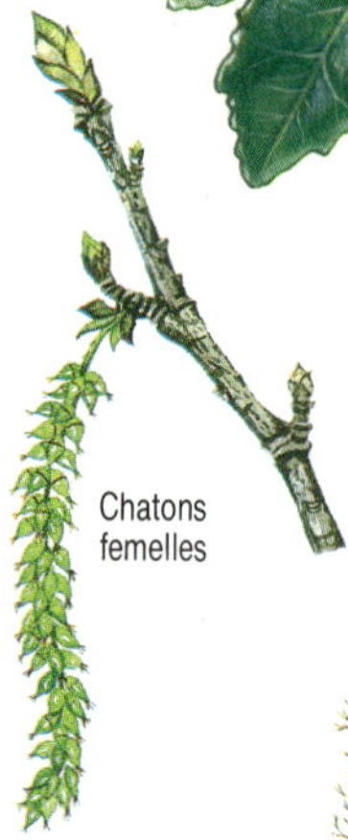

Chatons femelles

Cette espèce drageonnante a un houppier plus ou moins arrondi. Les ramifications sont peu nombreuses.

L'écorce jeune est blanc verdâtre à lenticelles.

Mûrier à papier

Broussonetia papyrifera Vent.

Arbre à papier

Moracées

Le nom de *Broussonetia* a été donné à ce petit arbre originaire de Chine en hommage au botaniste Auguste Broussonet (1761-1807) qui en planta les premiers pieds, en 1786, au Jardin botanique de Montpellier dont il était alors le directeur. Avec l'écorce de ses jeunes rameaux — d'où perlent des gouttes de latex blanc laiteux quand on les coupe —, les Chinois faisaient, après rouissage et macération, un papier assez spongieux mais très apprécié en calligraphie, d'où son nom d'espèce. En Europe, le *Broussonetia* est essentiellement un arbre d'ornement.

Le Sassafras (*Sassafras albidum* Nees) est un petit arbre de la famille des Lauracées, originaire de l'est des États-Unis. Ce sont les Espagnols qui le découvrirent en 1538, en Floride, d'où il fut introduit en Europe, à partir de 1630, à des fins médicinales. Le nom de Sassafras est une déformation du latin *saxifraga*, signifiant : qui casse les pierres. De nos jours, le Sassafras est cultivé comme arbre d'ornement, mais on en extrait une essence odorante, le safrol, et ses feuilles donnent en infusion une boisson appelée «thé de Sassafras». Celles-ci, grandes et irrégulièrement lobées, ressemblent à celles du Mûrier à papier. L'espèce est dioïque, et son bois, léger et cassant, d'un gris orangé, est aromatique.

Originaire des États-Unis et introduit en France en 1812, notamment pour son feuillage proche de celui du Mûrier à papier, l'Oranger des Osages (*Maclura aurantiaca* Nutt.) est surtout cultivé dans les parcs.

15 m au maximum

Plus de 10 ans

Plus de 80 ans

Cultivé ou subspontané

Chine

Non

Ornement et papier

Les grandes feuilles, caduques, alternes, sont dissymétriques, dentées, irrégulièrement lobées, à sinus arrondis, duveteuses dessous et râpeuses dessus.

Les fruits, sphériques, orangés et velus, sont non comestibles.

Espèce dioïque. Les fleurs unisexuées sont des chatons laineux, pour les mâles, et des glomérules pédonculés, pour les femelles.

Les rameaux mous contiennent de la moelle.

L'écorce grisâtre, lisse, se fissure avec l'âge.

Oranger des Osages. Ses fruits sont composés de petites drupes, réunies en grosses oranges granuleuses, d'abord vertes, puis jaunes et orangées, sans grande saveur.

Le Mûrier à papier est un petit arbre décoratif aux tiges dressées et au houppier arrondi.

Alisier

Sorbus torminalis (L.) Crantz

Rosacées

Alisier torminal, Allouchier

10 à 15 m, parfois 20 à 25 m

Non établi

Plus de 100 ans

Spontané

Europe

Non

Bois : façonnage ; fruits : eau-de-vie, médication

De la floraison à la chute des feuilles, l'Alisier est en toute saison un arbre des plus décoratifs, et principalement en automne lorsque son feuillage prend de splendides couleurs. Il a été autrefois, beaucoup plus qu'aujourd'hui, planté comme arbre d'ornement dans les parcs où il atteignait 10 m et parfois bien plus. Contrairement aux autres espèces d'Alisiers, c'est avant tout une essence de plaine que l'on trouve un peu partout en Europe, disséminée dans les forêts, les taillis-sous-futaie ou les bois clairs, en particulier de Chênes pédonculés* et de Chênes pubescents*. On le trouve également en pays de collines et de plateaux, mais il ne s'élève jamais au-dessus de 1 000 m d'altitude.

Il est difficile de confondre l'Alisier torminal avec un autre arbre à feuilles caduques. Celui-ci a, en effet, des feuilles tout à fait caractéristiques : elles ont à leur base 2 lobes étroitement triangulaires et très marqués, à bord denté, formant une nette échancrure dans le reste du limbe. Aimant la chaleur, l'Alisier recherche cependant un sol assez léger et frais, voire humide. Bien qu'il semble assez indifférent à la nature du terrain, il est absent en Corse et rare en région méditerranéenne, dans les Alpes et les Pyrénées. Mais, curieusement, il devient très sensiblement calcicole dans le nord de la France, en Belgique et en Suisse.

Le bois rouge, un peu terne, de l'Alisier, dit « de fruitier », lourd et acquérant un beau poli, est recherché pour façonner des pièces d'instruments de musique ou même de machines.

Les feuilles deviennent mordorées ou rouges en automne.

Les fruits appelés alises ou alizes, brunâtres, ont une peau coriace marquée de petites verrues. Ils contiennent 2 à 5 graines noires.

Coupe de fruit [Grandeur nature]

Les feuilles pennatilobées sont alternes, luisantes sur les 2 faces et souvent nettement pubescentes dessous à l'état jeune.

Les fleurs en corymbes ont de petits pétales blanc lait et de fines étamines. Elles s'épanouissent en mai-juin alors que le feuillage est déjà bien développé.

Cet arbre rustique a une cime ovale bien fournie. Le tronc se divise en branches ascendantes assez fines.

L'écorce brune devient écailleuse avec l'âge.

Aubépine monogyne

Crataegus monogyna Jacq.

Épine blanche, Aubépine à un style — Rosacées

L'Aubépine monogyne est un arbuste plus dense et surtout beaucoup plus grand que l'Aubépine commune*, formant parfois un petit arbre. Sa ramification très abondante en fait un buisson touffu dans son jeune âge ou bien lorsqu'elle est taillée. Son aire de répartition est aussi vaste et comprend toute l'Europe, l'Asie occidentale et l'Afrique du Nord. Elle est répandue dans la France entière, mais se trouve plus fréquemment dans le Midi, où elle préfère les sols calcaires et se satisfait des plus secs.

Pourtant, elle s'accommode de tous les terrains et on la rencontre sur les friches, à l'orée des bois, dans les taillis, dans les clairières des forêts. On la voit aussi dans les haies où, jadis, on l'a beaucoup plantée en raison de la barrière naturelle quasiment infranchissable qu'elle formait. De croissance lente, elle a une grande longévité. D'ailleurs son nom de genre, du grec *krataigos*, veut dire « fort résistant ». Quant à son nom d'espèce, *monogyna*, il souligne la particularité de sa fleur à n'avoir qu'un seul pistil.

On cultive des formes diverses pour l'ornementation, et des hybrides obtenus entre Aubépines et Néfliers, des cultivars nés des différentes espèces, souvent confondus avec ceux issus de l'Aubépine commune, sont recherchés pour la beauté de leur floraison.

L'Azérolier ou Épine d'Espagne (*Crataegus azarolus* L.) se voit surtout dans le Midi, le long du littoral et en Corse, où on en cultive les variétés à gros fruits, comestibles, et dont on fait gelées et confitures.

5 à 10 m, parfois 15 m

Non établi

500 ans environ

Spontané et cultivé

Europe, Asie occidentale jusqu'à l'Inde et Afrique du Nord

Non

Ornement et médication

Les feuilles, caduques, petites (2-3 cm), alternes et profondément divisées en 5 à 7 lobes, ont une paire de stipules à leur base. La face inférieure a souvent un reflet bleuté.

Espèce hermaphrodite. Les fleurs (mai), très abondantes, groupées en corymbes, d'une éclatante blancheur, mais parfois rosées, ont une odeur forte plutôt désagréable. Elles ne possèdent qu'un pistil.

Les fruits, appelés cenelles, riches en vitamine C, ont une chair farineuse douceâtre, et un seul noyau. Ils prennent une couleur rouge sombre en septembre.

L'écorce brun cendré présente des écailles.

Cette espèce épineuse aux ramifications denses est largement utilisée en haie ou comme écran.

Chêne rouge

Quercus rubra L.

Fagacées

Chêne rouge d'Amérique

Plus de 30 m

Non établi

Plus de 50 ans

Cultivé ou subspontané

Est des États-Unis

Non, mais fruits non consommables

Ornement et reboisement

Le Chêne rouge a une aire naturelle immense puisqu'elle couvre pratiquement toute la moitié est des États-Unis. Introduit en Europe dès 1724, son nom lui vient de la magnifique coloration que prend son feuillage à l'automne. L'espèce a été beaucoup plantée en France comme arbre d'ornement dans les parcs et comme essence de reboisement dans les forêts.

Calcifuge, il n'aime vraiment que les sols acides, même s'ils sont secs. Mais sa rusticité, sa rapidité de croissance, sa productivité et sa régénération naturelle, abondante et régulière, ont fait de lui une espèce très importante de reboisement. Aussi a-t-il été, depuis le début du siècle, très utilisé dans certaines régions pour enrichir des taillis-sous-futaie, suppléer une régénération naturelle absente, reboiser des landes incultes, etc. En particulier, il a été abondamment planté dans le Sud-Ouest, le Centre et le Nord-Est, où sa productivité s'y révèle supérieure à celle du Chêne sessile* et du Chêne pédonculé*. Autre intérêt de l'espèce : sa relative résistance à l'oïdium. En revanche, il est sensible à l'encre du Châtaignier* et sa longévité n'est pas très importante pour un Chêne.

Le Chêne rouge se reconnaît à son écorce qui reste plus ou moins lisse et mince avec l'âge, comme celle du Hêtre* ou du Charme*, aux sinus larges et arrondis de ses feuilles, celles-ci étant d'une grande variabilité de taille, et, enfin, à ses glands, dont la maturation s'opère sur deux ans. Son bois, dur et nerveux, est très utilisé.

A l'automne, les feuilles deviennent cramoisi mat à brun-rouge foncé.

Les jeunes rameaux sont glabres et portent des glands de l'année, encore peu développés.

Les feuilles sont caduques, alternes, nettement pétiolées, à lobes aigus faiblement dentés, à sinus arrondis, larges et de profondeur variable.

Les glands de grosseur variable, ovoïdes, brun-rouge, se terminent par une petite pointe. Ils sont contenus dans des cupules très aplaties et peu profondes à court pédoncule.

Le Chêne rouge est un grand arbre souvent fourchu à houppier très développé avec de grosses branches droites et redressées.

Mince et lisse, l'écorce se fendille avec l'âge.

Chêne des marais

Quercus palustris Muenchh.
Fagacées

Originaire de l'est des États-Unis, le Chêne des marais a été introduit en Europe en 1691 pour l'ornementation. C'est un grand et bel arbre aux feuilles très découpées, prenant à l'automne une magnifique coloration rouge. Dans son aire naturelle, comme son nom l'indique, il pousse sur des sols très frais, humides et acides. Malgré quelques essais d'introduction forestière, la mauvaise qualité de son bois fait qu'il reste essentiellement un arbre d'ornement. On l'utilise aussi comme arbre d'alignement, notamment le long des routes. Les branches du Chêne des marais ont une particularité permettant de l'identifier facilement de loin : elles restent sur l'arbre quand elles sont mortes, le faisant ressembler à un écouvillon (d'où le nom américain de *Pinoak*, c'est-à-dire : Chêne à épingles), ce qui explique, en partie, la mauvaise réputation de son bois qui est par ailleurs lourd, dur et très nerveux.

Le Chêne écarlate (*Quercus coccinea* Muenchh.) est également un grand Chêne de l'est des États-Unis. Il est très semblable au Chêne rouge* avec lequel il est très souvent confondu et avec qui il s'hybride facilement. Ses feuilles sont en principe plus grandes et leurs sinus plus profonds et très évasés, mais la variabilité des feuilles chez les deux espèces rend ce critère peu sûr. Le seul bon caractère distinctif est fourni par les glands : ceux du Chêne écarlate sont plus petits et plus arrondis, avec surtout une cupule plus profonde et non plate. C'est un bel arbre d'ornement dont le feuillage vire spectaculairement à l'écarlate en automne.

Plus de 30 m
Non établi
Plus de 50 ans
Cultivé ou subspontané
Est des États-Unis
Non, mais fruits non consommables
Ornement

Les feuilles, caduques, sont alternes, à lobes étroits et pointus, relativement perpendiculaires à la nervure principale, avec des sinus larges et arrondis. A l'automne, elles se colorent en rouge. Elles sont lentes à se décomposer au sol.

Chêne écarlate.
La feuille, longue de 7,5 à 15 cm, est brillante sur les 2 faces. Elle prend une teinte rouge profond en automne.

Les glands ovoïdes, brun-rouge, petits (1-1,5 cm), striés longitudinalement, sont contenus dans une petite cupule. La maturation des glands s'effectue en 2 ans.

L'écorce gris verdâtre reste assez lisse avec l'âge.

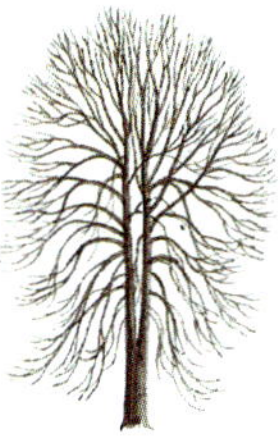

L'arbre a un tronc droit, élancé, avec un houppier triangulaire ou arrondi selon l'âge. De nombreuses branches mortes subsistent sur le tronc.

Chêne pubescent

Quercus pubescens Willd.

Fagacées — Chêne blanc, Chêne noir, Chêne truffier

25 m

15 ans

500 ans

Spontané

Europe du Sud

Non, mais fruits non consommables

Ornement ; bois : chauffage

De tous les Chênes croissant dans le Midi, le Chêne pubescent est le plus imposant, puisqu'on en connaît certains de 25 m de haut (20 m pour le Chêne vert*). C'est surtout dans les parcs et jardins que l'on rencontre les individus les plus beaux. C'est également le seul Chêne « méditerranéen », en France, à posséder des feuilles caduques.

Le vrai Chêne pubescent — il existe de très nombreux sujets à caractères intermédiaires — possède des feuilles qui ressemblent à celles du Chêne sessile* par leur forme générale, mais elles sont légèrement velues et vert clair dessus, très pubescentes et vert grisâtre dessous ; les jeunes rameaux sont également très pubescents : ces caractères suffisent à le reconnaître. Le Chêne pubescent est une essence typique de la basse montagne méditerranéenne, mais il remonte aussi, par endroits, vers le Nord. En France, son domaine est à peu près celui de la Vigne*. Selon les espèces avec lesquelles il vit, on distingue différentes associations à type plus ou moins méditerranéen. Indifférent à la nature du sol dans la partie la plus chaude de son aire, le Chêne pubescent devient franchement calcicole au nord de celle-ci.

Le bois du Chêne pubescent est dur et difficile à travailler, aussi l'utilise-t-on surtout comme bois de chauffage ou pour faire du charbon de bois. L'intérêt de cet arbre est d'être « truffier » et d'être même le meilleur de nos Chênes truffiers. On le plante principalement pour cet usage dans certaines régions, comme en Périgord.

Espèce monoïque.
Les chatons mâles, jaunâtres, pendent à la base des jeunes rameaux ; les fleurs femelles, aux stigmates rouge vif, sont à l'extrémité.

Les glands, ovales, un peu allongés, à pédoncule court, se présentent groupés.

Les feuilles, caduques, sont alternes, ovales allongées (8 cm), assez profondément lobées et très pubescentes dessous.

Le Chêne pubescent a un houppier ample et clair. Le fût est souvent court, de forme tourmentée.

L'écorce noirâtre s'épaissit et se fissure précocement.

Chêne tauzin

Quercus pyrenaica Willd.

Chêne noir, Chêne doux, Chêne brosse

Fagacées

Le Chêne tauzin est une essence des régions océaniques, abondant dans la péninsule Ibérique et le sud-ouest de la France, des Landes à la Loire, avec des îlots en Bretagne, en Sologne ou dans le Bassin parisien. On le voit en grand nombre dans la région bordelaise et le Médoc, en compagnie du Chêne pédonculé* et du Pin maritime*. On le rencontre cependant disséminé sur la bande littorale où il est souvent remplacé par le Chêne vert* ou le Chêne-liège*, et dans les Pyrénées. En revanche, dans le centre de l'Espagne, il croît à des altitudes relativement élevées. Le qualificatif de tauzin vient de « tauza », nom de l'espèce en gascon, qui se retrouve dans la toponymie de l'Aquitaine et dans son autre nom latin (*Quercus toza* Bosc).

Exigeant en lumière, il se contente des sols les plus médiocres pourvu qu'ils ne soient pas calcaires, d'où son caractère colonisateur. Il a la particularité de drageonner abondamment et, comme tous les Chênes, de rejeter de souche. Sa croissance est faible, en raison de la pauvreté des sols sur lesquels il pousse (acides, sableux et secs) et de la courte durée de sa saison de végétation. Dans les Landes, par exemple, il ne débourre qu'en mai, un bon mois après le Chêne pédonculé, ce qui permet de bien le repérer dans le paysage. Il est très sensible à l'oïdium provoqué par un cryptogame parasite qui, au début de ce siècle, l'avait décimé dans le piémont pyrénéen. Dans la nature, on en connaît des hybrides avec le Chêne sessile* et le Chêne pédonculé.

20 m

Non établi

Plus de 150 ans

Spontané

Région sud-atlantique

Non

Bois : chauffage, piquets

Les fruits, qui mûrissent à l'automne, sont des glands, petits, ovoïdes, réunis par 2 à 4 au bout d'un pédoncule gros et court, avec une cupule pubescente.

Les feuilles, caduques, alternes, pétiolées, sont profondément lobées, à sinus arrondis, vert sombre et poilues sur la face supérieure, vert clair et tomenteuses sur la face inférieure.

Espèce monoïque. Les fleurs mâles se présentent en chatons grêles, lâches et pendants ; les fleurs femelles ressemblent à des bourgeons.

L'écorce noirâtre, épaisse, est profondément crevassée.

Les jeunes rameaux, veloutés et d'un vert doré, apparaissent tardivement, en juin.

Le Chêne tauzin est un petit arbre tortueux, à grosses branches et au houppier peu dense.

Chêne sessile

Quercus petraea (Mattuschka) Liebl.
Fagacées

Chêne rouvre, Drille, Drillard, Durelin, Chêne noir, Chêne mâle, Chêne blanc

Le Chêne sessile est, avec le Chêne pédonculé*, le roi des forêts tempérées de l'Europe occidentale. C'est le plus majestueux des arbres et l'un des plus grands (40-45 m). Essence principalement forestière, on ne le trouve que rarement isolé. Très facile à confondre avec son cousin, le Chêne pédonculé, il s'en distingue quand même par ses feuilles sans oreillettes, toujours longuement pétiolées, son limbe plus large et bien plan ; les années de bonne fructification — rares et qui peuvent ne se produire, dans l'Est par exemple, que tous les huit à dix ans ! — les fleurs femelles (et plus tard les glands) sont portées extrêmement court (à peine 1 cm).

Le Chêne sessile a un tempérament beaucoup plus rustique que le Chêne pédonculé ; il tolère des sols secs ou hydromorphes, acides ou calcaires, même très pauvres. C'est du reste dans des conditions a priori assez défavorables que l'on rencontre les chênaies à Chêne sessile les plus réputées de France, comme Bellême (Orne), Bercé (Sarthe) ou Tronçais (Allier). Il préfère les climats doux et humides du type atlantique, redoute les fortes gelées provoquant l'apparition de gélivures sur le tronc, et surtout les gelées tardives qui détruisent ses fleurs.

De tout temps, le bois de Chêne a été réservé aux plus nobles usages : bois de marine et d'ébénisterie au XVIIIe s. notamment (on « tranche » aujourd'hui les Chênes plantés sous Colbert et destinés alors à la Marine). C'est en outre un des bois dont le prix est le plus élevé.

45 m

50 à 60 ans

600 ans

Spontané

Europe occidentale et centrale, Asie occidentale

Non

Ornement ; bois ; écorce, feuilles : médication, tannerie

Espèce monoïque.
Les fleurs mâles sont situées à la base des rameaux de l'année en longs chatons pendants.
Plus discrètes, les fleurs femelles, à l'extrémité de ces rameaux, se signalent par leurs stigmates rouges.

Les feuilles, caduques, cunéiformes à la base et glabres, possèdent un long pétiole.
Les glands sont portés par un pédoncule de moins de 1 cm.

L'arbre a un tronc droit avec un houppier ample constitué de branches de forme moins tourmentée que celles du Chêne pédonculé.

L'écorce grisâtre est finement fissurée en long.

Chêne pédonculé

Gravelin, Chêne blanc, Chêne à grappes, Chêne femelle, Chêne noir, Châgne

Quercus robur L.
Fagacées

Arbre noble par excellence, le Chêne pédonculé est avec le Chêne sessile* le plus grand de tous les Chênes d'Europe occidentale. C'est aussi le plus répandu et le plus populaire, comme en témoignent ses nombreux noms vernaculaires. Assez facile à confondre avec le Chêne sessile, il s'en différencie par ses feuilles qui ont un pétiole très court et dont le limbe, à l'insertion du pétiole, se prolonge par deux oreillettes bien développées. Et l'on peut remarquer, les années de bonne fructification, que les fleurs femelles et plus tard les glands sont portés par un long pédoncule, atteignant plusieurs centimètres, d'où le nom d'espèce.

Les exigences écologiques du Chêne pédonculé sont beaucoup plus marquées que celles du Chêne sessile. Moins tolérant que ce dernier à l'égard du sol — qui doit être fertile, humide sans excès et plutôt argileux —, il l'est plus à l'égard du climat. Avide de lumière, il est fréquent dans les friches et on le voit souvent dans les pâtures et les haies. Il peut souffrir de la sécheresse.

Son bois est tout aussi recherché que celui du Chêne sessile, et les grumes de très bonne qualité atteignent des prix similaires. Il est réservé aux mêmes usages. Les feuilles, les galles et la jeune écorce, très riches en tanin, sont astringentes et hémostatiques. Signalons l'existence d'une variété : le Chêne de juin (*Quercus robur* var. *tardissima* Simonk.), qui a l'avantage de débourrer plus tardivement mais l'inconvénient d'être très sensible à l'oïdium ; on le rencontre en Sologne et dans la vallée de la Saône.

45 m
60 ans
400 à 500 ans, parfois 2000 ans
Spontané
Europe et Asie Mineure
Non, mais fruits non comestibles
Ornement ; bois ; écorce, feuilles : médication

Les feuilles (10 cm) sont caduques, alternes, presque sessiles, glabres avec 3 à 7 paires de lobes, à limbe ondulé, assez profondément découpés, avec 2 oreillettes à la base.

Espèce monoïque. Les fleurs mâles, jaunes, pendent en chatons à la base des rameaux. Les fleurs femelles, petites, sont portées par un long pédoncule à l'extrémité des jeunes rameaux.

L'écorce se fissure profondément avec l'âge.

Les arbres isolés ont un houppier ample très fourni et un fût relativement court. En hiver, on remarque l'aspect souvent tourmenté des branches.

Chêne chevelu

Quercus cerris L.

Fagacées

Chêne lombard, Chêne de Bourgogne

30 m

Non établi

Plus de 100 ans

Spontané et cultivé

Centre et sud-est de l'Europe, Proche-Orient

Non

Ornement, bois

Originaire du sud-est de l'Europe (Italie, Suisse, Autriche, Hongrie, Balkans) et du Proche-Orient, le Chêne chevelu atteint en France l'extrémité occidentale de son aire. Il y est cependant très rare à l'état spontané (Doubs, Jura suisse, Alpes maritimes). Mais on le rencontre planté ou subspontané dans beaucoup d'autres régions, en particulier dans le Centre-Ouest.

C'est un grand arbre pouvant atteindre 30 m et plus, à cime globuleuse, qui pousse le plus souvent près du Chêne pédonculé* dans les plaines argileuses, mais qui supporte très bien les terrains calcaires. Ses feuilles sont de taille et de forme variées, elles sont cependant toutes pubescentes, coriaces et brillantes, avec des lobes à extrémité lancéolée, et souvent marcescentes. Autre caractéristique : la base des feuilles, les bourgeons et les cupules sont hérissés de filaments pubescents, d'où le nom de Chêne chevelu.

Malgré sa croissance rapide, surtout en climat doux, et sa bonne résistance à l'oïdium, il est très peu utilisé en sylviculture en raison de sa tendance marquée à la gélivure et de la mauvaise réputation de son bois. En effet, celui-ci a un aubier important et son bois de cœur, teinté de rose ou de violet, est lourd, dur, nerveux, et peu durable. On en fait pourtant des traverses de chemin de fer, des charpentes et on l'utilise en menuiserie. Par ailleurs, c'est un bon bois de chauffage. Le Chêne chevelu est également une essence ornementale que l'on plante dans les parcs pour la rapidité de sa croissance et pour la beauté de son feuillage aux reflets brillants.

Espèce monoïque. Les fleurs mâles sont en chatons lâches et pendants. Les fleurs femelles, souvent groupées à l'aisselle des feuilles, sont discrètes. La floraison a lieu en avril-mai.

Les feuilles, alternes, sont caduques, souvent marcescentes. Pubescentes, luisantes et coriaces, elles ont des lobes inégaux et sont lancéolées à leur extrémité.

Les glands à pédoncule court mûrissent en 2 ans ; grands, oblongs et rouge brique, ils sont insérés dans des cupules hérissées de longues écailles pubescentes plus ou moins recourbées.

Le Chêne chevelu a un important houppier ovoïde. En culture ou à l'état isolé, il peut atteindre une taille imposante.

L'écorce gris brunâtre est profondément crevassée.

LES FEUILLES COMPOSÉES

Les feuilles sont dites composées lorsqu'un même pétiole commun inséré sur la tige porte de part et d'autre plusieurs éléments du limbe (folioles), qui peuvent être eux-mêmes sessiles ou pétiolulés. Les feuilles composées peuvent être alternes ou opposées, les folioles peuvent être simples, ou divisées, entières ou dentées.

Les arbres à feuilles composées palmées sont peu nombreux dans nos régions (Marronnier), alors que de nombreuses espèces d'arbres, arbustes et arbrisseaux ont des feuilles composées pennées.

Feuilles pennées à 3 folioles

Cytise Faux Ébénier
3 folioles de 3 à 7 cm,
à bords entiers,
finement
pubescentes dessous.
Page 199.

Cytise
Faux Ébénier

Bugrane arbrisseau
3 folioles épaisses,
glabres, dentées,
à pétiole masqué
par les 2 stipules latérales.
Page 200.

Jasmin sauvage
3 folioles
un peu inégales,
de 2 cm environ,
épaisses, luisantes,
très glabres.
Page 201.

Ronces
3 folioles ou 5 folioles
sur les feuilles
d'un même pied;
pétiole et tiges
munis d'épines arquées.
Page 202.

Bugrane

Feuilles pennées à 5 folioles et plus

Robinier Faux Acacia
Feuilles alternes
de 15 à 20 cm,
à petites folioles,
très ovales arrondies.
Page 213.

Sureaux
Feuilles opposées
de 5 à 7 folioles,
à bords finement dentés.
Pages 204-205.

Noyer commun
Feuilles alternes
de 20 à 40 cm,
avec 7 à 9 folioles,
la terminale pétiolulée.
Page 208.

Robinier
Faux Acacia

Pistachier Térébinthe
Feuilles alternes
de 5 à 12 cm.
Folioles
en nombre impair, 7 ou 9.
Page 211.

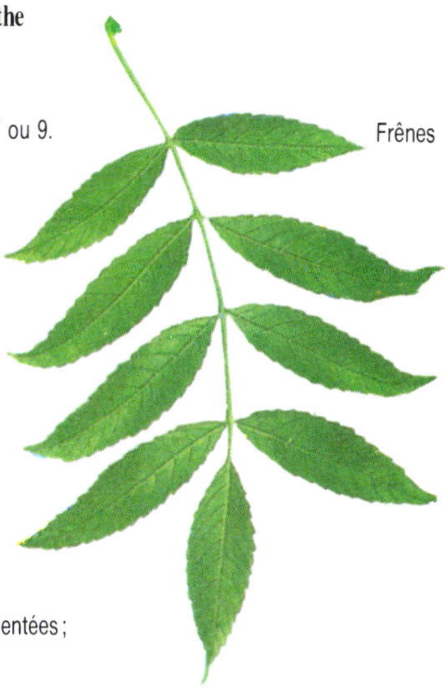

Frênes

Frênes
Feuilles opposées
de 5 à 13 folioles,
régulièrement
et assez fortement dentées;
bourgeons noirs
ou brun foncé.
Pages 216-217.

Sorbiers

Sorbiers
Feuilles alternes
de 5 à 15 folioles,
très finement
et régulièrement dentées.
Pages 222-223.

Feuilles palmées

Marronnier

Marronnier
Généralement
7 folioles
disposées en étoile.
Page 224.

Adénocarpe à feuilles pliées

Adenocarpus complicatus (L.) Gay

Légumineuses-Papilionacées

Faux-Genêt

1 à 2 m

Non établi

Plus de 20 ans

Spontané

Région méditerranéenne, Sud-Ouest et Cévennes

Aucune

Ornement

L'Adénocarpe à feuilles pliées est un arbrisseau aux tiges dressées et enchevêtrées, mais non épineuses, qui ressemble au Genêt. On le rencontre principalement dans le sud-ouest de la France, dans les landes, les friches et les lisières de bois, sur sol siliceux, en des stations isolées, souvent en mélange avec le Genêt à balais* ou la Bruyère à balais*, toujours en situation chaude et sèche. Dans les Cévennes, il en existe une variété spécifique, connue sous le nom d'*Adenocarpus commutatus* Guss. Les Adénocarpes ont la caractéristique de présenter des feuilles à 3 folioles très petites (moins de 1 cm), et surtout de porter des gousses noirâtres (d'où le nom botanique d'*Adenocarpus*, du grec *aden :* glande, et *carpos :* fruit), hérissées de tubercules glanduleux et visqueux.

Comme son nom l'indique, l'Adénocarpe de Toulon (*Adenocarpus telonensis* [Lois.] DC. ou *Adenocarpus grandiflorus* Boiss.) est une espèce méditerranéenne. C'est un arbrisseau aux rameaux pubescents et piquants, s'élevant de 1 à 2 m. Ses folioles sont presque glabres, mais ses gousses verruqueuses sont aussi soyeuses. On le trouve sur le littoral de la Provence siliceuse, dans les forêts de Chênes-lièges*.

Dans les Alpes méridionales poussent deux Cytises assez rares qui, comme les Adénocarpes, ont de petites folioles : le Cytise d'Ardoino (*Cytisus ardoinoi* Fourn.) et le Cytise de Sauzet (*C. sauzeanus* Burnat et Briq.).

Espèce hermaphrodite.
Les fleurs (7-10 mm), papilionacées, jaune clair, sont réunies en grappes terminales longues et lâches.
Elles s'ouvrent en avril-mai.

Les feuilles sont caduques, alternes, trifoliolées, à folioles très petites, pliées en long, légèrement pubescentes sur la face inférieure.

Les gousses, de 2 à 3 cm de long, noirâtres, sont hérissées de nombreux tubercules glanduleux. Elles contiennent des graines noires et aplaties.

Adénocarpe de Toulon.
Les grandes fleurs décoratives (12-14 mm), jaune orangé, sont groupées par 2 à 7 en petits bouquets terminaux.

L'Adénocarpe à feuilles pliées est un arbrisseau à rameaux allongés, blanchâtres, plus ou moins pubescents, striés et sans épines.

Anthyllide Faux Cytise

Anthyllis cytisoides L.

Légumineuses-Papilionacées

L'Anthyllide Faux Cytise est un petit arbrisseau qui croît dans les zones littorales de l'Ouest méditerranéen. En France, on le trouve sur les coteaux arides des Pyrénées-Orientales et de l'Aude, ainsi que dans ceux des Bouches-du-Rhône et du Var, et tout particulièrement sur les falaises du cap Canaille, près de Cassis, dans des garrigues à Romarin* et à Bruyère multiflore*.

Ses rameaux, non épineux, recouverts d'un duvet blanc grisâtre, portent à leur partie inférieure des feuilles simples, et à leur partie supérieure des feuilles trifoliolées. Comme chez tous les *Anthyllis*, la foliole terminale est nettement plus grande que les latérales.

L'Anthyllide de Hermann (*Anthyllis hermanniae* L.) remplace l'espèce précédente dans les pays de la Méditerranée centrale : Italie, Corse, Sardaigne. C'est également un sous-arbrisseau, mais plus petit, à rameaux tortueux, piquants à leur extrémité, à folioles soyeuses et aux petites fleurs jaune orangé. Il affectionne les sols calcaires. Il est parfois planté dans les rocailles pour la beauté de sa floraison.

La Badasse ou Dorycnie suffrutescente (*Dorycnium pentaphyllum* Scop.) est, elle aussi, un sous-arbrisseau à port en boule, d'un aspect général blanc grisâtre, souvent presque argenté. Les tiges ligneuses et couchées à leur base se prolongent par des rameaux annuels dressés et portent de petites fleurs papilionacées. C'est une espèce assez commune des lieux incultes, calcaires, secs, très ouverts, de la région méditerranéenne.

0,50 à 1 m

Non établi

Plus de 15 ans

Spontané

Région méditerranéenne

Non

Aucune

Fleur
[Grandeur nature]

Les fleurs bisexuées, papilionacées, petites (8 mm), jaune pâle, sont groupées par 2 à 5 en épi allongé et lâche garni de bractées foliacées.

Les feuilles, caduques, alternes, d'un blanc grisâtre, sont simples sur la partie inférieure et à 3 folioles sur la partie supérieure des rameaux.

La gousse est ovoïde, glabre et ne renferme qu'une seule graine.

Badasse.
Les rameaux portent des feuilles foliolées vert grisâtre. Les fleurs (mai-septembre) sont blanches à carène tachée de noir bleuâtre, groupées par 5 à 12 et formant des têtes au sommet d'un long pédoncule.

Cet arbrisseau aux rameaux élancés et dressés, non épineux, blanc grisâtre et pubescents, forme une boule buissonnante.

Cytise à feuilles sessiles

Cytisus sessilifolius L.

Légumineuses-Papilionacées

1 à 2 m

Non établi

Selon environnement

Spontané dans la région méditerranéenne

Europe et Asie

Oui

Ornement

Arbrisseau peu touffu, de 1 à 2 m de haut, le Cytise à feuilles sessiles croît dans les bois secs et les coteaux calcaires de la région méditerranéenne. Mais on le rencontre également plus au nord, dans le cortège du Chêne pubescent*, en compagnie de la Coronille arbrisseau et du Baguenaudier*. Malgré son nom, ses feuilles ne sont pas toutes sessiles. Seules le sont celles situées à la partie supérieure des rameaux. On l'utilise parfois pour l'ornementation, sur sol calcaire, dans les régions méridionales.

Autre arbrisseau de l'Ouest méditerranéen : le Cytise à trois fleurs (*Cytisus villosus* Pourr.), à port dressé et de même grandeur, vit dans les zones littorales à sol acide, frais et humifère. C'est une espèce caractéristique des forêts de Chênes-lièges*. Ses jeunes rameaux et feuilles, recouverts de longs poils blancs appliqués, donnent à la plante un aspect grisâtre. Les fleurs papilionacées, jaunes striées de brun, apparaissent entre mai et juin. Les fruits sont des gousses brunes et velues, contenant 6 à 8 graines brunâtres.

Plusieurs autres Cytises, de genres botaniquement différents, également méditerranéens, lui ressemblent : le Cytise de Montpellier (*Cytisus monspessulanus* L.), très disséminé mais avec sensiblement la même écologie, et les *C. nigricans* L. et *C. hirsutus* L., plus montagnards. Le Cytise à feuilles de Lin (*Cytisus linifolius* [L.] Lam.), localisé dans les stations ou biotopes très chauds du littoral varois,a de longues folioles étroites.

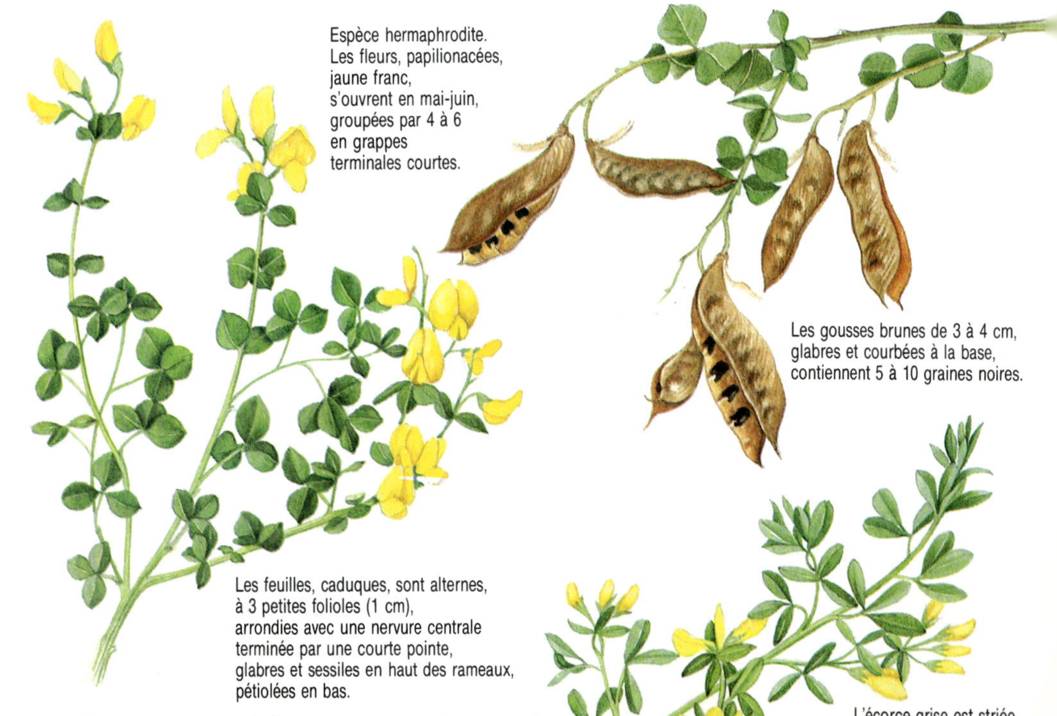

Espèce hermaphrodite. Les fleurs, papilionacées, jaune franc, s'ouvrent en mai-juin, groupées par 4 à 6 en grappes terminales courtes.

Les gousses brunes de 3 à 4 cm, glabres et courbées à la base, contiennent 5 à 10 graines noires.

Les feuilles, caduques, sont alternes, à 3 petites folioles (1 cm), arrondies avec une nervure centrale terminée par une courte pointe, glabres et sessiles en haut des rameaux, pétiolées en bas.

C'est un arbrisseau peu dense, mais à tiges dressées très feuillées.

Cytise de Montpellier. Cet arbrisseau à feuilles plus ou moins pubescentes, pâles dessous, a des fleurs réunies en bouquets au sommet des rameaux. Ses fruits sont des gousses brunes et velues.

L'écorce grise est striée en losange et verruqueuse.

Cytise Faux-Ébénier

Laburnum anagyroides Med.

Cytise Aubour, Aubour

Légumineuses-Papilionacées

Le Cytise Faux-Ébénier est un gracieux arbuste, voire un petit arbre, des collines et des plateaux calcaires du centre et du sud-est de l'Europe, mais il n'est pas certain qu'il soit indigène dans beaucoup de ses stations de France, de Belgique et de Suisse.

Espèce devenue ornementale, elle a été longtemps très utilisée pour enrichir les sous-bois de Pin noir d'Autriche* du nord-est de la France, où elle s'est disséminée en se naturalisant. Son emploi sur les sols calcaires était d'autant plus apprécié que les nodosités bactériennes de ses racines ont le pouvoir de fixer l'azote dans le sol. Son nom d'Aubour vient du latin *alburnum* (bois blanc) qui, par dérivation, a donné *Laburnum,* son nom botanique de genre. Celui de l'espèce, *anagyroides,* fait allusion à sa ressemblance avec l'Anagyre fétide.

Le Cytise des Alpes (*Laburnum alpinum* [Mill.] Bercht. et Presl), qui lui ressemble beaucoup, est un arbuste des sols calcaires de moyenne altitude du Jura et des Alpes. Il s'en distingue par sa floraison tardive en juin, avec des fleurs moins grandes, mais plus odorantes et d'un jaune plus pâle, réunies en grappes plus longues. Le Cytise hybride de Voss (*Laburnum* × *watereri* 'Vossii' Dipp.) est très prisé en ornementation.

L'Anagyre fétide (*Anagyris foetida* L.) est un arbrisseau rare du Midi méditerranéen dont toutes les parties sont violemment toxiques, en particulier ses graines. Son bois a une odeur désagréable, d'où son nom.

5 à 7 m

Non établi

Plus de 30 ans

Naturalisé, rarement spontané

Centre et sud de l'Europe

Écorce, feuilles, graines

Ornement; bois : tournerie; feuilles à dose mesurée : médication

Les feuilles, caduques, alternes, à 3 folioles ovales (3-8 cm), vert grisâtre et mates dessus, légèrement pubescentes dessous, sont munies d'un long pétiole.

Les gousses sont pendantes, grisâtres, épaisses, pubescentes et bosselées.

Les jeunes rameaux, arrondis, lisses et verts, sont ensuite recouverts de poils argentés.

Cytise des Alpes. Cet arbuste se distingue du Cytise Faux-Ébénier par ses folioles glabres, plus grandes, à sommet plus aigu et par ses gousses plates, luisantes et glabres.

Les fleurs, bisexuées, papilionacées, jaune d'or, odorantes, sont réunies en grappes pendantes.

L'écorce, lisse, a des lenticelles apparentes.

Le Cytise Faux-Ébénier a généralement un tronc court, un houppier assez clair et des rameaux retombants.

Bugrane arbrisseau

Ononis fruticosa L.

Légumineuses-Papilionacées

0,50 à 1 m

Non établi

Plus de 15 ans

Spontané

Montagnes
de la Méditerranée occidentale

Non

Ornement, fixation des sols

Cette Bugrane est un petit arbrisseau dressé, très rameux, sans épines, des basses montagnes méridionales soumises à l'influence du climat méditerranéen (Alpes du Sud, Cévennes, Pyrénées orientales). La Bugrane a été beaucoup plantée pour la fixation des terres érodées des Alpes du Sud (revégétalisation), en raison de son aptitude à croître sur les sols les plus secs et à y fixer l'azote, une caractéristique commune à toutes les Légumineuses. Elle est également cultivée pour ses belles fleurs roses qui s'épanouissent en été.

La Luzerne arborescente (*Medicago arborea* L.) est une espèce ornementale introduite en 1596 de la Méditerranée orientale (Grèce, Turquie), devenue subspontanée sur le littoral méditerranéen français. C'est un arbrisseau aux tiges dressées, s'élevant de 1 à 3 m, dont les jeunes rameaux sont gris et soyeux. Ses petites fleurs papilionacées (environ 1 cm), jaune orangé, sont réunies en grappes insérées à l'aisselle des feuilles et se succèdent pendant presque tout l'été. Comme chez toutes les Luzernes, les fruits sont des gousses aplaties et spiralées, larges de 1 cm, réticulées et velues.

La Potentille ligneuse ou Argentine (*Potentilla fruticosa* L.) est un petit arbrisseau de la famille des Rosacées, de 0,50 à 1 m de haut, que l'on trouve disséminé, à l'état spontané, dans les zones rocheuses des montagnes calcaires d'Europe. Elle est très cultivée pour ses belles fleurs jaunes qui s'épanouissent tout au long de l'été. Ses feuilles, caduques et alternes, sont de 3 à 5 folioles.

Espèce hermaphrodite.
Les fleurs roses papilionacées, de 1 à 2 cm, apparaissent de juin à août, groupées par 2 ou 3 sur un épi allongé.

Les gousses, longues de 2 cm environ, renflées, velues et finement grenues, contiennent 2 à 6 graines.

Les feuilles, caduques, alternes, sessiles, à stipules engainantes, ont 3 folioles glabres, allongées, dentées et légèrement coriaces.

Ses fruits forment des gousses aplaties, larges de 1 cm, tournées sur elles-mêmes en une spirale à un tour.

La Bugrane ligneuse est un arbrisseau dressé à belles fleurs roses très décoratives, dont les rameaux forment une touffe relativement dense.

Luzerne arborescente.
Elle a des fleurs jaune orangé et des feuilles caduques, alternes, à 3 folioles larges et obovales, pubescentes sur la face inférieure.

Jasmin sauvage

Jasminum fruticans L.

Oléacées

Jasmin jaune

0,50 à 1 m

Non établi

Plus de 15 ans

Spontané

Europe méridionale

Fruits

Ornement

Le Jasmin sauvage est un petit arbrisseau qui vit à l'état spontané dans le Bassin méditerranéen, et particulièrement en France où on le voit fréquemment dans les friches, dans les haies, en bordure des champs, toujours sur des sols calcaires et très souvent en compagnie du Chêne vert* et parfois du Chêne pubescent*. Ses longues tiges vertes, flexibles et retombantes portent des feuilles semi-persistantes et lustrées, d'un beau vert foncé. Les fleurs jaunes, peu odorantes, apparaissent en été. Le mot « jasmin » vient de l'arabo-persan *yasimin*, vocable apparu en Europe vers 1500, mais qui désignait le Jasmin officinal.

Le Jasmin d'hiver (*Jasminum nudiflorum* Lindl.), introduit de Chine en 1848, ressemble beaucoup au Jasmin sauvage. Comme lui, il a des rameaux verts, flexibles, anguleux et retombants. Comme lui, il a des fleurs jaunes, mais sans pédoncule, plus grosses et plus odorantes. Seule grande différence : sa floraison survient au cœur de l'hiver, de novembre à février ; elle a fait la popularité de ce Jasmin comme plante d'ornement. Palissé et à bonne exposition, il peut s'étendre jusqu'à 4 ou 5 m dans tous les sens.

Le Jasmin odorant qu'on utilise en parfumerie est le Jasmin officinal (*Jasminum officinale* L.), ou Jasmin blanc, ramené du Proche-Orient par les Arabes dès le XVIe s. C'est une véritable liane, aux tiges volubiles, fines et flexibles, qui est sensible au froid. Ses nombreuses petites fleurs blanches, groupées en épis lâches, qui exhalent un délicieux parfum, s'épanouissent en été.

Les fleurs, bisexuées, régulières, ont 5 pétales jaune d'or, soudés à leur partie inférieure en un long tube étroit. Elles sont peu odorantes.

Les tiges, vertes, dressées et anguleuses, portent des feuilles semi-persistantes, simples ou trifoliolées, à folioles vert foncé, luisantes et étroites. La foliole centrale est plus longue que les 2 autres.

Les fruits sont de petites baies charnues, violet-noir, brillantes et toxiques.

Jasmin d'hiver. Les fleurs, jaune vif, souvent doubles, solitaires ou réunies en grappes, sont abondantes en hiver (novembre-février).

Jasmin blanc. Les fleurs blanches, très odorantes, sont en grappes axillaires de 5 à 8 cm de long. Elles s'épanouissent de juin à octobre.

Framboisier

Rubus idaeus L.

Rosacées

Ronce framboisier, Ambre, Ronce du mont Ida

1,50 m

2 ans

Pérenne par ses rhizomes

Spontané

Hémisphère Nord

Non

Feuilles : médication; fruits : alcool, alimentation

Le Framboisier est la plus connue des espèces de Ronces de l'Europe occidentale et aussi la plus facile à identifier par ses feuilles de 3 à 7 folioles, vertes dessus et blanches dessous, ses aiguillons plus ou moins nombreux, faibles, courts et rougeâtres, ses fruits comestibles d'un rouge tendre. C'est une Ronce de montagne dont l'aire est extrêmement vaste : tout l'hémisphère Nord. Mais elle pousse également en plaine, surtout dans les forêts du nord et de l'est de l'Europe. Le Framboisier se rencontre le plus souvent dans les coupes forestières, jusqu'à 2000 m d'altitude. S'accommodant de tous les types de milieux, sauf les plus humides, il ne fructifie régulièrement que s'il est en pleine lumière.

Le Framboisier est cultivé chez nous depuis le Moyen Age, mais surtout depuis le début du XIXe s. Comme toutes les espèces du genre *Rubus,* il ne porte que des feuilles la deuxième année de son existence, puis fleurit, fructifie, et meurt, laissant la place à des nouvelles tiges nées de l'appareil vivace souterrain. De très nombreuses variétés ont été sélectionnées.

La plupart des espèces courantes de Ronces étaient réunies par Linné sous le nom de *Rubus fructicosus* L. qui indique bien l'aspect de « petite plante ligneuse ». Le genre *Rubus* est l'un de ceux qui renferment le plus d'espèces : toutes sont en général très difficiles à identifier, même pour un botaniste. Dans le Midi, on trouve surtout la Ronce à feuilles d'Orme (*Rubus ulmifolius* Schott), dans les zones humides, la Ronce bleuâtre (*R. caesius* L.).

Les fleurs blanches (mai-juillet), à 5 sépales étalés et 5 petits pétales, ont de nombreuses étamines et carpelles.

Les fruits ovoïdes, rose foncé, composés de plusieurs drupéoles veloutés, se détachent du réceptacle en août.

Les feuilles, caduques, imparipennées, vert franc dessus et blanches feutrées dessous, ont 3 à 7 folioles dentées.

Ronce.
Cette plante épineuse a des feuilles stipulées à 3, 5 ou 7 folioles, souvent blanchâtres dessous. Des fleurs blanches ou roses (mai - août) et des fruits noir bleuâtre brillant, les mûres, à saveur sucrée.

Le Framboisier est une Ronce dont la souche donne chaque année de nouvelles tiges ligneuses et dressées, munies d'aiguillons.

Érable negundo

Acer negundo L.
Acéracées

Ce petit arbre au feuillage lumineux et léger, si répandu dans les parcs et jardins, fut introduit en 1688 en Angleterre grâce à l'évêque Henry Compton, à qui l'on doit l'acclimatation de nombreuses autres plantes exotiques. L'Érable negundo n'arriva en France que près de cinquante ans plus tard, envoyé du Canada.

Negundo est un mot dérivé du sanscrit s'appliquant à un arbre à feuilles d'Érable. Linné lui a donné ce curieux nom bien que ses feuilles, composées et non lobées, ressemblent davantage à celles du Frêne commun*. Se plaisant sous tous les climats et sur tous les terrains, avec cependant une prédilection pour les sols frais, dans les vallées arrosées, le long des cours d'eau, l'Érable negundo a été abondamment planté. De croissance rapide quand il est jeune (5-6 m en vingt ans), s'accommodant de l'ombre et du vent, et rejetant bien de souche, c'est un arbre sans problème dont les pépiniéristes ont créé divers cultivars. L'un des plus beaux, et des plus populaires, est celui à feuillage panaché de jaune pâle : 'Variegatum', qui ne peut être multiplié que par greffage. Il existe aussi des variétés à feuillage doré du plus bel effet ('Auratum' ou 'Odessanum').

Originaire du sud-ouest de la Chine, l'Érable à écorce papyracée (*Acer griseum* [Franch.] Pax) est souvent cultivé pour la beauté de son écorce qui s'exfolie et montre une tonalité brun orangé très décorative. C'est un arbre à croissance lente qui est d'une grande beauté à l'automne.

15 à 20 m
Non établi
100 ans environ
Cultivé, parfois subspontané
Amérique du Nord
Non
Ornement

Différents cultivars de l'Érable negundo sont utilisés pour l'ornementation. Les feuilles de 'Auratum' sont d'un jaune pur qui vire au jaune doré éclatant. Celles de 'Variegatum' sont panachées et comportent une marge plus ou moins large d'un jaune très pâle.

Chaque feuille, caduque, est composée de 5 à 7 folioles opposées, oblongues, de 5 à 10 cm de long, irrégulièrement lobées ou dentées. Les folioles inférieures sont pétiolées. Vert pâle dessous, elles sont d'un vert léger et brillant dessus.

Les fruits sont des samares réunies par paires sur de longues grappes, et ont des ailes en forme de V, dilatées et incurvées à leur extrémité.

Espèce dioïque. Les fleurs mâles à anthères rougeâtres et les fleurs femelles verdâtres sont portées en grappes pendantes par des sujets différents.

L'écorce, mince, se fissure en vieillissant.

Érable à écorce papyracée. Les feuilles, caduques, trifoliolées, vert moyen, virent au pourpre à l'automne. Les fruits (samares) ont des ailes (3-5 cm) presque parallèles et légèrement recourbées.

L'Érable negundo se caractérise par sa cime irrégulière et assez diffuse, par son tronc court, souvent multiple, et par le nombre de ses branches principales.

Sureau noir

Sambucus nigra L.
Caprifoliacées

Sureau commun, Suseau, Susier, Seuillon, Sambuce, Saou, Hautbois

4 à 10 m

5 ans

40 à 50 ans

Spontané, subspontané et cultivé

Europe, Afrique du Nord, Asie occidentale

Non

Ornement ; écorce, feuilles, fleurs, fruits : médication

Les nombreux noms vernaculaires du Sureau noir montrent à quel point il est commun chez nous. Indifférent à la nature du sol, on le trouve presque partout dès qu'il y a un peu d'humidité : dans les bois, les haies, au bord des cours d'eau ou dans les arrière-dunes littorales. Il s'installe également, souvent, dans des sites transformés (ruines, terrains vagues, habitations...). Très vigoureux, sa colonisation est rapide. C'est un arbrisseau de grande taille (4-5 m) pouvant prendre, parfois, l'allure d'un petit arbre. Il se reconnaît à ses longues feuilles composées, à ses fleurs blanc ivoire, épanouies en larges corymbes, dont l'odeur est désagréable, à ses baies rouges ou noires ainsi qu'à ses rameaux cassants et légers contenant une abondante moelle blanche.

Le Sureau a été cultivé par l'homme depuis de nombreux siècles, particulièrement pour ses vertus thérapeutiques. De nos jours, on emploie l'écorce, les feuilles, les fleurs et les fruits pour faire des tisanes (elles sont sudorifiques, diurétiques et purgatives) ou des inhalations qui sont efficaces pour les affections de la gorge. Les fruits, riches en vitamine C, et les fleurs servent à la préparation de confiture et d'eau-de-vie (ils ont même quelquefois été employés pour la falsification de certains vins). Si le bois de Sureau, qui est dur mais cassant, n'autorise que la fabrication de petits objets, la moelle des tiges est souvent utilisée en biologie pour la préparation de coupes histologiques. Enfin, on plante des cultivars du Sureau pour l'ornement des jardins.

Espèce hermaphrodite. Les fleurs blanc crème sont disposées en larges ombelles plates. Elles s'ouvrent en mai-juin.

Fleur [Grandeur nature]

Les feuilles, caduques, composées de 5 à 7 folioles, ovales et dentées, sont opposées. Elles dégagent une odeur âcre quand on les froisse.

Des baies rondes de 4 à 5 mm de diamètre, rouges puis noires, pendent en grappes serrées en août-septembre.

A l'intérieur des rameaux, la moelle bien blanche ressemble à du liège spongieux. Elle est utilisée en histologie.

L'écorce, lenticellée, devient épaisse et liégeuse.

Laissé libre, l'arbuste, sans forme précise, a un port déjeté. Il peut parfois prendre l'allure d'un petit arbre.

Sureau à grappes

Sambucus racemosa L.

Caprifoliacées

Sureau rouge

Le Sureau à grappes est une espèce montagnarde, contrairement au Sureau noir* qui pousse en plaine. Il affectionne les lieux frais et croît en sols non calcaires, sur le bord des chemins ou à la lisière des forêts, car il recherche avidement la lumière. Absent de la région méditerranéenne et de tout l'ouest de la France, on le rencontre dans l'Est, où il accompagne fréquemment le Hêtre* ou le Sapin*en montagne, ainsi qu'en Suisse et en Belgique dans les chênaies fraîches à sols acides.

De taille plus modeste que le Sureau noir, il s'en distingue également par ses fruits, rouges à maturité, et par ses fleurs qui naissent sur le bois de l'année précédente, alors que celles du Sureau noir poussent sur le bois de l'année. Les fruits, à saveur sucrée, servent à faire une liqueur. L'écorce des jeunes rameaux est très lenticellée et les folioles sont aussi nombreuses que celles du Sureau noir, mais bien dentées. Le cultivar 'Laciniata' a des feuilles réduites aux nervures.

Le Sureau du Canada (*Sambucus canadensis* L.), introduit en 1761 en Europe, a des inflorescences très grandes (30-40 cm de diamètre).

Tous les Sureaux ont un même ennemi : le puceron noir qui, vivant de la sève des végétaux, attaque leurs jeunes pousses en été.

Rappelant le Sureau par ses feuilles, le Staphylier ou Faux Pistachier (*Staphylea pinnata* L.) habite le centre de l'Europe jusqu'à l'Alsace et au Jura vers l'ouest. Il est souvent cultivé.

2 à 4 m

5 ans

30 à 50 ans

Spontané et cultivé

Europe, Asie occidentale

Non

Ornement ; fruits : alcool

Espèce hermaphrodite.
Les fleurs blanc jaunâtre poussent à l'extrémité des rameaux (avril-mai).
Elles sont peu odorantes mais très mellifères.

Les fleurs ont 5 pétales et 5 étamines très visibles à anthères colorées.
[X 3]

Les feuilles, caduques, paraissent en même temps que les fleurs.
Elles sont plus petites et moins pétiolulées que celles du Sureau noir.

Les baies rouge corail, à saveur sucrée, mûrissent en septembre.

L'écorce, jaunâtre, fonce en vieillissant.

L'arbuste à rameaux ligneux a une allure déjetée, peu serrée.

Églantier

Rosa canina L.
Rosacées

Églantier vrai, Rosier sauvage, Rosier des chiens, Églantine blanche

2 à 8 m

Non établi

Plus de 30 ans

Spontané

Europe

Non

Ornement, haies, alimentation

C'est par leur floraison pleine de joliesse et d'éclat, de mai à juillet, que les Églantiers se révèlent à nous dans les haies, les pâtures et les taillis des campagnes. Très répandus autrefois, ces arbustes ligneux à tiges souples, sarmenteuses, défendues par des aiguillons forts et recourbés, sont plus rares aujourd'hui, victimes de la destruction progressive des haies naturelles délimitant champs et prés. Le Rosier des chiens est l'un des plus fréquents et des plus robustes des Églantiers.

Son nom de Rose ou Rosier des chiens fait allusion à l'usage que l'on faisait dans l'Antiquité de ses racines pour soigner la rage. Ses fruits (cynorrhodon), très riches en vitamine C, sont parfois utilisés pour faire des confitures, des pâtisseries et des tisanes. Malgré leur aspect de baie, il s'agit en réalité de réceptacles floraux, accrescents puis charnus, qui renferment des graines dures et hérissées de poils, le fameux « poil à gratter ».

Plusieurs autres Églantiers sont aussi à fleurs blanches. *Rosa sempervirens* L., avec ses feuilles persistantes vert foncé et ses tiges volubiles, habite les haies et les coteaux du Midi et du Sud-Ouest. Les « Roses des champs », qui habitent en fait les bois : *Rosa arvensis* Huds., à feuilles un peu glauques, et *R. agrestis* Savi, à feuilles glanduleuses, se trouvent dans tout le pays, et *R. pimpinellifolia* L., le petit Églantier pimprenelle, appelé aussi Rosier pimprenelle ou Rose d'Écosse, vit dans les lieux très secs et jusque sur les dunes de Bretagne et de Vendée.

Les fleurs blanches ou rose pâle (2-4 cm) ont 5 pétales échancrés en cœur au sommet et de nombreuses étamines jaunes.

Le fruit (cynorrhodon) est rouge vif, surmonté des restes d'un gros stigmate. Il porte pendant quelque temps 5 sépales dentés, frangés, réfléchis vers le bas.

Les tiges portent des aiguillons assez forts et légèrement arqués. Les feuilles, caduques, comptent 5 à 7 folioles elliptiques, dentées, glabres ou un peu glanduleuses. Le pétiole porte à sa base 2 stipules allongées.

L'Églantier a des branches dressées avec des rameaux retombants et souples qui se couvrent de fleurs rose pâle ou blanc carné en juin-juillet.

Églantier pimprenelle. Les tiges sont hérissées de très nombreux aiguillons. Les feuilles ont 7 à 9 petites folioles arrondies et finement dentées.

L'écorce grise est crevassée.

Rosier des Alpes

Rosa pendulina L.

Églantier à fleurs rouges, Rose sans épines

Rosacées

On peut rencontrer chez nous quelque 30 espèces d'Églantiers ou Rosiers sauvages, quelques-uns à fleurs jaunes, les autres à fleurs rouges, roses ou blanches. Le Rosier des Alpes est l'une des petites merveilles à floraison estivale de la flore ligneuse des montagnes de presque tout le sud de l'Europe. Dépassant 2 m de haut dans les haies ou à la lisière des bois, cette espèce n'est parfois qu'un sous-arbrisseau d'à peine 50 cm, dans les rocailles de haute altitude où il croît jusqu'à 2 500 m. Très florifère, certaines parties de la plante dégagent souvent une légère odeur de térébenthine, permettant d'identifier l'espèce, mais c'est surtout par ses tiges démunies généralement d'épines qu'on la reconnaît.

Parmi les autres Rosiers ou Églantiers sauvages à fleurs rouges, on trouve : la Rose de France, dite aussi Rose de Provins (*Rosa gallica* L.), à très grandes fleurs (7-9 cm de diamètre), ancêtre de nombreuses roses cultivées ; l'Églantier rouillé (*R. rubiginosa* L.), grand arbuste à fleurs rose vif, dont les tiges et les feuilles dégagent une forte odeur de pomme ; le Rosier rugueux (*R. rugosa* Thunb.), originaire d'Asie orientale, le plus rustique et vigoureux de tous.

La plupart des Rosiers cultivés sont d'origine hybride très complexe, connus sous leurs formes « flore pleno », à très nombreux pétales (les Roses « vraies »). La Rose de Damas (*Rosa damascena* Mill.) est une de celles dont on extrait l'essence de rose, utilisée en parfumerie. Les Rosiers mousseux appartiennent au groupe de *Rosa centifolia* L.

1 à 2 m

Non établi

Plus de 20 ans

Spontané

Montagnes d'Europe centrale et du Sud

Non

Ornement

Les fruits, allongés, d'abord vert violacé, deviennent rouge vif à maturité. Ils sont surmontés par de longs sépales entiers et persistants.

Les feuilles sont caduques, molles, assez espacées les unes des autres, formées de 7 à 11 folioles presque glabres, à dents glanduleuses. Le limbe vert franc dessus est un peu terne et mat dessous. Les 2 stipules légèrement dentées sont souvent soudées sur toute la longueur du pétiole.

Les fleurs, rouge profond, ont 3 à 5 cm de diamètre. Les pétales, peu ou non émarginés, sont égaux ou un peu plus petits que les sépales. Le pédicelle est glanduleux.

Eglantier rouillé. Ses feuilles, pétiolées, imparipennées, composées de 5 à 9 folioles, sont vert foncé et glabres dessous, couvertes de glandes sombres au revers. Les fruits sont ovoïdes, rouge orangé à rouge sang.

Rose de France. Ses tiges sont souvent munies de différents aiguillons. Les uns sont forts et crochus ; les autres droits et raides, entremêlés de fines épines glanduleuses.

Le Rosier des Alpes est un arbrisseau peu dense à rameaux souples et très rarement épineux, sauf les jeunes rejets.

Noyer commun

Juglans regia L.

Juglandacées

Noyer royal

20 à 25 m

20 à 30 ans

200 à 300 ans

Subspontané et cultivé

Sud-est de l'Europe, Asie centrale

Non

Ornement; bois; feuilles et brou : teinturerie; fruits : alimentation

Bel arbre, à cime largement déployée, le Noyer commun est le dernier à se dépouiller en automne et le dernier à voir naître ses feuilles au printemps. De grandes feuilles composées, comme pour les vingt espèces d'arbres que réunit le genre, qui dégagent une odeur caractéristique, pas très agréable, lorsqu'on les froisse. Est-ce pour cela que l'on dit que l'ombre du Noyer est nocive ?

On dit souvent que la culture du Noyer est aussi ancienne que celle du Figuier*. Bien que le Noyer sauvage ait sans doute été indigène dans les Balkans, il semble que l'arbre soit venu d'Asie par l'intermédiaire des Perses, et que sa culture se soit répandue aussi bien en Extrême-Orient qu'en Europe occidentale. Les Romains, qui l'apprécièrent, lui ont donné son nom : *Juglans* (de *Jovis :* Jupiter, et *glans :* gland), le gland de Jupiter.

Plus petit et de croissance plus lente que son cousin américain le Noyer noir*, le Noyer commun, exigeant en lumière et en chaleur, craint les gelées en raison de sa végétation tardive et aime les sols profonds bien irrigués; il demande aussi à être planté en isolé dans les prairies pour pouvoir bien fructifier. Peu sociable, on ne le trouve guère en forêt. En France, une dizaine de bonnes variétés fruitières sont cultivées dans de nombreuses régions et produisent des noix de différentes grosseurs. Si le brou des coques et les feuilles sont employés en teinturerie, le bois du Noyer à cœur foncé, souvent veiné, a une grande réputation en menuiserie et en ébénisterie.

Les feuilles, caduques, qui peuvent atteindre 25 cm, sont alternes et composées de 5 à 9 folioles plus ou moins ovales, parfois sinuées, mais jamais dentées.

Fleurs mâles

Les fleurs sont unisexuées. Les mâles sont des chatons latéraux pendants, qui se forment sur les rameaux de l'année précédente; les femelles, terminales, apparaissent sur le bois de l'année même.

Fleurs femelles

Les noix se composent d'une partie ligneuse à 2 valves, plus ou moins rugueuse, entourée avant maturité d'une enveloppe charnue appelée brou. Les noix mûres sont utilisées pour la fabrication d'huile, ou consommées fraîches ou sèches.

Le Noyer commun est un arbre aux grosses branches étalées, à la cime ample et arrondie, qui donne un ombrage épais.

L'écorce, grise et lisse, se crevasse avec l'âge.

Caroubier

Ceratonia siliqua L.

« Arbre à saucisses »

Légumineuses-Césalpiniacées

Le Caroubier, très répandu dans tout le Bassin méditerranéen depuis l'Antiquité, a été longtemps cultivé pour ses fruits, les caroubes — mot arabe ayant donné son nom à l'arbre —, qui servaient à la nourriture du bétail et même des hommes. Les caroubes sont des graines contenues dans une gousse rappelant celle des petits pois, mais à valves soudées, très épaisses et charnues. Utilisées autrefois comme unités de poids, elles seraient à l'origine du mot « carat », l'étalon des joailliers.

Considéré comme spontané ou seulement subspontané en quelques points des massifs littoraux de la Côte d'Azur, il serait originaire de l'Asie Mineure. C'est l'espèce sauvage la plus thermophile de la flore arborescente d'Europe. Elle ne vit que dans les zones à climat chaud et sans gelée durable. C'est par ses formes cultivées, aux fruits les plus charnus, qu'elle se serait propagée du Moyen-Orient à l'Afrique du Nord et à l'Espagne du Sud.

On consomme aujourd'hui de diverses façons les gousses et les graines : boissons, desserts, farine, etc. Par ailleurs, les pharmacopées locales et la thérapeutique emploient également la farine de caroube pour traiter certaines affections intestinales ainsi que les feuilles qui sont riches en tanin. Le bois, bien que sensible à l'humidité, a été utilisé en marqueterie et en charronnage, car il est lourd, dur, à grain homogène, d'une belle coloration rose virant au rouge sombre. La croissance très lente de l'arbre et son manque de résistance aux vents limitent son rôle en sylviculture.

4 à 6 m, parfois 15 m

Non établi

Plus de 50 ans

Spontané et cultivé

Région méditerranéenne

Non

Alimentation et médecine

Les feuilles, persistantes, alternes, ont 4 à 8 folioles entières et ovales. Assez coriaces, elles sont vert sombre et glabres dessus, rosâtres et très mates dessous.

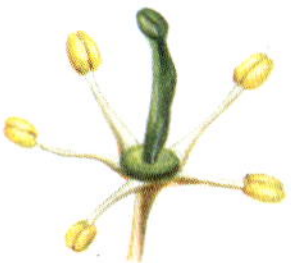

Espèce polygame ou dioïque. Les fleurs verdâtres (mai-octobre) sont minuscules et sans corolles. Elles apparaissent en grappes dressées.

L'écorce brun rougeâtre est fortement fissurée.

Les caroubes sont d'épaisses gousses pendantes de 12 à 20 cm de long. Un peu aplaties, vertes puis brun vineux à maturité, elles renferment 10 à 16 graines marron foncé.

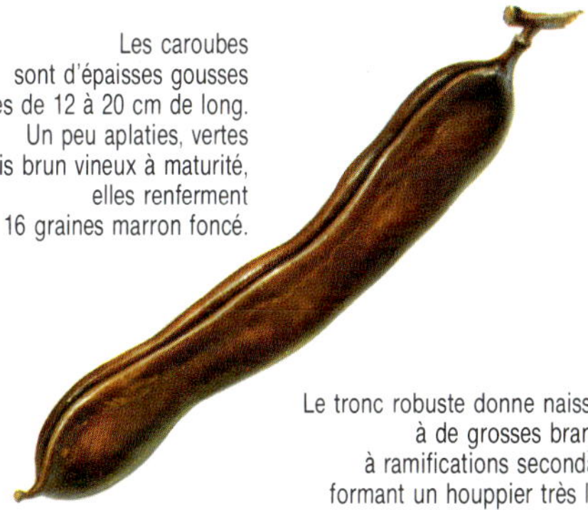

Le tronc robuste donne naissance à de grosses branches à ramifications secondaires, formant un houppier très large.

Pistachier-Lentisque

Pistacia lentiscus L.

Anacardiacées — Arbre au mastic, Restringe

3 à 6 m, parfois 8 m

Non établi

Plus de 50 ans

Spontané

Région méditerranéenne

Non

« Mastic » : pharmacopée, parfumerie

Le Pistachier-Lentisque est un arbuste (souvent arbrisseau par suite des coupes et des feux) familier des garrigues calcaires et des maquis silicicoles du Midi. Présent sur tout le pourtour de la Méditerranée, il ne s'éloigne guère du littoral où il croît dans les stations les plus chaudes. Avec son feuillage persistant et brillant, typique de nombreuses espèces méditerranéennes, il est caractéristique des zones dégradées sur sol très sec ou aride de la forêt méditerranéenne de feuillus toujours verts. On le rencontre avec le Chêne vert*, le Chêne-liège* et le Myrte*, en Corse, en Provence et en Languedoc-Roussillon.

Le Lentisque produit une gomme à odeur forte dont on voit souvent les traces desséchées sur le tronc, au niveau des entailles diverses ayant provoqué son exsudation. Cette résine, moins légère que celle du Térébinthe*, porte le nom de « mastic ». C'était la fameuse « gomme à mâcher » de la Méditerranée orientale, appelée également « manne du Levant » ou « mastic de Chio ». Particulièrement employée en pharmacopée ancienne, elle est utilisée aujourd'hui pour les soins dentaires dans la préparation des amalgames, en parfumerie et comme éléments de certains vernis.

Le bois du Lentisque, qui est un excellent combustible, a une très jolie teinte ocrée ou rosée, mais il ne peut être employé qu'en petite menuiserie ou ébénisterie, compte tenu de ses dimensions fort réduites. Ses fruits, dont on extrayait autrefois de l'huile à brûler, sont laissés maintenant aux oiseaux qui en sont friands.

Les feuilles, persistantes, alternes, assez épaisses et luisantes, sont paripennées, à 4 à 10 folioles arrondies au sommet. Vert foncé dessus, plus pâles dessous, elles ont un pétiole ailé.

Espèce dioïque. La fleur femelle a un style à 3 stigmates, la fleur mâle a 5 étamines jaunes. La floraison a lieu d'avril à juin.

Fleur femelle

Fleur mâle

Les drupes, rouges puis noires à maturité (octobre-novembre), sont groupées en épis latéraux. Chaque drupe contient une graine verdâtre et brillante.

L'écorce brunâtre, réticulée, se desquame souvent.

L'arbuste buissonnant, massif et sombre, abonde dans la végétation méditerranéenne, surtout littorale.

Pistachier-Térébinthe

Pistacia terebinthus L.

Térébinthe

Anacardiacées

Le Pistachier-Térébinthe reste chez nous un arbuste ou un arbrisseau au port diffus. Présent dans tout le Midi méditerranéen, mais à l'état dispersé, on le trouve jusqu'à 600 m d'altitude environ où il est en général associé au Chêne vert*. Le Térébinthe a pourtant une aire naturelle plus étendue que celle de l'Yeuse, et il s'aventure en France jusque dans le Périgord, la Lozère, ou même le Bugey où il est en compagnie du Chêne pubescent*, sur des sols calcaires chauds. Le Térébinthe, auquel est attaché l'ancien nom de famille de ces plantes, les Térébinthacées, porte des feuilles caduques et imparipennées, contrairement au Pistachier lentisque*. Les deux espèces sont donc aisément reconnaissables. D'autant plus que le Térébinthe est remarquable au printemps, lorsque les bouquets de ses jeunes feuilles, souvent légèrement pourprées, empanachent l'extrémité de ses rameaux, ainsi qu'à la fin de l'été et en automne, quand il se couvre de grappes de fruits rouge vif puis noirâtres. On le repère également en cette saison aux boursouflures typiques qu'il porte : les galles à aspect de gousses, qui se développent à la suite d'une piqûre de puceron.

L'écorce du Térébinthe laisse exsuder une résine fort odorante : la « térébenthine » ; utilisée autrefois, elle a été détrônée plus tard par les essences de Mélèze ou de Pin. On brûle encore cette écorce comme encens. Les fruits et les bourgeons sont employés comme aromates. De croissance très lente, vivant vieux, le Térébinthe est parfois vénéré, même en France.

5 à 6 m

Non établi

Plus de 100 ans

Spontané

Région méditerranéenne

Non

Térébenthine, phytothérapie

Coupe du fruit [X 2]

Brun-noir à maturité, les fruits, peu charnus, contiennent un noyau brillant.

Les feuilles, caduques, alternes et imparipennées, ont de 5 à 9 folioles coriaces, vert sombre ; elles sont plus claires et mates dessous, et fortement odorantes.

Les fruits sont des drupes rouge vif. Ils sont réunis en larges grappes

Espèce dioïque. Les inflorescences assez grandes et rameuses portent des fleurs verdâtres qui apparaissent en avril et mai.

L'écorce brun jaunâtre a des lenticelles plus claires.

Arbuste très ramifié, à branches ascendantes, le Pistachier térébinthe a un houppier assez aéré.

Baguenaudier

Colutea arborescens L.

Légumineuses-Papilionacées

Arbre à vessies,
Faux Séné, Séné d'Europe

2 à 4 m

Non établi

Plus de 20 ans

Sauvage

Europe du Sud

Graines

Ornement, fixation de talus

Arbrisseau charmant et curieux, le Baguenaudier a légué aux Français l'aimable verbe « baguenauder » : « s'amuser à des choses vaines et frivoles », à l'instar des enfants quand ils jouent à faire éclater les « baguenaudes ». Celles-ci sont les fruits du Baguenaudier, étranges gousses vertes puis brunes qui gonflent et se boursouflent sous la pression de gaz divers et qui explosent véritablement si on tente de les écraser avant leur maturité.

Assez commun dans le sud de l'Europe et le sud-est de la France, le Baguenaudier semble spontané dans le Massif central, les Cévennes et jusqu'en Lorraine. Comme il a été largement planté, il s'est établi en milieux sauvages et s'est naturalisé en des régions surtout calcaires. Ainsi est-il absent dans tout le Massif armoricain. Peu exigeant, de culture facile, il est rustique jusqu'en Belgique et en Suisse. Utilisé autrefois comme succédané du Séné, il n'a plus guère d'emploi aujourd'hui, sinon en ornementation.

Ressemblant à cet arbuste, plusieurs sous-arbrisseaux du genre *Coronilla* habitent les coteaux, rocailles et bois du Midi. L'espèce la plus répandue, et même souvent abondante, est la Coronille arbrisseau (*Coronilla emerus* L.), appelée également Coronille des jardins, Faux Baguenaudier ou Séné bâtard. Elle a des gousses pendantes, étroites et articulées. Compagne fréquente du Chêne pubescent*, cette espèce qui atteint 1,50 à 2 m de haut se rencontre depuis les montagnes du Midi jusqu'en Bourgogne et en Alsace ainsi que dans le Sud-Ouest.

Coronille arbrisseau.
Les ramifications latérales portent un petit groupe de 2 ou 3 feuilles ; de leur aisselle partent 2 ou 3 inflorescences composées de 2 à 4 fleurs jaune vif. La fleur est très caractéristique, les onglets de l'étendard et des autres pétales sont séparés à leur base et laissent apparaître une petite ouverture rectangulaire entre eux lorsqu'on regarde la fleur de profil.

La fleur a un grand étendard arrondi, très redressé, jaune vif parfois zébré de brun orangé. Les étamines sont de type diadelphes (9 soudées, 1 libre). Elles s'ouvrent en été en grappes de 2 à 6.

Les tiges portent des feuilles caduques, alternes, de 7 à 13 folioles, vert mat, sessiles, arrondies, très entières. Les stipules sont petites et lancéolées.

La gousse est vésiculeuse, glabre, de 4 à 5 cm de long, penchée. A l'état jeune, elle a des valves vert clair, translucides au soleil et parcourues d'un fin réseau de nervures. A maturité, les valves durcissent, brunissent puis se séparent, laissant échapper 15 à 30 graines brunes.

Le Baguenaudier a une allure légère grâce à ses rameaux dressés. Son étalement peut atteindre 2,50 m.

Robinier Faux Acacia

Robinia pseudoacacia L.

Légumineuses-Papilionacées

Le Robinier, à l'état spontané originel, n'occupe qu'une petite aire dans l'est des États-Unis, mais il a été répandu dans l'ensemble du monde tempéré par les soins de l'homme. Appelé souvent, mais à tort, « Acacia », en raison de sa ressemblance avec les Acacias véritables, son nom latin de *Robinia*, adopté par Linné, rend hommage à Jean Robin (1550-1629), botaniste parisien. Celui-ci obtint des graines et planta le premier spécimen en Europe, place Dauphine, en 1601. Cet arbre, aujourd'hui le plus vieux de Paris, a été transplanté en 1635, à l'emplacement qu'il occupe toujours, près de la galerie de botanique du Jardin des Plantes de Paris.

L'essence s'est largement répandue en de nombreux sites sauvages, dès le XVIIIe s., et tient aujourd'hui une place importante dans les paysages boisés de plaine et de colline. Avide de lumière, on la rencontre surtout en lisière, ou le long des routes et voies ferrées, car elle résiste bien à la pollution, mais elle peut former aussi des sous-bois assez sombres. Le port du Robinier, à branches souvent étagées, est caractéristique. Ses fleurs sont fréquentées par les abeilles qui en font le fameux miel dit d'Acacia.

Ressemblant beaucoup au Robinier, mais non épineux, à folioles plus en pointe et fleurissant, en France, en plein été, le Sophora (*Sophora japonica* L.) a été introduit, en 1747, par le Père d'Incarville. On peut en admirer un, datant de cette époque, au Jardin des Plantes de Paris, et un autre, rescapé des plantations de Jussieu, à l'arboretum de Chèvreloup.

15 à 20 m, parfois 30 m

15 ou 20 ans

300 à 400 ans

Naturalisé

États-Unis

Racines

Ornement et apiculture

Espèce hermaphrodite.
Les fleurs papilionacées, blanches (mai-juin), très parfumées, sont disposées en longues grappes pendantes.
Il existe des cultivars à fleurs rose lilas.

Les feuilles, caduques, sont alternes, composées et pennées avec, souvent, à la base du pétiole, 2 stipules épineuses.
Elles ont 10 à 14 folioles latérales pétiolulées et mucronées, et une foliole terminale.
Les folioles sont un peu glauques dessous.

En automne, l'arbre porte des grappes de gousses gris-brun contenant d'assez grosses graines noires (8-12).
Les valves sèches peuvent rester longtemps sur les rameaux en hiver.

L'écorce, brun-gris, terne, se fissure en longueur.

L'arbre élancé et mince possède un houppier assez large avec une couronne de branches tortueuses.

Févier

Gleditsia (ou *Gleditschia*) *triacanthos* L.

Légumineuses-Césalpiniacées

Févier d'Amérique

20 à 25 m

Plus de 10 ans

Plus de 50 ans

Cultivé

Amérique du Nord

Non, mais épines dangereuses

Ornement et haies défensives

Le Févier est un arbre de belle taille dont les fruits sont des gousses ressemblant à celles des fèves, d'où son nom populaire. Si son nom de genre honore le botaniste berlinois Gleditsch (1714-1786), son nom d'espèce qui vient du grec fait allusion aux fortes épines acérées, souvent à 3 branches, qui hérissent son écorce. Plus petites sur les branches, elles peuvent atteindre 10 à 20 cm sur le tronc, et ont valu au Févier son autre nom de Fausse Épine du Christ. Découvert par les missionnaires en Amérique du Nord, il a été introduit en Europe dès 1675, et en France vers 1700. Il est aujourd'hui très largement cultivé et parfois naturalisé.

Son feuillage se caractérise par un certain dimorphisme entre les feuilles printanières, ressemblant à celles du Robinier Faux Acacia*, et les feuilles plus tardives, qui sont bipennées et formées de très nombreuses petites folioles en nombre pair. Son élégant feuillage estival prend à l'automne de belles teintes d'or pâle ; ses longues gousses pendantes, brun-rouge, très décoratives, persistent sur l'arbre en hiver. Multiplié aisément par graines, le Févier est un bel arbre d'ornement dans les parcs et d'alignement dans les villes ; on utilise alors les formes à écorce sans épines.

Un arbrisseau de la famille des Légumineuses-Papilionacées, la Barbe de Jupiter (*Anthyllis barba-jovis* L.), lui aussi très décoratif, spontané, mais rare sur le littoral méditerranéen, a des feuilles aux nombreuses folioles en nombre impair. Ses fleurs, d'un très beau jaune franc, illuminent son feuillage argenté et soyeux.

Espèce monoïque.
Les grappes de fleurs mâles et femelles sont séparées, les mâles ont des fleurs nombreuses, les femelles de 4 à 5 fleurs seulement.
Toutes les fleurs sont verdâtres et peu visibles (juin).

En automne, les longues gousses pendantes (45-50 cm) à valves coriaces, souvent arquées ou spiralées, contiennent des graines plates, petites et brunes.

Les feuilles, caduques, alternes et biparipennées, ont de très nombreuses petites folioles elliptiques lancéolées, entières au sommet. Leur couleur est vert un peu jaunâtre, surtout dessous.

'Sunburst'. C'est un cultivar à jeunes feuilles jaune brillant et à écorce dépourvue d'épines.

Le Févier est un arbre élevé caractérisé par un tronc épineux. Il a une cime arrondie, légèrement plane au sommet. Son houppier peu dense est étagé.

L'écorce, souvent fissurée en long, porte des épines.

Mimosa

Acacia dealbata Link

Légumineuses-Mimosacées

Mimosa argenté,
Mimosa blanchissant

C'est au jardin de Malmaison que fleurirent les premiers Mimosas ramenés d'Australie et de Tasmanie par Nicolas Baudin, entre 1800 et 1804, pour l'impératrice Joséphine. Mais ce n'est que sous le Second Empire qu'ils furent plantés en grand nombre sur la Côte d'Azur. Notamment le Mimosa argenté, qui fournit près de 70 % des rameaux fleuris vendus sur le marché.

C'est un petit arbre gracieux, au feuillage très découpé, léger, à l'aspect velouté et argenté, d'où son nom (*dealbata :* blanchissant). Cette essence de lumière et de chaleur, pourtant la plus rustique des nombreuses espèces de Mimosas, se trouve non seulement dans le Midi, mais également le long du littoral atlantique jusqu'en Bretagne et ailleurs en situation abritée. Bien que fort sensible au gel, le Mimosa argenté repart bien de souche s'il n'est pas trop atteint. De croissance très rapide, il craint le calcaire et ne prospère bien que sur des terres argilo-siliceuses.

Le Mimosa argenté, qui fait partie des Mimosas à feuilles composées et bipennées, appartient au genre *Acacia*, dont toutes les espèces (plus de 600) sont exotiques et souvent épineuses.

En revanche, l'arbre que nous appelons chez nous Acacia est en réalité le Robinier Faux Acacia*. Cependant, le genre botanique *Mimosa* existe aussi, représenté par la célèbre Sensitive ou *Mimosa pudica* L., dont les folioles se referment au moindre contact. L'Albizzia ou Arbre de soie (*Albizzia julibrissin* Durraz.) a de grandes fleurs roses.

8 à 12 m

5 ans

Plus de 40 ans

Cultivé et subspontané

Australie, Tasmanie

Non

Ornement et fleurs

Les feuilles, persistantes, de 8 à 12 cm de long, vert glauque, sont composées et bipennées. Elles ont des divisions primaires, 14 à 24 paires, et des divisions secondaires, 30 à 50 paires de folioles, longues de 2 mm environ, qui se replient la nuit.

Espèce hermaphrodite. Les petites fleurs aux étamines jaune vif sont groupées en glomérules plus ou moins fournis. Très odorantes, elles s'épanouissent de décembre à mars.

Les fruits sont des gousses aplaties, de 5 à 7 cm de long, glauques et réunies en chapelet. Elles brunissent à maturité.

L'écorce, gris-vert clair, brunit avec l'âge.

Le Mimosa est un arbuste assez élancé et bien ramifié qui peut atteindre 12 m de haut. Il rejette facilement de souche. Sa floraison est éclatante.

Frêne à fleurs

Fraxinus ornus L.

Oléacées

Arbre à manne, Orne

Apparemment absent aujourd'hui des zones désertiques, cet arbre n'en reste pas moins légendaire, car on lui attribue souvent la « manne céleste » dont se nourrirent à travers le Sinaï les Fils d'Israël fuyant l'Égypte. En fait, le Frêne à fleurs ou, plus simplement, l'Orne (*ornus*, comme l'appelaient les Latins), ne subsiste au Moyen-Orient qu'à l'état de vestiges dans les forêts de Cèdres, et la célèbre « manne » de la Bible pourrait avoir été fournie par des Lichens ou des Tamaris.

Exsudat des feuilles mais surtout du tronc après incision, cette manne est une sorte de gomme qui, en se solidifiant, tombe en granules jaunâtres sur le sol. Elle est encore récoltée en quelques points de la Méditerranée, particulièrement en Italie du Sud, où on l'emploie pour son sucre et aussi comme purgatif.

Présent dans le Bassin méditerranéen, de l'Espagne à la Syrie en passant par l'Afrique du Nord où il est parfois cultivé, l'Orne présente plusieurs variétés, et une forme particulière à la Corse et à la Sardaigne est caractérisée par des folioles à reflets métalliques, lisses et argentées dessous. En France continentale, l'Orne ne serait spontané que dans les Alpes maritimes.

Peu haut et de croissance moins rapide que les autres Frênes, c'est un bel arbre dont le grand attrait est son abondante et odorante floraison très originale. Résistant bien au froid, dès lors qu'il a un sol assez riche et plutôt alcalin, on le cultive aisément très au nord et il est parfois subspontané jusqu'en Belgique.

- 5 à 10 m, parfois 20 m
- Non établi
- Plus de 50 ans
- Spontané et cultivé
- Europe du Sud-Est
- Non
- Ornement, pâtisserie, médication

Espèce hermaphrodite.
Les fleurs blanc-crème possèdent des pétales bien évidents et s'ouvrent en grappes denses de forme conique.
Elles sont odorantes et paraissent avec les feuilles (avril-juin).

Les feuilles, caduques, opposées, sont formées de 5 à 9 folioles elliptiques à marges dentées et à nervures pubescentes sur la face inférieure.

Les fruits (samares) sont à une seule graine munie d'une très longue aile sèche ; les grappes de samares, pendantes et très mobiles au vent, brunissent en automne.

De forme très régulièrement arrondie, avec un feuillage assez dense formant des masses disjointes, le Frêne à fleurs se distingue, en hiver, par son tronc assez puissant, ramifié en petites branches à extrémités retombantes.

L'écorce, assez lisse et grise, se fissure un peu.

Frêne commun

Fraxinus excelsior L.

Grand Frêne, Gaïac des Allemands

Oléacées

Le Frêne commun est l'un des grands arbres forestiers de France. On le rencontre, assez disséminé, dans toute l'Europe, sauf dans les régions méditerranéennes et au-dessus de 1 500 m en montagne. Essence de lumière, le Frêne résiste bien au froid. Il s'accommode de presque tous les terrains, mais préfère les sols riches et bien alimentés en eau, peu ou pas calcaires.

Fréquemment émondé, son feuillage fournit un fourrage d'appoint très apprécié du bétail. On prépare encore dans certaines régions une boisson rafraîchissante avec ses feuilles, la « frênette », tout comme l'on obtenait autrefois un élixir tonique à partir de son écorce et qu'on appelait le « quinquina d'Europe ».

Son bois, d'un blanc légèrement rosé avec un cœur flammé de brun, a presque les mêmes qualités et les mêmes usages que celui du Chêne, mais il est cependant moins résistant et moins durable. Jadis recherché comme bois de charronnage, il sert beaucoup aujourd'hui en ébénisterie. Les plus belles « billes » sont déroulées en bois de placage.

Le Frêne pleureur 'Pendula' (*Fraxinus excelsior* 'Pendula' Ait.) est une variété très répandue dans les jardins.

Le Frêne à feuilles étroites ou Frêne oxyphylle (*Fraxinus angustifolia* Vahl) remplace le Frêne commun dans le Midi. Plus petit (20 m au plus), il se reconnaît à ses bourgeons brun clair et à ses folioles plus nombreuses (5-11), plus étroites, allongées en pointe et bordées de rares dents espacées.

40 m

20 ans environ

150 ans

Spontané

Europe

Non

Ornement ; bois : ébénisterie ; écorce, feuilles, fruits : médication

Les feuilles, caduques et opposées, sont composées. Pennées, elles ont 7 à 13 folioles dentées et glabres. Les bourgeons sont noirs et plus ou moins gros.

En septembre, les fruits, des samares munies d'une longue aile, pendent en grappes.

Espèce en principe hermaphrodite, le Frêne commun se comporte comme une espèce monoïque : il existe des inflorescences mâles et des inflorescences femelles disposées en bouquets pourpres, plus ou moins denses, à l'extrémité des rameaux. La floraison a lieu en avril-mai.

Frêne pleureur 'Pendula'. Cette variété a une cime arrondie d'où retombent de longs rameaux.

D'abord lisse, l'écorce se fissure et devient gris-beige.

Très élancé, l'arbre peut atteindre 40 m de haut et 2 m de diamètre. Sa silhouette varie selon l'environnement : à l'état isolé, son houppier est ample mais toujours assez clair ; en forêt, il est étroit et allongé.

Ailante

Ailanthus altissima (Mill.) Swingle

Simarubacées

Faux Vernis du Japon

- 20 à 25 m
- 25 ans
- 100 ans
- Subspontané et naturalisé
- Chine, Asie orientale
- Feuilles, sève
- Ornement ; bois : menuiserie ; écorce, feuilles, racines : pharmacopée

Bien différent du vrai Vernis du Japon pour lequel on l'avait tout d'abord pris, l'Ailante (appelé autrefois *Ailanthus glandulosa* Desf.) vient des régions tempérées de la Chine ; il a été introduit en Europe en 1750. Son nom, curieusement, est celui qu'il porte dans les Célèbes et qui veut dire « Arbre du Ciel » *(Ailanto),* en raison sans doute de son tronc élancé, bien droit, et qui semble vouloir atteindre le ciel.

C'est avant tout un arbre d'ornement, au feuillage léger plein de grâce, particulièrement décoratif par ses fruits rouges très abondants. L'*Ailanthus altissima* a été beaucoup planté en France le long des routes et des avenues, car il résiste fort bien à la pollution, mais on l'a tellement rencontré qu'il connaît actuellement une certaine défaveur. D'une vigueur exceptionnelle, s'accommodant de tous les terrains, de tous les climats, et de croissance fort rapide, il tend à se répandre facilement et même à se naturaliser, tant il fructifie et drageonne à l'excès. On lui reproche, au moment de sa floraison, l'odeur désagréable de ses fleurs mâles.

En Chine, l'Ailante est cultivé afin de nourrir des vers à soie. Il a été mis à l'essai chez nous, mais sans grand succès, au moment où la soie était encore un artisanat important dans le Midi. Son bois, jaune verdâtre, susceptible d'un beau poli, est facile à travailler, mais cassant et peu durable. Il brûle bien mais projette beaucoup d'étincelles. Alors que la sève est irritante, on utilise parfois la teinture d'Ailante en homéopathie, à très faibles doses.

Espèce polygame.
En juin, les fleurs petites et verdâtres forment des grappes très ramifiées.
Leur odeur est forte.

Fleur mâle

Fleur femelle

Les feuilles, caduques, alternes, sont très grandes (40-60 cm) et imparipennées. Elles sont composées de 13 à 25 folioles lancéolées, plus ou moins glabres et munies vers la base de 2 à 4 dents qui portent chacune une glande dégageant une odeur désagréable.

Les fruits (septembre) sont des samares brun-rouge de 4 cm de long, en forme d'hélice. Très abondants, ils pendent en grappes.

L'Ailante est un arbre grand et élancé.
Son tronc droit et cylindrique porte de gros rameaux ascendants peu ramifiés.
Son houppier est irrégulier.

Grise et lisse, l'écorce se lenticelle rapidement.

Sumac de Virginie

Rhus typhina L.

Sumac amarante, Amarante, Vinaigrier

Anacardiacées

Comme son nom l'indique, c'est en Virginie que ce curieux et fort décoratif arbuste a été découvert. Mais son aire d'origine est beaucoup plus vaste, s'étendant du Canada (Québec) aux États-Unis (de la Géorgie à l'Iowa). Cultivé en Europe dès 1629 par le botaniste anglais John Tradescant II, il se répandit rapidement dans les jardins. Ses fleurs rouge cramoisi, réunies en grosses panicules, lui ont fait donner le nom d'Amarante. C'est en automne qu'il devient le plus spectaculaire : son feuillage, passant du jaune tendre à l'ambre doré, puis de l'orangé à l'écarlate, est rehaussé par le pourpre foncé de ses fruits, portés en panicules dressées comme des torches et qui demeurent sur l'arbuste tout l'hiver. Rustiques et peu exigeants, le Sumac de Virginie et ses splendides cultivars s'accommodent de tous les sols.

Le genre *Rhus* compte 150 espèces différentes, originaires des régions tempérées, chaudes et subtropicales du globe. Le Sumac des corroyeurs (*Rhus coriaria* L.), spontané dans le sud de la France, est un arbrisseau de 2,50 à 3 m de haut, habitant les lieux arides. Ses feuilles, longues de 15 à 20 cm et composées de 9 à 15 folioles, sont riches en tanin et utilisées pour la préparation des cuirs fins, d'où son nom. Le vrai Vernis du Japon (*Rhus verniciflua* Stokes) est plus haut (5-6 m) et a des feuilles plus longues (25-40 cm), composées de 7 à 13 folioles. Son fruit est une drupe noire. La sève, recueillie après incision du tronc, sert à fabriquer un vernis très recherché, appelé « laque du Japon ».

- 3 à 4 m
- 6 ans
- 40 ans
- Subspontané
- Amérique du Nord
- Sève (muqueuses, yeux)
- Ornement

Les feuilles, caduques, alternes, imparipennées, peuvent atteindre 30 cm de long. Elles sont composées de 11 à 21 folioles, sessiles, étroites (10 cm de long sur 3 cm de large) et velues, comme le rachis.

Fleurs femelles

En août-septembre, le Sumac de Virginie porte des fruits velus, en panicules d'un rouge amarante, auxquels il doit l'un de ses noms vernaculaires. Ces fruits, dressés à l'extrémité des rameaux, persistent une partie de l'hiver.

L'écorce, lisse, porte des lenticelles plus foncées.

Les fleurs, verdâtres, apparaissent en juin-juillet sous forme d'épis serrés de 10 à 20 cm de long.

Fleurs mâles

De gros rameaux poilus, peu divisés et dressés, donnent au Sumac l'aspect d'un candélabre, encore accentué lorsqu'il porte ses fruits.

Carya amer

Carya cordiformis K. Koch, *Carya amara* Nutt.

Juglandacées

Originaire d'Amérique du Nord, où il occupe une aire très étendue, de la province du Québec jusqu'à la Floride et la Louisiane, il fut introduit en Europe au milieu du XVIIIe s. C'est une espèce rustique jusqu'en région parisienne, qui a fait l'objet d'essais en sylviculture dans plusieurs régions de France, notamment en Alsace. Son bois, qui rappelle celui du Frêne, a de grandes qualités mais reste inférieur à celui obtenu dans son aire d'origine. Il dégage un agréable parfum en brûlant. En général, les Caryas, grands arbres proches des Noyers, s'en distinguent cependant par des caractères importants : les fruits, beaucoup plus petits et allongés, s'ouvrent par 4 valves à la maturité, et les feuilles, composées et imparipennées, ont la base du rachis sans foliole. Le Carya amer se différencie des autres Caryas par sa taille plus réduite, le nombre de ses folioles et ses bourgeons jaune clair.

Le Pacanier (*Carya illinoensis* K. Koch) est cultivé pour son fruit, la noix pécan, dont l'amande au goût agréable est consommée à l'apéritif ou au dessert. Atteignant 30 m de haut, avec des feuilles de 11 ou 13 folioles, il ne fructifie bien que dans le Midi. Le Carya des pourceaux (*Carya glabra* Sweet), par contre, est rustique dans toute la France. Ses feuilles n'ont que 5 folioles et sa noix est à coque dure. Aux États-Unis, on nourrissait les porcs de ses fruits, d'où son nom vernaculaire. Enfin, le Carya blanc (*Carya ovata* K. Koch) est un autre très bel arbre d'ornement dont les amandes sont également comestibles.

20 à 30 m

35 ans

120 ans

Cultivé

États-Unis

Non

Ornement ; bois (« Hickory ») : industrie

Cosse

La noix, orbiculaire, renferme une amande à peau rouge. Amère, elle n'est pas consommable.

Noix

Les fruits, groupés par 2 ou 3, sont marqués à la partie supérieure de 4 lignes saillantes.

Les feuilles, caduques, sont alternes et composées de 5 à 7 folioles sessiles, lancéolées, dentées et pubescentes dessous ; elles sont plus petites vers la base.

Les feuilles prennent une couleur jaune paille en automne.

L'arbre a un tronc droit surmonté d'une couronne conique et pointue, formée de longues branches ascendantes. Il peut atteindre 30 m de haut.

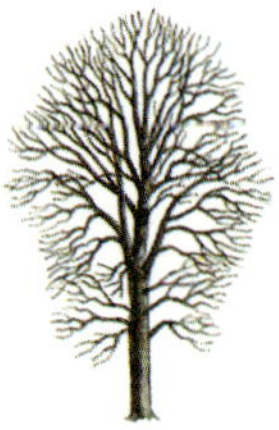

L'écorce, brun clair, lisse, se fissure ensuite.

Noyer noir

Juglans nigra L.

Noyer d'Amérique, Noyer noir d'Amérique

Juglandacées

Originaire de l'est des États-Unis, où il est surtout abondant dans les monts Alleghany, le Noyer noir a été introduit en Angleterre en 1686. C'est un arbre au port magnifique, beaucoup plus grand que notre Noyer commun*, et dont l'écorce a une couleur plus foncée, presque noire, d'où son nom.

Assez répandu en France, où il se ressème naturellement, il a des noix presque sphériques, moins allongées que celles du Noyer commun ; sa graine, vulgairement appelée amande, n'ayant pas la saveur de celle du Noyer commun, n'est pas commercialisée. Son bois, lourd et homogène, fort résistant à l'humidité, susceptible de prendre un beau poli, est lui aussi très sombre, gris-brun à presque noir. C'est un bois excellent, très recherché des ébénistes.

L'arbre, qui se développe plus rapidement que le Noyer commun, supporte mieux les terrains plus alcalins ; moins exigeant en lumière et plus accommodant quant aux climats, il est souvent utilisé comme porte-greffe des cultivars fruitiers. Cependant, comme pour les autres Noyers, il est prudent de le planter assez loin des autres arbres, notamment des fruitiers.

Ennemis des Noyers, les champignons sont plus à craindre que les insectes ou les acariens : si le Noyer noir résiste assez bien au pourridié, champignon redoutable qui se développe au niveau des racines et qui peut causer rapidement la mort des arbres, il est sensible à l'anthracnose qui provoque la chute prématurée des feuilles et des noix.

25 à 35 m

30 ans

200 à 300 ans

Cultivé

États-Unis

Non

Ornement ; bois : industrie

Fleurs femelles

Fleurs mâles

Les feuilles, caduques, sont grandes (30-60 cm), alternes et composées de 15 à 25 folioles largement espacées ; opposées, elles sont sessiles, lancéolées et finement dentées.

Espèce monoïque. Les fleurs sont verdâtres (avril-mai). Les fleurs mâles sont disposées en longs chatons pendants de 5 à 10 cm, et les fleurs femelles, moins nombreuses, sont groupées en grappes terminales.

Les fruits, globuleux (3-5 cm), sont formés d'un brou (enveloppe rugueuse et verruqueuse brun noirâtre à maturité) qui entoure une noix à coque très dure, très sillonnée. Cette noix, de couleur brune, contient une amande un peu amère.

L'écorce brune se crevasse très vite, profondément.

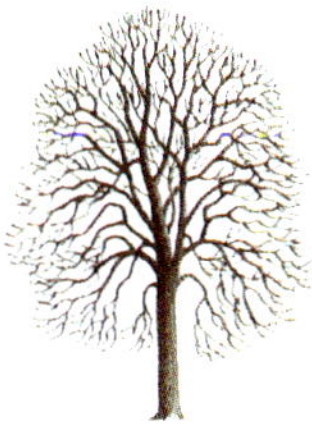

L'arbre, très grand, possède un tronc élancé surmonté d'une cime ample et aérée. Les branches, légèrement sinueuses, portent un feuillage peu compact.

Sorbier des oiseleurs

Sorbus aucuparia L.

Rosacées — Sorbier sauvage, Sorbier des grives

- 10 à 15 m
- Plus de 15 ans
- 100 ans
- Spontané et cultivé
- Europe, Sibérie, Japon
- Non, mais baies fraîches suspectes
- Ornement ; bois : manches d'outils, sculpture ; baies : confitures

C'est le plus connu des Sorbiers, et le plus cultivé comme arbre d'ornement, c'est aussi le plus répandu dans la nature grâce aux oiseaux, en particulier les grives, qui en sont friands et assurent la dissémination de ses graines. Autrefois, les oiseleurs plantaient des Sorbiers dont les fruits servaient d'appât pour leurs pièges.

Le si bien nommé Sorbier des oiseleurs est un arbre de taille moyenne, au tronc bien droit, au feuillage gracile. On le rencontre en France, en Suisse et en Belgique, sur terrain siliceux, jusqu'à 2300 m d'altitude, à la limite supérieure de la zone des forêts. Essence de lumière, on le voit dans les bois clairs, les clairières et les haies, et il croît aussi en pays de collines, principalement au nord de la France. Assez rare dans l'Ouest, il est absent dans la région méditerranéenne.

Peu exigeant et de croissance rapide, le Sorbier des oiseleurs est apprécié dans les villes comme arbre d'alignement. Dans les jardins, on aime sa floraison printanière, blanche et à senteur d'Aubépine, et surtout ses grappes de fruits rutilants qui restent sur l'arbre bien après que les feuilles sont tombées.

Il existe divers cultivars à port varié et à fructification plus ou moins abondante et colorée. Les fruits, appelés sorbes, ne sont pas comestibles crus, étant très acerbes, mais on en fait des confitures ainsi que de l'eau-de-vie et une liqueur. Ils contiennent de la vitamine C et sont astringents, diurétiques et laxatifs. Le bois du Sorbier, brun rougeâtre, est utilisé parfois par les sculpteurs.

Dès qu'elles sont mûres, les baies rouges du Sorbier attirent les oiseaux. De la grosseur d'un pois, elles restent sur l'arbre de l'automne au cœur de l'hiver.

Ses petites fleurs, réunies en corymbes graciles, s'épanouissent une à une en mai.

Les feuilles, caduques, pennées, composées de 9 à 15 folioles oblongues, presque sessiles, à bord finement denté, virent au jaune et au brun rougeâtre en automne.

Le Sorbier des oiseleurs est un arbre élégant au feuillage léger.

Alisier hybride. Issu du croisement du Sorbier des oiseleurs et de l'Alisier blanc, on le rencontre dans la province allemande de Thuringe. Sa feuille n'est que partiellement divisée en folioles.

Lisse et grise, l'écorce est ponctuée de lenticelles.

Sorbier

Sorbus domestica L.

Cormier, Sorbier domestique

Rosacées

15 à 20 m

Plus de 20 ans

500 à 600 ans

Spontané et cultivé

Europe du Sud, Afrique du Nord, Asie occidentale

Non

Bois : tournerie, outils, gravures ; fruits : confiture, alcool

Contrairement au Sorbier des oiseleurs*, le Cormier ou Sorbier domestique est un méridional qui pousse sur les sols calcaires en compagnie du Chêne pubescent*, mais qu'on rencontre également dans le Centre et l'Ouest, jusqu'à la Loire et en Lorraine. Beaucoup planté à une certaine époque, il s'est à la longue échappé des vergers et s'est naturalisé en maints endroits du pays. Il était alors cultivé pour ses fruits, les cormes, ressemblant à de petites poires, que l'on mangeait blets ou secs. Les Romains les faisaient fermenter pour en tirer une boisson ressemblant un peu au cidre. La coutume s'est prolongée jusqu'au XVIIIe s., époque à laquelle les cormes faisaient l'objet d'une cueillette attentive. On dit que, séchées et pulvérisées, elles étaient mélangées à la pâte du pain, surtout au cours des disettes. On appréciait aussi les vertus médicinales des cormes qui, comme les sorbes, avaient des applications variées.

Originaire du Bassin méditerranéen (Afrique du Nord et Europe du Sud) et de l'Asie occidentale, le Cormier croît lentement, mais, vivant plusieurs siècles, il peut atteindre quelque 20 m et développer un tronc puissant de près de 1 m de diamètre. Exigeant en lumière, il aime les terres plutôt profondes et fraîches. Il est aujourd'hui beaucoup moins planté que le Sorbier des oiseleurs.

Le bois de Cormier, extrêmement dur, au grain compact, rouge-brun, satiné et se polissant joliment, est très recherché pour la gravure sur bois, la tournerie, et la fabrication d'armes et d'outils.

Les feuilles, caduques, alternes, sont composées de 11 à 21 folioles dont la base est arrondie et qui ne sont dentées que dans leur partie supérieure. Les bourgeons glabres et visqueux, et les fruits piriformes, longs de 2 à 3 cm, vert rougeâtre à maturité, sont les caractères qui distinguent le Cormier du Sorbier des oiseleurs.

Espèce hermaphrodite. En mai-juin, les fleurs blanches, de 8 à 10 mm de diamètre, sont groupées en corymbes moins denses et plus coniques que ceux du Sorbier des oiseleurs.

L'écorce gris-brun orangé est écailleuse et fissurée.

L'arbre a un tronc droit surmonté d'une cime généralement pyramidale. En situation isolée, les branches dressées s'étalent largement.

Marronnier

Aesculus hippocastanum L.

Hippocastanacées

Marronnier commun

15 à 20 m, parfois 30 m

15 ou 20 ans

100 à 150 ans, parfois 200 ans

Cultivé

Sud-est de l'Europe

Fruit

Ornement

On le crut indien jusqu'à la fin du siècle dernier, alors qu'il était en réalité originaire du sud-est de l'Europe où il vit disséminé dans les forêts et les gorges de massifs montagneux, mais en basse altitude. Arbre majestueux, à floraison somptueuse, c'est l'hôte des cours et des allées.

« Rappelez-vous octobre sous les préaux, les premiers marrons qui rebondissent, l'arbre des cours d'écoles au tronc meurtri par des générations de garnements qui bombardaient nos troupes piteuses, le matin de la rentrée, de ses beaux fruits d'acajou. » Ainsi, Pierre Lieutaghi évoque-t-il l'arbre immanquablement associé aux récréations de notre enfance.

Fragile à l'état jeune, le Marronnier s'adapte à peu près partout en France, excepté dans les zones élevées et dans quelques secteurs de la Méditerranée où les étés sont trop secs. Il n'est donc pas surprenant qu'il soit devenu l'arbre d'ornement le plus répandu dans les avenues des villes et dans nos parcs d'agrément. Par contre, supportant très mal l'ombre, il ne pousse presque jamais en forêt, bien que la germination de ses marrons y soit aisée.

Introduit en Europe occidentale dès 1525, il comporte aujourd'hui beaucoup de variétés ornementales. Mais on cultive aussi très souvent un hybride dit « intercontinental », le Marronnier à fleurs rouges (*Aesculus* × *carnea* Hayne). On trouve parfois également *Aesculus indica* Hook., venu d'Himalaya, à fleurs blanches ou roses, à fruit en forme de petite poire, non épineux.

La capsule, verte, coriace, épineuse, s'ouvre en automne en 2 ou 3 valves, laissant échapper 1 ou 2 graines luisantes, brun acajou : les marrons.

Les feuilles, caduques, palmées, sont composées de 5 à 7 folioles vert sombre, fortement veinées, dentées, élargies vers l'extrémité et insérées en un seul point au sommet du pétiole.

En mai, les fleurs blanches à pétales souvent ondulés, aux étamines courbées et très saillantes, sont groupées en panicules dressées hautes de 20 à 30 cm.

Marronnier à fleurs rouges. Ses feuilles sont plus sombres et légèrement plus petites.

Aesculus indica. Les feuilles vert foncé sont composées de 7 à 9 folioles légèrement dentées. Les fleurs blanches tachées de rouge et jaune apparaissent comme des candélabres dressés.

Le tronc massif se divise en branches peu trapues, ascendantes puis horizontales ou penchées.

L'écorce des vieux arbres brunit et se crevasse.

PLANTES LIGNEUSES A FEUILLES INSOLITES

Quelques espèces ligneuses, surtout introduites, existant dans nos régions ont des organes verts d'un aspect tout à fait inhabituel, correspondant à des types soit uniques, soit répandus surtout dans les zones tropicales. Ces végétaux appartiennent à des groupes botaniques très divers.

Palmiers

Palmier nain
Feuilles persistantes « en éventail », de 13 à 17 segments partant d'un même point.
Page 226.

Palmier nain

Palmier des Canaries
Feuilles persistantes (« palme ») à rachis portant 15 à 25 segments de chaque côté et un segment terminal, à la manière des folioles des feuilles composées.
Page 227.

Palmier des Canaries

Gingko

Feuilles caduques à limbe de forme unique, un peu trapézoïdal, fortement échancré au sommet, à nervures en éventail à partir du pétiole.
Page 230.

Gingko

Plantes grasses ligneuses

Figuier de Barbarie
Les « raquettes » sont des rameaux épaissis portant temporairement de minuscules feuilles et de grandes fleurs insérées dans une touffe d'épines (aréoles).
Page 228.

Figuier de Barbarie

Agave

Yucca et Agave
Feuilles en rosettes basales, formant de larges touffes, souvent en glaives aigus et coupants sur les bords, et parfois épineuses.
Page 229.

Yucca

Palmier nain

Chamaerops humilis L.

Palmiers

- 2 à 3 m maximum
- Non établi
- Plus de 30 ans
- Cultivé en France, spontané dans le Bassin méditerranéen
- Région méditerranéenne
- Non
- Ornement et sparterie

La famille des Palmiers, d'origine tropicale, est fort peu représentée à l'état spontané dans les régions tempérées. Le Palmier nain est ainsi, avec le rarissime Palmier de Crète (*Phoenix theophrastii* W. Greuter), le seul qui soit indigène en région méditerranéenne. Ne supportant pas le gel, il est aujourd'hui extrêmement rare à l'état spontané en France. On l'a cru souvent « éteint » et il fait partie des quelques ligneux de France inscrits sur la liste nationale des espèces végétales à protéger. Plus fréquent en Italie, en Sicile et en Sardaigne, il est relativement abondant sur le littoral d'Afrique du Nord, notamment au Maroc. C'est le fameux « doum » arabe qui émet parfois des rejets à la base. En France, il est assez couramment cultivé dans le Midi et parfois plus au nord (Bretagne).

Son tronc est constitué par la succession de bases foliaires : c'est ce que les botanistes appellent un stipe. Se ramifiant rarement, ce stipe est très court (2-3 m) voire inexistant, et porte des feuilles déployées en éventail, rappelant les doigts d'une main ouverte — d'où le nom de Palmier, du latin *palma :* paume.

Le Palmier de Chine (*Trachycarpus fortunei* Wendl. = *Chamaerops excelsa* Thunb.), son cousin, est originaire de Chine, d'où il a été introduit en Europe, d'abord en 1830 par le Suédois Siebold, puis en 1849 par l'Anglais Fortune. Il peut atteindre 8 m et il résiste mieux au gel (jusqu'à – 10 °C), aussi est-il largement cultivé dans la région méditerranéenne, le Sud-Ouest (Béarn), l'Ouest et le Val de Loire.

Réunis en grappes, les fruits, ovoïdes, petits (2 cm environ), ne sont pas comestibles.

Palmier de Chine. Plus grand que le Palmier nain, il est aussi moins sensible au gel. Ses feuilles en éventail ont des pétioles et des folioles à bords lisses.

Le tronc est formé par les bases des feuilles sèches.

Les feuilles, persistantes, composées palmées, en éventail, sont d'un vert foncé, à folioles lancéolées et à bord plus ou moins denté. Souvent soudées entre elles à la base, elles ont un pétiole long, grêle et épineux sur les bords. Les fleurs, unisexuées ou bisexuées (espèce monoïque ou dioïque), apparaissent au milieu des feuilles en grappes jaunes.

Le plus souvent dépourvu de tronc, le Palmier nain se présente alors comme un arbuste touffu, à port en boule. Parfois, il peut développer un petit tronc de 2 à 3 m de hauteur.

Palmier des Canaries

Phoenix canariensis hort. ex Chabaud

Palmiers

Originaire des îles Canaries et introduit en France en 1864, ce grand Palmier aux très longues feuilles retombantes est devenu un élément essentiel du décor paysager des villes méditerranéennes. Bien que, craignant le gel, il ne puisse être acclimaté en plein air en dehors du littoral méditerranéen, il est toutefois plus rustique, plus robuste et beaucoup plus attrayant que le Palmier-Dattier avec lequel on le confond parfois. Il s'en différencie par son tronc très gros mais moins haut, par ses feuilles luisantes et odorantes, d'un vert plus léger, et beaucoup plus longues (jusqu'à 5-6 m), composées de folioles très acuminées dont celles de la base sont transformées en solides épines. Les fleurs, unisexuées (espèce dioïque), sont jaunes et groupées en longues grappes ramifiées.

Seul Palmier indigène en Europe avec le Palmier nain*, le Palmier de Crète (*Phoenix theoprastii* Greuter) est endémique de cette île où d'ailleurs il demeure très rare. En revanche, le Palmier-Dattier (*Phoenix dactylifera* L.), sans doute originaire du Moyen-Orient, est très répandu également en Afrique du Nord, où il est cultivé depuis des temps immémoriaux pour ses fruits comestibles et très nutritifs : les dattes. Leurs noyaux, réduits en poudre, sont utilisés en médecine populaire. On tire de ce Palmier une boisson sucrée, qui, après fermentation, donne le vin de palme. Pour assurer la pollinisation de cette espèce dioïque, il faut des pieds mâles et, très souvent, au moment opportun, on secoue artificiellement les inflorescences mâles sur les inflorescences femelles.

8 à 10 m, parfois plus

Non établi

Plus de 30 ans

Cultivé sur le littoral méditerranéen

Iles Canaries

Non

Ornement

Les fruits, de la forme et de la grosseur d'une olive, de couleur rougeâtre à orangé, groupés en grappes pendantes, ne sont pas comestibles.

Les feuilles, persistantes, composées pennées, sont très grandes (2-3 m, parfois plus), à très nombreuses folioles lancéolées étroites, aiguës, rigides et luisantes; elles sont groupées en gros bouquets à l'extrémité du tronc.

Palmier-Dattier. Il ressemble au Palmier des Canaries, mais son tronc est plus svelte et plus élancé (15-20 m).

L'aspect losangique est dû à la coupe des feuilles.

Le Palmier des Canaries est un grand Palmier à longues feuilles retombantes. Son tronc, renflé à la base, est un stipe; il est composé des bases empilées des pétioles des feuilles mortes, que l'on scie d'ailleurs pour donner au tronc un aspect lisse.

Figuier de Barbarie

Opuntia ficus-indica (L.) Mill.

Cactacées

Bien qu'inséparable des paysages arides des régions méditerranéennes, mais surtout d'Afrique du Nord, le Figuier de Barbarie n'y est pas indigène, mais introduit et naturalisé, de même que sur les rochers de Valère et de Tourbillon en Valais (Suisse). Originaire des zones les plus chaudes et arides d'Amérique du Nord, où il était cultivé depuis les temps préhistoriques, il a été ramené en Europe, puis en Afrique, par les conquistadores.

Les plantes dites grasses, comme le Figuier de Barbarie, sont bien déroutantes, car elles échappent à toutes les définitions classiques : pas de tige apparente et pas de feuilles. Les fleurs, cependant, sont très classiques. En fait, les « raquettes » charnues et épineuses du Figuier de Barbarie sont des tiges et des rameaux un peu spéciaux, et les épines vulnéraires qui les hérissent sont l'équivalent de « feuilles ». Ce qui est une évidente adaptation à la sécheresse : réduction de la surface foliaire et, par suite, de la transpiration, augmentation de la capacité de stockage d'eau dans les tiges, etc. Les fruits, comestibles, sont une providence dans les lieux désertiques, mais il faut prendre soin de bien enlever toutes leurs soies piquantes.

Si le Figuier de Barbarie est l'espèce d'*Opuntia* la plus courante, il en existe d'autres, moins répandues et plus rarement signalées, notamment : *Opuntia vulgaris* Mill., *O. stricta* Haw., dépourvu de piquants, *O. tuna* Mill., anciennement cultivé pour ses cochenilles tinctoriales.

2 à 3 m

Non établi

Plus de 40 ans

Cultivé et naturalisé

Régions tropicales d'Amérique centrale

Non

Confection de haies vives et parfois fourragères ; alimentation

La tige est formée d'un certain nombre d'articles épineux appelés « raquettes ».

Les fleurs sont bisexuées, grandes ; elles apparaissent au sommet des raquettes et présentent de nombreux pétales jaune brillant et de très nombreuses étamines.

Les fruits, ovoïdes, mous à maturité (5-9 cm), bruns ou pourpres, sucrés, sont comestibles.

Les épines sont de 2 sortes : des épines rigides, groupées par 3 au centre de sortes de petites verrues et une multitude de soies très fines et piquantes.

Le Figuier de Barbarie est une plante dite « grasse » (charnue) et épineuse, de 1 à 3 m de haut, bien adaptée aux zones arides à hivers doux.

L'écorce, épaisse et terne, se craquelle avec l'âge.

Yucca

Yucca filamentosa L.
Agavacées

Originaire du sud-est des États-Unis, le Yucca est cultivé dans une grande partie de la France, parfois subspontané dans la région méditerranéenne et le Sud-Ouest. Avec sa rosette basale aux feuilles étroites et acérées, d'où jaillit en été une panicule verticale formée de fleurs en clochettes, il offre un grand intérêt décoratif.

D'autres Yuccas sont cultivés dans le Midi méditerranéen : ils ressemblent à *Yucca filamentosa*, comme *Y. gloriosa* L., aux fleurs teintées de rouge, et *Y. recurvifolia* Salisb. ; ou sont arbustifs, tels *Y. elephantipes* Regel ou *Y. aloifolia* L.

Quant à l'Agave (*Agave americana* L.), c'est une plante grasse qui, par sa taille et sa dureté, peut être rapprochée des arbustes. Originaire du Mexique, il a été introduit dans tout le Bassin méditerranéen pour former des haies vives et pour l'ornementation (notamment une variété à feuilles bordées de jaune). Au centre d'une rosette de feuilles charnues et épineuses apparaît, au bout d'une dizaine d'années, une hampe florale qui peut atteindre 10 m de hauteur en un mois. Après cette floraison, l'Agave, qui a épuisé ses réserves, meurt, mais des rejets peuvent se former à sa base, assurant une multiplication végétative efficace.

Les Aloès (*Aloe*), de la famille des Liliacées, ressemblent aux Yuccas et aux Agaves, mais ont des feuilles dentées épineuses et des inflorescences formées de nombreuses petites fleurs tubulaires jaunes, orangées ou rouges. Surtout originaires d'Afrique méridionale et de Madagascar, ils ont souvent des propriétés médicinales.

1 à 1,80 m

2 à 5 ans

Plus de 20 ans

Cultivé et subspontané dans le Midi méditerranéen et le Sud-Ouest

Sud-est des États-Unis

Non, mais vulnérant

Ornement

Les fleurs apparaissent lors de la deuxième ou la troisième année, en juillet-août ; blanc crème, en forme de clochettes de 5 à 8 cm de long, elles sont groupées en grappe verticale de 1 à 1,80 m de haut.

Agave.
Les feuilles de cette plante grasse, persistantes, coriaces, charnues, de section triangulaire, sont terminées par une pointe puissante et recouvertes d'une pruine gris-bleu. L'inflorescence, très grande (10-15 m), au port de candélabre, se compose d'une multitude de petites fleurs verdâtres aux étamines jaunes et saillantes.

Les feuilles de la rosette basale sont persistantes, plates, étroites, lancéolées, d'un vert plus ou moins glauque.

L'écorce brune est striée et se fissure en long.

Le Yucca est une plante spectaculaire, aux fleurs en grappe verticale, sans tronc lorsqu'il est jeune, puis avec un tronc divisé.

Ginkgo

Ginkgo biloba L.

Ginkgoacées

Arbre aux quarante écus, Arbre des pagodes

25 à 30 m

30 ans

1 000 ans et plus

Cultivé

Extrême-Orient

Fruits

Ornement

Cet arbre magnifique est une curiosité de la nature. C'est le seul rescapé d'une vaste famille de plantes des temps géologiques, apparue à la fin de l'ère primaire et disparue au milieu de l'ère secondaire. Les Ginkgoacées croissaient alors dans le monde entier, comme l'attestent certains fossiles, et constituaient un des maillons de l'évolution entre les fougères et les plantes à fleurs.

Véritable fossile vivant, âgé de quelque 150 millions d'années, c'est par miracle que le Ginkgo est parvenu jusqu'à nous. Mentionné dans des textes chinois dès le VIIIe s., on le croyait disparu à l'état naturel : on en a récemment retrouvé quelques stations dans des forêts montagneuses de la Chine. Mais c'est à la vénération que lui vouaient les moines bouddhistes en Extrême-Orient qu'il semble devoir sa survie. Arbre protecteur passant pour conjurer le feu, il était de tradition de le planter auprès des pagodes, dans les jardins impériaux et les bois sacrés proches des temples.

Découvert en 1690 au Japon par le botaniste allemand Engelbert Kaempfer, le Ginkgo a été introduit en Europe au XVIIIe s., d'abord aux Pays-Bas, en 1727, puis en Angleterre, en 1754. C'est là que M. de Pétigny, un riche amateur de Montpellier, put en acquérir un pied, en 1788, pour la somme, extravagante alors, de quarante écus, d'où le nom que l'on attribua à l'arbre.

Pour sa longévité (mille ans et plus) et sa résistance à la pollution, le Ginkgo, arbre exclusivement d'ornement, est de plus en plus apprécié dans les villes où il ombrage parcs et avenues.

Espèce dioïque. Les inflorescences mâles sont des chatons verdâtres (5-7 cm). Les fleurs femelles sont nues, sans pièces florales et groupées par paires.

Les curieuses feuilles en éventail, caduques, à bords plus ou moins ondulés, sont réunies par bouquets. Le limbe aux nervures rayonnantes est échancré en son milieu et forme 2 lobes *(biloba)*. Les fruits ressemblent à des mirabelles ; jaune orangé à maturité, ils se décomposent vite et dégagent une odeur rance.

C'est en automne que le Ginkgo, virant au jaune d'or, a l'un des feuillages les plus spectaculaires.

Chez le Ginkgo, qui peut atteindre 30 m, les sujets mâles ont une silhouette élancée, les sujets femelles un port plus compact, avec des feuilles plus profondément échancrées.

L'écorce brune et rugueuse se fissure avec l'âge.

ARBUSTES ET ARBRISSEAUX APPAREMMENT SANS FEUILLES OU A FEUILLES MINUSCULES

Un certain nombre de plantes ligneuses de nos régions paraissent dépourvues de feuilles durant une grande partie de l'année (Genêts, Ajoncs), et d'autres portent des feuilles de quelques millimètres seulement, qui peuvent être en fines aiguilles (Bruyères) ou en écailles (Tamaris), parfois très peu nombreuses (Grand Éphédra).

Feuilles de 1 à 3 folioles, souvent rapidement caduques ou peu visibles

Genêts
Rameaux droits
mais assez souples,
à feuilles petites,
rapidement caduques.
Pages 232-233.

Genêts nains
Rameaux assez raides, courts;
plantes formant
souvent des coussins.
Page 234.

Genêt à balais

Ajoncs et Genêts épineux
Rameaux munis de fortes épines
sur lesquelles
apparaissent les fleurs
et de minuscules feuilles
de 1 à 3 folioles.
Pages 235-236.

Ajonc d'Europe

Feuilles simples, souvent en petits bouquets

Bruyères
Feuilles persistantes.
Pages 240-241-242.

Bruyère multiflore

Feuilles en écailles

Tamaris de France
Feuilles caduques,
sur des rameaux
très souples, retombants.
Page 237.

Grand Éphédra
Feuilles réduites
aux écailles minuscules,
très peu nombreuses, opposées,
sur des rameaux
raides, articulés.
Page 238.

Grand Éphédra

Soude arbrisseau
Feuilles charnues,
presque cylindriques,
très rapprochées, de 5 mm à peine.
Page 239.

Soude arbrisseau

Callune
Feuilles persistantes,
très serrées
sur les rameaux.
Page 243.

Romarin officinal
Feuilles de 1 cm environ,
très odorantes,
opposées, sessiles.
Page 244.

Romarin officinal

Genêt d'Espagne

Spartium junceum L.

Légumineuses-Papilionacées

Spartier, Joncier, Gineste

1,50 à 3 m

3 ans

15 ans

Spontané, subspontané et cultivé

Bassin méditerranéen occidental

Graines

Ornement, fixation des sols, médication, sparterie

La floraison éblouissante du Genêt d'Espagne en fait une des plus belles espèces ornementales. Ses fleurs très parfumées embaument les coteaux ensoleillés et les talus d'autoroutes du Midi, surtout en juin-juillet. D'un jaune éclatant, réunies en nombreux épis, elles comptent parmi les plus grandes existant chez les Légumineuses de nos climats. Mais l'arbuste n'est pas seulement décoratif, il est aussi fort rustique, très abondant et des plus utiles. Fait exceptionnel, sa beauté semble sans défaut, car il n'en existe pas de cultivar (mais il est l'un des parents d'hybrides horticoles). Résistant bien au froid, il est planté dans les parcs et jardins bien en dehors de la région méditerranéenne. Enfin, son pouvoir de fixer l'azote dans le sol le fait utiliser pour stabiliser remblais et décombres ou amender les friches qu'il colonise rapidement. Il se distingue des autres Genêts par ses rameaux, effilés et cylindriques, qui rappellent les tiges du Jonc, d'où son nom d'espèce, et portant très peu de feuilles. Originaire du Bassin méditerranéen, affectionnant les sols calcaires, le Genêt d'Espagne se rencontre en France à l'état naturel jusque dans le Bassin aquitain, et en Dordogne, et tout le long de la vallée du Rhône. Employé autrefois comme plante textile pour fabriquer tissus, toiles, cordes et papier, il reste en usage comme espèce médicinale.

La Coronille junciforme (*Coronilla juncea* L.), sous-arbrisseau de 0,50 à 1 m, ressemble en miniature au Genêt d'Espagne, mais avec des feuilles à 5 folioles et des fleurs groupées par 5 ou 8.

Détail de fleur

Les grandes fleurs à étendard dressé, jaune vif, bisexuées et papilionacées, odorantes et nectarifères, sont disposées en grappes terminales lâches.

Les feuilles, rapidement caduques, sont le plus souvent alternes, sessiles, étroites et lancéolées (3-5 cm).

Les jeunes rameaux, verts, souples, creux, compressibles et dressés, ne portent pratiquement pas de feuilles.

Les fruits se présentent sous la forme de gousses allongées, d'abord vertes et soyeuses, puis noirâtres et glabres à maturité, qui contiennent 10 à 18 graines toxiques, noires et plates.

L'écorce est lisse, gris verdâtre à brunâtre.

Le Genêt d'Espagne est un arbrisseau à port en boule qui fleurit en abondance à la fin du printemps.

Genêt à balais

Cytisus scoparius (L.) Link.

Légumineuses-Papilionacées

Bien que le terme de Genêt s'applique à de nombreuses Légumineuses à fleurs jaune vif, épineuses ou non, regroupant diverses espèces et plusieurs genres botaniques, c'est à l'arbrisseau le plus communément répandu en Europe qu'on donne le plus souvent le nom de Genêt. Ses rameaux, souples et très résistants, servent à la fabrication de balais, d'où son nom populaire. Il représente à lui seul l'ancien genre *Sarothamnus* (du grec *saros*, balai, et *thamnos*, buisson), qui décrit son aspect et son usage. Souvent en compagnie de la Callune*, c'est un arbrisseau dressé, buissonnant, caractéristique des terres pauvres et incultes aux sols siliceux et acides. On le rencontre presque partout en France, sauf en région méditerranéenne et en Corse, où il est rare. Il se plaît dans les landes, en bordure de routes ou sur les friches.

C'est par sa floraison lumineuse, en mai-juin, qui colore de jaune vif nos campagnes, en plaine comme en basse montagne, qu'on le connaît le mieux. Parfumées et mellifères, ses fleurs attirent les abeilles qui assurent sa pollinisation. Plus tard, en été, les gousses éclatent sous l'effet de la chaleur, et les graines, projetées au loin par à-coups, assurent une bonne dissémination de la plante. Très dures, celles-ci résistent bien au feu et peuvent germer après un incendie de forêt. Capable de fixer l'azote du sol par ses racines, le Genêt à balais a souvent été planté pour enrichir des terres stériles. En médecine populaire, il a la réputation de guérir les morsures de vipère. Il en existe des cultivars blancs à pourpres.

1 à 4 m
2 à 5 ans
Plus de 20 ans
Spontané
Europe
Graines
Ornement, balais

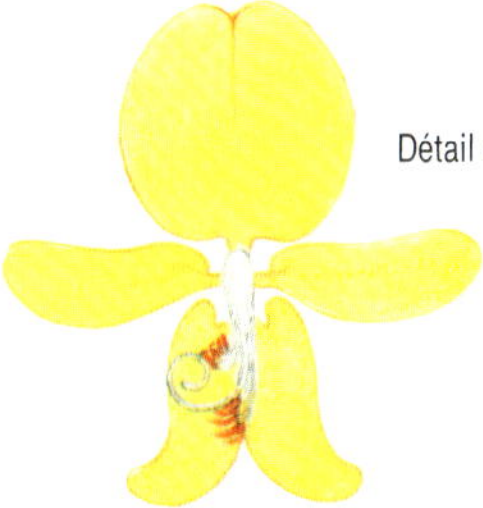

Détail de fleur

Les fleurs papilionacées de 2,5 cm, jaune très vif, sont solitaires, mais les rameaux fleuris ressemblent à de longues grappes dressées et étroites ; les 9 étamines sont soudées entre elles à la base, et le style, très long, s'enroule en trompe de chasse.

Les rameaux verts, qui contiennent de la chlorophylle, caractère assez rare des tiges, sont anguleux, fortement striés longitudinalement. Ils portent à leur sommet des petites feuilles simples et plus bas des feuilles à 3 folioles, toutes vite caduques.

La gousse, de 4 à 6 cm, aplatie, d'abord vert pâle et velue, devient brune à maturité ; ses 2 valves durcissent et s'enroulent en spirale, laissant échapper des graines rondes et noires.

L'écorce, striée, est chlorophyllienne.

Le Genêt à balais forme des buissons odorants et décoratifs.

Genêt purgatif

Cytisus purgans (L.) Boiss.

Légumineuses-Papilionacées

Pudis, Genêt griot

0,50 à 1 m

Non établi

15 à 20 ans

Spontané

Montagnes
de l'ouest de la Méditerranée

Graines

Médication

Petit arbrisseau de forme arrondie, le Genêt purgatif, très social, recouvre parfois des flancs entiers de montagne, ayant envahi landes et pâturages abandonnés, qu'il transfigure au printemps par son éblouissante floraison. Espèce du Bassin occidental méditerranéen, avide de chaleur et prospérant en stations très arides, elle se localise dans les montagnes siliceuses sèches. Abondante dans les Pyrénées orientales et les Cévennes, on la trouve aussi dans une grande partie du Massif central. Comme son nom l'indique, c'est une plante médicinale : cardiotonique et, comme la plupart des Genêts, diurétique et purgative.

Le Genêt cendré (*Genista cinerea* [Vill.]. DC.), autre petit arbrisseau de l'Ouest méditerranéen, se rencontre dans les basses montagnes calcaires des Alpes du Sud, des Pyrénées orientales et du Lot. Il est parfois cultivé pour l'ornementation et la fixation des talus. Son nom lui vient de la couleur vert grisâtre de ses rameaux cylindriques. Ses petites feuilles étroites sont soyeuses dessous. Ses fleurs jaune pâle, odorantes, sont réunies en longues grappes lâches, semblables à celles du Genêt à balais*.

Le Genêt poilu (*Genista pilosa* L.) et le Genêt des teinturiers (*G. tinctoria* L.), sous-arbrisseaux très communs dans l'ouest et le centre de l'Europe, croissent sur les pelouses, les friches et les talus secs à sols calcaires ou siliceux ; leur port est en grande partie prostré. On utilisait autrefois les fleurs et les racines du Genêt des teinturiers pour en faire une teinture.

Les fleurs bisexuées, papilionacées, longues de 10 à 12 mm, jaune d'or, solitaires ou par 2, s'épanouissent en courtes grappes terminales, odorantes et mellifères.

Les fruits sont des gousses de 15 à 30 mm, aplaties et velues.

Les feuilles, alternes, rapidement caduques, sessiles, simples ou trifoliolées, sont allongées, aiguës, velues dessous.

Genêt poilu.
Ses feuilles étroites, obovales et d'un vert moyen, sont alternes à la partie supérieure des tiges, mais disposées en groupe à la base. Les fleurs, petites et jaunes, s'épanouissent en grappes en mai-juin. Il doit son nom à ses gousses velues, qui deviennent noires à maturité.

Le Genêt purgatif est un petit arbrisseau à port en boule aplatie et aux tiges denses, dressées et enchevêtrées, couvertes en été de fleurs jaunes odorantes.

Genêt scorpion

Genista scorpius (L.) DC.

Épine fleurie, Argilier, Argelas

Légumineuses-Papilionacées

Comme le suggère son nom, le Genêt scorpion est un petit arbrisseau très épineux, communément répandu en Espagne, au Portugal et en France. On le rencontre dans des sites calcaires et très ensoleillés, telles les garrigues du Midi méditerranéen ou plus au nord, car peu sensible au froid, il croît dans les friches des basses Alpes (jusqu'en Savoie), et à l'ouest, dans celles du Bassin aquitain. On le cultive parfois pour l'ornement.

Aussi épineux que lui, mais plus grand, avec des rameaux vert sombre plus enchevêtrés, le Calycotome épineux (*Calycotome spinosa* [L.] Link) est un arbrisseau méditerranéen sensible au gel. Ainsi le trouve-t-on principalement dans les maquis de dégradation des forêts de Chênes-lièges*, où il indique des sols à tendance argileuse. Espèce mellifère, c'est également une espèce dont les feuilles et les fruits (astringents) ont des vertus médicinales. Il est remplacé en Corse, en Italie, en Espagne et en Afrique du Nord par le Calycotome velu (*Calycotome villosa* [Poir.] Link).

Petit arbrisseau souvent prostré des landes siliceuses et humides de la façade atlantique de l'Europe, le Genêt d'Angleterre (*Genista anglica* L.) a des rameaux portant des épines arquées.

Le Genêt d'Allemagne (*Genista germanica* L.) est aussi un petit arbrisseau épineux des landes acides de l'Europe centrale, poussant de préférence sur des terrains plutôt secs. En France, on le trouve surtout dans le quart Nord-Est, notamment à la lisière des chênaies sur sol acide.

1 à 2 m

Non établi

Selon environnement

Spontané

Ouest méditerranéen

Non (mais vulnérant)

Aucune

Les feuilles, alternes, simples, ovales (3-11 cm), un peu velues dessous, deviennent rapidement caduques.

Les fleurs bisexuées papilionacées (12 mm), d'un jaune vif, peu ouvertes, sont groupées en bouquets denses à l'extrémité des rameaux.

Les rameaux vert clair, dressés, striés, glabres, terminés en pointe, sont garnis de piquants latéraux.

Genêt d'Angleterre. Cet arbrisseau épineux à feuilles caduques porte des fleurs bisexuées jaunes, réunies en grappes terminales courtes. Ses fruits sont des gousses cylindriques renflées, d'environ 12 mm, recourbées en S aux 2 extrémités, et contenant 5 à 10 graines noires.

L'écorce, brune, est striée horizontalement.

Le Genêt scorpion est un petit arbrisseau des friches calcaires ensoleillées que ses piquants protègent du pâturage.

Ajonc d'Europe

Ulex europaeus L.

Légumineuses-Papilionacées

1 à 3 m

2 à 5 ans

Plus de 20 ans

Spontané

Europe occidentale

Non

Haies

Parures incomparables des landes atlantiques du Cotentin, de la Bretagne ou du Pays basque, les « Ajoncs d'Or » appartiennent à la légende des terres celtiques et ont bien souvent été chantés. Cependant, malgré l'opinion du naturaliste latin Pline, les cendres d'Ajonc ne contiennent pas d'or.

L'Ajonc d'Europe ne se rencontre qu'en Europe occidentale, suivant une marge atlantique allant du Danemark au Portugal. En France, il est assez fréquent dans la moitié Ouest, plus rare dans le Nord ou le Bassin parisien. En revanche, il reste parfois extraordinairement abondant sur les massifs hercyniens d'Armorique ou du Limousin. Il y forme encore de grandes étendues de landes, paysages typiques de ces terres pauvres devenues l'une des cibles privilégiées des opérations de remembrement, si préjudiciables à l'équilibre écologique de la nature. En dehors des floraisons, l'Ajonc contribue, avec la Bruyère, à la parure toujours verte des landes. C'est sur sols siliceux qu'il prospère le mieux.

Trois autres espèces d'Ajoncs poussent en France : l'Ajonc nain (*Ulex minor* Roth), fréquent dans les landes tourbeuses, a des épines souples et une floraison tardive ; l'Ajonc de Le Gall (*U. gallii* Planch.), parfois considéré comme hybride des deux précédents, habite les falaises de Bretagne, du Cotentin et du Pays basque, et résiste bien aux vents violents ; enfin, au long du littoral méditerranéen, l'Ajonc de Provence (*U. parviflorus* Pourr.), à petites fleurs, est une espèce de la garrigue.

Plus courtes que les épines, les gousses, à valves sèches, velues et gonflées, contiennent quelques petites graines.

Les fleurs, très mellifères et fréquentées par les insectes, ont la même taille que les épines.

Les feuilles sont transformées en épines courtes et insérées sur des rameaux eux-mêmes fortement épineux.

Les fourrés épineux de l'Ajonc sont un lieu d'élection pour de nombreux oiseaux, dont la fauvette pitchou.

De port dressé, très buissonnant, hérissé de piquants acérés, l'Ajonc d'Europe est un arbuste toujours vert à floraison printanière, mais qui peut fleurir presque toute l'année si le temps est doux.

Tamaris de France

Tamarix gallica L.

Tamaricacées

Le Tamaris est un charmant arbuste poussant sur les sables littoraux et les alluvions des rivières côtières. Son port est aérien, en raison de ses longs-rameaux souples, fins et très ramifiés, recouverts d'une multitude de minuscules feuilles écailleuses, semblables à celles de la Callune*. Ses fleurs s'épanouissent en été. C'est une des rares espèces qui supporte bien le vent et les embruns ; aussi la plante-t-on pour fixer les dunes des rivages ou pour l'ornement dans les jardins ou le long du bord de mer. C'est aussi une espèce médicinale : son écorce et ses feuilles sont astringentes, diurétiques, sudorifiques et apéritives. On s'en sert contre les hémorragies et les catarrhes.

Le Tamaris d'Afrique (*Tamarix africana* Poir.) est beaucoup plus rare en France. Espèce strictement méditerranéenne, elle est localisée sur le marais du littoral et les bords des cours d'eau de la zone côtière et de la Corse. On l'identifie à sa floraison printanière et à ses feuilles transparentes sur les bords.

Le Tamaris d'Allemagne (*Myricaria germanica* Desv.) diffère des Tamaris vrais par ses fleurs à étamines soudées qui se trouvent sur les rameaux de l'année précédente. Arbrisseau aux rameaux dressés, atteignant 2 à 5 m, il se rencontre en France, principalement en Savoie et dans le Dauphiné, où il colonise les alluvions. Un arbrisseau de 0,50 à 1,50 m, du groupe des Passerines, la Passerine velue (*Thymelæa hirsuta* [L.] Endl.), habite le littoral siliceux de Provence et des Albères.

5 à 8 m

Non établi

Plus de 50 ans

Spontané et cultivé

Ouest méditerranéen et Atlantique

Non

Ornement et fixation des dunes ; écorce et feuilles : médication

Les rameaux sont roses, et des bractées triangulaires recouvrent la base de chaque pousse. Des capsules ovoïdes contiennent de petites graines à aigrettes.

Espèce hermaphrodite. Les fleurs roses, très petites (moins de 2 mm) et régulières, munies de 5 pétales et de 5 étamines, s'épanouissent l'été. Elles sont réunies en épis grêles, allongés et étroits, formant de grandes panicules terminales.

Les feuilles, caduques, sont nombreuses. Minuscules et glauques, elles sont alternes. Elles ont une forme d'écaille et se développent en même temps que les fleurs.

Passerine velue. Arbrisseau à petites feuilles écailleuses, vert foncé à l'extérieur, blanchâtres à l'intérieur. Les fleurs, qui apparaissent au sommet des rameaux, sont jaune pâle.

L'écorce est brun rougeâtre et crevassée.

Le Tamaris de France a un tronc très ramifié. Ses branches fines et longues lui donnent un aspect léger et aérien.

Grand Éphédra

Ephedra major Host. ssp. *major* (= ssp. *villarsii* G.G.)

Éphédracées — Grande Uvette

50 à 60 cm

Non établi

Plus de 25 ans

Spontané dans les basses montagnes méditerranéennes

Ouest méditerranéen

Non

Pharmacopée

Étrange arbrisseau dioïque, assez rare en France et ressemblant par son port plutôt en boule au Genêt purgatif*, le Grand Éphédra, appelé également Grande Uvette, appartient en fait à un genre, à une famille et à un ordre très primitifs, se rattachant à l'embranchement des Gymnospermes. En effet, ses fleurs, sans calice ni corolle, sont seulement entourées d'écailles plus ou moins imbriquées, comme celles des conifères et non pas comme celles des Genêts. Ses rameaux sont nombreux et filiformes, et ses feuilles sont réduites à de petites gaines situées aux ramifications des tiges. Il vit avec l'Amélanchier* et le Genévrier de Phénicie.

Autre curieuse plante dioïque ressemblant à un petit Genêt, le Raisin de mer ou Uvette (*Ephedra distachya* L.) est une espèce des sables littoraux de la Méditerranée et de l'Atlantique (de la Gironde au Finistère), qui a souvent un port prostré. Ses rameaux d'un vert glauque portent des feuilles réduites à de petites écailles opposées, et ses fleurs nues sont semblables à celles du Grand Éphédra. Ses rameaux sont utilisés en pharmacopée comme antispasmodique et eupnéique, car ils contiennent de la vitamine C et de l'éphédrine dont l'action sur l'organisme a les mêmes effets que l'adrénaline. La sous-espèce *Ephedra distachya* ssp. *helvetica* (C. A. Mey.) Aschers. et Graebn. vit dans les basses montagnes alpines. Très rare en France, elle est plus commune en Suisse, d'où son nom. Elle diffère du Raisin de mer par ses rameaux à articles plus longs et ses fleurs femelles sessiles.

Espèce dioïque.
Les fleurs sont solitaires, presque sessiles : les mâles, subglobuleuses, petites (4-5 mm) ; les femelles, ovales.

Les rameaux sont grêles et redressés, d'un vert sombre, formés d'articles courts (1-2 cm).

Les feuilles sont apparemment inexistantes. Elles sont en fait transformées en de petites gaines membraneuses et évasées.

Raisin de mer.
Cette espèce dioïque des sables littoraux porte des fruits rouges, charnus, de la grosseur d'un petit pois, semblables à des baies, contenant deux graines aromatiques et acidulées.

L'écorce, sombre, est finement fissurée.

Le Grand Éphédra est un petit arbrisseau assez rare en France, à port en boule, que l'on rencontre sur les rocailles calcaires des basses montagnes méditerranéennes.

Soude arbrisseau

Suaeda vera Forssk. ex J. F. Gmel.

Suédée frutescente

Chénopodiacées

Bien des zones basses du littoral français étaient autrefois occupées par une végétation très originale, spécifique des marais salés naturels. Ces bordures végétales se déploient en « ceintures », selon les espèces qui les composent, et en fonction de la durée et de la périodicité des alternances en eau douce (venant de l'intérieur des terres par les rivières) et en eau de mer (arrivant avec le flux cyclique des marées). Seuls des végétaux résistants ou bien adaptés à ces conditions de salure et d'alternance de submersion et de dessiccation peuvent survivre dans ces milieux.

La Soude arbrisseau que l'on rencontre le long de la Méditerranée et de l'océan Atlantique, plus rarement sur les côtes de la Manche, forme des buissons très ramifiés. Mêlé à d'autres espèces, ce modeste arbrisseau arrive à former des peuplements denses, surtout sur les vases salées, parfois sur les galets, ainsi qu'au pied des falaises battues par les embruns chargés de sel.

Habitant également les ceintures saumâtres des marais littoraux, et souvent même dans les zones les plus salées, les Salicornes (genres botaniques *Salicornia* et *Arthrocnemum*), qui appartiennent à la même famille, se reconnaissent à leur appareil végétatif qui ne révèle à première vue ni feuilles ni fleurs, mais seulement des articles charnus, formés par la soudure des divers organes. Les rameaux, épais et salés, sont parfois récoltés et consommés comme condiment. La plus caractéristique est la Salicorne à gros épis (*Arthrocnemum glaucum* [Delile] Ung.-Sternb.).

1 à 2 m

Non établi

Selon environnement

Spontané

Littoral d'Europe du Sud

Non

Fixation de vases salées

Les inflorescences sont des glomérules cachés par les feuilles groupant 1 à 3 minuscules fleurs vertes ou verdâtres, à 5 lobes et à 5 etamines.

Les épis florifères de la Salicorne, charnus, naissent sur le bois âgé. Les étamines sortent légèrement de la petite urne où sont insérées les pièces florales.

A la fructification, le périanthe s'accroît en forme de grelot (« urcéolé »), ressemblant à une petite baie, enfermant une graine lisse et luisante.

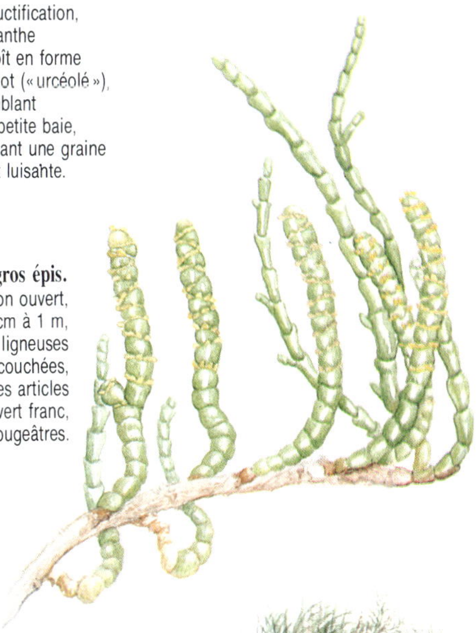

Salicorne à gros épis. Elle forme un buisson ouvert, irrégulier, de 50 cm à 1 m, à tiges ligneuses dressées ou couchées, portant des articles charnus épais, vert franc, puis plus ou moins rougeâtres.

Les rameaux ligneux, gris, brunâtres ou rouges, portent de petites feuilles très rapprochées, cylindriques, alternes, charnues, vert glauque.

Arbrisseau touffu formant des buissons très ramifiés, la Soude arbustive est un végétal fort résistant.

Bruyère arborescente

Erica arborea L.

Éricacées

- 2 à 4 m, parfois 7 m
- 5 à 10 ans
- Plus de 30 ans
- Spontané
- Région méditerranéenne et hautes montagnes du Sahara et de l'Est africain
- Non
- Sculpture spécialisée (pipes)

Les Bruyères sont des arbrisseaux ou des sous-arbrisseaux d'origine méridionale, diversifiés surtout dans le sud-ouest de l'Europe et en Afrique du Sud. Elles sont le plus souvent, en Europe, caractéristiques des landes acides à humus brut, d'où le nom bien connu en horticulture de « terre de bruyère », et se plaisent essentiellement dans les régions à hivers doux. Les rameaux très fins et érigés, les feuilles persistantes (fines aiguilles ou minuscules écailles) ont permis de définir un type morphologique de plantes, dites « éricoïdes ». Leur floraison est très variée, et leurs fleurs sont toujours très ornementales et mellifères.

La Bruyère arborescente est la plus grande des espèces vivant en Europe. En France, on la trouve dans le Midi méditerranéen, notamment en Corse, dans les forêts sempervirentes et surtout dans les maquis de dégradation. Son bois, rouge, à grain fin et serré, prend un très beau poli. Les souches fournissent le bois des ébauchons de pipes (Saint-Claude, dans le Jura).

La Bruyère à balais (*Erica scoparia* L.), plus répandue que la Bruyère arborescente, est communément appelée Brande, Bruse ou Brémole. C'est un arbrisseau à rameaux plus fins, droits et glabres, atteignant 2 à 3 m. Les feuilles, glabres et luisantes, sont groupées par 3 ou 4, et les fleurs sont insérées au milieu de bractées, en longues grappes dressées très étroites. Plante typique des landes acides, sèches ou humides, du Sud-Ouest, on la rencontre jusqu'en Sologne, et dans les forêts de Fontainebleau et de Rambouillet.

La fleur, bisexuée, est en forme de petit grelot campanulé, ouvert, à 4 lobes, à style un peu saillant, à pédicelle très long et fin.

Les larges panicules de fleurs blanches ou rosées, odorantes, terminent les rameaux.

La Bruyère arborescente donne une fastueuse floraison d'un blanc éclatant dans la végétation sempervirente habituellement sombre.

Bruyère à balais. Le port de cette Bruyère est très caractéristique, avec ses grappes étroites de minuscules fleurs blanc verdâtre, en petits grelots presque fermés.

L'écorce, grisâtre, est striée longitudinalement.

L'arbuste a un port assez délié, avec un ou plusieurs troncs partant du sol. Ses jeunes sujets sont densément florifères.

Bruyère multiflore

Erica multiflora L.

Éricacées

Cet arbrisseau méditerranéen peu répandu a deux particularités :
— c'est une des rares Bruyères à pouvoir s'établir sur des sols calcaires ; mais c'est son exigence en chaleur qui fait de la Bruyère multiflore, du moins en France, une calcicole ; elle croît en effet sur des sols calcaires et marneux en Provence et en Languedoc ;
— sa floraison est automnale (août à décembre) ; ses fleurs roses, en grappes terminales denses, sont très décoratives.

La Bruyère de Corse (*Erica terminalis* Salisb.) est un arbrisseau haut de 1 à 3 m, assez fréquent dans les ravins humides et les lieux ombragés de Corse. C'est la plus rustique des Bruyères arborescentes, mais son intérêt décoratif est limité.

Très rare en France où elle est protégée, la Bruyère du Portugal (*Erica lusitanica* Rudolphi) est une espèce ibéro-atlantique qu'on ne trouve que dans quelques zones marécageuses des Landes et de la Gironde. Elle ressemble beaucoup à la Bruyère arborescente* avec ses fleurs blanches en grappes terminales et pyramidales. Mais sa floraison a lieu en hiver, de janvier à mars, et ses feuilles sont plus fines. Par ailleurs, ses rameaux pubescents la distinguent de la Bruyère à balais, avec laquelle on la rencontre en mélange.

Très proche de la Bruyère des neiges, la Bruyère laineuse (*Erica erigena* R. Ross) est une autre espèce ibéro-atlantique protégée, encore plus rare que la Bruyère du Portugal. On ne la voit que dans certaines landes humides de Gironde, où elle fleurit en hiver. Elle a des fleurs roses et des feuilles à dessous blanc.

1 à 3 m
Non établi
Plus de 20 ans
Spontané
Région méditerranéenne
Non
Ornement

La Bruyère multiflore est un arbrisseau aux tiges dressées, droites. Ses feuilles, persistantes, éricoïdes, de 6 à 13 mm, sont verticillées par 4 à 6, glabres et luisantes dessus, sillonnées de blanc dessous, souvent appliquées sur les rameaux.

Les fleurs roses ont des étamines violettes dépassant l'orifice du tube de la corolle et un pédoncule plus long que la corolle.

Les fleurs bisexuées, à floraison automnale, se groupent en grand nombre à l'extrémité des rameaux.

L'écorce brun sombre se fissure longitudinalement.

Bruyère de Corse. Ses feuilles verticillées par 4 sont pubescentes, jeunes et un peu ciliées sur les bords. Ses fleurs rose vif, groupées par 4 ou 6 à l'extrémité des rameaux, ont une corolle en grelot oblong, à style saillant.

Bruyère cendrée

Erica cinerea L.

Éricacées

Buccane, Bréjotte

Moins de 0,50 m

Non établi

Selon environnement

Spontané

Europe occidentale

Non

Ornement

Très commun dans les landes sèches des régions atlantiques, de la Norvège à l'Espagne, ce sous-arbrisseau nain abonde en France dans les Landes de Gascogne et en Sologne, où il côtoie la Callune* et l'Hélianthème Faux Alysson*. A basse altitude, on la rencontre aussi dans le sud du Massif central et dans les Cévennes. Son nom vient de la couleur vert cendré de ses feuilles. Ses fleurs, rose-pourpre, s'épanouissent l'été. C'est une espèce mellifère et ornementale, dont il existe de nombreux cultivars horticoles.

Autre sous-arbrisseau des régions atlantiques, la Bruyère ciliée (*Erica ciliaris* L.), moins fréquente que la cendrée, a une écologie différente : c'est une espèce des landes plutôt humides, mais aussi des landes climaciques littorales des falaises de Bretagne et du Cotentin. Elle doit son nom à ses feuilles ciliées sur les bords. Ses fleurs, de couleur pourpre, sont plus grandes et groupées en épis.

La Bruyère des marais (*Erica tetralix* L.), sous-arbrisseau atlantique, habite les zones marécageuses à Sphaignes, Molinies et Bouleaux*. Ses feuilles sont verticillées par quatre, d'où son nom.

La Bruyère vagabonde (*Erica vagans* L.) vit sur des sols acides ou calcaires au Pays basque et, disséminée, jusqu'en Bretagne, en Sologne et dans les Alpes du Nord. Ses denses épis terminaux de fleurs roses et ses feuilles épaisses la distinguent.

La Bruyère des neiges (*Erica herbacea* L. = *E. carnea* L.) à floraison rose hivernale croît dans les landes montagnardes des Alpes sèches. Très tapissante, elle est souvent cultivée.

Les fleurs, en grelots rose violacé de 2 à 3 mm, à étamines ne dépassant pas l'ouverture du tube de la corolle, fleurissent de juin à septembre. Les fruits sont en forme de petites capsules.

Les tiges, très grêles, dressées et tortueuses, portent des feuilles persistantes, éricoïdes, de 4 à 7 mm, glabres, luisantes, d'un vert cendré. Les jeunes rameaux sont pubescents.

Bruyère des marais. Ce petit arbrisseau des landes tourbeuses de la région atlantique se caractérise par ses rameaux très grêles, à feuilles verticillées et ciliées, et ses belles fleurs rose pâle, groupées par 5 ou 10, qui s'épanouissent en été.

Bruyère ciliée. Elle doit son nom à ses feuilles bordées de cils. Ses fleurs pourpres, à tube nettement courbé, groupées en épis subterminaux à disposition unilatérale, fleurissent en été.

Ce sous-arbrisseau nain prend souvent la forme d'un coussinet dans les landes sèches.

Callune

Calluna vulgaris (L.) Hull

Bruyère, Brenvée, Péterolle, Brande

Éricacées

Sa vaporeuse floraison rose nuancée de mauve ou de pourpre donne à certaines landes à la fin de l'été une beauté incomparable. Elle est si belle et si gaie qu'elle a pris place depuis longtemps dans nos jardins, ainsi que ses nombreux cultivars. Improprement appelée « Bruyère », la Callune se distingue des vraies Bruyères (genre *Erica*) à la fois par ses fleurs et par ses feuilles, non verticillées. Arbrisseau extrêmement commun dans toute l'Europe, on le trouve sur les sols siliceux, acides, humides ou secs, en lande ou en forêt, à toutes les altitudes, jusqu'à 2 500 m. La Callune n'est rare qu'en région méditerranéenne, surtout en Corse. Elle est antiseptique, astringente et diurétique.

La Bruyère de Saint-Daboec (*Daboecia cantabrica* [Huds.] K. Koch) est un petit arbrisseau d'origine ibéro-atlantique, de 10 à 70 cm de haut. Espèce protégée en France, on la trouve surtout dans les landes acides du Pays basque, où on la reconnaît à ses fleurs en gros grelots rose-pourpre, assemblées en grappes terminales lâches, et à ses petites feuilles persistantes, blanches dessous.

La Camarine noire (*Empetrum nigrum* L.), appartenant à la famille des Empétracées, très voisine de celle des Éricacées, est un sous-arbrisseau (20-30 cm) aux tiges d'abord rampantes, puis dressées, garnies de très nombreuses feuilles éricoïdes persistantes. Ses fleurs en grelots sont minuscules et très discrètes. Ses fruits sont des baies comestibles. C'est une espèce arctique, rare en France, des zones tourbeuses des massifs montagneux.

0,30 à 1 m

5 ans environ

Plus de 20 ans

Spontané

Europe

Non

Ornement et médication

Les feuilles, persistantes, sont petites (2-4 cm), sessiles, épaisses, glabres, opposées et disposées en écailles sur 4 rangs sur les petits rameaux latéraux.

Bruyère de Saint-Daboec. Ce petit arbrisseau porte des fleurs peu nombreuses en gros grelots pendants rose-pourpre.

Camarine noire. Les fruits, comestibles, de cet arbrisseau, sont des baies noires de la grosseur d'un petit pois.

Les fleurs, bisexuées, sont roses, petites (3-4 cm), à pétales et sépales non soudés au tube. Les tiges, de couleur brun-rouge, sont couchées à la base, puis dressées.

La Callune est un petit arbrisseau, le plus souvent bas, que l'on trouve en abondance dans les landes acides.

Romarin officinal

Rosmarinus officinalis L.
Labiées

Romarin, Rose marine, Encensier, Roumaniéou, Herbe aux couronnes

1,50 à 2 m

Non établi

Plus de 20 ans

Spontané

Région méditerranéenne

Toxique à haute dose

Ornement ; feuilles : médication et condiment

Dès l'Antiquité, on connaissait les vertus médicinales du Romarin. Ses fleurs et ses feuilles aromatiques, qu'il convient d'utiliser avec précaution, ont des propriétés multiples : antispasmodiques, diurétiques, vermifuges et stimulantes, notamment. On emploie également le Romarin en cuisine ; il donne, par ailleurs, un miel excellent.

Le Romarin est un arbrisseau commun de la région méditerranéenne, exigeant en chaleur et en lumière, qui affectionne les sols calcaires et pierreux. Très touffu et très odorant, on le rencontre généralement en peuplements denses : il a la propriété d'excréter des substances toxiques qui empêchent la germination de nombreuses autres espèces. Le Romarin est très apprécié dans les jardins comme arbuste d'ornement.

Toujours dans la famille des Labiées, on trouve en France de nombreuses espèces de Thym, dont une seule forme un véritable sous-arbrisseau : le Thym, appelé aussi Farigoule (*Thymus vulgaris* L.). C'est une plante typique des garrigues méditerranéennes occidentales, qu'on rencontre jusqu'à 1 500 m d'altitude, parfois en compagnie d'une autre Labiée, la Sarriette (*Satureja montana* L.), qui s'en distingue par ses feuilles plus longues et larges, ses fleurs étagées le long des tiges florifères et par son odeur. Le Thym a de nombreuses propriétés médicinales, notamment antiseptiques. Inconnu en Corse, il y est remplacé par une autre espèce ligneuse très commune, l'Erba barona (*Thymus herba-barona* Lois.).

Thym.
Ses feuilles sont persistantes, petites, sessiles, lancéolées et veloutées.
Ses petites fleurs, roses ou blanches, apparaissent de mai à octobre en épis à l'aisselle des feuilles.

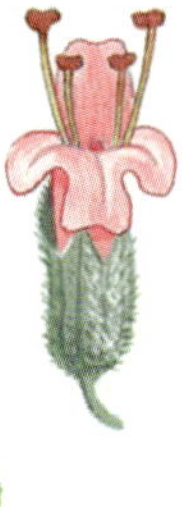

Le Romarin fleurit en petites grappes axillaires. Les fleurs, blanchâtres ou bleu-violet clair, ont un calice court, en cloche, une corolle longue à 2 lèvres et 2 étamines.

Les feuilles, persistantes, sont sessiles, coriaces, étroites (1,5-2,5 mm de long), à bords enroulés, vert sombre dessus, blanchâtres dessous.

Le Romarin est un arbrisseau aux tiges ligneuses, feuillées, à port étalé et à forte odeur aromatique.

L'écorce, gris clair, est fissurée longitudinalement.

PLANTES LIGNEUSES LIANESCENTES

Un certain nombre d'espèces ligneuses (herbacées, par exemple) possèdent des tiges dites volubiles, c'est-à-dire qu'elles s'accrochent de diverses manières sur des supports ; nombre de ces lianes sont de très grandes plantes (surtout sous les tropiques), mais, même en France, certaines espèces peuvent dépasser 20 m de hauteur. Les caractères et la disposition des feuilles peuvent, dans ce cas, être directement utilisés pour aider à la détermination.

Lianes à feuilles simples

Lierre
Feuilles alternes,
persistantes,
souvent
de formes variées.
Page 246.

Lierre

Vigne sauvage
Feuilles alternes,
caduques,
insérées sur les tiges
face à une vrille.
Page 247.

Vigne sauvage

Chèvrefeuilles
Feuilles opposées,
parfois soudées
autour du pétiole.
Pages 248-249.

Salsepareille

Salsepareille
Feuilles cordées,
triangulaires,
persistantes et épineuses
sur les marges.
Page 253.

Douce-amère
Feuilles un peu cordées,
molles, caduques,
souvent à 3 lobes.
Page 252.

Douce-amère

Lianes à feuilles composées ou très profondément divisées

Clématites
Feuilles opposées,
à 3, 5 ou 9 lobes
ou folioles.
Pages 250-251.

Clématite à vrille

Plantes ligneuses buissonnantes à feuilles en aiguilles

Asperge
Feuilles fines,
en bouquets, plus
ou moins épineuses.
Page 254.

Asperge sauvage

Lierre

Hedera helix L.
Araliacées

Lierre commun, Lierre grimpant, Lierre des poètes, Bourreau des arbres, Herbe de Saint-Jean

- 20 à 35 m
- Non établi
- Plusieurs siècles
- Spontané
- Europe
- Toxique à haute dose
- Ornement ; feuilles : pharmacopée

Le Lierre est le seul représentant européen d'une famille botanique surtout subtropicale et tropicale qui croisse spontanément sous nos climats. Avec son feuillage toujours vert, sa vigueur et sa frugalité remarquables, ses racines en brosse et son odeur désagréable mais très caractéristique, le Lierre est une plante tout à fait singulière de notre flore. D'abord, c'est une liane qui nécessite un support pour s'élever ; ensuite, il a des feuilles persistantes, ce qui est assez rare chez les espèces des régions tempérées ; enfin, sa floraison a lieu à l'automne, bien après toutes les autres espèces, y compris le Colchique.

Le Lierre pousse à peu près partout en Europe, en plaine comme en basse montagne (jusqu'à 1 200 m), dans les forêts où l'humidité de l'air et du sol est suffisante ; il semble ne redouter que les sols trop acides. Contrairement à ce que l'on croit parfois, ce n'est pas une plante parasite : l'arbre auquel il s'accroche ne lui sert que de support, et il puise dans le sol les substances nécessaires à sa croissance. Mais par ses longues tiges enlaçantes, ses nombreux rameaux feuillus, il est envahissant, étouffant et parfois nuisible au développement des arbres qui le portent, surtout par l'ombre de son feuillage dans leur houppier. Il contribue à démolir les murs contre lesquels il grimpe, du moins au début, puisque ensuite il les maintient dans l'entrelacs robuste de sa végétation. Toxique à haute dose, le Lierre a des propriétés excitantes et emménagogues. Les baies sont sudorifiques et probablement fébrifuges.

L'écorce, de couleur beige, a un aspect granuleux.

Vigne sauvage

Vitis vinifera L. ssp. *sylvestris* (Gmel.) Hegi

Pampre, Lambruche, Lambrusque

Vitacées

La Vigne sauvage est une liane dioïque qui vivait à l'état spontané en Europe du Centre et du Sud, aux époques interglaciaires. Elle a peut-être subsisté dans les forêts alluviales comme dans celles de la vallée du Rhin où elle est rare.

Connue et cultivée depuis l'Antiquité, la Vigne est issue d'Asie Mineure, apportée par les Sémites, les Phéniciens, les Égyptiens, les Grecs et les Romains. Elle est devenue subspontanée et naturalisée dans tout le Bassin méditerranéen, surtout dans les sols alluviaux, frais et profonds. Sélectionnée depuis des millénaires, il en existe de très nombreuses variétés cultivées, appelées « cépages », qui diffèrent par des détails concernant la forme des feuilles et surtout les qualités gustatives du vin qu'on en tire. Celui-ci, ainsi que le raisin, était réputé pour ses vertus médicinales (toniques, astringentes et diurétiques).

Les Vignes vierges, ou Ampélopsis, très utilisées pour couvrir les murs grâce à leurs vrilles terminées en crampons et pour les belles colorations rouges qu'elles prennent en automne, sont aussi des lianes de la famille des Vitacées. On peut les trouver également à l'état subspontané dans les sols riches et humides. Deux espèces sont surtout cultivées : la Vigne vierge de Veitch (*Parthenocissus tricuspidata* Planch.), originaire d'Extrême-Orient, aux feuilles entières ou trilobées et dentées, comme celles de certains Érables ; la Vigne vierge de Virginie (*P. quinquefolia* Planch.), venue d'Amérique du Nord, aux feuilles composées-palmées.

20 à 30 m (liane)

10 ans environ

Plus de 80 ans

Spontané et cultivé

Asie Mineure et Europe

Non

Alimentation (fruits et vin)

Les fleurs, jaune verdâtre, petites, apparaissent en juin. Unisexuées ou bisexuées (espèce sauvage dioïque), elles sont groupées en grappes pédonculées, opposées aux feuilles.

Les pétales, soudés au sommet, tombent tout d'une pièce au début de la floraison.

Les feuilles, caduques, à 3-5 lobes, dentées, ont un long pétiole. Des vrilles permettent à la plante de s'attacher à son support. Les baies contiennent plusieurs graines.

Le périanthe se détache très tôt de la base.

Ovaire jeune de la fleur femelle.

L'écorce, grise, se détache en lanières.

Vigne vierge de Virginie. Cette liane venue d'Amérique du Nord se reconnaît à ses feuilles composées-palmées à 5 folioles, lancéolées et dentées.

Fleur mâle à 5 étamines.

Chèvrefeuille d'Étrurie

Lonicera etrusca Santi

Caprifoliacées

- 3 à 4 m
- 4 à 5 ans
- Plus de 15 ans
- Spontané
- Région méditerranéenne, Aquitaine
- Baies
- Ornement ; écorce, feuilles, fleurs, fruits : médication

Les Chèvrefeuilles (genre *Lonicera*) sont des sous-arbrisseaux ou des lianes sarmenteuses dont on compte neuf espèces en France. Leurs feuilles, plutôt petites et en général caduques, sont vert foncé dessus, glauques et pubescentes dessous. De forme curieuse, les fleurs, graciles et délicatement odorantes, sont groupées en petits bouquets terminaux : rose violacé en bouton, elles deviennent blanc jaunâtre ensuite. Les fruits sont de petites baies rougeâtres renfermant peu de graines. Les Chèvrefeuilles, qui sont mellifères, ont tous les mêmes propriétés médicinales, variables seulement selon leurs parties : ils sont antinévralgiques, anticatarrheux, antiasthmatiques, astringents, dépuratifs et diurétiques.

Le Chèvrefeuille d'Étrurie, espèce méridionale, accompagne le Chêne vert* et surtout le Chêne pubescent* dans les régions méditerranéenne et subméditerranéenne, sur les sols calcaires de préférence. C'est un sous-arbrisseau vigoureux pouvant atteindre 4 m ; avide de chaleur, on le rencontre jusque dans le Lyonnais et la Savoie, et, vers l'ouest, dans les Causses et le Périgord.

Le Chèvrefeuille des Baléares (*Lonicera implexa* Ait.) est une autre espèce ouest méditerranéenne que l'on ne trouve en France que dans le Midi, dans les garrigues et maquis de dégradation des forêts de Chênes verts et de Chênes-lièges*. Liane aux rameaux souples pouvant grimper jusqu'à 3 m, on la distingue du Chèvrefeuille d'Étrurie par ses rameaux, par ses feuilles persistantes et ses fleurs placées au centre des feuilles supérieures.

Espèce hermaphrodite. Les fleurs (mai-juillet) sont formées d'un long tube terminé par 2 lèvres inégales : l'inférieure est entière, la supérieure a 4 petits lobes parallèles. Elles sont groupées en bouquets longuement pédonculés.

Les rameaux sont glabres ou pubescents. Les feuilles, ovales avec une légère pointe au sommet, sont caduques, peu coriaces et sans bord transparent. Sessiles ou légèrement pétiolées, seules les feuilles supérieures sont soudées à la base.

Chèvrefeuille des Baléares. Ses jeunes rameaux sont glauques et glabres. Il a des feuilles persistantes, coriaces, glauques dessous, brillantes dessus et à marge transparente. Ses fleurs, légèrement odorantes, sont groupées en bouquets sessiles.

Chèvrefeuille des bois

Périclymène, Broque-Bique,
Herbe de la Pentecôte, Herbe à la neige

Lonicera periclymenum L.
Caprifoliacées

Le Chèvrefeuille des bois est un charmant arbrisseau buissonnant et sarmenteux pouvant atteindre 8 m de long, fort commun en Europe occidentale, mais rare en montagne (pas au-dessus de 1 000 m d'altitude) et dans la région méditerranéenne. Il affectionne en effet les sols frais et légèrement acides, et il est particulièrement abondant dans les régions atlantiques. Comme le Lierre*, c'est une plante qui peut à la fois couvrir le sol et grimper aux arbres ou surtout s'accrocher aux arbustes. Il y parvient grâce à ses rameaux volubiles qui s'enroulent autour des tiges. En forêt, faute de lumière, il ne fleurit pas. Il lui faut les haies, les clairières et les lisières pour produire une profusion de fleurs blanc crème, en beaux bouquets longuement pédonculés, légèrement odorantes. On cultive plusieurs variétés ornementales. On faisait autrefois un sirop de Chèvrefeuille contre les indigestions, et on préparait une teinture bleue à partir de ses racines.

Le Chèvrefeuille des jardins (*Lonicera caprifolium* L.) est originaire de l'Europe centrale, mais ne semble pas être indigène en France. C'est une plante très volubile, de 3 à 4 m, qui se plaît dans les haies et sur les lisières, à bonne exposition et sur sol calcaire. Depuis longtemps cultivé chez nous, on le trouve quelquefois à l'état subspontané. Ressemblant au Chèvrefeuille des bois, il s'en distingue essentiellement par ses jeunes rameaux presque glabres et surtout par ses bouquets de fleurs, suavement odorantes, et que l'on utilisait autrefois en parfumerie.

5 à 6 m
Non établi
40 ans
Spontané
Europe occidentale
Non
Ornement et médication

Les fruits sont des baies ovoïdes
d'un beau rouge vif de
la grosseur d'un petit pois.

Espèce hermaphrodite.
Les fleurs, parfumées,
d'un blanc jaunâtre ou rougeâtre,
sont groupées
en bouquets pédonculés ;
leur long tube est terminé par 2 lèvres
d'où sortent les étamines et le style.

Les feuilles sont caduques,
opposées, sessiles,
lancéolées, légèrement pubescentes,
gris verdâtre en dessous.
Les jeunes rameaux volubiles
sont pubescents au sommet.

l'écorce se détache
en lanières fibreuses.

Clématite des haies

Clematis vitalba L.
Renonculacées

Vigne blanche, Herbe aux gueux, Viorne des pauvres, Clématite brûlante, Bois à fumer, Cranquillier

20 m et plus (liane)

Non établi

Plus de 25 ans

Spontané

Europe (sauf Nord)

Oui

Feuilles : médication

La Clématite des haies est une vigoureuse liane, commune dans presque toute la France, en plaine comme en basse montagne (jusqu'à 1 500 m d'altitude), que l'on rencontre surtout dans les haies, les taillis et à la lisière des bois humides, sur sol argilo-calcaire, en compagnie du Frêne*, en particulier. Elle n'est absente que dans la région méditerranéenne. Parfois rampante, mais le plus souvent grimpante, la Clématite s'accroche aux arbres ou aux arbustes grâce aux longs pétioles de ses feuilles. Une fois celles-ci tombées, les pétioles durcissent et persistent ainsi dans leur rôle de soutien. D'une année à l'autre, la Clématite peut former d'immenses draperies rappelant certains paysages de forêts tropicales, mais très préjudiciables pour la croissance des arbres. En hiver, les soyeuses aigrettes en spirale de ses fruits (akènes), accrochées à l'entrelacs de ses festons dénudés, la rendent fort décorative. C'est une plante toxique qu'il convient d'utiliser avec précaution ; les mendiants d'autrefois s'en frottaient bras et jambes pour provoquer des ulcères superficiels afin d'apitoyer les personnes charitables — d'où son nom d'Herbe aux gueux ou de Clématite brûlante. On emploie aujourd'hui encore ses feuilles en usage externe pour leurs propriétés détersives et résolutives.

La Clématite des Alpes (*Clematis alpina* [L.] Mill.), liane plutôt rampante, qui peut dépasser 2 m, est une espèce rare des bois et des rochers calcaires des Alpes, entre 1 100 et 2 200 m d'altitude, existant aussi en Europe septentrionale.

Les fleurs (juillet-septembre) sont réunies en cymes à l'aisselle des feuilles. 4 sépales blanc crème entourent de nombreuses étamines.

Les feuilles caduques, opposées, imparipennées, ont un long pétiole. Elles se composent de 5 folioles oblongues, à bord entier ou denté, vert foncé et glabres sur le dessus, plus claires et duveteuses au-dessous.

Certains rameaux ont des feuilles fortement dentées.

Clématite des Alpes. Ses fleurs ont 4 grands sépales bleu violet entourant de courts pétales blancs. Ses feuilles, vert foncé, sont composées de folioles ovales dentelées.

Les fruits (octobre) sont des akènes terminés par de longues aigrettes, issues de l'allongement du style.

L'écorce, gris-jaune pâle, se détache en lanières.

Clématite brûlante

Clématite flammule, Flammette,
Clématite flammette

Clematis flammula L.
Renonculacées

Le nom de cette Clématite vient très probablement du latin *flammula* (petite flamme) et fait allusion à la saveur âcre et brûlante de ses feuilles — d'où son qualificatif. Car, bien que belle et très parfumée, cette plante est vénéneuse. Comme les différentes Clématites, celle-ci utilise pour s'accrocher aux arbres et aux arbustes, qui lui servent de support, les pétioles de ses feuilles, qui s'enroulent autour des branches et des rameaux. On la cultive dans les jardins pour ses grandes fleurs blanches et odorantes, et pour ses fruits qui forment à la fin de l'été des boules floconneuses décoratives. Dans la nature, on la rencontre dans les rocailles et les lieux incultes de la région méditerranéenne, jusque dans la Drôme et l'Aveyron. On se sert des propriétés rubéfiantes de ses feuilles pour soigner les rhumatismes et la goutte. En usage interne, à faible dose seulement, jeunes bourgeons et feuilles séchées sont purgatifs et diurétiques.

La Clématite à vrilles (*Clematis cirrhosa* L.) est une liane sarmenteuse à feuilles persistantes dont les folioles, très variables dans leurs formes et leurs dimensions, ont une grande aptitude à s'accrocher (du latin *cirrhosa* : qui s'enroule comme une vrille). On ne la trouve chez nous qu'en Corse, dans les bois, les haies et les maquis du littoral. La Clématite dressée (*Clematis recta* L.), ou Téverin, est un sous-arbrisseau à tiges dressées, non grimpantes, souvent herbacé. Espèce peu commune, on ne la voit que dans le sud des Alpes et dans les Pyrénées orientales, à moins de 800 m.

5 m (liane)

5 ans

Plus de 15 ans

Spontané

Régions méditerranéennes, et jusqu'en Sibérie

Bourgeons et feuilles

Ornement ; feuilles et bourgeons : médication

Clématite dressée.
Ses feuilles pennées se composent de 2 ou 3 paires de grandes folioles, ovales lancéolées, entières et pédicellées.

Blanches et odorantes, les fleurs apparaissent de juin à août, en panicules lâches, longues de 25 à 30 cm.

La fleur a des sépales glabres à l'intérieur et pubescents à l'extérieur, des étamines blanches et de grandes anthères.

Les feuilles, persistantes, sont bipennées, avec 3 à 7 petites folioles ovales ou lancéolées, entières ou trilobées. Elles ont une saveur brûlante.

Clématite à vrilles.
Ses feuilles fasciculées peuvent être simples, trifides ou tripartites, à bords entiers, dentés ou lobés. Ses fleurs pendantes (3-5 cm), d'un blanc jaunâtre, ont des sépales velus à l'extérieur et un réceptacle poilu.

La Clématite flammule est une espèce buissonnante qui se développe vers le haut.

Douce-amère

Solanum dulcamara L.
Solanacées

Réglisse sauvage, Morelle grimpante, Vigne de Judée, Herbe à la fièvre, Crève-chien

2 m (liane)

Avant 3 ans

Plus de 15 ans

Spontané

Europe, Asie, Afrique du Nord

Un peu (feuilles, fruits)

Feuilles, jeunes rameaux : médication

Avec ses petites fleurs bleu-violet et ses grappes de baies rouge cerise, la Douce-amère est bien connue des randonneurs, car elle est très répandue en France, en Suisse et en Belgique, le long des chemins frais, à la lisière des bois humides ou au bord des ruisseaux, jusqu'à 1 500 m d'altitude. C'est un sous-arbrisseau sarmenteux qui ressemble à une petite liane, mais elle ne s'accroche pas, elle s'enroule autour des arbustes et autres ligneux qui lui servent de support. Autrefois, dans les campagnes, les enfants s'amusaient à sucer ses tiges : d'abord amères, elles devenaient ensuite douceâtres — d'où son nom vernaculaire de Réglisse sauvage, et celui, plus généralisé, de Douce-amère. En réalité, comme beaucoup d'espèces de la famille des Solanacées, c'est une plante relativement toxique, à utiliser avec précaution. Elle était probablement connue des Anciens. On l'emploie surtout en usage interne comme dépuratif, laxatif, diurétique et sudorifique.

Autre Solanacée, le Lyciet d'Europe (*Lycium europaeum* L.), que l'on cultive pour l'ornement, est un arbrisseau aux rameaux dressés, couverts de nombreuses épines courtes, qui peut atteindre 3 m et qu'on trouve le long du littoral méditerranéen. Ses feuilles, caduques, sont un peu charnues, grisâtres ; ses fleurs sont blanchâtres, et non violet-pourpre comme chez les trois Lyciets cultivés et naturalisés (Lyciet d'Afrique [*Lycium afrum* L.], Lyciet de Barbarie [*L. barbarum* L.] et Lyciet de Chine [*L. chinense* Mill.]), et ses fruits rouges.

Les feuilles, caduques, alternes, ovales acuminées et entières, sont d'un vert brillant. Les feuilles supérieures sont triséquées, avec 2 lobes latéraux plus petits.

Les baies, ovoïdes ou un peu allongées (1 cm), brillantes, passent du vert au rouge vif à maturité. Elles apparaissent en grand nombre d'août à octobre, et ne sont pas comestibles.

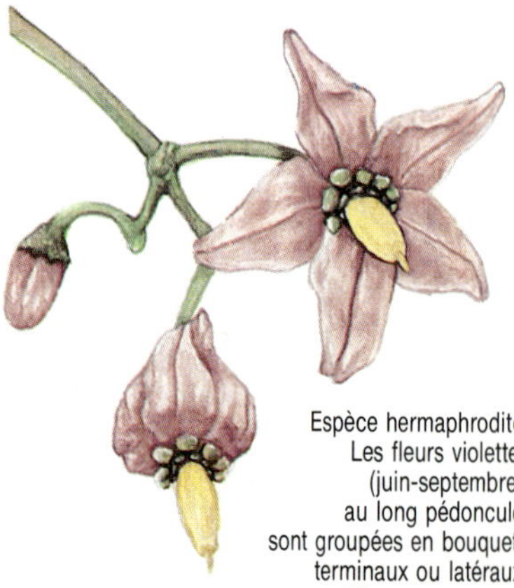

Espèce hermaphrodite. Les fleurs violettes (juin-septembre), au long pédoncule, sont groupées en bouquets terminaux ou latéraux. Elles se composent d'un calice à lobes courts, d'une corolle en étoile (12-20 mm) aux lobes réfléchis et d'étamines à anthères jaunes, soudées.

Salsepareille d'Europe

Liseron épineux, Ariège, Saliège, Rin-Vierge, Laîche des sables

Smilax aspera L.
Liliacées

Avec le Chèvrefeuille* et la Clématite*, la Salsepareille d'Europe est une des rares lianes sauvages de nos contrées. C'est une liane de la garrigue dont les tiges volubiles et tortueuses s'enchevêtrent au sol et sur les broussailles où elles s'accrochent. En effet, elles sont munies d'aiguillons crochus, plus ou moins nombreux, qui leur permettent de s'agripper, aidées en cela par des vrilles qui apparaissent par paires à l'aisselle des feuilles et s'enroulent aux rameaux des buissons ou arbustes voisins.

La plupart du temps, la Salsepareille a cependant l'aspect d'un sous-arbrisseau très rameux, entièrement glabre, dont les tiges flexueuses très particulières la font reconnaître immédiatement. Ses feuilles à longues nervures, bien que souvent polymorphes, sont très caractéristiques et aident aussi à l'identifier. Commune dans les bois et les maquis du Midi, de la Provence au Roussillon, cette espèce s'aventure plus au nord, jusque dans la Drôme et l'Ardèche, et se retrouve le long du littoral, des Landes de Gascogne aux îles de la Charente.

La Salsepareille appartient à une famille qui comprend beaucoup de plantes médicinales. Celles qu'on utilise sont essentiellement tropicales et surtout américaines. Cependant, la Salsepareille d'Europe a également des vertus dépuratives, et elle a servi pendant longtemps à contrefaire la drogue extraite des racines de *Smilax medica* du Mexique. Fumées comme du tabac, ses feuilles calmeraient l'asthme.

1 à 3 m, parfois 8 à 10 m
Non établi
Plus de 20 ans
Spontané
Région méditerranéenne
Légèrement
Pharmacopée, parfois ornement

Les feuilles sont épaisses, persistantes, alternes, généralement pétiolées, un peu en « fer de lance » (hastées), presque toujours nettement en cœur à la base et très étroites au sommet ; le limbe est bordé de quelques dents épineuses, et les nervures sont parallèles. La forme des feuilles peut être très variable (jusqu'à 3 lobes étroits).

A l'aisselle des feuilles, près de l'insertion du pétiole, il y a souvent 2 petites vrilles simples, presque toujours enroulées.

Espèce dioïque.
Les fleurs, jaune verdâtre, petites, à 6 divisions et 6 étamines libres, sont groupées en grappes de petites ombelles.

Les tiges, assez ondulées, nettement anguleuses, striées longitudinalement, sont munies d'aiguillons presque droits ou un peu crochus, de densité très variable et parfois absents.

Les baies, rouges, assez petites, contiennent 1 à 3 graines et sont groupées en grappes denses.

Asperge sauvage

Asparagus acutifolius L.
Liliacées

Asperge à feuilles piquantes,
Asperge à feuilles aiguës

- 1 m
- Non établi
- Selon environnement
- Spontané
- Région méditerranéenne
- Non
- Baies et racines : médication ; jeunes pousses : alimentation

L'Asperge sauvage est un petit arbrisseau à aspect très buissonnant-lianescent dont les tiges ligneuses, d'abord dressées, retombent ensuite et se mêlent souvent aux rameaux des buissons voisins. Cette plante ne peut être confondue avec aucune autre espèce, sinon celles du même genre *Asparagus*, qui ont toutes des « feuilles » fines, généralement groupées en bouquets — il s'agit en réalité de « cladodes », rameaux aplatis prenant l'aspect de feuilles.

L'Asperge à feuilles piquantes est assez commune dans toute la région méditerranéenne, où elle pousse en dessous de 600 m d'altitude, dans les forêts claires, les garrigues et maquis. Connue depuis fort longtemps (il en existe des figurations sur les pyramides d'Égypte), l'Asperge sauvage était dans l'ancienne pharmacopée l'une des cinq racines apéritives avec l'Ache, le Fenouil, le Persil et le Fragon*. Racines et baies ont également des propriétés diurétiques. De saveur légèrement amère, les très jeunes pousses d'Asperge sauvage sont comestibles.

L'Asperge blanche (*Asparagus albus* L.), qui croît dans les broussailles et sur les rochers de la Corse, surtout en bordure du littoral, est beaucoup plus épineuse et forme un véritable buisson de 0,5 m à 1 m de haut. Les feuilles, groupées par 10 ou 20, sont caduques, et, contrairement à l'Asperge sauvage, cette espèce a des fleurs hermaphrodites et n'est pas comestible.

L'Asperge officinale (*Asparagus officinalis* L.), plante herbacée cultivée comme légume, se rencontre aussi dans la nature.

Espèce dioïque.
Les fleurs, jaune verdâtre, à floraison estivale, sont odorantes.

De couleur grise, les rameaux, pubescents, sont rudes au toucher. Les cladodes, courts (3-6 mm), piquants, sont persistants.

Les fruits sont des baies globuleuses de la taille d'un petit pois, noires à maturité, non comestibles.

L'Asperge sauvage est un arbrisseau buissonnant du sud de l'Europe, exigeant en chaleur.

Asperge blanche.
Les fruits de cette espèce hermaphrodite sont de petites baies noires, protégées par de fortes épines blanches.

CONIFÈRES A AIGUILLES COURTES

Les aiguilles courtes (2-4 cm) caractérisent un grand nombre de genre de conifères, spécialement les Sapins et les Tsugas. La disposition des aiguilles, les caractères de longueur du limbe, les différences de couleurs sur les faces et la forme de la coupe transversale de l'aiguille sont à examiner pour l'identification.

Aiguilles isolées le long des rameaux

AIGUILLES PLANES, ASSEZ MOLLES

Séquoia toujours vert
Aiguilles vert sombre, de 1 à 2 cm de long, assez raides, un peu piquantes.
Page 260.

Séquoia toujours vert

If
Aiguilles vert sombre, de 2 à 4 cm, vert pâle jaunâtre dessous, non piquantes.
Page 267.

If

AIGUILLES PLANES, MOLLES

Cyprès chauve
Aiguilles caduques vert clair, de 1 cm environ, effilées au sommet, disposées sur des rameaux alternes.
Page 261.

Cyprès chauve

Pruche de l'Ouest
Aiguilles vert clair, de 1 cm environ, assez peu serrées, souvent de longueurs variées sur un même rameau, à sommet tronqué.
Page 262.

Pruche de l'Ouest

AIGUILLES PLANES, FERMES

Sapins
Aiguilles presque sessiles, marquées de deux bandes blanches dessous laissant à leur chute une cicatrice très visible.
Pages 256-259.

Douglas
Aiguilles marquées de deux bandes blanches dessous, très courtement pétiolées et insérées sur une très petite excroissance du rameau.
Page 263.

Sapin pectiné

AIGUILLES INSÉRÉES SUR LE RAMEAU PAR UN COUSSINET

Épicéa commun
Aiguilles à section quadrangulaires.
Page 264.

Épicéa commun

AIGUILLES INSÉRÉES SUR LE RAMEAU SUR TOUTE LEUR LARGEUR

Genévrier commun
Aiguilles étroitement triangulaires.
Page 266.

Genévrier commun

Aiguilles insérées en bouquets

Cèdres
Aiguilles persistantes insérées sur des rameaux courts de l'année.
Pages 268-269.

Mélèze d'Europe
Aiguilles caduques, insérées sur des rameaux courts de l'année.
Page 270.

Mélèze d'Europe

Sapin

Abies alba Mill.

Pinacées

Sapin pectiné, Sapin des Vosges, Sapin blanc

30 à 50 m, parfois 55 m

15 ans et plus

150 à 180 ans, parfois 200 ans

Spontané

Montagnes de l'Europe

Non

Ornement et reboisement

On désigne fréquemment à tort la plupart des conifères par les vocables « Sapin » ou « Pin ». Or, tout comme les feuillus, les Gymnospermes ont des caractères bien précis qui permettent de les différencier. Le Sapin, dit souvent « des Vosges » en raison de son abondance dans ces montagnes, est la seule espèce du genre *Abies* indigène en Suisse, en France et en Corse. Il est présent dans toutes nos montagnes où il forme, souvent avec le Hêtre*, une ceinture ou un étage de végétation très typique. Indifférent à la nature du sol (il habite les Vosges siliceuses comme les Préalpes calcaires), il ne prospère bien qu'en terrains frais et assez riches, profonds mais filtrants. Il a besoin d'une humidité de l'air assez élevée et constante et d'un climat frais. Essence d'ombre, il craint la sécheresse, d'où sa localisation aux ubacs, versants exposés au nord, surtout dans ses stations méridionales.

Les sapinières constituent de très importantes forêts françaises, que ce soit en altitude (à près de 2000 m dans les Pyrénées), en unités isolées (dans les montagnes méditerranéennes) ou en plaine (comme en Normandie). Il existe encore quelques Sapins géants connus (50 m environ), notamment dans le canton de la Glacière de la forêt domaniale de la Joux (Jura). Il n'est pas rare d'observer sur les branches des « balais de sorcières », déformations causées par un champignon, ou des touffes de Gui.

Largement planté par l'homme, le Sapin pectiné a un bois blanc, légèrement rosé, fort apprécié pour les charpentes et la menuiserie.

Les aiguilles, de couleur vert foncé dessus, sont marquées d'une forte nervure centrale dessous, séparant 2 bandes blanc argenté ; celles qui terminent les rameaux sont plus courtes. Les chatons naissent sur la partie de rameau développée l'année précédente.

Fleurs mâles

Fleur femelle

Les fleurs mâles, situées sous les rameaux, sont en petits chatons coniques jaune vif. Les fleurs femelles, qui donneront les cônes, sont vertes et naissent à la partie supérieure du rameau.

Les attaques des bourgeons et des jeunes rameaux par un insecte aphide du type du puceron, l'adelge, causent parfois la mort de l'arbre.

Le Sapin, d'allure élancée, à silhouette conique, perd ses branches basses et peut avoir une cime aplatie lorsqu'il est âgé.

Écaille avec sa bractée

Écaille avec sa graine

Les cônes sont dressés. A maturité, les graines ailées sont libérées et les écailles se détachent une à une, laissant persister l'axe quelque temps sur le rameau.

L'écorce claire devient grise et se fissure.

Sapin argenté du Colorado

Sapin concolore,
Sapin argenté, Sapin du Colorado

Abies concolor (Gord. et Glend) Lindl.
Pinacées

Originaire du Sud-Ouest américain, le Sapin argenté du Colorado a été introduit en 1851 dans les basses montagnes de l'Europe méridionale. Cette essence demande, en effet, un climat continental sec et supporte fort bien les sols calcaires. C'est aussi une belle espèce ornementale en raison du joli bleu argenté de ses aiguilles recourbées vers le haut et grandes pour un Sapin.

Le Sapin de Lowe (*Abies concolor* var. *lowiana* Lemm.) est considéré comme une forme locale du Sapin argenté vivant le long du littoral de l'Oregon et de la Californie. Il s'en distingue par la couleur verte de ses aiguilles et par son écorce qui devient avec l'âge brun noirâtre et crevassée comme celle d'un Douglas*. Très grand arbre dans son aire naturelle (jusqu'à 75 m), il atteint 30 m environ chez nous où il est encore très peu utilisé en reboisement.

En revanche, le Sapin de Vancouver (*Abies grandis* [Dougl.] Lindl.), autre conifère de l'Ouest américain, est une importante essence de reboisement dans les zones de plaine et de basse montagne. Son nom lui vient de l'île Vancouver au Canada, et il a été amené en Europe en 1830 par l'Anglais David Douglas. Essence très rustique, indifférente à la nature du sol et de croissance rapide (40 m en cinquante ans), ce Sapin est le plus grand de tous, d'où son nom de Sapin géant. Son bois n'est malheureusement pas de très bonne qualité. Il se reconnaît facilement à ses aiguilles vert foncé, longues mais inégales, de 20 à 60 mm, et à son odeur de Citronnelle.

40 à 50 m, parfois 70 m
Non établi
300 à 400 ans
Spontané dans le Sud-Ouest américain
Cultivé en Europe méridionale
Non
Ornement et reboisement

Les rameaux, d'abord jaune-vert, deviennent glabres et brunâtres.

Espèce monoïque. Les fleurs, unisexuées, sont groupées en chatons jaunâtres, dressés.

Les feuilles, en aiguilles persistantes, de 7 à 8 cm, glauques sur les 2 faces sont recourbées vers le haut. Les bourgeons, assez gros, sont violacés et résineux.

Les cônes, cylindriques (8-12 cm), violacés ou jaunâtres, à bractées incluses, sont situés à la cime de l'arbre.

L'écorce, d'abord lisse, foncée, devient grisâtre.

Ce grand Sapin (40-50 m), à cime conique et à branches souvent groupées en verticilles, peut être planté pour l'ornement.

Sapin de Vancouver. C'est le plus grand de tous les Sapins ; il peut atteindre 80 m de haut.

Sapin de Nordmann

Abies nordmanniana (Stev.) Spach

Pinacées

Sapin du Caucase

40 à 50 m

Non établi

300 à 400 ans

Asie Mineure

Cultivé en Europe

Non

Ornement et reboisement

Originaire du Caucase, de la Géorgie et de la chaîne Pontique (Asie Mineure), le Sapin de Nordmann a été découvert par le botaniste finnois Alexander von Nordmann, en 1836, et introduit en Europe peu de temps après. Il y est devenu un des conifères les plus utilisés pour le reboisement en basse altitude, en raison de sa rusticité, de sa résistance à la sécheresse et de son débourrement tardif, ce qui le met à l'abri des dernières gelées de printemps. Il se reconnaît à sa brosse d'aiguilles recourbées vers le haut et rabattues vers l'extrémité des rameaux.

Longtemps confondu avec le Sapin de Nordmann, le Sapin de Bornmüller (*Abies bornmuelleriana* Mattf.) en est une espèce très voisine. Elle remplace progressivement vers l'ouest le Nordmann dans la chaîne Pontique. Compte tenu de sa résistance, c'est une essence intéressante pour le reboisement dans les régions à sécheresse estivale. Elle se reconnaît à ses aiguilles fortement recourbées vers le haut, aux extrémités légèrement échancrées et comportant une petite ligne blanche de stomates à la pointe de la face supérieure.

Le Sapin d'Andalousie, ou Sapin de Ronda (*Abies pinsapo* Boiss.), est une espèce relictuelle des montagnes du sud de l'Espagne, introduite en France en 1839. C'est surtout un arbre d'ornement pour son beau port conique et son aptitude à pousser sur le calcaire. On l'identifie grâce à ses rameaux en écouvillons, à ses nombreuses aiguilles et à ses bourgeons très résineux.

Les aiguilles, persistantes, coriaces, vert foncé et brillantes dessus, blanches dessous, sont dressées et dirigées vers l'avant. Le revers des aiguilles est marqué par 2 bandes blanches.

Les fleurs mâles se présentent en petits chatons dressés terminaux, jaunâtres ou rougeâtres.

Les cônes cylindriques (15 à 20 cm × 3 à 5 cm), dressés, verts puis bruns, résineux, contiennent de nombreuses graines ailées.

Le sapin de Nordmann a un majestueux port conique, puis cylindrique. Malgré sa croissance lente, il peut atteindre de grandes dimensions.

Les fleurs femelles sont des cônes verdâtres regroupés à la cime de l'arbre.

Sapin d'Andalousie. Ses aiguilles, disposées en écouvillon, sont courtes, coriaces, à bout le plus souvent arrondi.

L'écorce se fissure en plaques carrées brunes.

Sapin de Grèce

Abies cephalonica Loud.

Sapin de Céphalonie

Pinacées

Appelé par les Anciens Sapin d'Apollon, cette espèce est, comme son nom l'indique, originaire de Grèce, où elle est encore très répandue aujourd'hui au-dessus de 800 m d'altitude. On la rencontre principalement dans les montagnes du Péloponnèse et du sud de la Grèce continentale (massif du Parnasse en particulier), ainsi que dans les îles Ioniennes, et, bien sûr, dans la plus grande d'entre elles : Céphalonie, où elle fut découverte. Le Sapin de Grèce pousse en compagnie du Chêne vert* et du Chêne kermès, ce qui explique sa sensibilité aux gelées, surtout tardives, mais aussi sa résistance à la sécheresse. C'est pourquoi on l'utilise pour le reboisement dans les régions naturellement arides, notamment dans les basses montagnes périméditerranéennes. C'est aussi un arbre d'ornement, surtout dans le Midi, sur sol calcaire. On le reconnaît aisément à ses aiguilles qui se terminent par une pointe piquante et à ses cônes allongés couverts de résine.

Autres conifères à aiguilles piquantes, très semblables au Sapin de Grèce : le Sapin du Maroc (*Abies marocana* Trab.), le Sapin de Cilicie (*A. cilicica* [Ant. et Kotschy] Carr.) et le Sapin d'Algérie (*A. numidica* de Lannoy ex Carr.). Le Sapin du Roi Boris (*Abies borisi-regis* Mattf.), qui croît dans le nord de la Grèce et en Bulgarie, est considéré comme un hybride entre le Sapin blanc (*A. alba* Mill.) et le Sapin de Céphalonie. Quant à l'*Abies vilmoriniana*, créé par de Vilmorin en 1867, il est issu d'un croisement entre le Sapin de Grèce et le Sapin d'Espagne.

30 à 35 m

Non établi

500 ans environ

Grèce méridionale

Cultivé

Non

Ornement et reboisement

Espèce monoïque.
Les fleurs mâles ovoïdes sont groupées à la partie inférieure des rameaux de l'année, et les fleurs femelles jaunâtres apparaissent isolées à leur partie supérieure.

Les aiguilles, persistantes, courtes (2-3 cm), coriaces, piquantes, brillantes dessus et blanchâtres dessous, sont disposées radialement ou en brosse.

Les cônes allongés (15-20 cm), cylindriques et résineux, ont des bractées saillantes. Les bourgeons sont ovoïdes, pointus et résineux.

L'écorce brunâtre se fissure en plaques.

Le Sapin de Grèce est un arbre majestueux aux nombreuses et grosses branches. La cime est aplatie lorsqu'il est âgé.

Séquoia toujours vert

Sequoia sempervirens (Lamb.) Endl.

Taxodiacées

Europe : 30 à 40 m, Californie : plus de 100 m

Non établi

2 000 ans

Spontané dans les chaînes côtières de Californie, cultivé ailleurs

Californie

Non

Ornement, reboisement ; bois : menuiserie

Dans les chaînes côtières de la Californie, son pays d'origine, on trouve le spécimen le plus haut du monde : 120 m ! Remarqué en 1769 par le botaniste Archibald Menzies, le Séquoia toujours vert ne fut décrit qu'en 1823 et introduit en Europe qu'en 1840. Depuis il s'est répandu dans tous les parcs du continent, notamment dans les régions de climat océanique à hiver doux, car il est exigeant en humidité et sensible aux fortes gelées.

Séquoia vient du nom d'un chef indien cherokee : See-Quayah ou Sequoyah, qui, au siècle dernier, créa une langue écrite, une grammaire et un lexique cherokees, afin d'améliorer les relations d'entente entre son peuple et les Blancs. Malheureusement, le seul document qui fut jamais rédigé ainsi est celui par lequel les Cherokees ont été contraints de vendre la partie de l'Oklahoma riche en pétrole au gouvernement fédéral des États-Unis.

De croissance très rapide dans son jeune âge (30 m en trente ans), le *Sequoia sempervirens* est remarquable également par sa longévité. Certains arbres de Californie auraient deux mille ans. Autres particularités : il rejette de souche, ce qui est fort rare chez les conifères, et son écorce épaisse est fibreuse, voire spongieuse, et d'un beau rouge rosé. Son bois, léger, tendre et homogène, a lui aussi une jolie coloration rose violacé. En France, il ne dépasse guère 30 ou 40 m, car, arbre d'ornement planté en sujet isolé, le Séquoia finit généralement par être foudroyé. Mais des essais d'utilisation forestière ont été tentés, surtout dans le Sud-Ouest.

Les feuilles, aciculaires, persistantes, courtes (environ 2 cm), pointues, courtement pétiolées, sont disposées régulièrement le long de jeunes rameaux. Elles sont légèrement plus longues à la partie médiane des rameaux qu'à leurs extrémités.

Les cônes (1,5-2,5 cm) sont formés d'une vingtaine d'écailles ovoïdes.

Les fleurs mâles, jaunâtres, sont disposées en glomérules à l'extrémité des rameaux.

Les aiguilles sont vert brillant dessus et jaunâtres dessous.

Avec son port colonnaire et une cime étalée, le Séquoia toujours vert est un majestueux arbre d'ornement.

Espèce monoïque. Les fleurs femelles, en forme de petits bourgeons verts (6 mm), s'ouvrent à l'extrémité des rameaux.

L'écorce est légère, épaisse et fibreuse.

Cyprès chauve

Taxodium distichum (L.) Rich.

Cyprès de la Louisiane

Taxodiacées

Le Cyprès chauve fut introduit vers 1640 en Europe par le botaniste anglais John Tradescant. Malgré son nom, il n'appartient pas à la famille des Cyprès mais à celle des Séquoias. Dans son aire américaine, c'est un arbre imposant habitant les marécages littoraux et les bords des fleuves côtiers, notamment dans le célèbre parc national des Everglades, en Floride. Pour survivre à ces milieux difficiles, il développe tout autour de son tronc de curieuses racines aériennes, les « pneumatophores », dressées comme des stalagmites, et qui constituent en fait son système respiratoire radiculaire. Autre particularité de ce conifère en dehors des normes : il perd ses feuilles en hiver — d'où le qualificatif de « chauve » — ou plutôt ses jeunes rameaux, phénomène dit de décurtation. Exigeant en humidité, sensible au froid, on peut en voir de magnifiques exemplaires dans les parcs en bordure des pièces d'eau, notamment dans le Jardin public de Bordeaux, ainsi que dans le parc du château de Sully-sur-Loire.

Très proche du Cyprès chauve, le Métaséquoia (*Metasequoia glyptostroboides* Hu et Cheng) est un véritable fossile vivant. Découvert en 1941 à la fois au Japon, à l'état fossilisé, et en Chine centrale (Se-Tchouan), à l'état vivant, il fut introduit en 1947 aux États-Unis, et à partir de 1948 dans le reste du monde. S'il a, lui aussi, des jeunes rameaux caducs, ses aiguilles en revanche sont opposées et ses branches horizontales. C'est un arbre d'ornement au port pyramidal et au feuillage virant au jaune en automne.

30 à 40 m

Non établi

Selon environnement

Cultivé

Sud-est des États-Unis

Non

Ornement

Métaséquoia. Les branches sont plus horizontales et le port plus conique que chez le Cyprès chauve.

Les rameaux et les feuilles sont alternes, et tombent à l'automne après avoir pris une coloration brune. Les feuilles aciculaires sont verdâtres.

Fleurs femelles

Fleurs mâles

Espèce monoïque. Les fleurs mâles se présentent en panicule lâche et pendante, tandis que les fleurs femelles, vertes et arrondies, sont situées sur de petits pédoncules à la base des rameaux.

L'écorce, grisâtre, est cannelée longitudinalement.

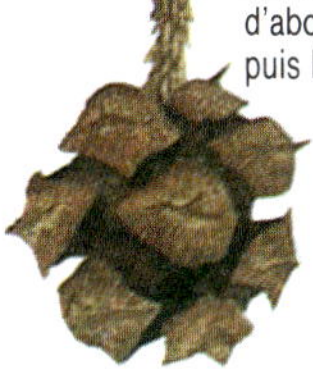

Les cônes arrondis ont des écailles mucronées, d'abord vertes, puis brunes à maturité.

Pneumatophores

Le Cyprès chauve a un tronc très élargi à sa base. Il est entouré de proéminences ligneuses, qui sont des racines aériennes appelées pneumatophores. Ces dernières permettent à l'arbre de vivre dans un milieu inondable.

Pruche de l'Ouest

Tsuga heterophylla (Raf.) Sarg.
Pinacées

Pruche de Californie,
Tsuga hétérophylle, Tsuga de l'Ouest

60 m

Non établi

Plus de 80 ans

Nord-ouest de l'Amérique du Nord

Cultivé

Non

Ornement et reboisement

Espèce dominante dans les forêts humides des contreforts montagneux qui longent le Pacifique dans l'Ouest canadien et américain, le *Tsuga heterophylla* est un arbre majestueux. Son nom lui vient de l'espèce du même genre qu'on trouve au Japon, le *Tsuga diversifolia* Mast., tandis que Pruche est le mot canadien-français qui désigne son cousin vivant dans le nord-est de l'Amérique du Nord. Découverte en 1826 par David Douglas et introduite en Europe, en 1851, par John Jeffrey, la Pruche de l'Ouest y est devenue une gracieuse espèce ornementale pour la beauté de son port conique, de ses petites aiguilles et de ses rameaux très effilés retombant en cascade. Mais, depuis une vingtaine d'années, on l'utilise aussi en reboisement, sur sol acide uniquement, et en climat océanique très humide, comme en Bretagne, la Pruche étant fort sensible à la sécheresse.

Autre arbre de l'Ouest américain, le *Tsuga mertensiana* (Bong.) Carr. est également une belle essence d'ornement, reconnaissable à ses feuilles disposées tout autour des rameaux et à ses cônes relativement grands. La Pruche de l'Est (*Tsuga canadensis* [L.] Carr.) est peu rustique et souvent fourchue. Introduite en Europe par Peter Collinson, dès 1736, c'est aujourd'hui une espèce largement cultivée, elle aussi, pour l'ornementation, et il en existe de nombreux cultivars. Petits cônes pédonculés et surtout aiguilles légèrement plus larges à la base qu'au sommet, glauques dessous, sont ses signes distinctifs.

Les cônes, petits, oblongs, à écailles arrondies, deviennent globuleux quand ils s'ouvrent.

Les aiguilles, blanches dessous, sont arrondies au sommet.

[X 3]

Les feuilles en aiguilles persistantes sont courtes, de 8 à 20 mm, mais de longueur inégale (« *heterophylla* »), coriaces, à bout arrondi, à dessous blanc et à court pétiole.

La Pruche de l'Ouest est un arbre conique à branches relativement dressées (45°), mais à jeunes rameaux pendants.

Pruche de l'Est. Les longues branches horizontales forment une large cime conique.

L'écorce d'abord gris-vert se fissure en écailles.

Douglas

Sapin de Douglas,
Pin de l'Oregon, Douglas vert

Pseudotsuga menziesii (Mirb.) Franco
Pinacées

C'est un autre géant du monde végétal pouvant éclipser par sa beauté et sa grandeur le Séquoia toujours vert*. Son aire géographique s'étend sur 3 000 km, le long de la côte du Pacifique de l'Amérique du Nord, du Canada au Mexique. Il croît dans les grandes forêts qui couvrent les versants montagneux des Rocheuses. C'est là que le botaniste Archibald Menzies l'a découvert en 1792, au cours de l'expédition du capitaine Vancouver. En 1827, David Douglas, explorateur et botaniste anglais, faisait parvenir les premières graines en Europe.

Atteignant des dimensions exceptionnelles aux États-Unis, 100 m de haut avec un tronc de 3 m de diamètre, les premiers sujets plantés en France approchent aujourd'hui les 50 m. Le Douglas vert est facile à reconnaître, notamment par ses aiguilles molles qui dégagent une vive senteur balsamique quand on les froisse, par ses bourgeons fuselés et pointus comme ceux du Hêtre*, par ses cônes pendants à languettes (bractées), saillantes, tridentées.

Introduit d'abord comme arbre d'ornement, le Douglas vert est devenu une des principales essences à bois, surtout depuis les années 70 en France. Les meilleurs résultats sont obtenus par les Douglas originaires de l'Oregon et de la Californie, qui s'adaptent mieux à nos climats. Vivant fort vieux (plusieurs siècles), sa croissance est extrêmement rapide quand il est jeune (1 m par an). Son bois, lourd et durable, presque parfait est recherché pour la construction, la menuiserie et la fabrication de contre-plaqués.

États-Unis : 100 m, Europe : 50 m
Avant 30 ans
Plus de 200 ans
Cultivé et subspontané
Ouest des États-Unis
Non
Ornement, reboisement ; bois : construction, menuiserie

Fleurs mâles

Les fleurs mâles sont globuleuses et jaunâtres ; les fleurs femelles sont plus allongées, verdâtres ou violacées.

Les aiguilles, persistantes, ont 2 bandes blanches sur la face inférieure. Elles sont souples et insérées sur le rameau par un coussinet ovale.

Fleurs femelles

Les cônes (5-10 cm), marron, pendants, tombent entiers sur le sol. De longues bractées à 3 pointes sortent des écailles.

[Grandeur nature]

L'écorce, lisse, pustuleuse, se crevasse avec l'âge.

Le Sapin de Douglas a un port assez caractéristique avec ses branches étalées à la base, souvent redressées à l'extrémité, et sa cime aiguë à l'état jeune.

Épicéa commun

Picea abies (L.) Karst.

Pinacées

Pesse, Sapin de Norvège, Sapin rouge, Faux Sapin, Sapin à poix, Sérente, Sapin du Nord

C'est notre populaire « Sapin de Noël », abondamment planté et... coupé. C'est aussi le géant des arbres originaires d'Europe, puisqu'il peut atteindre 60 m. Enfin, c'est l'essence la plus utilisée en reboisement et l'une des deux seules espèces d'Épicéa indigènes en Europe (l'autre étant l'Épicéa de Serbie).

L'Épicéa commun, qui pousse dans toutes nos montagnes jusqu'à 2 000 m, se distingue facilement des vrais Sapins par plusieurs caractères aisés à observer. D'abord, par ses cônes, qui sont pendants (et non dressés) et tombent entiers sur le sol, alors que ceux des Sapins se disloquent sur l'arbre ; ensuite, par ses aiguilles quadrangulaires et piquantes, sans bandes blanches visibles dessous ; enfin, par les protubérances ligneuses de ses rameaux dont l'écorce n'est jamais lisse comme chez les Sapins.

Assez tolérant quant à la nature du sol, résistant bien, même jeune, au froid et aux gelées, il est bien plus rustique que le Sitka*, son cousin américain, et très apprécié comme arbre d'ornement. Il en existe de nombreuses et belles variétés. Exigeant seulement en lumière, l'Épicéa, jusqu'à maintenant, était la première essence de reboisement de l'Europe occidentale. Mais il est supplanté peu à peu par le Douglas*, de croissance beaucoup plus rapide.

C'est surtout pour son bois que l'Épicéa est employé. Le bois des Épicéas d'altitude est réservé aux usages « nobles », comme la lutherie. Le bois des Épicéas de basse montagne sert pour les charpentes.

50 m

50 ans

400 ans

Spontané : en France, uniquement dans les Alpes, les Vosges et le Jura

Europe centrale et septentrionale

Non

Ornement, reboisement ;
Bois : lutherie, menuiserie

Les aiguilles sont vertes, courtes (20 mm), assez piquantes, de section triangulaire. Elles sont insérées sur le rameau par l'intermédiaire d'un coussinet allongé.

Les cônes, dressés à la floraison, sont ensuite pendants et tombent entiers sur le sol.

Fleurs femelles

En mai apparaissent les fleurs en chatons, les mâles plutôt dans le bas des arbres, les femelles dans la cime.

Fleurs mâles

L'Épicéa a un port régulièrement conique avec des branches plutôt horizontales, les branches hautes relevées à l'extrémité.

L'écorce, lisse et rougeâtre, devient écailleuse.

Épicéa de Sitka

Picea sitchensis (Bong.) Carr.

Pinacées

L'Épicéa de Sitka est une des nombreuses espèces peuplant les grandes forêts de l'Ouest américain. Son aire naturelle s'étire le long du Pacifique, de l'Alaska à la Californie. On peut y voir des sujets de taille exceptionnelle, avec des records de 80 m. Le nom de Sitka est celui d'une péninsule de la côte sud de l'Alaska, où cet Épicéa a été découvert par l'explorateur Menzies, en 1792. Introduit en Europe en 1831, par David Douglas, il est devenu une importante essence de reboisement en Angleterre mais aussi en France. De croissance rapide quand il est jeune, on le plante surtout en climat océanique, car il est sensible aux gelées tardives.

L'Épicéa piquant (*Picea pungens* Engelm.), appelé aussi parfois Épicéa du Colorado, est originaire des Rocheuses, où il atteint souvent 35 m de haut. Introduit en Europe vers 1861, il y est vite devenu très populaire. En effet, peu exigeant quant à la nature du sol, supportant bien la sécheresse des villes et surtout ayant un magnifique feuillage bleu argenté, il est aujourd'hui un des conifères d'ornement le plus plantés dans les jardins, notamment son cultivar 'Koster', le fameux « Sapin bleu ». On le reconnaît, en dehors de sa couleur, à ses aiguilles très piquantes — d'où *pungens*, son nom d'espèce. Ses cônes, petits et pendants, ont des écailles tronquées, minces et finement dentées.

Originaire de la seule vallée de la Dvina en Yougoslavie, l'Épicéa de Serbie (*Picea omorika* [Panč.] Purkyně) fut découvert en 1875. Son port colonnaire en fait un intéressant arbre d'ornement.

60 à 70 m

Non établi

Plus de 200 ans

Cultivé

Ouest des États-Unis

Non

Reboisement ; bois : pâte à papier

Fleurs femelles

Espèce monoïque. Les fleurs, en chatons dressés et isolés, s'ouvrent à l'extrémité du rameau. Les fleurs mâles sont jaunâtres, les fleurs femelles plus petites et rougeâtres.

Fleurs mâles

Les cônes (7-10 cm de long) ont des écailles minces et tronquées.

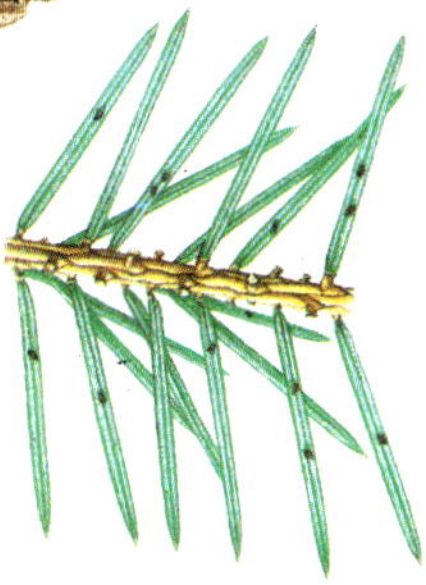

Les aiguilles (2-3 cm de long), persistantes, raides, pointues, sont vertes dessus et glauques avec des reflets argentés dessous.

Graine ailée

L'écorce âgée est crevassée et porte de larges écailles.

Épicéa piquant. Bel arbre d'ornement à feuillage glauque, à aiguilles vrillées et appliquées contre les rameaux.

L'Épicéa de Sitka a un port conique dans son jeune âge avec des branches dressées et des rameaux légèrement retombants.

Genévrier commun

Juniperus communis L.

Cupressacées

5 à 6 m

Non établi

300 à 400 ans

Spontané

Hémisphère Nord

Non

Bois : sculpture, tournerie ;
fruits : alimentation, médication

Présent dans tout l'hémisphère Nord, ce Genévrier occupe la plus grande aire géographique de tous les résineux : de l'Amérique à l'Asie en comprenant l'Europe entière. C'est notamment le seul conifère poussant en Islande. On le rencontre à peu près partout, à toutes les altitudes, tant il est rustique. Il ne craint en fait que la sécheresse prolongée, mais il aime la chaleur et la lumière. Son port, dépendant souvent de son habitat, est des plus variables. En général, il est de type colonnaire, mais on peut trouver, côte à côte, des Genévriers droits et d'autres prostrés. Exploité pour l'ornement, il en existe de nombreux cultivars à formes variées. Son bois, blanc jaunâtre, est compact et durable. Ses « baies », aux nombreuses vertus médicinales, sont très employées. On s'en sert notamment comme condiment pour la choucroute et les salaisons, mais aussi pour la fabrication du célèbre gin anglais.

Dans les landes de haute altitude, le Genévrier commun est remplacé par une sous-espèce à port prostré : le Genévrier nain (*Juniperus communis* ssp. *nana* Syme), et dans les régions méditerranéennes, où il est moins dans son élément, par le Genévrier oxycèdre ou Cade (*J. oxycedrus* L.). Celui-ci présente des ports aussi différents bien qu'il prenne plus fréquemment la forme d'un arbuste au tronc bien individualisé. Son bois, à grain très fin et légèrement odorant, peut être utilisé en marqueterie et en petite ébénisterie. On en extrait aussi, par distillation, l'huile de Cade employée en pharmacopée et en médecine vétérinaire.

Les aiguilles, persistantes, sont verticillées par 3, coriaces, aiguës, courtes (0,5-1,5 cm), étroites (environ 2 mm), brillantes dessus et blanches dessous.

Genévrier oxycèdre. La face inférieure des aiguilles présente 2 lignes blanches de stomates. Les baies sont brunes et contiennent une graine à maturité.

Les baies sphériques de 4 à 8 mm de diamètre, vertes, deviennent bleu-noir à maturité. Elles contiennent généralement 3 graines.

Le Genévrier commun se plaît dans les friches ensoleillées, où il prend souvent des formes fastigiées.

Espèce dioïque. Les fleurs très petites s'épanouissent à l'aisselle des feuilles en avril-mai. Les fleurs mâles sont jaunâtres, et les fleurs femelles verdâtres.

L'écorce âgée se fissure en lanières.

If

Taxus baccata L.

Taxacées

Mille cinq cents ans, deux mille ans, trois mille ans... tels sont les âges que l'on attribue à quelques Ifs connus de Normandie ou de Grande-Bretagne ! Il y eut dans l'Eure un « If chapelle » de plus de 9 m de circonférence abritant la statue de Sainte-Anne des Ifs. Mais, dans la nature, l'espèce a des dimensions beaucoup plus modestes, parce que l'homme a exploité abusivement son bois et qu'il l'a souvent détruite en raison de sa toxicité.

Essence d'ombre à croissance très lente, l'If se cantonne à des forêts humides de basse montagne et de plaine. Mais s'il affectionne les sols humifères et profonds, on le rencontre aussi en terrain calcaire, dans des gorges et sur des pentes boisées, jusqu'à 1 500 m d'altitude. Dans l'Ouest, près de Morlaix, la forêt du Beffou abrite quelques-uns des plus beaux Ifs sauvages de France, qui atteignent une douzaine de mètres.

Fait très exceptionnel chez les résineux, l'If rejette bien de souche après avoir été coupé et supporte parfaitement la taille. Ce qui explique en partie sa vogue comme arbre ou arbuste d'ornement, malgré la toxicité de ses feuilles et surtout de ses graines contenues dans une petite arille au beau rouge cerise. Dans les parcs et les jardins, on a donné à l'If des formes aussi extravagantes qu'au Buis*. Il sert parfois d'arbre funéraire, dans les régions froides ou humides, là où le Cyprès* ne saurait vivre.

Son bois, brun-rouge et veiné, très serré et quasi inaltérable, souple, mais non résineux, servait autrefois à faire des arcs.

8 à 10 m, parfois 15 m

10 à 20 ans et plus

200 à 400 ans, parfois 1 000 ans

Spontané

Europe

Oui (fruits en particulier)

Ornement ; bois : sculpture

Les fruits, rouges, mûrissent à l'automne.

Fleurs mâles

Fleurs femelles

Espèce dioïque. Les fleurs mâles, jaunâtres, apparaissent en minuscules chatons globuleux. Les fleurs femelles, verdâtres, ressemblent à des bourgeons. La floraison a lieu en mars-avril.

La graine, unique, brun brillant, toxique, est contenue dans une petite coupe cylindrique, charnue, d'un rouge brillant (arille).

Les aiguilles, persistantes, souples et plates, d'un vert un peu jaune sur la face inférieure, sont munies d'un court pétiole.

Taxus baccata 'Fastigiata'. Ce clone, dit If irlandais, a des aiguilles récurvées. L'arbre a un port étroit.

L'écorce, brun-mauve, forme de larges plaques.

D'allure très trapue, l'If a un tronc court, divisé en grosses branches très près de la base, et un port arrondi. Les extrémités des branches paraissent souvent bien séparées.

Cèdre du Liban

Cedrus libani A. Rich.

Pinacées

20 à 30 m

Plus de 20 ans

200 à 500 ans, parfois 2 000 ans

Cultivé

Moyen-Orient

Non

Ornement

Introduit en Europe avant 1650, on raconte que Bernard de Jussieu en ramena un plant dans son chapeau en 1734 pour le Jardin des Plantes de Paris. Deux siècles et demi plus tard, sur les pentes du Labyrinthe, le Cèdre de Jussieu, bien connu des Parisiens, a quelque 20 m de haut, et son tronc fait plus de 4 m de circonférence. Réputés dans les temps bibliques pour leur beauté et leur nombre, il ne reste plus aujourd'hui au Liban que des forêts vestiges de ces arbres. Soumises à des mesures de protection après avoir été longtemps surexploitées, elles ne représentent guère plus de 800 ha, dispersées entre le nord et le sud du pays. On connaît notamment, dans une enceinte à Becharé, un îlot de quelque 400 arbres. Ailleurs, on rencontre le Cèdre du Liban dans quelques points du nord de la Syrie occidentale et en Turquie, dans le Taurus surtout, où il constitue des forêts, mêlé aux Chênes à feuilles caduques à basse altitude, aux Pins, aux Genévriers et aux Sapins de Cilicie au-dessus de 1 200 m. Il en existe plusieurs variétés horticoles ainsi qu'une forme à petites feuilles originaire de Chypre.

Le Cèdre de l'Atlas (*Cedrus atlantica* [Endl.] Man. ex Carr.) se distingue par ses premières ramifications dressées et ses branches obliques. Les forêts claires des montagnes de l'Algérie et du Maroc dans des stations diverses, allant du Rif humide aux Aurès semi-arides, en sont peuplées. D'introduction plus récente, ce Cèdre est apprécié comme arbre d'ornement pour son feuillage bleuté et comme arbre de reboisement (mont Ventoux).

Les cônes globuleux, massifs, de 2 à 10 cm, parviennent à maturité en 2 ans. Ils sont constitués d'écailles qui se détachent, laissant souvent subsister l'axe sur les rameaux.

Les fleurs mâles, en chatons bruns, sont allongées et coniques, et les fleurs femelles, verdâtres, en petites boules, apparaissent à l'extrémité des rameaux courts à la fin de l'été.

Les aiguilles, d'un vert assez terne, sont groupées en petits bouquets au sommet des rameaux courts de l'année précédente, et isolées le long des rameaux de l'année en cours.

Le tronc du Cèdre du Liban se divise presque toujours en plusieurs grosses branches, ramifiées en branches horizontales formant table à la cime.

Cèdre de l'Atlas. Moins massif que le Cèdre du Liban, il présente une silhouette conique.

L'écorce, gris foncé, est fissurée longitudinalement.

Cèdre de l'Himalaya

Cedrus deodara (D. Don) G. Don f.

Deodar, Cèdre deodar

Pinacées

Le Cèdre de l'Himalaya est un arbre magnifique, au feuillage léger, d'un beau vert tendre, souvent à reflets argentés. Moins majestueux peut-être que le Cèdre du Liban* ou le Cèdre de l'Atlas, son port est plus aérien, sa forme plus pyramidale, et il est très beau quand il est jeune. Ses rameaux qui retombent avec grâce lui donnent un aspect « pleureur » des plus décoratifs.

Introduit en Europe dès 1822, cet arbre nous vient de l'Himalaya. Plus précisément à l'ouest de la grande chaîne, au Népal occidental, au Cachemire et jusqu'en Afghanistan. Dépassant souvent les 60 m de haut, il y pousse entre 1200 m et 3000 m d'altitude, formant fréquemment d'immenses forêts. En France, sa taille est plus modeste. Essence de climats contrastés, le Cèdre deodar a besoin en effet d'humidité en été et de froid sec en hiver. Il prospère bien en France en zone atlantique, surtout dans le Sud-Ouest.

Bien qu'il s'agisse avant tout d'une essence d'ornement dont il existe plusieurs cultivars remarquables, on commence aussi à l'utiliser en reboisement. Ces essais expérimentaux ont permis de montrer que les arbres originaires d'Afghanistan résistaient bien à la sécheresse estivale. Autre particularité du Cèdre de l'Himalaya : il est parfois dioïque. Son bois, très odorant, d'un jaune brun et de bonne qualité servait autrefois aux Indes à la construction des palais et des temples, d'où son nom, Deodar : « bois d'œuvre des dieux » en hindoustani.

Plus de 30 m

Non établi

150 ans environ

Cultivé (en dehors de l'Himalaya)

Himalaya occidental

Non

Ornement et reboisement

Les fleurs mâles sont groupées en petits cônes dressés, à la base des rameaux de l'année ; les femelles, petits bourgeons verts, sont groupées à l'extrémité des rameaux courts.

Cônes en forme de petits tonnelets de 10 à 15 cm qui s'écaillent sur l'arbre en laissant échapper des graines ailées.

Les aiguilles, fines, souples, sont beaucoup plus longues (30-50 mm) que chez les autres Cèdres. Elles sont solitaires et glauques sur les rameaux de l'année, mais groupées en petites touffes à l'extrémité des rameaux courts.

L'écorce est noirâtre avec des fissures étroites.

Le Cèdre de l'Himalaya est un grand arbre facilement reconnaissable aux extrémités retombantes de ses rameaux.

Mélèze d'Europe

Larix decidua Mill.

Pinacées

C'est un des plus beaux conifères de nos montagnes avec son feuillage très léger, vert clair au printemps virant au jaune orangé en automne. Cas unique chez les résineux d'Europe : ses aiguilles sont caduques, ce qui explique les différentes teintes qu'elles prennent. Très apprécié comme arbre d'ornement, il l'est aussi comme essence de reboisement en raison de sa rapide croissance lorsqu'il est jeune. C'est un montagnard que l'on trouve entre 1 200 et 2 400 m, à l'étage subalpin, en compagnie souvent du Pin cembro* et du Pin à crochets*. Son houppier clair laisse passer la lumière et ne nuit pas à la végétation du sol. Son aire naturelle comprend divers massifs d'Europe centrale. Mais il croît également en plaine, aux côtés du Hêtre*, comme dans les Sudètes et en Pologne. Essence avide de lumière, il aime un air sec et un sol bien alimenté en eau. Son bois, souple et résistant, est rouge saumon.

Le Mélèze du Japon (*Larix kaempferi* [Lamb.] Carr.), endémique de l'île de Honshū où il vit à l'étage montagnard, a été introduit en 1861 par Veitch, le célèbre horticulteur anglais. Il a le même port et à peu près les mêmes dimensions que le Mélèze d'Europe. Il s'en distingue par ses jeunes rameaux rouge orangé et ses cônes globuleux à écailles émarginées et recourbées vers le bas. Sensible aux gelées tardives, il est utilisé en climat océanique (Bretagne, Angleterre). Il a donné, par croisement avec le Mélèze d'Europe, un vigoureux hybride (*Larix* × *eurolepis* Henry) de croissance encore plus rapide.

40 m

Non établi

600 ans

Spontané

Alpes, Carpathes

Non

Ornement, reboisement ; bois : construction ; résine : médication

De 20 à 40 mm, les cônes, ovoïdes, ont des écailles minces et serrées.

Fines, molles, caduques, les aiguilles (1-4 cm) sont solitaires sur la pousse de l'année, et en bouquets, portés sur de petits rameaux courts, sur les pousses anciennes.

Fleurs femelles

Fleurs mâles

Espèce monoïque. En petits chatons unisexués dressés sur des rameaux courts, les fleurs mâles sont globuleuses et jaunâtres, les femelles, ovoïdes et jaunâtres.

Les jeunes rameaux sont gris jaunâtre, glabres, lisses, puis deviennent comme écailleux.

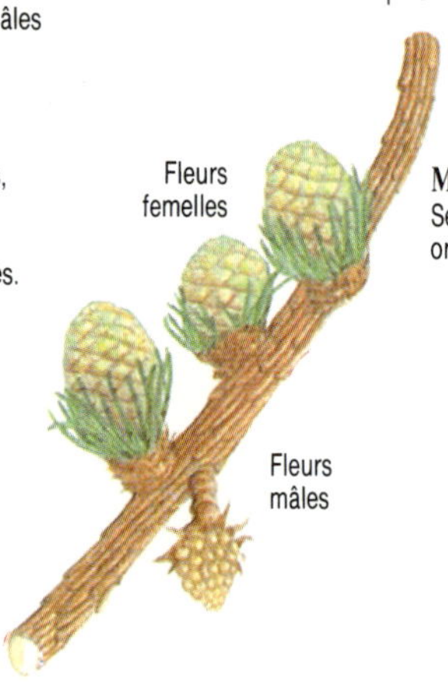

Fleurs femelles

Fleurs mâles

Mélèze du Japon. Ses rameaux florifères ont une écorce orangée.

C'est un grand arbre à cime pointue puis ovoïde, mais toujours très claire. Ses branches sont horizontales ou pendantes.

L'écorce devient grise et crevassée avec l'âge.

CONIFÈRES A LONGUES AIGUILLES

La plus grande partie des arbres dont les feuilles sont des aiguilles fines et très longues par rapport à leur épaisseur fait partie du grand genre *Pinus*, dans lequel se regroupent les Pins au sens exact du terme, à l'exclusion de tous les autres conifères. Leurs aiguilles diffèrent selon les espèces par leur nombre au niveau de chaque bouquet (à l'aisselle de courtes écailles), par leur longueur, par les caractères anatomiques montrés en section transversale. Les bourgeons sont de bons critères supplémentaires, car ils peuvent être cylindriques, subsphériques, arrondis ou pointus au sommet.

Aiguilles groupées par deux

Pin maritime
Aiguilles de 15 à 17 cm, vert foncé.
Bourgeons trapus, à marge frangée.
Page 277.

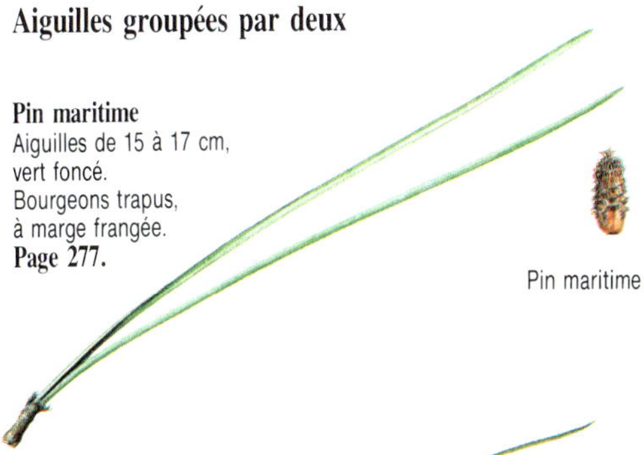
Pin maritime

Pin Laricio de Corse
Aiguilles de 10 à 12 cm, vert assez brillant.
Bourgeons moyens, à écailles décollées.
Page 278.

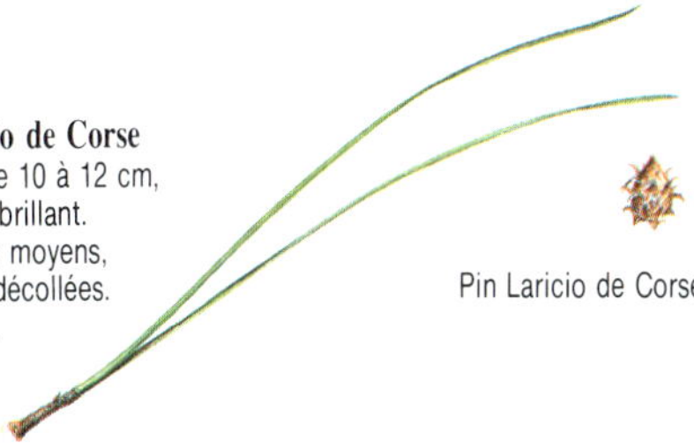
Pin Laricio de Corse

Pin noir d'Autriche
Aiguilles raides, de 9 cm environ, vert sombre.
Bourgeons aussi larges que haut, assez gros, à allure de petit oignon.
Page 279.

Pin noir d'Autriche

Pin pignon
Aiguilles de 10 à 11 cm, vert sombre.
Bourgeons allongés, petits, à écailles à pointes recourbées.
Page 276.

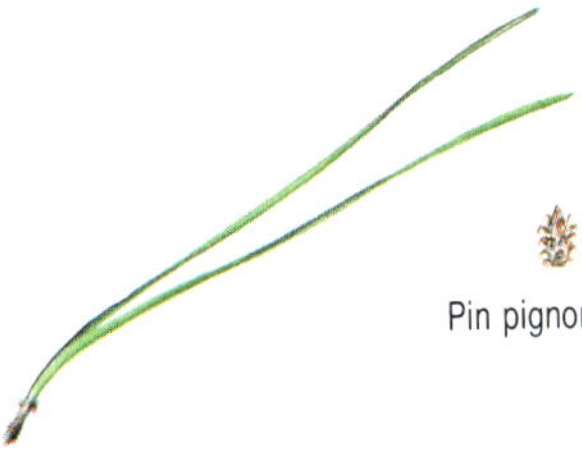
Pin pignon

Pin d'Alep
Aiguilles de 7 à 9 cm, aiguës. Bourgeons coniques et pointus, à écailles appliquées.
Page 275.

Pin d'Alep

Pin sylvestre
Aiguilles de 6 à 7 cm, vert glauque bleuté.
Bourgeons minuscules, brun-roux, pointus.
Page 272.

Pin sylvestre

Pin à crochets
Aiguilles de 4 à 6 cm, raides, vert sombre, souvent dressées.
Bourgeons petits, assez résineux.
Gaine des feuilles bien développée.
Page 273.

Pin contorta

Pin contorta
Aiguilles de 5 cm environ, vert un peu jaunâtre, fortement enroulées-vrillées.
Bourgeons cylindriques brun clair.
Page 274.

Aiguilles groupées par trois

Pin de Monterey
Aiguilles de 12 cm environ vert terne.
Bourgeons étroitement cylindriques, pointus au sommet.
Page 282.

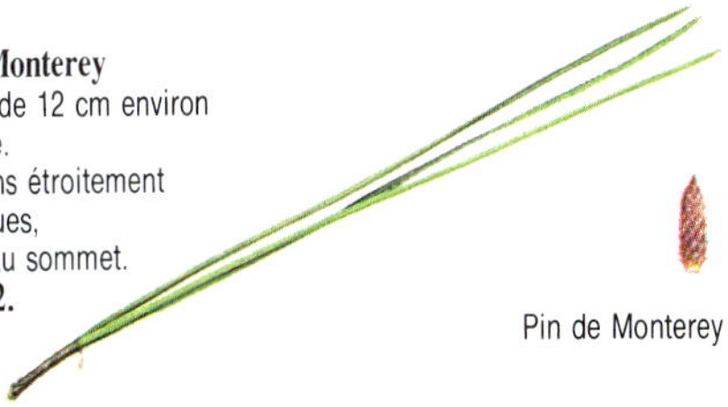
Pin de Monterey

Aiguilles groupées par cinq

Pin cembro
Aiguilles de 7 à 8 cm, vert sombre un peu bleuté.
Bourgeons petits, à écailles fines.
Page 280.

Pin cembro

Pin Weymouth
Aiguilles de 9 cm, vert sombre, terne.
Bourgeons très petits.
Page 281.

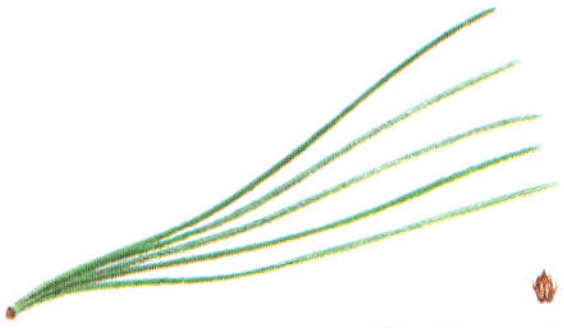
Pin Weymouth

Pin sylvestre

Pinus sylvestris L. — Pin d'Auvergne, Pin de Genève,

Pinacées — Pin de Riga (U.R.S.S.), Pin d'Écosse, Pin de Haguenau

45 m

De 15 ans environ jusqu'à 50 ans en principe

600 ans

Spontané

Europe, Sibérie

Non

Bois : placage, construction ; bourgeons : médication

Le Pin sylvestre est le plus beau des Pins d'Europe, reconnaissable entre tous à l'éclat de son écorce rousse et à la beauté de son feuillage bleuté. Seul rescapé des époques glaciaires, c'est aussi le plus grand de nos Pins, mesurant souvent 30 m, mais pouvant s'élever davantage, et celui enfin dont l'aire de répartition est la plus vaste puisqu'elle couvre toute l'Europe et une grande partie de la Sibérie. Il croît à l'état naturel dans nos montagnes, entre 600 et 1 600 m d'altitude, et il est abondant dans les Vosges, le sud-est du Massif central, les Alpes du Sud et en Suisse.

Exigeant seulement en lumière, il est très frugal et tolère presque tous les sols et toutes les situations. C'est pour cette raison qu'il a été pendant longtemps l'une des plus importantes essences de reboisement. Aujourd'hui, il est remplacé par l'Épicéa commun* et surtout par le Douglas*. Le Pin sylvestre présente la plus grande variété de formes et de qualités, selon les peuplements, naturels ou artificiels, ou selon les régions et la nature du terrain. Les beaux Pins sylvestres ont un fût bien droit, un houppier peu développé. D'autres ont un tronc court et tortueux, un houppier plutôt large avec de fortes branches difficiles à émonder.

De qualité variable, selon la provenance, son bois sert en menuiserie et en charpente. Très durable, on en faisait autrefois les mâts de bateaux. Aujourd'hui, les gros troncs sont « déroulés » comme ceux du Hêtre* pour les placages. Les bourgeons sont utilisés pour leurs vertus curatives (bronches, rhumatismes).

Les chatons femelles, rougeâtres, sont situés à l'extrémité des rameaux de l'année.

Sous le bourgeon terminal se trouvent les cônes récents, de 1 an, en dessous les cônes de 2 ans, qui mûrissent à la fin de l'été, plus bas, de vieux cônes, qui ont dispersé leurs graines l'été précédent.

Les chatons mâles, jaune pâle, sont groupés en masses compactes à la base des rameaux de l'année.

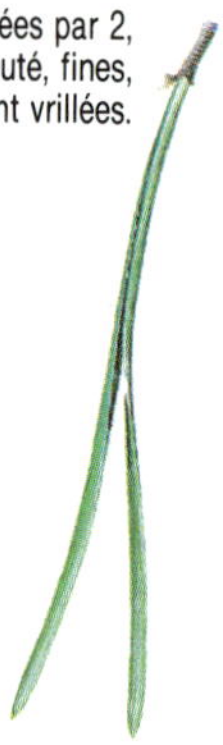

Les aiguilles, groupées par 2, mesurent 5 cm. Vert bleuté, fines, elles sont légèrement vrillées.

L'écorce, écailleuse, est gris orangé en dessous.

Graine ailée [Grandeur nature]

Conique quand il est jeune, le houppier de l'arbre adulte est clair, étalé. Le tronc des sujets de belle provenance s'élague bien.

Pin à crochets

Pinus uncinata Mill. ex Mirb.

Pin de montagne, Pin crin, Pin de Briançon

Pinacées

Le Pin à crochets ressemble beaucoup au Pin sylvestre*. Il s'en distingue cependant par son écorce grisâtre, par ses aiguilles vert foncé, plus épaisses et jamais vrillées, par ses cônes dont les écussons déformés sont recourbés vers le bas et munis d'un crochet. C'est également un arbre montagnard mais qui vit à plus haute altitude, entre 1 500 et 2 300 m. Résistant très bien au froid et au vent, il est aussi frugal et tolérant quant à la nature des sols que le Pin sylvestre, en compagnie duquel on le trouve parfois. Fréquent dans les Pyrénées, un peu moins dans les Alpes, c'est une essence de pleine lumière qui a été utilisée comme pionnière pour reboiser certaines zones montagneuses, comme l'Aigoual. Son bois a servi dans les Pyrénées de bois de charpente aux bâtiments militaires de Mont-Louis, qui datent de Louis XIV. Sa résine entre dans la préparation d'un baume, utilisé en médecine populaire sous le nom de « baume des Carpathes ».

Proche du Pin à crochets, le Pin Mugho (*Pinus mugo* Turra), qui peut atteindre une quinzaine de mètres, mais a souvent un port plus réduit, se distingue par ses cônes asymétriques non déformés en crochets. Le Pin nain de montagne (*Pinus mugo* ssp. *pumilio* Franco) ne dépasse pas 3 à 5 m et est souvent rampant. On rapporte au Pin Mugho certaines populations du Mercantour oriental, et cette essence est parfois introduite (Vosges). Le Pin nain de Sibérie (*Pinus pumila* [Pall.] Regel) du Nord-Est asiatique est parfois utilisé en ornementation dans les rocailles.

25 m

10 ans

Plus de 2000 ans

Spontané

Alpes, Pyrénées, Vosges, Jura

Non

Bois : chauffage et construction ; résine : médication

Les cônes atteignent leur maturité au bout de 2 ans. De forme ovale, ils mesurent entre 3 et 7 cm. Les aiguilles, groupées par 2, sont vert foncé, plutôt courtes et épaisses, persistantes.

Espèce monoïque. Les fleurs mâles sont groupées à la base des pousses de l'année, tandis que les fleurs femelles, formant de petits cônes, sont à l'extrémité des rameaux.

L'écaille du cône se recourbe en crochet, d'où le nom de ce Pin.

L'écorce grisâtre devient assez vite écailleuse.

Pin nain de montagne. Il ne forme jamais d'arbres à tige individualisée et garde toute sa vie un port arbustif.

Le houppier du Pin à crochets présente une forme conique. Ses branches, au feuillage touffu et sombre, s'étagent régulièrement sur un tronc rectiligne.

Pin contorta

Pinus contorta Dougl. ex Loud.
Pinacées

Pin vrillé,
Pin des dunes, Pin tortillé

Dimensions variables selon les sous-espèces : 20 à 40 m

Non établi

Plus de 150 ans

Cultivé

Ouest de l'Amérique du Nord

Non

Reboisement

On désigne du nom de Pin contorta plusieurs Pins à deux feuilles de l'Ouest américain, arbres morphologiquement très semblables mais de milieux différents et de répartition fort variée. La plus connue de ses formes est la sous-espèce *contorta* Loud., le *Shore Pine* américain appelé chez nous Pin des dunes. C'est un arbre à port souvent prostré mais à croissance rapide des sables maritimes du littoral ouest de l'Amérique du Nord. Utilisé en Europe occidentale pour le reboisement sous climat océanique, c'est une essence pionnière pour fixer les dunes ou repeupler les sols tourbeux, notamment en Grande-Bretagne.

Le Pin de Murray (*Pinus contorta* ssp. *murrayana* [Balf.] Critchfield) vit dans les chaînes côtières de l'Ouest américain. Il s'agit d'un grand arbre à port conique et à aiguilles courtes, pouvant atteindre 40 m de haut dans son aire naturelle. La sous-espèce *latifolia* S. Wats, plus continentale, est originaire de la chaîne des Rocheuses où on la trouve entre 500 et 3 000 m d'altitude. Comme son nom l'indique, elle a des aiguilles plus grandes. Ce Pin, très rustique, qui est plus grand et plus droit que le Pin des dunes, s'emploie aussi beaucoup en sylviculture. Enfin, la sous-espèce *bolanderi* (Parlat.) Lemm. a une aire plus restreinte.

Le Pin de Banks (*Pinus banksiana* Lamb.), autre Pin à aiguilles géminées, est l'équivalent du Pin sylvestre* en Amérique du Nord où il occupe d'immenses étendues, surtout au Canada. On le reconnaît à ses petits cônes recourbés et tordus.

Un fléau pour les plantations de Pin contorta : les chenilles de *Panolis flammea* qui s'attaquent aux aiguilles.

Espèce monoïque. Les fleurs sont unisexuées. Les femelles groupées à l'extrémité des rameaux de l'année, les mâles à leur base.

Fleurs mâles

Fleurs femelles

Les aiguilles sont persistantes, groupées par 2, courtes (4-5 cm), vrillées. Les cônes sont ovoïdes, petits (2,5-5 cm), d'abord verts puis brunâtres.

Le port et la taille du Pin contorta est variable selon les sous-espèces. Celle représentée *(latifolia)* est érigée et droite.

Dans la sous-espèce *latifolia*, les feuilles sont sensiblement plus longues.

L'écorce, grisâtre, forme d'épaisses écailles.

Pin d'Alep

Pinus halepensis Mill.

Pin de Jérusalem, Pin blanc

Pinacées

On trouve souvent aux côtés du Pin d'Alep le Pin parasol, ou Pin pignon*, auquel il ressemble quelque peu. Mais son tronc fréquemment tortueux lui donne beaucoup moins de prestance, et ses aiguilles fines, un peu argentées, le font aisément reconnaître. Arbre typiquement méditerranéen, c'est à tort que ce Pin fut baptisé « d'Alep », car il est inexistant ou très rare en Syrie. Dans le bassin oriental de la Méditerranée, le Pin d'Alep est remplacé par une espèce très proche, le Pin brutia (*Pinus brutia* Ten.), qui s'en distingue par des cônes sessiles et plus redressés, et qui a été introduit dans le midi de la France également pour sa croissance, parfois supérieure à celle du Pin d'Alep.

Les deux essences, frugales, se contentent des terrains les plus arides et souvent rocheux, une caractéristique intéressante pour reboiser certaines zones du Midi. Le Pin d'Alep n'est fréquent que dans le bassin occidental de la Méditerranée, et, en France, on le trouve sur le littoral méditerranéen, en basse montagne, sur les collines de calcaire au milieu des garrigues. Absent ou presque de la Corse, c'est en Provence qu'il est le plus abondant. Très exigeant en lumière, il est aussi fort sensible au froid, ce qui limite son extension vers le Nord. Son bois, de qualité médiocre, est utilisé pour la confection de caisses. En revanche, il fournit un bon bois de chauffage. L'incendie est d'ailleurs la grande menace qui pèse en été sur les peuplements de Pins d'Alep, l'autre ennemi étant la chenille processionnaire qui attaque son feuillage.

20 m, parfois 25 m

20 ans

Plus de 100 ans

Spontané

Région méditerranéenne

Non

Bois : menuiserie, chauffage

Les aiguilles, groupées par 2, sont courtes (6-10 cm), fines (0,1 mm), assez souples, vert jaunâtre.

Les chatons mâles sont groupés à la base des pousses de l'année.

Les cônes sont les plus petits des Pins méditerranéens spontanés (8-11 cm) ; portés par un court pédoncule, ils sont souvent groupés. Ils persistent longtemgs sur les branches.

Cône de l'année.

Cône de 2 ans.

Cône de 1 an, mûr à l'automne.

Le tronc du Pin d'Alep est le plus souvent flexueux ; le houppier, clair, est souvent en forme de parasol, semé de très nombreuses ricilles, « pommes de Pin ».

Brun grisâtre, l'écorce, lisse, se fissure avec l'âge.

Pin pignon

Pinus pinea L.

Pinacées

Pin pinier, Pin parasol, Pin d'Italie, Pin de pierre, Pin franc, Pin bon, Pignon

30 m

Non établi

Plus de 100 ans

Spontané

Région méditerranéenne

Non

Ornement ; bois : construction et menuiserie ; fruits : alimentation

Le Pin parasol est sans conteste le plus beau des conifères poussant en Europe, dans les régions méditerranéennes. On l'appelle aussi Pin d'Italie, tant sa familière silhouette est associée aux paysages romains depuis l'Antiquité. Sa cime, d'un vert profond, très dense, est largement étalée en parasol sur un tronc nu, les branches du bas ne laissant pas de traces en tombant. Pendant ses premières années, il a un port en boule tout à fait unique chez nos Pins indigènes. C'est pour cette raison qu'on l'emploie de plus en plus comme arbre d'ornement ou d'alignement dans les jardins et les villes des régions méridionales. Longtemps, on l'a cru strictement calcifuge, puisqu'il ne prospérait bien qu'en terrains sablonneux, alors que l'espèce est en réalité relativement tolérante quant aux sols, mais extrêmement sensible au froid et très exigeante en lumière. Dans la nature, on ne le rencontre en France qu'en certains points de la côte méditerranéenne et en Corse, mais toujours fort disséminé.

C'est surtout pour ses graines comestibles, les pignes, qu'il a été autrefois très cultivé par l'homme, responsable en grande partie de sa répartition actuelle. Ce sont les graines les plus grosses produites par un Pin européen : elles atteignent 2 cm de long avec un diamètre de 1 cm environ. D'un goût agréable, elles sont fréquemment employées en pâtisserie et en confiserie. Très oléagineuses, on en extrait aussi de l'huile. Le bois du Pin pignon sert en menuiserie et à la construction.

Les aiguilles, groupées par 2, mesurent 15 cm ; elles sont souples, vert foncé.
Les chatons mâles, jaune verdâtre, sont groupés à la base des pousses de l'année.

Fleurs femelles

Rameau où l'on voit les inflorescences femelles, les petits cônes de l'année précédente et ceux de l'année d'avant.

A l'âge adulte, le Pin pignon a un port en parasol assez typique.
Les jeunes individus ne sont pas coniques comme chez la plupart des Pins, mais en boule.

Le cône est gros (jusqu'à 14 cm), ovoïde, brun brillant.
Mûr au bout de 3 ans, il renferme une grosse graine comestible (pigne), à coque très dure.

L'écorce se divise en plaques gris-beige.

Pin maritime

Pinus pinaster Ait.
Pinacées

Pin des Landes, Pin de Bordeaux, Pin à trochets, Pinastre, Pin de Corte, Pin du Maine

Beau et grand Pin s'élevant en moyenne jusqu'à 30 m de hauteur, le Pin maritime compte deux sous-espèces bien distinctes. La première, localisée dans la région méditerranéenne, est le Pin dit mésogéen, à fût très droit, aux aiguilles très longues (jusqu'à 25 cm) et à cônes très gros (jusqu'à 22 cm de long). Mais il est victime d'une cochenille qui a détruit un grand nombre de peuplements, surtout en Provence. La seconde, de caractère atlantique, est le Pin des Landes, à fût flexueux, aux aiguilles plus courtes, aux cônes moins importants, qui par excellence constitue le paysage des Landes, où il a été très largement planté dans la seconde moitié du XIXe s. Il y occupe aujourd'hui plus d'un million d'hectares, soit plus de 10 p. 100 de la surface forestière de la France.

Espèce calcifuge, le Pin maritime est frugal, mais, avide de lumière et de chaleur, il est très sensible au froid, ce qui limite sa progression vers le nord. On le rencontre toutefois jusque dans la région parisienne et, le long du littoral, jusqu'en Belgique. Planté à partir de la Révolution pour fixer les dunes mouvantes des rivages de Gascogne, il est très vite devenu source de prospérité. La principale production était alors la résine (obtenue par gemmage des Pins), dont on tirait la térébenthine. Cette pratique est en régression constante depuis les années 50, en raison de son coût. Aujourd'hui, la richesse de la pinède, c'est le bois, utilisé principalement en papeterie, mais aussi de plus en plus en menuiserie (parquets, charpentes) et pour faire des poteaux.

- 30 m
- 15 ans
- Plusieurs siècles
- Spontané
- Ouest méditerranéen
- Non
- Bois : papeterie, menuiserie ; résine : térébenthine

Les chatons mâles, jaune d'or, sont groupés en masses compactes à la base des rameaux de l'année. Les chatons femelles sont groupés par 2 ou 3 au sommet de ces mêmes rameaux.

Les aiguilles, groupées par 2, sont longues, épaisses, rigides, vert foncé, persistantes. Les cônes de 1 an (leur maturation demande 2 années) ont des écussons très saillants. C'est le Pin spontané qui a les cônes les plus gros.

L'écorce brun-rouge se crevasse profondément.

Adulte, le Pin maritime a souvent un tronc légèrement flexueux, un houppier clair, un peu conique dans sa partie supérieure.

Pin Laricio de Corse

Pinus nigra Arn. ssp. *laricio* (Poir.) Maire

Pinacées

Pin Laricio, Pin torche

Le Pin Laricio figure parmi les arbres géants d'Europe, atteignant souvent 50 m de hauteur. En effet, il constitue de superbes forêts en Corse, comme celle de Vizzavona dans le centre de l'île. Le Pin Laricio compte deux formes géographiques distinctes comme le Pin Laricio de Corse et, très proche morphologiquement, le Pin Laricio de Calabre (*Pinus nigra* ssp. *calabrica* Delam.), aux aiguilles légèrement plus longues et plus fines. Ces deux sous-espèces restant fort difficiles à différencier.

A l'état naturel, le Pin de Corse ne croît que dans les massifs granitiques de l'île de Beauté où on le rencontre à partir de 700 m et jusque vers 1 800 m d'altitude. Bien que sa croissance soit assez lente, on l'a introduit sur le continent comme essence de reboisement dans des régions à sol siliceux, comme la Sologne. Ses longues aiguilles (12-15 cm), souples et non piquantes, assez effilées et nettement vrillées, sont d'un beau vert cendré, ses rameaux dénudés sur 1 ou 2 cm à la base. Son tronc se dresse remarquablement droit, avec un houppier clair et des branches régulièrement étagées. De tous les Pins noirs, le Pin Laricio de Corse est celui qui s'élague le mieux naturellement. C'est celui également qui a le meilleur bois. Avec un cœur rouge rosé et un aubier blanchâtre, il est dur, lourd et très durable, c'est un excellent bois de construction et de menuiserie. Ses bourgeons, souvent enrobés de résine blanche, ont les mêmes propriétés médicinales que ceux des autres Pins pour traiter les rhumatismes, les affections pulmonaires et urinaires.

- 50 m
- Non établi
- Plus de 200 ans
- Spontané
- Corse
- Non
- Bois : construction, menuiserie ; bourgeons : médication

Les chatons mâles, jaunâtres, sont groupés à la base des rameaux de l'année, les chatons femelles, rougeâtres, sont à l'extrémité de ces rameaux.

Les aiguilles sont assez longues, fines, souples, vrillées, persistantes. Le cône (5 cm) ressemble beaucoup à celui du Pin noir d'Autriche*.

Jeune, le Laricio de Corse a un houppier conique, un fût très droit. Quand il est en peuplement, il s'élague assez bien naturellement.

L'écorce, gris argent, est formée de plaques.

Pin noir d'Autriche

Pinus nigra Arn. ssp. *nigra*

Pin Laricio d'Autriche

Pinacées

Les Pins noirs constituent une grande « famille » dont l'aire de répartition s'étend d'une façon discontinue de la Turquie et de la Crimée, à l'est, jusqu'à l'Espagne du Sud et au Maroc, à l'ouest. A l'intérieur de cette vaste zone se sont différenciées plusieurs sous-espèces. Le Pin noir d'Autriche compte diverses variétés ('Dalmatie', 'Balkans', 'Illyrie', 'Autriche', 'Pinde', 'Italie'), ainsi que le Pin de Pallas, dont on connaît trois zones de répartition (Crimée, Taurus, Anatolie et Balkans), le Pin Laricio de Corse* et celui de Calabre, et le Pin de Salzmann, que l'on trouve dans le sud de la France, en Espagne ainsi qu'en Afrique du Nord. Ces sous-espèces et variétés, difficiles à distinguer morphologiquement, ont cependant des intérêts diversifiés, mais variables, pour le reboisement.

Arbre moins élevé que le Laricio de Corse, avec un feuillage plus sombre et dense, le Pin noir d'Autriche a été introduit en France vers 1834 et s'est très rapidement imposé comme une essence de reboisement de première importance. Tolérant bien le calcaire et ayant une très bonne résistance à la sécheresse, le Pin noir d'Autriche s'est montré capable de restaurer les terrains les plus érodés ou très appauvris (Champagne). Aujourd'hui, les peuplements effectués, surtout dans les Alpes du Sud, dans la moitié du XIXe s. arrivent à maturité et sont peu à peu remplacés, souvent par des cédraies, plus rentables. Son bois, résineux, s'emploie pour les petites charpentes et à la fabrication des poteaux.

35 à 40 m

30 ans

Plus de 150 ans

Cultivé et subspontané

Europe centrale et méridionale

Non

Reboisement ; bois : construction, pâte à papier

Les aiguilles (5-10 cm), épaisses, rigides, piquantes, vert foncé, sont insérées sur toute la longueur du rameau.

Les chatons femelles, pourpre foncé, sont à l'extrémité des pousses de l'année.

Les chatons mâles, jaunâtres, sont groupés à la base des pousses de l'année.

L'écorce âgée est profondément crevassée.

Les jeunes cônes sont verts. A maturité, ils deviennent brun noirâtre. Ils sont de taille moyenne (6 cm) et s'ouvrent facilement.

La tige du Pin noir d'Autriche est assez droite, le houppier d'abord pyramidal, dense, vert sombre.

Pin cembro

Pinus cembra L.

Pinacées

Arole, Ceinbrot, Alvier, Arve, Auvier, Pin des Alpes, Tinier, Héoux

25 m

50 ans

Plus de 600 ans

Spontané

Alpes

Non

Bois : sculpture, construction

Le Pin cembro est une espèce résistant aux dures conditions climatiques de haute montagne. Il constitue, avec le Pin à crochets* et le Mélèze, les forêts les plus élevées de l'étage subalpin. Mais ses peuplements ne sont jamais très denses, et on le rencontre souvent auprès des Rhododendrons*, des Aulnes verts ou des Saules nains. Spontané dans les Carpates et les Alpes en Europe, il est relativement rare en France, où il vit entre 1 400 m et 2 500 m d'altitude dans les Alpes internes, notamment dans la partie centrale. De croissance fort lente, large et compact quand il est jeune, il se reconnaît surtout à ses branches largement étalées, souvent redressées, et qui descendent fort bas le long du tronc. Mais, de loin, on le confond assez aisément avec le Pin à crochets, auquel il ressemble beaucoup et auprès duquel il pousse fréquemment. Mais la confusion n'est plus possible si on observe son feuillage : ses aiguilles sont réunies par cinq. C'est le seul Pin vivant à l'état naturel en France qui présente cette particularité, alors que toutes les autres espèces les ont groupées par deux. Les autres Pins dits «à cinq feuilles» que l'on trouve chez nous sont des espèces qui ont été introduites surtout à des fins ornementales : le Pin de l'Himalaya (*Pinus wallichiana* Jacks.) et le Pin Weymouth* (*P. strobus* L.), ce dernier étant également planté en forêt. Ces deux Pins ont des aiguilles souples et beaucoup plus fines, et leurs cônes sont allongés en forme de banane alors que ceux du Pin cembro, dressés et à écailles minces, sont presque cylindriques.

Les chatons mâles, jaunâtres puis rougeâtres, sont groupés à la base du rameau de l'année ; les chatons femelles sont rouge violacé à l'extrémité de ces rameaux.

Les aiguilles sont groupées par 5, assez longues (6-12 cm) et fines (0,1 cm), rigides, vert foncé dessus, et un peu glauques dessous.

Les écailles sont minces, terminées par un ombilic aigu ; les graines sont grosses (10 mm), munies d'une aile courte qui reste collée à l'écaille.

Le cône, de 5 à 9 cm, est ovoïde ou cylindrique, brun violacé, en général dressé.

L'écorce, grisâtre, devient écailleuse avec l'âge.

Quand il pousse dans de bonnes conditions, le Pin cembro a un tronc droit, un houppier conique qui descend bas sur la tige.

Pin Weymouth

Pinus strobus L.

Pin du Lord, Pin blanc du Canada

Pinacées

Ce beau Pin américain a commencé à être planté en France sous le règne de Louis XV, au début du XVIIIe s., pour sa grande vigueur, sa rusticité et surtout son très rapide développement. Réputé longévif, on peut en voir de beaux exemplaires dans le parc de Versailles, notamment à Trianon. Il doit son nom à lord Weymouth qui en planta beaucoup dans son domaine et contribua à sa propagation en Angleterre — d'où son nom vernaculaire de Pin du Lord.

Le Pin Weymouth est un Pin à cinq feuilles comme l'est le Pin cembro*. C'est d'ailleurs l'un des rares résineux, couramment cultivé en Europe, qui provienne de la côte est, les autres venant presque tous de la côte ouest de l'Amérique du Nord.

Résistant à la fois à la sécheresse et à l'humidité, indifférent à la nature du sol, on a cru le Pin Weymouth promis à un bel avenir. Malheureusement, il s'est révélé extrêmement sensible à une « rouille », maladie due à un champignon venu des États-Unis vers 1892. Ce champignon, qui a pour hôtes intermédiaires les espèces du genre *Ribes* (Cassis et Groseilliers divers), fort courants en forêt et dans les jardins, s'attaque ensuite à pratiquement tous les Pins à cinq feuilles. Le Pin Weymouth est le plus vulnérable et beaucoup de ses peuplements ont été décimés en quelques années. C'est la raison pour laquelle aujourd'hui il n'est presque plus utilisé en sylviculture. Son bois, léger et peu résineux, utilisé en menuiserie, est recherché dans l'est de la France pour la fabrication des ruches.

30 à 80 m

50 ans

200 ans

Cultivé et subspontané

Est des États-Unis

Non

Bois : menuiserie

Chatons femelles

Chatons mâles

Les aiguilles, groupées par 5, sont assez longues (5-14 cm), fines, souples, vert glauque. Les chatons mâles sont groupés à la base des rameaux de l'année, les chatons femelles à l'extrémité.

Les cônes sont allongés (8-20 cm), pendants, légèrement arqués, résineux, noirs à maturité.

Graine ailée [Grandeur nature]

Les écailles des cônes sont minces, un peu épaissies à leur extrémité, à ombilic terminal. [Grandeur nature]

L'écorce se fissure avec l'âge et devient noirâtre.

La « rouille » du Pin Weymouth a pour hôtes intermédiaires les espèces du genre *Ribes*, comme ici le Cassis.

Le houppier des arbres jeunes est conique, assez clair, avec des branches plutôt horizontales.

Pin de Monterey

Pinus radiata D. Don.

Pinacées

Pin remarquable

- 40 à 50 m
- Non établi
- Plus de 250 ans
- Cultivé
- Baie de Monterey en Californie
- Non
- Ornement et reboisement

Ce Pin américain, appelé autrefois *Pinus insignis* Dougl., est remarquable à bien des points de vue. D'abord parce que son aire naturelle est extrêmement localisée et réduite, c'est-à-dire la seule région de la baie de Monterey sur le littoral sud-californien et quelques îles voisines. Mais les surfaces reboisées artificiellement qu'il recouvre dans le monde sont immenses et sans commune mesure. Ensuite, il est remarquable par sa grande vigueur et l'étonnante rapidité de sa croissance : de 1 m à 1,50 m par an. Découvert en 1830 par David Douglas, il a été peu après introduit en Europe avec succès. En France, il est utilisé pour le reboisement dans le Pays basque et comme arbre d'ornement sur tout le littoral atlantique jusqu'en Bretagne. Ce grand arbre a besoin, pour donner de bons résultats, de sols acides, profonds, bien alimentés en eau, et d'un climat océanique, particulièrement doux et humide.

Le Pin de Monterey fait partie du groupe des Pins à trois feuilles, comme le *Pinus muricata* D. Don, le *P. attenuata* Lemm., qui est plus montagnard, et surtout le *P. taeda* L. (Pin à encens), qui occupe une aire fort étendue dans le sud-est des États-Unis, où il croît à basse altitude. C'est également un grand arbre aux longues aiguilles (15-25 cm), flexibles et légèrement vrillées, aux cônes oblongs et courts (7-10 cm) présentant des écailles munies de la même petite pointe. Introduit en Europe au milieu du XVIIIe s., il fait actuellement en Aquitaine l'objet de plantations expérimentales.

Les cônes, globuleux, dissymétriques, à écailles arrondies voire renflées sur un côté, persistent longtemps, fermés sur l'arbre.

Espèce monoïque. Les fleurs unisexuées se trouvent à la base des rameaux de l'année ; les mâles nombreux et jaunâtres, les femelles violacées par 2 ou 4.

Aiguilles groupées par 3, longues, fines, souples et d'un vert jaune brillant.

A l'état isolé, le Pin de Monterey a un houppier ovoïde, dense, vert foncé, très esthétique, tandis qu'en peuplement forestier il a un port colonnaire et garde longtemps une cime très pointue.

Dans son aire très réduite de la baie de Monterey, en Californie, ce Pin a un développement limité et un port souvent tourmenté, du fait des embruns et du vent, alors que dans les reboisements c'est un arbre droit, pouvant dépasser 40 m de haut.

L'écorce, brun foncé, est épaisse et fissurée.

CONIFÈRES A AIGUILLES SQUAMIFORMES

De nombreux conifères ont des aiguilles courtes ou très courtes, piquantes ou non, fréquemment en forme de petites écailles de moins de 5 mm ; c'est le cas des Cyprès et de nombreux Genévriers. Ces écailles peuvent être disposées soit dans un plan (Thuya), soit tout autour des rameaux et être très appliquées contre ceux-ci (Genévrier rouge, Cyprès, etc.). Il existe un feuillage adulte non piquant, alors que les premières aiguilles le sont. Il est souvent utile de regarder la face inférieure des rameaux pour distinguer les caractères des écailles (lignes blanches) et leur mode d'insertion.

Aiguilles assez longues et étroites, isolées

Cryptoméria
Aiguilles « écailles » de 1 à 1,5 cm, très aiguës, disposées tout autour des rameaux.
Page 285.

Séquoia géant
Aiguilles de 4 à 8 mm, un peu falciformes (en forme de faux ou arquées) à pointe recourbée vers l'extérieur.
Page 284.

Cryptoméria

Aiguilles presque toujours minuscules, en écailles courtes et serrées sur les rameaux

RAMEAUX DONT LES FEUILLES PARAISSENT PRESQUE CYLINDRIQUES

Cyprès de Lambert
Écailles de 1 mm environ. Rameaux assez divergents, étroits.
Page 290.

Cyprès de Lambert

Cyprès
Écailles de 1 mm environ, vert très sombre. Rameaux fins, très divisés.
Page 289.

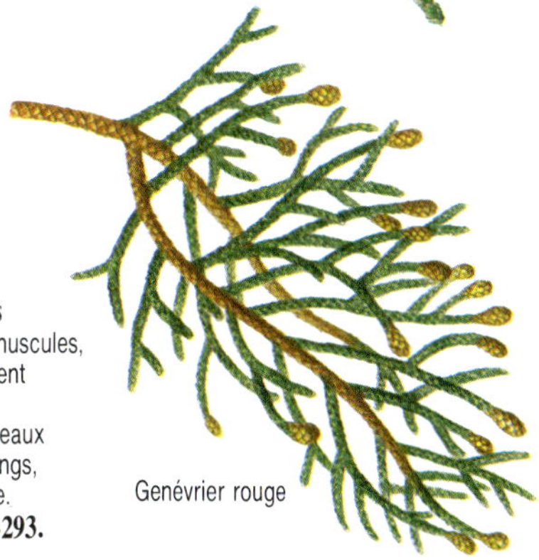

Genévriers
Écailles minuscules, très fortement appliquées sur les rameaux en 4 à 6 rangs, vert sombre.
Pages 292-293.

Genévrier rouge

RAMEAUX FEUILLÉS NETTEMENT APLATIS

Cyprès de Lawson
Écailles de 2 mm, pointues au sommet, laissant apparaître des lignes blanches à leur insertion sur le rameau.
Page 288.

Thuya géant

Thuya géant
Écailles de 2 mm, à sommet obtus, marquées de petites taches blanchâtres bien visibles.
Page 286.

Calocèdre

Calocèdre
Écailles de 3 à 5 mm, vertes sur les 2 faces, fortement appliquées sur les rameaux à pointe nettement divariquée (écartée du rameau).
Page 287.

Aiguilles en larges écailles triangulaires

Araucaria du Chili

Araucaria du Chili
Arbre à branches serpentiformes, fortement feuillées ; les écailles recouvrant le rameau sont autour.
Page 294.

Séquoia géant

Sequoiadendron giganteum (Lindl.) Buchh.

Taxodiacées

Wellingtonia, *Big Tree*

50 m
(80 m dans la nature)

Non établi

3500 à 4000 ans

Cultivé

Californie

Non

Ornement

Arbre colossal et plein de majesté, ce phénomène de la nature mérite bien son nom de géant. S'il n'atteint pas les records de hauteur du Séquoia toujours vert*, il le dépasse largement en grosseur puisque son tronc a des dimensions impressionnantes : un des plus gros individus du Sequoia National Park en Californie a quelque 9,50 m de diamètre à la base, pour un âge compris entre trois mille cinq cents et quatre mille ans. Le plus célèbre de ces géants est aujourd'hui le *General Grant,* qui culmine à 89 m de hauteur, avec un tronc de 27 m de circonférence et un poids qu'on a estimé à 2000 t (alors que cent de ses minuscules graines pèsent moins d'un gramme). La grande attraction du Parc est d'en traverser le tronc en voiture par les percées aménagées.

Le Séquoia géant ne pousse à l'état naturel qu'en Californie, sur les contreforts de la sierra Nevada, où il forme de grandioses forêts. Il fut découvert au milieu du siècle dernier. Peu de temps après, ses premières graines germaient en Europe. Son aspect éminemment décoratif le fit grandement apprécier, et il détrôna en peu d'années le Cèdre du Liban*. Son succès s'est prolongé jusqu'à notre époque, où on peut le voir dans de nombreux parcs et jardins. De croissance très rapide quand il est jeune, il est vite remarquable par son port conique presque parfait et son joli feuillage qui ressemble plus à celui du Cryptomeria qu'à celui du Séquoia toujours vert. Singulièrement résistant au feu dans la nature, son bois, mou et peu résistant, n'est par contre pas utilisé.

Les cônes, ovoïdes, mettent 2 ans pour mûrir.

Les aiguilles, en alênes, ont l'extrémité qui s'écarte du rameau qu'elles cachent de leur base élargie. Les cônes, brunâtres à maturité, ont un écusson déprimé au centre.

Chatons femelles

Chatons mâles

Les chatons mâles, jaunâtres, comme les chatons femelles, verdâtres, sont situés à l'extrémité des rameaux.

Le houppier à l'aspect moutonnant est conique, la cime aiguë. Les branches, d'abord fortement inclinées, se relèvent à l'extrémité.

L'écorce, épaisse, rougeâtre, est fibreuse.

Cryptomeria

Cryptomeria japonica (L. f.) D. Don

Sugi (au Japon)

Taxodiacées

C'est à l'Anglais James Cunningham, célèbre chasseur de plantes, que l'on doit la découverte, en 1700, de ce magnifique arbre d'Extrême-Orient. Remarquable par son feuillage d'aspect léger et vert assez tendre, on l'appelle Cryptomeria en raison de ses fleurs qui sont cachées (du grec *krypto* : cacher et *meros* : partie). Introduit en Europe en 1842, il est essentiellement une essence d'ornement pour sa beauté et sa rusticité plutôt bonne, bien qu'il souffre rapidement de la sécheresse estivale. Il en existe de nombreuses variétés horticoles, principalement naines, adaptées aux petits jardins et aux rocailles. Malgré la bonne qualité de son bois, il a très peu été employé en reboisement en Europe.

Au Japon, il constitue de grandes forêts naturelles sur les versants des montagnes, jusqu'à 2000 m d'altitude environ, mais il forme également d'importants peuplements artificiels, étant depuis longtemps l'essence de reboisement la plus utilisée dans les îles nippones. Les plus anciens de ces massifs forestiers créés par l'homme remonteraient au début du XVIIe s. Le Cryptomeria rejette de souche, fait rare chez les conifères, et se bouture facilement. Les Japonais en ont perfectionné la culture et sélectionné des clônes en vue d'utilisations bien précises : avec d'autres essences, pour la construction des maisons en bois traditionnelles; pour la fabrication de «poteaux d'alcôve polis», dont l'aspect ridé est obtenu par des procédés qui entravent la croissance des tiges.

James Cunningham découvrit en Chine une forme très proche qui porte son nom, le *Cunninghamia*.

40 m

Non établi

Plus de 150 ans

Cultivé

Chine et Japon

Non

Ornement, ébénisterie

Les aiguilles, en alênes, sont plus longues que celles du Séquoia géant*, avec leur extrémité dirigée vers le rameau. Les chatons mâles, brun jaunâtre, comme les chatons femelles, verdâtres, sont situés à l'extrémité des rameaux.

Chatons femelles

Chatons mâles

Les cônes, globuleux, brunâtres à maturité (au bout de 1 an), sont hérissés de pointes.

'Elegans'.
On rencontre souvent dans les jardins ce cultivar au feuillage juvénile, qui prend à l'automne une magnifique couleur brun rougeâtre.

L'écorce, grisâtre, épaisse et fibreuse, s'exfolie.

Le houppier du Cryptomeria, conique et étroit, est vert brillant.

Thuya géant

Thuja plicata Don D. ex. Lamb.
Cupressacées

Thuya de Lobb, Thuya géant de Californie, *Western Red Cedar*

50 à 60 m

Non établi

Jusqu'à 400 ans

Ouest de l'Amérique du Nord

Cultivé

Non

Ornement, reboisement ; bois : menuiserie ; feuilles : médication

C'est un magnifique conifère de l'Ouest américain, où il croît sur les pentes des montagnes Rocheuses longeant la côte du Pacifique, de l'Alaska à la Californie, jusqu'à 1 800 m d'altitude. Remarquable par sa taille, par son port conique et par son feuillage très dense, d'un vert sombre tout au long de l'année, il a été introduit en Europe, en 1853, par William Lobb. Sa beauté et sa rusticité l'ont vite fait adopter comme arbre d'ornement, et c'est aujourd'hui un des conifères les plus courants dans les parcs et jardins, où ses nombreux cultivars horticoles contribuent à son succès. Mais il est également utilisé comme essence forestière. Ses branches inférieures, qui s'inclinent souvent jusqu'au sol, ont la particularité de s'y marcotter naturellement.

C'est son odeur forte qui l'a fait nommer *Thuja*, du grec *thuia* s'appliquant à un bois aromatique. L'adjectif *plicata* (plié, tressé) fait allusion à la disposition de ses feuilles écailleuses sur les rameaux. Les premiers pionniers de l'Ouest américain l'ont appelé *Western Red Cedar* pour son bois d'une belle couleur rouge-brun et à odeur aromatique rappelant celui du Cèdre. Robuste et léger, les Indiens l'utilisaient pour leurs embarcations et leurs totems. Facile à travailler, on l'emploie chez nous en ébénisterie, en menuiserie et, compte tenu de sa résistance aux intempéries, pour la confection de bardeaux ou de poteaux. Provenant de l'Est américain, le *Thuja occidentalis* L., le *White Cedar*, a été sans doute, en 1534, la première espèce d'Amérique du Nord introduite en Europe.

Fleurs mâles

Fleurs femelles

Espèce monoïque.
Les fleurs sont unisexuées, en petits chatons terminaux : les mâles très petits, violacés puis jaunâtres, les femelles gris verdâtre et ovoïdes, puis brunâtres.

Coriaces, dressés, petits (12-18 mm), les cônes, persistant l'hiver, mûrissent en une année.

Les rameaux sont aplatis (distiques), dégageant une odeur agréable rappelant celle de l'ananas. Les feuilles en petites écailles vertes sont appliquées contre le rameau, brillantes dessus, mates dessous.

Port conique puis cylindrique, le Thuya géant se distingue du Cyprès de Lawson par sa cime, qui est toujours dressée.

Disposition des lignes de suture des écailles.

L'écorce, pourpre, devient grise et crevassée.

Calocèdre

Calocedrus decurrens Florin
Cupressacées

Libocèdre, Thuya à encens, Cèdre à encens, Cèdre blanc de Californie

Le Calocèdre est une espèce de l'Ouest américain qui pousse le long du Pacifique sur les versants des Rocheuses, en compagnie du Séquoia géant*. On reconnaît cet arbre à son superbe port colonnaire, à sa cime arrondie, à ses branches courtes, à ses rameaux à angles aigus et à ses feuilles écailleuses à longs articles. Son feuillage ainsi que son bois sont curieusement odoriférants (odeur de térébenthine), d'où les noms de Cèdre ou de Thuya à encens qu'on lui donne. Très rustique, mais exigeant des sols non calcaires, c'est un bel arbre d'ornement dont il existe plusieurs cultivars horticoles. Malgré sa croissance plutôt lente, il pourrait être aussi une essence de reboisement intéressante en raison de la qualité de son bois, qui a un mince aubier blanchâtre et un cœur brun-rouge odorant. Léger mais homogène, on utilise ce bois pour la fabrication de lattes, de bardeaux, de clôtures et aussi de crayons.

Le Thuya d'Orient (*Biota orientalis* [L.] Endl.) a une aire naturelle qui s'étend de l'Iran à la Chine d'où l'espèce nous est parvenue au cours du XVIIIe s. De taille modeste (8-10 m), on le distingue grâce à son port en fuseau, à la belle couleur de son feuillage qui se nuance d'or brun en hiver, à ses tiges multiples, et surtout à ses jeunes rameaux aplatis dans un plan vertical. Ses cônes sont petits et formés de 6 à 8 écailles, dont la pointe se recourbe vers le bas. Le Thuya d'Orient est très communément planté en Europe pour constituer des haies ou des brise-vent.

40 à 60 m
Non établi
Jusqu'à 500 ans
Ouest de l'Amérique du Nord
Cultivé
Non
Ornement, reboisement, brise-vent

Munis de 3 paires d'écailles minces, les cônes mûrissent en 1 an et deviennent rapidement caducs.

Les feuilles, en écailles persistantes, nettement plus longues que larges, présentent 2 faces vertes.

Les rameaux aplatis (distiques), à ramification en angles aigus, sont aromatiques.

Fleurs mâles

Fleurs femelles

Espèce monoïque. Les fleurs, unisexuées, apparaissent en petits chatons terminaux, les mâles, globuleux, jaunâtres, les femelles, plus pointus.

D'abord lisse, brun-rouge, l'écorce devient fibreuse.

Grand arbre à tronc droit, il est recouvert de haut en bas de courtes branches dressées, à port pyramidal, puis colonnaire à cime arrondie.

Cyprès de Lawson

Chamaecyparis lawsoniana (A. Murr.) Parlat.

Cupressacées — Chamaecyparis

50 à 70 m

Non établi

400 ans environ

Cultivé en Europe

Ouest des États-Unis

Non

Ornement, reboisement ; bois : menuiserie

Le Cyprès de Lawson est une espèce de l'Ouest américain, où elle a une aire relativement réduite (sud-ouest de l'Oregon et nord-ouest de la Californie). Grand arbre pouvant atteindre 50 m de haut, son nom de genre est des plus inadéquats, puisqu'il signifie « Cyprès prostré », mais, il est vrai, des formes naines ont pu frapper les botanistes. Quant à son nom d'espèce, il honore Charles Lawson, pépiniériste écossais qui fut, en 1854, le premier à faire germer des graines expédiées par Andrew Murray de l'Oregon. Comme le Thuya géant*, il devint très vite une essence ornementale des plus utilisées. C'est même l'espèce de conifères à partir de laquelle il a été créé le plus grand nombre de variétés horticoles. Assez semblable au Thuya géant, le Cyprès de Lawson s'en différencie cependant par sa pousse terminale, qui est recourbée, et par le dessin en *x* des lignes de suture que présente la face inférieure de ses écailles ; mais comme lui ses branches basses peuvent se marcotter naturellement. Très souvent planté pour former des haies, il est utilisé en reboisement pour sa rusticité et la qualité de son bois léger, mais résistant et durable.

En dehors du Cyprès de Nootka (*Chamaecyparis nootkatensis* [D. Don] Spach.), qui porte le nom d'une baie de l'île Vancouver (Canada) et qui se caractérise par ses rameaux souvent pleureurs, les autres espèces sont originaires d'Extrême-Orient (Japon et Formose). Quant au Cyprès de Leyland, c'est un hybride fortuit entre les Cyprès de Lambert et de Nootka.

Espèce monoïque. Unisexuées, les fleurs mâles sont des petits chatons terminaux rouges, puis jaunes, les femelles en petits cônes globuleux, verdâtres, puis bruns.

Fleurs mâles

Fleurs femelles

Les cônes mûrissent en 1 an. Ils sont globuleux (8-10 mm), à écailles claviformes et faiblement mucronées.

Les rameaux, aplatis, sont retombants et odoriférants (odeur persillée). Les feuilles, en écailles persistantes, opposées, sont disposées sur 4 rangs.

C'est un arbre droit, d'abord conique, puis colonnaire, dont la pousse terminale est toujours recourbée.

'Lanei'. Cultivar au beau feuillage doré.

'Pygmaea argentea'. Cultivar au feuillage bleu argenté.

D'abord brun-rouge, l'écorce devient brunâtre.

Cyprès

Cyprès de Provence, Cyprès d'Italie,
Cyprès méditerranéen, Cyprès toujours vert

Cupressus sempervirens L.
Cupressacées

Sa longue silhouette sombre qui se dresse solitaire ou en alignement dans un paysage éclatant de soleil est une des constantes du décor méditerranéen. Mais, comme pour beaucoup d'autres espèces cultivées depuis la plus haute antiquité — les Égyptiens en faisaient leurs sarcophages —, l'origine du Cyprès de Provence reste controversée. Pour certains, il viendrait du bassin oriental de la Méditerranée, d'où le nom français de Cyprès, dérivé du latin *cupressus* et du grec *kuparissos* qui signifie « de Chypre ». Pour d'autres, il serait issu d'Asie Mineure, d'où il aurait été introduit d'abord en Méditerranée orientale, puis en Italie, enfin, grâce aux Romains, dans tout le Bassin méditerranéen.

Son bois réputé imputrescible en a fait le symbole de l'immortalité, et il se trouve intimement lié aux cimetières du Midi. Mais on le rencontre aussi près des demeures, dans les jardins, où il déploie son élégance toute verticale dégageant une impression d'apaisante sérénité. Son port fastigié n'est qu'une de ses formes qui a été favorisée et propagée par la culture. En fait, dans les peuplements naturels ou subspontanés, les formes « en pinceau » sont rares, et le Cyprès prend le plus souvent avec ses branches horizontales la forme dite « *horizontalis* », qui permet ainsi d'utiliser l'arbre comme brise-vent, alors que la forme fastigiée est généralement réservée à l'ornementation. De croissance lente mais d'une grande longévité, il est utilisé pour le reboisement des sites calcaires et secs en région méditerranéenne. Son bois peut servir en menuiserie.

15 à 20 m

Non établi

1 000 ans environ

Cultivé en France

Méditerranée orientale, Proche-Orient

Non

Ornement, reboisement ; bois : menuiserie ; fruits : pharmacopée

Les fruits en cônes globuleux, gris-brun, ont 10 à 14 écailles claviformes. Maturation bisannuelle.

Les feuilles sont écailleuses et persistantes, opposées, serrées et aplaties, vert foncé et obtuses.

Espèce monoïque. Les fleurs sont en petits chatons terminaux unisexués.

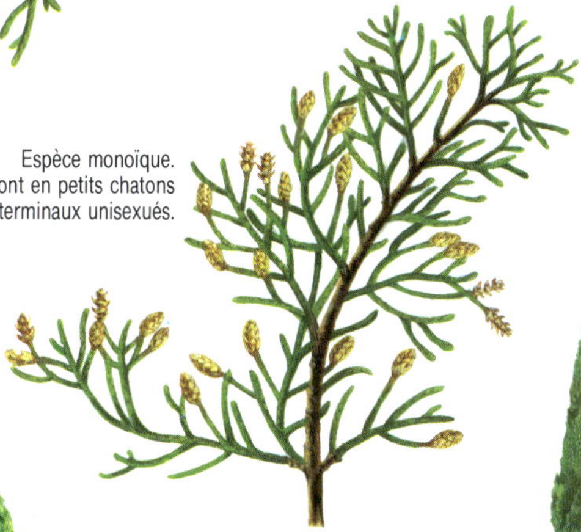

L'écorce est grisâtre et crevassée, sans exfoliations.

Fleurs mâles

Fleur femelle

La forme fastigiée, très décorative, est la plus répandue en culture.

Cyprès de Lambert

Cupressus macrocarpa Hart.

Cupressacées

Cyprès de Monterey

25 à 30 m

Non établi

200 à 300 ans

Cultivé

Baie de Monterey (Californie)

Non

Ornement, reboisement, brise-vent

C'est sur la côte californienne, dans une aire très restreinte autour de la baie de Monterey, que vit à l'état naturel ce Cyprès, en compagnie d'ailleurs du Pin de Monterey*. Introduit en Europe vers 1838, il y est devenu un arbre d'ornement, surtout dans les régions au climat océanique à hivers doux — il ne résiste pas aux fortes gelées — rappelant son pays d'origine. Résistant particulièrement bien aux embruns, il est planté en France sur le littoral atlantique comme brise-vent, ou parfois pour reboiser des dunes. Il aime en effet les sols sableux et alluviaux, et sa croissance juvénile est fort rapide. C'est un bel arbre agréablement odorant qu'on reconnaît à son tronc généralement court. Celui-ci se divise très vite en un grand nombre de grosses branches dressées formant un houppier très développé. Il en existe plusieurs cultivars dont le feuillage plus ou moins doré est du plus bel effet. Son nom honore le botaniste anglais Aylmes Bourke Lambert (1761-1842), le qualificatif de son espèce (*macrocarpa* : à gros fruits) fait allusion à l'importance relative de ses cônes par rapport à ceux des autres Cyprès américains.

Son bois, blanc rosé, à grain fin, est de qualité. Malheureusement, comme le Cyprès de Provence*, il est décimé par un champignon parasite *(Coryneum cardinale)* transmis par des insectes. On lui préfère son hybride avec le Cyprès de Nootka, le Cyprès de Leyland (*Cupressocyparis* × *leylandii* Dallim.), dont la croissance est plus rapide les premières années.

Espèce monoïque. Les fleurs sont en petits chatons unisexués, les mâles sont jaunâtres.

Jeunes, les rameaux sont épais avec des angles de ramification aigus.

Les cônes, brun rougeâtre, sont globuleux, terminaux, souvent groupés, et font de 25 à 35 mm de diamètre.

C'est un arbre à tronc court et à houppier très développé, avec de nombreuses branches redressées.

'Lutea'. Ce cultivar est très utilisé pour sa belle couleur dorée.

L'écorce est crevassée avec des crêtes obliques.

Cyprès de l'Arizona

Cupressus arizonica Greene ssp. *glabra* Sudw.

Cyprès glabre

Cupressacées

Découvert en 1880 par Edward Lee Greene dans les montagnes arides de l'Arizona, où il forme de vastes forêts, le Cyprès de l'Arizona (*Cupressus arizonica* Greene s. l.) a été peu de temps après introduit en Europe. Poussant en altitude, entre 1 800 et 2 500 m, il résiste fort bien au froid et à l'aridité. Aussi a-t-il été utilisé pour le reboisement de régions à forte sécheresse estivale. Mais son lumineux feuillage glauque l'a fait adopter surtout pour l'ornementation. De croissance rapide, peu exigeant et fort rustique, ses cultivars aux teintes délicates gris bleuté et à l'élégant port colonnaire sont très appréciés.

Cependant, on trouve plus fréquemment en culture une forme proche, considérée parfois comme une sous-espèce : le Cyprès glabre (*Cupressus arizonica* Greene ssp. *glabra* Sudw.), qui a une aire beaucoup plus limitée, située au centre de l'Arizona, où il n'a été découvert qu'en 1907. Les deux arbres sont communément confondus sous le même nom de Cyprès de l'Arizona. Pourtant le Cyprès glabre, illustré ici, se reconnaît à sa taille plus modeste et à son feuillage plus beau. Il se distingue encore du Cyprès précédent par son écorce non fibreuse qui a la particularité de s'exfolier en laissant apparaître des plaques brun-rouge fort lisses, par ses branches ascendantes et ses rameaux dressés. C'est du Cyprès glabre que sont issus la plupart des cultivars horticoles proposés par les pépiniéristes. Mais les deux formes du Cyprès de l'Arizona sont employées en ornementation.

15 à 20 m

Non établi

300 ans environ

Cultivé en Europe

Centre de l'Arizona

Non

Ornement, brise-vent, reboisement

Espèce monoïque.
Les fleurs sont en petits chatons unisexués et terminaux.

Les feuilles, en petites écailles, vert glauque, sont appliquées contre le rameau.

Les fruits sont des cônes globuleux, groupés, de 1 à 2,5 cm de diamètre ; le centre de l'écusson est garni d'une pointe pyramidale.

Adulte, l'écorce se détache en petites plaques.

'Pyramidalis'.
Ce cultivar, créé en 1928, possède une teinte bleutée remarquable.

Le Cyprès glabre, forme proche du véritable Cyprès de l'Arizona, a des branches redressées.

Genévrier Thurifère

Juniperus thurifera L.

Cupressacées

Genévrier à encens

- 5 à 8 m, parfois 20 m
- Non établi
- Plus de 200 ans
- Spontané
- Alpes du Sud, Méditerranée occidentale
- Baies et feuilles
- Aucune

Saint Crépin, patron des savetiers, est également fort cher au cœur des botanistes, puisque c'est près du village de Saint-Crépin, au seuil du Parc national des Écrins, dans la haute vallée de la Durance, que se trouve un des plus curieux et célèbres peuplements de Genévriers en France. Il s'agit d'une essence rare et très localisée, appelée autrefois Sabine en arbre et aujourd'hui Thurifère ou Genévrier à encens, en raison très probablement de la forte senteur résineuse que dégage son feuillage. Caractérisé par un port surprenant, le Thurifère marque des paysages entiers de ses silhouettes coniques typiques, d'un beau vert sombre, qui semblent posées sur les pentes abruptes ou accrochées aux falaises. Outre quelques stations très éloignées les unes des autres dans les Alpes, ce n'est qu'en 1980 qu'on a découvert sa présence aux confins du Parc national du Mercantour. On ne signale en France que deux autres stations : l'une dans les Pyrénées, l'autre en Corse. Mais le Thurifère vit principalement en Espagne et au Maroc, où il atteint 20 m de haut et constitue des forêts claires jusqu'à près de 3000 m d'altitude. Énigme botanique, on a supposé que ce Genévrier était une relique de l'ère tertiaire dans les Alpes du Sud, à moins que les oiseaux ne soient responsables de sa dispersion.

Espèce très proche, la Sabine (*Juniperus sabina* L.) est un sous-arbrisseau, le plus souvent rampant, qui pousse entre 1500 et 2500 m, uniquement dans les Alpes et Pyrénées centrales.

Les fruits, bleuâtres, un peu charnus, atteignent 10 mm. Les graines assez grosses ont un contour anguleux irrégulier.

Les rameaux sont couverts de feuilles en écailles très courtes, disposées sur 4 rangs.

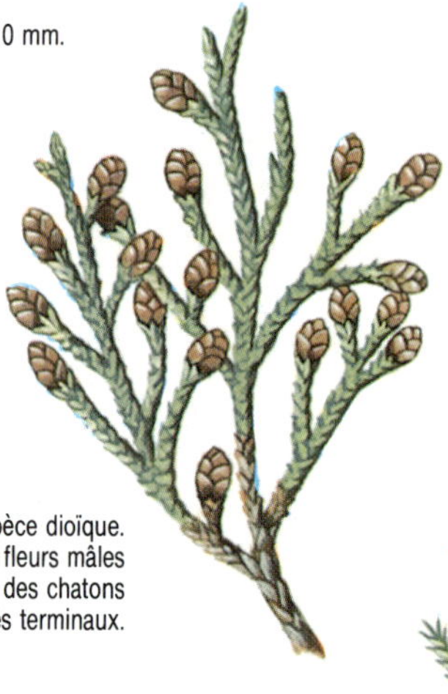

Espèce dioïque. Les fleurs mâles sont des chatons dressés terminaux.

Les rameaux, jeunes, portent des feuilles piquantes.

Sabine. Ses rameaux, souvent couchés, portent de petits fruits toxiques (5 mm), contenant des graines ovales.

Coniques, au port dressé, les Thurifères peuvent présenter diverses silhouettes.

L'écorce, grisâtre, est striée en long.

Genévrier de Phénicie

Juniperus phoenicea L.

Genévrier rouge, Mourven — Cupressacées

C'est pour la couleur rouge-brun de ses fruits qu'il aurait reçu le nom de Genévrier de Phénicie (rouge phénicien). C'est un arbre typique des régions méditerranéennes de l'Europe et du Proche-Orient, mais aussi de l'Afrique du Nord, où il croît jusqu'à 2 000 m. Peu exigeant et résistant à de très fortes sécheresses, ainsi qu'à d'importantes différences de température, il vit dans les garrigues arides, accroché le plus souvent aux parois très abruptes des escarpements rocheux. On le trouve aussi, en exposition sud, jusque dans le Dauphiné, les Causses ou les Pyrénées occidentales. Très curieusement, on le rencontre en France dans deux autres habitats : sur certaines falaises calcaires et sur quelques cordons dunaires du littoral. C'est le cas notamment dans le célèbre bois des Rièges, au sud de la réserve de Camargue.

Autre singularité du Genévrier rouge : il semble pouvoir être soit monoïque, soit dioïque. Après la floraison, en février, la maturation des fruits s'opère sur deux ans, différence biologique essentielle avec la Sabine. Il existe une autre forme littorale du Genévrier, le *Juniperus lycia* L., aux fruits bien plus gros (15 mm).

Nombre de Genévriers d'espèces diverses poussent dans le monde à l'état sauvage. Certains d'entre eux, appréciés pour leur beauté, pour leur grande rusticité, ont été introduits à des fins horticoles, en particulier le Genévrier de Virginie (*Juniperus virginiana* L.). Grand arbre habitant l'est des États-Unis, ce *Red Cedar* est très apprécié en ornementation pour ses superbes cultivars.

4 à 8 m, parfois 11 m

Plus de 10 ans

Plus de 100 ans

Spontané

Région méditerranéenne

Baies

Aucune, mais peut coloniser et fixer les dunes

Les rameaux, écailleux et cylindriques, portent des fleurs généralement monoiques.

Les feuilles, ovales-rhomboïdales, sont en très petites écailles, très serrées, disposées en 4 à 6 rangs.

Le fruit, d'abord vert, devient orangé-brun à maturité et mesure de 6 à 10 mm.

Le plus fréquemment arbustif, le Genévrier rouge devient parfois un arbre de 8 à 10 m, à port conique, d'un vert assez vif.

L'écorce, brun cendré, est fortement fissurée.

Araucaria du Chili

Araucaria araucana K. Koch.

Araucariacées — Désespoir des singes

Étrange arbre venu du fond des âges, altier par son port et élégant par sa silhouette, l'Araucaria ne laisse jamais indifférent. Se développant tel un candélabre, il a beaucoup de grâce et un grand effet décoratif. Singulièrement armé, avec son tronc et ses branches recouvertes d'écailles piquantes, il a un aspect peu engageant — d'où son nom imagé de « Désespoir des singes ».

Originaire du sud des Andes, cet Araucaria, nommé aussi *Araucaria imbricata* Pav., a été introduit, en Europe, par Archibald Menzies en 1795, puis par William Lobb en 1844, où il demeure un arbre d'ornement. De croissance fort lente, il prospère particulièrement dans les régions à climat océanique. Ses très grosses graines sont comestibles, surtout grillées, et la légende veut que Menzies ait dérobé à la table du gouverneur du Chili celles qui, les premières, furent rapportées en Europe.

Il existe d'autres espèces de ce genre vivant dans les régions tropicales, notamment en Australie et en Nouvelle-Zélande. Le « Pin » de Norfolk, ou Araucaria élevé (*A. excelsa* Br. R. = *A. heterophylla* [Salisb.] Franco), est une splendide essence, d'un vert sombre et aux branches d'une étonnante symétrie radiale. C'est l'Araucaria de Cook (*A. cookii* Br. R. = *A. columnaris* Hook.) au singulier port colonnaire, effilé et chevelu, qui peuple l'île dite des Pins, au sud-est de la Nouvelle-Calédonie. Enfin, l'*A. bidwillii* Hook., qui habite l'est de l'Australie, se caractérise par ses énormes cônes (jusqu'à 30 cm de long).

- 15 à 20 m
- Non établi
- Plus de 50 ans
- Spontané en Amérique du Sud, cultivé ailleurs
- Sud des Andes, du Chili et de l'Argentine
- Non, mais vulnérant
- Ornement

Les rameaux, souvent verticillés, d'abord ascendants puis retombants, sont entièrement recouverts d'écailles vertes, rigides.

Espèce généralement dioïque. Les fleurs sont des chatons : les mâles, terminaux, ovoïdes et brunâtres ; les femelles, plus gros, ovoïdes et dressés.

Les fruits sont des cônes, mûrs en 2 ans, subglobuleux, brunâtres.

Les feuilles sont persistantes, en forme d'écailles triangulaires, vertes, brillantes, coriaces et terminées en pointe, imbriquées et appliquées sur les rameaux.

L'Araucaria développe tardivement un houppier ovoïde sur un tronc toujours très droit.

[Grandeur nature]

Les graines tétraédriques grandes (35-40 mm), terminées par une pointe, sont incluses dans une écaille.

D'abord écailleux, le tronc a ensuite un rhytidome.

L'arbre dans la nature

Comment pousse un arbre

Comme tout être vivant, l'arbre naît, croît et meurt. Ce processus s'inscrit dans un cycle bien défini s'étendant sur de nombreuses années, ou sur plusieurs siècles, ou même sur des millénaires. Cela commence avec la graine qui, tombée sur le sol, le plus souvent dès l'automne, attend le moment propice pour germer. Cela se passe en général au printemps quand la terre se réchauffe et qu'elle se trouve toute gonflée d'eau. En quelques jours, une petite racine s'ancre au sol et deux cotylédons sur une frêle tige se déploient à la lumière. Bientôt une feuille puis deux apparaissent. La pompe de vie est amorcée, le cycle de la croissance est enclenché. Mais le futur arbre n'est encore qu'une fragile plantule, et son existence, comme celle de milliers d'autres qui l'entourent, risque d'être bien éphémère tant est impitoyable la lutte pour la vie à l'ombre des grands arbres. Seuls les individus recevant le plus de lumière et établis sur les sols les plus fertiles ont quelques chances de pouvoir atteindre l'âge adulte. C'est pour cette raison, justement, qu'ils se trouvent si nombreux en compétition, la nature étant fort prodigue par prudence.

Dès la fin de la première année, les bourgeons de l'année suivante sont déjà formés. Sur la petite tige, les bourgeons latéraux donneront naissance à des rameaux. Au sommet, le bourgeon terminal, le plus gros, assure la croissance vers le ciel et, grâce à des hormones régulatrices, les auxines, reçoit la plus grande partie de la sève pour assurer son rôle prépondérant de constructeur. Au printemps, ces bourgeons vont s'ouvrir, des feuilles apparaître, des rameaux se développer, tout comme sous terre vont pousser de nouvelles racines. En automne, de nouveaux bourgeons seront constitués, prêts à poursuivre la croissance de l'arbre au printemps suivant. Ainsi, chaque cycle végétatif annuel commence et se termine par des bourgeons. Et, peu à peu, l'arbre grandit, s'étale, toujours en quête de lumière, et conquiert sa place dans la forêt, au milieu des autres arbres. Entre-temps, certains ont disparu, abattus par l'orage ou l'homme, détruits par le feu, les maladies ou les insectes. Ainsi, à tout moment, de nouvelles générations de végétaux s'imposent, renouvelant sans cesse les peuplements. Arrivé à maturité, le jeune arbre va fleurir et participer à la reproduction de son espèce. Chaque année, tout en continuant de se développer, d'étendre sous terre ses racines et dans le ciel ses branches, il va fructifier — ou disséminer son pollen si c'est un arbre mâle appartenant à une espèce dioïque — et produire une grande quantité de graines qui assureront à leur tour sa descendance, principe de toute vie.

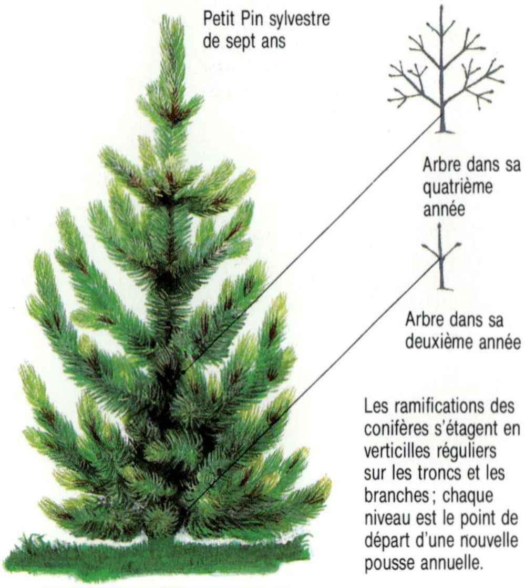

Les ramifications des conifères s'étagent en verticilles réguliers sur les troncs et les branches ; chaque niveau est le point de départ d'une nouvelle pousse annuelle.

Dissémination des graines. En automne, les fruits ailés du Sycomore qui renferment les graines de l'arbre tombent sur le sol en tourbillonnant, au gré du vent, parfois loin du pied mère.

L'enracinement. Au printemps, la graine de Sycomore se met à germer et émet une première petite racine qui s'enfonce dans le sol à la recherche d'eau et de substances nutritives. Quelques jours plus tard, la première pousse verte fait son apparition. L'extrémité de la jeune racine est protégée par une coiffe.

Le premier bourgeon.
En s'élevant au-dessus du sol, la jeune pousse de Sycomore se déploie en deux cotylédons charnus qui s'ouvrent à la lumière. A leur aisselle prend naissance le premier bourgeon de l'arbre.

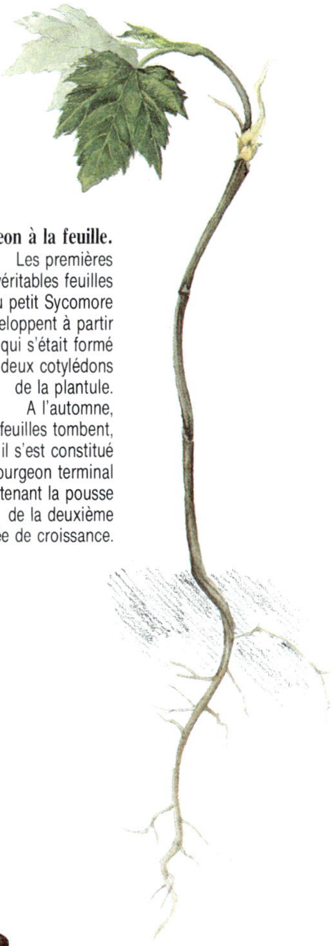

Du bourgeon à la feuille.
Les premières véritables feuilles du petit Sycomore se développent à partir du bourgeon qui s'était formé entre les deux cotylédons de la plantule. A l'automne, quand les feuilles tombent, il s'est constitué un nouveau bourgeon terminal contenant la pousse de la deuxième année de croissance.

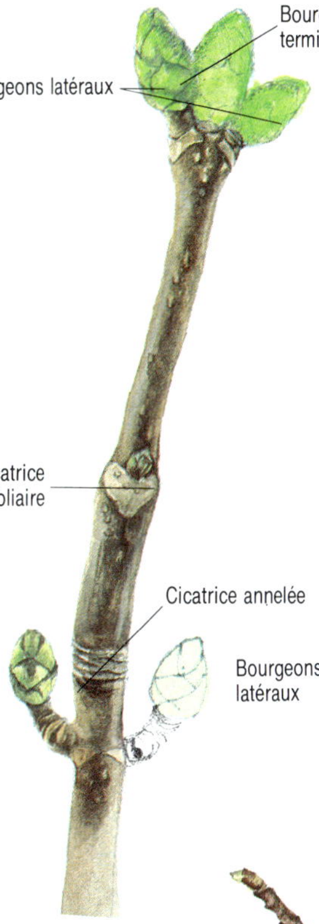

La croissance annuelle.
A chaque printemps, le bourgeon terminal s'ouvre et produit une nouvelle pousse qui se couvre de feuilles. Des bourgeons latéraux se forment à l'aisselle des feuilles le long de chaque rameau existant. Une cicatrice annelée indique le départ de chaque croissance annuelle.

Forme de l'arbre adulte.
Un Érable champêtre adulte.
Les structures et la forme d'un arbre arrivé à maturité révèlent les étapes de sa croissance et indiquent la façon dont ses branches se sont développées au cours de sa vie.

Bourgeons et rameaux en hiver.
Les bourgeons ont sur les rameaux une disposition soit alterne, comme chez le Cerisier à grappes, soit opposée comme chez le Frêne commun. Chaque paire de rameaux opposés se trouve à angle droit par rapport à la paire supérieure ou à la paire inférieure.

L'arbre et les saisons

Si le climat joue un rôle important dans la vie de tout arbre, qui lui-même dépend aussi de sa situation géographique et de son altitude, les précipitations, les vents dominants, les microclimats rentrent également en ligne de compte. Mais ces facteurs sont secondaires comparés au cycle des saisons. Ce sont elles, en effet, qui règlent les cycles végétatifs des plantes, leur croissance, leur reproduction. Et peu d'êtres vivants subissent des métamorphoses aussi spectaculaires que les arbres en une année, principalement les espèces caducifoliées.

Sous nos climats tempérés, l'hiver est une période de longue dormance pour la nature. La vie des arbres se poursuit, mais au ralenti, les échanges avec l'extérieur se réduisent au strict minimum, ce qui est une façon de lutter contre le froid, le gel, le vent. Les feuillus ont perdu leurs feuilles, et le liège de leur écorce protège troncs et branches. Les arbres toujours verts ont des feuilles recouvertes d'une cuticule cireuse épaisse permettant de mieux résister aux grands froids. Mais, dès l'approche du printemps, les arbres sortent de leur torpeur : la vie sourd de nouveau en eux. La sève monte des racines — un phénomène que l'on ne peut encore expliquer d'une façon satisfaisante —, fait éclater les bourgeons, s'épanouir les fleurs, apparaître les feuilles. Dès lors, un nouveau cycle végétatif commence. Les feuilles produisent de la chlorophylle et le miracle quotidien de la photosynthèse s'opère (voir pages suivantes). La nature tout entière retrouve sa parure de couleurs, feuillages et fleurs mêlés.

Le printemps.
Un arbre (ici un feuillu, le Chêne pédonculé) forme ses bourgeons durant la belle saison ; ce sont eux qui, après l'hiver, vont éclater (débourrer) au printemps, laissant se développer les toutes jeunes feuilles ; parfois aussi les fleurs paraissent avant feuilles, sur des rameaux encore sans verdure.

L'été.
Le développement des feuilles est souvent rapide et, en peu de semaines, les branches de l'arbre portent une imposante feuillaison, où se réalisent la plupart des opérations de l'« usine végétale ». La floraison peut être plus ou moins masquée par les feuilles.

En été, la vie bat son plein : chaque rameau s'allonge de la pousse de l'année, le bois s'enveloppe d'une nouvelle couche au niveau du cambium, les fleurs fécondées fructifient. Ce processus de développement est d'autant plus rapide qu'il est court dans le temps. En haute montagne ou dans les pays nordiques, l'été qui suit sans transition l'hiver ne dure que deux à trois mois. A l'automne, les bourgeons de l'année suivante sont prêts, recelant en eux les pousses futures. Et les feuilles se parent de couleurs éclatantes. En réalité, elles subissent un phénomène de vieillissement complexe. Une couche de cellules, dite d'abcission, située à la base des pétioles, se met à produire du liège et obstrue peu à peu les canaux par où circule la sève. Sans eau, la chlorophylle se dégrade et diminue, tandis que le sucre élaboré par les feuilles, qui ne peut plus être véhiculé vers le bas, s'accumule et provoque la formation de pigments, rouges ou jaunes, qui supplantent bientôt le vert de la chlorophylle. C'est le phénomène de la coloration, que l'on observe chez certaines variétés d'arbres d'ornement. La chlorophylle est dissimulée par d'autres pigments, présents dans les feuilles en plus grande quantité. Quand se trouve totalement lignifiée la couche d'abcission, les feuilles se détachent au moindre souffle et le vent les emporte. Parfois, si l'hiver est précoce, elles restent plus longtemps sur les arbres, bien que mortes, et ne tombent que progressivement au cours de l'hiver (Chêne, ou bien Hêtre et Charme, quand ils sont jeunes). Les feuilles mortes constituent une couche plus ou moins épaisse sous les arbres, protégeant le sol du gel intense ou de la sécheresse, avant de se décomposer et enrichir l'humus de la forêt. C'est là que les fruits mûrs tombés à l'automne vont passer l'hiver avant de germer. Certains cependant ne se détachent de l'arbre que plus tard, parfois même au printemps seulement, ou à l'automne suivant (cônes de résineux, mettant deux ans à mûrir).

L'hiver.
Après leur chute, due à une zone d'abscission à la base du pétiole, les feuilles laissent des cicatrices visibles sur les rameaux; les bourgeons, qui vont « dormir » durant l'hiver, sont souvent caractéristiques. A cette saison, on distingue bien l'architecture de l'arbre.

L'automne.
Le rythme de développement des feuilles des arbres en région tempérée est lié aux saisons, et beaucoup d'espèces sont caducifoliées. Au ralentissement du fonctionnement physiologique correspond une modification importante des pigments foliaires; le vert de la chlorophylle est remplacé par les jaunes ou les rouges de ces pigments. A cette saison, on voit souvent les fruits sur les arbres.

Une usine végétale

L'arbre est nourri à la fois par ses feuilles et par ses racines. D'apparence paisible, il mène en réalité une vie intense. C'est, comme on l'a souvent dit, une véritable usine végétale, composée d'une multitude d'ateliers de transformation et animée par une pompe aux performances étonnantes. L'arbre est capable, grâce à la chlorophylle de ses feuilles, de fabriquer les substances nutritives dont il a besoin. Il est capable également de monter l'eau nécessaire à cette opération de synthèse à des hauteurs prodigieuses, allant jusqu'à 100 mètres.

De structure fort complexe, cette usine végétale fonctionne à l'énergie solaire. Les capteurs sont ses feuilles, et chacune de ses feuilles constitue un laboratoire en soi. De minuscules grains de chlorophylle sont contenus en grand nombre dans les cellules de leur épiderme supérieur, dites palissadiques compte tenu de leur disposition particulière. Il y en a un peu moins, par contre, dans les cellules de la couche inférieure, dite spongieuse en fonction de sa contexture. Sous l'action des rayons du soleil, la chlorophylle transforme le dioxyde de carbone (gaz carbonique) contenu dans l'air, en présence de l'eau fournie par les racines, en hydrates de carbone, ou sucres, tout en dégageant de l'oxygène. C'est le phénomène de photosynthèse dont seuls sont capables les végétaux et grâce auquel l'oxygène de la planète Terre est en permanence renouvelé.

Les sucres fabriqués au niveau des feuilles sont ensuite véhiculés avec la sève à travers les canaux des nervures — qui donnent en partie leur rigidité aux feuilles —, puis à travers ceux des rameaux, des branches, du tronc (le « phloème »), qui assurent la circulation vers le bas. D'autres faisceaux vasculaires (appelés « xylème ») conduisent par capillarité l'eau vers le haut. Il y a donc une circulation à double sens dans tout arbre pendant toute la période de croissance annuelle. Il y a de même un double échange gazeux dans l'air, car, comme nous, l'arbre respire. Il absorbe du gaz carbonique et rejette de l'oxygène. Et ses feuilles sont munies de stomates sur leur face inférieure, sortes de pores qui s'ouvrent ou se ferment à différents moments, selon que l'atmosphère ambiante est sèche ou humide, froide ou chaude. L'arbre dégage donc une grande quantité d'eau sous forme de vapeur chaque jour et il contribue ainsi à maintenir une fraîcheur et une humidité appréciables.

Le rôle des racines

Les racines d'un arbre ont un triple rôle : d'abord celui de le fixer solidement au sol, ensuite d'assurer son alimentation en eau, enfin de rechercher les éléments nutritifs qui sont indispensables à sa croissance. C'est sous l'action de la pesanteur que la première petite racine qui émerge de la graine s'incline vers le bas et s'enfonce dans la terre, à la verticale. Racine unique, dite pivotante, elle se couvre de petits poils pour commencer à absorber au plus vite l'eau contenue dans les particules du substrat. Certains arbres conservent cette racine pivotante pendant une grande partie de leur vie, comme des Chênes ou des Sapins, et sont de ce fait très difficiles à déraciner. En effet, avec l'âge, cette racine-pivot peut atteindre plusieurs mètres

Fonctionnement physiologique d'un arbre

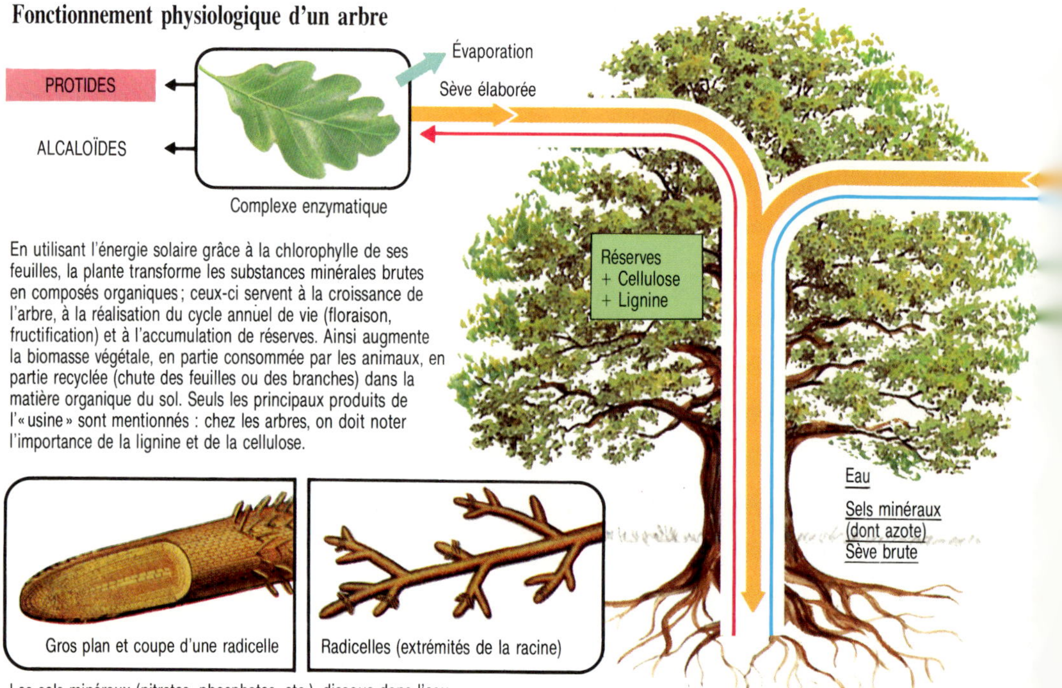

En utilisant l'énergie solaire grâce à la chlorophylle de ses feuilles, la plante transforme les substances minérales brutes en composés organiques ; ceux-ci servent à la croissance de l'arbre, à la réalisation du cycle annuel de vie (floraison, fructification) et à l'accumulation de réserves. Ainsi augmente la biomasse végétale, en partie consommée par les animaux, en partie recyclée (chute des feuilles ou des branches) dans la matière organique du sol. Seuls les principaux produits de l'« usine » sont mentionnés : chez les arbres, on doit noter l'importance de la lignine et de la cellulose.

Les sels minéraux (nitrates, phosphates, etc.), dissous dans l'eau, sont transmis aux racines par les poils absorbants des radicelles.

de longueur et un diamètre impressionnant. Pourtant, c'est au niveau de la surface, sur une épaisseur d'une trentaine de centimètres, là où se trouvent amassées en grand nombre les matières organiques, que se développe la majorité des racines d'un arbre. Dites fasciculées, elles rayonnent tout autour de son tronc et ne s'enfoncent guère au-delà de 1,50 m de profondeur. Elles constituent souvent un réseau plus développé que l'ensemble des branches et occupent une surface bien plus étendue. Beaucoup d'essences se caractérisent par un enracinement superficiel, comme c'est le cas pour les Bouleaux, les Épicéas ou même les Hêtres. L'extension des racines dépend de la nature du sol ; plus il est pauvre et imperméable, plus elles vont loin chercher ce qui est nécessaire à la survie de l'arbre. Si à la base du tronc elles sont parfois aussi grosses que des branches maîtresses, elles deviennent, ainsi que les nombreuses racines latérales auxquelles elles ont donné naissance, fort ténues à leurs extrémités et dotées de poils radiculaires absorbants. Ceux-ci sont capables de détecter les plus infimes zones d'humidité et d'en extraire l'eau. Avec l'oxygène et l'hydrogène qui sont les composants de l'eau, ils absorbent une grande quantité de sels minéraux qui y sont naturellement dissous, en premier l'azote, le phosphore et le potassium — minéraux de base indispensables à toute vie végétale —, mais aussi le fer, le magnésium, le calcium, le soufre, le sodium, et bien d'autres encore. La partie la plus active de ces radicelles se situe à l'arrière immédiat de leur pointe.

Le rôle des feuilles

Le feuillage d'un arbre est constitué par un très grand nombre de feuilles : plus de 200 000 chez un Chêne adulte. Les feuilles

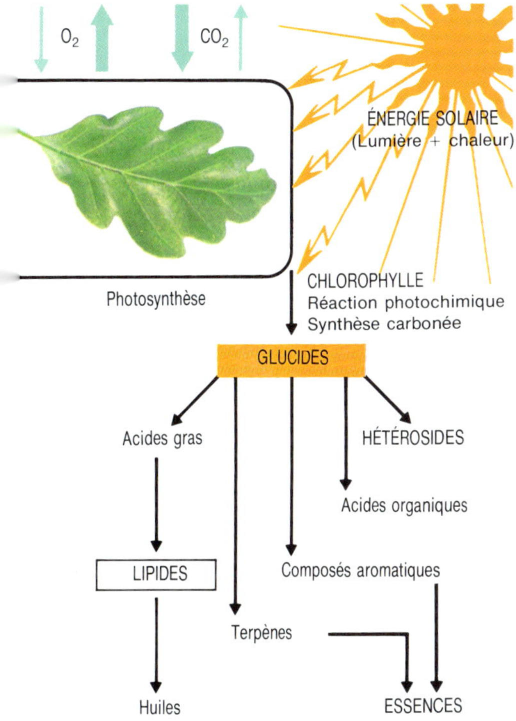

Aiguilles des conifères

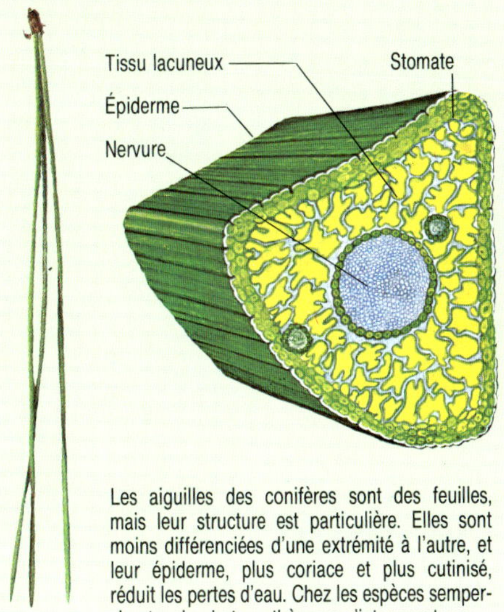

Les aiguilles des conifères sont des feuilles, mais leur structure est particulière. Elles sont moins différenciées d'une extrémité à l'autre, et leur épiderme, plus coriace et plus cutinisé, réduit les pertes d'eau. Chez les espèces sempervirentes, la photosynthèse ne s'interrompt pas.

sont les organes de respiration et d'alimentation de tous les végétaux. Pour assurer leur fonction vitale, elles sont disposées sur les rameaux de façon à recevoir le maximum de lumière. Des pétioles, plus ou moins longs selon les espèces, leur donnent la possibilité de se mouvoir et de s'orienter. Leurs formes et leurs dimensions sont très variables, mais la surface d'exposition totale qu'elles représentent est infiniment plus grande chez les feuillus que chez les conifères, où elles sont réduites à des aiguilles. Sous nos climats tempérés, les feuilles caduques ne vivent que le temps du cycle végétatif (six à sept mois), tandis que les feuilles persistantes demeurent beaucoup plus longtemps sur l'arbre (un à huit ans), mais finissent par tomber également pour être remplacées à leur tour. Quand la jeune feuille émerge de son bourgeon, elle dépend entièrement de la sève montant dans le tronc, qui l'aide à se défroisser et la nourrit. Vite, elle assure elle-même ses moyens de subsistance puis participe à ceux de l'arbre tout entier, en laissant partir avec la sève descendante une large portion des substances nutritives qu'elle fabrique. Nous savons comment, grâce à la chlorophylle contenue dans les cellules de son limbe, elle transforme, sous l'action solaire, le gaz carbonique de l'air et l'hydrogène de l'eau en glucides ou hydrates de carbone, avec dégagement d'oxygène. Ce processus s'accompagne d'une intense évaporation qui fait monter naturellement l'eau des racines jusqu'aux feuilles par les canaux du xylème. L'eau qui arrive dans les feuilles dépasse de beaucoup les besoins de la photosynthèse, d'où son évaporation. C'est le phénomène de transpiration, dont la feuille est protégée de tout excès par une cuticule cireuse, sur la face supérieure, beaucoup plus épaisse d'ailleurs sur les feuilles persistantes et sur les aiguilles des conifères.

La feuille cependant contrôle cette évaporation grâce à de nombreux orifices, les stomates qui, sur sa face inférieure, s'ouvrent ou se ferment selon la nécessité.

L'architecture d'un arbre

Les études de morphogenèse et de dynamique de croissance des végétaux ligneux montrent que la forme naturelle des arbres s'élabore de manière précise ; des préséances dans le fonctionnement des bourgeons conduisent à un développement harmonisé des ramifications, celles-ci pouvant être orthotropes (dressées) ou plagiotropes (horizontales).

Les silhouettes des arbres et arbustes peuvent être classées selon des modèles architecturaux types (voir pages 30-31). Cependant, et bien qu'à ces types s'ajoutent des différences anatomiques caractéristiques (d'où les diverses « qualités techniques » des bois), troncs et branches ont une structure fondamentale commune à la plupart des espèces.

Le rôle des branches et du tronc

A l'instar des racines qui s'allongent en un vaste réseau souterrain à la recherche d'eau et de sels minéraux, les branches s'étalent largement au-dessus du sol pour que les feuilles puissent recevoir la lumière. Cette armature composée de branches maîtresses, de branches secondaires, de rameaux et de brindilles, est portée et maintenue par le tronc de l'arbre dont la structure ligneuse assure la force et la rigidité. Il est le support du végétal définissant aussi sa silhouette. Au fil des ans, le tronc grandit et grossit, tout comme ses branches et ses rameaux, et assure une répartition équilibrée de son feuillage. Mais l'ossature d'un arbre est en grande partie inerte, composée de cellules mortes de bois. C'est le cœur de l'arbre qui constitue jusqu'à l'extrémité des branches l'armature générale de soutien. C'est lui qui maintient l'arbre debout jusqu'à un âge fort avancé, bien que souvent ce bois de cœur dépérisse à la base, attaqué par les insectes, les champignons, les maladies.

Toute la vie active du tronc est concentrée dans une mince couche de cellules entourant le bois de cœur, qu'on appelle l'« aubier » et qui se trouve juste en dessous de l'enveloppe protectrice de l'écorce. Cette couche concentrique inclut le « cambium » qui, à chaque cycle annuel de la végétation, dépose un anneau de cellules de bois sur le cœur de l'arbre, grossissant ainsi le tronc. Sur sa face externe, le cambium, pour répondre à l'accroissement du bois, forme un autre anneau de cellules, composant cette fois une couche spongieuse, le « liber » ou « écorce interne ». C'est dans le liber que la sève chargée de sucre (sève élaborée) descend des feuilles vers les racines par un système de vaisseaux (le phloème) constitués de cellules superposées faisant office de canaux (tubes criblés) et renforcées par des fibres de soutien. Par contre, la sève riche en sels minéraux venant

Anatomie d'un tronc d'arbre

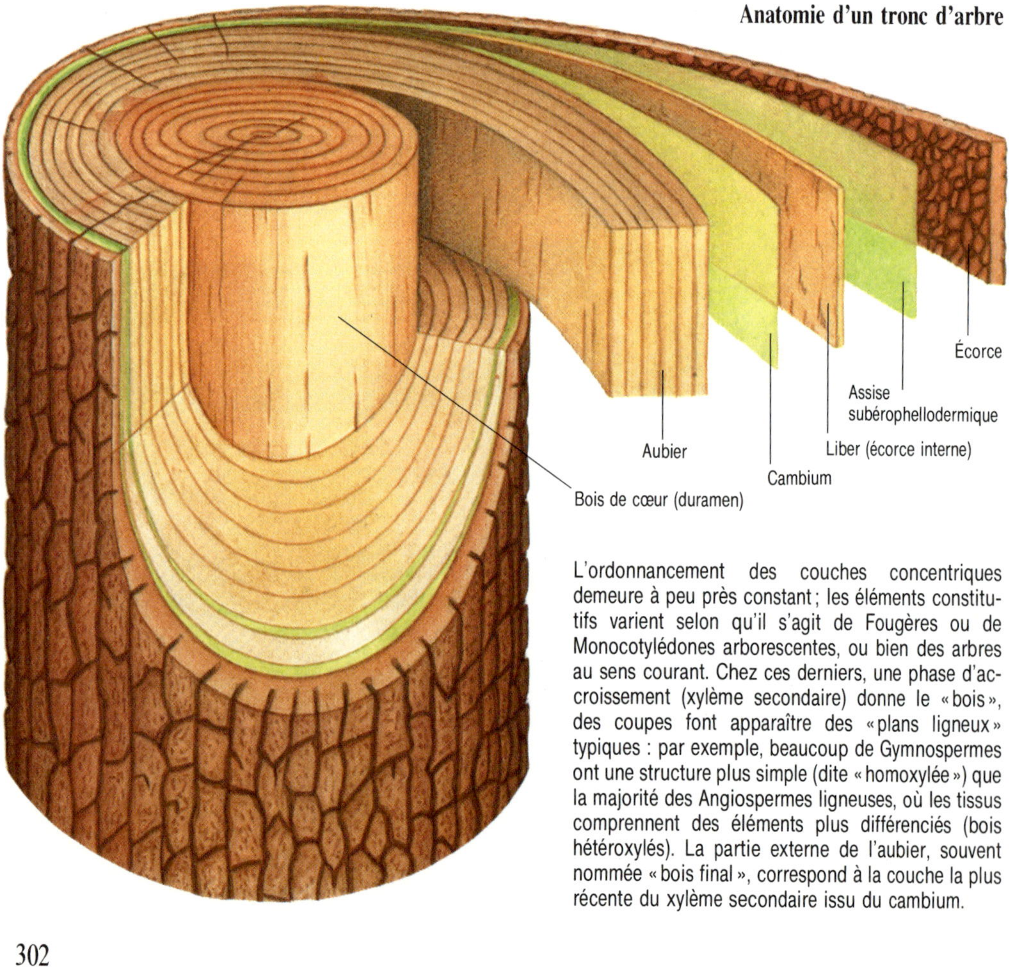

L'ordonnancement des couches concentriques demeure à peu près constant ; les éléments constitutifs varient selon qu'il s'agit de Fougères ou de Monocotylédones arborescentes, ou bien des arbres au sens courant. Chez ces derniers, une phase d'accroissement (xylème secondaire) donne le « bois », des coupes font apparaître des « plans ligneux » typiques : par exemple, beaucoup de Gymnospermes ont une structure plus simple (dite « homoxylée ») que la majorité des Angiospermes ligneuses, où les tissus comprennent des éléments plus différenciés (bois hétéroxylés). La partie externe de l'aubier, souvent nommée « bois final », correspond à la couche la plus récente du xylème secondaire issu du cambium.

Afin de déterminer l'âge d'un arbre vivant, on procède, avec une tarière, au prélèvement d'une « carotte ». Celle-ci révèle les anneaux de croissance. On rebouche ensuite l'orifice.

Autobiographie d'un arbre

Dans une coupe de tronc d'arbre, la première croissance est représentée par les cercles clairs, dits « bois de printemps ». En fin d'été, la croissance se ralentit, les cellules se rétractent, leurs parois s'épaississent ; elles constituent des cercles plus foncés, dits « bois d'été ». Chaque couche représente donc la moitié d'une période de végétation, et l'on établit l'âge de l'arbre en comptant une année pour deux couches.

Un arbre conserve le souvenir de ses conditions de croissance dans ses anneaux annuels, mais cela ne concerne pas seulement l'environnement général. L'arbre se souvient aussi des incidents qui ont marqué sa vie. Sur cette coupe, on peut déterminer les conditions climatiques ayant régné dans le passé, de même que des épisodes particuliers. Quatre événements majeurs ont laissé des traces sur la souche dont l'histoire est décrite ci-dessous. On peut concilier les témoignages des conditions générales et des événements particuliers ayant marqué la vie d'un arbre en prélevant des échantillons d'autres sujets poussant dans la même zone.

1. Dans sa jeunesse, cet arbre a peut-être été repoussé par la chute d'un autre arbre. Arbrisseau, il pencha, mais survécut et grandit. Il se remit à pousser droit, quand l'arbre mort se décomposa.

2. Plus tard, un feu de forêt endommagea l'écorce et la couche de croissance sur un côté. Après plusieurs années, la plaie se cicatrisa.

3. Sa croissance augmenta brutalement lorsque la forêt fut éclaircie et qu'il jouit mieux du soleil.

4. Des anneaux étroits sont le signe d'une croissance ralentie. Ici, la sécheresse en est probablement la cause.

du sol monte dans l'aubier par les vaisseaux ligneux (le xylème) qui en assurent la circulation. Si l'on détruit la gaine du cambium sur toute la circonférence du tronc, l'arbre meurt. Constituée par des cellules de liège, l'écorce est une couche protectrice efficace, étanche et imperméable à l'air, qui s'use à sa partie externe, mais se renouvelle par sa partie interne, grâce à la couche cellulaire invisible qu'est l'assise subérophellodermique. La respiration s'effectue par des pores, appelés lenticelles.

L'âge des arbres

La vie de l'arbre, dans toutes ses parties, est marquée par la végétation de chaque nouvelle période de croissance. Dans nos pays à climats tempérés, cela correspond au printemps et à l'été, c'est-à-dire à une année. Or, nous avons vu comment le cambium pendant la croissance de l'arbre produit une gaine de bois neuf interne autour de l'aubier existant. La couche naissant au printemps, dite bois précoce ou de printemps, qui marque la reprise de la croissance, est en général plus claire et plus tendre, alors que celle qui suit, dite bois tardif ou bois d'été, est plus sombre, plus dure et compacte. Si bien que dans un tronc vu en coupe, on remarque une succession d'anneaux nettement marqués en raison de cette différence de couleurs, chacun représentant une année. Ainsi sait-on assez précisément l'âge des arbres que l'on coupe. Pour ceux restant debout, on a recours à la technique de la « carotte » qui permet d'extraire un échantillon de leur bois, du cœur à l'écorce, où tous les anneaux sont bien visibles. C'est à la base du tronc que se pratique l'opération afin de connaître l'âge exact du végétal, les branches ou la cime ne pouvant indiquer que leur âge propre. Sur des sujets centenaires ou millénaires, comme la coupe de Séquoia qui se trouve au Jardin des Plantes de Paris, les anneaux révèlent les conditions climatiques de notre planète au cours de l'histoire des hommes. On cite souvent le cas des Pins à cônes à piquants, les plus vieux végétaux du monde, dont les anneaux nous aident à remonter le temps jusqu'à quatre mille ans et plus ; tout comme certains arbres fossiles, tel le Gingko, retrouvés dans différentes couches ont permis de découvrir la végétation des grandes ères géologiques de la Terre et par là de suivre l'évolution et l'histoire des plantes.

De la fleur à la graine : la reproduction

Presque invisibles ou magnifiques, les fleurs sont le lieu où naissent les organes de reproduction et, lorsqu'il s'agit de fleurs possédant des organes femelles, lieu où s'effectue la fécondation, donnant naissance aux graines, qui de génération en génération transmettent les caractères d'une espèce et qui en assurent la dissémination.

Floraison et pollinisation

Tous les arbres arrivés à maturité portent des fleurs. Beaucoup cependant sont si petites (absence notamment de pétales) qu'elles passent inaperçues, surtout si elles apparaissent après la feuillaison. Certaines pourtant sont fort spectaculaires, comme celles du Magnolia ou des fruitiers, comme le Cerisier. D'autres, fort précoces, s'épanouissent bien avant la naissance des feuilles, portées sur le vieux bois ou à même le tronc, comme chez l'Arbre de Judée. Enfin, tout le monde connaît les si gracieux chatons du Noisetier ou du Saule qui sont des fleurs mâles chargées de pollen. Car les fleurs sont les organes sexués des arbres, permettant leur reproduction par graines. Chez les espèces dioïques, comme le Peuplier, il y a des arbres à fleurs mâles et des arbres à fleurs femelles. Chez les espèces monoïques, fleurs mâles et fleurs femelles, bien distinctes, sont portées par le même individu, comme chez le Sapin, ou chez le Châtaignier. Enfin, les plus nombreuses sont les espèces hermaphrodites où la même fleur a les deux sexes à la fois, ce qui est le cas des arbres fruitiers. Cette fleur est dite « parfaite » (voir page 46), car elle porte les étamines et leurs sacs à pollen (anthères), la semence mâle, le pistil avec stigmate et style reliant à un ovaire, l'élément femelle, plus des sépales et des pétales souvent vivement colorés pour attirer les insectes, dotés de glandes à nectar pour les allécher et parfois très parfumés pour parfaire le tout. Au pire, beaucoup de ces fleurs peuvent s'autoféconder. Pourtant la nature, qui a inventé le sexe pour justement favoriser la reproduction croisée, s'emploie à éviter au mieux l'autofécondation. Soit en décalant dans le temps la maturation de l'un des organes (pollen ou ovule), soit en les disposant de telle sorte que l'opération s'avère impossible. Pour beaucoup d'arbres fleurissant avant leur feuillaison, c'est le vent qui se charge de disperser le pollen soit sur leurs fleurs femelles (plus ou moins facilement accessibles), soit sur les arbres femelles à proximité. Il faut souvent des nuages de pollen, comme c'est le cas pour les conifères, qui ont toujours des fleurs de sexes séparés, pour qu'un seul grain tombe sur le stigmate d'une fleur femelle et puisse la féconder. Mais ce sont surtout les insectes qui sont les meilleurs pollinisateurs, butinant d'une corolle à l'autre, barbotant dans le pollen qu'ils transportent à leur insu d'arbre en arbre. Ce sont les meilleurs agents de la reproduction sexuée, qui permet, grâce au croisement des gènes, de maintenir la vitalité de chaque espèce, grâce au stock de gènes.

La reproduction des feuillus

Les organes d'une fleur.
La fleur du Poirier est une « fleur parfaite », comportant des étamines chargées de pollen — les éléments mâles — entourant les organes femelles de la fleur : le stigmate auquel le pollen adhère, et un style reliant le stigmate à l'ovaire. Quand la fleur est fécondée par le pollen, les ovules que renferme l'ovaire se transforment en graines — les pépins de la poire — tandis que l'ovaire se développe en un fruit charnu autour de la graine (dans cet exemple).

Pollinisation par les insectes.
Quand une abeille butine des fleurs de Tilleul, elle se trouve couverte du pollen des étamines auxquelles elle se frotte. En visitant une autre fleur, un peu plus loin, ce même pollen tombe sur le stigmate au milieu de la corolle et féconde l'ovule.

La reproduction des conifères. Les conifères ont des fleurs mâles et des fleurs femelles séparées, mais souvent présentes sur le même arbre, les femelles situées vers le sommet de l'arbre, toujours plus haut que les chatons mâles. Le vent ou des courants ascensionnels d'air chaud transportent le pollen vers les fleurs femelles. Une fois fécondées, celles-ci se développent en cônes contenant les graines de l'arbre.

Fleur femelle

Fleur mâle

Pin sylvestre

Graine ailée

Sycomore

Merisier

Dispersion des graines. Les fleurs de beaucoup d'arbres feuillus se transforment en différentes variétés de fruits contenant les graines. Les fruits charnus sont mangés par les oiseaux et certains animaux, qui participent ainsi à la propagation des graines. Celles-ci d'ailleurs, bien souvent, ont besoin de ce transit intestinal pour pouvoir bien germer. D'autres graines, enfermées dans des enveloppes ailées, comme celles du Sycomore, sont dispersées au gré du vent.

Fructification et graines

Après avoir été fécondées, les fleurs se fanent rapidement. Leurs pétales tombent et le processus de fructification s'opère. L'ovule fécondé va devenir la graine, et l'ovaire, dans lequel plusieurs ovules peuvent être contenus, se transforme en fruit — une enveloppe l'entourant (péricarpe). Riche en sucre, le fruit est souvent vivement coloré pour attirer les animaux, et en premier les oiseaux, afin qu'ils s'en nourrissent et interviennent ainsi directement dans la dissémination des graines. Cela est d'autant plus vrai que certaines graines ne peuvent réussir à germer qu'après avoir effectué un transit dans l'appareil digestif des oiseaux. Les arbres, ancrés à vie au sol par leurs racines, « se déplacent » par leurs graines qu'ils essaient de disperser toujours le plus loin possible. La partie charnue du fruit ne vient pas toujours de la seule transformation de l'ovaire, mais de celle de toute la fleur et parfois même de l'inflorescence entière. Chez les conifères, les graines sont à nu, les ovules n'étant pas enfermés dans un ovaire inclus, elles sont insérées à la base de bractées écailleuses rassemblées sur une inflorescence lignifiée ayant la forme d'un cône. Certaines de ces graines peuvent pourtant avoir une arille, sorte d'enveloppe charnue ayant l'apparence d'une baie, provenant de la transformation du pédoncule, comme celles de l'If ou du Genévrier. Mais il y a aussi chez les feuillus beaucoup de fruits dits secs, qui sont soit déhiscents (ceux qui s'ouvrent d'eux-mêmes pour libérer leurs graines), comme les gousses des Papilionacées (celles du Genêt par exemple), soit indéhiscents (qui ne s'ouvrent pas spontanément à maturité), comme les glands ou les châtaignes, gros et lourds, recherchés par beaucoup d'animaux qui participent à leur propagation, mais aussi par les hommes (noix, noisettes), ou comme les samares des Érables et des Frênes et autres graines ailées, beaucoup plus petites, en général disséminées par le vent. La plupart des graines sont mûres en automne, mais celles de divers conifères demandent deux ans après leur fécondation. Chaque graine contient la vie d'un arbre en dormance, et, bien souvent, les rigueurs de l'hiver sont nécessaires pour provoquer la germination quand la terre se réchauffe.

Dissémination et multiplication

C'est par leurs graines que les arbres se reproduisent et se multiplient en forêt dans la majorité des cas. Mais si les grosses graines, comme les glands du Chêne, tombent et germent en général à proximité du pied mère, il n'en est pas de même de celles qui sont ailées ou contenues dans un fruit charnu.

L'œuvre de la nature

Les premières sont emportées au loin par le vent et souvent semées dans des espaces libres où elles peuvent donner naissance à un nouveau peuplement. C'est ainsi que l'Érable Sycomore se déplace et colonise forêts, campagnes et jardins grâce à la très grande quantité de samares qu'il produit, qui sont très facilement disséminées par le vent et dont le pouvoir de germination est remarquable. En ce qui concerne les fruits, ce sont surtout les oiseaux qui sont les intermédiaires précieux des espèces pour les implanter en dehors de leurs stations d'origine. Certains mammifères y contribuent également, comme les sangliers ou les écureuils. Ces derniers, notamment en faisant leurs provisions de graines pour l'hiver, participent à la propagation des noisetiers et des conifères. Mais l'eau des pluies torrentielles ou un éboulement de terrain peuvent également favoriser la dissémination par graines loin des arbres adultes. Dans les coupes, ce sont les essences à croissance rapide qui prédominent, tels les Bouleaux, les Érables, plus tard souvent remplacées par celles à croissance lente, tels les Chênes, les Tilleuls. Car tout nouveau peuplement tend vers un stade final de végétation, le climax ou forêt climacique, où les arbres les plus imposants, par leur taille et leur développement, finissent par occuper seuls le terrain. Cependant, en dehors de leurs graines, les arbres se multiplient également par des moyens dits végétatifs. Rejets et drageons qui surgissent après la coupe d'un sujet, sa chute par la foudre ou à la suite d'un incendie sont les plus fréquents. Des repousses de souches constituent parfois de véritables taillis. Souvent aussi, des branches basses touchant le sol y prennent racine et donnent naissance à de nouveaux sujets : c'est le marcottage naturel. Enfin, en dehors des sujets nés du rejet des souches, du drageonnage des racines ou du marcottage des branches, il en est qui sont issus d'une hybridation naturelle entre deux espèces du même genre et qui, par graines, donnent des arbres nouveaux, des variétés naturelles, parfois très appréciées parce que plus résistantes, souvent de croissance rapide et quelquefois fort belles. Beaucoup, cependant, sont peu fécondes et se reproduisent très difficilement. Certains de ces hybrides naturels ont été pour cette raison sélectionnés par les forestiers et sont couramment multipliés en pépinières pour être utilisés en sylviculture.

Marcottage naturel. Les branches basses de ce Sapin séculaire se sont marcottées spontanément.

L'œuvre de l'homme

Depuis des temps fort lointains, les hommes plantent et cultivent des arbres soit pour leurs fruits, soit pour leur bois, ou enfin pour leur beauté et leur valeur ornementale. Figuiers et Oliviers se sont répandus dans les cultures depuis la plus haute antiquité. Il en est de même des Cyprès ou des Ifs, associés aux jardins et aux cités. Quant aux Cèdres, aux Chênes ou aux Hêtres, ils fournissent leur bois de construction depuis des millénaires. Beaucoup d'autres essences ont servi comme bois de chauffage pendant des générations, et les hommes, en quelques siècles, ont dénudé les pentes montagneuses du Bassin méditerranéen qui autrefois étaient couvertes de forêts. Aujourd'hui, on s'emploie à équilibrer nos besoins avec des plantations régulières, et de nombreux plans de reboisement ont été suivis ces dernières décennies.

La sylviculture. Économie vitale de nos pays, la forêt est presque partout constituée de peuplements entretenus par l'homme ou créés par lui. La forêt sauvage à l'état pur n'existe plus dans nos contrées. C'est le rôle de la sylviculture que de régénérer les vieilles forêts, de pratiquer des coupes, de reboiser certaines régions affectées par l'érosion, la sécheresse et qui n'ont pas d'autres ressources naturelles. Bien que l'on ait donné récemment la priorité aux plantations de résineux, qui ont l'avantage de pousser vite et d'être rapidement rentables, bien d'autres essences sont employées pour le reboisement, notamment des feuillus comme le Peuplier, le Hêtre ou le Chêne. Les jeunes plants bien souvent proviennent de semis pratiqués dans des pépinières, la plupart des essences forestières se reproduisant sans difficulté par graines. Toutefois, pour des espèces plus délicates ou plus rares, on fait appel à des techniques différentes ; souvent on transfère en milieu réel (placettes expérimentales) des essais concluants obtenus en laboratoire.

Chênes de taillis sous futaie.
L'homme procédera bientôt à des coupes de dégagement.

Futaie aux longs arbres.
Les petits sujets ne persistent plus qu'à la lisière de la forêt.

Aménagement d'une futaie

Aménager une futaie nécessite une série de soins poursuivis par plusieurs générations de forestiers. Les futaies sont en effet des créations humaines, provenant du traitement de semis naturels, ou de véritables plantations. Les graines tombées d'un arbre isolé peuvent donner naissance à un fourré (1) de jeunes arbres. Le forestier pratique alors des coupes de dégagement. Il favorise ainsi la croissance d'individus plus robustes, dont le tronc atteint progressivement 10 centimètres de diamètre : c'est le gaulis (2); le perchis (3) succède alors au gaulis. Dans le perchis, les travaux consistent à sélectionner les arbres les mieux venus, les « tiges d'avenir », qui constitueront la futaie (4). Après élagages, ces baliveaux s'élèvent au-dessus d'un taillis formé par les branches qui rejettent des souches d'arbres coupés. Les baliveaux deviennent « modernes » lorsqu'ils ont deux fois l'âge du taillis, puis « anciens », puis « vieilles écorces », et sont peu à peu sélectionnés comme « arbres de places ». Au bout de quelques dizaines d'années, les houppes de ces arbres de places se rejoignent. Les espèces de sous-bois, privées de lumière, ne peuvent plus se développer; elles ne subsistent qu'en lisière de la forêt ou en bordure des clairières. La futaie aux longs arbres est alors installée.

Le bouturage

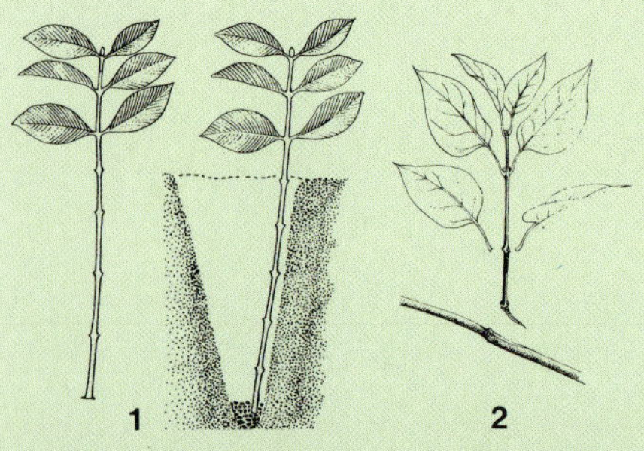

1. Bouture ligneuse du troène. Elle a été coupée juste au-dessous d'un nœud et les feuilles du bas ont été supprimées. Elle est ensuite mise en pleine terre dans une tranchée en V, drainée par une couche de sable. L'enracinement se produira en un an.
2. Bouture semi-ligneuse, prélevée avec un talon. Parer les talons avant d'insérer la moitié inférieure des boutures dans des pots remplis de sable et de tourbe.

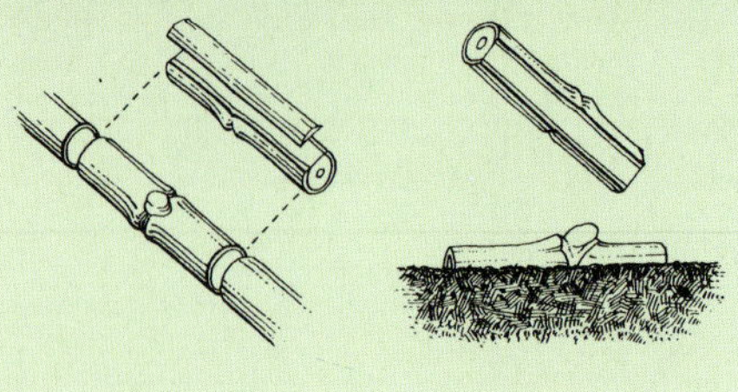

Bouture d'œil permettant de multiplier la vigne. Elle est prélevée pendant la période de dormance. Détacher une section de tige sans feuille, mais présentant un œil. Retirer l'écorce du côté opposé à l'œil et placer la bouture horizontalement dans le compost, en couche de multiplication. Lorsque les racines sont formées, mettre individuellement les boutures en pots de 12 cm remplis de terreau.

Les techniques de multiplication. Les principales techniques de multiplication sont le bouturage et le marcottage. Mais on utilise aussi le greffage sur des pieds plus vigoureux ou indemnes de maladies, le plus souvent de souches sauvages. Ces différents procédés donnent naissance à des individus exactement semblables entre eux, ayant le même sexe que les pieds mères s'il s'agit d'espèces dioïques, et que l'on appelle « clones ». Pour améliorer ou diversifier les espèces connues, les arboriculteurs essaient diverses hybridations entre des sujets qui leur semblent particulièrement remarquables soit par la qualité de leur bois, soit par la rapidité de leur croissance, soit encore par leurs coloris ou leurs caractéristiques ornementales, ou enfin par leur résistance marquée envers certaines maladies, notamment cryptogamiques. Ainsi marient-ils artificiellement fleurs mâles et femelles de sujets différents de mêmes espèces pour obtenir des hybrides qui, comme les hybrides naturels, ont souvent des qualités supérieures à celles de leurs géniteurs, mais ne peuvent guère en général se reproduire, leur fécondité étant presque toujours affaiblie. Il faut noter que l'on fait aujourd'hui également appel aux cultures de tissus, qui laissent espérer l'obtention fiable d'arbres issus de multiplications dites « in vitro ». Pour désigner ces hybrides, on introduit le signe × entre leurs noms de genre et d'espèce, indiquant qu'il s'agit d'un croisement entre deux espèces. Ainsi, *Platanus × acerifolia,* notre Platane commun, est considéré comme l'hybride du Platane d'Orient (méditerranéen) et du Platane d'Occident (américain). Les formes n'existant pas dans la nature et sélectionnées par l'homme sont appelées « cultivars », tels les cultivars de *Platanus × acerifolia :* 'Hispanica' ou 'Pyramidalis'. Les termes de cultivars et de variétés sont souvent confondus. Pourtant la notion de variété est rattachée à des groupes d'individus qui, dans une même espèce ou sous-espèce, présentent des caractères semblables, notamment liés à leurs situations géographiques (les forestiers parlent de « races »).

Le greffage

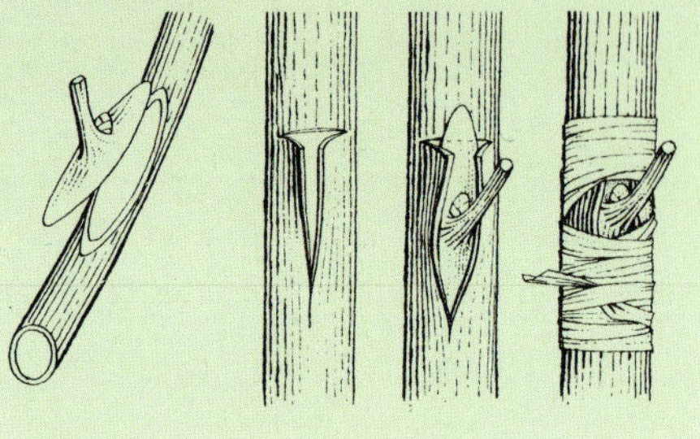

Écussonnage. Prélever un œil sur la variété choisie et l'insérer dans une incision en T pratiquée sur l'écorce du porte-greffes. Au départ, la ligature de raphia est serrée ; elle devra être plus souple à la reprise de végétation. Rabattre ensuite le porte-greffes juste au-dessus de l'écussonnage.

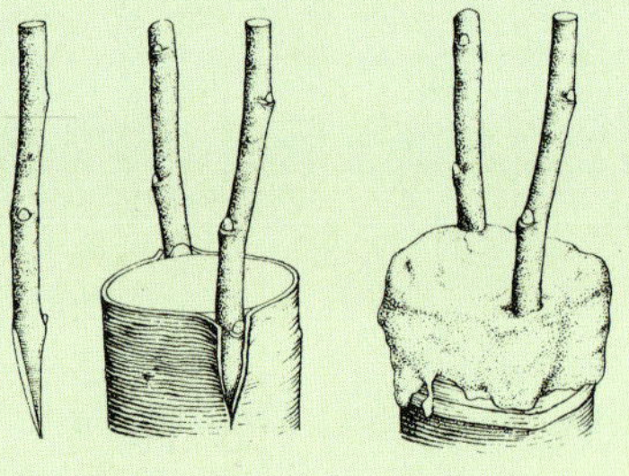

Greffe en couronne. Insérer les greffons dont la base est taillée en oblique dans les incisions faites sur l'écorce du porte-greffes, les deux surfaces mises à nu se touchant. Ligaturer et mastiquer.

Le marcottage

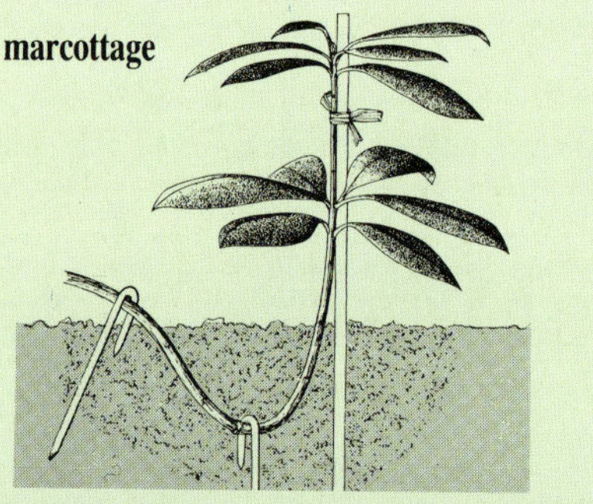

Marcottage par couchage de Rhododendron. On marcotte ainsi les espèces à branches assez souples pour être ployées. Durant l'été, on creuse un sillon ; on y enterre une ramification basse dans un mélange de sable et de tourbe en la maintenant à l'aide d'un crochet. En novembre, on sépare de la tige mère les rameaux marcottés.

Où trouver les arbres

Carte des types de végétation forestière

Les cartes de la végétation diffèrent selon les principes adoptés (critères de composition floristique, ou des types biologiques des essences, critères écologiques, etc.). On peut aussi exprimer la végétation réelle ou bien la végétation potentielle supposée (celle qui serait en équilibre avec les conditions de milieu dans chaque région).

Notre carte est de ce second type, et ce choix a été dicté par le fait qu'il s'agit de la seule carte récente couvrant les divers pays d'Europe occidentale d'une manière homogène.

Bien entendu, ne serait-ce que pour des questions d'échelle de représentation, une telle carte est obligatoirement très simplifiée : elle tente de rendre compte des types majeurs de végétation auxquels les principales essences participent. C'est la raison pour laquelle n'y figureront pas les divers types de landes, de

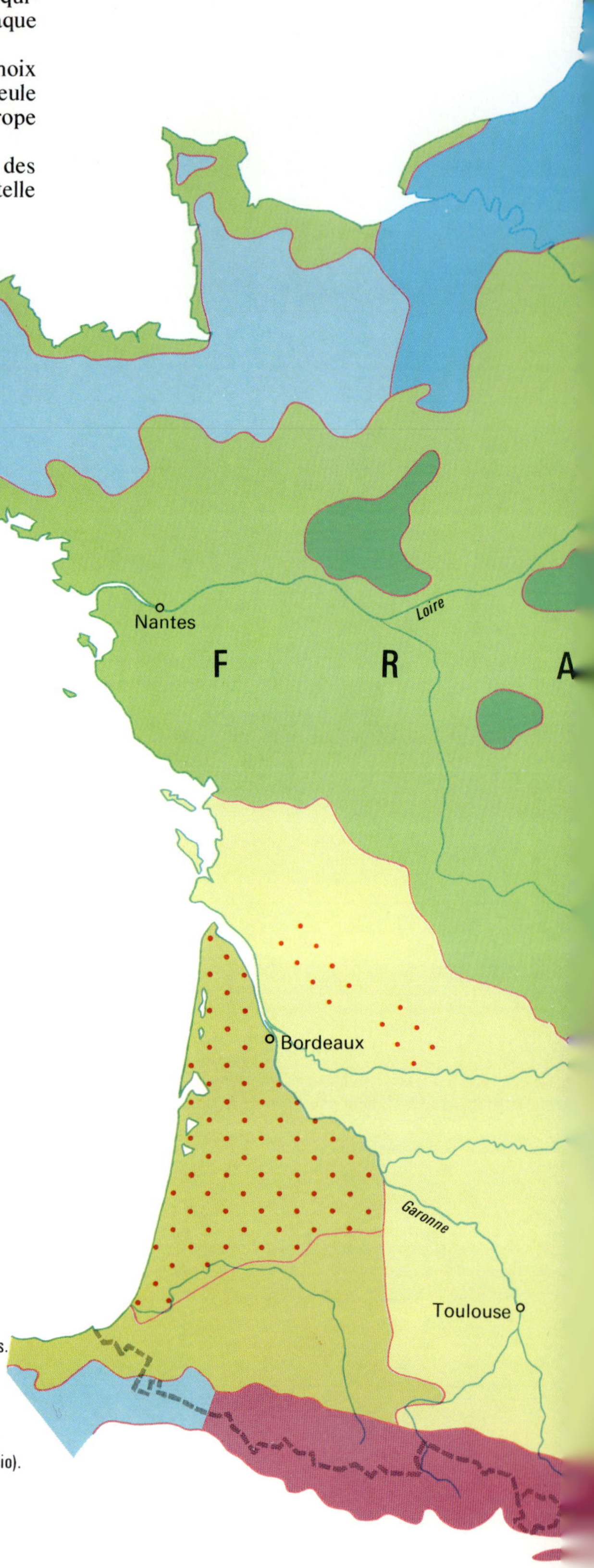

Végétation méditerranéenne sur sol acide : Chêne-Liège et maquis de dégradation.

Végétation méditerranéenne : Chêne vert, Pin d'Alep, Chêne pubescent et formes dérivées.

Chênaies thermophiles à Chêne pubescent et chênaies mixtes à Chêne pubescent.

Chênaies et landes atlantiques à Chêne tauzin.

Chênaies mixtes avec dominance du Chêne pédonculé, du Chêne sessile ou du Chêne pubescent selon la nature du sol.

Chênaies ou chênaies-hêtraies acidophiles à Bouleau.

Hêtraies-chênaies sur roche mère gréseuse ou cristalline.

Hêtraies-chênaies, charmaies sur roche mère calcaire ou limoneuse.

Végétation de montagnes à Hêtre-Sapin, et localement Pin sylvestre, Épicéa et Pin à crochets.

Végétation des montagnes intra-alpines à Pin sylvestre, Mélèze et Pin cembro.

Végétation des montagnes méditerranéennes des Alpes du Sud (à Buis) et de la Corse (à Pin Laricio).

Pin maritime en reforestation importante.

Végétations insubrienne et des Préalpes orientales (Ostriaies locales).

bocages ou de garrigues, car ces paysages d'arbustes et arbrisseaux dérivent de types forestiers de végétation. On constatera aussi que la représentation des formations végétales de montagne a été ramenée à quelques types principaux, et que les différences locales dues à l'orientation ne pouvaient être représentées.

Dans de très nombreuses cartes de la végétation, on tente de donner une signification écologique aux couleurs employées : sur la présente carte, les couleurs vert et bleu se rapportent à des types de végétation plutôt atlantiques, les mauve et violet à des types montagnards, les jaune et rouge à des types méditerranéens, le brun à des types plus continentaux. La surimposition de quelques sigles a permis d'apporter des précisions supplémentaires, par exemple pour des très grands reboisements.

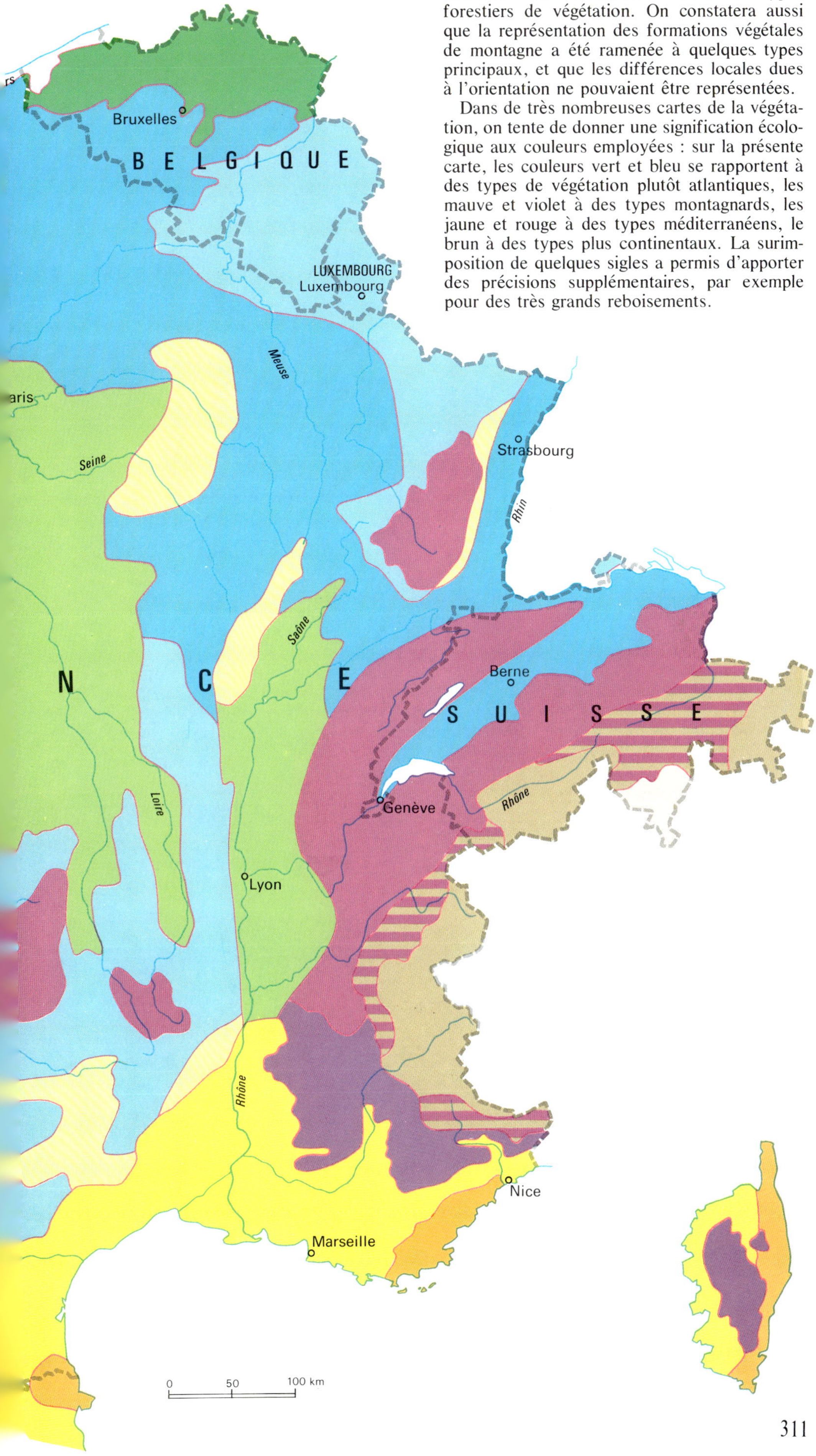

LA DÉCOUVERTE DES ARBRES : DE LA NATURE A L'ACCLIMATATION

Dès l'Antiquité, les voyageurs ont rapporté de pays lointains de multiples végétaux. Nombre d'explorations furent l'occasion pour les participants, souvent propriétaires terriens, d'introduire de nouvelles espèces sur leurs domaines, contribuant ainsi à l'enrichissement de la flore cultivée et aux progrès de l'arboriculture.

Par l'Italie vinrent en France l'Abricotier, l'Amandier, sans doute le Pêcher, de nouvelles variétés de Pruniers qui donnèrent des fruits différents, comme la mirabelle et la reine-claude. L'importation du Mûrier engendra une industrie de la soie en Europe.

Les essences d'outre-mer arrivèrent très tôt en Europe ; c'est probablement à la suite des expéditions de Jacques Cartier que fut planté à Fontainebleau, en 1540, le premier *Thuya occidentalis.* Pierre Belon fonda, vers 1540, le premier « arboretum » de France, pour le cardinal du Bellay, et enrichit certainement les collections au cours de son voyage au Proche-Orient (1547-1549). Le premier « jardin botanique » officialisé par édit royal, destiné aussi à l'enseignement, fut celui de Montpellier (1593). Le jardin des Plantes de Paris, fondé en 1635, fut, avec le jardin de Nantes, un centre important d'acclimatation et une école de botanique parmi les plus réputées. Parallèlement, Colbert mettait en chantier un plan de reforestation en France, à base d'essences spontanées.

Les voyages outre-mer du XVIe et du XVIIe s. avaient apporté beaucoup : en Angleterre, Magnolias, Sapins baumiers, Chênes rouges, Liquidambars, Tulipiers furent cultivés. Aux conceptions des « jardins à l'anglaise » s'opposèrent les « parcs à la française », tel Versailles ; mais, en France, c'est surtout au Siècle des lumières que commencèrent les grandes introductions parallèlement à l'expansion des sciences de la nature qui passionnèrent un public étendu. A cette époque se créait à Kew, près de Londres, un jardin spécial recevant les nouveautés d'outre-mer, jardin qui demeure un des grands centres de la botanique mondiale.

Bougainville avec Commerson, Cook avec Banks permirent de multiples découvertes, et aux voyages de circumnavigation s'ajoutèrent des expéditions terrestres qui furent des plus enrichissantes pour l'acclimation : David Douglas fit connaître le conifère qui porte son nom, et peu après on découvrait le Séquoia.

Les pépiniéristes envoyèrent aussi dans le monde des botanistes avec mission de rapporter des éléments permettant l'obtention des essences nouvellement découvertes, afin de les multiplier en Europe. Aux végétaux américains s'ajoutèrent ceux de Chine et du Japon, dont beaucoup nous sont familiers (Paulownia, Kaki, etc.). Les explorations de Fortune, Wilson, des pères missionnaires Delavay et David (qui découvrit l'« Arbre aux mouchoirs » : *Davidia*) se situent dans la fin du XIXe s., et augmentèrent considérablement le nombre d'arbres d'ornement.

La foresterie n'est pas en reste ; aux reboisements en Pin sylvestre et Pin noir succèdent les introductions des Cèdres de l'Atlas, la création et l'extension de la populiculture, la régénération des forêts de montagne. Des végétaux connus depuis un siècle — au jardin de la Malmaison en particulier — tels Mimosas, Eucalyptus, etc., furent aussi implantés dans les zones à climat méditerranéen. Aussi, peut-on voir aujourd'hui ces essences dans certaines parcelles forestières (au milieu de forêts naturelles), comme dans nombre d'arboretums, de parcs et de jardins, publics ou privés.

A certaines saisons, de la diversité de coloration ressort la complexité de la forêt, sauvage ou régénérée comme au Bougès (Aigoual).

Les forêts

Les arbres font partie des paysages familiers, des villes ou des campagnes. Le promeneur aura peut-être plus souvent l'occasion de rencontrer des essences introduites que de connaître les espèces sauvages ; les villes, les parcs, les jardins botaniques, les arboretums possèdent les premières, et fréquemment les arbres sont étiquetés ; à l'inverse, dans la nature, il est plus difficile de localiser les espèces et, sauf cas exceptionnels (sentiers botaniques en forêt), il faut identifier les arbres.

Un choix restreint parmi les centaines de massifs forestiers français a été fait soit en raison de la beauté de certains arbres ou de certaines parcelles anciennes, soit en raison de l'intérêt biologique et phytogéographique. Ces éléments permettent de localiser des lieux où l'on peut observer les essences sauvages, ou des arbres introduits au titre des essais d'acclimatation pour la sylviculture.

Aigoual (Massif de l'), Gard, Lozère.
Cet ensemble domanial (10 000 ha) représente une des plus belles réussites de reboisement entreprise au XIXe s., ayant abouti aujourd'hui à la reconstitution d'un imposant couvert de hêtraie de type sauvage. Georges Fabre, forestier, et Charles Flahault, botaniste, menèrent à bien ces travaux (1885 et 1911).

L'Aigoual est un site remarquable pour comprendre l'étagement de la végétation forestière : chênaie verte (versant méditerranéen chaud, sur calcaire ou silice), chênaie pubescente (versants sud et ouest), hêtraies variées, landines alticoles à genêts, où fut introduit le Pin à crochets (qui ne subsistait à l'état spontané que dans quelques landes tourbeuses du Massif central). Pin noir, Pin Laricio, Cèdre de l'Atlas, Mélèze, Épicéa, etc. sont introduits. Le Pin sylvestre est spontané autour du Massif.

Arc (Forêt domaniale d') Savoie.
En haute vallée de l'Arc (Maurienne), sous le Mont-Cenis (zone périphérique du parc national de la Vanoise), elle comprend Sapin et Épicéa (étage montagnard), Mélèze et Pin cembro disséminés (étage subalpin), Bruyère des neiges et Raisin d'ours, ce qui en fait une forêt typique des Alpes internes.

Bellême (Forêt domaniale de) Orne.
Outre des futaies de Chêne rouvre et de Hêtre suivies scientifiquement et expérimentalement par les forestiers depuis François Ier, des résineux ont été installés sur les sols les plus pauvres.

Bercé (Forêt domaniale de) Sarthe.
Vestige de la *Carnuta silva* (5 400 ha), forêt royale depuis 1337, c'est une des plus belles futaies régulières de Chêne rouvre de l'Ouest, avec une faible proportion de Hêtre sur plus de 3 500 ha. Les Chênes y atteignent 40 à 45 m de haut et certains ont plus de 280 ans. On peut y voir, dans la réserve des Clos, la souche du Chêne Boppe, foudroyé en 1934 (500 ans, 4,70 m de circonférence). 1 500 ha de sols pauvres sont plantés de Pin maritime et de Pin sylvestre.

Vestiges de forêts spontanées sur les abrupts s'opposent ici aux denses reboisements des replats (crête est du sommet de l'Aigoual).

Chaux (Forêt domaniale de) Jura.
Avec ses 20 000 ha, le « massif » constitue une des forêts françaises les plus étendues. La surexploitation de la chênaie-hêtraie à partir du XVIe s. (salines d'Arc-et-Senans, verreries, forges) entraîna des modifications importantes du sol, et la restauration entreprise par Lorentz (1825) se heurta à de terribles difficultés, compensées par une assez belle réussite : hêtraies et parcelles en Pin sylvestre, Pin Weymouth, Chêne rouge, introduits.

Compiègne (Forêt domaniale de) Oise.
Domaine de chasse royale, cette chênaie-hêtraie incluant des parcelles classées à dominance de Hêtre (certains de 300 ans), mais aussi avec de très vieux chênes (300 à 400 ans), appartient, avec les massifs proches de Retz (Villers-Cotterêts) et Laigue, à un ensemble de quelque 30 000 ha.

Les « hêtraies cathédrales » de la forêt de Compiègne sont particulièrement spectaculaires, avec leur tapis dense de feuilles mortes.

Bouleaux et Buis caractérisent de grandes zones de rochers gréseux de la forêt de Fontainebleau ; ils colonisent souvent des zones incendiées.

Fontainebleau (Forêt domaniale de) S.-et-M.
Ilot d'un massif de 25 000 ha, relique de l'antique forêt de Bière, forêt de chasse des rois de France depuis le XIIe s. et objet de leurs soins, ses deux tiers ont été semés ou plantés de main d'homme : 5 500 ha replantés de Chêne au XVIIIe s., Pin sylvestre sur 6 000 ha au XIXe s. Il existe des « réserves » (artistiques, biologiques) contenant des Chênes âgés de 300 à 400 ans et des Hêtres de 300 ans.

La diversité des sols explique la grande variété des essences feuillues spontanées (Hêtre, Chênes rouvre, pédonculé et pubescent) et des nombreux résineux introduits (Pins sylvestre, maritime, Laricio, Douglas...).

A l'Alisier de Fontainebleau, l'Alisier vrai, aux Sorbiers, Bouleaux, etc. s'ajoute une flore encore exceptionnelle, unique dans la plaine européenne : Amélanchier, Bruyères diverses, nombreux Genêts, Cytises, Hélianthèmes ligneux, etc.

Gérardmer (Forêt domaniale de) Vosges.
Le traitement en futaie régulière des sapinières de cette région a permis de constituer des ensembles forestiers, souvent mixtes, avec Épicéa, d'une esthétique remarquable. Il s'agit d'un type de forêt de climat froid, caractérisé par des tapis de Sphaignes avec Lycopodes, et la hêtraie occupe les étages supérieurs.

Grésigne (Forêt domaniale de la) Tarn.
Sur les contreforts sud-ouest du Massif central, elle présente une grande variété d'essences : Chênes pédonculé (12 %), rouvre (5 %), pubescent, Charme, Hêtre, Châtaignier, Alisier, Houx, Buis, et aussi des espèces méditerranéennes : Érable de Montpellier, Filaria. Douglas, Cèdre de l'Atlas, Sapin de Nordmann couvrent 230 ha.

Haguenau (Forêt de) Bas-Rhin.
La race de Haguenau du Pin sylvestre (port élancé, croissance rapide, longévité) fait la réputation de cette forêt, dont le statut d'indivision est particulier. Chênes rouvre et pédonculé, Hêtre, Charme, abondance de la Myrtille ajoutent à l'intérêt des forêts de cette zone.

Hayne (Forêt domaniale de) M.-et-M.
Parmi les 12 000 ha boisés du plateau calcaire nancéen, c'est un bon exemple de la conversion partielle en futaie régulière. Bien que le Hêtre domine, on y remarque, fait typique de nombre de forêts européennes continentales, la présence assez fréquente de Tilleul, Érable, Merisier, Orme, s'ajoutant aux Chênes rouvre et pédonculé, aux îlots de charmaies et de frênaies.

Iraty (Forêt d') Pyrénées-Atlantiques.
Petite partie d'une étendue boisée frontalière (Espagne et France), cette hêtraie-sapinière, demeurée longtemps très sauvage, caractérise le haut Pays basque. Les chênaies-hêtraies de plus basse altitude (avec le Chêne tauzin), fortement pâturées, sont dégradées en landes à Fougère aigle (« touya »), avec Ajoncs.

Joux (Forêt de la) Jura.
Traversée par la voie ferrée Paris-Lausanne, cette magnifique sapinière montagnarde, souvent en futaie, comprend de puissants individus atteignant 50 m (série classée de la Glacière). En forêt de Levier toute proche se trouvent les « plantations du roi de Rome », ordonnées par Napoléon Ier à la naissance de son fils.

Landes (Les) Gironde, Landes, L.-et-G.
C'est le plus grand massif forestier d'Europe occidentale (près de 1 million d'hectares de forêts domaniales, communales et privées).

Dès 1786, Brémontier entreprit de fixer les dunes en plantant des Oyats, puis des Pins maritimes. La transformation en forêt artificielle et d'exploitation, et l'assainissement des landes à moutons, coupées de marécages, furent menés à bien sous le Second Empire par Chambrelent. Les Pins maritimes des Landes fournissent du bois (pâte à papier et sciage) et de la résine par « gemmage », production aujourd'hui très réduite.

La forêt des Landes a été aménagée depuis 1950 contre les incendies. Des vestiges de la forêt originelle de Chênes pédonculé, tauzin et de Chêne-liège subsistent ici et là. Le Chêne vert existe dans la zone littorale au nord du massif, qui abrite aussi diverses grandes Bruyères.

Orléans (Forêt domaniale d') Loiret.
C'est la plus grande forêt domaniale de France (34 200 ha) conservant un quart de *Sylva leudica* (Capitulaire de 854).

Divisée en quatre massifs principaux, c'est une forêt de plaine à Chênes rouvre et pédonculé, Charme, Bouleau, Tremble et fruitiers, Pin sylvestre (50 %) et Pin Laricio plantés sur d'anciennes landes.

Rambouillet (Forêt domaniale de) Yvelines.
Vestige morcelé (13 600 ha) de l'immense forêt de l'Yveline, domaine royal depuis Pépin le Bref, elle fut propriété de la famille d'Angennes, du comte de Toulouse et de Louis XVI. Parsemée d'étangs, de tourbières et de Landes à flores ligneuses et herbacées autrefois très riches (Piment royal, Bruyères), elle est peuplée de Chêne rouvre dominant (60 %), de Pin sylvestre introduit (18 %), de Bouleau (10 %), de Charme (6 %) et de Châtaignier.

Réno-Valdieu (Forêt domaniale de) Orne.
Très belle futaie régulière de Chêne rouvre et de Hêtre, accompagnés de Pin sylvestre. Séries artistiques des Gautries : Chênes de 250 à 300 ans, certains dépassant 40 m de haut.

Sainte-Baume (Forêt domaniale de la) Var.
Le caractère ancien de « bois sacré » a fait respecter en partie l'aspect primitif de cette minuscule forêt (138 ha). Cependant, la fréquentation actuelle entraîne la destruction du sous-bois, la mise à nu des sols, et l'érosion déchausse les racines.

En versant nord, une haute futaie de hêtraie relictuelle en voûte souvent impressionnante domine un paysage rocheux assez chaotique où vivent des Fougères (Capillaire, Scolopendre). De beaux et vieux Ifs, l'Érable à feuilles d'Obier, des Houx remarquables, ainsi que Tremble, Fusain à larges feuilles, Orme, Frêne, etc., créent la diversité de cette forêt entourée de bois de Chêne pubescent et de Landes à Genêts cendrés, dominée par une crête ventée où s'accrochent Genévriers rouges, Genêts en coussinets, et quelques populations de Grande Uvette.

Saint-Guilhem-le-Désert (Forêt dom. de) Hérault.
Autour du cirque rocheux dominant Saint-Guilhem se trouve, au-dessus des Chênaies vertes, et mêlée à la Chênaie pubescente, l'une des rares populations françaises du Pin de Salzmann, mise en danger par les incendies.

Sainte-Marguerite (Forêt domaniale de l'île) A.-Mar.
Reboisée au XIXe s. avec des essences typiquement méditerranéennes, Chêne vert, Pin parasol, Pin d'Alep, Cèdre, Cyprès ; ou exotiques, Eucalyptus, et, depuis 1935, par des plantations ornementales complémentaires, l'île possède une très belle allée d'*Eucalyptus globulus* plantés en 1865, dont le plus gros sujet a plus de 4 m de circonférence.

Sélestat-Illwald (Forêt communale de) Bas-Rhin.
Outre les taillis de Chêne pédonculé, les forêts riveraines d'Alsace à Aulne glutineux et Frêne renferment encore en quelques points de grands Ormes à contreforts, et abritent une végétation lianescente où survit parfois la Vigne sauvage. Ces milieux justifient d'énergiques mesures de protection.

Tronçais (Forêt domaniale de) Allier.
C'est une des plus belles forêts (10 400 ha) de Chêne rouvre de France, avec Chêne pédonculé, Hêtre et Pin sylvestre introduit.

Reste d'une sylve immense, où l'on trouve les vestiges d'un camp romain et de cinq monastères qui abritèrent des ermites au Moyen Age. Confisquée en 1527 par la couronne de France, en grande partie ruinée en 1670, Colbert l'affecta à la production de bois pour la marine. Soumise à une surexploitation, elle fut restaurée et traitée en futaie régulière à partir de 1832. La futaie « Colbert » est devenue « réserve artistique » (1943), les Chênes y ont 300 ans, mais certains ont 450, 600 et même 750 ans, le gros Chêne du Pavillon mesure plus de 10 m de circonférence.

Valbonne (Forêt domaniale de) Gard.
Limitrophes de la réserve naturelle des gorges de l'Ardèche, les peuplements typiques des basses montagnes méditerranéennes, rarement

De beaux Chênes-lièges existent au sein de parcelles de la grande forêt de Pin des Landes de Gascogne. Des incisions sur les Pins permettent de récolter la résine.

bien conservés, incluent la chênaie verte où Genévrier Cade, Viorne tin et Arbousier sont fréquents ; de nombreux sites, un peu moins secs ou chauds, sont colonisés par la chênaie pubescente, avec Érable de Montpellier et Érable à feuilles d'Obier. Des vallons humides et frais abritent des îlots relictuels de hêtraie, rappelant ceux du bois de Salbouz, près du cirque de Navacelles (sud des Causses). Divers site ont été plantés en Cèdre, Cyprès, Sapins méditerranéens et peupliers.

Ventoux (Mont) Vaucluse.
Isolé à la pointe sud-ouest des Alpes, culminant à 1 903 m, son orientation est-ouest crée des contrastes brutaux dans l'étagement de la végétation : on passe des chênaies vertes à Pin d'Alep en bas, aux groupements alpins sur éboulis au sommet. Au versant sud, un reboisement exemplaire permit la création d'une forêt de Cèdre de l'Atlas (600 et 1 000 m), forêt dont l'origine artificielle est souvent masquée par la régénération naturelle, abondante en certaines périodes, envahissant les taillis de chênaie pubescente. Le Pin noir d'Autriche a également été utilisé. En versant nord, importantes hêtraies jusqu'à 1 600 m environ, Pin à crochets sous la crête ou en reboisement.

Verzy (Forêt domaniale de) Marne.
Au milieu des forêts de la Montagne de Reims, la petite réserve de Verzy (13,5 ha) protège un ensemble unique, renommé depuis le XVIe s., d'arbres fort singuliers : les « Faux ». Ce sont des Fayards (Hêtres) qui ont subi une mutation ancienne leur donnant un port tortillard.

L'aspect tourmenté des branches traînant sur le sol ou formant le houppier font la célébrité des Hêtres dits « Faux » de Verzy.

La forêt belge

En Belgique, la forêt couvre 619 918 ha (20 % du territoire, inégalement répartis), dont 450 000 ha situés dans les trois provinces ardennaises : Liège, Namur et Luxembourg.

Les feuillus (54 %) occupent les meilleures terres des régions basses et moyennes, tandis que les péuplements de résineux s'étendent sur les régions à sol ou à climat défavorable : Pins dans la Campine, seule région flamande richement boisée, Épicéas dans la haute Ardenne.

La forêt naturelle n'est plus représentée qu'en de rares endroits. Il s'agit de reliques, petites superficies dont la survie est menacée (chênaie atlantique mélangée sur limon, chênaie pédonculée à Bouleau, chênaie à Charme, érablière-tillaie). A peu près partout, la forêt a été modifiée par l'homme, l'évolution la plus spectaculaire étant le développement dans toute l'Ardenne de peuplements de résineux au détriment de l'ancienne forêt de feuillus.

Par ordre d'importance décroissante, les essences feuillues sont : le Hêtre, les Chênes pédonculé et sessile, les Peupliers, le Frêne, le Charme, le Coudrier, le Châtaignier, les Érables, le Merisier, et, parmi les résineux, l'Épicéa, le Pin sylvestre, le Pin Laricio de Corse, les Mélèzes, le Douglas et le Sapin pectiné.

Environ 44 % de la surface forestière totale gérés par l'Administration des Eaux et Forêts appartiennent à l'État, aux communes ou à des organismes sociaux. Les forêts privées (56 %) sont extrêmement morcelées.

Généralement de faible étendue, les forêts sont souvent appelées bois.

Bouillon (Forêt de) province de Luxembourg.
Au sud de la vallée de la Semois, cette vaste hêtraie submontagnarde contient un bel arboretum (voir page 325). Aux environs, on peut voir quelques arbres centenaires classés : Tilleul à grandes feuilles, de 29 m de haut et 5,20 m de circonférence (abbaye de Cordenay), Chêne rouvre de 27 m de haut et 5,40 m de circonférence (Libehan, à Donan).

Implantés artificiellement, les reboisements en conifères, surtout en Épicéa, prennent une importance considérable, découpant l'ancienne forêt de feuillus sur les contreforts des Ardennes belges.

Conques-Sainte-Cécile (Forêt domaniale de) province de Luxembourg.
Dans les Ardennes, entre les forêts de Bouillon et d'Herbeumont, elle s'étend sur 685 ha (1 355 ha avec les bois communaux de Florenville), à une altitude qui varie de 260 m à 430 m. La futaie jardinée de feuillus (80 % de la surface boisée) est composée de 65 % de Hêtre et de 35 % de Chêne, avec introduction de Sapin pectiné, Pin sylvestre, Mélèze, Sapin de Vancouver, Douglas et surtout d'Épicéa. Le long de la route Florenville-Bouillon, petit arboretum forestier.

Rance (Forêt domaniale de) Hainaut.
Enclavée dans un massif de 1 000 ha, cette forêt de 523 ha, acquise par l'État en 1902, comprend deux zones séparées par un bois particulier.

Sévèrement exploitée par les Allemands (1914-1918), restaurée de 1951 à 1972 par une conversion progressive du taillis en futaie jardinée, elle inclut : Chênes pédonculé et rouvre et Hêtre, Merisier, Érables sycomore, plane et champêtre, Bouleaux pubescent et verruqueux. Le Frêne et le Peuplier grisard habitent les endroits plus humides, tandis que dans les taillis subsistant croissent Charme, Coudrier, Sorbier des oiseleurs, Viorne Obier et lantane, Cornouiller sanguin, Fusain et Bourdaine.

Nombreuses essences européennes ou nord-américaines introduites, résineuses (Épicéas commun, de Sitka et pungens, Sapins pectiné, concolor, de Vancouver et de Nordmann, Douglas, Mélèze, Tsuga hétérophylle, Thuya géant, Cyprès de Lawson, Pin Weymouth, Séquoia, Métaséquoia...), et feuillues (Noyers, Tilleul, Hêtre pourpre, Liquidambar, Érable de Virginie, Tulipier...). L'extrême diversité des essences rend la visite de cette forêt des plus intéressantes.

Soignes (Forêt de) Brabant.
Atteignant la banlieue sud-est de Bruxelles, entourant Groenendaal, vestige de l'immense forêt charbonnière qui s'étendait de la Sambre à l'Escaut, elle couvrait encore 11 000 ha au début du XIXe s. En 1843, l'État racheta les 4 350 ha qui subsistaient et en confia la gestion à l'Administration des Eaux et Forêts.

Traitée en futaie, avec 80 % de Hêtres (les plus vieux remontent à la première moitié du XVIIIe s.), 10 % de Chênes (très beaux exemplaires centenaires : Chêne « De Bruyn », de 40 m de haut et 4 m de circonférence), et 10 % de conifères. On y constata que sous hêtraies pures, le sol évoluait de façon défavorable ; les forestiers ont alors introduit d'autres espèces : Érable, Orme, Merisier. Arboretum de Tervuren (voir page 325).

Vielsam (Grand bois de) province de Liège.
Belle forêt d'Épicéa avec, à Crombach, un groupe de quatre vieux Hêtres dont l'un à 4,88 m de circonférence.

La forêt suisse

En Suisse, la forêt couvre 1 100 000 ha (26 % du territoire), superficie assez élevée compte tenu des hautes altitudes et des zones industrialisées, avec une densité forestière maximale dans le Jura (39 %) et dans le sud des Alpes.

Si les forêts sont de types divers suivant l'altitude et le climat, les conifères y dominent largement : 80 %, avec environ huit essences. Les feuillus, représentés par une vingtaine d'espèces, croissent principalement sur le plateau et dans le Jura.

Les surfaces boisées peuvent être réparties en quatre secteurs principaux : chaîne jurassienne (17 %), Épicéa, Sapin pectiné, Hêtre,

Menaces sur la forêt

La plus connue et la plus redoutée est l'incendie qui ravage périodiquement les forêts. Sans doute est-il provoqué parfois par la malveillance, mais plus souvent par des imprudences : cigarette jetée mal éteinte, feu de bois avivé par le vent, étincelles provenant d'un foyer industriel ou de la mise à feu d'un dépôt d'ordures.

La sécheresse estivale et l'implantation en résineux éminemment combustibles multiplient les risques dans le midi de la France. On tente d'y remédier par la substitution progressive de peuplements en feuillus ou mixtes (feuillus et résineux), et, à plus court terme, en équipant les massifs forestiers en vue de la lutte contre l'incendie (routes transversales, pare-feu, points d'eau). Dans la partie nord du pays, le risque d'incendie n'est pas exclu, mais il atteint son maximum à la fin de l'hiver ou au début du printemps, en raison de la présence d'herbes sèches alors très combustibles.

Une autre menace grave pèse aujourd'hui sur les forêts, la pollution atmosphérique d'origine industrielle, qui peut ruiner des massifs entiers et contre laquelle il est très difficile de lutter. Les exemples en sont de plus en plus nombreux sur certains points du territoire français : rejets de gaz fluorés en haute Maurienne ou dans la région de Rouen (forêt de Roumare). Mais les dégâts sont plus importants encore dans les Vosges et dans les Ardennes belges ; ils deviennent alarmants en Suisse, où 4 % des arbres sont considérés comme dépérissants et jusqu'à 14 % comme plus ou moins atteints. Il s'agit donc d'un véritable fléau répandu dans toute l'Europe industrialisée, qui prendra de l'ampleur si des mesures énergiques ne sont pas prises à temps.

Moins apparente, mais tout aussi dangereuse est la pullulation d'insectes nuisibles qui causent d'année en année des dommages de plus en plus graves. Cette prolifération est due souvent à l'empoisonnement des oiseaux prédateurs des insectes par les pesticides agricoles. Enfin, les arbres sont sujets aux attaques de minuscules champignons parasites qui évoluent aujourd'hui en véritables épidémies capables de faire disparaître des espèces entières. Ainsi la graphiose de l'Orme, venue d'Asie en Europe à la fin de la Première Guerre mondiale, a-t-elle gagné le Canada et les États-Unis avant de revenir sous une forme plus agressive encore par l'Angleterre en Europe, où elle est en train de provoquer la disparition de la plupart des Ormes. Cette maladie cryptogamique est loin de constituer un cas unique, le chancre et l'encre du Châtaignier, le feu bactérien des Rosacées, bien d'autres encore, multiplient leurs ravages.

De toutes ces menaces, l'homme est finalement responsable, même en ce qui concerne les infestations mycologiques, car leur propagation bénéficie de la facilité des transports d'un point à l'autre du globe. Il convient donc d'être extrêmement vigilant. Aujourd'hui, le respect des milieux naturels et des équilibres biologiques est devenu une nécessité vitale.

Érables, Frêne et chênaies buissonnantes ; plateau suisse (21 %), avec des forêts mixtes de résineux et de feuillus ; Préalpes et Alpes (50 %), avec une forte prédominance des résineux. Sur le versant nord, Sapin et Épicéa en moyenne altitude, puis Épicéa à l'état pur. Dans les Alpes centrales, au Valais et dans l'Engadine, Mélèze et Pin cembro (Arole) ; sud des Alpes (12 %), avec des forêts mixtes et quelques surfaces de Châtaignier.

Les forêts publiques sont possédées soit par la Confédération, soit par les cantons ou les communes, soit enfin par les « bourgeoisies », les paroisses, les couvents et autres associations de droit public.

Les forêts privées, extrêmement morcelées (200 000 propriétaires), représentent 27 % du total des zones boisées.

A Berne, l'Office fédéral des forêts, qui a la haute surveillance sur la police des forêts, dépend du département de l'Intérieur ; l'application des dispositions légales fédérales et cantonales est l'affaire des cantons. C'est l'Office forestier central suisse à Soleure qui coordonne les différentes activités de l'économie forestière. L'association suisse d'économie forestière a mission de conseiller les propriétaires dans la gestion de leurs forêts, et la Société forestière suisse défend la cause de la forêt auprès du public. La loi de 1876, complétée en 1902, oblige tout propriétaire, de droit public ou privé, à maintenir les surfaces boisées, tout défrichement étant pratiquement interdit sans reboisement de même importance.

Mais la loi demeure impuissante face à ce fléau moderne qu'est le dépérissement des forêts dû sutout à la pollution de l'air. Dans certaines régions du pays (Valais, Grison), ce dépérissement atteint déjà 50 % des arbres ; dans d'autres régions (Vaud, Genève), 10 à 20 %, selon un rapport publié fin novembre 1984 par l'Institut fédéral de recherches forestières.

Aletsch (Forêt d') — Valais.
Elle couvre 250 ha à une altitude qui varie de 1 700 à 2 100 m, aux abords de la partie inférieure sud du grandiose glacier d'Aletsch. Type de forêt subalpine peuplée principalement de Pin cembro et de Mélèze.

Bodmerenwald (Forêt de) — Schwyz.
Dans la vallée de la Muota, cette forêt subalpine d'Épicéa de plusieurs centaine d'hectares reste pratiquement intacte. A peu près unique en son genre et par son étendue en Europe, elle présente un haut intérêt scientifique pour les forestiers, les botanistes et les zoologistes, en particulier les ornithologues. Un secteur de 60 à 70 ha englobant une forêt claire de Bouleau doit être prochainement protégé.

Bremgartenwald (Forêt de) — Argovie.
A l'ouest de Zurich, cette forêt de plusieurs centaines d'hectares est constituée de beaux peuplements d'Épicéa, de Pins, de Mélèze, de Hêtre, de Chênes, de Frêne et d'Érables.

Chandolin (Forêt de) — Valais.
Situé dans le val d'Anniviers, entre 1 500 et 2 100 m d'altitude, cet ensemble de bois communaux (750 ha) est un exemple typique de forêt subalpine où l'on rencontre sur une surface réduite une quantité considérable d'espèces : Pin Mugho, Épicéa, Sapin pectiné, Mélèze, Genévriers, ainsi que de nombreux feuillus.

Couvet (Forêt de) — Jura neuchâtelois.
A l'ouest de Neuchâtel, sur près de 150 ha, à une altitude de 750 à 1 000 m, elle abrite, dans le secteur (envers) exposé au nord, 62 % de Sapin pectiné, 30 % d'Épicéa, et 8 % de feuillus ; dans le secteur (endroit) exposé au sud, 37 % de Sapin, 35 % d'Épicéa, 4 % de Pin et Mélèze, 22 % de Hêtre et 2 % d'autres feuillus.

Risoux (Forêt du) — Vaud.
Au nord de la vallée de Joux, cette surface boisée entrecoupée de pâturages s'étend, entre 1 100 et 1 400 m, sur plus de 20 km de long. Plus de 2 600 ha de grands Épicéas, renommés pour leur qualité.

On doit aussi mentionner des peuplements boisés originaux : îlots de Charme Houblon sur des coteaux secs des vallées méridionales du Tessin et des Grisons, « brousses » subalpines à Pins Mugho couchés, brousses à Noisetier et steppes à Argousier.

Genévriers nains, Myrtilles, petites Éricacées forment une lande alticole dans les clairières de la cembraie à Mélèze d'Aletsch.

Les arbres dans quelques zones protégées

Les législations récentes des pays d'Europe ont institué des *parcs nationaux*, P. N. et des *réserves naturelles* R. N. (France, Belgique, Suisse), ainsi que des *parcs naturels régionaux* P. N. R. (France).

Ces structures territoriales de protection permettent de tenter de maintenir un certain nombre de zones naturelles à l'état le plus « sauvage » possible. Elles comportent souvent des milieux boisés, dont quelques-uns sont mentionnés ci-dessous.

LES PARCS NATIONAUX

Cévennes (P. n. des) Ardèche, Gard, Lozère.
Outre les forêts de l'Aigoual (page 313), ce parc, qui englobe le mont Lozère, 1 699 m, et l'Aigoual, 1 565 m, comporte, sur ses zones siliceuses, des châtaigneraies dégradées, paysage inséparable de « la Cévenne ».

Les crêtes sont magnifiquement fleuries : Genêt purgatif au printemps, Callune et Bruyères en été. La zone calcaire du causse Méjean comporte des vestiges de hêtraies et des îlots de Pin sylvestre de race caussenarde.

Port-Cros (P. n. de) Var.
Cette île est recouverte d'une dense forêt de Chêne vert climacique, avec des maquis élevés à Bruyère arborescente, Lavande à toupet et Arbousiers pouvant dépasser 7 m.

La riche flore ligneuse comprend : Pin d'Alep, Olivier sauvage, Lentisque, Myrte, Genévrier de Phénicie, Ciste cotonneux, Euphorbe arbrisseau, Anthyllide Faux Cytise, etc.

Quant aux autres parcs nationaux (Écrins, Mercantour, Pyrénées, Vanoise), ils se situent, pour la majorité de leur superficie, au-dessus des zones forestières. C'est donc surtout au niveau de leurs vallées qu'existent des peuplements ligneux : hêtraies-sapinières et pineraies de Pin à crochets, ainsi que pessières et mélézin (Alpes).

Hautes Fagnes et de l'Eiffel (P. n. des) Belgique.
Sur 60 000 ha, aux confins septentrionaux de l'Ardenne et contigu aux parcs allemands du Nordeifel et du Schneifel, ce parc renferme de grandes forêts, surtout d'Épicéa, qui s'étendent jusqu'aux portes d'Eupen, de Spa et de Malmédy. Réserve naturelle domaniale des Hautes Fagnes (p. 320).

Suisse (P. n.) Grisons.
Ce parc de 16 000 ha s'étend dans la région de la dolomite engadinoise ; des sommets dépassant à peine 3 000 m émergent de pelouses subalpines (un tiers du parc) et de vastes forêts (un tiers) à Pin de montagne (75 %) et Arole (25 %), Mélèze et Pin sylvestre. Les Épicéas et les feuillus (Bouleaux, Tremble, Aulne et Saules) n'y jouent qu'un rôle restreint. En altitude, landes à Rhododendrons, Genévriers, Saules nains et Airelles.

Les paysages d'une splendeur sauvage attirent plus de 300 000 visiteurs par an.

Une partie des gorges du Tarn calcaire jouxte la zone siliceuse du parc des Cévennes et entraîne des contrastes frappants dans les peuplements végétaux.

LES RÉSERVES NATURELLES

En Europe, les réserves naturelles sont généralement des territoires de petite surface qui doivent, en principe, échapper à toute altération afin de préserver un capital original souvent ponctuel. Quelques réserves ont une vocation forestière.

On doit citer la hêtraie de La Massane (Pyrénées-Orientales), relictuelle en zone à climat méditerranéen, comme la Sainte-Baume (page 315). La réserve naturelle intégrale de Camargue (Bouches-du-Rhône), comprenant les

Itinéraire splendide, le sentier botanique de Port-Cros permet de découvrir la flore ligneuse du maquis.

La richesse botanique de la forêt d'Arole et de Mélèze a justifié la création d'une réserve au-dessus du glacier d'Aletsch (Suisse).

bois des Rièges, seul peuplement côtier français de Genévrier rouge, avec Lentisque et Filaire à feuilles étroites. La réserve naturelle de Roquehaute (Hérault) protège un ensemble de mares et comporte une végétation méditerranéenne sempervirente typique et riche.

Des forêts riveraines rhénanes sont incluses dans la réserve naturelle de Petite Camargue alsacienne (Haut-Rhin), tandis que la réserve naturelle du courant d'Huchet (Landes) comprend une saulaie-aulnaie galerie avec de grandes Fougères royales, au milieu d'une pinède à Pin maritime, Chêne tauzin et Chêne-liège. Le Bois du Parc constitue une réserve naturelle remarquable : chênaies pubescentes de divers types avec riche flore compagne, tiliaie (Tilleul à grandes feuilles) à sous-bois de Scolopendre, chênaie-charmaie, populations d'Amélanchier, d'Alisier blanc, etc.

La forêt de Cerizy est, en France, la plus grande unité forestière classée en réserve naturelle (2000 ha); la hêtraie-chênaie à Hêtre dominant inclut des sous-bois auxquels le Houx et la Myrtille donnent leur originalité.

Beaucoup d'autres sites possèdent des peuplements ligneux originaux. Il existe en outre, en forêts domaniales, des parcelles laissées hors aménagement ou hors exploitation qui constituent ainsi des réserves (réserves biologiques de Fontainebleau, canton de la Glacière en forêt de la Joux, Saint-Amand-Raismes, réserve d'Héric dans le massif du Caroux, réserve botanique de la forêt domaniale de la Perthe dans l'Aube, etc.).

Bien que n'ayant pas les mêmes dispositions administratives qu'en France, les réserves naturelles de Belgique et de Suisse s'inspirent de principes généraux comparables.

La réserve naturelle domaniale des Hautes Fagnes (3978 ha), en Belgique, préserve un vaste plateau humide couvert de tourbières à Sphaigne, entrecoupées de landes. Les crêtes aplanies, jadis occupées par la hêtraie ardennaise, ont été déboisées, et il ne subsiste que des îlots épars de Hêtres, de Chênes rouvre ou pédonculé, de Bouleaux pubescent et verruqueux et d'Aulne glutineux, ainsi que des buissons de Sorbier des oiseleurs et de Saule à oreillettes qui s'installent après les incendies, fréquents au printemps et à l'automne.

Parmi les réserves naturelles de Belgique, plusieurs incluent des peuplements ligneux originaux : dunes avec fourrés d'Aubépines, Argousiers, Pins sylvestres isolés (Zwin, près de Knokke) ; landes tourbeuses à Bruyères (Kalmthout, nord d'Anvers) ; chênaies pubescentes dans la réserve naturelle du parc national de Lesse et Lomme (Ardennes).

En Suisse, il existe des « régions préservées » et des réserves naturelles, dont plusieurs assurent la sauvegarde de types forestiers intéressants : val de Bagnes, réserve du glacier d'Aletsch (mélézins et pinèdes, dont forêts d'Arole), Derborence (hêtraie valaisanne et forêts de montagnes, dont certaines parcelles non exploitées), Creux du Van (Jura) avec forêts résineuses d'altitude.

Comme en France, il est fréquent que des réserves à vocation faunistique renferment aussi des peuplements ligneux intéressants, en particulier autour d'étangs ou de lacs.

LES PARCS NATURELS RÉGIONAUX

Associant à des mesures de conservation de sites naturels la poursuite d'activités humaines qui entraînent un développement touristique, mais incitent à leur fréquentation, les parcs de ce type, en France, possèdent sur leurs territoires des ensembles forestiers. Seuls quelques exemples seront mentionnés.

Armorique (P. n. r. d') Finistère.
Les 65000 ha sont scindés en quatre secteurs (Ouessant : haies à « Myrte d'Ouessant », Véronique arbustive introduite ; pointes de Roscanvel-Camaret : landes littorales à Ajoncs et Bruyères ; basse vallée de l'Aulne et monts d'Arrée ; dans ce dernier secteur, le moins maritime, le P. N. R. inclut d'assez vastes surfaces encore forestées).

Cranou (Forêt domaniale du). Les belles futaies de Chêne rouvre et de Hêtres, en climat atlantique humide, abritaient autrefois une flore silvicole exceptionnelle par sa richesse en épiphytes et par son sous-bois. L'enrésinement a souvent altéré ces caractères.

Huelgoat (Forêt domaniale du). Chênaie-hêtraie atlantique où d'impressionnants chaos rocheux, entrecoupés de passages étroits et humides, abritent des flores compagnes intéressantes ; elle inclut de beaux Ifs et des îlots de Genévrier commun ; nombreuses implantations de résineux, plusieurs sites légendaires.

Brotonne (P. n. r. de) Seine-Maritime.
Ce parc de 49000 ha inclut la forêt ainsi que le marais Vernier et les ruines de l'abbaye de Jumièges.

Brotonne (Forêt domaniale de). La belle futaie régulière (6800 ha) de Hêtres, dont quelques Hêtres pleureurs, contient une assez grande quantité de Chênes, surtout pédonculés, avec des arbres remarquables : Chêne à la cuve, vieille cépée de cinq Chênes de 7 m de circonférence, Hêtre Barbier de la Serre (plus de 230 ans, 4 m de circonférence, 40 m de haut). Charme, Bouleau, Frêne, Houx et Pin sylvestre (reboisement du XIXe s.) y existent.

L'amateur d'arbres rendra visite à quelques sujets vénérables : l'énorme Aubépine de l'abbaye de Jumièges, les deux Ifs âgés de 1500 et 1300 ans, l'un, dédié à sainte Anne des Ifs en 1806, avec une chapelle de 2 m de diamètre et de 3 m de haut, et l'autre avec un oratoire.

Corse (P. n. r. de).
Traversant l'île du nord-ouest au sud-est sur 150000 ha incluant un secteur littoral (nord de Porto) et le plus haut sommet (monte Cinto, 2710 m), le parc naturel régional comporte des types de végétation caractéristiques : maquis à Chêne vert, Arbousier, Bruyère arborescente, Cistes, et belles forêts de diverses essences.

Aïtone (Forêt domaniale d'). Célèbres peuplements de Pin Laricio (300 ans, 50 m de haut), Pin maritime et, en altitude, Hêtre.

Vizzavona (Forêt domaniale de). Dominée par le monte d'Oro (2391 m), elle inclut de belles hêtraies montagnardes, des fourrés à Aulne vert de Corse, au-dessus de pinèdes à Laricio ou à Pin maritime.

Dans la forêt du Marmano et de monte Grosso existent des sapinières corses. Près du col de Bavella, remarquable diversité de formes du Pin Laricio et réserve. La châtaigneraie est assez disloquée, et la zone sud-est du parc, vers Porto-Vecchio, comporte de très belles chênaies de Chêne-liège entretenues. L'Aulne de Corse existe surtout dans la région de Cervione, en dehors du parc.

Gascogne (P. n. r. des Landes de) Gironde et Landes.
Sur 206000 ha, il protège depuis le bassin d'Arcachon la vallée de l'Eyre et ses affluents, et présente dans son uniformité la forêt de Pin maritime coupée de saulaies-aulnaies ripicoles.

Haut-Languedoc (P. n. r. du) Hérault, Tarn.
Avec 132000 ha, il couvre montagne Noire et Caroux, avec chacun 10000 ha de forêts variées : types atlantique, méditerranéen et montagnard ; Chêne vert et Bruyère arborescente (gorges d'Héric), Chêne pubescent, Châtaignier, Hêtre, ainsi que reboisements (Cèdre, Sapin, Épicéa, Douglas). Plusieurs réserves biologiques y ont été établies.

Lorraine (P. n. r. de) Moselle, Meuse, M.-et-M.
Couvrant 181000 ha, il protège deux vastes zones forestières : côtes de la Meuse et de la Moselle, et, à l'est, zone des beaux étangs de Lorraine (artificiels). Très belles forêts (des Hauts de Meuse, de la Reine, etc.), où dominent le Chêne pédonculé et le Charme, accompagnés du Hêtre, du Frêne, du Tremble, de l'Aulne glutineux et de l'Orme.

Au col de Bavella (Corse), les Pins Laricio subissent l'influence des vents et prennent souvent une forme remarquable en plateau.

Luberon (P. n. r. du) Vaucluse, Alpes-de-Hte-Pr.
Avec 12000 ha et une altitude de 200 à 1125 m ce parc s'étend le long de la Durance à travers les Préalpes, dans une région de côteaux secs et de garrigue à Chêne kermès. On y trouve la forêt domaniale du Luberon (3200 ha), à Chênes vert et pubescent mêlés de Pin d'Alep ; Cèdre en reboisement.

Morvan (P. n. r. du) Côte-d'Or, Nièvre, S.-et-L.
Sur 173000 ha jadis très boisés, mais ravagés par la fourniture de bois de feu pour Paris, il inclut les forêts de la Grande Vente, du Duc, du Haut-Folin à Chêne dominant et Hêtre, en grande partie repeuplées de résineux (Sapin, Épicéa, Douglas).

Normandie-Maine (P. n. r. de) Manche, Mayenne, Orne, Sarthe.
Ce parc de 205000 ha englobe plusieurs forêts, dont les principales sont trois anciennes forêts royales.

Andaines (Forêt domaniale d'). Les chênaies et îlots de hêtraie, avec Bouleau (5500 ha), très exploités pour les forges, durent être partiellement reboisés en résineux. Arboretum de l'Étoile d'Andaines (voir page 324).

Écouves (Forêt domaniale d'). Ses 7500 ha, sur 15000 ha boisés, incluent outre Chênes et Hêtres, des sapinières considérées comme en partie naturelle.

Hêtres et Chênes étaient les arbres majeurs des forêts bretonnes et ont colonisé des sites très hostiles, comme les chaos rocheux, grâce à la forte humidité atmosphérique. Parfois, l'érosion met au jour l'étrange entrelacs des racines.

Perseigne (Forêt domaniale de). Futaie régulière de Chêne et de Hêtre sur sols profonds, et de Pin sylvestre et Sapin introduits (25 %) dans les parties hautes.

Orient (P. n. r. de la forêt d') Aube.
Sur les 60 000 ha du parc naturel, la forêt d'Orient occupe 13 000 ha. De situation foncière complexe, elle comporte des taillis-sous-futaie, fréquents en Champagne humide, avec Chêne pédonculé et Charme dominant.

Queyras (P. n. r. du) Hautes-Alpes.
Avec des altitudes de 950 m à plus de 3 000 m, on peut y observer l'étagement de la végétation arborescente : en bas, Pin sylvestre ; rares îlots de Sapin pectiné et d'Épicéa à l'étage montagnard, puis, à l'étage subalpin, forêts de Mélèze et de Pin à crochets, avec quelques Pins cembros.

Saint-Amand-Raismes (P. n. r. de) Nord.
La forêt de Saint-Amand (5 000 ha, dont 3 300 domaniaux), et la forêt adjacente de Raismes, établies sur terrains sablonneux, sont des forêts de Chêne et Charme, ou de Chêne et Bouleau, indiquant des terrains assez acides, coupées de plantations de Pin sylvestre. Une allée de Hêtres géants a survécu à la guerre de 1914-1918. Sentiers et réserves botaniques.

Vercors (P. n. r. du) Isère, Drôme.
Sur 135 000 ha, 70 000 sont occupés par des forêts de montagne, dont la forêt domaniale de Lente (4 000 ha), futaie jardinée de Sapin. Selon l'altitude, on trouve, à l'étage montagnard, la hêtraie-sapinière et la pessière (Épicéa), en partie implantée par l'homme et, à l'étage subalpin, le Pin à crochets.

Volcans d'Auvergne (P. n. r. des) Cantal, Puy-de-D.
Les forêts (domaniales, communales et privées) sont à dominance de Sapin et de Hêtre, avec Pin sylvestre. Intéressantes tourbières et landes d'altitude et populations de Saules nains.

Vosges du Nord (P. n. r. des) Bas-Rhin, Moselle.
Contigu au parc allemand du Palatinat, ce parc (105 000 ha), forestier sur plus de la moitié de sa superficie, inclut le massif de Bitche (30 000 ha), comprenant plusieurs forêts domaniales. Celle de Hanau est connue pour sa remarquable race spontanée de Pin sylvestre. Les Hêtres dominent, mais les Chênes rouvre et pédonculé, à port remarquable, ont un bois réputé. Nombreux résineux introduits.

Petite-Pierre (Forêt domaniale de la). Installée sur grès vosgiens, elle est formée de deux massifs (12 000 ha). Le Hêtre y domine, avec le Chêne rouvre ; Sapin, Épicéa, Douglas et Pin sylvestre introduits.

La structure de parc naturel régional n'existe pas sous la même forme en Belgique ou en Suisse. On peut cependant mentionner, en Belgique, le parc naturel de Viroin-Hermeton et celui de Lesse et Lomme (forêts caducifoliées, landes). En Suisse, le parc de Combes Grède (forêt jurassienne) et plusieurs « districts francs » jouent un rôle de protection efficace.

LES ARBORETUMS

Ce mot (en latin, « verger ») désigne un jardin spécialement affecté à la culture expérimentale d'arbres. Les arboretums recevaient des essences rapportées de pays lointains par les navigateurs et les botanistes, et servaient à leur acclimatation. Tel est le cas des arboretums de collection (A. C.), qui rassemblent des arbres, pour la plupart exotiques et ornementaux souvent fort âgés, disposés par pieds isolés ou par petits bouquets dans un parc.

Le développement de la sylviculture entraîna la création d'arboretums forestiers (A. F.). Ceux-ci contiennent moins d'essences, mais qui sont représentées par au moins vingt-cinq sujets en culture expérimentale. Ces essences sont destinées à tester l'intérêt présenté pour le reboisement de la région. Il existe enfin des arboretums mixtes (A. M.), de collection et forestiers.

On doit souligner que plusieurs grandes collections dendrologiques ont beaucoup souffert des violentes tornades de 1982 et 1984.

Une vision un peu féerique du parc naturel régional des Volcans. En altitude, le soleil apparaît ; les brouillards givrants, en fond de vallée, sont un des éléments des phénomènes d'inversion de température en montagne.

Au sein de la hêtraie, une parcelle a été enracinée ; l'exploitation du bois de chauffage est importante dans les Vosges du Nord.

Aigoual (L') A.C. Gard.
Ensemble de 9 arboretums créés de 1884 à 1914 par Georges Fabre, forestier, et Charles Flahaut, botaniste, en vue du reboisement du massif de l'Aigoual.

Hort de Dieu. 20 ha. Installé dans un cirque exposé au sud (1 250 et 1 350 m d'altitude), sous le sommet de l'Aigoual. Son climat, rude, permit d'établir les limites de résistance des espèces. 300 essences indigènes, nord-américaines, asiatiques y ont été introduites.

Lafoux. 10 ha. Situé à l'ouest de Bramabiau, on peut y voir de beaux Chênes rouges d'Amérique (certains atteignent 1,50 m de circonférence), mais surtout des résineux : magnifiques Sapins de Vancouver, de Nordmann et de Céphalonie ; Douglas, Mélèze du Japon.

Amance A.M. Meurthe-et-Moselle.
Cet arboretum de collection de l'École nationale des eaux et forêts (9 ha) a été complété en 1936 par un arboretum forestier, agrandi en 1960 et en 1967. 150 espèces de résineux, les plus remarquables étant ceux de la côte ouest de l'Amérique du Nord, 261 espèces de feuillus.

Balaine A.C. Villeneuve-sur-Allier, Allier
Aglaé Adanson (Madame Doumet) créa, en 1805, le plus ancien arboretum privé de France, réalisant le vœu de son père, le botaniste Michel Adanson. Irriguant et améliorant les terres médiocres du domaine, elle sut donner les meilleures conditions de développement aux graines reçues de tous les pays. En 1825, le parc de Balaine contenait 800 espèces d'arbres et d'arbustes ; en 1850, 1 300 espèces. Les héritiers réalisèrent entre 1850 et 1880 de nouvelles plantations, et, à la quatrième génération, ils entretiennent toujours cette collection d'arbres superbes et souvent fort âgés, représentant un nombre impressionnant d'espèces exotiques.

Des conifères dépassent 30 et même 40 m de haut : *Sequoiadendron* (6,30 m de circonférence), *Picea orientalis* (2,90 m), *Pinus jeffreyi* (3,30 m), *Abies pinsapo* (4 m, le plus vieux de France, 1840), *Taxodium distichum*, probablement le plus grand de France (5,70 m de circonférence), un des premiers *Cunninghamia* de Chine introduits en Europe.

Parmi les feuillus : *Carya pecan* (2 m de circonférence), *Carya ovata* (1,90 m), *Nyssa sylvatica, Liquidambar styraciflua* et *orientalis, Cornus florida, Tilia petiolaris, Magnolia tripetala*, etc. Magnifique collection de Rhododendrons.

Balaine est l'un des plus anciens et des plus intéressants arboretums du monde.

Barres (Les) A.M. Nogent-sur-Vernisson, Loiret.
Cette collection d'arbres, également l'une des plus anciennes et des plus riches du monde, fut commencée en 1821 par Philippe André de Vilmorin, qui consacra une centaine d'hectares à l'expérimentation forestière et planta de très nombreuses essences ornementales exotiques. En 1866, 70 ha furent acquis par l'État, en 1894 fut créé, par Maurice de Vilmorin, un *fruticetum* pour acclimater beaucoup d'espèces envoyées d'Asie par les pères des Missions étrangères. En 1936, l'État acquit ce qui était demeuré propriété privée.

Les arboretums contiennent plus de 1 700 espèces. Gymnospermes : 244 espèces ; 70 espèces de Sapins dont certaines d'une grande rareté : *Abies nebrodensis* (Sicile), *A. marocana, A. kawakamii* (Taiwan), 100 espèces de Pins, 50 d'Épicéas, dont *Picea breweriana* et un *Picea orientalis* planté en 1885 et haut de 30 m, des Taxodiacées *(Sequoia, Metasequoia, Cryptomeria, Taiwania)* et des Cupressacées. Angiospermes : environ 1 500 espèces ; 70 espèces de Bétulacées (Aunes et Bouleaux), 30 de Juglandacées (Noyers, Caryas), une cinquantaine d'espèces de Chênes, des *Nothofagus* (Hêtres de l'Antarctique), des Châtaigniers d'Asie, des Peupliers dont le premier *Populus yunnanensis* introduit de Chine en 1904, etc.

Le *fruticetum* présente une collection d'arbustes surtout ornementaux unique au monde.

Chèvreloup Rocquencourt, Yvelines.
Bernard de Jussieu y planta beaucoup d'arbres nouveaux reçus de pays lointains, dont l'un

Les collections botaniques vivantes réunissent souvent des espèces à la fois rares et très esthétiques, par exemple cet Érable au feuillage rutilant à l'automne (arboretum des Barres).

Dans l'arboretum de Chèvreloup, la section des conifères est très riche en espèces originales : témoin cet Épicéa en drapeau.

subsiste : un magnifique *Sophora japonica* de 1747. On y établit en 1922 des pépinières rassemblant des essences du monde entier.

L'arboretum réorganisé depuis 1960 par le Muséum comprend, outre la partie consacrée aux conifères, 1 500 espèces asiatiques (Chine : 500 ; Japon, Corée : 460), 760 espèces américaines (États-Unis : 500), 37 espèces du Caucase et 217 espèces européennes. Collections de conifères : 21 espèces de Sapins, 24 d'Épicéa, 4 de Cèdres, des *Chamaecyparis*, Genévriers, Mélèze, If, *Cryptomeria*, Tsuga, Pseudotsuga, etc.

Étoile d'Andaines (L') Champsecret, Orne.
Créé en 1947 et planté de 1949 à 1957, il expérimente des essences à croissance rapide destinées à combler les vides laissés par les bombardements de la dernière guerre, avec des essences européennes, d'Amérique du Nord et du Japon.

Fosse (La) Montoire-sur-le-Loir, L.-et-C.
Propriété, depuis 1750, de la famille Gérard qui n'a cessé de l'enrichir, établi au début du XIXe s., ce parc, accidenté, sous climat doux, a permis l'acclimatation de nombreuses et très belles essences exotiques. Parmi les exemplaires les plus remarquables : *Cedrus libani*, de 1810 (22 m de haut, 4,40 m de circonférence), l'un des premiers Ifs d'Irlande introduit en France au début du XIXe s., un Séquoia géant de 1859 (haut de 33 m avec 6 m de tour), un *Pinus lambertiana* et un *Keteleeria davidiana* de 1910, un superbe *Davidia involucrata*, de nombreux Magnolias et des Hortensias de Chine. Au total, une des collections les plus riches d'Europe.

Grands Murcins (Les) Arcon, Loire.
Inclus dans un domaine de 150 ha, il se situe dans les monts de la Madeleine. Les plantations (1936 et 1939) comportent 2 200 arbres en 132 espèces, dont 90 % de résineux, avec de nombreuses essences peu fréquentes : *Pinus uncinata, griffithii, banksiana, rigida* et *ponderosa, Abies balsamea, Larix gmelini* ; également quelques feuillus rares : *Betula maximowicziana, Castanea nana, Quercus conferta.*

Harcourt A.C. Brionne, Eure.
L'un des plus anciens arboretums actuellement subsistants, créé par Delamarre (XVIIIe s.) et légué à l'Académie d'agriculture. André-François Michaux, botaniste, explorateur de l'Amérique du Nord, y introduisit, dès 1833, des essences américaines dont quelques exemplaires vivent encore. Pépin, Pardé, Guinier et Oudin enrichirent la collection : 1 000 arbres exotiques représentant 250 espèces. La « forêt expérimentale », qui prolonge l'arboretum, renferme également de très beaux et très vieux exemplaires.

Jonchère (La) A.M. Haute-Vienne.
D'abord pépinière fondée par Girardin (1884), achetée par l'École nationale des eaux et forêts (1938), c'est un arboretum écologique et forestier. Plusieurs résineux américains rares *(Abies amabilis, Tsuga mertensiana)*, et *Sciadopitys verticillata* du Japon.

Jouéou A.C. Bagnères-de-Luchon, Hte-Garonne.
Créé par le professeur Gaussen (université de Toulouse), il est divisé en trois parties : résineux (1934), feuillus (1952), formes horticoles : arboretum Salvator (1948). 180 espèces appartenant à 32 genres ; conifères, dont des essences très rares, nord-américaines et asiatiques.

Maulevrerie (La) A.C. Angers, M.-et-L.
Créé par Gaston Allard vers 1860, pour acclimater en Anjou des essences ornementales, il fut légué à l'Institut Pasteur, puis acquis par la ville. Remarquable collection de Chênes exotiques plantée en 1878, conifères de toutes les parties du monde : Cyprès du Cachemire et de Guadalupe (Mexique), *Pinus bungeana* de Chine *Podocarpus* des Andes ; Micocouliers, Houx, Aubépines, Berbéris.

Pézanin A.M. Dompierre-les-Ormes, S.-et-L.
Créé en 1903 par Philippe de Vilmorin, acquis par l'État en 1936, l'arboretum contenait en 1914 près de 1 000 espèces, mais s'est appauvri en raison du climat, tandis que prospéraient Douglas et Sapin de Vancouver. 67 espèces de conifères : 16 Sapins, 12 Pins, 10 Épicéas, 4 Mélèzes, 4 *chamaecyparis*, 3 Thuyas, 3 Tsugas, 2 Cèdres, des *Sequoiadendron*, Cyprès chauves, *Cryptomeria*, *Sciadopitys* et *Thuyopsis* du Japon, *Cunninghamia* de Chine, etc. 70 espèces de feuillus dont 9 d'Érables, 7 de Chênes, 2 de Bambous ; de nombreux arbustes à fleurs.

Ripaille A.F. Thonon-les-Bains, Hte-Savoie.
Créé par André Engel en 1930, il bénéficie d'un climat assez doux qui permit la plantation de Cyprès, d'Amandiers et de Magnolias. L'ancienne futaie de Chênes renferme quelques vieux exemplaires (Chêne « d'Amédée »), 24 espèces de résineux et 24 de feuillus pour la plupart nord-américaines et asiatiques. Parmi les plus remarquables : *Abies grandis* et *lowiana, Pinus strobus* et *griffithii, Thuya plicata, Calocedrus decurrens, Carya olivaeformis, Juglans nigra* et *cordiformis.*

Thuret (Jardin) Antibes, A.-Mar.
Achetée en 1856 par le botaniste G. A. Thuret, cette propriété acquise par l'État (1875) fut gérée par Charles Naudin. A sa mort (1899), le jardin renfermait 5 000 espèces. Aujourd'hui géré par l'Institut national de la recherche agronomique, le jardin Thuret a joué depuis

plus d'un siècle un rôle essentiel dans la diffusion des plantes nouvelles qui ont donné à la Côte d'Azur son aspect si particulier. Les végétaux provenant des régions subtropicales et australes incluent des espèces très rares.

Vilmorin Verrières-le-Buisson, Essonne.
La collection commencée au XVIIIe s. par Pierre Andrieux, transplantée en 1815 par Philippe-André de Vilmorin dans la propriété de Verrières, fut constamment accrue par la famille de Vilmorin. Elle compte 2 500 espèces avec des arbres atteignant des tailles exceptionnelles ou représentant des espèces rares : *Pseudolarix kaempferii* (Mélèze doré de Chine), *Umbellularia* (Laurier de Californie), *Pinus bungeana* de Chine. Chênes du Japon, un Cèdre du Liban haut de 25 m avec plus de 5 m de circonférence ; hybrides obtenus sur place (*Abies* × *vilmorinii* [1867], *Juglans* × *vilmoriana*).

Nombre d'autres arboretums justifieraient d'être cités : arboretum et fruticetum de l'École du Breuil à Vincennes (remarquable collection d'arbustes dont les Rosiers anciens), Camors (A. F., Morbihan), Cardeilhac (A. M., Haute-Garonne), Grandes-Bruyères (A. C., Loiret, riche en Éricacées), le Haut-Jacques (A. F., Vosges), Chevreuil (A. F., Jura), Royat (Puy-de-Dôme), La Motte-Clédon (Charentes), Grateloup (A. F., Var, où de nombreuses essences thermophiles ont pu être expérimentées), etc.

Bouillon A. F. province de Luxembourg.
Fondé en 1906, cet arboretum contient une soixantaine d'espèces introduites, en majorité résineuses et pour la plupart originaires d'Amérique du Nord.

Kalmthout A. C. province d'Anvers.
Au sein d'une réserve de 850 ha, dont 50 ha plantés en Pin Laricio, il contient 6 000 espèces de plantes, dont de nombreux conifères, des Érables, des *Prunus* et des *Malus*, ainsi qu'une importante collection d'arbustes ornementaux introduits : *Hamamelis*, *Pieris*, etc.

Saint-Michel A. F. province de Luxembourg.
Fondé en 1899, cet arboretum a permis d'étudier le comportement de nombreuses espèces introduites en vue du reboisement (Sapins, Épicéas, Pins, Thuyas et Tsugas, quelques espèces peu courantes d'Érables et de Bouleaux).

Dans les collections de plein air des zones chaudes d'Europe, Palmiers tropicaux, tel ce Jubaea, et Eucalyptus peuvent vivre auprès du Chamaerops des côtes méditerranéennes (jardin Thuret).

Tervuren A. C. Brabant.
Fondé en 1902, il présente une collection de 460 ligneux (155 Gymnospermes et 305 Angiospermes) représentative d'associations forestières de la zone tempérée de l'hémisphère Nord, nouveau et ancien continent, subdivisé chacun en 20 groupes, figurant autant de types naturels.

Aubonne (Vallon de l') A. C. Vaud.
Cet arboretum, fondé en 1969, le plus intéressant de Suisse, contient plus de 1 000 espèces et variétés de végétaux ligneux ; on remarquera les genres suivants : *Araucaria*, *Sequoia*, *Sequoiadendron*, *Metasequoia*, *Calocedrus*, *Taxodium*, *Parrotia* de Perse, *Kalmia* du Canada, *Davidia* de Chine. Une section reconstitue un écotype forestier de la Colombie britannique et de l'Oregon, deux autres renferment des variétés anciennes de fruitiers.

PARCS ET JARDINS PUBLICS ET PRIVÉS

On peut voir de très beaux arbres dans un grand nombre de parcs publics, dont les jardins botaniques des principales villes de France, ainsi que dans des parcs privés ouverts au public sous certaines conditions (se renseigner sur place). Nous signalons certains de ceux qui présentent un intérêt exceptionnel en raison de l'âge, la beauté ou la rareté de leurs arbres.

Arquebuse (Jardin botanique de l') Dijon, Côte-d'Or.
Fondé en 1771, installé au centre de la ville en 1833, son École de botanique renferme environ 5 000 espèces, parmi lesquelles d'intéressants arbustes. Dans l'arboretum, quelques vieux arbres de grande valeur : l'un des plus anciens *Cedrela sinensis* de France, beaux exemplaires de *Pterocarya caucasica*, de Micocouliers, de Noyers d'Amérique, de Mûriers blancs.

Avranches (Jardin des plantes d') Manche.
Fondé vers 1780, il abrite quelques beaux et vieux arbres : Ginkgo, Cèdre du Liban, Séquoia, Pinsapo d'Espagne, Érable de Montpellier, Tulipier de Virginie, Micocoulier et Camélias anciens.

Borély (Parc) Marseille, Bouches-du-Rhône.
Le parc, de 17 ha, contient un grand nombre de beaux arbres anciens et de grande taille : magnifique allée de Platanes, Tulipiers, Ginkgos, etc.

Caen (Jardin des plantes de) Calvados.
Fondé en 1689, établi sur son emplacement actuel en 1736, agrandi au début du XIXe s., il contient environ 4 000 espèces ou cultivars, dont 300 arbres et arbustes, avec neuf serres. Dans le parc, belle futaie de Hêtre et quelques arbres intéressants : *Metasequoia*, Pins noirs d'Autriche, *Davidia involucrata* (« arbre aux Mouchoirs »), *Prunus lusitanica*, etc.

Cèdres (Les) Saint-Jean-Cap-Ferrat, A.-Mar.
L'un des plus riches jardins consacré aux espèces tropicales (Palmiers, Fougères arborescentes). Arbres méditerranéens et agrumes.

La « forêt bleue » des jardins Kahn, près de Paris, doit son nom au groupe de grands Cèdres qui dominent nombre d'autres conifères, mais aussi à une multitude de petits arbres et arbustes magnifiquement florifères, tels les Rhododendrons.

Croux (Jardins) Châtenay-Malabry, Hauts-de-Seine.
Ils abritent de nombreux exemplaires exceptionnels : Cèdre du Liban et *Taxodium distichum* de plus de 200 ans. *Cedrus atlantica glauca* 'Pendula', *Quercus pedunculata* 'Variegata' à feuillage panaché de blanc, *Taxus baccata* 'Aurea'. Très beaux massifs de Rhododendrons incluant les hybrides obtenus par G. Croux.

Ferrières (Parc de) Ferrières-en-Brie, Seine-et-Marne.
Nombreux très beaux arbres : Séquoias, Hêtres pourpres, Cèdres bleus de l'Atlas ; magnifiques massifs de Rhododendrons et d'Azalées.

Harmas (Jardin de l') Sérignan-du-Comtat, Vaucluse.
Actuellement parc botanique provençal géré par le Muséum, ce jardin fut celui du célèbre naturaliste J. H. Fabre.

Kahn (Jardins) Boulogne-Billancourt, Hauts-de-Seine.
Aménagés de 1900 à 1913, propriété du département depuis 1936, ces jardins recèlent « jardin fruitier » (*Ginkgo biloba* 'Pendula'), « Forêt bleue » (magnifiques Cèdres plantés en 1905), « Forêt vosgienne » (une centaine d'arbres plantés en 1910, alors qu'ils étaient déjà hauts de 15 à 20 m) ; « Jardin japonais » planté en 1907 par des jardiniers venus du Japon : *Eriobotrya*, *Torreya nucifera* (15 m de haut), *Sophora*, *Xanthoceras sorbifolia* de Mandchourie, et une magnifique collection d'Érables du Japon.

Kerangat (Parc de) Plumelec, Morbihan.
Planté en 1866, ce parc de 20 ha, au climat très doux, présente de très beaux arbres, dont certains sont rares : un superbe *Liriodendron tulipifera*, et des conifères : *Thuyopsis dolabrata* du Japon, des *Araucaria imbricata*, qui s'y reproduisent naturellement, un très gros *Sciadopitys verticillata* à trois troncs du Japon, des *Cunninghamia* de Chine, etc.

Massey (Jardin) Tarbes, Hautes-Pyrénées.
Planté par le naturaliste Massey, légué à la ville, le jardin renferme des arbres remarquables par leur âge et pour leur beauté : énormes Cèdres du Liban. *Æsculus pavia* 'Rubra', Thuyas, Pins Laricio et Pins parasols.

Menton-Garavan (Jardin exotique de) A.-Mar.
Devenu en 1966 propriété du Muséum de Paris, ce jardin contient environ 500 espèces toutes étiquetées, parmi lesquelles de très beaux arbres exotiques : allée de *Phoenix canariensis*, Bambous, *Casuarina*, *Grevillea*, *Jacaranda*, *Diospyros kaki*, Avocatiers, Tomate en arbre, *Datura arborea*, etc.

Montpellier (Jardin des plantes de) Hérault.
Plus ancien jardin botanique de France (fondé vers 1550), devenu « Jardin Royal » en 1593, restauré au XIXᵉ s., il abrite quelques survivants des premières plantations : Chêne vert, Arbre de Judée et Filaria ; on peut y voir de superbes Micocouliers et une des plus belles Glycines de France *(Wistaria sinensis)*. La « Montagne » y est en partie consacrée aux ligneux méditerranéens. Deux des premiers Ginkgo introduits.

Montsouris (Parc) Paris.
Créé vers 1860, on y trouve quelques beaux arbres de grande taille, dont un *Pinus bungeana* de Chine au tronc taché de blanc, un Peuplier de Virginie de 5,20 m de circonférence, un *Zelkova* (3,80 m de circonférence) et une cépée de *Sequoia sempervirens*.

Moutiers (Parc des) Varengeville-sur-Mer, Seine-Mar.
Planté à partir de 1897, il renferme une succession de vallons et de clairières formant chacun un site abritant des espèces rares, venues du Japon : *Magnolia kobus*, *Cryptomeria* 'Elegans', *Eucryphia*, Érables nains ; de Chine : *Magnolia yulan*, *Arundinaria nitida* (Bambou), *Camelia ;* de l'Himalaya : *Rhododendron griffithianum* à fleurs géantes, très rare en France, *Pinus excelsa ;* enfin, d'Amérique du Nord : *Azalea occidentalis*, Liquidambars, Séquoias, Cyprès chauve, Pin Weymouth, etc.

Nantes (Jardin botanique de) Loire-Atlantique.
Situé dans l'enceinte du Jardin des plantes, de 7 ha, et inauguré en 1853, héritier de l'ancien jardin des apothicaires fondé au début du XVIIᵉ s., devenu Jardin royal en 1688 afin de recevoir les plantes exotiques rapportées par les navigateurs, il abrite le premier *Magnolia grandiflora* parvenu en France (1711, replanté en 1796), une collection de Camélias unique en Europe (plus de 300 espèces et cultivars), 3 espèces d'*Illicium* (Anis étoilé), plusieurs *Eucalyptus* et *Acacia* (Mimosas), *Feijoa* (Goyavier de Montevideo), *Lagerstroemia* de Chine, *Pittosporum* de Nouvelle-Zélande, *Umbellularia* de Californie, etc. Diversité des espèces, présentation et étiquetage soigneux font de ce jardin un des plus intéressants de France.

Plantes (Jardin des) Paris.
Fondé en 1635 par Guy de la Brosse comme Jardin royal des plantes médicinales, il joua un rôle historique de premier ordre à la fois par ses introductions venues de toutes les parties du monde et par son enseignement de la botanique. En 1793 y fut fondé le Muséum national d'histoire naturelle. Il abrite l'École botanique, le Jardin alpin, de nombreuses serres, et contient nombre d'arbres vénérables.

Le plus ancien d'entre eux est le premier Robinier obtenu en Europe, qui, d'abord planté avant 1601 par Jean Robin à l'emplacement de l'actuelle place Dauphine, fut transplanté en 1636 par son fils, Vespasien Robin, là où on peut le voir aujourd'hui. Dans le labyrinthe, Érable de Crête (1702), Ifs et Thuyas (1735), Ginkgos, célèbre Cèdre du Liban de 20 m de haut et plus de 4 m de circonférence (1734). Dominant l'École de botanique, le premier Pin Laricio élevé sur le continent (1774). Devant les serres, Paulownia planté en 1964 pour succéder au premier exemplaire mis en place en 1834 et mort en 1956.

Le visiteur rencontrera encore Sophora (1747), Pavier jaune (1763), Pterocarya (1783), Zelkowa (1786), Platane d'Orient, planté par Buffon (1785), le Pistachier sur lequel Vaillant démontra, vers 1710, la sexualité des végétaux, ainsi qu'un Ginkgo greffé avec les deux sexes.

Prafrance (Bambuseraie de) Anduze, Gard.
Elle constitue aujourd'hui une extraordinaire forêt de Bambous de toutes espèces, naines et géantes. On y rencontre aussi *Ginkgo biloba* mâle et femelle, *Cryptomeria japonica* 'Elegans' ; allée de *Trachycarpus fortunei.*

Petit Trianon (Jardin du) Versailles, Yvelines.
Créé à partir de 1753, il comporta un jardin botanique planté sur les conseils de Bernard de Jussieu et un parc à l'anglaise peuplé d'arbres exotiques. Transformé par Marie-Antoinette, dévasté pendant la Révolution, le jardin fut restauré sous Charles X.

Des plantations primitives subsistent quelques très grands arbres : Cèdre du Liban, Sophora du Japon, Genévrier de Virginie, *Quercus cerris* et *Pinus pallassiana*, transplantés sous Louis XV, *Zelkowa* de 1786, *Magnolia glauca, tripetala* et *macrophylla, Ostrya carpinifolia, Picea morinda* (Épicéa pleureur de l'Himalaya).

Roche Fauconnière (La) Cherbourg, Manche.
Magnifique jardin fondé en 1870 par Alfred Favier, il a été enrichi par cinq générations de botanistes de la même famille. Ses 6000 espèces sont présentées dans des biotopes rappelant ceux de leurs pays d'origine : paysages de Tasmanie, de Nouvelle-Galles du Sud, de l'île du Sud de la Nouvelle-Zélande, des Andes, de Chine et du Japon. Très beaux et très rares arbres exotiques : 150 espèces d'Eucalyptus, dont l'hybride *E. × favieri*, né au jardin, *Cupressus dupreziana*, espèce relique du Tassili, 550 cultivars de Rhododendrons et d'Azalées, 120 de Camélias, Hêtres de l'Antarctique, collection unique de Véroniques arbustives.

Trois « conservatoires botaniques » ont été récemment créés en France sous des climats très différents : Vallon du Stangalarc'h (Brest), Jardin du Montet (Nancy), Conservatoire de Porquerolles.

Bien d'autres sites méritent d'être visités, ainsi que de nombreux parcs de monuments historiques (châteaux, etc.), qui possèdent des arbres remarquables.

Belœil (Jardins de) Hainaut, Belgique.
Ensemble de très beaux jardins à la française dessinés au XVIIe s. Charmilles de plusieurs centaines de mètres de long et montant jusqu'à

Les arbres d'alignement

Parmi ce qu'il est convenu d'appeler aujourd'hui les « espaces verts » figurent les plantations effectuées le long des voies de communication, artères des villes, routes et autoroutes. Sur ces dernières, certaines aires de repos possèdent une grande diversité d'essences.

Les arbres d'alignement des villes, extrêmement variés, sont assez différents selon que l'on se trouve à Brest, Strasbourg, Paris, Lille, Nice ou Marseille, aussi n'est-il possible de citer que quelques espèces.

Les Platanes (surtout l'hybride) existent dans presque toute la France. Ils sont l'un des éléments majeurs par leurs dimensions dans les villes du Midi et le long de nombreuses routes. Les Marronniers appartiennent aussi à la flore commune des sites urbains, alors que les Ormes, touchés par les maladies, sont beaucoup moins fréquents qu'autrefois. Le Robinier, qui fut très utilisé, a été supplanté par le Sophora, en particulier à Paris, où l'Ailante, du fait de son odeur désagréable, a laissé la place à une sorte d'« Acajou » (Cedrela, ou *Toona sinensis*).

Tant à Paris (qui compte 100000 arbres de rues environ) qu'à Marseille (35000 arbres environ), Tilleuls, Platanes, Ormes, Peupliers sont communs ; dans la capitale, des Pterocarya, certains Aulnes à feuilles cordées, des Frênes, plusieurs Sorbiers (hybrides), plusieurs Érables (plus fragiles que les Platanes), des Paulownia, Catalpa et Noyers existent aussi, parmi des dizaines d'espèces. A Marseille, Mûriers, Micocouliers, Laurier-rose, Chênes sempervirents ainsi que Pins d'Alep, Figuiers et Cyprès créent d'autres paysages.

Un arbre à inflorescence blanc-mauve est assez fréquent dans le Midi : le Margousier *(Melia azedarach)*, tandis que le Faux-Poivrier *(Schinus molle)* est surtout planté en Provence littorale et sur la Côte d'Azur.

Dans ces régions au climat très clément, de même que dans l'extrême sud-ouest de la France, les essences d'alignement sont souvent différentes. De Cannes à Menton, on trouve nombre de Palmiers, ainsi que des agrumes fructifiant, des Eucalyptus et des arbustes de la famille des Myrtacées. De multiples genres de familles tropicales introduits se rencontrent, et certaines de ces acclimatations ont évolué en naturalisation.

D'une manière générale, peu de conifères sont employés comme « arbres de rues », alors qu'ils sont nombreux dans les jardins et dans les parcs.

Érables et Platanes taillés forment le long alignement de cette allée du jardin des Plantes de Paris.

Les serres hémisphériques du nouveau jardin botanique de Zurich laissent pénétrer beaucoup de lumière. Dans cette chaude atmosphère coexistent Euphorbes arborescentes ou rampantes à tiges charnues venues de zones tropicales sèches et Cycadées ancestrales.

8 m de haut. Près de l'Orangerie, *Sophora japonica* (25 m de haut et 3 m de circonférence), et *Liquidambar* (19 m de haut et 2,40 m de circonférence).

Belgique (Jardin botanique national de) Meise, Belgique.
Fondé dès 1826, acquis par l'État en 1870, transféré à son emplacement actuel en 1939, il renferme le Palais des plantes, vaste complexe composé de 13 grandes et 22 petites serres contenant 10 000 espèces. Le parc abrite une collection de ligneux indigènes et introduits, comptant des sujets séculaires. Parmi les plus remarquables : *Quercus bicolor, Fagus sylvatica* 'Marginata', *Fraxinus angustifolia* 'Monophylla', *Acer pseudoplatanus* 'Leopoldii', cv. belge, *Alnus glutinosa* 'Imperialis', 1 353 espèces et variétés ligneuses sont plantées en deux bandes de 400 m de long.

Mariemont (Parc de) Hainaut, Belgique.
Planté au XVIIIe s., ce parc contient de nombreuses espèces et variétés de Chênes, d'Érables, de Noyers, ainsi que des *Cephalotaxus* originaires de Chine.

Bâle (Jardin botanique de) Suisse.
Fondé en 1589, sur 1,5 ha, il présente plus de 8 000 espèces provenant du monde entier. Parmi les arbres et arbustes de plein air, on remarquera en particulier : Ginkgo, Cèdres, *Sequoiadendron, Taxodium, Davidia,* Mûriers, Magnolias, *Buxus balearica, Poncifus trifoliata, Lagerstroemia indica.*

Bastions (Parc des) Genève, Suisse.
Ancien site du premier jardin botanique de Genève fondé en 1817 par Augustin Pyramus de Candolle, parc public de 4 ha, il contient plus de 150 espèces bien étiquetées (*Sequoia sempervirens, Sequoiadendron, Davidia, Sophora, Cercis,* etc.).

Berne (Jardin botanique de) Suisse.
Créé en 1858-1863 au bord de l'Aar, sur 2,4 ha, il renferme environ 4 000 espèces de plantes dont de très beaux arbres : magnifiques exemplaires de Ginkgos mâle et femelle, Cèdres de l'Atlas et de l'Himalaya, plusieurs espèces de Sapins et d'Épicéas, Cyprès chauve, Mûriers, Asiminiers, etc.

Brissago (Parc botanique de) Tessin.
Sur le lac Majeur, favorisé par un climat très doux, ce parc, fondé en 1885, abrite des végétaux provenant du pourtour de la Méditerranée, mais aussi d'Amérique, d'Afrique du Sud, de Chine, de Nouvelle-Zélande, etc. Beaux Palmiers appartenant aux genres : *Butia, Erythea, Jubaea, Phoenix,* des *Casuarina, Filaria, Maackia, Nyssa, Paliurus, Pistacia,* etc.

Genève (Jardin botanique de) Suisse.
Transféré sur cet emplacement en 1902, il occupe une superficie de 13,8 ha et renferme environ 15 000 espèces végétales (importante collection de plantes alpines et cinq serres d'exposition). Son arboretum renferme de nombreuses espèces de conifères et parmi les feuillus : *Platanus, Magnolia, Hovenia dulcis* du Japon, etc.

Grange (Parcs des Eaux-Vives et de la) Genève, Suisse.
Anciennes propriétés privées (30 ha) transformées en parcs publics. Ils renferment plus de 100 espèces, surtout des conifères, dont certains sont centenaires. Depuis 1947, très belle roseraie.

Montreux (Quais de) Vaud, Suisse.
Promenade de 5 km sur la rive du lac, elle permet de découvrir plus de 1 000 végétaux, dont des essences exotiques inattendues sous cette latitude : Eucalyptus, Palmiers, Camélias, Grenadier, Pin parasol, Arbousier, *Melia* ou Lilas des Indes, *Paliurus, Ehretia* et *Platycaria* de Chine, etc.

Saint-Gall (Jardin botanique de) Suisse.
Créé en 1945, ce jardin présente 7 000 espèces, contient huit serres et une collection d'essences introduites : Épicéas, Pins, Chênes, Bouleaux, Saules, Érables, Cornouillers, etc.

Winterthur (Parcs de) canton de Zurich, Suisse.
Trois parcs publics couvrent 10 ha ; aménagés en 1905, ils contiennent des arbres séculaires dont des espèces rares (*Broussonetia, Celtis, Gymnocladus* et *Parrotia*).

Zurich (Ancien jardin botanique de) Suisse.
Fondé en 1834, il contient, sur 1,8 ha, une belle plantation d'arbres provenant de tous les pays : Ginkgo, *Davidia* et *Evodia* de Chine, *Zelkowa* d'Iran, etc., avec quelques vieux exemplaires.

Zurich (Jardin botanique de l'université de) Suisse.
Créé en 1975 sur 10 ha de terrain accidenté, il rassemble 14 000 espèces, avec un jardin de plantes de montagne du monde entier, une collection d'espèces exotiques présentées dans de vastes serres hémisphériques, de nombreuses essences d'arbres et d'arbustes introduites.

Annexes

Afin de simplifier les recherches du lecteur, nous avons regroupé ici trois types de renseignements : d'abord « Les paysages végétaux », qui apportent un regard neuf sur la répartition des espèces selon les conditions écologiques (climatiques et édaphiques) et synécologiques ; puis le « Glossaire », qui développe certains thèmes forestiers et explique nombre de termes botaniques ; enfin l'« Index », qui renvoie à tous les arbres cités.

LES PAYSAGES VÉGÉTAUX

Pour les arbres poussant spontanément, malgré les hasards de leur dissémination — surtout lorsque celle-ci est confiée au vent —, leur répartition à la surface de la Terre n'est pas aléatoire. Elle résulte d'une logique dont les composantes sont à la fois biologiques (exigences des espèces, plus ou moins grande capacité de fructification et de dissémination), écologiques (plus ou moins bonne adaptation des espèces aux conditions de climat et de sol), sociologiques (compétition avec d'autres espèces pour l'occupation d'un certain type de biotope), et historiques (évolution des flores et des végétations, d'abord au cours des temps géologiques, puis avec l'intervention de l'homme, depuis les temps préhistoriques).

Pour les espèces exotiques, plus ou moins cultivées par l'homme, le problème ne se pose évidemment pas du tout dans les mêmes termes. Il sera donc traité à part.

Il y a d'abord lieu d'expliciter les notions de « flore » et de « végétation » à cause des confusions régnant fréquemment à leur sujet.

La flore est l'ensemble des espèces végétales vivant spontanément dans une région donnée. Sa connaissance aboutit à un inventaire qui se veut exhaustif, mais dont les préoccupations sont généralement seulement d'ordre systématique : regroupement des espèces en genres et en familles. Ces inventaires sont publiés sous forme de livres appelés également *Flores*, concernant généralement un pays ou une région donnés. Si l'on s'intéresse aux seules espèces ligneuses, ce qui est le cas de cet ouvrage, on parlera de « flore dendrologique ».

La végétation peut être définie comme un sous-ensemble, au sens mathématique du terme, de la flore : le sous-ensemble des espèces végétales vivant en un endroit donné, résultant tout à la fois des hasards de la dissémination des espèces et du tri opéré par les conditions écologiques locales sur la flore, c'est-à-dire sur le potentiel floristique régional. C'est donc un sous-ensemble organisé de la flore.

La répartition synécologique des espèces

De même que l'espèce végétale est l'unité de base de la classification floristique, de même l'association végétale est l'unité de base de la végétation, et son étude fait l'objet d'une science particulière : la phytosociologie.

Au même titre qu'un certain nombre d'espèces herbacées, parfois fort important, les arbres, les arbustes et les arbrisseaux font partie d'associations végétales diverses. Ils en constituent même les éléments les plus importants qualitativement, puisqu'ils forment — surtout les arbres — des couches végétales élevées, qui déterminent les conditions, microclimatiques et autres, où les autres espèces végétales vivent.

Ainsi, certains arbres se rencontrent souvent ensemble, dès que certaines conditions sont réunies. C'est là un fait d'observation courante que chacun a pu vérifier : Saules et Peupliers se rencontrent le long des cours d'eau, souvent en compagnie de l'Aune glutineux. Cette dernière espèce pousse aussi volontiers avec le Frêne, le Chêne pédonculé et l'Orme champêtre, dans les forêts alluviales humides. Dans les forêts établies sur les sols riches et bien alimentés en eau, le Chêne pédonculé domine avec le Charme, le Tilleul à petites feuilles et le Merisier. En montagne, Hêtre et Sapin sont constamment associés. Mais le Hêtre se retrouve aussi en plaine, dans la moitié nord de la France, associé alors au Chêne pédonculé et au Charme. On pourrait aisément multiplier de tels exemples.

Cela est aussi vrai pour les arbustes et les arbrisseaux. Ainsi les hêtraies-chênaies établies sur calcaire ont-elles une strate arbustive particulièrement riche en espèces avec les Aubépines, les Cornouillers, le Troène, le Fusain d'Europe, la Viorne Obier, la Viorne lantane, le Camerisier à balais, etc. Dans les hêtraies-sapinières montagnardes établies sur une roche mère acide, c'est le Sorbier des oiseleurs et le Sureau à grappes qui sont associés.

Arbustes et arbrisseaux constituent parfois les éléments essentiels d'associations non forestières et qui sont, de ce fait, qualifiées d'arbustives. Il y a d'abord des associations de haies et de lisières. Il y a aussi des associations de fourrés, qui correspondent au premier stade de la recolonisation des friches par la forêt : friches à Prunellier sur terrain argilo-calcaire, à Bouleau verruqueux sur les terrains filtrants, à Genévrier commun, etc. Il y a aussi les landes qui sont dues à la pression pastorale : landes et Ajonc et Bruyère à balais des régions atlantiques, landes à Sarothamme du Massif central ou des Vosges, landes à Genêt purgatif des

Tableau des arbres selon les climats

Il s'agit d'une image très simplifiée, où ne figurent que quelques espèces selon des « secteurs climatiques » également très élémentaires. En effet, le climat est une notion très complexe née des effets conjugués de très nombreux facteurs fondamentaux (pluviosité, température, luminosité, vents, etc.). L'intensité, la durée et la périodicité d'action de ces facteurs interviennent, et l'on a défini beaucoup d'indices pour tenter de classer les climats.

Nombre d'espèces végétales ont des aires qui semblent liées à un facteur limitant du climat : la température (Olivier), le gel (agrumes), une humidité élevée permanente (Hêtre), une grande luminosité et le froid (Mélèze)... Il s'agit donc ici d'une esquisse, situant les principales essences, qui tient compte de la très grande diversité des climats de la France, en raison de ses façades atlantiques et méditerranéennes compliquées par des reliefs importants.

	Type atlantique			Type montagnard et continental				Méditerranéen		
CADUCIFOLIÉS	Océanique	Plaines et collines	Tendance continentale	Pyrénées	Massif central	Ardennes Vosges-Jura Alpes du Nord	Alpes sèches	Montagnard	Plaine et littoral	**Haute montagne**
Alisier blanc		□	□	▒	▒	▒	▒	■		
Aulne glutineux	≋	≋	≋	≋	≋	≋	≋	≋	≋	
Aulne vert						▒				■
Bouleau blanc		□	□	▒	▒	▒	□	□		▫
Buis	○ ?	○ ?	○ ?	□	□	□	■	■		
Charme		□	▒		□	▒				
Châtaignier	◍	○	○	▒	■	□		□		
Chêne pédonculé	■	■	■	▒	▒	▒		▫		
Chêne pubescent	▫	▫	▫	▒	▒	▒	■	■		
Chêne sessile	□	■	■	□	■	▒		□		
Chêne tauzin	▒	▫								
Érable-Sycomore	○	○	▒		▫	▒				
Érable de Montpellier	▫	▫		▒	▒	▒	■	■	▫	
Frêne	□	▒	▒	▒	▒	▒	≋	▫	≋	
Hêtre	▒	▒	■	■	■	■	□	□		
Orme champêtre	■	▒	▒	□	□	□	▫			
Ostrya								▒		
Peupliers	≋	≋	≋	≋	≋	≋	≋	≋	≋	
Saules	≋	≋	≋	≋	≋	≋	≋	≋	≋	■
Sorbier des oiseleurs	▫	▫	□	▒	▒	▒	▫	▫		■
Tremble	▫	▫	▫	▒	▒	▒	□			▒
Mélèze	○	○	○	○	○	○ ▒	■	▫		□
Robinier	○	●	◍	◍	●	◍	○	○	○	

SEMPERVIRENTS	Type atlantique			Type montagnard et continental				Méditerranéen		
	Océanique	Plaines et collines	Tendance continentale	Pyrénées	Massif central	Ardennes Vosges-Jura Alpes du Nord	Alpes sèches	Montagnard	Plaine et littoral	**Haute montagne**
Arbousier	□ ○			□				▫	■	
Bruyère arborescente	▫			▫	▫			▫	■	
Chêne-liège	▨								■	
Chêne vert	▨			▫				▨	■	
Cistes	▫			▫				□	■	
Laurier-rose	≈ ○			≈ ○					≈ □	
Lentisque				▫				▫	■	
Olivier									●	
Rosage				■		■				■
Cyprès (de Provence)	○								●	
Épicéa	◍	◍	◍	●	●	■	▫			▨
Genévrier commun	▫	□	□	▨	▨	▨	■	□		■
Genévrier Cade				▫					■	
If	▨	○	○	▨	▨	▨		▫		
Pin cembro						▨	□			▨
Pin à crochets				■	□	■	□			■
Pin d'Alep								▫	■	
Pin Laricio		○			○		○	○ ■		
Pin maritime	● ■	◍			◍				■	
Pin sylvestre	○	◍	▨	■	■	■	■	▨		
Sapin	◍	◍ □	▨	■	▨	■	□	▫		▫
Cèdre	○	○					○	◍		
Cyprès de Lambert	◍								◍	
Douglas	◍	●			◍	◍				
Eucalyptus	○								●	
Pin noir d'Autriche	○	○	●	◍	◍	○	●	○		
Sapin de Nordmann	○							○		
Sitka	◍	◍	○							

■ Peuplement spontané, élément majeur du paysage

▨ Peuplement spontané, abondant dans le secteur

□ Peuplement spontané, local dans le secteur

▫ Peuplement spontané, rare ou très localisé

● Espèce introduite et naturalisée, élément majeur du paysage

◍ Espèce introduite et naturalisée, abondante dans le secteur

○ Espèce introduite et naturalisée, locale dans le secteur

≈ Localisation édaphique

basses montagnes siliceuses méditerranéennes, etc. Dans les régions méditerranéennes, il faut évidemment citer les maquis et les garrigues, qui sont des formations arbustives issues de la dégradation des forêts méditerranéennes de Chênes verts et de Chênes-lièges. Le maquis est une formation végétale — c'est-à-dire un paysage végétal homogène —, dense et relativement haute (2 à 4 m), que l'on trouve sur les sols siliceux (par exemple, en France, dans les Maures et l'Esterel). C'est le royaume de l'Arbousier, de la Bruyère arborescente, de la Bruyère à balais, du Calycotome... auxquels se joignent parfois le Myrte et le Lentisque. La garrigue est une formation plus basse et plus ouverte, généralement sur sol calcaire. C'est le domaine du Thym, du Romarin, du Chêne kermès, du Térébinthe, de la Lavande officinale, de l'Ajonc à petites fleurs, etc. Sur sol siliceux, surtout en situation abritée et sur sol érodé, on peut trouver aussi des formations basses et ouvertes : lieu de prédilection des Cistes (Ciste à feuilles de Sauge et Ciste de Montpellier essentiellement), du Chèvrefeuille des Baléares, et de la Lavande à toupet.

Climax et exigences écologiques

On réunit sous le nom de « série de végétation », l'association, généralement forestière, en équilibre avec le climat et le sol, et que l'on qualifie de « climax », et les diverses associations de fourrés, de landes, de friches, de pelouses qui en dérivent par évolution progressive, c'est-à-dire dans le sens de la reconstitution du climax, ou régressive, c'est-à-dire par dégradation, le plus souvent d'origine anthropique. A chaque série de végétation correspond donc tout un cortège d'arbres, d'arbustes, d'arbrisseaux et de plantes herbacées, qui font partie d'associations diverses, et sont réunies dans le paysage de la série, du fait de la grande similitude de leurs exigences écologiques. Ainsi, pour reprendre certains exemples donnés plus haut, les landes atlantiques à Ajoncs et Bruyères sont-elles associées, dans les paysages bretons par exemple, aux forêts de Chênes et de Hêtres de cette région, comme les garrigues et les maquis sont associés aux forêts de Chênes-lièges ou de Chênes verts des régions méditerranéennes.

Enracinée là où le hasard l'a placée, une espèce végétale quelconque, et a fortiori un arbre, n'a pu se développer que si ses exigences écologiques correspondaient avec les caractéristiques écologiques du lieu. Toutes les espèces poussant spontanément sont donc forcément adaptées à leur environnement. Parmi ces facteurs de l'environnement, ceux d'ordre climatique sont les plus importants, surtout à petite échelle.

Ainsi, aux grandes zones climatiques, qui se succèdent en latitude du pôle à l'équateur, correspondent de grandes zones de végétation, avec également leur cortège d'arbres et d'arbustes particuliers. Ce sont :

- La toundra, qui se présente sous forme d'une lande, où les Éricacées sont nombreuses.
- La taïga ou forêt boréale, avec, en Europe, le Pin sylvestre, l'Épicéa commun et le Bouleau.
- La forêt mixte de feuillus et de résineux, à Hêtre, Chêne, Pin sylvestre, Épicéa... telle qu'on la trouve en Scandinavie et dans le nord de l'Europe centrale.
- La forêt de feuillus à feuilles caduques de l'Europe tempérée, à Hêtre, Chêne (sessile, pédonculé et pubescent), Charme, Tilleul, Érable, Orme. C'est elle qui occupe la plus grande partie boisée de la France (voir la Carte des types de végétation forestière, pages 310-311).
- La forêt de feuillus à feuilles persistantes, méditerranéenne, à Chêne vert, Chêne-liège...
- Puis, en Afrique, au-delà du Sahara : la forêt tropicale, d'abord claire et sèche, puis dense et humide.

L'étagement de la végétation

Le climat est aussi responsable de l'existence des « étages de végétation », qui se succèdent en altitude dans les massifs montagneux de tous les pays.

Classiquement, en Europe tempérée, on distingue les étages collinéen, montagnard, subalpin et alpin.

L'étage collinéen (de 0 à 600 m environ) est celui des plaines et des collines. C'est l'étage des chênaies (séries du Chêne sessile ; séries du Chêne pédonculé, séries du Chêne pubescent) et des hêtraies-chênaies (série du Hêtre).

L'étage montagnard (de 600 à 1 600 m), qui est essentiellement celui de la hêtraie-sapinière, est parfois subdivisé en montagnard inférieur (séries du Hêtre pur), montagnard moyen (séries du Sapin avec Hêtre), et montagnard supérieur (séries du Sapin et de l'Épicéa, et séries de l'Épicéa). Cet étage se caractérise écologiquement par une pluviosité élevée (supérieure à 1 000 mm par an en moyenne), une nébulosité également importante, et une température moyenne annuelle inférieure à 8 °C.

L'étage subalpin (de 1 600 à 2 200 m), malgré des températures moyennes inférieures, bénéficie d'un ensoleillement souvent important. C'est le domaine du Pin à crochets et de l'Aune vert.

L'étage alpin (vers 2 200 et au-delà), par définition, ne comporte pas d'association forestière, mais uniquement des landes et des pelouses.

L'étage nival, quant à lui, se caractérise par une absence totale de végétation.

Il est à noter que la limite supérieure de l'étage subalpin se marque souvent par une association de lisière (une « ceinture ») à Bouleau verruqueux et Sorbiers *(Sorbus aucuparia, S. aria, S. chamaemespilus).*

Cependant, dans la partie interne des Alpes (région de Briançon, par exemple), qui reçoit une quantité de précipitations moins importante (il s'agit donc d'une différence climatique majeure), les séries de végétation des différents étages de végétation ne sont pas les mêmes : le montagnard est caractérisé par des associations à Pin sylvestre, tandis que le subalpin l'est par le Pin cembro et le Mélèze.

Dans les massifs montagneux soumis à l'influence climatique méditerranéenne, l'étagement de la végétation n'est pas non plus le même. Au-dessus de l'**étage méditerranéen** caractérisé par le Chêne-liège, le Chêne vert, le Pin d'Alep, le Pin pignon..., on trouve un **étage supraméditerranéen** à Chêne pubescent, sous la forme fréquente d'une association du Chêne pubescent et du Buis, puis un **étage oroméditerranéen,** d'abord à Pin noir (Pin Laricio en Corse, Pin de Salzmann dans les Pyrénées orientales et les Cévennes), puis, plus classiquement, à Hêtre et Sapin, mais dans des associations différentes.

La nature du sol

Après le climat, c'est l'influence de la nature du substrat qui intervient dans le déterminisme de la répartition des espèces. Ainsi, en plaine, dans une région limitée où le climat peut être considéré comme homogène, c'est la nature du sol (avec la topographie) qui explique la présence ou l'absence de telle ou telle espèce : par exemple, Chêne sessile sur les sols drainés, Chêne pédonculé sur les sols argileux à nappe battante ; en zone méditerranéenne, Chêne-liège sur les sols acides, Chêne vert ailleurs, etc.

Cet exemple nous conduit à évoquer le cas particulièrement connu des plantes dites « calcicoles » et « calcifuges ». On qualifie de « calcicole » les espèces poussant sur les terrains calcaires et préférentiellement sur eux, et de « calcifuges » celles qui, au contraire, poussent sur les terrains acides. Ainsi, le Chêne-liège, le Châtaignier et le Pin maritime sont calcifuges, tandis que l'Érable champêtre, le Pin d'Alep, le Chêne vert seraient calcicoles. De même, parmi les arbustes et les arbrisseaux, la Viorne lantane est calcicole, tandis que l'Ajonc d'Europe est calcifuge. En fait, s'il existe vraiment des espèces calcifuges, c'est-à-dire des espèces pour qui le calcium est un poison, il n'existe pas d'espèce calcicole, toutes pouvant être cultivées sur un sol acide. Le plus souvent, la « calcicolie » est en réalité liée au besoin en chaleur des espèces, qui est prioritairement satisfait sur les roches calcaires, en raison de leur capacité de se réchauffer rapidement. Elle peut aussi être liée à la résistance à la sécheresse de certaines espèces, résistance souvent nécessaire pour pouvoir croître sur les sols calcaires dont les réserves en eau sont souvent faibles ou presque inexistantes, et où elles sont à l'abri d'espèces plus exigeantes en eau.

Un autre cas est constitué par les terrains salés, littoraux ou continentaux. A cause des sels de sodium qu'ils renferment, ils sont très défavorables à la végétation en général, et rares sont les espèces très spécialisées et très adaptées qu'on y rencontre : très peu de ligneux, aucun arbre et quelques espèces d'arbrisseaux de la famille des Chénopodiacées *(Suaeda, Salicornia, Arthrocnemum).*

Cependant, même à basse altitude, à l'étage collinéen, des conditions topographiques variées induisent, par le jeu des expositions et des pentes, une variété de types forestiers. Ainsi, c'est une forêt à base de Chêne sessile et de Charme qui occupe les plateaux de la côte bourguignonne, forêt en équilibre avec le climat régional. Les versants exposés au nord, soumis à un climat local plus frais, sont recouverts d'une hêtraie, les versants sud, plus chauds et secs, sont le domaine d'une chênaie pubescente, et les fonds de vallon, où l'air froid s'accumule volontiers, portent une association à tendance montagnarde, à Érable Sycomore et Orme de montagne.

L'influence de l'homme

D'autres facteurs écologiques peuvent intervenir sur le déterminisme de la répartition des espèces végétales. Parmi eux, l'homme n'est pas le moindre. Ainsi, l'Orme champêtre, actuellement en très forte régression du fait de l'épidémie de graphiose, est, à l'état naturel, une espèce des forêts alluviales sur sol riche en éléments minéraux nutritifs. Espèce donc exigeante et économiquement intéressante, elle a été favorisée par l'homme qui l'a plantée dans les haies, et s'est, de là, installée sur les sols enrichis, en particulier en azote, du fait des activités humaines, à tel point qu'on a pu parler d'une ormaie rudérale. Le Sureau noir est dans le même cas et lui est souvent associé.

Le cas des espèces exotiques est évidemment très différent. Il en est de même, et a fortiori, pour les variétés horticoles qui sont des créations humaines au même titre d'ailleurs que la plupart des espèces cultivées alimentaires, industrielles ou ornementales. Même dans le cas peu fréquent où ces variétés produisent des graines fertiles et peuvent se perpétuer, identiques à elles-mêmes, il est certain que sans l'intervention humaine elles disparaîtraient à plus ou moins brève échéance (dégénérescence génétique, concurrence des espèces spontanées). Très rares sont les espèces exotiques qui arrivent à se maintenir, comme c'est le cas du Robinier ou du Chêne rouge d'Amérique. On dit alors qu'elles sont naturalisées. Leur répartition subspontanée obéit alors aux mêmes lois de l'écologie que les espèces indigènes.

Pour les reboisements, où on cherche à créer des peuplements forestiers stables et économiquement intéressants, des recherches sont menées afin de trouver, pour chaque situation écologique, les espèces productives les mieux adaptées. Un certain nombre de reboisements avec des espèces exotiques ont été de belles réussites écologiques et ont transformé durablement certains paysages : Robinier et Pin sylvestre un peu partout, Pin maritime dans les landes de Gascogne, Douglas dans le Limousin, Cèdre à l'étage du Chêne pubescent et, en particulier, sur le mont Ventoux, Pin noir d'Autriche dans les Alpes du Sud, entre autres.

Reboisement. Les étranges effets géométriques de cette colline en chapeau chinois ne sont autres que des parcelles de reboisement.

Étagement de la végétation - Versant humide ou frais

On admet en Europe tempérée que l'étagement altitudinal de la végétation est composé des étages nival, alpin, subalpin, montagnard, collinéen, planitiaire et méditerranéen, sachant que leurs limites altitudinales varient d'une région à l'autre.

Les profils présentés sur ces deux pages ne correspondent pas à un itinéraire réel, mais résument la situation des essences au gré des altitudes. La notion d'orientation étant très importante, on admet que ce diagramme représente les versants plutôt humides et frais, correspondant à un étagement en climat de type atlantique (Pyrénées occidentales, nord des Alpes).

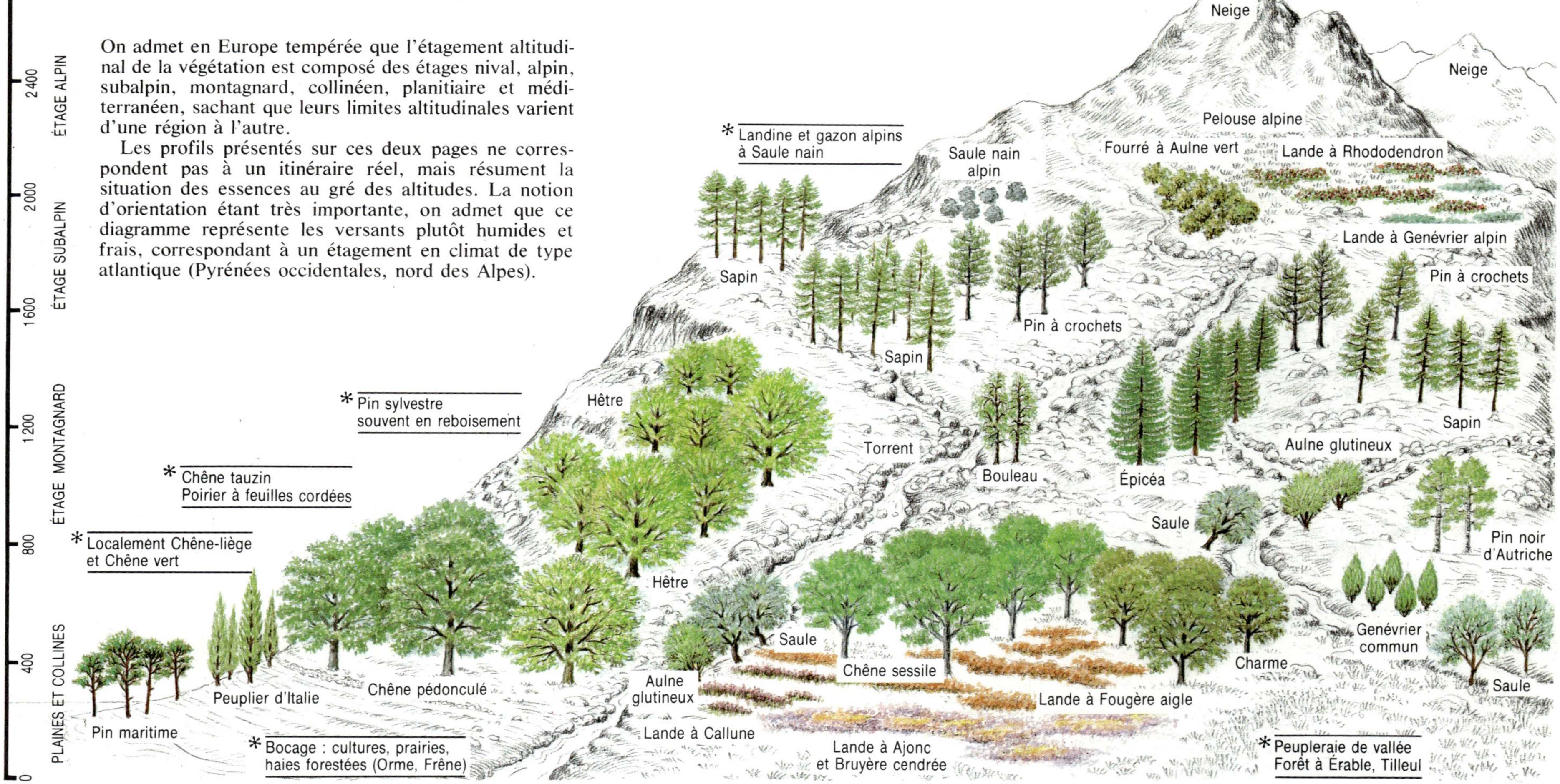

Étagement de la végétation - Versant sec ou chaud

Cet autre diagramme représente les versants plutôt secs et chauds, correspondant à un étagement de type méditerranéen (Alpes du Sud). Il arrive enfin fréquemment qu'une même espèce atteigne des altitudes plus élevées en versant chaud qu'en versant froid et humide.

★ Autres espèces ou types de groupements présents dans l'étage considéré.

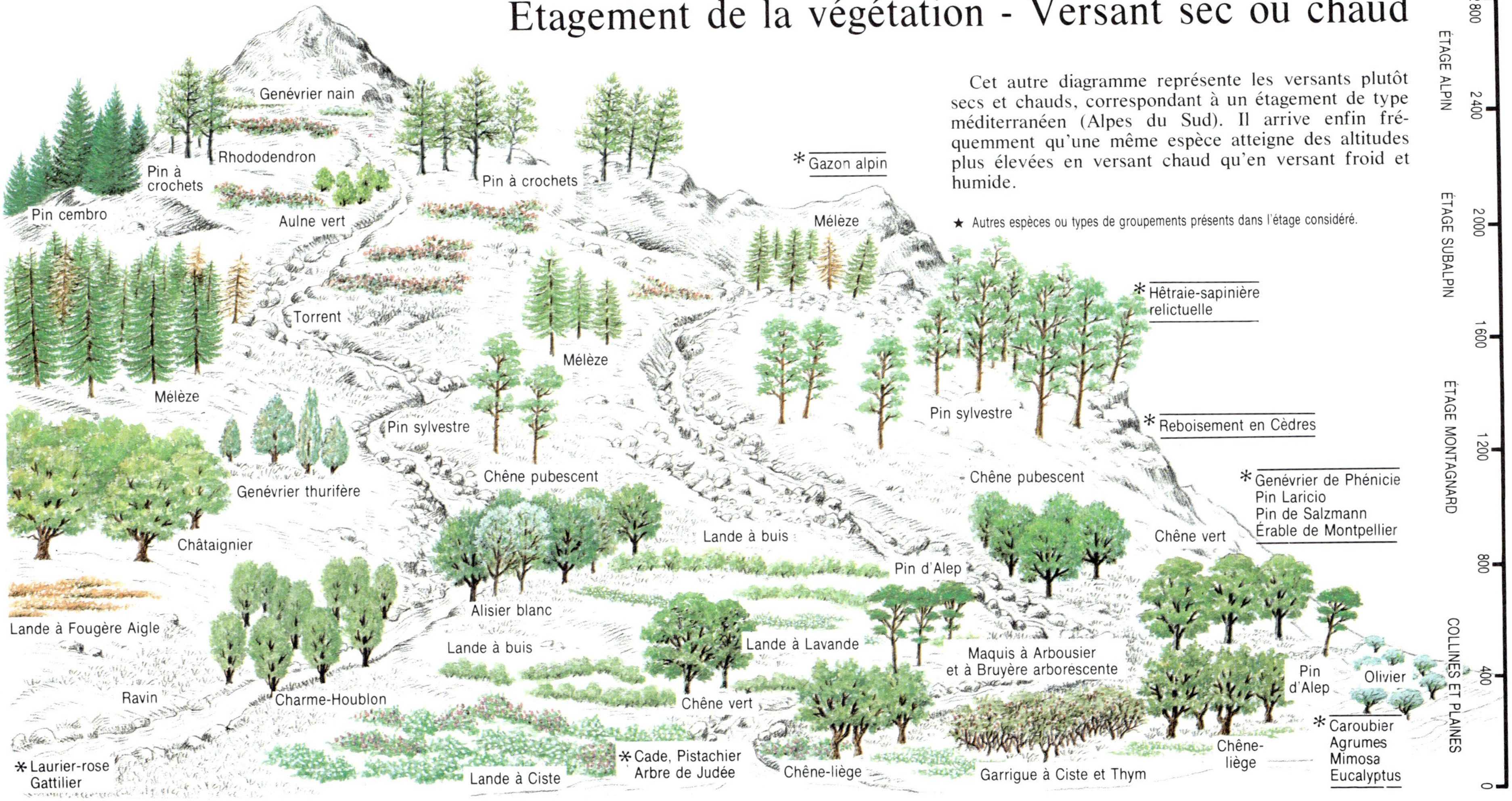

GLOSSAIRE

A

abattage Action d'abattre un arbre, travail des bûcherons effectué maintenant à la tronçonneuse. Une entaille de direction et un trait de coupe horizontal opposé à la première entaille dirigent le mouvement de chute de l'arbre. L'abattage se fait normalement en période de repos de végétation.
acclimatation, acclimaté Installation, intentionnelle ou non, dans une région nouvelle où il se maintient avec l'aide de l'homme, d'un être vivant originaire d'une aire naturelle éloignée.
aciculaire En forme d'aiguille, grêle et allongé (ex. : la feuille du Pin, celle des Bruyères vraies).
acide Un sol (ou terrain) est dit acide lorsque son pH est inférieur à 7 (on distingue les sols très acides : pH 4 à 5 et les sols acides : pH 5 à 6,5).
acuminé Terminé en pointe effilée.

Feuille acuminée

adaptation, adapté Qualités (morphologiques, physiologiques, biologiques) permettant aux êtres vivants d'occuper ou de coloniser les milieux, selon certaines limites de tolérance vis-à-vis de facteurs limitants (seuils, amplitudes).
adret ou **soulane** Versant de montagne exposé au soleil.
adventice Végétal étranger introduit par suite d'intervention directe ou non de l'homme et s'implantant dans des zones généralement perturbées (cultures, décombres). S'il s'installe dans la végétation sauvage et s'y reproduit, il y a naturalisation (Robinier).
adventives Se dit de racines naissant sur les tiges aériennes ou souterraines, permettant la multiplication végétative.

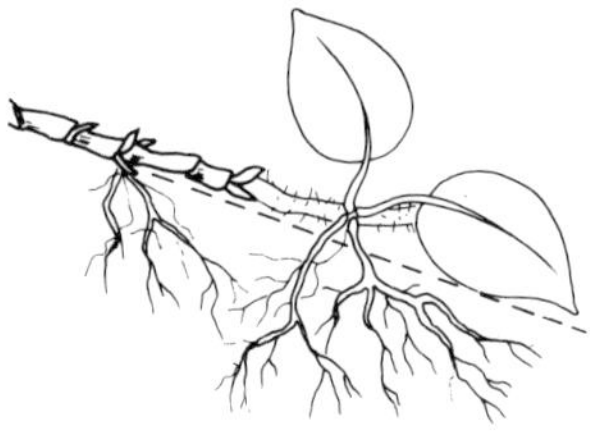

Racines adventives

agrumes Fruits ou arbres fruitiers de la famille des Rutacées, à feuilles persistantes portées par des tiges épineuses, à floraison souvent parfumée, produisant des fruits généralement comestibles et très décoratifs (ex. : Oranger).
aigrette Faisceau de poils ou de soies terminant certains fruits ou graines (ex. : Saule, Peuplier).
aiguilles Terme courant désignant les feuilles de conifère allongées et étroites (ex. : les aiguilles de Sapin, de Pin, d'Épicéa...).
aiguillons Petites épines acérées en général peu lignifiées, souvent crochues (ex. : Églantier).
aire d'extension Zone géographique sur laquelle existent une espèce, un genre, un groupement.
aisselle Angle interne formé par la jonction d'une branche avec une tige, d'un rameau avec la branche, d'un pétiole de feuille avec le rameau. L'aisselle abrite souvent un bourgeon dormant.

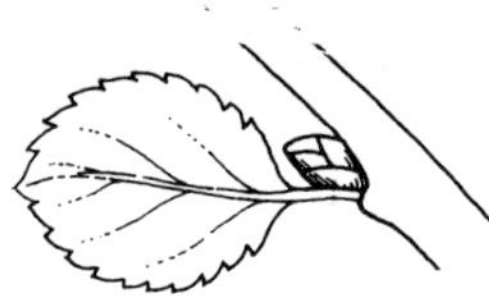

Bourgeon dormant à l'aisselle d'une feuille

akène (achaine ou **achène)** Fruit sec indéhiscent ne contenant qu'une seule graine; le péricarpe, mince et lignifié, n'adhère pas à la graine.

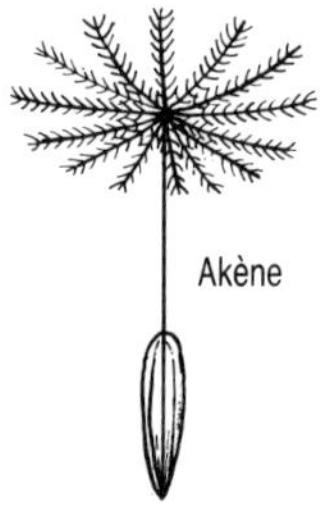

Akène

alignement Se dit d'essences acceptant les conditions de vie urbaine (peu de terre, pollution, élagages très fréquents), et utilisées pour garnir les rues, avenues, parcs, squares et autres espaces verts.
allochtone Voir EXOTIQUE.
alpien Propre à la chaîne des Alpes.
alpin Caractéristique de l'étage alpin (de toutes les montagnes).
alterne Disposition des feuilles sur un axe (la tige) lorsqu'elles ne sont pas placées à même hauteur ni face à face : c'est le cas des feuilles du Poirier, du Pommier, du Chêne... (autres dispositions : feuilles opposées, verticillées).

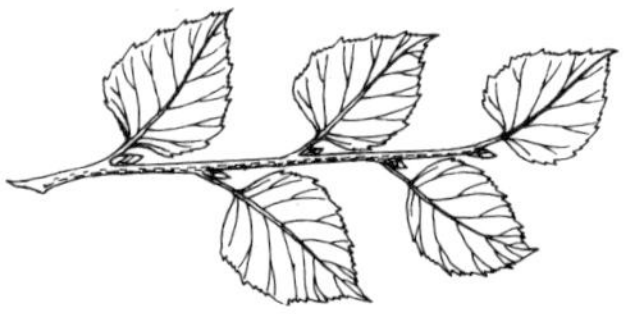

Feuilles alternes

aménagement Traitement et structuration d'une étendue forestière en vue de la production la mieux appropriée.
anémochorie Dispersion par le vent des semences.
anémophile Fécondé grâce au vent qui véhicule le pollen. Les fleurs anémophiles sont généralement peu ou pas visitées par les insectes.
angiosperme Plantes à fleurs et à fruits dont les graines, entourées d'un péricarpe, sont invisibles. S'oppose à gymnosperme.
anthère Partie essentielle de l'étamine, en forme de petit sac jaune contenant le pollen.
anthropique Dû à l'action de l'homme : paysages de bocage, peupleraies en lignes, enrésinements, pollutions.
anthropochore Disséminé involontairement par l'homme.
aoûtement Phénomènes déterminés par les températures estivales.
aphylle Sans feuilles.
arborescent Qui présente les caractéristiques d'un arbre.
arboretum Plantations d'arbres variés en vue de l'expérimentation ou de l'ornement.
arbre Végétal ligneux de plus de 8 m, possédant un tronc.
arbrisseau Végétal ligneux ne dépassant pas 7 m de haut, ramifié dès la base.
arbuste Végétal ligneux à tronc bien différencié, mais ne dépassant pas 7 à 8 m de haut.
arctique Originaire des régions froides de l'hémisphère Nord, aux alentours du cercle polaire. S'oppose à « antarctique » (hémisphère Sud).
arille Appendice charnu, ailé ou pileux qui se développe après fécondation autour de certaines graines (ex. : If, Fusain...).
article Partie d'organe (tige, rhizome, fruit...) située entre deux articulations. Terme utilisé pour des Cactées, les Salicornes, les Uvettes.
association végétale Type de groupement de plantes défini par sa composition floristique.
aubier Nom donné chez les végétaux ligneux dicotylédones aux couches les plus extérieures du bois où circule la sève. L'aubier se distingue souvent par sa couleur claire et sa tendreté.
autochtone Spontané, naturel, par opposition à allochtone.
axillaire Placé à l'aisselle de feuilles, de bractées, de rameaux.

Fleurs axillaires

azote (fixateur d'). Se dit des végétaux qui ont la particularité de posséder sur leurs racines des excroissances (amas de nodules) incluant des micro-organismes capables d'assimiler directement l'azote libre. Aussi les utilise-t-on pour restaurer des sols très humides et pauvres en azote. (ex. : Argousier, Aulne, Légumineuses).

B

baie Fruit charnu, indéhiscent, contenant des graines (pépins) dispersées dans la pulpe (Groseille, Raisin). La baie s'oppose à la drupe (fruit à noyau).
baliveau Jeune arbre non émondé, souvent très droit, issu en général de germination en taillis sous futaie.
basique En biologie, correspond au pH alcalin (opposé à acide).
bilabié Qui a deux lèvres. S'applique aux calices et corolles à limbe séparé en deux parties (ex. : Romarin).
bille (de bois). Tronc d'arbre privé de ses branches et destiné à être équarri ou façonné en planches.
biocénose ou **biocœnose** Ensemble de tous les êtres vivants ayant d'étroites relations, que l'on peut rencontrer sur un espace homogène et délimité nommé « biotope ». La biocénose forme avec le biotope la base de l'écosystème.
bioclimat Facteurs météorologiques analysés simultanément en rapport avec leur influence sur le comportement des êtres vivants.
biomasse Ensemble de la matière organique vivante (ou renouvelable) dans un milieu donné.
biosphère Ensemble des milieux abritant ou pouvant abriter des êtres vivants.
biotope Zone délimitée par des caractéristiques écologiques précises, dans laquelle une espèce, un groupement peuvent vivre (station).
biparipenné Feuille composée, deux fois paripennée, c'est-à-dire que les folioles sont en nombre pair.
bipenné ou **bipinné** Feuille deux fois pennée, c'est-à-dire dont les folioles, disposées symétriquement de chaque côté de l'axe pétiole, sont disposées un peu à la manière des arêtes de poisson.

Feuilles bipennées

bisexué Portant les organes des deux sexes (étamine, pistil).
bocage Paysage végétal généralement créé par l'homme, incluant cultures, prairies, bois, délimités par des haies vives arborées.
boisement Création d'un massif forestier obtenu soit par semis en place, soit par plantations, boutures ou marcottes.
boqueteau Bouquet d'arbres ou massif forestier de petite taille, compris entre 5 a et 4 ha. Au-dessus de 4 ha, on parle de forêts ; en dessous de 5 a, c'est un espace boisé agricole.
bourgeon Organe végétal souvent entouré d'écailles protectrices, enfermant les ébauches des futures tiges, feuilles, parfois fleurs.
bouturage Méthode de multiplication asexuée des végétaux.
bractée Feuille modifiée, à proximité de la fleur ou d'un groupe de fleurs. Elle est parfois colorée (Tilleul, Davidia, Bougainvillée...) et devient décorative.

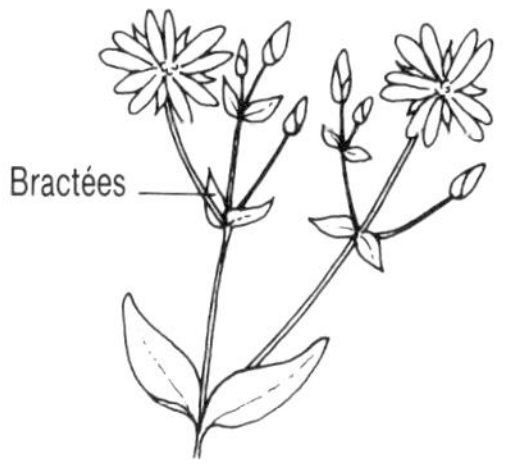

branche Principale division ou subdivision de la tige, le rameau étant une ramification plus petite.
brûlis Peuplement végétal qui a été parcouru par un incendie.
buisson Arbrisseau ou arbuste touffu très ramifié dès la base, ou ensemble formé par de tels végétaux ; fourrés.

C

cactiforme Qui a la silhouette des Cactées.
caduc, caduque Qui perd ses feuilles, en opposition à persistant. Organe qui se détache.
caducifolié A feuilles caduques.
calcaire Sols (ou terrains) formés sur roche mère calcaire et caractérisés par la présence de calcium. Cet élément interviendra sur les propriétés physiques (amélioration de la perméabilité à l'air et à l'eau), la nutrition des plantes et le pH.
calcicole Qui habite les sols calcaires. Synonyme : calciphile.
calcifuge Qui ne peut pousser en sol calcaire.
calice Ensemble des sépales formant l'enveloppe externe, le plus souvent verte, d'une fleur.

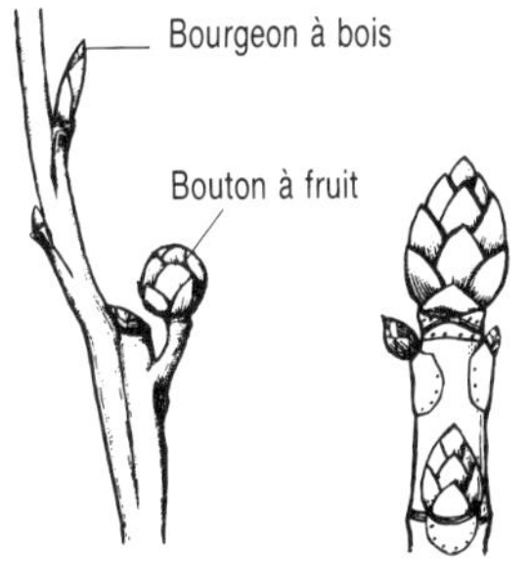

Bourgeon à bois et bourgeon à fruit sur Poirier

Bourgeon terminal sur Marronnier

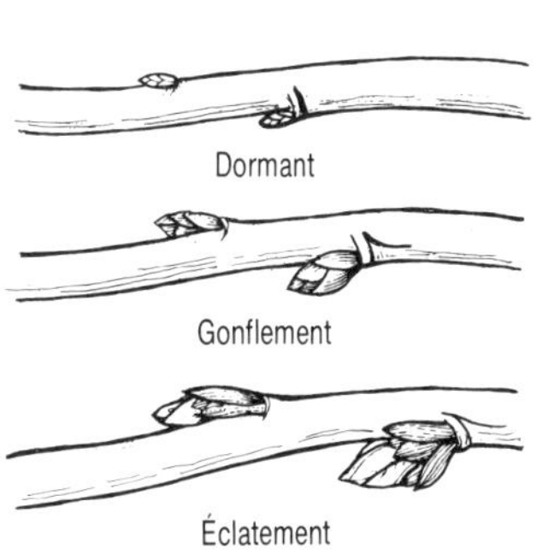

Développement du bourgeon

cambium Zone de tissu cellulaire générateur formé d'une ou plusieurs couches cylindriques.
cannelure, cannelé Côtes longitudinales et parallèles laissant entre elles des sillons réguliers plus ou moins profonds.
capsule Fruit sec, déhiscent, résultant de la soudure de plusieurs carpelles, montrant plusieurs graines lorsqu'il s'ouvre.

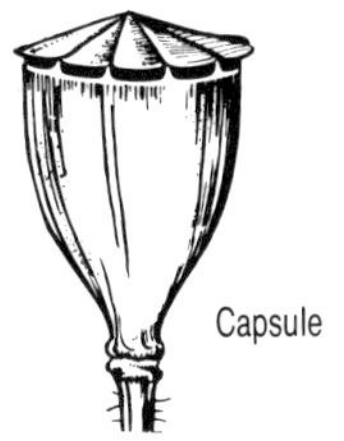

carène Partie inférieure de la fleur des Légumineuses-Papilionacées formée de deux pétales soudés plus ou moins complètement et qui font penser à la coque (carène) d'un navire.

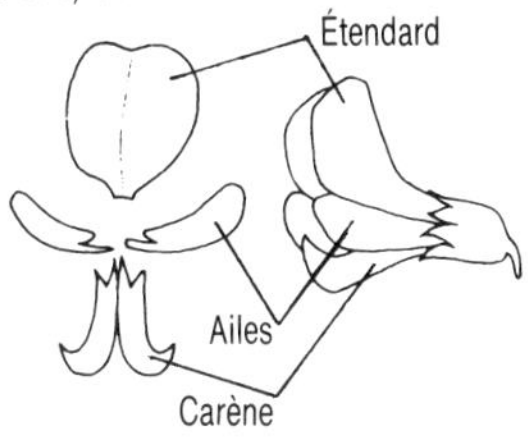

caroncule Épaississement charnu de certaines graines (Euphorbe).
carpelle Élément de la partie femelle d'une fleur. Lorsque le carpelle est réduit à un corps unique, il porte aussi le nom de « pistil » ou « gynécée ». L'ovaire d'un pistil formé de plusieurs carpelles soudés monte autant de loges qu'il possède de carpelles réunis.

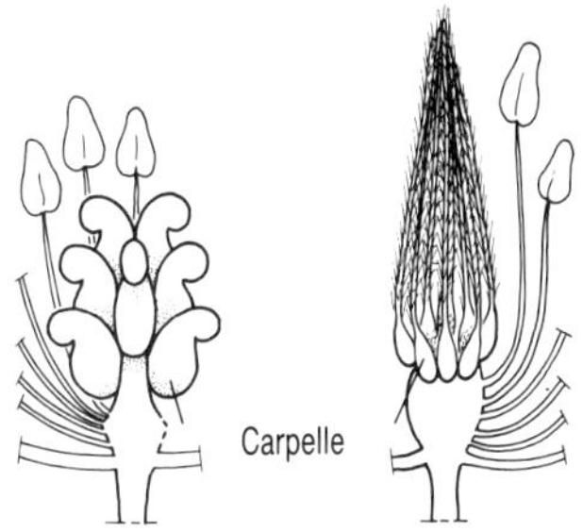

cauliflorie Production de fleurs directement sur le tronc et le vieux bois (ex. : Arbre de Judée).
cépée Rejets ligneux d'un sujet (arbre ou arbuste) coupé au ras du sol. Nom donné également au paysage (cépée de Charmes).
chablis Arbre déraciné par les vents, souvent tombé au sol.
chancre Plaie ouverte sur tiges, branches ou tronc, souvent due à un champignon.
cicatrice foliaire Trace souvent caractéristique laissée sur une tige par la base du pétiole après la chute d'une feuille.
charmille Allée de Charmes (ou autres essences) taillés de façon régulière en rideaux de verdure.

chaton. Épi, souvent pendant et flexible, formé de fleurs unisexuées dont le périanthe est réduit à des écailles (Noisetier, Saule, Châtaignier, Chêne, Pin...).

Chatons

cime Partie supérieure ramifiée d'un arbre portée par le tronc.
cladode Rameau aplati et chlorophyllien ayant l'apparence d'une feuille et en faisant fonction (Petit Houx).

clairière A l'intérieur d'une forêt, surface où les arbres sont rares ou absents, et où la végétation est arbustive ou herbacée.
claviforme En forme de massue.
climax Type potentiel de végétation la plus évoluée en équilibre avec les conditions de milieu, l'intervention de l'homme étant supposée nulle.
clone Ensemble d'individus végétaux génétiquement identiques, obtenu à partir du même sujet par multiplication végétative (bouture, greffe, marcotte...).
colonisation Extension locale ou générale de l'aire occupée par une espèce, généralement plus compétitive que d'autres.
composées Feuilles dont le pétiole, simple ou divisé, porte plusieurs folioles sessiles ou pétiolulées.
cône Groupe de fruits en forme de cône (Pin, Sapin). Les cônes sont composés d'écailles sous lesquelles se cachent les graines. Les cônes globuleux un peu charnus se nomment « galbules » (Genévrier) ou « strobiles » (fruits du Cyprès).

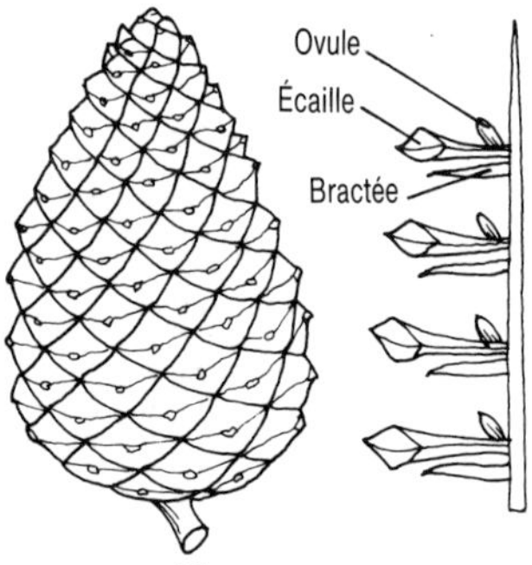

Cône

conifère Qui porte des cônes. Nom botanique des résineux.

conservation Ensemble des processus permettant la sauvegarde d'espèces ou biocénoses menacées. Autrefois : division de gestion dans l'Administration des forêts.
conversion Modification du régime appliqué à un peuplement forestier.
cordé En forme de cœur.
coriace Qui fait penser au cuir, de structure solide, de texture tenace.
corolle Ensemble des pétales d'une fleur.
corymbe Type d'inflorescence en forme d'ombelle à pédoncules inégaux (Poirier, Sureau...).

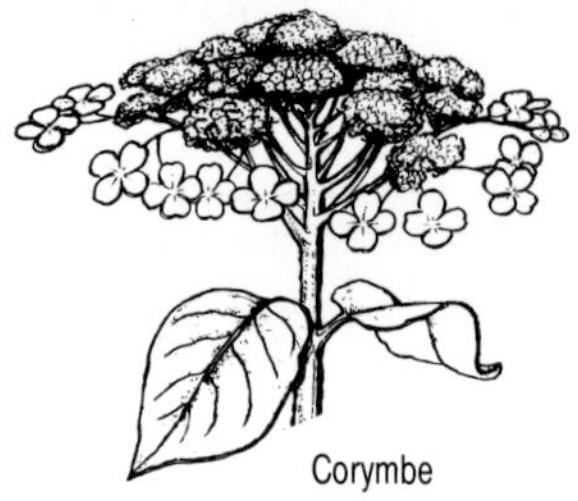

Corymbe

cosmopolite Répandu dans une grande partie du monde (opposé à endémique), voir aussi UBIQUISTE.
cotonneux Couvert de poils blanchâtres faisant penser à du coton.
cotylédon Dans la graine, ébauche des premières feuilles déjà formées qui apparaîtront à la germination. Elles sont souvent remplies de substances de réserve et dès lors impropres au rôle des vraies feuilles.
coupe Abattage des bois sur une partie de terrain délimitée.
couronne Appendice qui se trouve à la gorge de certaines corolles (Laurier-rose) ; calice persistant de certains fruits (Pomme, poire) ; peut s'employer pour désigner le houppier.
crénelé Muni de dents larges et arrondies en crénelures (feuilles).

Feuille crénelée

cultivar Terme scientifique désignant toute obtention variétale issue de sélection intentionnelle, par opposition au terme « variété » qui désigne une plante sauvage.
cupule Sorte de petite coupe dure et ligneuse composée de bractées ou de petites écailles autour des fruits de certains arbres (gland de Chêne, noisette...).
cyme Type d'inflorescence dont l'axe principal se termine par une fleur, par opposition à la grappe dont l'axe principal n'est pas défini.

D

débourrer Sortie des feuilles hors du bourgeon et de la bourre qui les protège.
déchaussement Mise à nu des racines des végétaux.
décidu Se dit des arbres qui perdent leurs feuilles. Synonyme : caduc.

dégradation, dégradé Passage régressif à une végétation appauvrie par rapport à la précédente ou au climax (perte de biomasse) : garrigue brûlée par rapport à chênaie verte.
déhiscent Organe s'ouvrant pour laisser s'échapper son contenu (anthères pour le pollen, certains fruits pour les graines).
dendrologie Science des arbres et autres ligneux.
densité Pour le bois, poids spécifique. Qualifie aussi l'abondance d'une espèce dans un peuplement.
denté ou **dentelé** Dont les bords sont garnis de dents plus ou moins larges (dentelure).

Feuille dentée

dentelure Dont les bords sont dentés ou dentelés.
denticulé Très finement dentelé.
déroulage Se dit de bois en billes ou grumes pouvant être débité sous forme de minces lames pour le placage.
desquamation Phénomène qualifiant la particularité de certaines écorces de se détacher en plaques ou écailles (ex. : Platane).
diaspore Ensemble de l'organe assurant la dissémination (graine et annexes stériles).
dichotome Se ramifie par bifurcations successives (tige ou pédoncule).
dicotylédone Plante dont la plantule possède 2 cotylédons. Leur ensemble constitue une classe groupant la grande majorité des plantes à fleurs.
dimorphisme Variabilité de la forme d'un organe sur le même sujet (ex. : feuilles du *Broussonetia*).
dioïque Espèce portant chaque sexe sur des sujets séparés (ex. : *Gingko biloba*).
dissémination Dispersion des graines au moment de la maturité.
divariqué Position d'organes qui s'étendent en tous sens en s'écartant les uns des autres.
drageon Pousse souterraine qui naît sur les racines, parfois à grande distance du pied mère.
drupe Fruit indéhiscent charnu à graine enfermée dans une coque ligneuse ou noyau (pêche, cerise, nèfle, abricot...).

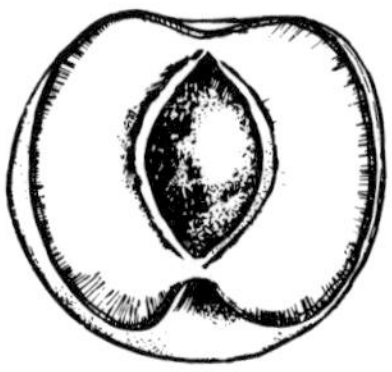

Drupe

drupéole Petite drupe.
duramen Autre nom du « cœur » du bois.

E

écaille Feuille modifiée, de structure simple, entourant ou protégeant certains organes. Parfois un organe de réserve nutritive (cas de bulbes).

écorce Partie externe protectrice de la tige, des branches, du tronc, des racines des végétaux.
écorce interne Couche plus profonde de l'écorce qui correspond à l'endoderme, contigu au péricycle (partie la plus externe du cylindre central).
écosystème Unité d'étude en écologie, incluant dans un espace déterminé l'ensemble des facteurs du milieu influençant (ou expliquant) la dynamique des biocénoses.
écotype Unité biologique différenciée par adaptation à un type de milieu.
écusson Partie visible de l'écaille d'un cône de pin non ouvert.
édaphisme, édaphique Qui a rapport avec le sol (structure, qualités physiques, chimiques ou biologiques).
elliptique En forme d'ellipse.
émonder Couper les branches inutiles d'un arbre pour favoriser sa croissance.
endémique (espèce). N'existant que dans une aire géographique restreinte.
engainante Feuille dont la base ou le pétiole élargi entoure complètement ou une autre feuille ou une tige.

Feuille engainante

environnement Ensemble des facteurs physiques, chimiques ou biologiques influençant la vie d'une espèce, d'une biocénose.
épi Inflorescence simple, indéfinie (pas de fleur terminale sur l'axe).
épine Excroissance ligneuse et pointue apparaissant sur les tiges (ex. : Robinier).
éricoïde Faisant penser à la Bruyère.
érigé A port dressé.
espèce Groupe naturel d'individus descendant les uns des autres et présentant des caractères morphologiques, physiologiques et chromosomifiés voisins ou semblables, et qui peuvent (théoriquement) se croiser.
essence En termes de foresterie, utilisé pour toute espèce arborescente.
étage Dans une forêt, strates de diverses hauteurs. En montagne, les différents types de végétation déterminés par l'altitude.
étamine Organe mâle d'une fleur.
étendard Pétale supérieur dressé ou souvent recourbé en arrière, des fleurs des Légumineuses-Papilionacées et de certaines Orchidées.
exfolier (s'). Modification physiologique de la partie externe de certaines tiges ou troncs d'arbres chez lesquels l'écorce se détache en lames minces et superficielles (ex. : Platane).
exotique Issu d'une autre région ou d'un autre climat (opposé à indigène).

F

fasciculé Disposé en faisceau (fleurs de Cerisier).
fastigié Port dressé avec les rameaux plaqués les uns contre les autres en formant une pyramide étroite et bien verticale (Peuplier d'Italie).

Il existe des variétés fastigiées chez le Chêne le Hêtre, l'If, le Prunier

feuillaison Voir FOLIAISON.
feuille Organe aérien d'une plante, généralement de forme aplatie, et chlorophyllien, placé sur les rameaux et issu des bourgeons.
feuillu Nom souvent donné aux arbres autres que les conifères.
fleur Ensemble des organes de reproduction chez les Phanérogames.
floraison Transformation du bouton à fleur en fleur épanouie.
flore Ensemble des espèces végétales recensées sur un site. Ouvrage permettant d'identifier les plantes.
foliacé Organe végétal ayant l'aspect ou la consistance d'une feuille (calice, stipule...).
foliaison Premier développement annuel des feuilles; moment où les arbres reverdissent après la mauvaise saison.
foliole Limbe élémentaire d'une feuille composée (ex. : la feuille du Marronnier est composée de plusieurs folioles).
follicule Fruit sec et déhiscent à une seule valve, s'ouvrant dans le sens de la longueur.

Follicule

forêt Peuplement végétal étendu composé d'arbres dont la densité est telle qu'il détermine l'évolution des éléments inféodés du sous-bois. Peut être mono ou plurispécifique.
formation Unité de végétation présentant une certaine homogénéité physionomique en fonction des type biologiques qui la composent.
fourré Jeune peuplement forestier formé d'arbres issus de semis dont la hauteur atteint 1 à 3 m, et dont les branches touchent terre.
friche Formation végétale succédant à la jachère, colonisant des terres précédemment cultivées.
fructification Ensemble des phénomènes physiologiques ayant le fruit pour siège, depuis la fécondation de l'ovule jusqu'à la maturité.
fruit Ovaire développé et arrivé à maturité après fécondation des ovules.
frutex Nom scientifique des petits ligneux.
fût Partie du tronc d'un arbre entre la souche et les grosses ramifications du houppier.
futaie Forêt issue d'un semis naturel ou effectué par l'homme. Le terme futaie s'oppose au taillis dont les brins proviennent de rejets et non de semis.

G

garrigue Peuplement végétal méditerranéen formé de sous-arbrisseaux de 20 cm à 1 m environ, dans lequel existent de nombreuses plantes annuelles et bulbeuses à cycle de développement court.
gaulis En forêt, ensemble de jeunes arbres à tronc bien différencié, succèdent au fourré.
génotype Ensemble des caractères constituant le patrimoine héréditaire d'une espèce.
genre Ensemble d'espèces ayant en commun des caractéristiques plus précises que celles qui permettent de constituer des familles, mais plus générales que celles qui définissent les espèces.
glabre Qui ne possède pas de poils.
glanduleux Qui possède des glands ou poils glanduleux soit à la base, soit au sommet des feuilles.
glauque Vert bleuté (ex. : les feuilles de certains Eucalyptus).
glomérule Type d'inflorescence (cyme) compacte, à axes très courts, voire contractés.
glutineux Visqueux, collant (ex. : feuilles de l'Aulne glutineux, bourgeons du Marronnier).
gousse Capsule à deux valves portant des graines sur l'un ou les deux bords, caractérisant surtout les Légumineuses (Robinier, Genêt). Appelé aussi « légume » (Caroube).

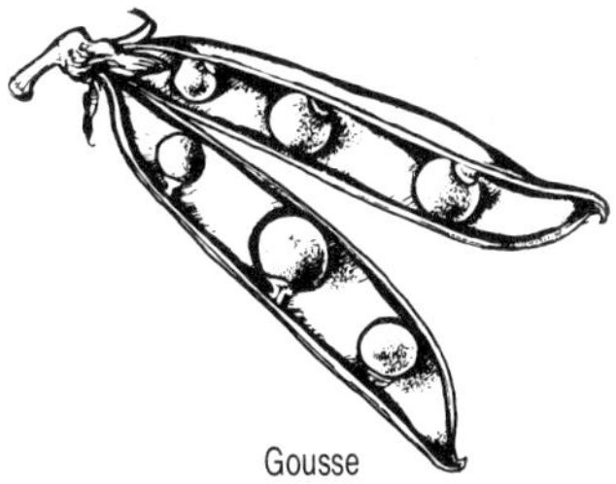
Gousse

graine Stade final du développement de l'ovule chez les plantes à fleurs. Le fruit est par contre le stade de développement de l'ovaire. Les éléments de la graine et du fruit sont unis (Cariopse) chez les Graminées (Bambou).

grappe Inflorescence dont les fleurs sont attachées par des pédicelles à un axe central allongé (Vigne).
grasse (plante). Terme populaire, voir SUCCULENT.
groupement végétal Dans une station définie, communautés d'espèces constituant des ensembles physionomiques, écologiques ou floristiques homogènes.
gymnospermes Plantes vasculaires dont les graines sont nues (non cachées dans un péricarpe ou fruit au sens botanique ; ex. : conifères, Cycadacées).

H I

habitat Milieu, station, où vit une espèce.
haie Clôture végétale, vive ou morte. Les haies vives sont composées d'arbrisseaux et d'arbustes, épineux ou non, à feuilles persistantes ou caduques, supportant la taille (Aubépine, Prunellier, Houx, Églantier...). Lorsque l'on y plante des arbres (Chêne, Érable, Orme), c'est alors une haie forestière.
halophile, halophyte Qui aime les terrains salés.
hasté En forme de fer de lance (feuille).
héliophile Qui recherche le soleil et habite les sites ensoleillés.
herbacé Appareil végétatif non ou peu lignifié.
hermaphrodite Fleur possédant à la fois les organes des deux sexes (étamines et pistil).

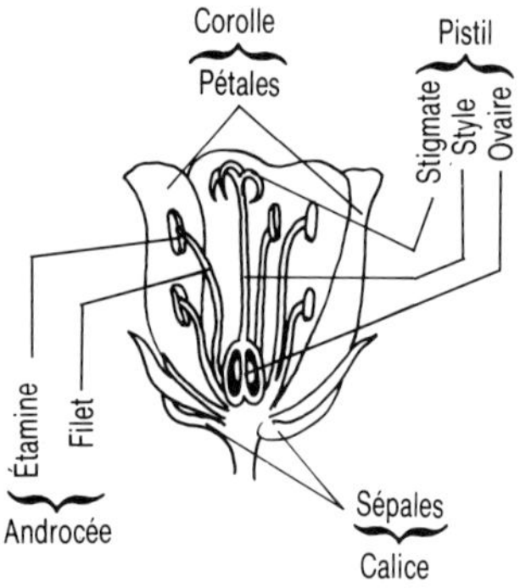

Coupe d'une fleur hermaphrodite

horizon Niveau dans un sol.
horticole Plante obtenue par l'intervention humaine (sélection, croisements...), voir CULTIVAR.
houppier Ramure et feuillage portés par le tronc d'un arbre.

Houppier de l'Olivier

humifère Se dit d'un sol riche en humus, c'est-à-dire riche en matières organiques diverses qui sont à la base de la fertilité et de la conservation des sols.
hybridation Résultat de croisements d'espèces du même genre ou de genres différents.
hybride Résultat de l'hybridation.
hygrophile Habitant les milieux humides (Saules arborescents).

imparipenné Feuille composée pennée, terminée par une foliole isolée (ex. : Robinier).

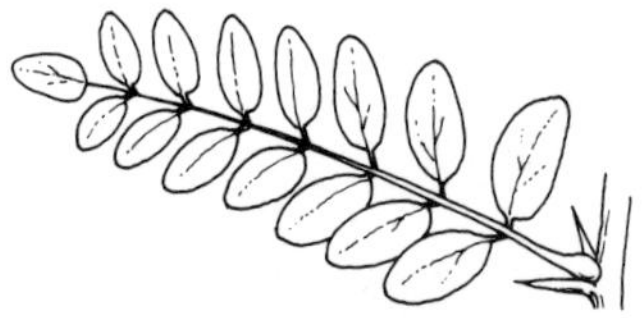
Feuille imparipennée

indéhiscent Fruit ne s'ouvrant pas à maturité. Par opposition à « déhiscent ».
indicatrices Se dit d'espèces dont la présence, la régression ou l'extension témoignent de l'existence de facteurs écologiques particuliers ou de l'altération de ceux-ci.
indigène Originaire, naturel à un pays. Par opposition à « exotique ». Voir SPONTANÉ.
inerme Sans épine (tige, rameau).
inflorescence Disposition des fleurs sur la plante. L'inflorescence peut porter différents noms selon sa forme : capitule, cyme, épi, grappe, ombelle.
infrutescence Nom donné à l'organe végétatif portant les fruits, par analogie avec inflorescence.
introduit Être vivant originaire d'un autre pays, installé, intentionnellement ou non, dans une région où il n'existe pas à l'état naturel.
involucre .Ensemble des bractées disposées en verticille autour d'une fleur, d'une inflorescence ou des capitules.

L

lancéolé En forme de lancette ou de fer de lance étroit, et pointu aux deux extrémités (ex. : feuilles de Laurier).

Feuille lancéolée

lande Peuplement végétal de 1 à 3 m de hauteur où dominent arbrisseaux et sous-arbrisseaux mêlés à de nombreuses herbacées à appareil végétatif aérien pérennant.
lenticelle Petits points parfois légèrement saillants qu'on trouve sur la surface de l'épiderme des tiges et rameaux de certaines plantes (Saules, Forsythia, Sureau). Ces points servent aux échanges gazeux des tissus plus profonds.
lenticellé Qui porte des lenticelles.
liane Plante longue à tige volubile s'accrochant par divers moyens aux troncs, branches... (Ronce, Vigne, Clématite...).
lianescent En forme de liane.
liber Série de fibres résistantes superposées d'année en année, placées sous l'écorce du bois en couches concentriques de faible épaisseur.
liégeux Muni d'un tissu mort, imperméable, plus ou moins épais, d'une grande légèreté, protégeant l'écorce (tronc, tige, racine). Synonyme : suber.
ligneux Qui durcit et devient bois grâce au fonctionnement le plus souvent pluriannuel de tissus spécialisés. Se dit aussi des végétaux présentant ce caractère, par opposition à herbacé.
limbe Partie plane d'une feuille ou d'un pétale.
limite forestière Altitude maximale jusqu'à laquelle, dans une région, existent ou peuvent exister des arbres *(tree line)* ou des forêts *(timber line).*
lisière Limite d'une forêt. Arbres plantés sur le bord d'un terrain.
lobe Division d'un organe comprise entre deux sinus plus ou moins profonds.

lobé Qui porte des lobes (feuille).
localité Lieu géographique où existent une espèce, une formation, etc.
lyré Feuille profondément découpée dans sa largeur. Les découpures supérieures et terminales plus grandes, les inférieures plus petites.

M N

maquis (« **mattoral** ») Peuplement d'arbustes et arbrisseaux sclérophylles propres aux terrains acides en région méditerranéenne, constituant souvent un stade de dégradation de la forêt sempervirente.
marcotte Rameau issu du pied mère qui peut produire une nouvelle plante racinée.
marcescent Demeurant sur les rameaux (feuilles, fruits) à la mauvaise saison, après s'être desséché.
marneux Sol (ou terrain) riche en marne, mélange de calcaire, de sable, d'argile et de magnésie.
mellifère Qui produit du miel (insecte, plante). Une plante mellifère produit en fait du nectar que les abeilles recueillent pour le transformer en miel (Acacia, Sapin, Mélèze, Sycomore, Bruyère, Tilleul, etc.).
mésophile Habitant des stations d'humidité moyenne.
microclimat Ensemble corrélé des conditions météorologiques dans un espace géographique réduit (ex. : une station de plantes).
microphylle A très petites feuilles.
milieu Ensemble des facteurs d'environnement pour une espèce ou un groupement.
moelle Centre d'une tige d'un rameau, ou d'une racine, constitué d'un tissu cellulaire spongieux compris à l'intérieur des faisceaux libéroligneux.
monocarpique Qui ne fleurit et ne fructifie qu'une fois, puis meurt.

monocotylédones Classe du règne végétal comportant les plantes à fleurs dont la graine ne contient qu'un seul cotylédon.
monoïque Plante qui porte sur un même pied des fleurs mâles et des fleurs femelles séparées, par opposition à « dioïque » ou à « hermaphrodite ».
mucilage Matière de consistance gommeuse, insoluble dans l'eau. A des propriétés adoucissantes.
mucroné Terminé par une pointe.

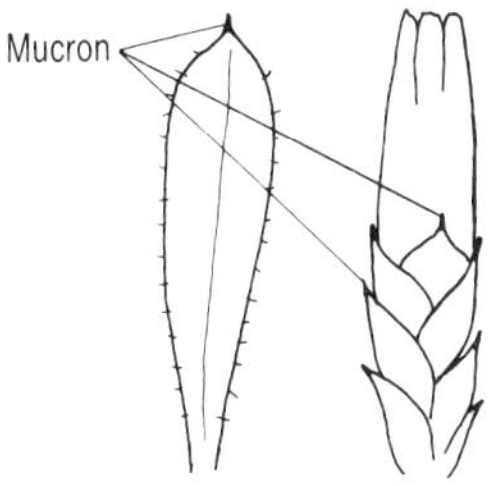

naturalisation Installation, intentionnelle ou non, d'un être vivant hors de son aire naturelle (de spontanéité), dans des milieux où il prend place dans les groupements sauvages, se maintenant sans intervention de l'homme et pouvant devenir envahissant (Robinier).
naturel Spontané, sauvage.
nectar Liquide sucré sécrété par les nectaires sur les plantes nectarifères. Ce produit est butiné par les abeilles qui le transforment en miel.
nectarifère Qui produit du nectar et porte des nectaires.
nervure Lignes saillantes que portent feuilles, tiges, sépales, pétales... composées de fibres et de vaisseaux. La nervure centrale d'une feuille qui prolonge le pétiole est la nervure principale, primaire ou médiane.

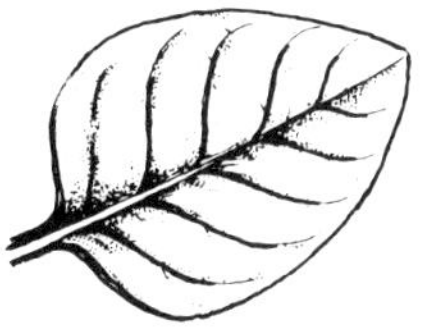
Feuille nervurée

nodosité Renflement plus ou moins volumineux se formant sur les racines des plantes (Légumineuses).
noyau Partie lignifiée de l'endocarpe sur certains fruits (pêche, cerise...). Dans le cas d'une cellule végétale, le noyau désigne le corpuscule fondamental du protoplasme, porteur de gènes.

O P

oblong Plus long que large et arrondi aux deux extrémités (ex. : feuille de Troène).
ombelle Inflorescence dont les pédoncules floraux rayonnent en partant d'un même point.
ombilic Sur une graine, cicatrice du point d'adhésion au placenta (hile du haricot). Sur un fruit, vestige du calice ou du style (cynorrhodon, pomme, nèfle, coing...).
opercule Petit organe en forme de couvercle fermant un bouton floral en forme d'urne (Eucalyptus) ou certains fruits dits pyxides.
opposé Feuilles placées en face l'une de l'autre, à la même hauteur, sur la tige. S'oppose à « alterne » (ex. : Lilas, Frêne).

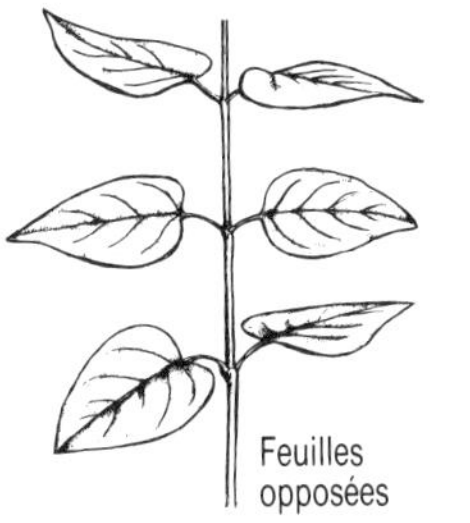
Feuilles opposées

orbiculaire Surface plane de forme circulaire.
orée Lisière d'un bois, d'une forêt.
oreillette Muni d'une petite oreille.
orophile Qui habite les montagnes.
ovaire Partie inférieure du pistil, souvent renflée, qui contient les ovules. Après fécondation, l'ovaire donne le fruit.
ovale En forme d'œuf, la partie large vers la base.
ovoïde Voisin de la forme ovale (feuille de Buis...).

palmé A divisions disposées comme les doigts d'une main (feuille du Palmier nain); selon la profondeur des sillons, on parle de feuille palmatilobée (Érable champêtre), palmatifide (Érable du Japon), digitée (Marronnier), etc.

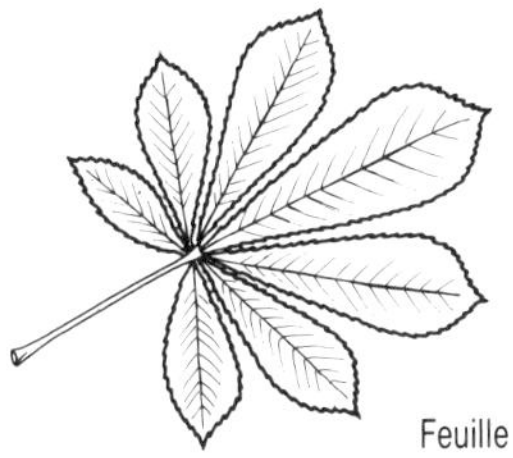
Feuille palmée

paludicole Vivant dans les marais.
palynologie Science qui étudie les pollens et les spores.
panicule Inflorescence de grappes composées.

Panicule

parasite Vivant aux dépens d'un autre être vivant (Gui).
pédicelle Petite queue ou support de la fleur sur des inflorescences composées.

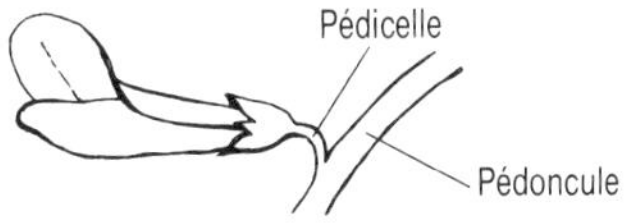

pédologie Science qui étudie les sols.
pédoncule Queue ou tige supportant une fleur solitaire. Dans le cas d'inflorescence composée, cette portion de tige se nomme pédicelle.
pennée Feuille composée à folioles disposées de chaque côté d'un axe central (pétiole commun = rachis) : Frênc, Acacia.

Feuille pennée

perchis Stade d'évolution d'un peuplement vers la futaie, succédant au gaulis et formé d'arbres de 15 à 20 cm de diamètre.
pérenne, pérennant Voir VIVACE.
périanthe Enveloppe protectrice des fleurs qui comprend le calice et la corolle.

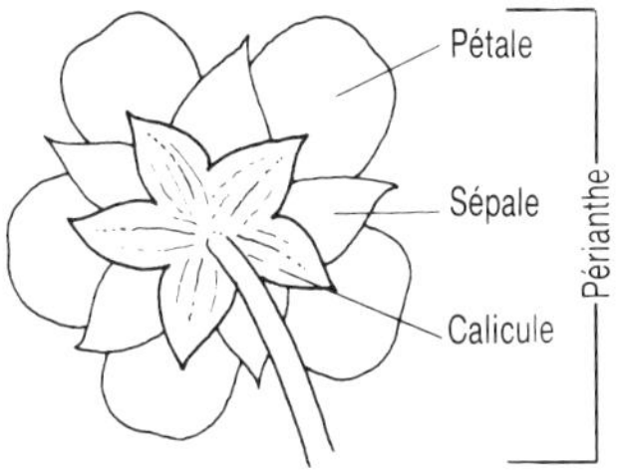

persistant Feuilles restant plusieurs années sur l'arbre. Elles sont renouvelées au fil des mois ou des années sans qu'on le remarque (ex. : Sapin, Chêne vert). Par opposition à caduc.
pétale Pièce de l'enveloppe interne d'une fleur ou corolle. Chaque pétale se compose d'un onglet et d'un limbe.
pétiole Queue qui relie la feuille à la tige. Lorsque ce support manque, la feuille est dite sessile.

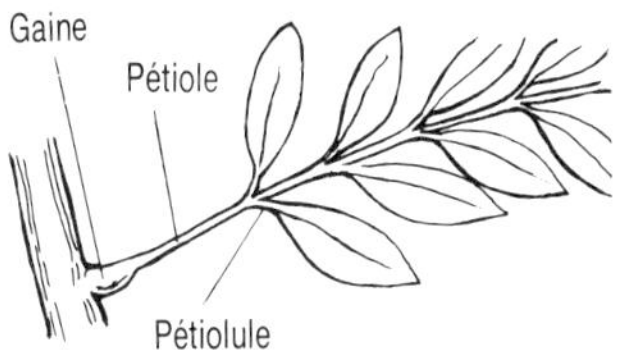

pétiolé Qui porte un pétiole.
pétiolulé Porté par un petit pétiole secondaire.
peuplement Ensemble des individus, le plus souvent d'espèces différentes, occupant un territoire déterminé.
phénotype Caractères visibles d'un être vivant, pouvant ou non être influencés par le milieu.
phyllode Organe foliacé issu de l'élargissement d'un pétiole et ayant l'apparence d'une feuille : certains Mimosas. Voir CLADODE.
physionomie Caractères d'un peuplement végétal en fonction de sa structure liée aux différents types biologiques des composants.
phytocénose Ensemble des plantes d'une biocénose.
phytogéographie Science qui étudie la répartition des plantes et des types

de végétation à la surface du globe. Synonymes : géobotanique, géographie botanique. La science des aires de répartition et de la dissémination des taxons (voir TAXINOMIE) est la chorologie, ou géonémie.
pistil Partie femelle d'une fleur composée de l'ovaire, partie arrondie renfermant les ovules (futurs fruits), et qui supporte le style terminé par le stigmate.
placette En forêt, petit territoire où l'on étudie particulièrement l'évolution du peuplement et/ou de la production.
pneumatophores Excroissances aériennes, verticales, des racines pour leur permettre de respirer (ex. Cyprès chauve).
pollen Poussière jaune renfermée dans les anthères constituant l'élément mâle d'une fleur et qui féconde l'ovule.
pollinisation Transport du pollen des fleurs mâles (anthère) vers les fleurs femelles (stigmates).
polygame Plante qui porte à la fois des fleurs mâles, hermaphrodites, et femelles.
polymorphe Qui montre des formes variables (feuilles de Mûrier).
population Ensemble des individus interféconds (même espèce) sur un territoire donné.
populiculture Culture du Peuplier de rapport.
pore Trou minuscule par lequel s'effectue un échange gazeux (stomates des feuilles).
port Aspect, silhouette d'une plante (port pleureur, fastigié, colonnaire...).
prostré Port d'un arbuste ou arbrisseau étalé sur le sol (nombreux conifères, Saules...).
pruine Dépôt cireux, blanc bleuâtre, glauque, qui couvre l'épiderme de certains organes.
psammophile, psammophyte Habitant les sables.
pubescent Couvert de poils fins et courts formant une fine couche de duvet. La pubescence peut être soyeuse, cotonneuse, laineuse... selon son épaisseur et sa densité.
pulpe Chair entourant le noyau de certains fruits (prune), ou formant l'intérieur d'une baie (raisin).
pustule Gonflement de l'épiderme lié à une attaque de maladie.
pyrophile, pyrophyte Pouvant résister aux feux et habiter les lieux incendiés.

R

race Subdivision de l'espèce.
racème Voir GRAPPE.
rachis Axe central du pétiole sur lequel s'attachent les folioles d'une feuille composée.
racine Partie inférieure d'un végétal croissant vers la terre (géotropisme positif), qui ancre la plante dans le sol et lui permet d'absorber les matières nutritives.
radiculaire (système). Qui a rapport avec les racines.
rameau Embranchement secondaire issu d'une tige principale ligneuse.
rameux Divisé en rameaux.
ramification Ensemble des divisions d'une plante ligneuse.
ramifié Qui porte des rameaux.

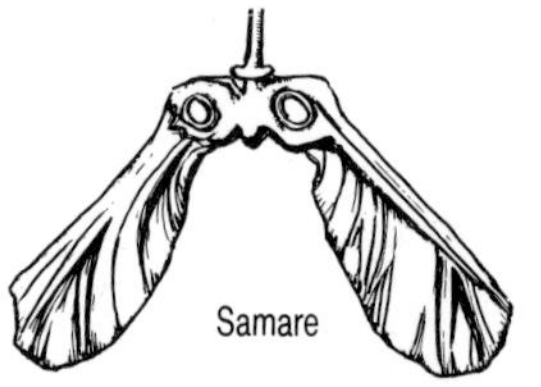

ramure Ensemble des branches et des rameaux d'un arbre situé au-dessus du tronc.
ramuscule Très petit rameau.
régression Disparition progressive d'une espèce ou d'une biocénose (en général du fait direct ou indirect de l'action humaine).
rejet Jeune pousse feuillée qui se forme autour d'une souche après abattage, et, en horticulture, plant se développant au pied d'une tige ligneuse ou d'une racine traçante (Rosier) à hauteur du collet.
rejeter (de souche). Émettre des rejets.
relictuel Survivant d'un peuplement ancien et aujourd'hui isolé dans un type de végétation différent.
relique Témoin survivant d'un groupe systématique autrefois plus important, et maintenant presque éteint (Ginkgo).
réniforme En forme de rein (ex. : graine de haricot).
répartition Zone géographique occupée par une espèce, une formation.
résineux Qui contient de la résine, matière contenue dans les conifères. Le terme est souvent synonyme de conifère.
ressemer (se). Plante qui se sème seule après mise en place et tend à se naturaliser.
réticulé Marqué d'un réseau de nervures en forme de mailles.
rhizome Tige généralement horizontale, souterraine ou courant sur le sol, souvent confondue avec un racine, portant des racines adventives et émettant des tiges aériennes.
rhizosphère Zone du sol où les racines exercent une action.
rhytidome Partie épaisse externe du liège, protégeant le cœur d'un arbre (liège du Chêne-liège).
ricille Pomme de Pin.
rustique Plante qui résiste à des conditions climatiques difficiles; par extension, plante qui passe l'hiver sans encombre.

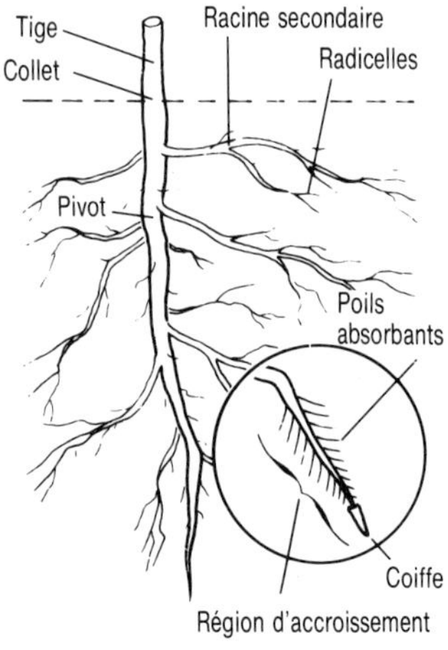

Racine pivotante

S

samare Sorte de fruit sec, coriace, indéhiscent, aplati, très souvent prolongé sur ses bords ou à son sommet par une aile membraneuse (fruit de l'Orme, du Frêne, de l'Érable...).
sarmenteux A longs rameaux souples, flexibles, sans moyens naturels pour s'accrocher.
saxicole Vivant sur des rochers ou dans les terrains pierreux.
sclérophylle A feuilles coriaces, le plus souvent persistantes (Chêne vert).
scion Première pousse d'un arbre de pépinière, allongée, verticale, non ramifiée, un ou deux ans après la greffe.
semi-persistant Arbre qui ne perd pas ses feuilles à l'automne comme un sujet caduc, mais ne les conserve pas aussi longtemps qu'un sujet persistant.
sempervirent A feuilles persistantes; se dit aussi des peuplements forestiers ainsi caractérisés.
sépale Pièce du calice; si les sépales sont soudés, le calice est gamosépale, si les sépales sont distincts, le calice est dialysépale.
série de végétation Ensemble des paysages végétaux se succédant vers la réalisation d'un climax.
sessile Inséré directement sur un axe, sans pédoncule, ni pétiole (ex. : feuilles de Buis).
sève Liquide nutritif circulant dans les vaisseaux conducteurs des plantes supérieures.
siliceux Riche en silice. Les roches siliceuses se désagrègent pour former des terres légères et sablonneuses, pauvres en azote et dépouvues de chaux et d'acide phosphorique.
sinué Qui montre des échancrures très ouvertes et arrondies.
sinus Découpures ou parties creuses qui séparent les lobes d'un organe.
sociabilité Degré de regroupement des individus d'une espèce dans une biocénose.
sol Ensemble stratifié issu de la désagrégation des roches mères et souvent enrichi en matière organique.
souche Partie inférieure d'un arbre, avec les racines, restant en terre après l'abattage ou le recépage. Les souches émettent des rejets.
sous-arbrisseau Arbrisseau de petite taille, ramifié dès la base (Bruyère, Genêt, Airelle).
sous-bois Végétation qui se développe sous les arbres d'une forêt, comprenant le petit bois et le tapis herbacé.
sous-espèce Classification de botanique inférieure à l'espèce, mais au-dessus de la variété ou du cultivar.
soyeux Qui porte des poils fins et courts, doux comme la soie.
spéciation Processus biologique qui aboutit à l'individualisation de nouvelles unités de niveau, espèce, sous-espèce, etc., animales ou végétales.
spécificité Particularités caractérisant une espèce ou les réactions de comportement entre espèces.
spontané Plante qui croît naturellement dans un site (plante sauvage), par opposition à « cultivée », « introduite », « exotique ».

station Voir BIOTOPE.
stigmate Portion terminale du pistil portée par le style. De formes diverses, il devient collant et muni de papilles au moment de la pollinisation pour recevoir les grains de pollen.

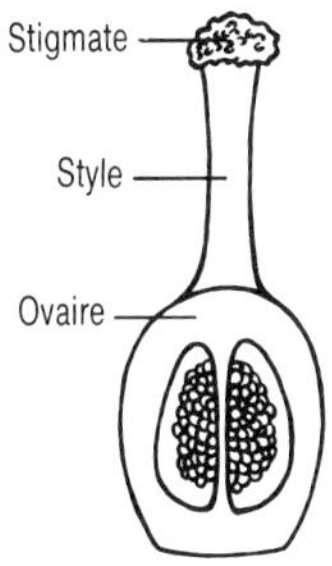

stipe Tige simple de diamètre sensiblement régulier, terminé par un bouquet de grandes feuilles. Synonyme : faux tronc ; caractérise le Palmier, la Fougère arborescente.
stipule Petites feuilles ou appendices foliacés de formes diverses, caduques ou persistantes, situées à la base du pétiole (Rosier, Acacia...).

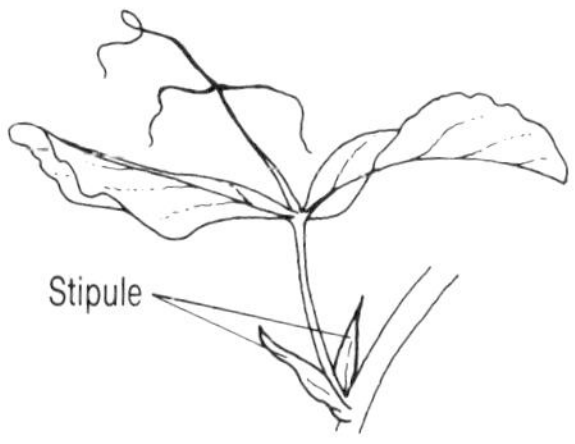

stomate Trou minuscule dans l'épiderme de la tige et des feuilles (face inférieure principalement) par où se font les échanges gazeux entre la plante et l'atmosphère (respiration, transpiration).
strates Dans un peuplement, hauteurs relatives des composantes, plus ou moins liées aux types biologiques des espèces.
structure Physionomie d'un peuplement végétal selon ses composantes.
style Partie du pistil intermédiaire entre l'ovaire et le stigmate.
subéreux Qui porte du liège (suber).
subspontané Arbuste ou plante échappé de culture et en cours de naturalisation en milieu sauvage.
substrat Support où s'enracine un végétal.
succulent Végétal dont certains organes aériens sont gorgés d'eau (plantes grasses).

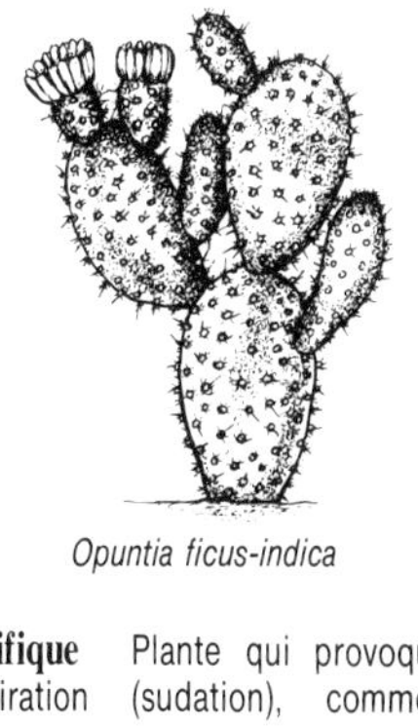

Opuntia ficus-indica

sudorifique Plante qui provoque la transpiration (sudation), comme le Tilleul.

Trifoliolé

suffrutescent (sous frutescent). Végétal ligneux de petite taille. Synonyme : sous-arbrisseau.
sylvatique Habitant les bois, les forêts (le terme latin *silvestris,* ou *sylvestris,* correspond à sauvage).
sylviculture Culture, aménagement et entretien des bois et forêts ; culture de certaines essences.
systématique Étude de la définition, des interrelations génétiques, de l'évolution et de la classification des êtres vivants.

T U

taiga Forêt boréale, par opposition à toundra, peuplements à ligneux et à herbacées nains.
taillis Type de forêt feuillue caractérisée par des cépées issues de la régénération des essences par rejets de souche. Groupement à arbustes et arbrisseaux caducifoliés. Le taillis produit des bois de faible dimension et peut être un stade vers la futaie.
tanin ou **tannin** Corps phénolique, astringent assez répandu dans les plantes, qui rend imputrescibles les matières albuminoïdes (tannage des cuirs). On l'extrait de l'écorce et des galles du Chêne, des feuilles de Sumac, du bois de Châtaignier.
taxinomie Science des classifications. Les unités de classifications sont les « taxons », entités biologiques décrites (espèces, genres, familles, etc.).
têtard Type de réaction d'une plante ligneuse dont le tronc, taillé à une certaine hauteur, laisse développer des faisceaux de branches dressées (Saules, Peupliers, etc.).
thermophile Habitant dans les lieux chauds.
tige Partie aérienne de la plante, située dans le prolongement de la racine à laquelle elle est reliée par le collet. Il existe des tiges souterraines (rhizomes, tubercules, oignons...). Une plante sans tige est dite « acaule ». Les tiges sont ligneuses chez les arbres, arbustes, arbrisseaux.
tomenteux Couvert de duvet à l'aspect cotonneux.
topiaire « Sculpture » sur végétaux dans l'art des jardins (If, Troène, Fusain).
toundra Plaines du nord-est de la Russie et de la Sibérie, couvertes de neige et de glace en hiver et de Mousses et Sphaignes en été.
tourbe Matière d'origine biologique issue de la décomposition sur place des plantes des tourbières, utilisée comme combustible, amendement et substrat horticole.
tourbière Milieu très particulier acide (à Sphaignes) ou basique (à Mousses) abritant des espèces très originales. La plupart des tourbières sont en voie d'extinction du fait de l'homme.
trifoliolé A trois folioles portés par un pétiole commun (Cytise).
trilobé A trois lobes (ex. : feuille de l'Érable de Montpellier).
triquètre A trois angles.
tronc Partie non ramifiée de la tige lignifiée d'un arbre qui part des racines et va jusqu'à la naissance des branches.
tubercule Tige souterraine gorgée de matières nutritives de réserves.
types (ou formes) biologiques Système de classification des végétaux en fonction de la position des bourgeons par rapport au sol. Les plantes dont les bourgeons sont loin de la surface du sol sont dites phanérophytes (arbres, lianes, Palmiers, etc.).
type systématique Spécimen sur lequel a été fondée la description d'un taxon.

ubiquiste Qui peut habiter de nombreux types de milieux.
unisexué Fleur d'un seul sexe (étamine ou pistil), donc mâle ou femelle, par opposition à hermaphrodite.
urcéolé Corolle entière (gamopétale) globuleuse, à gorge rétrécie faisant penser à un grelot (Bruyère).

V X

variété Terme de classification botanique. La variété regroupe des individus identiques entre eux, mais légèrement différents et de rang inférieur à l'espèce.
végétation Ensemble des plantes de toutes espèces occupant un territoire donné et le caractérisant.
vernaculaire (nom). Qui est lié à un pays, à une région. Nom populaire d'un végétal.
vernissé Recouvert d'un vernis, matière brillante et protectrice des tiges, des feuilles (ex. : feuilles de Magnolia).
verruqueux Qui porte des petites excroissances (verrues).
verticille Fleurs, feuilles disposées en étages, à même hauteur, autour d'un point sur la tige, circulairement, à condition d'être plus de deux.

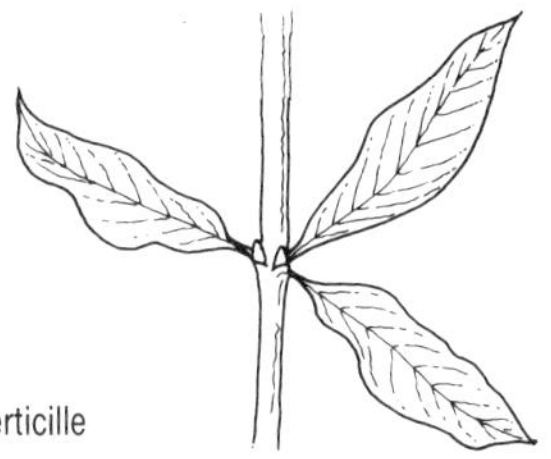

Verticille

vivace Végétal pouvant vivre plusieurs années (= Pérenne).
volubile Plante ou tige qui s'enroulent seules sur un support (Clématite).
vrille Organe filiforme poussant sur la tige ou sur les feuilles et qui permet à une liane de s'accrocher à un support (Clématites, Salsepareille).

xérophile, xérophyte Habitant les milieux secs.

INDEX

Noms des botanistes et leurs abréviations

Aellen	Aellen Paul, 1896-1973. Suisse.
Ait.	Aiton William, 1731-1793. Angleterre.
All.	Allioni Carlo, 1725-1804. Italie.
Andr.	Andrews Henry C., mort en 1830. Écosse.
Ant.	Antoine Franz, 1815-1886. Autriche.
Arn.	Arnott George Arnold Walker, 1799-1868. Angleterre.
Aschers.	Ascherson Paul Friedrich August, 1834-1913. Allemagne.
Bak.	Baker John Gilbert, 1834-1920. Angleterre.
Balf.	Balfour John Hutton, 1853-1922. Angleterre.
Banks	Banks Joseph, 1743-1820. Angleterre.
Batsch	Batsch Auguste Johann Georg Karl, 1761-1802. Allemagne.
Bauh.	Bauhin Gaspard, 1568-1624. Suisse.
Belon	Belon Pierre, 1517-1564. France.
Bercht.	Berchtold, Friedrich Graf von, 1781-1876. Autriche.
Boiss.	Boissier Edmond, 1810-1886. Suisse.
Bong.	Bongard Heinrich Gustav, 1786-1839. Russie.
Borkh.	Borkhausen Moritz, 1760-1806. Allemagne.
Bosc	Bosc Louis Augustin Guillaume, 1750-1828. France.
Br. R.	Brown Robert, 1773-1858. Angleterre.
Briq.	Briquet John Isaac, 1870-1931. Suisse.
Brot.	Avellar Brotero, Félix d', 1744-1828. Portugal.
Buch.	Buchanan Francis (Lord Hamilton), 1762-1829. Angleterre.
Buchh.	Buchholz John Theodore, 1888-1952. États-Unis.
Buddle	Buddle Adam, vers 1660-1717. Angleterre.
Burgsd.	Burgsdorf, Friedrich August Ludwig von, 1747-1802. Allemagne.
Burm.	Burman Johannes, 1706-1779. Hollande.
Burnat	Burnat Émile, 1828-1920. France.
Car.	Caruel Teodoro, 1830-1898. Italie.
Carr.	Carrière Alix Abel, 1816-1898. France.
Chabaud	Chabaud B., 1835-1915. France.
Cheng	Cheng Wan Chun, contemporain. Chine.
Clus.	L'Écluse, Charles de, ou Clusius, 1526-1609. France.
Crantz	Crantz, Heinrich Johann Neponnuk von, 1722-1797. Autriche.
Critchfield	Critchfield William B., contemporain. États-Unis.
Dall.	Dallimore William, 1871-? Angleterre.
DC.	De Candolle, Augustin Pyramus, 1778-1841. Suisse.
Dcne.	Decaisne Joseph, 1809-1882. France.
Del. ou Delile	Delile Alire Raffeneau, 1778-1850. France.
Delam.	Delamain J., XXe s. France.
Desf.	Desfontaines René Louiche, 1750-1833. France.
Desv.	Desvaux Augustin Nicaise, 1784-1856. France.
Dipp.	Dippel Leopold, 1827-1914. Allemagne.
Dode	Dode Louis Albert, 1875-1945. France.
G. Don	Don George, 1798-1856. Angleterre.
D. Don	Don David, 1799-1841. Écosse.
Dougl.	Douglas David, 1799-1834. Angleterre.
Durraz.	Durrazinii Antonio, vers 1772. Italie.
Ehrh.	Ehrhart Friedrich, 1742-1795. Allemagne.
Endl.	Endlicher Stephan Ladislaus, 1804-1849. Autriche.
Engelm.	Engelmann George, 1809-1884. Autriche.
Engl.	Engler Heinrich Gustav Adolph, 1844-1930. Allemagne.
Florin	Florin Rudolf, contemporain. Suède.

Forsk. Forsskål Petrus, 1736-1768. Suède.
Fourn. Fournier Eugène, 1834-1884. France.
Franch. Franchet Adrien, 1834-1900. France.
Franco Franco João do Amaral, contemporain. Portugal.
Gaertn. Gaertner Joseph, 1732-1791. Allemagne.
Gay Gay J., 1796-1876. France.
G.G. Grenier Jean Charles Marie, 1808-1875, et Godron Dominique Alexandre, 1807-1880. France.
Glend. Glendenning Robert, XIXe s. Écosse.
Gmel. Gmelin Samuel Gottlieb, 1743-1774. Russie.
J.F. Gmel. Gmelin Johann Friedrich, 1748-1804. Allemagne.
Godr. Godron Dominique Alexandre, 1807-1880. France.
Gord. Gordon George, 1806-1879. Angleterre.
Graebn. Graebner Karl Otto Robert Peter Paul, 1871-1933. Allemagne.
Greene Greene Eduard Lee, 1842-1915. États-Unis.
Greuter Greuter Werner, contemporain, Suisse.
Guinier Guinier Philibert, 1876-1962. France.
Gunn. Gunnerus J.E., 1718-1773. Norvège.
Guss. Gussone Giovanni, 1787-1866. Italie.
Haenke Haenke Thaddeus, 1761-1817. Allemagne.
Hart. ou Hartw. Hartweg Carl Theodor, 1812-1871. Allemagne.
Hassk. Hasskarl Justus Kerl, 1811-1894. Allemagne.
Haw. Haworth Adrian Hardy, 1768-1833. Angleterre.
Hayne Hayne Frédérich Gottlob, 1763-1832. Allemagne.
Hedl. Hedlund Johan Théodor, 1861-1953. Suède.
Hegi Hegi Gustav, 1876-1932. Allemagne.
Hemsl. Hemsley W. Botting, 1843-1924. Angleterre.
Henry Henry Augustine, 1857-1930. Angleterre.
Hook. Hooker William Jackson, 1785-1865. Angleterre.
Hook. f. Hooker Joseph Dalton, fils, 1817-1911. Angleterre.
Hort. Hortorum, Hortulanorum (horticole), nom donné par les horticulteurs, indique une origine horticole.
Host. Host Nicolaus Thomas, 1761-1834. Autriche.
Hu Hu-Hsien-Hsu, contemporain. Chine.
Huds. Hudson William, 1730-1793. Angleterre.
Hull Hull John, 1761-1843. Angleterre.
Jacks. Jackson Albert Bruce, 1876-1947. Angleterre.
Jacq. Jacquin Nicolaus Joseph, 1727-1817. Autriche.
Juss. B. Jussieu, Bernard de, 1699-1777. France.
Karst. Karsten Gustav Karl Wilhelm Hermann, 1817-1908. Allemagne.
Kit. ou K. Kitaibel Paul, 1757-1817. Hongrie.
K. Koch Koch Karl Heinrich, 1809-1879. Allemagne.
Koen. Koenig C., 1774-1851. Angleterre.
Kotschy Kotschy Théodor, 1812-1866. Autriche.
L. Linné, Carl von, 1707-1778. Suède.
L. f. Linné, Carl von, fils, 1741-1783. Suède.
Labill. Labillardière, Jacques Julien Houtton de, 1755-1834. France.
Lam. Lamarck, Jean Baptiste Antoine Pierre Monnet, chevalier de, 1744-1829. France.
Lamb. Lambert Aylmer Bourke, 1761-1842. Angleterre.
Lemm. Lemmon John Gill, 1832-1908. États-Unis.
Liebl. Lieblein Franz Kaspar, 1744-1810. Allemagne.
Lieutaghi Lieutaghi Pierre, contemporain. États-Unis.
Lindl. Lindley John, 1799-1865. Angleterre.
Link Link Johann Heinrich Friedrich, 1767-1851. Allemagne.
Lois. Loiseleur-Deslongchamps Jean Louis Auguste, 1774-1849. France.
Loud. Loudon John Claudius, 1783-1843. Angleterre.
Macf. Macfayden James, 1798-1850. Angleterre.
Macf. Macfarlane John Murrey, 1855-? États-Unis.
Magnol Magnol Pierre, 1638-1715. France.
Maiden Maiden J.H., contenporain Australie.
Maire Maire René Charles Joseph Ernest, 1878-1949. Algérie.
Mak. Makino Tomitaro, 1863-1956. Japon.
Man. Manetti Giuseppe, XIXe s., Italie.
Marsh. Marshall Humphry, 1722-1801. États-Unis.
Mart. Martius, Karl Friedrich Philipp von, 1794-1868, Allemagne.
Mattf. Mattfeld Johannes, 1895-1951. Allemagne.
Mattuschka Mattuschka, Heinrich Gottfried von, 1734-1779. Silésie (Tchécoslovaquie).
Maxim. Maximowicz Karl Johann, 1823-1891. Russie.
Med. Medikus Friedrich Casimir, 1736-1808. Allemagne.
Merr. Merrill Elmer Drew, 1876-1956. États-Unis.
C.A. Mey. Meyer Carl Anton, 1795-1855. Russie.
Mill. Miller Philip, 1691-1771. Angleterre.
Mirb. Mirbel, Charles François Brisseau de, 1776-1854. France.
Moench Moench Konrad, 1744-1805. Allemagne.
Mougeot Mougeot Antoine, mort en 1889. France.
Muenchh. Muenchhausen, Otto von, 1716-1774. Allemagne.
A. Murr. Murray Andrew, 1812-1878. Angleterre.
Nees Nees von Esenbeck Christian Gottfried, 1776-1858. Allemagne.
Nutt. Nuttall Thomas, 1786-1859. États-Unis.
Osbeck Osbeck Pehr, 1723-1805. Suède.
Pall. Pallas Peter Simon, 1741-1811. Allemagne.
Panč. Pančic Josef, 1814-1888. Yougoslavie.
Parlat. Parlatore Filippo, 1816-1877. Italie.
Pav. Pavon José Antonio, mort en 1844. Espagne.
Pax Pax Ferdinand, 1858-1942. Allemagne.
Pers. Persoon Christian Hendrich, 1755-1837. Allemagne.
Pissard Pissard Ernest, mort en 1934. France.
Planch. Planchon Jules Émile, 1833-1900. France.
Poir. Poiret Jean Louis Marie, 1755-1834. France.
Pourr. Pourret, Abbé Pierre André, 1754-1818. France.
Presl Presl Karl Boriwog, 1794-1852. Tchécoslovaquie.
Purkynê Purkynê Emanuel Ritter von, 1831-1882, Moravie (Tchécoslovaquie).
Pursh Pursh (ou Pursch) Frédéric, 1774-1820. Allemagne.
Raf. Rafinesque-Schmaltz Constantino Samuel, 1784-1842. États-Unis.
Regel Regel, Eduard von, 1815-1892. Allemagne.
Rehd. Rehder Alfred, 1863-1949. États-Unis.
Rich. Richardson John, 1787-1865. Écosse.
A. Rich. Richard Achille, 1794-1852. France.
Riss. ou Risso Risso Joseph Antoine, 1777-1845. France.
Roem. Roemer Johan Jacob, 1763-1819. Suisse.
R. Ross Ross R., contemporain. Angleterre.
Roth Roth Albrecht Wilhelm, 1757-1834. Allemagne.
Roxb. Roxburgh William, 1759-1815. Inde.
Rudolphi Rudolphi Friedrich Karl Asmund, 1771-1832. Suède.
Salisb. Salisbury Richard Anthony, 1761-1829. Angleterre.
Santi Santi Giorgio, 1746-1822. Italie.
Sarg. Sargent Charles Sprague, 1841-1927. États-Unis.
Savi Savi Gaetano, 1769-1844. Italie.
Schott Schott Heinrich Wilhelm, 1794-1865. Autriche.
Schrank Schrank Franz Paula von, 1747-1835. Allemagne.
Scop. Scopoli Giovanni Antonio, 1723-1788. Italie.
Sieb. et Zucc. Siebold, Philipp Franz von, 1796-1866, et Zuccarini Joseph Gerhard, 1797-1848. Allemagne.
Simonk. Simonkai Lajos Tol, 1851-1910. Hongrie.
Sm. Smith James Edward, 1759-1828. Angleterre.
Soul. Soulange-Bodin Étienne, 1774-1846. France.
Soy.-Will. Soyer-Willemet Hubert Félix, vers 1827-1842. France.
Spach Spach Édouard, 1808-1879. France.
Spreng. Sprengel Kurt, 1766-1833. Allemagne.
Stern. Sternberg, Gaspar von, 1761-1838. Allemagne.
Steud. Steudel Ernst Gottlieb, 1783-1856. Allemagne.
Stev. Steven, Christian von, 1781-1863. Russie.
Stokes Stokes Jonathan, 1755-1831. Angleterre.
Sudw. Sudworth George, 1864-1927. États-Unis.
Swingle Swingle Walter Tennyson, 1871.-? États-Unis.
Syme Syme John Thomas Irvine Boswele, 1822-1888. Angleterre.
Ten. Tenore Michele, 1780-1861. Italie.
Thunb. Thunberg Carl Peter, 1743-1822. Suède.
Trab. Trabut, 1886-1929. France.
Turra Turra Antonio, 1730-1796. Italie.
Ung.-Sternb. Ungern-Sternberg Franz, 1808-1885. Autriche.
Vahl Vahl Martin, 1749-1804. Danemark.
Vent. Ventenat Étienne Pierre, 1757-1808. France.
Vill. Villars Dominique, 1745-1814. France.
Waldst. Waldstein, Franz Adam von, 1759-1823. Autriche.
Wall. Wallich Nathaniel, 1786-1854. Danemark.
Walt. Walter Thomas, 1740-1788. Angleterre.
S. Wats. Watson Sereno, 1826-1892. États-Unis.
Webb Webb Philip Barker, 1793-1854. Angleterre.
Wendl. Wendland Heinrich Ludolph, 1792-1869. Angleterre.
Wiehe Wiehe K. Ernest A., 1779-1834. Allemagne.
Willd. Willdenow Karl Ludwig, 1765-1812. Allemagne.
Willk. Willkomm Heinrich Moritz, 1821-1895. Allemagne.
Wils. Wilson Ernest Henry, 1876-1911. États-Unis.
Wilson Wilson George Ferguson, 1822-1902. Angleterre.
Wulf. Wulfen, Franz Xaver Freiherr von, 1728-1805. Autriche.
Zab. Zabel Hermann, 1832-1912. Allemagne.
Zucc. ou Z. Zuccarini Joseph Gerhard, 1797-1848. Allemagne.

Photographies

Le chiffre désigne la page du livre et nous indiquons l'emplacement des photographies par les abréviations suivantes : d : à droite, g : à gauche, h : en haut, b : en bas, m : au milieu.

A. MARTIN : *7* • Field Enterprises Educational Corporation : *9* • G. AYMONIN : *10* • Musée de l'Homme/M. Oster : *11* • Musée Condé, Chantilly/Photo Giraudon : *12* • Bibl. municipale de Dijon/Photo Ed. R. Laffont : *13 g* • Bibl. de l'Arsenal/Photo Giraudon : *13 d* • Archives S.R.D. : *15* • Photo Office National des Forêts, Languedoc-Roussillon : *16 h* • PITCH/Binois : *16 b* • A. MARTIN : *17* • Bibliothèque nationale, Paris : *20 hg* • GIRAUDON : *20 hd* • Bibliothèque nationale, Paris : *20 bg* • Arch. TALLANDIER : *20 bd* • A. MARTIN : *59* • OSF/G.A. Maclean; John Vigurs : *62, 63* • Gerald Wilkinson : *64* • Foto Dani : Marcella Pedoni : *65* • G. AYMONIN : *66* • Cristina Bignami; Alessandro Chiusoli : *67* • Brian Hawkes; Heather Angel : *68* • G. AYMONIN : *69* • A-Z COLLECTION/M. Nimmo; Gerald Wilkinson : *70* • A-Z COLLECTION/G.A. Matthews, M. Nimmo : *71* • A-Z COLLECTION/M. Nimmo; Heather Angel : *72* • Gerald Wilkinson; G. Aymonin : *73* • A-Z COLLECTION/M. Nimmo; Heather Angel : *74* • Gerald Wilkinson; A-Z COLLECTION/M. Nimmo : *75* • Gerald Wilkinson; NSP/G.A. Matthews : *76* • J. TIMBAL : *77 h* • G. AYMONIN : *77 b* • J. TIMBAL : *78 h* • A-Z COLLECTION/M. Nimmo; BRUCE COLEMAN/Eric Crichton : *80* • Gerald Wilkinson : *81* • A-Z COLLECTION/M. Nimmo : *82* • G. AYMONIN : *83* • A-Z COLLECTION/M. Nimmo : *84* • Gerald Wilkinson : *85* • Gerald Wilkinson; A-Z COLLECTION/M. Nimmo : *86* • Gerald Wilkinson : *87* • Gerald Wilkinson; Heather Angel : *88* • G. AYMONIN : *90* • M. LAMONTAGNE : *92 h* • G. AYMONIN : *92 b* • NHPA/E.A. Janes; Gerald Wilkinson : *93* • Gerald Wilkinson : *94* • JACANA/C. et M. Moiton : *95* • J. TIMBAL : *96* • Gerald Wilkinson : *97* • P. Lawson; A-Z COLLECTION/M. Nimmo : *98* • Gerald Wilkinson : *99* • NSP/G.A. Matthews : *100* • Heather Angel : *102* • ARDEA/P.M. Morris; A-Z COLLECTION/M. Nimmo : *103* • Gerald Wilkinson; Tony Evans : *104* • A-Z COLLECTION/M. Nimmo; Michael Warren : *105* • Filippo d'Antuono : *106* • JACANA/M. Viard : *107 hd* • G. AYMONIN : *107 b* • Alessandro Chiusoli; Filippo d'Antuono : *108* • NATURE/Chaumeton-Lamaison : *109* • G. AYMONIN : *110* • PITCH/Malvina : *111* • Cl. Hayon : *112* • G. AYMONIN : *113* • OSF/G.A. Maclean; Heather Angel : *114* • Cristina Bignami : *115* • Alessandro Chiusoli; Filippo d'Antuono : *116* • RIDA; Alan Beaumont : *117* • A-Z COLLECTION/M.B. Jones; Gerald Wilkinson : *118* • Gerald Wilkinson; ARDEA : *119* • Oleg Polunin; Gerald Wilkinson : *120* • A-Z COLLECTION/M. Nimmo; Gerald Wilkinson : *121* • A-Z COLLECTION/M. Nimmo; BRUCE COLEMAN/S.C. Porter : *122* • J. TIMBAL : *123 h* • G. AYMONIN : *123 b* • JACANA/R. Volot : *124 h* • G. AYMONIN : *124 b* • Gerald Wilkinson; Brian Hawkes : *125* • P. STAROSTA : *126* • Gerald Wilkinson : *127* • Heather Angel; NSP/M. Chinery : *128* • P. STAROSTA : *129* • Gerald Wilkinson; Heather Angel : *130* • J. TIMBAL : *132 hg* • G. AYMONIN : *132 bd* • Gerald Wilkinson : *133* • Filippo D'Antuono : *134, 135* • G. AYMONIN : *136* • JACANA/A. Carrara : *137* • G. AYMONIN : *138* • Marcella Pedone : *139* • DIAF/M. Tiziou : *140 hg* • G. AYMONIN : *140 bd* • G. AYMONIN : *141* • NATURE/Gras : *142 hg* • G. AYMONIN : *142 bd* • JACANA/A. Carrara : *143 hd* • Heather Angel : *144* • JACANA/R. Volot : *145 h* • G. AYMONIN : *145 b* • Gerald Wilkinson : *146 h* • G. AYMONIN : *146 b* • Heather Angel : *147* • JACANA/N. Le Roy : *148 h* • G. AYMONIN : *148 b* • G. AYMONIN : *149* • Heather Angel; Gerald Wilkinson : *150* • NHPA/M. Savonius : *151* • Gerald Wilkinson : *152* • J. TIMBAL : *154* • JACANA/Lecourt : *155 hd* • Filippo d'Antuono : *156 h* • G. AYMONIN : *156 b* • JACANA/M. Viard : *157 hd* • G. AYMONIN : *157 bd* • G. AYMONIN : *158* • G. AYMONIN : *159* • Gerald Wilkinson : *160 h* • G. AYMONIN : *160 b* • JACANA/J.P. Champroux : *161 hd* • G. AYMONIN : *161 bd* • G. AYMONIN : *162* • J. TIMBAL : *163* • NHPA/N.R. Coulton : *164* • G. AYMONIN : *165* • Brian Hawkes; Gerald Wilkinson : *166* • Heather Angel; BRUCE COLEMAN/Eric Crichton : *167* • OSF/G.A. Maclean : *168* • A-Z COLLECTION; Gerald Wilkinson : *169* • HARRY SMITH COLLECTION; ARDEA/A. Paterson : *170* • Eric Hosking : *172* • Cristina Bignami; Marcella Pedone : *173* • JACANA/C. Nardin; Gerald Wilkinson : *174* • Filippo d'Antuono : *175* • Ron et Christine Foord; Heather Angel : *176* • Heather Angel; Gerald Wilkinson : *177* • A-Z COLLECTION/M. Nimmo : *178* • Gerald Wilkinson; NSP/G.A. Matthews : *179* • John Sims; A-Z COLLECTION/M. Nimmo : *180* • P. STAROSTA : *181* • Gerald Wilkinson; BRUCE COLEMAN/Eric Crichton : *182* • Gerald Wilkinson; BRUCE COLEMAN/Eric Crichton : *183* • Gerald Wilkinson; A-Z COLLECTION/M. Nimmo : *184* • G. AYMONIN : *185* • Gerald Wilkinson : *186* • A-Z COLLECTION; Gerald Wilkinson : *187* • Ron et Christine Foord : *188* • Heather Angel; Michael Warren : *189* • Filippo d'Antuono : *190* • G. AYMONIN : *191* • Heather Angel : *192* • Eric Crichton; Heather Angel : *193* • Heather Angel; Robin Fletcher : *194* • J. TIMBAL : *196* • JACANA/Xavier : *197* • G. AYMONIN : *198* • A-Z COLLECTION/M. Nimmo; NHPA/M. Savonius : *199* • G. AYMONIN : *200* • G. AYMONIN : *201* • P. STAROSTA : *202* • Heather Angel; A-Z COLLECTION/M. Nimmo : *203* • Heather Angel; OSF : *204* • G. AYMONIN : *205* • JACANA/Lieutier : *206 h* • G. AYMONIN : *206 b* • G. AYMONIN : *207* • Eric Hosking; Gerald Wilkinson : *208* • Alessandro Chiusoli; Marcella Pedone : *209* • Alessandro Chiusoli; Cristina Bignami : *210* • Filippo d'Antuono : *211* • G. AYMONIN : *212* • John Sims : *213* • A-Z COLLECTION/M. Nimmo; Heather Angel : *214* • Cristina Bignami; Marcella Pedone : *215* • Heather Angel; John Sims : *216* • Gerald Wilkinson; FORESTRY COMMISSION : *217* • Gerald Wilkinson : *218* • A-Z COLLECTION/M. Nimmo, Elsa Megson : *219* • Eric Hosking; Gerald Wilkinson : *220* • Heather Angel; A-Z COLLECTION/M. Nimmo : *221* • Gerald Wilkinson; Robin Fletcher : *222* • John Sims; A-Z COLLECTION/M. Nimmo : *223* • RIDA/D. Bayliss; A-Z COLLECTION/M. Nimmo : *224* • Gerald Wilkinson : *226* • JACANA/Fiore : *227 h* • G. AYMONIN : *227 b* • G. AYMONIN : *228* • P. STAROSTA : *229 hd* • C. RAMADIER : *229 bg* • Heather Angel : *230* • Cristina Bignami : *232* • Photothèque J. Vincent : *233 h* • G. AYMONIN : *233 b* • P. STAROSTA : *234* • G. AYMONIN : *235* • Robin Fletcher : *236* • Brian Hawkes : *237 h* • G. AYMONIN : *237 b* • G. AYMONIN : *238* • JACANA/Lieutier : *239* • G. AYMONIN : *240* • NATURE/Lamaison : *241 h* • P. STAROSTA : *241 bg* • JACANA/J.P. Champroux : *242* • JACANA/P. Petit : *243* • JACANA/M. C. Noailles : *244 hg* • G. AYMONIN : *244 bd* • P. STAROSTA : *246 hg* • J. TIMBAL : *246 bd* • O.N.F./Ludmann : *247 h* • O.N.F. : *247 b* • JACANA/Lieutier : *248* • JACANA/P. Pilloud : *249 hd* • G. AYMONIN : *249 bg* • G. AYMONIN : *250* • G. AYMONIN : *251* • JACANA/P. Nief : *252* • JACANA/Ramade : *253* • G. AYMONIN : *254* • A-Z COLLECTION/M. Nimmo : *256* • Robin Fletcher; HARRY SMITH COLLECTION : *257* • A-Z COLLECTION/M. Nimmo; FORESTY COMMISSION : *258* • A-Z COLLECTION/M. Nimmo; Ron et Christine Foord : *259* • David Sutton; Heather Angel : *260* • HARRY SMITH COLLECTION : *261 h* • J. TIMBAL : *261 b* • Heather Angel; A-Z COLLECTION : *262* • Robin Fletcher : *263* • VISION INTERNATIONAL/Robin Fletcher; Heather Angel : *264* • Heather Angel; Robin Fletcher : *265* • A-Z COLLECTION/M. Nimmo; NSP/M. Chinery : *266* • BRUCE COLEMAN/Jane Burton; RIDA/D. Bayliss : *267* • A-Z COLLECTION/M. Nimmo; BRUCE COLEMAN/Eric Crichton : *268* • A-Z COLLECTION/M. Nimmo; Robin Fletcher : *269* • Heather Angel; Robin Fletcher : *270* • G. AYMONIN; Heather Angel : *272* • JACANA/Xavier : *273 h* • G. AYMONIN : *273 b* • A-Z COLLECTION/M. Nimmo : *274* • Cristina Bignami : *275* • Eric Crichton; NSP/M. Chinery : *276* • J. TIMBAL : *277 h* • NHPA/M. Savonius : *277 b* • Gerald Wilkinson : *278* • Heather Angel; John Sims : *279* • A-Z COLLECTION/M. Nimmo; Heather Angel : *280* • A-Z COLLECTION/M. Nimmo : *281* • Heather Angel : *282* • NSP/G.A. Matthews; Gerald Wilkinson : *284* • Heather Angel : *285* • Gerald Wilkinson : *286* • Heather Angel; Robin Fletcher : *287* • Michael Warren; Heather Angel : *288* • JACANA/Frederic : *289 h* • A-Z COLLECTION/M. Nimmo; Scott Leathart : *290* • Heather Angel; John Sims : *291* • G. AYMONIN : *292* • JACANA/Xavier : *293 h* • Gerald Wilkinson; A-Z COLLECTION/G.W. Miller : *294* • A. MARTIN : *295* • NATURE/Aucante : *298, 299* • NATURE/P. Olivon : *306* • O.N.F./J.P. Chasseau : *307 h* • NATURE/F. Sauer : *307 m* • A. MARTIN : *309* • D. FAURE : *312* • M. KERAUDREN-AYMONIN : *313 h* • MARCO-POLO/F. Bouillot : *313 b* • G. BLONDEAU : *314* • PIX/Ed. Arthaud : *315 bg* • M. LAMONTAGNE : *315 bd* • C. CUNY : *316 h* • PIX/Ch. Bastin, J. Evrard : *316 b* • COMET-PHOTO, Zurich : *318* • O.N.F./J.P. Chasseau : *319 h* • CEDRI/Cl. Rives : *319 b* • COMET-PHOTO, Zurich : *320* • TOP/P. Hinous : *321 h* • J. ROBERTSON : *321 b* • NATURE/P. Olivon : *322* • O.N.F./J.P. Chasseau : *323 h* • Ph. DURAND : *323 b* • G. AYMONIN : *324* • M. LAMONTAGNE : *325* • M. LAMONTAGNE : *326* • J. TIMBAL : *327* • COMET-PHOTO, Zurich : *328* • O.N.F./J.P. Chasseau : *333*.

Explication des abréviations :
NHPA : Natural History Photographic Agency (G.-B.)
NSP : Natural Science Photographs (G.-B.)
ONF : Office national des forêts (France)
OSF : Oxford Scientific Films (G.-B.)

GUIDE DES ARBRES ET ARBUSTES
publié par Sélection du Reader's Digest

Photocomposition : M.C.P., Orléans
Photogravure : S.N.P., Lyon
Impression et reliure : Brepols, Turnhout

PREMIÈRE ÉDITION
Achevé d'imprimer : mars 1986
Dépôt légal en France : avril 1986
Dépôt légal en Belgique : D.1986.0621.14

IMPRIMÉ EN BELGIQUE
Printed in Belgium